KB144955

국어 교육의 이해

국어 교육의 미래를 모색하는 열여섯 가지 이야기

개정4판
국어 교육의 이해

2008년 8월 25일 초판 1쇄 펴냄
2012년 2월 27일 제2판 1쇄 펴냄
2016년 2월 27일 제3판 1쇄 펴냄
2023년 8월 25일 제4판 1쇄 펴냄
2024년 6월 25일 제4판 4쇄 펴냄

지은이 최미숙·원진숙·정혜승·김봉순·이경화·전은주·정현선·주세형

책임편집 김천희
표지·본문 디자인 김진운
본문조판 민들레
마케팅 김현주

펴낸이 윤철호
펴낸곳 (주)사회평론아카데미
등록번호 2013-000247(2013년 8월 23일)
전화 02-326-1545
팩스 02-326-1626
주소 03993 서울특별시 마포구 월드컵북로6길 56
이메일 academy@sapyoung.com
홈페이지 www.sapyoung.com

ISBN 979-11-6707-117-0 93710

국어 교육의 이해

국어 교육의 미래를 모색하는 열여섯 가지 이야기

최미숙 · 원진숙 · 정혜승 · 김봉순 · 이경화 · 전은주 · 정현선 · 주세형

사회평론아카데미

개정4판 서문

개정3판을 낸 지 7년 반이 지났다.

그동안 우리는 참으로 많은 일을 겪었고, 겪고 있는 중이기도 하다. 전 세계를 공포로 몰아넣었던 코로나19 팬데믹, 아직도 끝나지 않은 러시아와 우크라이나 간 전쟁, 우리 삶을 송두리째 바꾸고 있는 기후 위기 등 시시각각 고조되는 위기 속에서 전 세계는 예측하기 어려운 미래에 대비하고자 고심하고 있다. 교육 분야도 예외는 아니다. 코로나19 팬데믹으로 불시에 맞이하게 된 비대면 수업 방식은 교실에서만 이루어지던 학교 교육을 근본에서부터 고민하도록 만들었다. chatGPT로 대표되는 인공지능의 본격적인 등장은 학교 교육의 역할에 대해 진지하게 성찰할 것을 요구하고 있는 중이다. 학생 수의 급감 또한 교육과정, 교수·학습 방법, 평가 방법의 재구조화라는 과제를 제기하고 있다.

교육은 항상 사회의 변화와 함께해 왔다. 닥친 위기 속에서도 인간은 행복한 삶을 누릴 권리가 있고, 교육은 사회의 요구를 담아내면서 개인의 성장과 발달에 최선을 다해야 한다. 위기 속에서 맞이할 미래의 삶을 위해 국어 교육은 무엇을 어떻게 해야 하는가에 대한 고민이 그 어느 때보다 깊어지고 있다. 그러한 고민을 개정4판에 담아 보았다.

개정4판은 이전에 비해 내용의 변화 폭이 큰 편이다. 그 이유는 국어 교육을 둘러싼 전 세계 교육의 변화가 큰 데다 그러한 변화에 대처하고자 국어교육계가 그만큼 역동적으로 노력하였기 때문이다. 2022 개정 국어과 교육과정 또한 개정4판에서 담아내고자 하였던 중요한 내용이다. 이 책을 통해 그동안의 노력으로 쌓아 올린 '국어 교육의 현재'뿐만 아니라 끊임없이 탐구해야 할 '국어 교육의 미래' 또한 그려 보고자 하였다. 국어 교육의 장소는 학교 밖으로까지 확대되었고, 국어 교육이 협력해야 할 대상은 디지털의 발달에 따라 시시각각 확장되고 있다. 이렇듯 국어 교육을 둘러싼 모든 내용을 다 담고자 하였으나 필자들의 노력만으로는 벅찼음을 고백할 수밖에 없다. 그 부족한 점을 국어 교육을 고민하는 많은 이들이 채워 주시리라 기대해 본다.

2005년경 처음 이 책을 집필하기 위해 필자들이 밤새 토론하면서 논의하였던 여러 쟁점을 다시금 돌이켜 보았다. 그로부터 약 20여 년 동안 국어 교육은 참으로 많이 노력하였고, 또 변화하였다. 물론 앞으로도 그 걸음은 멈추지 않고 지속될 것이다. 필자들도 국어 교육의 새로운 방향을 모색하는 데 쉼 없이 미력한 힘이나마 보탤 것임을 이 자리를 빌려 약속드린다.

개정4판부터는 책의 판형과 본문 디자인을 달리하였다. 이 책의 독자들이 언제 어디서든 즐겁고 편하게 책과 함께할 수 있었으면 하는 마음을 담아 보았다. 이 모든 변화는 오랜 기간 이 책과 호흡을 함께하였던 사회평론아카데미의 김천희 선생님이 계셨기에 가능한 일이었다. 2023년의 무더운 여름과 긴 장마 기간에도 아랑곳하지 않고 고군분투해 주신 김천희 선생님께 진심으로 감사드린다.

2023년 8월

저자 일동

초판 서문

이 책은 국어 교육학에 입문하고자 하는 다양한 사람들을 대상으로 하여 국어 교육에 대한 이해를 돕고자 기획한 것이다. 우선 이 책은 교육대학교, 사범대학교, 교육대학원의 국어교육 전공 학생들이 국어 교육에 입문하기 위해 필요한 책으로서의 성격을 지닌다. 하지만 학교 현장에서 국어 교육을 실천하고 있는 국어 교사, 사회 각 부문에서 국어 교육과 관련 있는 활동을 하는 사람들, 그리고 자녀들의 국어 교육에 관심을 가진 학부모 등 다양한 이들에게도 유용한 책이 될 것이다. '국어 교육의 미래를 모색하는 열여섯 가지 이야기'라는 부제를 단 이유는, 국어 교육학을 공부하고자 하는 사람들이 좀더 친근하게 접근할 수 있도록 하기 위한 것이다.

이제 국어 교육은 모국어 교육이라는 기본적인 관점을 유지하면서 동시에 세계 속의 한국어 교육이라는 위상으로 나아가고 있다. 이러한 시점에서 국어 교육이 무엇을, 어떻게, 왜 해야 하는가, 그리고 어떤 점에 주목해야 하는가를 중심으로 하여 고민하는 과정은 필요하면서도 중요한 작업일 것이다. 여러 가지 많은 내용을 다루고자 하였으나, 이 책에는 간단하게 소개만 했거나 혹은 상세한 설명을 생략한 부분이 있다. 그 여백은 강의 시간 혹은 개인적인 탐구의 몫으로 남겨 두었다. 모든 것을 펼쳐놓기보다는 문제 제기만 하고 넘어가거나 친절한 설명이 생략된 부분은 이런 이유 때문에 존재한다.

이 책은 총 3부로 구성되어 있다. 제1부에서는 국어 교육을 실천하는 데 바탕이 되는 국어과 교육과정, 국어 교과서, 국어과 교수·학습 방법, 국어과 평가 등에 대한 이해를 돕고자 했다. 제2부에서는 국어 교육의 내용을 화법 교육, 독서 교육, 작문 교육, 문법 교육, 문학 교육, 매체언어 교육의 차원에서 접근하였다. 제3부에서는 언어 발달, 초기 문자 교육, 대중문화와 국어 교육, 부진아 및 영재 교육, 다문화 시대의 국어 교육 등을 다룸으로써 국어 교육에서 강조하거나 최근 새롭게 부각되고 있는 내용을 담아내고자 했다.

이 책이 국어 교육에 관한 모든 내용을 다루고 있는 것은 아니다. 사실 이 책에 실린 내용은 출발점에 불과하다. 출발점을 떠나 도달해야 할 목적지는 이 책을 공부하는 사람들의 목적에 따라 다를 것이며, 어떻게 활용하는가에 따라 그 효과 또한 다를 것이다. 다시 읽어 볼수록 부족함을 느끼는 책이지만 이것을 출발점으로 앞으로 국어 교육에 대해 좀더 치열하게 고민하고자 한다. 이 책이 지니고 있는 부족함은 앞으로의 보완 작업을 통해 채우고자 하며, 그 보완 작업은 이 책의 필자뿐만 아니라 국어 교육에 관심 있는 모든 이들에 의해 지속적으로 이루어졌으면 하는 바람이다.

이 책을 기획하고 출판하기까지 여러 사람들의 노고가 있었음에 감사드린다. 우선 이 책의 기획에 참여했던 고하영 선생, 흔쾌히 이 기획을 받아들였던 사회평론사의 윤철호 사장님께 감사드린다. 그리고 필자들의 게으름을 인내하면서 더운 여름날 고된 편집 작업에 애썼던 김태균 선생에게 미안함과 고마움을 동시에 전하고 싶다.

2008년 8월 7일

저자 일동

차례

3부

1부

제1장 국어 교육의 필요성

제2장 국어과 교육과정

제3장 국어과 교과서

제4장 국어과 교수·학습 방법 및 수업 방법

제5장 국어과 평가

01

국어 교육의 필요성

1 언어의 본질적 기능은 무엇인가 / 2 이미 익숙한 모어를 왜 가르칠까 / 3 국어과 교육의 성격은 무엇인가

'국어과 교육'이란 학교 제도 교육에서 실행되는 교과 중 하나인 국어 교과에 대한 의도적 교육 행위 총체를 지칭한다. 반면, '국어 교육'은 태어난 직후 가정에서부터 각종 방송 매체, 사회생활에서 이루어지는 잠재적 교육까지 포괄하는 개념이다. 인간의 모든 일상은 결국 '소통'으로 이루어지는데, 언어를 매개로 이루어지는 소통 맥락에서 교육적 행위가 일어나는 경우를 통틀어 국어 교육이라고 한다. 이를테면 우리가 뉴스를 시청하는 장면, 미술관에서 작품을 관람할 때 주변 관람객들이 작품에 대해 서로 토론하는 내용을 곁눈질하며 듣는 장면에서도 국어 교육적 행위가 일어난다고 할 수 있다.

국어 교육의 목적이자 매개가 되는 '한국어'는 우리 언어문화 공동체를 유지하고 있는 개별 언어로, 사용하는 인구수로도 세계 수위에 드는 언어이다. '한국어 교육'은 한국어가 모어가 아닌 학습자를 대상으로 한국어를 교수·학습하는 경우에 한정된 개념이다. 그런데 최근 국어과 교실에서도 한국어를 모어로 하지 않는 학습자가 늘어나고 있어 이들을 대상으로 적극적으로 한국어 교육을 실행해야 하는 경우가 더욱 많아졌다.

국어과 교육은 교실 환경에서의 교육만을 놓고서는 제대로 이해하기 어렵다. 학습자가 평소에 어떤 문식 환경에 놓여 있는지에 따라 교실 내의 교과 활동이 영향을 가장 많이 받는 교과이기 때문이다. 이러한 이유로 국어 교육학은 국어과 교육을 중핵적으로 연구하면서도 제도권 밖이나 학교 밖의 국어 교육 현상도 중요하게 다룬다. 실제로 국어 교육학에서는 인

간의 소통에 대해 심도 있는 연구를 하는 수많은 학문에서 국어과 교육의 의미 있는 국면을 발견해 왔다. 어떠한 변인이 도출될지 모르는 교실에서 이루어지는 한 차시의 국어 수업에 대하여 국어 교육학은 훨씬 더 다층적이고 복잡한 '국어 교육 현상'에 대한 학제적인 접근을 취하면서 뒷받침하고 있는 것이다.

전 지구적 환경이 급격히 변화한 상태에서 무엇보다도 학습자의 언어적 소통 행위가 급변하여, 새로운 국어 교육 현상이 발굴되고 그에 따라 교육과정과 교과서도 끊임없이 변화하고 있다. 국어과 교사도 이에 대처하도록 요구된다. 인간의 모든 일상이 국어과의 내용이 될 수 있다면 도대체 국어과의 본질은 무엇인가? 국어 교과의 본질과 사회적 요구가 만나는 지점은 무엇인가? 근본적인 질문은 두렵다. 그러나 이에 답하려는 노력은 국어 교육에 대한 폭넓은 이해로 이끈다. 이 장에서는 진부한 질문이지만 그래서 더욱 중요한 질문인 '국어 교육의 필요성'에 대해 차근차근 답을 찾아보고자 한다.

1 언어의 본질적 기능은 무엇인가

국어 교육학의 연구 대상은 '국어 교육 현상'이다. 언어로 소통하는 인간의 다양한 국면에 주목하여 국어 교육 현상을 연구하며, 교육적 가치를 부여한 후 국어 교과의 내용으로 삼는다. 삶의 모든 면이 결국 소통으로 이루어지기 때문에 국어 교육 현상에 포괄되지 않는 현상은 거의 없다. 그렇기에 학제적이고 복합적인 성격을 지닌 국어 교육학에 입문하는 데 어려움이 있을 수밖에 없다. 여기에서는 '언어의 본질적 기능'을 중심으로 하여 국어 교육 현상에 대한 접근 경로를 이해해 보도록 하자. 이는 곧 국어과 교육과정에 응축되어 있는 역사이자 철학이기도 하다.

> 언어는 우리를 둘러싸고 있는 세계에 의미를 부여하는 음성, 의미, 구조의 체계이다. 언어는 사고의 도구요, 사회적 조직의 수단이며, 지식의 저장고이자 전달의 수단이고, 문학의 재료이며, 인간관계를 창조하고 유지(또는 파괴)하는 기능을 가지고 있다[R. Carter(ed.), 1992: 5].

인용된 문구는 영국의 언어 교육과정의 근간을 이루고 있는 언어의 핵심 기능과 본질을 압축적으로 보여 준다. 우리 국어과 교육에서도 이와 비슷한 논리를 구성해 왔다.

1. 국어과 교육의 출발점은 언어 사용이다.
2. 언어 사용에는 개인적·심리적인, 사회적·문화적인 측면이 존재한다.
3. 언어 사용의 개인적·심리적인 측면과 사회적·문화적인 측면은 서로 깊은 관련이 있다. (이도영, 1996: 6)

이 논리에 따라 '언어 자체의 속성', '개인적 기능', '개인-사회의 통로', '사회 · 문화적 기능'으로 나누어 '언어의 본질적 기능'에 대해 구체적으로 살펴보도록 하자.

1) 언어 자체의 속성

(1) 언어는 체계이다

'체계'는 언어의 개념을 규정하는 것을 가능하게 하며 상호 의존적인 전체 요소를 비교할 수 있게 한다. 상호관계를 강조하는 이 용어는 각각을 결합하는 유사점과 상이점을 강조하며, 언어가 관계의 체계가 되도록 한다(그레마스 외/천기석 외 역, 1983/1988: 372). 체계는 언어를 구성하는 개별 요인들이 서로 긴밀한 관련성을 가지며 궁극적으로 언어 전체가 하나의 구조물을 이루고 있음을 의미한다. [ㄱ]은 '그 자체의 고유 음가'를 지니는 것이 아니다. 다른 자음과의 '관계 속에서' [ㄱ]의 음가가 '결정될 뿐이다.' [ㄱ]의 음가는 반드시 전체 자음 체계 속에서 배워야만 제대로 배울 수 있다.

모든 언어는 음운 체계뿐만 아니라 의미 체계, 어휘 체계, 문법 체계를 지닌다. 모어 화자는 각각의 체계에 익숙해져 있기 때문에 의식하지 않고서도 자연스럽게 일상의 언어생활을 훌륭히 수행해 낸다.

대체로 초등학교 저학년 단계에 이르면 한 언어의 체계에 온전히 익숙해지게 된다. 그렇지만 중등학교 국어 과목에서도 '체계로서의 언어'를 학습할 필요가 있다. 물론 그 교육 목표는 초등학교 때와는 달라진다. 중등 단계의 학습자에게는 무의식적으로 인식하였던 언어 체계를 다시 대상화하여 새롭게 인식하도록 하는 것이 요구된다.

현재 국어 교육에서는 '체계' 개념에 대해 많은 오해와 선입견이 있는데, 이로 인해 문법 교육의 동향 역시 오독되곤 한다. '언어 내적 체계(구조주의 관점에 따라 한 문장의 내부 구조를 분석하는 활동이 대표적으로 여기에 해당한다)'와 '언어 사용의 체계'를 별도로 구분하는 관점이 보편적이고, '언어 사용의 체계'는 언어 공동체의 사회 · 문화적 맥락과 규칙에 따라 구축된다는 '사회언어학적 접근'을 따르곤 한다. 그러나 할리데이(Halliday)를 위시한 체계 기능 언어학에서는 '언어'와 '언어 사용'의 관점이 분리되지 않는다. 이는 사용으로서의 언어(language in use)라는 퍼스(Firth)의 언어관을 이어받은 것으로, '언어의 체계'를 밝히면 곧 '언어 사용의 체계'와 일치하게 된다. 즉, 모어 화자가 표현 의도를 언어화하는 과정에서 잠재적으로 지니고 있던 선택항을 '체계'로 보는 것이다.

(2) 기호로서의 작용

언어는 기호로서 작용하는 특성을 지닌다. 이는 언어가 소통되는 측면을 관찰할 때 도출되는 특성이다. '기호'를 한마디로 정의하기란 어렵다. 기호를 연구하는 학문인 기호학에 대한 외연적 정의가 불가능할 정도로 기호를 바라보는 관점은 다양하다. 그러나 기호학계에서는 대체로 현대 기호학을 커뮤니케이션과 의미작용의 현상을 연구하는 학술 분야로 정의하는 데에는 동의한다. 이렇게 보면 '모든 커뮤니케이션 과정 속에는 일정한 문화적 계약에 근거하는 규칙이나 코드가 존재한다'는 것이 현대 기호학의 공통적인 전제라고 할 수 있다(김치수 외, 1998: 3).

이런 의미에서 언어는 기호의 일종이며, 언어 체계는 다른 기호 체계들의 우두머리 격이다. 인간이 언어를 사용하는 근본적인 이유는 바로 '의미하고 소통하기 위해서'이다. 인간은 출생 직후부터 울음이나 신체적 행동 등 여러 수단을 동원하여 의미를 표출, 전달한다. 그러다가 성인이 되면서 언어를 의미 전달의 핵심 수단으로 간주하게 된다. 모든 모어 화자는 의미 구성 과정에서 서로 다른 형태의 기호를 유기적으로 결합하여 활용하는데, 이러한 의사소통 활동은 결국 기호를 통하여 실현되는 사회적인 행위라 할 수 있다.

이러한 변화 뒤에는 언어학 이론이 자리잡고 있다. 언어학의 아버지 소쉬르(Saussure)는 '언어학이 사회 내에서 기호의 삶을 연구하게 될 기호학에 방법론적 모형을 제공하게 될 것'이라고 예언하였다. 그 예언대로 언어학은 인류학, 사회학, 철학, 문학, 정신분석학 등의 여러 분야에 기본적 연구 방법론을 제공하는 학문이 되었다. 그리하여 의사소통으로서의 언어와 언어 활동을 연구하면서 인간이 사용하는 언어들은 물론 제스처나 예술·문화를 통해 만들어진 기호 체계들, 그리고 인간 이외의 다른 모든 생명체가 지니는 여러 유형의 의사소통 체계에 이르기까지 모든 의사 전달 체계를 기호 현상으로서 탐구할 수 있게 되었다. 할리데이 역시 언어학의 목적이 '의미하는 방법'을 밝히고자 하는 데 있다고 하면서, 언어학이 사회 현상을 체계적으로 설명하는 방법론이 되어야 함을 주장하였다. 이는 체계기능언어학이 사회기호학파를 형성하는 데 기여하기도 하였다.

이로써 최근 국어과 교육에서는 국어의 개념역을 '음성 언어, 문자 언어, 시각 언어 등 다양한 양식의 기호와 매체가 활용되는 국어'로 폭넓게 규정할 수 있게 되었다. 그에 따라 모든 영역의 핵심 아이디어에 '언어를 비롯한 다양한 기호나 매체'라는 기호적 관점을 반영하였다.

(3) 문학의 재료

언어는 문학의 재료이다. 국어과 교육에서는 문학어와 일상어 개념을 별도로 구분한다. 일상어에서도 문학적 언어의 속성이 편재한다는 점에서 문학어와 일상어는 서로 밀접한 관련을 맺는다. 그러나 유구한 역사를 거치면서 문학 나름의 언어 운용 방식이 별도로 존재한다는 점에서, 문학에 대해 독자적으로 경험하고 탐구할 기회를 가져야 한다. 언어의 일차적인 의미는 물론이고 언어의 음상, 비유, 상징 등과 같은 장치에 익숙해야 하며, 문학 장르의 언어 자체를 자세히 들여다볼 줄 알아야 한다. 문학의 언어를 감상하는 과정을 통해 인간은 교화된 인간성을 훈련하고, 문명의 가치를 내면화하며, 문화적인 힘을 기를 수 있게 된다. 이러한 점에서 '문학 재료로서의 언어'는 국어 교과 내용에 포함된다.

또한 문학은 가치 있는 체험의 기록이며 언어에 의한 사상의 표현이기도 하다. 보통 문학의 구성에는 '내용적 조건과 형식적 조건'이 포함된다. 이처럼 문학을 규정하는 '형식적 조건'을 해명하고자 할 때 바로 문학의 언어에 대한 탐구로 주의가 집중되는데, 문학의 언어를 탐구한다는 것은 곧 문학의 예술성을 밝히는 것이다(구인환, 1987: 47~51). 문학은 인간의 삶을 언어로 형상화한 작품을 통해 즐거움과 깨달음을 얻고 타자와 소통하는 행위이다. 이러한 문학 향유 과정을 통해 인간은 자아를 성찰하고 타자를 이해하며 공동체의 일원으로 성장할 수 있다.

2) 개인적 기능

언어와 사고의 관련성에 대해서는 많은 가설이 있다. 원숭이는 언어를 사용하지는 않으나 사고할 수 있는 힘은 확실히 가지고 있다. 인간 역시 언어 소통의 결과로 언어 그 자체보다는 소통된 의미를 보다 추상적인 표상(representation)으로 저장하는 경향이 있다. 더 나아가 언어와 관련 없이 이미지로만 사고하는 예술가의 활동을 고려하면, 언어와 사고를 동일하게 볼 수 없으며 심지어는 둘 사이에 관련성이 없다는 가설이 옳은 것 같기도 하다.

그러나 적어도 국어 교육에서는 '언어는 사고의 도구'라는 가설을 지지한다. 본격적으로 언어를 습득하기 전에도 아동은 이미 복잡한 인지 활동을 한다는 증거가 있다. 이후 언어 능력이 발달하면서 기억이나 문제 해결 등의 비언어적 인지 활동이 사고를 전달하는 데 더 효율적이 되는데, 그에 따라 좀 더 분명하게 인지 활동을 수행할 수 있다. 사피어-워프(Sapir-Whorf)의 언어 상대성(linguistic relativity) 가설에 따르면, 언어는 개인의 사고 또는 세상을 지각하는 방식을 결정한다. 에스키모인은 눈(snow)을 표현하는 다양한 용어가 있기 때문에 적어도 영어권 화자와 비교하면 '눈'과 관련된 세상을 다르게 인식할 것이다. 즉, 언어가 사고 행위를 촉진하거나 매개하는 역할을 한다는 것은 경험적으로 분명하다.

국어과에서는 크게 '인지적 사고'와 '정의적 사고'로 나누어 언어로 매개되는 사고 능력을 교육과정에 반영하고 있다. 국어과 교육에서는 전통적으로 인지적 사고를 중시하여 사고 과정 중심의 교수·학습을 설계하거나, 인지심리학의 영향을 받아 인지적 과정 중에 활용할 수 있는 각종 인지적 전략을 제공한다. 그러나 최근에는 인간 발달의 시발점이자 종착점은 동기, 습관, 가치 등의 정의적 영역이기에 태도를 교육 내용의 핵심 범주로 보아 국어과의 전 영역에서 중요하게 다룬다. 단 태도 교육은 단기간에 성취될 수 있는 요인이 아니므로, 인지적 접근을 통하여 교육 내용을 더욱 체계적으로 조직하고 장기적으로 설계해야 한다.

3) 개인과 사회의 통로

(1) 관계의 형성과 유지

언어는 인간관계를 형성하고 유지, 파괴하는 기능을 가진다. 아동의 언어 발달 과정에서 이러한 기능을 발견할 수 있는데, 이는 곧 언어의 관계 형성 기능이 인간 언어의 본질적 기능이라는 것을 방증한다. 적절한 시기에 타인과의 상호작용이 이루어지지 않으면 아동의 언어 발달은 멈추며, 아동이 맺는 관계가 사회적으로 다양해지면 그에 비례하여 언어 능력이 급격히 발달한다. 언어 발달 과정 자체가 언어로써 사회적 관계를 형성하는 과정인 것이다(Halliday, 2006: 46~48).

할리데이는 자신의 아들 나이젤의 언어 발달 과정을 관찰하였다. 그에 따르면, 보통 아동은 18개월에 이르러 '대화(dialogue)'를 시작한다. 다른 사람과 '대화'할 수 있는 능력은 대화에 참여하는 사람들의 '역할'을 결정하고 배분할 수 있는 능력이기도 하다. 처음에는 둘 사이의 '대화'만을 익히지만, 아동은 수많은 대화를 통해 '역할'을 연습하고 학습한 후 둘 이상의 참여자 안에서도 역할 배분에 익숙해지게 된다. 처음에는 확인 질문·명령·진술문 등에 단순히 답하는 역할이나 기껏해야 "저게 뭐야"라는 단순한 방식으로 대화를 시작하는 역할에 머문다. 그러나 다양한 문장 종결형을 익히게 되면서, 질문에 무작정 답을 하는 것이 아니라 질문자-답변자의 '사회적 관계'까지 생각하면서 답변자의 역할을 생각하게 된다. 즉, 아동은 점차로 대화에 진정으로 참여하게 됨으로써 다른 사람과 관계를 형성하는 방식, 사회·문화에 참여하는 방식을 배우게 되는 셈이다. 이러한 기능을 획득하여야만 '세계에 대해 의미를 부여할 준비'가 된다.

(2) 세계에 대한 의미 부여

우리는 인간 삶의 중요한 것들에만 의미를 부여하고 이를 '전체 세계'라고 믿는다. 인간은 동일한 개체나 현상이라 하더라도 그 의미에 따라 '다른 언어'를 부여한다. 가게에서 파는 '생수'와 하늘에서 내리는 '비'는 기본적으로 H_2O라는 동일한 성분으로 구성되어 있다. 객관적인 '화학적 세계'에서는 '생수'와 '비'를 다르게 명명할 이유가 없다. 그러나 일상생활에서 '생수'와 '비'는 인간에게 다른 의미를 갖기 때문에 인간은 각 경우에 대하여 '다른 언어'를 부여한 것이다. 똑같은 사건을 접하더라도 신문사나 기자마다 다르게 전달하는 경우를 볼 수 있다. 여기에서 '객관적인 언어로 사건을 표현할 수 없음'을 알 수 있다. 누구나 자신의 관점에서 자신의 언어로 다른 세계를 구성하는 것이다. 한마디로 우리는 언어로 세계의 모습을 구성하고, '언어로 구성된 세계'를 실제로 존재하는 세계와 일치한다고 믿는 것이다.

우리는 대체 어떻게 언어로 세상을 경험하고 이해하게 되는 것일까? 우리는 감각을 통해 우리에게 주어지는 것 그대로 세상을 분류하고 범주화하는 것이 아니며(Halliday, 2006: 355), 언어가 경험을 진화시키는 것이다. 그러므로 언어 능력의 차이는 세상에 대한 이해 수준의 차이도 초래한다. 앞서 언급하였듯이, 아동은 18개월부터 관계 형성의 언어를 획득하려는 노력을 하게 되는데, 이때부터 세상을 읽고 의미를 부여하며 명명·범주화할 준비를 하는 셈이다. 2세 이전의 아동은 단지 남이 하는 말을 '모방'하기만 하는데, 이는 곧 남들이 전해 주는 말을 통해 그대로 경험을 구성하는 것을 의미한다. 그러다가 관계 형성의 언어 기능을 완벽하게 획득한 2세 이후에는 드디어 모어(mother tongue) 사용의 단계로 들어선다. 이때는 단지 모방만 하는 게 아니라 이제는 자신이 인식한 정보가 무엇인지 파악하고 타인에게 그 정보를 전달하기 위해 언어를 사용할 수 있게 된다. 이는 곧 언어 사용의 주체성을 한 단계 높은 차원에서 획득하게 되었다는 의미를 지닌다. 이때부터 아동은 본격적으로 세상을 스스로 이해할 수 있는 단계에 들어서게 되며, 이제 부모가 알려 주는 세상과 다른 자기만의 세계를 '자신의 언어'로 '명명, 범주화'하면서 지식을 축적해 가고 성인이 되어 간다. 인간 언어의 이러한 본질적 특성은 국어 교과가 학습을 위한 도구 교과로 자리 잡도록 한다.

4) 언어의 사회·문화적 기능

(1) 사회적 힘

언어는 사회적 힘을 발휘한다. 오스틴(J. Austin)이 "말은 행위"라고 언급한 이래 화행(speech act) 개념은 국어 교육에서도 아주 중요하게 되었다. '말'은 행위나 다름없는 효과를 낳는다. 즉, 상대방의 팔을 붙잡고 완력으로 문을 열게끔 하는 '물리적 힘' 대신 "문 열어"라는 말만으로 상대방에게 문을 열도록 하는 '힘'을 충분히 발휘할 수 있다. 이때 언어는 무슨 일이 일어나고 있는지를 알려 주는 표상적 기능에 멈추지 않는다. 다른 사람에게 영향을 주며 행위와 운동을 촉발하는 힘을 발휘하는 기능을 하는 것이다.

이와 같은 언어의 기능은 '맥락'과 깊은 관련이 있다. 맥락은 '부가적'·'환경적' 요인이라기보다는 언어적 사건을 직접 작동시키고 발생시키는 가상적 힘이다. 특히 어떤 상황에서 어떤 주체가 발화하느냐에 따라 이러한 언어적 힘은 전혀 다른 효과를 발휘할 수 있다.

"당신은 유죄다"라는 발화는 법정에서 판사가 발화하였을 경우에만 강력한 효력이 발휘된다. 판사가 아닌 사람이 발화자라면 이 발화는 '특정인이 유죄라는 사실을 진술'한 것이거나 '자신의 느낌을 서술'한 것에 지나지 않는다. 그러나 판사가 "당신은 유죄다"라고 언급하는 순간 손 하나 까딱하지 않고 그저 '말'만 하였을 뿐인데도 죄인(판사가 그 말을 하는 순간 당사자는 '용의자'에서 '죄인'이 된다)을 교도소에 가도록 한다. 형 집행자가 죄인을 완력으로 교도소에 직접 송치할지라도 아무도 그에게 그것에 대한 책임을 묻지 않는다. 책임은 '말의 효력'을 발휘한 판사에게 있는 것이다.

최근 국어과에서는 언어가 사회적 맥락에서 지니는 힘과 가치에 주목한 교육 내용이 점차 늘어나고 있다. 이는 사용되는 맥락에서의 언어의 용법이나 효과를 살펴보는 것을 넘어서서 사회적 맥락은 언어로 구성되고 언어는 사회적 맥락을 다시 구성한다고 간주하는 것이다. 이로써 학습자는 언어적 주체로서 텍스트를 통하여 인간과 세계에 대한 사회적 실천 행위를 수행하게 되는 것이다. 담화 텍스트를 진공 상태에 놓지 않고 상황 맥락 및 사회문화적 맥락 안에서 자아와 세계, 정체성, 인간관계, 지식 체계 모두를 구성하는 것으로 봄으로써, 비판적 리터러시를 설계하는 근간을 마련하게 된다. 문법 교육에서는 언어와 사회적 맥락의 거리를 보다 국어과적으로 접근하기 위한 방법론으로써 '장르' 개념을 정의하여, 사회문화적 맥락에서 무엇이 적절하고 타당한 선택인지를 파악할 수 있는 틀을 마련하기도 하였다. 이에 대한 자세한 설명은 제9장을 참고할 수 있다.

(2) 사회적 조직 수단

언어는 사회적 조직의 수단이다. 각종 사회 제도와 관습을 유지하는 데 언어는 필수적인 수단이다. 한 사회는 다양한 계층과 조직으로 구성되어 있는데, 각각의 사회 조직은 나름의 독특한 언어 양식을 지닌다. 서로의 유대감 및 소속감을 유지하기 위하여 자신들만의 언어를 공유하는 것이다. 조직에 새로이 편입하려는 구성원이라면 기존 구성원들과 동화되어야 하는데, 이를 위해서 조직의 언어를 사용하는 법을 익히려 노력해야 한다. 해당 사회 조직의 언어는 '제도 및 관습'이라는 이름으로 사회 조직과 함께 유지된다.

개인은 동시에 여러 사회 조직의 구성원이 된다. 소통 상황에 따라 어떠한 조직의 구성원으로서 역할을 수행하고 있는지 미리 분석하고 그에 따른 적절한 언어를 선택해야 한다. 더 나아가 집단 간의 소통이 원활하려면 하위 집단 문화의 다양성을 인정해야 하며, 따라서 하위 집단의 언어 다양성을 인정하는 태도를 지니는 것이 무엇보다도 중요하다. 이에 강조점을 둠에 따라 최근 국어 교육에서는 다양한 변이형 및 사회 방언에 대한 탐구와 함께, 정체성에 따라 달리 선택할 수 있는 상황, 공정한 언어에 대한 각기 다른 기준 등을 탐구하도록 하고 있다. 또한 화법에서는 자아 개념, 사회 집단의 일원으로서의 정체성 등을 경험하게 하고, 문학에서는 인간의 삶을 언어로 형상화한 작품을 통해 즐거움과 깨달음을 얻는 데 그치지 않고 자아를 성찰하고 타자를 이해하며 공동체의 일원으로 성장해야 함을 강조한다.

(3) 지식의 저장고, 전달 수단

언어는 지식의 저장고이자 전달 수단이다. 인류가 문자를 발명하게 된 것은 기억력의 한계를 보완하기 위하여 지식과 정보를 효율적으로 저장하기 위해서였다. 문자 덕택에 지식과 정보를 장기간 저장할 수 있었고, 문자를 가진 민족은 문명인임을 자부하였다. 그러다가 인쇄술의 발달로 정보 저장 수단으로서 문자의 역할은 더욱 커졌고, 20세기에 컴퓨터의 비트(bit)는 인쇄술과 비교도 안 되는 저장력을 갖기에 이르렀다.

문자언어가 지식을 저장하고 전달하는 핵심 기능을 수행하게 됨에 따라 문자로 읽고 쓸 수 있다는 것은 지식을 학습하고 생산할 수 있는 능력이 있다는 것을 의미하게 되었다.

2 이미 익숙한 모어를 왜 가르칠까

지금까지 국어 교육학에서 다양하게 관심을 가지는 '국어 교육 현상'을 이해할 수 있도록 '언어의 본질과 기능'을 중심으로 '국어 교육 현상'에 접근할 수 있도록 하였다. 국어과 교육은 보다 포괄적인 의미의 '국어 교육' 중에서도 '제도 교육으로서의 학교 내 국어 교과 교육'을 가리킨다. 이를 바탕으로 여기에서는 국어과 교육의 위상에 대해 생각해 본다. 1)에서는 국어과가 과연 '교과'로서 위상을 지닐 수 있는지에 대해 생각해 보고, 2)에서는 국어과가 타 교과와 비교하여 어떠한 정체성을 지니는지에 대해 살펴본다. 현실적으로 교육과정 개정 작업 때마다 이 두 가지 논리는 강력하게 설명되어야 한다. 1)은 교육과정 총론과의 관계성 설정에서 명확히 설명되어야 하고, 2)는 국어과 교육과정을 개정하는 가운데 구체화 논리의 설정 과정이라고 할 수 있다. 교육과정 총론은 개별 교과 교육과정의 기본 틀을 제시하면서 각 교과 교육과정 간에 통일성과 일관성을 부여하는 기능을 하는데, 국어과에서도 교육과정 개정 때마다 총론의 기본 틀을 따라왔다.

교과가 변화하는 생태에 자생적으로 대비해야 한다는 점에서, 국어과 교사는 더더욱 국어 교육학의 최신 성과물에 관심을 가지지 않으면 안 되는 상황이다. 하지만 동시에 그럼에도 변함없이 모어 교육으로서 지녀야 할 본질이 무엇인지에 대해서도 균형 있는 시각과 논리를 마련해 두어야 한다.

1) 교과로서의 국어과 위상

언어가 우리 생활에서 무척 중요한 일부라고 할지라도, 국어 교육이 전체 수업 시수 중 높은 비중을 차지할 만큼 필요한지에 대해서는 논란의 여지가 많았다. 가르치지 않아도 누구나 듣고 말할 수 있다는 점이 논란을 부추겼다. 취학 후 몇 년이 지나면 읽기, 쓰기 역시 소통에 문제가 없을 정도의 능력을 갖추게 된다. 이렇게 보면 국어 교육은 초등학교 저학년까지만, 그것도 읽기, 쓰기에 대해서만 필요할지도 모른다.

그러나 앞서 살펴보았듯이 인간의 일상은 소통으로 이루어지고 소통 현상의 중심에 언어가 자리하고 있는데, 이는 국어과가 오랫동안 교과로서의 지위를 유지할 수 있었던 까닭을 깨닫게 해 준다.

인간의 가치를 드높이는 데 직결되어 사회적으로 지지를 받고 있으며 일정한 준거를 가지고 그 생성을 되풀이하고 있는 문화 요소 중 학교에서 가르칠 수 있는 대상으로 선정되어 들어온 학문이나 경험의 분야를 '교과'라 한다. 이와 같은 정의에 근거하여 볼 때, 국어는 교과의 자격을 가지기에 충분하다(심영택, 2003: 289~294). 모든 교과는 교육적 보편성과 교과적 특수성을 동시에 확보하여 교과로서의 존립 근거를 갖는다. 국어과 교육도 교육적 보편성을 지니는데, 이는 곧 인간의 개인적·사회적 성장에 기여할 수 있는 바가 있다는 의미이다. 국어과 교육은 늘 다음과 같은 목적을 가지고 기획·실행되었으며, 이로써 공동체의 일원들에게 교과로서의 위상을 확고히 하고 있다.

첫째, 국어 교육은 개인의 성장을 목적으로 한다. 언어 능력의 발전이 곧 개인의 성장을 의미하기 때문에, 국어 교육에서는 학생들이 사회적·역사적으로 그 가치를 인정받은 언어 자료를 경험하도록 하고 상상적·미적 생활을 영위하도록 함으로써 바람직한 성장을 도모한다.

둘째, 국어 교육은 범교과적인 능력을 획득하도록 한다. 인간은 언어 활동을 통해 인지의 대상을 기호화하고 그 과정에서 대상을 분류하고 체계화하는데, 그 과정이 바로 지식의 분화 과정이라 할 수 있다. 언어와 지식의 이러한 관계가 바로 국어과 교육이 범교과적인 기능을 하도록 만든다.

셋째, 성장 후의 실용성을 목적으로 한다. 성장 후 직업상, 사회 활동상 언어 능력이 필요하므로 이를 가르쳐야 한다는 관점이 뒷받침된 목적이다. 학생들이 급변하는 사회 속의 한 개인으로서 자신의 생활을 영위할 수 있도록 언어생활을 준비하는 것이 중요시된다.

넷째, 문화의 계승·창달을 목표로 한다. 한 개인은 공동체의 일원다워야 하며 조화와 협동을 이루는 존재가 될 때 개인의 존재 가치 또한 높아진다. 그러자면 문화적 정체성을 공유하여야만 사회 속에서의 삶을 순조롭고 조화롭게 영위할 수 있다. 이런 관점에서 모든 학생은 향토 또는 민족과 인류의 문화를 계승하고 발전시켜야 할 존재로 간주되며, 국어 교육에서는 그러한 능력의 향상을 강조한다.

다섯째, 문화 분석 능력의 향상을 목표로 한다. 다가올 미래에는 다양한 문화가 뒤섞일 것이기 때문에 개인은 선택을 강요당하고 그 책임 역시 개인 자신의 것이 된다. 모든 개인은 주체적으로 삶을 개척해 나가야 하므로 자신이 살아가는 세계와 문화적 환경을 비판적으로 이해하고 자신의 판단에 따라 선택을 결정하도록 해야 한다는 것이 문화 분석의 목표이다. 우리의 국어 교육은 학생들이 주체적으로 문화를 분석할 수 있는 능력을 길러 주어야 한다.

2) 국어과 교육의 교과적 특수성

모든 교과는 다른 교과와 구별되는 근거로써 교과적 특수성을 지니는데, 국어과는 '언어'를 근거로 이를 확보한다. 즉, 앞서 논의한 '언어의 본질과 기능'이 국어과의 목표이자 내용을 생성하는 근거가 되는 것이다.

이 점이 다른 교과와의 또 다른 차이점을 낳는다. 국어과 이외의 교과는 언어를 수단으로 하지만 언어 이외의 것을 목표로 삼기 때문에 교과적 특수성·정체성이 뚜렷하게 확보되고 그 목표와 내용도 상식적으로 구분할 수 있을 정도이다. 그러나 국어과는 사고 행위와 소통 행위의 매개인 '언어' 자체가 교과의 수단인 동시에 목표이다. 이 점이 국어 교과의 교육적 보편성과 교과적 특수성의 뚜렷한 구분을 어렵게 만들며, 목표와 내용 구별도 만만치 않게 한다. 국어가 무엇을 공부하는 과목인지 모르겠다는 학생들의 하소연은 여기에 기인한다. 따라서 교사는 국어과의 특수성을 제대로 이해하고 가르칠 '내용'이 무엇인지 명확히 할 필요가 있다.

국어과에서는 가르치는 내용의 범위가 너무나 광범위하기 때문에 '내용'을 영역별로 제시하고 있다. 그 대신 국어 교육 내용의 정체성을 알 수 있는 '준거 틀'과 내용의 특성에 따른 '내용 범주'는 특정할 수 있다. 이도영(1996)에서는 국어 교육의 '내용'이 생성되는 준거 틀을 다음 네 가지로 제시한다.

> 첫째, 언어의 기능을 준거로 내용을 설정할 수 있다. 이는 언어 사용의 여러 요소들을 관련지어 언어 사용의 목적을 보여 준다는 점에서 이점이 있다. 단, 그 '목적'을 어느 정도 세분화하여 보여 줄 것인가가 문제이다.
>
> 둘째, 텍스트 유형을 준거로 하여 내용을 설정할 수 있다. 국어 교육의 지향점을 분명하게 하고 있다는 점에서 이점이 있으나, 수많은 텍스트를 어떻게 유형화하여 가르칠 것인가가 문제가 된다.
>
> 셋째, 텍스트 생산 및 이해 방식을 준거로 내용을 설정할 수 있다. 언어 사용의 방법적 지식을 제공하는 것이므로 국어 교육의 본질이라 할 수 있는데, 문제는 이러한 방식들을 어떻게 도출하여 위계화할 수 있느냐는 것이다.
>
> 넷째, 언어적 사고력을 준거로 내용을 설정할 수 있다. 국어과 교육의 위상을 높일 수 있다는 점에서 주목할 만하지만, 국어과적 사고력이 무엇인지에 대해서는 논의의 여지가 있다.

이와 같은 네 가지 준거에 따라 교육과정을 개정할 때마다 교육 내용의 범주가 달라지곤 한다. 다른 개론서에서는 국어 교육 내용의 범주를 다음과 같이 제시하고 있다.

> ◆ 국어교육미래열기(2009: 87)의 견해: 국어 교육 내용은 다음 여섯 가지 관점에 따라 생성된다.

① 지식: 국어 활동에 관한 지식을 개념과 명제 형태로 제시한다.
② 과정: 국어 교수·학습의 상황 및 절차로 제시한다.
③ 경험: 교수·학습의 결과로 학습자가 지니게 될 언어 경험의 유형을 제시한다.
④ 기능: 언어 수행과 관련되는 국어 능력의 하위 기능을 제시한다.
⑤ 가치: 국어문화와 관련하여 태도 및 가치관을 함양하기 위한 사전 조건으로 제시한다.
⑥ 전략: 언어 수행과 관련하여 상위 인지적 전략 획득을 위한 하위 전략으로 제시한다.

교육과정이 개정될 때마다 용어 및 개념역이 종종 바뀌곤 하지만, 이제 국어 교육 '내용'의 종류는 대체로 '지식, 기능, 태도'라고 언급해도 된다. 그런데 김대행(2002c)에서는 이에 더하여 특히 '경험' 범주가 별도로 설정되어야 한다고 다음과 같이 언급하고 있다. 예를 들어, 문법 교육에서는 각 교육 내용의 요소별로 '문법 탐구 경험'을 제공하는 것이 중요하게 다루어지고 있다.

◆ 김대행(2002c: 25)의 견해: 언어의 네 가지 속성인 '사실(fact)', '과제(task)', '의미(meaning)', '정체성(identity)'을 통해 국어 능력을 완성할 수 있다. 각각의 언어 속성이 '수행', '지식', '태도', '경험'이라는 국어 교육의 '내용' 범주가 된다.
① 수행: '언어 구사'라는 과제를 해결하는 능력을 향상시키기 위한 내용 범주
② 지식: 언어로 이루어진 사실을 아는 능력을 향상시키기 위한 내용 범주
③ 경험: 언어를 통해 의미를 수용하며 그것을 구체화하고 그에 반응할 수 있는 능력을 향상시키기 위한 내용 범주
④ 태도: 언어를 통해 정체성을 구현하는 능력을 향상시키기 위한 내용 범주

교육 내용은 국어과 수업의 구체적 모습을 결정하는 핵심 요인이다. 그러나 이외에도 텍스트의 성격, 우리 언어 공동체의 역사적·사회문화적 성격, 학습자, 배우는 시기, 가르치는 사람, 국어 교육의 목적, 가르치는 이유, 교수 방법, 내용의 우선순위 등도 수업의 모습을 바꾼다.

3 국어과 교육의 성격은 무엇인가

논의된 내용을 바탕으로 할 때 국어과 교육의 성격은 크게 세 가지로 정리할 수 있다.

첫째, 국어과는 소통 교과이다. 외국어 교육에서는 기능적 문식성 차원에서 숙달도를 중

시하지만, 국어과에서는 이를 전제로 기본 소양 교육의 일환인 개인적 소통 능력의 향상을 목표로 하는 동시에 사회적 관계를 형성하고 사회적 문화의 창조에도 기여할 수 있는 사회문화적 소통 능력의 향상도 목표로 한다.

둘째, 국어과는 사고 교과이다. 지식을 구성하고 문제를 해결하는 가운데 언어를 더욱 정교하게 하고, 인지적 사고 과정을 더욱 정교하게 하며, 개인적 성장에 기여할 수 있는 경험을 제공하는 교과이다. 그렇기 때문에 국어과에서는 모어가 학습의 중요한 토대가 된다는 것을 강조한다.

셋째, 국어과는 가치관 교과이다. 언어가 담아내는 심미적·문화적·윤리적·사회적·정치적 가치를 다각도로 경험하게 하고, 인간 세계의 보편적이고 시의적인 가치 갈등 양상에 대한 인식과 판단력을 기르는 교과이다. 그렇기 때문에 때로는 인성 교육 및 공동체 의식 함양 교육의 기본 교과로 활용되기도 한다.

국어과 교육과정 문서의 '성격' 항목이 아무리 변화한다고 할지라도 국어과 교육이 모어 교육으로서 이와 같은 성격을 지닌다는 것은 변함이 없다. 다만, 그 구체적인 내용과 방법을 바람직하게 마련하기 위해 국어교육학 연구는 지금 이 순간에도 끊임없이 이루어지고 있다. 특히 최근에는 국어과 교육에서 몇 가지 큰 변화가 일어나고 있다.

첫째, 대상 학습자가 '한국어를 모어로 사용하는 사람'을 넘어 한국어를 제2 언어로 하는 경우까지 확대되었다. 이를 기반으로 세계 시민으로서의 공동체 의식 함양까지 염두에 두어야 한다.

둘째, 목표로 하는 능력이 좁은 의미의 언어 능력이 아니라 일상생활 및 사회생활 전반에서 갖추어야 할 '소양'으로서의 문식성 교육으로 확장되었다. 문식성이라는 개념은 원래 읽기·쓰기 영역에만 한정되어 정의되었다. 그러다가 최근에는 읽기와 쓰기에 대한 활발한 연구, 문식성과 관련된 역사적·사회적 연구, 정보 통신 및 컴퓨터의 발달로 인한 매체의 다양화, 그로 인한 소통 방식의 변화 등으로 인해 문식성 개념은 매우 복잡하고 다양한 의미로 규정되고 있다. 심지어는 전 학문 영역에서 문식성 개념을 활용하여 '과학 문식성' 등으로도 쓰이면서 특정 분야에 대한 전문적 소양을 일컫는 용어로 사용되기도 한다. 이러한 변화를 받아들여 국어과 교육에서는 기능적 문식성 외에도 '복합 양식 문식성, 미디어 문식성, 비판적 문식성, 문화적 문식성' 등 광범위하고 다양한 의미의 문식성 교육을 지향하게 되었다.

셋째, 국어과의 범교과적·도구 교과적 역할이 강조되고 있다. 국어과가 학교 교육의 중심축 역할을 하는 것을 넘어 평생 학습 사회에서 학교 밖 사회가 요구하는 언어 역량을 기르도록 하려면 타 교과 학습과 언어를 매개로 연계되도록 해야 한다(김창원, 2019). 이러한 점을 국어과에서는 오랜 기간 '도구 교과적 역할'이라 일컬었다. 그러나 그간 국어과가 타 분야 혹은 타 교과를 학습할 때 도구로 작용한다는 것은 다소 일반적이고 보편적인 성격의 '읽고 쓰는 능력'을 의미하였다. 그렇기에 주로 국어과의 도구 교과적 성격은 초등학교 저학년 시기에 익혀야 할 읽기와 기초 기능을 가리켰는데, 기능적 문식성이 발달하는 국면에서 그 토대를 이룬다는 의미로 도구 교과는 기초 문식성의 일환으로만 받아들여졌다. 여기에서 더 나아간다고 하더라도 사고 도구어를 익힌다든지 교과별 학습 어휘를 정리한다든지 등의 어휘 학습을 강조하는 데 그쳤다.

그러나 최근 국어과는 더 적극적으로 도구 교과의 역할을 자처하고 있다. 타 교과 학습에 일반적인 도구로만 소용되는 것을 넘어 교과별로 달리 요구되는 특정 언어적 역량을 파악하고 그 교과의 특성에 따라 지식을 구성하는 데 적절하게 활용될 수 있도록 언어적 교육 내용을 개발하고 있다. 이에 더해 국어과는 학습의 본질이 회복될 수 있도록 모든 교과 및 학습에서 언어의 역할에 주목하도록 하여 분야별로 특화된 언어들을 명시적으로 심도 있게 학습할 수 있도록 분야별 언어적 자원을 발굴하고 이를 토대로 학문 문식성을 신장해야 한다. 이러한 맥락에서 2022 개정 국어과 교육과정에서는 학교의 언어를 성찰할 수 있는 기회를 더 많이 제공하고 있다.

02

국어과 교육과정

1 국어과 교육과정이란 무엇인가 / 2 국어과 교육과정은 어떤 기능을 할까 / 3 국어과 교육과정은 어떻게 변해 왔을까 / 4 2022 개정 국어과 교육과정의 특징은 무엇일까 / 5 국어과 교육과정 변천의 쟁점에는 어떤 것이 있을까

"교육과정이 바뀔 때마다 교육청에서 새로운 자료가 오고 몇 명의 선생님이 연수를 받고 오시고는 하는데 대부분 별 관심이 없어요."

(25년 경력의 고등학교 국어 교사)

"그냥 국어 교과서로 수업을 하지 국어과 교육과정은 거의 안 봅니다."

(18년 경력의 중학교 국어 교사)

"임용고사 준비를 할 때는 국어과 교육과정을 달달 외웠는데 교사가 된 이후로는 거의 본 적이 없습니다."

(4년 경력의 중학교 국어 교사)

"보통 땐 별로 보지 않지만 연구 수업을 할 때는 가끔 참고로 하지요."

(10년 경력의 중학교 국어 교사)

교사가 국어과 교수·학습을 설계하고 교육 현장에서 이를 실행할 때 기준으로 삼아야 할 것은 무엇일까? 많은 교사들이 교육 현장에서 국어 교과서를 가지고 수업을 하다 보니 실제

국어과 교육과정은 볼 일이 없다고 말한다. 국어과 교육과정은 임용고사를 준비할 때 암기 과목 외우듯이 외우고 마는 그런 성격의 것은 아니다. 국가에서 교육 전문가를 동원하고 막대한 예산을 들여 국어과 교육과정을 개발하는 것은 그만큼 국어과 교육과정이 중요하기 때문이다.

이 장에서는 국어과 교육과정이란 무엇이며 이것이 어떤 기능을 하는지에 대하여 살펴보자. 또 국어과 교사에게 국어과 교육과정은 어떤 의미를 가지는지 생각해 보자. 아울러 해방 이후 국가 수준에서의 국어과 교육과정이 어떻게 변화해 왔는지, 현재 시행되고 있는 국어과 교육과정은 어떤 특징을 가지고 있는지 알아보자. 또 국어과 교육과정의 변천 과정에 나타난 쟁점에 대해서도 살펴보자.

1 국어과 교육과정이란 무엇인가

1) 국어과 교육과정의 개념

교육과정(curriculum)은 원래 라틴어에서 경주하는 말이 달리는 길이라는 의미를 가지고 있었으며, 전통적으로 '단위 과정에서 이수해야 할 교과(내용)의 목록'이라는 의미로 사용되어 왔다. 그러나 오늘날 교육과정은 이 같은 협의의 개념을 벗어나 '계획된 활동', '학교의 지도 아래 학생이 겪는 실제 경험', '수행할 일련의 과업', '의도한 학습 결과', '문화적 재생산의 도구', '사회 개선을 위한 프로그램' 등으로 다양하게 해석된다. 즉, 교육과정은 어떤 하나의 고정된 실체가 아니라 교육 목적의 달성과 관련된 일체의 계획과 실천이며, 역동적이고 상호작용적인 하나의 현상을 아우르는 광의의 개념으로 사용된다.

교사가 학생들을 교육할 때 자신이 가르치고 싶은 것을 즉흥적으로 결정하여 지도하지는 않는다. 교사는 일정한 계획을 가지고 그 계획에 따라 일련의 과정을 거치면서 교수·학습을 실천하게 된다. 우리나라는 교육법 제155조에 초·중등학교의 교육과정을 교육부 장관이 정하도록 규정하고, 교육법 제150조에 각 학교가 소정의 교육과정을 수업하도록 명시하고 있다. 그리고 지방 교육 자치에 관한 법률 제27조에는 각 시·도 교육감의 사무 중 교육과정 운영에 관한 사항을 명시하고 있다. 이와 같이 교육과정과 관련된 교육 법제에 의해 초·중등학교의 교육과정은 교육부가 결정하고 문서로 고시하여 존립해 왔다(교육부, 1994: 3). 그러므로 국어과 교사가 교육을 계획하고 실천하는 데 기초가 되는 것이 바로 국가 수준의 문서로서의 국어과 교육과정이다.

우리나라는 교수요목기 이래 여러 차례에 걸쳐 국가 수준의 국어과 교육과정을 개정해 왔다. 국가 수준의 문서로서의 국어과 교육과정은 그 시대의 교육 이론과 사회적 요구, 교육 정책 등을 종합적으로 반영하여 작성한 공식적인 교육 계획서이자 교육 연구물이다. 그러므로 이것을 통해 각 교육과정기에서 추구했던 국어과 교육의 모습과 교육 연구물로서의 국어과 교육과정의 발전 과정을 살펴볼 수 있다.

2) 국어과 교육과정의 수준

교육과정을 개발하고, 개발된 교육과정을 운영하고, 교육과정의 가치를 평가하는 것 등을 교육과정 활동이라고 한다. 학교 교육이 효율적으로 이루어지기 위해서는 교육과정의 개발, 운영, 평가라는 세 활동이 유기적으로 계속 순환되어야 한다. 이 같은 교육과정 활동은 국가, 지역, 학교, 학년 또는 교과, 학급, 학생 등 여러 수준에서 이루어진다. 이 중 국가가 교육과정을 개발하고 평가하는 활동을 하고 지역이나 학교가 교육과정을 운영하는 역할을 담당하는 경우를 중앙집권적인 교육과정 체제라고 한다. 이와 달리 교육과정을 개발하고 운영하며 평가하는 모든 활동이 지역이나 학교를 중심으로 전개되는 경우를 지방분권적인 교육과정 체제라고 한다. 중앙집권적인 교육과정 체제는 ① 교육과정의 운영이 획일화되고 경직되기 쉽고, ② 권위주의적 교육 풍토를 조성할 가능성이 있으며, ③ 한번 제정된 교육과정을 개정하기 어렵고, ④ 교사가 교육과정의 문제로부터 소외될 가능성이 있으며, ⑤ 다양한 교육과정의 운영이 어렵다는 문제점을 안고 있다. 한편 지방분권적인 교육과정 체제는 ① 교육과정을 전국적으로 합의하기가 어렵고, ② 전문가, 예산, 시간 등이 부족하여 질적 수준이 낮은 교육과정이 되기 쉬우며, ③ 지역 중심, 학교 중심, 교사 중심에 치우쳐 교육 개혁이 전파되기 어렵고, ④ 지역, 학교 간의 격차가 심화될 가능성이 있으며, ⑤ 국가 수준에서 학교 교육을 주도하고자 할 경우 정책을 시행하는 데 한계가 있다(김대현·김석우, 2001: 30~31).

그러므로 어느 한 체제를 선택하는 것보다 각각이 지닌 문제점을 최소화하는 절충형이 바람직하다. 오늘날 많은 국가에서는 국가가 일반적인 지침 수준의 교육과정을 발표하고 이에 대해 평가하며, 지역과 학교에서 이러한 국가 수준의 교육과정을 지역이나 학교의 상황에 맞게 교육과정을 재개발하고 운영하며 평가하는 형태를 취하고 있다. 국어과 교육과정의 경우도 교육과정 활동을 하는 교육 공동체의 위상에 따라 수준을 나누어 접근할 수 있다.

(1) 국가 수준의 국어과 교육과정

교육과정의 최상위에는 국가 수준의 교육과정이 있다. 이는 앞서 기술한 대로 교육법에 의하여 고시된 것으로 학교 교육에 관한 전국 공통의 일반 기준이 된다. 이같이 국가 수준의 교육과정을 교육의 기준으로 삼음으로써 학교 교육의 규범성과 균질성을 꾀할 수 있다. 그러나 국가 수준의 국어과 교육과정은 각 지역과 학교, 학급 등의 특성을 모두 반영하기가 어렵다. 또 너무 구체적이고 상세히 제공되면 지역과 학교의 자율성과 국어 교사의 전문성을 침해하게 된다.

(2) 지역 수준의 국어과 교육과정

지역 수준의 국어과 교육과정은 시·도에 있는 교육 자치 단체가 지역의 특성에 맞게 국가 수준의 국어과 교육과정을 재구성한 것으로, 해당 지역의 학교 교육과정에 영향을 주게 된다. 시·군·구 교육청에서는 해당 지역의 학교가 참고할 수 있는 장학 자료를 개발하여 제공함으로써 학교 수준의 국어과 교육과정의 방향을 제시한다.

(3) 학교 수준의 국어과 교육과정

학교 수준의 국어과 교육과정은 학교의 실태와 학생들의 특성, 요구 등을 고려하여 지역 수준의 국어과 교육과정을 재구성한 것으로, 교수·학습 수준의 국어과 교육과정에 영향을 주게 된다. 학교 수준의 국어과 교육과정은 학교가 국가 수준의 교육과정을 수동적으로 실행하는 것이 아니라 이를 구체화하고 보완하거나 재구성한다는 점에서 교육과정의 내용을 결정하는 실질적인 권한을 가진다.

(4) 교수·학습 수준의 국어과 교육과정

교수·학습 수준의 국어과 교육과정은 교과서와 학교 국어과 교육과정으로 재구성된 국가 수준의 국어과 교육과정을 실제 교수·학습으로 실현하는 현상을 말한다(최현섭 외, 2005: 73). 교수·학습 수준의 국어과 교육과정을 실현하는 과정에서 교사는 학교와 교실 상황에 따라 현실적 특성을 반영하여 창의적이면서도 개별화된 수업을 꾀할 수 있다. 이 수준의 교육과정에서는 상위 수준의 국어과 교육과정을 정확하게 이해하고 이를 자신의 교수·학습 상황에 맞게 재구성하여 실행할 수 있는 국어과 교사의 전문성이 중요하게 부각된다.

3) 국어과 교사와 국어과 교육과정

일반적으로 국어과 교사가 학교 교육 현장에서 주어진 교과서로 매 차시 수업 자체에 치중하다 보면 국어과 교육과정에 대하여 별다른 인식 없이 지내는 경우가 많다. 국가에서 고시한 교육과정이 교육 현장에서 제대로 이루어지기 위해서는 교사가 반드시 교육과정에 대해 이해하고 실천할 필요가 있다.

국어과 교사는 국가에서 고시한 교육과정을 준거로 교수·학습을 계획, 실행, 평가해야 한다. 그러므로 교사는 자신의 교실 수업 상황에 맞게 국어과 교육을 계획하고, 이에 맞는 교육 내용을 선정·조직하며, 이를 지도하고 평가하는 교수·학습 수준의 교육과정 설계자이다.

동시에 교사는 교과서라는 수업 자료를 자신의 교실 수업 상황에 맞게 적극적으로 재구성하여 사용하는, 국가에서 고시한 교육과정을 현장에서 실행해 가는 교육과정 실천자이다. 아무리 잘 만들어진 교육과정이라 하더라도 교사가 이를 실제 수업에서 실행하지 않는다면 그것은 문서상으로만 존재할 뿐이다.

이뿐만 아니라 교사는 교육과정의 실천 과정에 나타난 문제점을 평가하고 이를 개선하기 위하여 노력하는 교육과정 평가자이기도 하다. 교육과정을 만들 때 다양한 이론과 상황, 변수를 고려했다고 하더라도 이것이 교육 현장에서 발생할 수 있는 모든 것을 다 예측하기는 어렵다. 교사는 교육과정을 실행하는 과정에서 문서상으로 작성된 교육과정이 실제 교수·학습에 맞는지를 살펴볼 수 있으므로 가장 적절한 교육과정 평가자라 할 수 있다.

그러므로 교육과정 설계자, 실천자, 평가자 등으로서 교사는 교육과정 전반에 대해 이해하고 전문적인 안목을 갖추어야 한다.

2 국어과 교육과정은 어떤 기능을 할까

교육 현장에서 국어과 교육을 할 때 왜 국어과 교육과정이 필요한 것일까? 교육과정은 일반적으로 교육의 과정(process)에서 교육 공동체가 어떤 결정을 내릴 때 기준을 제공함으로써 교육과정의 규범성과 균질성을 꾀할 수 있게 한다. 즉, 교육과정은 교육의 과정을 통제하고 조절하는 역할을 한다. 이처럼 국어과 교육과정도 국어과 교육의 과정을 통제하고 조절하는 기능을 한다. 일반적으로 국가 수준의 국어과 교육과정은 다음과 같은 기능이 있다.

첫째, 국어과 교육의 체제를 관리한다. 교육 현장에서 국어과 교육이 이루어지기 위해서는 전체 교과 수업 중 〈표 1〉과 같이 국어과 수업의 시간 배당이 결정되어야 한다. 또 국어과 교육의 목표와 수준, 영역, 국어과의 선택 과목 등에 대한 표준이 정해져야 한다. 이러한 것들은 국어과 교육을 조직하고 운영하는 데 필요한 사항으로 교육 공동체의 합의가 필요한 부분이다. 국어과 교육과정은 교육 공동체의 연구와 토론을 거쳐 구성된 결과물로 국어과 교육의 체제와 관련된 전반적인 부분에 기준을 제시하고 있다. 결국 국어과 교육의 구체적인 체제는 국어과 교육과정을 근거로 이루어진다.

둘째, 국어과 교수·학습 계획의 기준이 된다. 학습자가 학습 목표를 효과적으로 달성할 수 있도록 좋은 교수·학습을 하기 위해서는 교수·학습의 계획을 제대로 세워야 한다. 국어과 교육과정에는 교사가 국어과 교수·학습을 위하여 언제, 무엇을, 어떻게 하여야 하는가에 대한 표준적인 내용이 담겨 있다. 그러므로 교수·학습의 계획을 세우는 단계에서 국어과 교육과정을 기준으로 학습자의 수준에 맞는 학습 내용을 선정하고 이에 맞는 학습 방법과 평가 방법을 마련하여야 한다.

표 1 2022 개정 교육과정의 초등학교 시간 배당 기준(교육부, 2022b: 17)

구 분		1~2학년	3~4학년	5~6학년
교과(군)	국어	국어 482	408	408
	사회/도덕		272	272
	수학	수학 256	272	272
	과학/실과	바른 생활 144	204	340
	체육	슬기로운 생활 224	204	204
	예술(음악/미술)	즐거운 생활 400	272	272
	영어		136	204
	소계	1,506	1,768	1,972
창의적 체험활동		238	204	204
학년군별 총 수업 시간 수		1,744	1,972	2,176

셋째, 국어과 교수·학습 내용의 기준이 된다. 교수·학습의 목표와 내용, 방법은 유기적 관계가 있다. 국어과 교육과정에는 그 시기의 교육 이론과 시대·사회적 요구 등을 반영한 국어과 교육의 목표가 정해지고 이 목표를 달성하는 데 적합한 교수·학습 내용을 선정하여 조직해 놓고 있다. 그러므로 국어과 교육과정은 교육이 이루어지는 시점에서 다루어야 할 교수·학습의 내용과 순서에 대한 기준으로 작용한다. 국어과 교과서가 국어과 교육과정에 제시된 학습 내용과 순서를 기준으로 편찬이 되는 것도 바로 이런 이유에서이다.

넷째, 국어과 교수·학습 방법의 기준이 된다. 국어과 교육과정에는 국어과 교수·학습을 어떻게 해야 하는가를 제시하고 있다. 초창기의 국어과 교육과정에서는 교수·학습 방법에 대하여 일반적인 수준에서 간략하게 언급했지만, 최근에는 교수·학습 계획, 교수·학습 실천, 교수·학습 자료 제작 등의 과정에서 고려해야 할 사항을 세분하여 제시하고 있다. 국어과 교수·학습의 구체적인 방법은 학교 교육 현장에서 교사, 학습자, 교수·학습 환경 등에 따라 다양하게 나타날 수밖에 없다. 그러나 원리적인 측면에서 국어과 교육과정에 제시된 교수·학습 방법을 기준으로 삼음으로써 교육과정에 제시된 목표, 내용과 유기적인 관계가 있는 교수·학습 방법을 구현할 수 있다.

다섯째, 국어과 교수·학습 평가의 기준을 제공한다. 국어과 교수·학습 평가에서는 교육의 목표와 내용에 맞는 적합한 평가 방법이 사용되어야 한다. 국어과 교육과정에서는 평가 계획, 평가 목표 설정과 내용 선정, 평가 방법 등의 유의점에 대하여 안내함으로써 국어과 교수·학습에서 평가가 제 기능을 할 수 있도록 한다.

3 국어과 교육과정은 어떻게 변해 왔을까

국가 수준의 국어과 교육과정은 지식의 변화, 사회 여건의 변화, 교육 이론의 발전, 현존하는 교육 프로그램의 적절성에 대한 계속적인 평가 등에 의하여, 그리고 국어과 교육과정의 내적인 문제를 개선하기 위하여 변천해 왔다(교육부, 1999a: 2). 국어과 교육과정은 해방 이후 교수요목기를 거쳐 여러 차례에 걸쳐 개정되었는데, 각각의 국어과 교육과정은 다음과 같은 특징이 있다.

1) 교수요목기

해방 직후 1946년 미군정청 학무국에서 학교 교육의 지침으로 '교수요목'을 고시하였다. '교수요목'은 우리 교육 사상 최초로 성문화된 교육과정으로, 전통적인 교과주의와 미국의 영향을 받은 경험주의에 기반을 두고 있다(최현섭 외, 2005: 75). '교수요목'에서는 국어과를 국민학교(현재의 초등학교)의 경우 '읽기', '말하기', '듣기', '짓기', '쓰기' 등과 같이 다섯 영역으로 구분하고, 중학교의 경우 '읽기', '말하기', '짓기', '쓰기', '문법', '국문학사' 등과 같이 여섯 영역으로 구분하여 교수 요지, 교수 방침, 교수 사상, 교수의 주의 등에 대하여 간략하게 기술하고 있다. 이를 최근의 국어과 교육과정과 비교해 보았을 때 국민학교에는 '문법'과 '문학' 영역이, 중학교에는 '듣기'와 '문학' 영역이 없다는 점과 중등학교에 '국문학사'라는 영역이 있다는 점, 또 초·중학교 모두 쓰기를 '짓기'와 '쓰기'로 세분하고 있다는 점 등이 다르다. '교수요목'은 진술된 내용이 구체적이지 않으나 교과 교육과정의 초기 형태로서 이후 우리 국어과 교육과정의 영역 구분 방식에 영향을 주었다.

2) 제1차~제3차 국어과 교육과정

제1차~제3차 국어과 교육과정은 경험 중심의 교육과정 이론에 바탕을 두고 국어과 교육의 목표를 학생들의 언어 기능을 신장하는 데 두고 있다. 특히 교육과정 총론을 기준으로 보면 제3차 교육과정은 학문 중심의 교육과정 이론에 기반을 두었으나, 국어과 교육과정의 경우는 제3차 국어과 교육과정에서도 경험 중심의 교육과정 이론을 바탕으로 교육 목표와 내용이 구성되었다. 이들 시기에는 국어과의 하위 영역을 '말하기', '듣기', '읽기', '쓰기' 등 네 영역으로 구분하였다.

1955년 우리 자력으로 처음 공식적인 교육과정이 '교과과정'이라는 이름으로 공포되었다. 이 제1차 교육과정은 구미의 진보주의 교육 사조에 영향을 받았는데, '교수요목'에 비하여 학습자의 경험과 생활을 더욱 중시하였고 기본적인 언어 습관과 언어 수행 기능을 올바르게 기르는 데 역점을 두었다(최현섭 외, 2005: 76). 국어과의 경우 교수요목기의 영역 구분에서 벗어나 언어 사용 기능을 중심으로 '말하기', '듣기', '읽기', '쓰기' 등으로 4대 영역을 확정하였으며, '국어 교육의 목표', '국어과의 영역', '각 학년의 지도 목표', '국어과 지도 방법' 등의 체제로 기술되어 있다. 제1차 국어과 교육과정에서는 국어 교육의 사명을 "학습자의 언어 능력을 발달시켜서 모든 학습을 원만히 하며, 국어문화를 전달하여 문화적 교양을 익히게 하며, 언어생활을 개선 향상케 하는 데 있다"고 밝히고 있다. 이러한 진술과 영역 구분, 각 학년의 지도 목표와 방법 등을 보면 이 시기의 국어과 교육과정에서는 국어과의 정체성을 언어 기능을 신장하는 데 두고 있음을 알 수 있다.

1963년에 고시된 제2차 국어과 교육과정은 제1차 국어과 교육과정의 교육 이념을 그대로 계승하여 실제적인 언어 기능을 신장하는 것을 목표로 하고 있다. 교육과정의 체제는 제1차 교육과정과 크게 달라져 '전체 지도 목표', '학년 목표(영역별)', '지도 내용', '지도상의 유의점' 등으로 되어 있으나 세부 내용은 제1차 국어과 교육과정의 내용을 거의 그대로 수록하고 있다. 결국 제2차에서는 제1차의 경험주의 교육과정의 특성을 유지하면서 부분적으로 한자 교육을 폐지한 점, 학교문법통일안을 확정하고 실시하게 한 점, 지역성과 학습자의 특성을 고려한 수업을 강조한 점, 인간 형성 교육의 측면을 보완한 점 등과 같은 특징을 나타내고 있다.

1973년에 고시된 제3차 국어과 교육과정 역시 제1차, 제2차 교육과정의 이념을 그대로 계승하고 있다. 이 시기에는 교육과정의 체제를 '목표', '내용', '방법'으로 하여 앞 시기보다 체계화된 모습을 보이며, '내용' 항 역시 앞 시기의 내용을 바탕으로 '지도 사항', '주요 형식', '제재 선정의 기준'으로 나누어 제시하고 있다. 제3차 국어과 교육과정에서는 일반 목표 중의 하나로 "국어를 통하여 바르게 사고하고 자주적으로 판단하는 힘과 풍부한 정서와 아름다운 꿈을 길러서, 원만하고 유능한 개인과 건실한 국민으로 자라게 한다."(일반 목표 '나'항)를 두고 국어과 교육에서 언어 사용 기능의 신장과 함께 가치관 교육을 강조하고 있다. 가치관 교육을 강조하는 이러한 특징은 '제재 선정의 기준'에 잘 드러나 있는데, 여기에서는 국어과 특유의 지식 체계를 지도하기 위하여 근면 성실성, 공익, 투철한 국가관, 민족 주체성, 국가 발전을 위한 사업에 적극적으로 참여하려는 태도 등 19개의 기준에 따라 제재를 선정하도록 하고 있다.

3) 제4차 국어과 교육과정

1981년 12월에 개정된 제4차 국어과 교육과정은 제1차~제3차 국어과 교육과정과는 달리 학문 중심의 교육과정 이론을 채택하고 있다. 앞서 언급한 바와 같이 교육과정의 총론에서는 이미 제3차 교육과정에서 학문 중심의 교육과정 이론을 취하고 있으나 국어과의 경우 이것이 실현된 것은 제4차 교육과정에 와서이다. 제4차 국어과 교육과정에서는 국어과의 영역을 '표현·이해', '언어', '문학'으로 구성하고 '표현·이해'는 국어 사용의 기능을, '언어'는 국어의 본질을 이해하기 위한 지식을, '문학'은 작품을 감상하기 위한 지식을 지도하도록 교육 내용과 방법을 제시하고 있다. 결국 이 시기의 국어과 교육과정에서는 국어과의 배경 학문으로 수사학, 언어학, 문학을 설정해 두고 이들 학문에서 제공하는 지식을 교육 내용의 핵심으로 보았다. 제4차 국어과 교육과정은 국어과 교육이 상식과 경험의 수준을 넘어서 학문적 배경을 가진 이론에 바탕을 두어야 한다는 시각에서 여러 관련 분야의 이론을 탐구하는 활동을 활성화하였으며, 나아가서는 국어교육학이라는 학문 분야의 기틀을 마련하는 데 기여하였다(박영목·한철우·윤희원, 2003: 93).

4) 제5차~제7차 국어과 교육과정

제5차 이후의 국어과 교육과정은 국어과 교육에서 수사학, 언어학, 문학의 지식, 개념, 원리 등을 이해하는 것보다는 학생들의 국어(언어) 사용 능력을 신장하는 데 중점을 두고 교육 내용과 방법을 구성하였다. 제5차 이후의 국어과 교육과정은 학생들의 언어 기능을 신장하기 위하여 학생 중심, 활동 중심의 교수·학습을 강조하고 있다.

1987년에 개정된 제5차 국어과 교육과정은 국어과의 성격을 기능 중심의 교과로 부각시키고 교수·학습 상황의 주체를 학생으로 보면서 언어 사용의 결과보다는 과정을 중시하였다. 제5차 교육과정에서는 언어 사용의 기초 기능 교육을 강화하기 위해 '표현·이해' 영역을 상세화하여 국어과를 '말하기', '듣기', '읽기', '쓰기', '언어', '문학'의 6대 영역으로 구분하고 학년별로 각 영역의 내용을 배열하였다(교육부, 1994: 27). 특히 국어과 교육에서 국어(언어) 사용 능력의 신장을 강조한 이 시기의 교육과정은 1교과 1책의 기존 교과서 정책에서 벗어나 초등학교 국어과 교과서를 "말하기·듣기", "읽기", "쓰기" 등과 같이 세 권으로 나누어, 언어 사용 기능에 대한 교육이 실질적으로 학교 교육 현장에서 이루어질 수 있도록 이끌었다.

1992년에 고시된 제6차 국어과 교육과정은 제5차 교육과정을 보완하고 체계화·상세화하는 등의 방향으로 개발되었으나, 국어과 교육에 대한 기본적인 입장은 제5차와 그리 다르지 않다. 제6차 국어과 교육과정은 그 체제 면에서 이전 교육과정과 차이가 있다. 우선 국어과의 '성격'을 규정한 항목과 '평가'에 대한 것을 별도 항으로 기술하였고, 국어과에서 지도해야 할 내용을 체계화하기 위하여 '내용 체계'를 처음 도입하였으며, 학년별 내용을 인지적 요소, 기능적 요소, 정의적 요소로 나누어 제시하였다.

1997년 말에 공포된 제7차 교육과정은 초·중·고등학교 과정으로 분리되었던 교육과정을 1학년에서 10학년에 이르는 '국민 공통 기본 교육과정'으로 설정하였다. 이에 따라 이 시기의 국어과 교육과정 역시 10년을 하나의 단위로 하여 성격과 목표를 일원화하고 각 학년별로 교육의 내용이 제시되어 있다. 또 제7차 국어과 교육과정에서는 '심화·보충형', '선택형'의 수준별 교육과정을 채택하고 있다.[1] 또 국어과의 하위 영역을 언어 습득의 순서를 고려하여 '듣기', '말하기', '읽기', '쓰기', '국어 지식', '문학'으로 재편하였다.

5) 2007 개정 국어과 교육과정~2015 개정 국어과 교육과정

2007년 2월에 제7차 국어과 교육과정이 고시된 지 10년 만에 국어과 교육과정이 개정되었다. 이 국어과 교육과정은 교육과정 수시 개정 정책에 따라 기존의 교육과정이 개정되었다는 의미로 제8차라는 표현 대신 '2007 개정 국어과 교육과정'이라 불린다. 개정된 교육과정은 제7차 국어과 교육과정의 문제점을 개선하고 그간의 사회·언어 환경의 변화, 국어 교육학 연구, 교육 주체의 요구 등을 수렴하기 위하여 이루어진 것으로, 교육과정의 기본적 관점과 체제 등은 제7차 국어과 교육과정과 대동소이하다. '2007 개정 국어과 교육과정'에서는 '매체 언어' 과목을 신설하고 매체 관련 내용을 확대하였고, '내용 체계'를 재구조화하면서 기존의 '태도' 범주를 삭제하고 '맥락'이라는 새로운 범주를 설정하여 맥락에 관한 교육을 강조하였으며, 교육과정에 담화(글/언어 자료/작품)의 수준과 범위를 제시하였다는 등의 특징이 있다.

2011년 8월에 교육과학기술부에서는 '2009 개정 교육과정 총론에 따른 교과 교육과정(제2011-361호)'을 고시하였다. 이 교육과정을 개정된 연도를 기준으로 '2011 개정 국어과 교육과정'으로 명명하기도 한다.[2] 이 국어과 교육과정은 국어과의 내용 영역을 1987년 제5차 교육과정 이래 6대 영역으로 구분하던 방식에서 벗어나 '듣기·말하기', '읽기', '쓰기', '문법', '문학' 등의 5대 영역으로 구분하고 있다. 또 기존 교육과정에서는 국어 교과에서 교수·

....

1 이에 대한 자세한 사항은 이 장의 5절 6항을 참조.

2 이 책의 개정 2판에서 '2011 개정 국어과 교육과정'으로 명명했던 것을 개정 3판에서부터 '2009 개정 국어과 교육과정'으로 일괄 수정하였다. 2009년 12월에 처음 총론과 국어과 선택 교육과정이 고시된 이후 2012년까지 부분 수정 고시된 까닭에 처음 고시된 시점을 기준으로 수정 명명하였다. 다만 고시된 시기를 명확히 밝힐 필요가 있을 때에는 '제2009-41호'(2009년 12월 23일 고시), '제2011-361호'(2011년 8월 9일 고시), '제2012-14호'(2012년 7월 9일 고시) 등으로 고시 번호를 병기하였다.

학습해야 할 내용을 제시할 때 학년별로 제시해 왔으나 2009 개정 교육과정에서는 국민 공통 교육 기간 9년을 초등 1~2학년군, 초등 3~4학년군, 초등 5~6학년군, 중학교 1~3학년군 등 4개 학년군으로 묶어 이들 학년군에서 교수·학습해야 할 성취기준을 제시하였다. 이 밖에 이 시기의 내용 체계에는 2007 개정 교육과정의 주요 특징의 하나였던 '맥락' 범주가 사라지고 제6차, 제7차 교육과정 때 있었던 '태도' 범주를 다시 설정하였다.

2015 개정 교육과정에서는 미래 사회에 필요한 인재가 갖추어야 할 핵심역량을 규명하고 이를 교육을 통해 신장하려는 세계적 교육 추세에 맞추어 핵심역량의 함양을 전 교과에서 강조하였다. OECD(Organization for Economic Co-operation and Development)에서는 1997년부터 DeSeCo(Definition and Selection of Key Competences) 프로젝트를 통해 미래 사회의 인재가 갖추어야 할 핵심역량에 대해 연구하였는데, 이는 호주, 아일랜드, 싱가포르 등 세계 여러 나라의 교육과정을 개발하는 데 큰 영향을 미쳤다. 우리나라도 이러한 영향으로 2015 개정 국어과 교육과정에서는, 교육과정 총론에 제시된 핵심역량에서 〈표 2〉와 같이 국어과 교과 역량을 도출하여 이의 개념을 '성격'에 명시하고 국어과 교과 역량을 함양할 수 있는 교육 내용과 방법을 강조하고 있다. 이는 국어과 교수·학습을 통해 학습자의 국어과 교과 역량을 함양할 뿐만 아니라 궁극적으로는 범교과 공통의 핵심역량을 함양할 수 있는 교육과정을 구성하는 데 중점을 둔 것이다.

그리고 2015 개정 국어과 교육과정에서는 내용 체계가 크게 변화하였다. 2015 개정 교육과정 총론에서는 전 교과에 공통적으로 적용할 수 있고 일관성 있게 개별 성취기준의 선정

표 2 핵심역량과 국어과 교과 역량의 관계

총론 핵심역량		국어과 교과 역량	개념
창의적 사고 역량	⇨	비판적·창의적 사고 역량	다양한 상황이나 자료, 담화, 글을 주체적인 관점에서 해석하고 평가하여 새롭고 독창적인 의미를 부여하거나 만드는 능력
지식정보처리 역량	⇨	자료·정보 활용 역량	필요한 자료나 정보를 수집, 분석, 평가하고 이를 효과적으로 활용하여 의사를 결정하거나 문제를 해결하는 능력
의사소통 역량	⇨	의사소통 역량	음성언어, 문자언어, 기호와 매체 등을 활용하여 생각과 느낌, 경험을 표현하거나 이해하면서 의미를 구성하고 자아와 타인, 세계의 관계를 점검·조정하는 능력
공동체 역량	⇨	공동체·대인 관계 역량	공동체의 가치와 공동체 구성원의 다양성을 존중하고 상호 협력하며 관계를 맺고 갈등을 조정하는 능력
심미적 감성 역량	⇨	문화 향유 역량	국어로 형성·계승되는 다양한 문화를 이해하고 그 아름다움과 가치를 내면화하여 수준 높은 문화를 향유·생산하는 능력
자기 관리 역량	⇨	자기 성찰·계발 역량	삶의 가치와 의미를 끊임없이 반성하고 탐색하며 변화하는 사회에서 필요한 재능과 자질을 계발하고 관리하는 능력

과 도출을 설명할 수 있는 조직자로서의 '내용 체계'를 제안하였다.[3] 2015 개정 국어과 교육과정의 '내용 체계'에 사용된 '핵심 개념', '기능' 등의 개념은 기존 국어과에서 전통적으로 사용하던 것과 동일하지 않아서 오해가 발생할 수 있다는 점을 감안하여 교과의 특성에 맞게 재해석하여 사용하였다(김창원 외, 2015: 80).

이 밖에 2015 개정 국어과 교육과정에서는 고등학교 선택 과목 체계가 변화하였다. 고등학교 전 과정이 선택 과목이었던 2009 개정 교육과정과 달리, 이 교육과정에서는 고등학교 국어 교과 구조를 공통 과목과 선택 과목으로 편제하고 선택 과목은 다시 일반 선택 과목과 진로 선택 과목으로 세분하였다. 이 교육과정의 선택 과목 편제에서 이전과 가장 차이가 있는 점은 일반 선택 과목으로 '독서'와 '언어와 매체'가 편성되었다는 것이다. 또 학습자의 진로 탐색에 도움을 주기 위하여 '진로 선택 과목'에 고등학교를 졸업한 후 취업할 학생을 위한 '실용 국어'와 대학에 진학할 학생을 위한 '심화 국어'를 신설한 것 역시 특징적이다.

4 2022 개정 국어과 교육과정의 특징은 무엇일까

1) 국어과 교과 역량의 변화와 자기 주도성 강조

2022 개정 국어과 교육과정에서는 국어과 역량으로 '비판적·창의적 사고 역량, 디지털·미디어 역량, 의사소통 역량, 공동체·대인 관계 역량, 문화 향유 역량, 자기 성찰·계발 역량'을 설정하고 이를 국어과 성격과 목표에 반영하고 있다. 이번 교육과정 역시 역량 함양을 목표로 두고 있다. 2015 개정 국어과 교육과정에서 설정하였던 국어과 교과 역량 중 '자료·정보 활용 역량'은 '디지털·미디어 역량'으로 수정하여 재구성하였는데, 디지털 다매체 시대로 변화한 언어 환경에 대응할 수 있는 새로운 역량을 강조하고 있음을 살필 수 있는 부분이다. 2022 개정 국어과 교육과정이 역량을 재구조화하고 역량 함양 교육을 강조하고 있는 것은 급속히 변화하는 환경에 맞춰 교육에도 혁신이 필요하다는 세계적인 추세를 반영한 것이다.

OECD에서는 2015년부터 DeSeCo 프로젝트의 후속 연구인 Education 2030 프로젝트에

3 이에 대한 자세한 사항은 이 장의 5절 4항을 참조.

서 2030년이라는 근미래 사회에 필요한 역량과 그 역량을 함양하는 방법에 대한 연구를 수행하였다. 이 연구에서는 기존의 '핵심역량' 개념을 '변혁적 역량(transformative competency)'으로 재정의하고 미래 사회의 교육이 추구해야 할 지향점을 제시하고 있다. 변혁적 역량은 "학생들이 사회를 변화시키고 더 나은 삶을 위한 미래를 만드는 데 필요한 지식, 기능, 태도와 가치의 유형"(OECD, 2019: 4)으로, 이는 '새로운 가치 창출하기', '책임감 가지기', '긴장과 딜레마 조정하기'의 세부 역량으로 구분된다.[4] OECD Education 2030(2019)에서는 학교교육에서 변혁적 역량을 함양할 수 있는 교육, 학습자들이 스스로의 가치와 목표, 행복을 위해 자신의 삶과 학습을 영위해 가는 '학습자 주도성(student agency)', 이를 지원하는 교사, 학부모, 또래 집단, 더 나아가 학교 밖 지역사회 등의 '협력적 주도성(co-agency)'을 강조하고 있다.

이에 2022 개정 국어과 교육과정에서도 핵심역량을 강조하는 것과 더불어 국어과 학습에서 학습자의 자기 성찰과 주도성을 강조하였다. 국어과 목표 중의 하나로 '공동체의 언어문화를 탐구하고 자신의 언어생활을 성찰하고 개선한다'를 설정하고 이에 따라 각 영역별 내용 체계 및 성취기준에 '국어 활동에 대한 성찰', '국어 활동에 대한 점검과 조정'과 관련된 내용을 반영하고 있다. 또 교수·학습 및 평가에서도 자기 주도적인 학습이 가능하도록 학습자가 적극적으로 자신의 학습 계획을 수립하고 학습자 스스로 자신의 학습 상황을 점검 및 조정하는 학습자 개별화 수업을 하도록 안내하고 있다(노은희 외, 2022b: 33).

2) 6대 영역 설정: 매체 교육을 강화하기 위한 '매체' 영역 신설

2022 개정 국어과 교육과정에서는 2009년 개정 국어과 교육과정 이래 국어과의 내용 영역을 5대 영역으로 구분하던 것에서 '매체'를 새로 포함하여 '듣기·말하기', '읽기', '쓰기', '문법', '문학', '매체'의 6대 영역으로 구분하고 있다. 과학기술의 발달은 의사소통 방식, 의사소통에 대한 인간의 인식, 의사소통에 사용되는 자료, 의사소통 맥락의 다양화 등 인간의 의사

4 '새로운 가치 창출하기'는 새로운 해결책, 제품 및 서비스, 새로운 일자리, 새로운 프로세스와 방법, 새로운 사고와 생활 방식, 새로운 기업, 새로운 분야 등 2030년을 대비한 새로운 성장 동력을 발굴함으로써 사회에 가치를 더하는 능력을 말하며, '책임감 가지기'는 개인과 집단의 웰빙을 추구하며 좋은 대의, 원칙, 그리고 진실성을 위해 책임감 있게 행동하는 능력을 말한다. 또 '긴장과 딜레마 조정하기'는 긴장, 딜레마, 대립 요소 간의 균형, 여러 복잡한 요소 간의 결합, 모호성, 비동시성 및 비선형 프로세스를 건설적이고 미래 지향적인 방식으로 처리할 수 있는 능력을 말한다. 변혁적 역량이 기존의 역량과 확연하게 차이 나는 것은 알고리즘을 이용한 프로그래밍으로는 해결하기 어려운 인간의 역량을 표방한 점인데, 최근 인공지능의 발달로 많은 업무가 자동화되는 상황에서 인간이 할 수 있고 해야만 하는 일을 기준으로 역량을 선정하였음을 알 수 있다(박재현, 2022: 2).

소통 전반에 큰 변화를 가져왔다. 국어과 교육에서는 2007 개정 국어과 교육과정 이래 매체 교육의 중요성을 인식하고 국어과의 각 영역의 성취기준에 매체 관련 교육 내용이 반영되도록 하였다. 또 2007 개정 국어과 교육과정에서 '매체 언어'를, 2015 개정 국어과 교육과정에서는 '언어와 매체'를 선택 과목으로 설정하였다. 그러나 최근 디지털 정보 기술의 발달과 코로나 팬데믹으로 인한 비대면 사회의 가속화 등으로 매체를 통한 비대면 의사소통 방식이 급격히 발전함에 따라 국어과에서도 다양한 매체 환경에서 나타나는 의사소통의 특징을 이해하고 적극적으로 참여할 수 있는 디지털 문식성 교육의 중요성이 더욱 부각되었다. 이에 이번 교육과정에서는 국어과 내용 영역에 '매체' 영역을 신설하여 매체 교육을 체계적으로 실시하고자 하였다. 이처럼 '매체' 영역을 신설한 것은, 노은희 외(2021)에서 제안된 기존의 5대 영역 체제를 바탕으로 매체 관련 교육이 포함되도록 '듣기·읽기·보기', '말하기·쓰기·만들기', '문법', '문학' 등의 방식으로 재구조화하는 방식, 기존의 5대 영역 체제를 유지하면서 매체 교육을 위한 성취기준을 강조하거나 추가하는 방식보다 매체 교육의 중요성과 시급함 등을 강력히 표명하는 방식이라 평가할 수 있다.

3) 내용 체계의 변화: 핵심 아이디어와 영역 특성을 반영한 '하위 범주' 설정

2022 개정 국어과 교육과정의 내용 체계는 2015 개정 국어과 교육과정에 제시된 것과 비교해 보면 교육과정 총론에서 제시한 사항을 범교과의 일부로 수용한다는 점에서 동일하지만 세부적으로는 국어과에 고유한 내용 범주를 드러내는 방향으로 변화되었다. 이번 국어과 교육과정의 내용 체계에는, 교육과정 총론에 제시된 "각 교과목의 핵심 아이디어를 중심으로 지식·이해, 과정·기능, 가치·태도의 내용 요소를 유기적으로 연계하며 학생의 발달 단계에 따라 학습 경험의 폭과 깊이를 확장할 수 있도록 수업을 설계한다(교육부, 2022a: 10)"는 제안에 따라 〈표 3〉과 같이 내용 체계의 범주로 '지식·이해', '과정·기능', '가치·태도'를 설정하였다.

이번 교육과정의 내용 체계에서 '핵심 아이디어'는 국어 교과 학습을 통해 학습자가 성취하기를 기대하는 결과이면서 교수·학습 과정에서 지속적으로 지향해야 할 준거의 성격을 가진다(노은희 외, 2022b: 56). 2022 개정 국어과 교육과정의 내용 체계는 2015 개정 국어과 교육과정과 비교해 보면 크게 세 가지 부분에서 변화가 나타난다. 2015 개정 국어과 교육과정의 내용 체계에 제시되었던 '일반화된 지식'이 '핵심 아이디어'로 재구조화되었고, '핵심

표 3 2022 개정 국어과 교육과정의 내용 체계[5]

<table>
<tr><td colspan="2">핵심 아이디어</td><td colspan="4"></td></tr>
<tr><td colspan="2" rowspan="3">범주</td><td colspan="4">내용 요소</td></tr>
<tr><td colspan="3">초등학교</td><td>중학교</td></tr>
<tr><td>1~2학년</td><td>3~4학년</td><td>5~6학년</td><td>1~3학년</td></tr>
<tr><td rowspan="2">지식·이해</td><td>OO 맥락</td><td colspan="2"></td><td colspan="2"></td></tr>
<tr><td>OO 유형</td><td></td><td></td><td></td><td></td></tr>
<tr><td rowspan="4">과정·기능</td><td>OO</td><td></td><td></td><td></td><td></td></tr>
<tr><td>OO</td><td></td><td></td><td></td><td></td></tr>
<tr><td>OO</td><td></td><td></td><td></td><td></td></tr>
<tr><td>점검과 조정</td><td></td><td colspan="3"></td></tr>
<tr><td colspan="2">가치·태도</td><td></td><td></td><td></td><td></td></tr>
</table>

개념'이 '범주'로 재개념화되었다. 또 2015 개정 국어과 교육과정의 내용 체계에 제시되었던 '기능'은 삭제되었다. 이 밖에 '내용 체계'의 각 '범주' 하위에 영역의 고유 특성에 따른 '하위 범주'를 설정하여 학년(군)별 '내용 요소'를 선정할 수 있게 하였다.

4) 선택 과목의 재구조화: 고교학점제의 운영을 위하여 다양한 선택 과목 신설

2022 개정 국어과 교육과정에서는 2025년에 전면적으로 시행될 예정인 고교학점제의 운영을 위하여 학습자의 흥미와 적성, 진로를 고려하여 고등학교 선택 과목이 재구조화되었다. 고등학교 과정에서 공통 소양 함양을 위한 '공통 과목'으로 '공통국어1', '공통국어2'를 두고, '선택 과목'을 '일반 선택', '진로 선택', '융합 선택'으로 〈표 4〉와 같이 구분하고 있다. 이 중 '일반 선택' 과목은 '교과별 학문 영역 내의 주요 학습 내용 이해 및 탐구를 위한 과목'이며, '진로 선택' 과목은 '교과별 심화 학습 및 진로 관련 과목'이고, '융합 선택' 과목은 '교과 내·교과 간 주제 융합 과목, 실생활 체험 및 응용을 위한 과목'의 성격을 가지고 있다(노은희 외, 2022b: 44).

2015 개정 국어과 교육과정과 비교해 보면 '일반 선택' 과목이 4개('화법과 작문', '독서', '언어와 매체', '문학')에서 3개('화법과 언어', '독서와 작문', '문학')로 줄었으며 '화법과 언어'와 '독

....

5 각 범주의 하위 범주는 '듣기·말하기', '읽기', '쓰기', '매체' 영역의 내용 체계에서 공통적인 부분을 표시한 것이다.

표 4 2022 개정 국어과 선택 중심 교육과정의 교과목 구성

교과(군)	공통 과목	선택 과목		
		일반 선택	진로 선택	융합 선택
국어	공통국어1 공통국어2	화법과 언어 독서와 작문 문학	주제 탐구 독서 문학과 영상 직무 의사소통	독서 토론과 글쓰기 매체 의사소통 언어생활 탐구

서와 작문'이라는 과목이 신설되었다. 이번 교육과정의 '일반 선택'에서 '문학'은 학습량을 고려하여 개별 과목으로 구성하였고, '독서와 작문'은 독서와 작문의 친연성을 고려하여 통합 과목으로 구성하였다. '화법과 언어'의 경우 지금까지의 교육과정에서 시도되지 않았던 새로운 조합의 선택 과목으로, 실제 삶과 연계하여 다양한 유형의 담화에 능동적으로 참여하고 언어를 탐구함으로써 구어 의사소통 능력을 향상할 수 있는 과목으로 설정하고 있다(노은희 외, 2022b: 46).

또 진로 선택 과목에는 2015 개정 국어과 교육과정의 '실용 국어'에 해당하는 '직무 의사소통' 과목을 개설하여 직업 세계에서 필요한 다양한 의사소통 역량을 기를 수 있게 하였으며, '주제 탐구 독서'와 '문학과 영상' 과목이 신설되었다. 이 밖에 융합 선택 과목에 '독서 토론과 글쓰기', '매체 의사소통', '언어생활 탐구' 과목을 신설하였다.

5) 성취기준 개발 방식과 제시 방식의 변화

2022 개정 국어과 교육과정에서 각 영역의 성취기준을 개발할 때 내용 체계의 '지식·이해' 범주, '과정·기능' 범주, '가치·태도' 범주는 내용 요소 간의 연계성을 고려하여 두 범주 이상의 내용 요소를 결합하는 방식을 취하였다. 그러므로 각 영역의 성취기준은 [지식·이해]+[과정·기능], [과정·기능]+[가치·태도], [과정·기능]+[과정·기능], [지식·이해]+[과정·기능]+[가치·태도], [지식·이해]+[과정·기능]+[과정·기능] 등 다양한 유형으로 범주별 내용 요소를 결합하여 기술하는 형식을 띠고 있다. 예를 들어 듣기·말하기 영역의 성취기준인 '대화에서 생략된 내용을 추론하며 듣는다[6국01-01]'는 듣기·말하기 영역 내용 체계의 [지식·이해]의 '대화'와 [과정·기능]의 '생략된 내용 추론하기'를 결합하여 성취기준을 개발한 것이다. 이러한 방식은 2015 개정 국어과 교육과정에서 내용 체계의 내용 요소 1개로 하나의 성취기준을 개발하는 방식과 차이가 있다.

또 이번 교육과정에서는 학년군별로 각 영역의 성취기준을 모두 제시한 뒤 '학습 요소'에 대해 별도로 기술하지 않고 바로 '성취기준 해설'과 '성취기준 적용 시 고려 사항'이 제시되었다. 이는 2015 개정 국어과 교육과정에서 각 영역의 성취기준을 모두 제시한 뒤 아래에 '학습 요소'를 두어 성취기준과 관련된 내용의 범위와 수준을 제시한 것과 차이가 있다. 이번 교육과정에서는 '성취기준 해설'에 학습 요소에 대한 정보가 포함되었다.

5 국어과 교육과정 변천의 쟁점에는 어떤 것이 있을까

광복 이후 국가 수준의 교육과정이 여러 차례 개정되면서 국어과 교육과정에도 변화가 있었다. 이러한 변화는 대부분 앞 시기의 교육과정에 나타났던 문제점을 개선하기 위해 이루어진 것으로 국어과 교육과정의 체제와 내용이 발전해 가는 과정으로 볼 수 있다. 이 절에서는 국어과 교육과정이 현재까지 변천해 오면서 나타났던 쟁점을 핵심적 변천 사항을 중심으로 살펴보자.

1) 국어과 교육과정의 구성 체제

국어과 교육과정에는 결국 국어과 교육의 목표 아래 무엇을 어떻게 지도하여야 하는가에 대한 것을 구조화하여 체계적으로 기술하여야 한다. 국어과 교육과정이 변천해 오면서 구성 체제 역시 크게 변화하였다.

제1차 국어과 교육과정의 구성 체제는 '목표 - 지도 내용'으로 이루어졌으며, 제2차 국어과 교육과정의 구성 체제는 여기에 '지도상의 유의점' 항이 더해졌다. '목표 - 지도 내용 - 지도상의 유의점'으로 이루어진 제2차 국어과 교육과정의 구성 체제는 제3차 국어과 교육과정에서 별 변화 없이 이어져 오다가 제4차 국어과 교육과정에서 '지도상의 유의점' 항에 '평가'에 대한 사항이 추가되어 '지도 및 평가상의 유의점' 항으로 바뀌었다. 즉, 제4차 국어과 교육과정에 이르러 '목표 - 내용 - 지도 및 평가상의 유의점'으로 국어과 교육과정 구성의 기본 체제가 갖추어졌다. 이로써 국가 수준의 문서로서 국어과 교육과정이 국어과 교육의 목표 아래 무엇을 어떻게 지도하고 평가하여야 한다는 전체 국어과 교육의 과정에 대한 계획

표 5 국어과 교육과정의 체제 변화(중학교의 경우)[6]

제1차 국어과 교육과정 [문교부령 제45호(1955.81)]	제2차 국어과 교육과정 [문5교부령 제120호 (1963.2.15)]	제3차 국어과 교육과정 [문교부령 제325호 (1973.8.31)]	제4차 국어과 교육과정[문교부 고시 제442호(1981.12.31)]	제5차 국어과 교육과정 [문교부 고시 제87-9호 (1987.6.30)]	제6차 국어과 교육과정 [문교부 고시 제1992-11호(1992.6.30)]	~	2022 개정 국어과 교육과정[교육부고시 제 2022-33호(2022.12.22)
1. 우리나라의 교육 목적과 국어 교육 2. 국어과의 지도 목표 3. 중학교 국어과의 지도 내용 지도 요소 지도 내용 중학교의 한자 및 한자어 학습	I. 목표 II. 학년 목표 III. 지도 내용 IV. 지도상의 유의점 V. 한자 및 한문 지도	가. 목표 (1) 일반 목표 (2) 학년 목표 나. 내용 [지도 사항 및 형식] [제재 선정의 기준] 다. 지도상의 유의점	가. 교과 목표 나. 학년 목표 및 내용 1) 목표 2) 내용 다. 지도 및 평가상의 유의점 1) 지도 2) 평가	가. 교과 목표 나. 학년 목표 및 내용 1. 목표 2. 내용 다. 지도 및 평가상의 유의점 1. 지도 2. 평가	1. 성격 2. 목표 3. 내용 가. 내용 체계 나. 학년별 내용 4. 방법 5. 평가	~	교육과정 설계의 개요 1. 성격 및 목표 가. 성격 나. 목표 2. 내용 체계 및 성취기준 가. 내용 체계 나. 성취기준 3. 교수·학습 및 평가의 방향 가. 교수·학습 나. 평가

과 실천의 근거로서 틀을 갖추게 되었다. 이 기본 체제는 제5차 국어과 교육과정에도 그대로 이어졌다(〈표 5〉 참조).

국어과 교육과정의 구성 체제는 제6차 교육과정에서 크게 변화하였다. 교육부(1994: 27)에 따르면, 교사들의 교육과정 활용도를 높이기 위하여 그 이전까지 없던 '성격' 항이 추가되었으며, 종래에 '지도 및 평가상의 유의점' 항에서 다루었던 국어과 지도 및 평가에 관한 지침을 '방법' 항과 '평가' 항으로 분리하여 그 내용을 좀 더 구체적으로 제시하고자 하였다. 결국 제6차 국어과 교육과정은 '성격 - 목표 - 내용 - 방법 - 평가'의 체제를 갖추게 되었다. 또 미시적인 구성 체제에도 의미 있는 변화가 나타났다. 이전 교육과정에서 교육의 '내용'을 제시할 때 '학년별 내용'을 나열하는 방식으로 이루어졌으나, 제6차 교육과정부터는 '내용 체계'로 전체 교육 내용의 구조를 보여 준 뒤 '학년별 내용'을 제시하는 방식으로 바뀌었다. 이는 국어과에서 다루어야 할 내용 영역과 수준을 체계적으로 파악할 수 있도록 하기 위한 것이었다(교육부, 1994: 27). 이처럼 제6차 교육과정에서는 국어과 교육과정의 구성 체제가 교육과정의 내용을 구체화하고 체계화할 수 있는 방향으로 발전되었다. 이후 국어과 교육과정이 개정될 때마다 미시적인 부분에서 변화하였으나 이러한 구성 체제의 기본 구조는 그대로 이어졌다. 이와 같이 국어과 교육과정이 여러 번 개정되면서 그 구성 체제도 교육과정이 제 기능을 다할 수 있는 방향으로 변화되었다.

이 밖에 국어과 교육과정의 구성 체제의 변천에 나타난 특이한 사항으로는 제3차 교육과

6 이 표에서는 국어과 교육과정 중 체제 변화가 두드러진 시기를 중점적으로 드러내기 위하여 제7차 국어과 교육과정 ~ 2015 개정 국어과 교육과정의 체제에 대한 부분을 생략하였다.

정 때 '내용' 항의 하위에 '제재 선정의 기준'을 두었다는 것이다. 이 시기의 국어과 교육은 언어 사용 기능의 신장, 가치관 교육의 강화를 중심 목표로 삼았기 때문에 가치관 교육을 강화하기 위하여 '제재 선정의 기준'을 신설하였던 것이다(교육부, 1994: 27). 또 국어과 교육과정의 구성 체제에서 중학교와 고등학교의 경우 제1차, 제2차 교육과정에 '한자 및 한문'이 있었던 것은 이 시기 국어과 교육에서 한문 교육을 병행하도록 하였기 때문이다. 이후 제3차 교육과정 때 고등학교에서 선택 과목이었던 '한문'이 '한문과'로 독립되면서 국어과 교육과정의 구성 체제에서 사라졌다.

2) 국어과 교육의 내용

교육의 내용은 교육 목표를 달성하기 위하여 교수·학습 과정에 다루어야 할 요소를 말한다. 국어과 교육에서 다루어야 할 요소를 무엇으로 보는가는 국어과 교육과정의 내용관이 어떠한가에 영향을 받는다. 최현섭 외(2005: 87)에서는 국어과에 현저하게 나타나는 내용관을 지식, 과정, 경험, 기능, 가치, 전략 등 여섯 가지로 나누어 〈표 6〉과 같이 세분하고 있다.

결국 국어과 교육과정이 이들 중 어떤 내용관에 의해 교육 내용을 선정하는가에 따라 국어과 교육의 대상이 결정된다. 앞서 살펴본 바와 같이 교수요목기는 교과 중심의 교육과정에, 제1차~제3차 국어과 교육과정은 경험 중심 교육과정을, 제4차 국어과 교육과정은 학문 중심의 교육과정에, 또 제5차 이후 국어과 교육과정은 학습자 중심의 활동을 중시하는 인간 중심의 교육과정에 이론적 기반을 두고 있다. 국어과를 지식 교과로 이해하던 교수요목기와 제4차 국어과 교육과정기에는 국어과와 관련된 '지식'이 중요한 교육 내용이었다. 또 제1차~제3차 국어과 교육과정기와 같이 언어 사용의 경험을 중시하던 시기에는 '경험'이, 제3차 국

표 6 국어과의 내용관

관점	교육의 내용
지식 중심의 내용관	교육의 내용을 국어 활동에 관한 지식과 관련하여 개념과 명제의 형태로 제시
과정 중심의 내용관	교육의 내용을 국어 교수·학습의 상황 및 절차의 구조로 제시
경험 중심의 내용관	교육의 내용을 교수·학습의 결과로 학습자가 지니게 될 언어 경험의 유형으로 제시
기능 중심의 내용관	교육의 내용을 언어 수행과 관련되는 국어 능력의 하위 기능들로 제시
가치 중심의 내용관	교육의 내용을 국어문화와 관련하여 태도 및 가치관을 함양하기 위한 사전 조건으로 제시
전략 중심의 내용관	교육의 내용을 언어 수행에 관한 상위 인지적 전략 획득을 위한 하위 전략으로 제시

어과 교육과정기처럼 가치관 교육을 중시하던 시기에는 '가치관(태도)'이 중요한 교육 내용이었다. 제5차 국어과 교육과정 이후 국어과를 기능 교과로 보고 교수·학습의 과정을 중시하고 학습자의 상위 인지 기능에 관심을 가지는 내용관에서는 기능, 과정, 전략 등이 중요한 교육 내용이다.

제6차 국어과 교육과정 이후에는 국어 교육의 내용을 구조화하여 '내용 체계'로 제시하고 있다. '내용 체계'의 범주를 어떻게 나누고 있는가를 보면 국어과 교육과정에서 교육의 내용을 무엇으로 보고 있는가를 살필 수 있다. 2007년에 개정된 국어과 교육과정의 '내용 체계'에서 국어 교육의 내용을 구조화하여 범주로 나타낸 것에 '기능'이 있다. 내용 체계의 범주명으로 사용된 '기능'과 위의 국어과 교육의 내용으로 보는 '기능'은 구분할 필요가 있다. 이 시기의 내용 체계에서 범주화한 '기능'이란 '텍스트 수용·생산 활동에 관여하는 사고의 절차나 과정'을 의미하는 것으로, 위의 내용관에서 과정, 기능, 전략 등을 통칭하여 표현하였다.

3) 국어과 교육의 영역 구분

(1) 영역 구분의 의미

각 교과에서 교수·학습해야 할 내용을 그 특성에 따라 구분 지은 것을 영역이라 한다. 일반적으로 각 교과의 교육과정은 영역별로 구성되어 있다. 국어과 교육과정 역시 국어과에서 다루어야 할 교수·학습의 내용을 몇 개의 영역으로 나누어 제시하고 있다. 최현섭 외(2005: 83)에서는 국어과의 경우 교육과정에서 영역을 구분하는 이유를 다음과 같이 들고 있다.

> 첫째, 국어 활동의 여러 양상을 교육과정에 포괄적으로 반영할 수 있다.
> 둘째, 국어 능력에 관한 체계적 접근이 가능하다.
> 셋째, 영역에 따른 교수·학습의 특화가 가능하고 목표별 단원 구성에서는 각 영역이 단원 구성의 준거가 되기도 한다.

이처럼 국어과 교육과정을 구성 체제에 따라 영역별로 제시하는 것은 국어과 교육의 목표를 달성하는 데 필요한 교육의 내용과 방법, 평가 등에 대하여 체계적으로 접근할 수 있다는 장점이 있다. 그러나 이같이 영역을 구분하여 국어과 교육과정에 접근하는 것은 국어과 교육이 언어가 가진 총체성을 간과하고 자칫 영역 중심의 교수·학습으로 흐를 수 있다는 문제점이 있다. 그러므로 국어과 교사와 연구자들은 영역 구분이 국어과 교육의 내용을 구분

표 7 국어과 교육과정에서의 영역 구분의 변천

시기 / 학교급	교수 요목기	제1-3차 교육과정	제4차 교육과정	제5-6차 교육과정	제7차 교육과정	2007 개정 교육과정	2009 개정 교육과정	2015 개정 교육과정	2022 개정 교육과정
초등학교	읽기 말하기 듣기 짓기 쓰기	말하기 듣기 읽기 쓰기	표현·이해 언어 문학	말하기 듣기 읽기 쓰기 언어 문학	듣기 말하기 읽기 쓰기 국어 지식 문학	듣기 말하기 읽기 쓰기 문법 문학	듣기·말하기 읽기 쓰기 문법 문학	듣기·말하기 읽기 쓰기 문법 문학	듣기·말하기 읽기 쓰기 문법 문학 매체
중학교	읽기 말하기 짓기 쓰기 문법 국문학사	″	″	″	″	″	″	″	″
고등학교		″	″	″	″	″	화법 독서 작문 문법 문학	″	″

짓는 접근 방법일 뿐이며 국어과 교육이 각 영역의 특수성과 영역 간의 통합성을 모두 고려한 교수·학습이 되어야 한다는 점을 분명히 인식하고 있어야 한다.

(2) 영역 구분의 방법

광복 이후 현재까지 국어과 교육과정에서 국어과의 교수·학습 영역은 〈표 7〉과 같이 변천해 왔다. 〈표 7〉에 나타나듯이, 국어과 교육과정에서 영역을 구분하는 방법은 영역 구분의 수에 따라 3분법, 4분법, 5분법, 6분법 등이 있다.

① 3분법

3분법은 국어과 교육의 내용을 '표현·이해', '언어', '문학'으로 구분한 것으로, 제4차 국어과 교육과정에 나타난다. 3분법에서는 국어과의 내용을 언어 사용 기능을 신장하기 위한 '표현·이해' 영역, 언어와 국어에 관한 체계적 지식을 가르치기 위한 '언어' 영역, 문학에 관한 체계적 지식을 가르치기 위한 '문학' 영역으로 나누었다. 이 구분법은 말하기, 듣기, 읽기, 쓰기를 '표현·이해'라는 한 영역으로 묶음으로써 다른 영역 구분법에 비하여 국어과 내에서 언어 사용 기능의 교육에 대한 비중이 낮다. 앞서 언급하였듯이, 국어과의 경우 제4차 교육과정에 학문 중심의 교육과정이 적용되었다. 그러므로 국어학이나 문학의 연구 성과에 기대어 교육 내용을 선정할 수 있는 '언어'나 '문학' 영역에 비하여 말하기, 듣기, 읽기, 쓰기 기능과 이들의 교육에 관한 학문적 연구가 국내에서 제대로 이루어지지 않았던 시대적 상황이 영역 구분에 반영되었다고 볼 수 있다.

② 4분법

4분법은 국어과 교육의 내용을 '말하기', '듣기', '읽기', '쓰기'로 구분한 것으로, 제1차~제3차 국어과 교육과정에 나타난다. 이같이 언어 사용의 양상에 따라 영역을 4개로 구분하는 방법은 국어과 교육에서 언어 사용 기능의 신장을 중요하게 다루는 관점이다. 제1차 국어과 교육과정에서는 "국어과의 학습 영역은 다른 교과 학습에서 요구되는 기본적인 이해와 기능과 태도, 특히 어떻게 사고하며, 어떻게 읽으며, 어떻게 표현하는가 하는 점에 중점을 두어 이를 연마해야 할 중대한 책무를 갖고 있는 것이다."(교육부, 1994: 7)라고 밝히고 있다. 또 4분법에는 현재까지 국어과 교육과정에는 나타나지 않았지만 국어과를 언어와 관련하여 '사고력, 의사소통 기능, 문화, 가치와 태도'로 구분하거나 '언어 - 언어 지식'과 평행으로 '문학 - 문학 지식'을 놓는 방법도 가능하다(최현섭 외, 2005: 84).

③ 5분법

교수요목기의 '국민학교(현 초등학교) 국어과 교수요목'에서 국어과 교육의 내용을 '읽기', '말하기', '듣기', '쓰기', '짓기'와 같이 5개 영역으로 구분한 바 있다. 이러한 영역 구분은 쓰기 영역을 서사(hand-writing)와 작문(composing)으로 세분한 것으로, 초등학교 국어과에서 다른 학교급과 달리 서사를 중요하게 다루기 때문에 나타난 것이다. 제3차 초등학교 국어과 교육과정에서는 '학년별 목표'를 제시할 때 '말하기', '듣기', '읽기', '글짓기', '글씨쓰기'로 교수요목기처럼 국어과 교육의 내용을 5개 영역으로 구분하고 있으나, '(지도) 내용'을 제시할 때는 제1차, 제2차 국어과 교육과정에서와 같이 '말하기', '듣기', '읽기', '쓰기'의 4개 영역으로 구분하고 '쓰기' 영역에서 '글짓기'와 '글씨쓰기'의 교육 내용을 함께 다루고 있다. 2009 개정과 2015 개정 국어과 교육과정에서는 국어과의 영역을 '듣기·말하기, 읽기, 쓰기, 문법, 문학'으로 제시하고 있는데, 이것 역시 국어과 교육의 내용을 5개 영역으로 구분하는 방법이다. 기존의 '듣기'와 '말하기' 영역을 통합하여 '듣기·말하기' 영역으로 설정한 것은 구두 의사소통적 특성을 교수·학습 내용의 선정과 방법에 최대한 반영하기 위해서이다. 이처럼 5분법은 4분법에서 강조하고자 하는 부분을 세분하거나 6분법에서 교수·학습의 통합성을 고려하여 영역을 통합하는 경우에 가능하다.

④ **6분법**

6분법은 국어과 교육의 내용을 6개 영역으로 구분하는 방법이다. 이는 주로 기존의 영역 구분에서 특정 교육 내용의 중요성이 매우 부각되어 새로운 교육 영역으로 수용될 때 나타난다. 제5차 교육과정부터 2007 개정 교육과정에 걸쳐 국어과의 교육 내용을 '말하기', '듣기', '읽기', '쓰기', '문법', '문학' 영역으로 구분하는 방법이 나타나는데, 이는 제4차 국어과 교육과정에서 '표현·이해'라는 한 영역에서 다루었던 '말하기', '듣기', '읽기', '쓰기'를 4개 영역으로 세분하여 언어 사용 기능에 관한 교육을 강조한 것이다. 또 교수요목기 중학교의 경우 '읽기', '말하기', '짓기', '쓰기', '문법', '국문학사'와 같이 6개 영역으로 구분하고 있는데, '듣기' 교육을 위한 영역이 빠져 있고 '국문학사'를 설정하고 쓰기 교육을 강조하여 '짓기', '쓰기' 영역을 모두 설정하였다. 이러한 영역 구분에서 당시에 듣기 교육에 대한 인식이 부족하였음을 알 수 있다. 2022 개정 국어과 교육과정에서는 '매체'에 대한 교육이 매우 강조되면서 이를 새로운 교육 내용으로 추가하여 '듣기·말하기, 읽기, 쓰기, 문법, 문학, 매체'와 같이 6개 영역으로 구분하고 있다.

(3) 영역 명칭의 변화('문법'→'언어'→'국어 지식'→'문법')

국어과 교육과정이 바뀔 때 여러 부분에서 변화가 생기는데, 특히 영역 구분 방법이 바뀌게 되면 새로운 영역 명칭이 나타나게 된다. 또 영역 구분의 방법이 바뀌지 않더라도 영역명이 타당하지 않다고 생각되면 교육과정을 개정할 때 영역명을 수정하기도 한다. 영역 명칭의 변화를 겪은 대표적인 경우가 '문법' 영역이다. 국어과 교육과정에서 국어에 대한 지식을 교수·학습하는 영역은 교수요목기 때 중학교 국어과에서 '문법'이라는 영역명으로 처음 나타났다. 이후 제1차~제3차 국어과 교육과정 때에는 국어과의 영역으로 다루지 않다가 제4차 국어과 교육과정 때 '언어'라는 영역명으로 다시 나타났으며, 이후에도 국어과 교육과정의 변화에 따라 영역 명칭이 몇 번 변화했다. 제7차 국어과 교육과정에서 '언어'라는 영역명이 '국어 지식'으로 바뀌었다. 이는 '언어'라는 영역명이 지나치게 포괄적인 데서 제기되는 여러 가지 문제를 해결하기 위함이었다. 특히, 창의적 국어 사용 능력의 신장과 밀접하게 관련되어 있는 표현력과 이해력도 '언어'의 범주에 포괄될 수 있다는 점, 보통 교육의 일환으로 실천되는 초·중등학교의 국어 교육이 언어학 일반이나 국어학의 지식 체계를 가르치는 데 목적이 있지 않다는 점, 국어에 대한 지식으로 한정하는 것이 교육 내용의 선정과 각각의 교육 내용의 성격을 명료히 하는 데 기여한다는 점을 중시하여 조정하였다(교육부, 2001b: 19).

그러나 이 역시 2007 개정 국어과 교육과정에서는 '문법'이라는 영역명으로 다시 바뀌게 된다. 이는 '국어 지식'에서 '국어'가 지나치게 포괄적이어서 듣기, 말하기, 쓰기, 문학 영역을 모두 지시한다는 점과, '국어 지식'에서 '지식'이 '쓰임과 활용'까지를 포괄하지 못한다는 점을 고려한 것이다(교육인적자원부, 2008: 15).

4) 국어과 교육의 내용 체계

내용 체계란 교과에서 다루어야 할 내용 영역과 수준을 체계적으로 파악할 수 있도록 제시한 것이다(교육부, 1994: 24). 제6차 국어과 교육과정에서부터 국어과의 교육 내용을 '내용 체계'로 보여 준 뒤 학년별로 내용을 전개하는 방식을 취하고 있다. 내용 체계는 국어과 교육에서 지도해야 할 전체 내용을 유목화하여 범주를 설정하고, 각 영역에서 지도하여야 할 내용을 범주별로 체계적으로 제시하는 방식으로 이루어졌다. 제6차 국어과 교육과정 이후 교육과정이 개정될 때마다 각 시기의 교육 내용을 설계할 때 중점을 두는 여러 관점을 반영하여 내용 체계도 〈표 8〉과 같이 변화되었다.

〈표 8〉과 같이 제6차 국어과 교육과정의 경우 말하기, 듣기, 읽기, 쓰기 각각에 대한 지도 내용을 '본질', '원리', '실제' 등의 세 범주로 체계화하고, 이 중 '본질'은 각 언어 기능의 본질과 관련된 것을, '원리'는 언어 기능의 수행 활동과 관련된 것을, 그리고 '실제'는 언어 기능의 실제 수행 활동과 관련된 것을 포함하였다(교육부, 1994: 45~46). 언어 영역의 경우는 '원리' 대신에 '국어의 이해'를, 문학 영역의 경우 '문학 작품의 이해'를 범주명으로 사용하였다. 이처럼 지도 내용을 평면적으로 나열하지 않고 범주별로 하위 지도 내용을 제시함으로써 교육 내용의 체계성을 확보하고 또 학년별, 영역별로 지도 내용 사이의 유기적 관련성 및 영역 내의 위계성을 분명히 하고자 하였다(교육부, 1994: 36).

〈표 8〉의 내용 체계의 변화 중 현 2022 개정 국어과 교육과정의 내용 체계에서 사용하는 범주명과 유사한 범주명이 나타난 것은 2007 개정 국어과 교육과정 때부터이다. 2007년 개정 국어과 교육과정에서는 국어과의 교육 내용을 '실제', '지식', '기능', '맥락'으로 범주화하여 내용 체계를 제시하고 있는데, 여기서 '실제'는 텍스트(담화)의 생산·수용 활동을, '지식'은 텍스트의 생산·수용 활동에서 요구되는 형식적·본질적·명제적 지식을, '기능'은 텍스트의 생산·수용 활동에 관여하는 사고의 절차나 과정을, '맥락'은 텍스트의 생산·수용 활동에서 고려해야 할 사회·문화적 배경과 관련된 교육 내용을 범주화한 것이다. 2007년 개정 국

표 8 국어과 교육과정의 내용 체계 변화

<table>
<tr><th colspan="3">제6차 국어과 교육과정</th></tr>
<tr><td>본질</td><td>원리</td><td>실제</td></tr>
</table>

<table>
<tr><th colspan="3">제7차 국어과 교육과정</th></tr>
<tr><td>본질</td><td>원리</td><td>태도</td></tr>
<tr><td colspan="3">실제</td></tr>
</table>

<table>
<tr><th colspan="2">2007 개정 국어과 교육과정</th></tr>
<tr><td colspan="2">실제</td></tr>
<tr><td>지식</td><td>기능</td></tr>
<tr><td colspan="2">맥락</td></tr>
</table>

<table>
<tr><th colspan="3">2009 개정 국어과 교육과정</th></tr>
<tr><td colspan="3">실제</td></tr>
<tr><td>지식</td><td>기능</td><td>태도</td></tr>
</table>

<table>
<tr><th colspan="8">2015 개정 국어과 교육과정</th></tr>
<tr><th rowspan="3">핵심 개념</th><th rowspan="3">일반화된 지식</th><th colspan="5">학년(군)별 내용 요소</th><th rowspan="3">기능</th></tr>
<tr><th colspan="3">초등학교</th><th rowspan="2">중학교
1~3학년</th><th rowspan="2">고등학교
1학년</th></tr>
<tr><th>1~2학년</th><th>3~4학년</th><th>5~6학년</th></tr>
<tr><td>본질</td><td>…(생략)</td><td>…</td><td>…</td><td>…</td><td>…</td><td>…</td><td rowspan="3">…</td></tr>
<tr><td>수행</td><td>…</td><td>…</td><td>…</td><td>…</td><td>…</td><td>…</td></tr>
<tr><td>태도</td><td>…</td><td>…</td><td>…</td><td>…</td><td>…</td><td>…</td></tr>
</table>

<table>
<tr><th colspan="6">2022 개정 국어과 교육과정</th></tr>
<tr><th colspan="2">핵심 아이디어</th><td colspan="4"></td></tr>
<tr><th colspan="2" rowspan="3">범주</th><th colspan="4">내용 요소</th></tr>
<tr><th colspan="3">초등학교</th><th>중학교</th></tr>
<tr><th>1~2학년</th><th>3~4학년</th><th>5~6학년</th><th>1~3학년</th></tr>
<tr><td rowspan="2">지식
·
이해</td><td>OO 맥락</td><td colspan="2"></td><td colspan="2"></td></tr>
<tr><td>OO 유형</td><td></td><td></td><td></td><td></td></tr>
<tr><td rowspan="4">과정
·
기능</td><td>OO</td><td></td><td></td><td></td><td></td></tr>
<tr><td>OO</td><td></td><td></td><td></td><td></td></tr>
<tr><td>OO</td><td></td><td></td><td></td><td></td></tr>
<tr><td>점검과 조정</td><td colspan="4"></td></tr>
<tr><td colspan="2">가치·태도</td><td></td><td></td><td></td><td></td></tr>
</table>

어과 교육과정에서는 기존의 범주명이 지시하는 바가 불분명하다는 문제점을 해결하고 해당 교육 내용을 직접적으로 나타낼 수 있도록 '본질' 대신에 '지식'으로, '원리' 대신에 '기능'으로 범주명을 변경하였다.

앞서 설명한 바와 같이 2015 개정 국어과 교육과정에서부터 내용 체계는, 교육과정 총론에서 제시하는 범교과 공통의 내용 설계 방식을 수용하면서도 국어과 고유의 특성을 드러내는 방식으로 변화하였다. 2015 개정 국어과 교육과정의 내용 체계는 '핵심 개념'을 중심으로 '일반화된 지식', '학년(군)별 내용 요소', '기능'을 항목으로 설정하고, '핵심 개념' 항에 국어과 5개 영역의 교육 내용을 '본질', '수행', '태도'로 범주화하고 이에 따라 '일반화된 지식'을 기술하고 있다. 또 '핵심 개념'과 '일반화된 지식'을 바탕으로 '학년(군)별 내용 요소'를 도출하고, 국어과 교수·학습을 통해 학습자가 수행할 수 있어야 할 것을 '기능'에 드러나도록 구조화하였다. 이는 기존의 내용 체계가 추상적이고 성취기준과 연계성이 분명히 드러나지 않는다는 문제점을 개선하여 내용 체계의 각 항과 교육 내용의 긴밀한 구조화를 시도한 것인데, 내용 체계와 내용 성취기준이 바로 연계가 되고 내용 체계를 통해 국어과 교수·학습 내용 전체를 체계적으로 조망할 수 있다는 장점이 있다. 그러나 2015 개정 교육과정의 내용 체계에 제시되었던 '핵심 개념'이 국어과의 핵심 개념으로 적절하지 않으며 전통적으로 '내용 범주'로 간주되었던 것과 그 성격이 유사하다는 국어교육학계의 지적이 있었다(노은희 외, 2022b: 52).

현 2022 개정 국어과 교육과정에서는 '핵심 아이디어'를 중심으로 핵심 아이디어를 영역별로 구체화한 내용을 '범주'로 하여 내용 체계를 조직하고 있다. 또 이 '범주'는 2022 개정 교육과정 총론에 따라 '지식·이해', '과정·기능', '가치·태도'로 구성하고 그 하위에 국어과에서 전통적으로 다루었던 각 영역 고유의 학습 내용을 반영한 '○○의 맥락', '○○의 유형' 등과 같은 하위 범주를 설정하고 있다. 2022 개정 국어과 교육과정의 내용 체계는 범교과적 내용 제시 방식을 수용하면서도 국어과 고유의 내용 특성을 반영하여 각 영역별 성취기준을 이전보다 체계적으로 선정하고 조직할 수 있게 하였다.

이처럼 국어과 교육의 내용을 체계적으로 제시하는 방법은 확정적이거나 고정적인 것이 아니다. 국어과 교육의 내용 체계는 국어과 교육에서 다루어야 할 교육 내용을 무엇으로 보는가, 교육 내용을 어떻게 범주화하는가, 교육 내용 간의 관계를 어떻게 설정하고 체계화하는가 등에 따라 달리 구조화될 수 있다.

5) 국어과의 교과목(선택 과목)

교과목(教科目)이란 학교에서 가르쳐야 할 지식이나 경험 체계를 세분하여 계통을 세운 것이다. 초등학교와 중학교의 경우 국어과는 '국어' 단일 교과목이다. 그러나 고등학교의 경우는 국어과라는 교과에서 가르쳐야 할 교과목이 교육과정의 변천에 따라 변화하였다. 고등학교 국어과는 전통적으로 필수 과목과 선택 과목의 개념으로 운영되었다. 필수 과목에 해당하는 국어과의 교과목은 '국어(혹은 국어 I)'이다. 제2차 교육과정기 때 문교부(1986: 243)에 다음과 같은 진술이 나타난다.

> 국어 II는 국어 I을 심화 확충하는 과정이므로, 국어 I의 내용이 되는 현대문, 고전(국어, 국문학), 문법, 작문의 과정 등과 한문 과정을 포함한다. 국어 II에서는 그 정도의 차이가 뚜렷한 고전 과정과 한문 과정만을 설정하고, 그 외는 국어 I에 준하도록 한다.

이에 따르면 '국어 II'의 성격을 '국어 I'을 심화하고 확충하는 과정으로 규정하고 있다는 것을 알 수 있다. 선택 과목에 해당하는 교과목은 교과목명과 교과목 수가 〈표 9〉와 같이 변천해 왔다.

표 9 고등학교 선택 과목의 변천

제1차 국어과 교육과정	제2차 국어과 교육과정	제3차 국어과 교육과정	제4차 국어과 교육과정	제5차 국어과 교육과정	제6차국어과 교육과정	제7차 국어과 교육과정	2007 개정 국어과 교육과정
[국어 II] 한자 및 한문	[국어 II] 고전 과정 한문 과정	[국어 II] 고전 작문	[국어 II] 현대문학 작문 고전문학 문법	문학 작문 문법	화법 독서 작문 문법 문학	국어생활 화법 독서 작문 문법 문학	화법 독서 작문 문법 문학 매체 언어

2009 개정 국어과 선택 교육과정	2009 개정 국어과 교육과정	2015 개정 국어과 교육과정		2022 개정 국어과 교육과정		
	선택 과목	선택 과목		선택 과목		
		일반 선택	진로 선택	일반 선택	진로 선택	융합 선택
국어 화법과 작문 I 화법과 작문 II 독서와 문법 I 독서와 문법 II 문학 I 문학 II	국어 I 국어 II 화법과 작문 독서와 문법 문학 고전	화법과 작문 독서 언어와 매체 문학	실용 국어 심화 국어 고전 읽기	화법과 언어 독서와 작문 문학	주제 탐구 독서 문학과 영상 직무 의사소통	독서 토론과 글쓰기 매체 의사소통 언어생활 탐구

〈표 9〉에 나타나듯이 고등학교 선택 과목의 변천은, 선택 과목을 '국어 II'의 개념으로 다루던 시기와 '국어 II'의 개념을 없애고 가르치는 내용에 따라 독립된 교과목으로 분리해서 다루던 시기로 구분할 수 있다. 제1차 국어과 교육과정기에는 문서상으로는 '국어 II'에서 현대문, 고전, 문법, 문학, 어학사, 문학사, 한문 등을 다루도록 하였으나 실제로는 '국어 II'를 설정하지 않았다(박붕배, 1987: 34~39).[7] 그리고 교육과정에 '한자 및 한문'을 두어 국어과에서 한문 교육을 병행하도록 하였다. 제2차 국어과 교육과정기에는 '국어 II'에 '고전 과정'을

7 문교부(1986: 105)에는 교수요목기에 "초급과 고급의 선택 과목은 국어의 보충 교재를 교수하기로 하되, 한문도 교수할 수 있음"이라고 제시되어 있다. 또 제1차 국어과 교육과정의 문서에 '국어 I'이라고 표현한 것으로 보아 국어과에 선택 과목의 개념이 존재하였음을 알 수 있다.

신설하여 우리 고전에 대한 이해를 강조하였다. 이 시기 '국어 II'는 현대문, 고전(국어·국문학), 문법, 작문의 과정과 한문 과정을 포함하나, '국어 I'에 비해 그 정도의 차이가 뚜렷한 고전 과정과 한문 과정만을 설정하고 그 밖에는 '국어 I'에 준하도록 하였다(정준섭, 1994: 60). 제3차 국어과 교육과정기에는 이전 고등학교 선택 과목 '국어 II' 내에 있던 '한문'을 한문과로 독립시키고, 대신 '국어 II'에 '고전'과 '작문'을 두었다. 제4차 국어과 교육과정기에는 고등학교의 '국어 II'에 '고전문학', '현대문학', '작문', '문법' 영역을 설정하여 선택의 폭을 넓혔다. 제5차 국어과 교육과정기에는 고등학교에 '현대문학'과 '고전문학'을 통합하여 '문학' 과목을 새로 설정하고 '국어 II'의 개념을 없앴는데, 이로써 '국어', '문학', '작문', '문법'의 4과목 체제가 완성되었다. 결국 이 시기 선택 과목으로는 '문학', '작문', '문법'이 있었다. 제6차 국어과 교육과정기에는 고등학교의 선택 과목에 새로 '화법'과 '독서' 과목을 설정하여 국어 교과의 6개 영역과 5개 선택 과목('화법', '독서', '작문', '문법', '문학')이 일관성을 유지하도록 하였다. 제7차 국어과 교육과정기에는 고등학교에 기초 과목으로 국민 공통 기본 교과의 '국어'와 일반 선택 과목의 '국어생활'을 두었다. 또 심화 선택 과목으로 '화법', '독서', '작문', '문법', '문학'이 설정되어 국어과는 6개의 선택 과목 체제가 되었다. 2007 개정 국어과 교육과정에서는 기초 과목으로 있던 '국어생활'이 없어지고 심화 선택 과목에 '매체 언어'가 신설됨으로써 '화법', '독서', '작문', '문법', '문학', '매체 언어' 등 선택 과목 자체에 약간의 변화는 있었으나 제7차 국어과 교육과정에 이어 6개의 선택 과목 체제를 유지하였다.

2009 개정 교육과정 총론에 따라 2009년 12월 23일에 국어과 선택 교육과정이 개정 고시되었는데, 국어과의 선택 과목 체계가 크게 변화하였다. 2009 개정 교육과정 총론(제2009-41호)에서는 '창의 인재, 글로벌 인재 중심'의 미래 인재상을 강조하면서 고등학교 과정을 무학년제로 운영하고 학생이 능력, 진로, 적성 등에 따라 과목을 선택하여 학습할 수 있도록 선택 과목 중심으로 운영하고자 하였다. 이에 따라 고등학교 국어과 선택 교육과정을 '국어', '화법과 작문 I', '화법과 작문 II', '독서와 문법 I', '독서와 문법 II', '문학 I', '문학 II'로 재구조화하였다. 이 선택 교육과정에서는 표현과 의사소통이라는 공통점 아래 화법과 작문을, 이해와 탐구 행위라는 공통점 아래 독서와 문법을 한 과목으로 통합하였으나, 이러한 통합은 많은 문제점을 가지고 있다고 비판받았다.

2011년 8월 9일에 고시된 2009 개정 국어과 교육과정(제2011-361호)에서 다시 선택 과목 체계가 크게 변화하였다. 앞서 언급하였듯이, 우선 국민 공통 기본 교육과정의 기간이 9년으로 줄면서 고등학교 전 과정이 선택 과목 체제로 구성되었고, 2007 개정 국어과 교육과정의 고등학교 '국어'가 선택 과목 '국어 I', '국어 II'로 신설되었다. 또 2009 국어과 선택 교육과정에서 선택 과목 중 I과 II 두 과목으로 나뉘어 있던 것을 통합하여 '화법과 작문', '독서와 문법', '문학'으로 재구조화하였다. 이 밖에 '우리나라와 세계의 고전을 제재로 한 통합적인 국어 활동을 통해 교양인이 갖추어야 할 수준 높은 국어 능력을 심화하는 과목'으로 '고전'을 새로 신설하였다. '고전' 과목은 2009 개정 국어과 교육과정에서 특징적으로 추구하는 국어과 교육을 통한 '인격 형성'과 '통합적 교육'을 선택 교육과정에서 실현하고자 한 과목으로 볼 수 있다.

2015 개정 국어과 교육과정에서도 선택 과목이 재편되었다. 이 교육과정에서는 일반 선택 과목으로 '화법과 작문', '독서', '언어와 매체', '문학'을, 진로 선택 과목으로 '실용 국어', '심화 국어', '고전 읽기'를 두고 있다. 앞서 언급한 바와 같이 기존의 '독서와 문법'에서 '독서' 과목을 독립 과목으로 분리하고 '국어'의 문법 영역과 매체 관련 내용을 심화·확장하여 '언어와 매체' 과목으로 편제하였으며, '실용 국어', '심화 국어'를 새로 신설하였다. 이는 폭넓은 독서 체험과 매체 언어 환경의 변화에 대한 대응, 고등학교 졸업 후의 대학 진학과 취업에 대한 대비 등을 고려한 것으로, 국어과의 내적 요구 및 사회적 요구가 반영된 것이다.

2022 개정 국어과 교육과정에서는 앞서 언급하였듯이 고교학점제의 운영을 위하여 선택 과목의 체제가 크게 바뀌었으며 학습자 중심의 맞춤형 교육과정을 구현할 수 있도록 여러 과목이 신설되었다. 2022 개정 국어과 교육과정에서는 앞 시기와 비교하면 선택 과목이 일반 선택, 진로 선택, 융합 선택으로 재구조화되었다. 또 일반 선택 과목의 수가 4개에서 3개로 줄어들었고 이 중 '화법과 언어', '독서와 작문'이라는 기존에 없었던 새로운 조합의 선택 과목이 신설되었다. 이 밖에 진로 선택 과목으로 '주제 탐구 독서', '문학과 영상', '직무 의사소통'이라는 3개의 과목을 구성하였고, 융합 선택 과목으로 '독서 토론과 글쓰기', '매체 의사소통', '언어생활 탐구'라는 3개의 과목을 구성하였다. 이로써 총 9개의 선택 과목을 두어 국어과 교육과정이 생긴 이래 가장 많은 수의 선택 과목 체제가 되었다.

6) 국어과의 수준별 교육과정

수준별 교육과정은 학습자의 능력, 흥미, 필요, 학습 속도 등에 맞게 교육 내용과 방법을 제공함으로써 학습자의 학습 결손을 사전에 방지하여 학습자의 능력을 최대한 개발하고 교육의 효율성을 극대화하고자 한 것이다. 국가 수준에서의 수준별 교육과정은 제7차 교육과

표 10 심화·보충형 수준별 교육과정의 예 - 〈7학년〉 듣기(1)의 경우

내용	수준별 학습 활동의 예
듣기와 읽기의 공통점과 차이점을 안다.	[기본] • 동일한 내용을 글로 읽을 때와 말로 들을 때의 공통점과 차이점을 말한다. [심화] • 듣기가 읽기보다 효과적일 경우와 그 반대의 경우를 안다.

정 때 도입되었다. 제7차 국어과 교육과정에서는 '학습자의 능력과 관련된 수준', '학습 내용에 대한 수준', '학습 목표에 대한 성취 수준' 등을 고려하여 국어과의 교수·학습 내용을 정선하고, 이에 따른 적절한 교수·학습 방법과 평가 방법을 제시하고자 하였다.

제7차 교육과정에 나타난 수준별 교육은 '심화·보충형', '과목 선택형', '단계형'으로 구분된다. 이 중 국어과에는 '심화·보충형'과 '과목 선택형' 수준별 교육과정이 적용되었다. '심화·보충형' 수준별 교육과정은 국민 공통 기본 교과인 '국어'에 적용되었는데, '국어'에는 각 학년의 영역별 내용을 '기본'과 '심화'의 두 가지로 나누어 '수준별 학습 활동의 예'가 함께 제시되어 있다(〈표 10〉 참조). '과목 선택형' 수준별 교육과정은 국어과의 심화 선택 과목인 '화법', '독서', '작문', '문법', '문학' 등을 고등학교 2, 3학년 과정에 편성하여 학생이나 학교 차원에서 선택할 수 있도록 하는 형태로 이루어졌다.

그러나 국가 수준에서 운영하는 수준별 교육과정이 학습자의 다양한 수준을 모두 반영할 수 없는 상황에서 '기본', '심화'로 제시된 수준별 교육 내용이 과연 적절한가에 대한 문제가 제기되었다. 2007 개정 국어과 교육과정에서는 국민 공통 기본 교과인 '국어'에서, 국가 수준의 교육과정 차원에서 이루어졌던 '심화·보충형' 수준별 교육이 학교 및 교사(교수·학습) 수준에서의 수준별 교육으로 전환되었다. 이에 따라 국어과 교육과정에서는 모든 학습자가 공통적으로 학습해야 할 내용만 제시되고 학교 현장에서 교사가 학습자의 수준에 맞게 교육 내용과 방법을 선정하도록 하고 있다. 그러나 '과목 선택형' 수준별 교육과정은 계속 이어지고 있다. 이후 교육과정에서도 이러한 흐름이 계속 유지되고 있다.

 쉬|어|가|기

1945년 이전에도 교육과정이 있었을까? 교칙대강과 교칙

국어 교육에서 개화기는 일반적으로 대개 1895년경부터 1910년까지로 잡을 수 있다(최현섭 외, 1996: 140). 개화 초기에는 소학교와 중학교라고 하는 기간(基幹) 정규 학교에서만 국어과 교육을 할 수 있도록 교과가 설정되었다. 갑오경장 이전에는 교육과정의 성격을 가진 것이 없었고, 1895년 '교칙대강'이라는 이름으로 교육과정이 출범하였다. 이후 1900년 중학교 규칙에 의하여 '교칙(敎則)'으로 통칭되었고, 1906년 '보통학교(普通學校) 및 고등학교령 시행규칙(高等學校令 施行規則)'에는 '교과과정(敎科課程)'과 '학과과정(學科課程)'으로 되어 있었다(박붕배, 1987: 207~208). 이 시기의 기본 6교과[수신(修身), 독서(讀書), 작문(作文), 습자(習字), 산술(算術), 체조(體操)] 중 3개과(독서, 작문, 습자)가 국어과에 속하였다. '교칙대강'에 나타난 이들 교과의 교육 내용은 교과명에 드러난 바와 같이 문자언어 교육에 대한 것이다. 박붕배(1987: 209)에서는 이 시기의 국어과 교육이 "국문 보급 교육을 중심으로 계몽과 정신 교육을 위주로 한 민족 교육 학습으로, 초기에는 문자(文字), 숙어(熟語), 심장(尋章), 적구(摘句)였으며, 후기로 가면서 독서 학습과 문학 학습으로 발전해 갔다"고 밝히고 있다(전은주, 2006).

자국어 교육과정에 대한 관점에는 어떤 것이 있을까?

어느 나라든 자기 나라의 언어를 잘 지도하는 것은 중요한 일이다. 자국어 교육과정을 구성할 때 어떤 관점을 지향하는가에 따라 교육의 내용과 방법도 영향을 받는다. 자국어 교육과정에 대한 관점은 크게 언어 능력 모형(competencies model), 전통 모형(heritage model), 과정 중심 모형(process model) 등으로 구분된다(Mandel, 1980; 박영목 외, 2003: 86~88 재인용).

- 언어 능력 모형: 충분한 학습 시간이 주어진다면 95% 이상의 학습자가 학습 내용과 기능을 완전히 학습할 수 있다는 관점의 모형으로, 읽기나 쓰기의 기능을 가르치는 데 집중한다. 이 모형은 언어 교육의 목표를 읽기와 쓰기 기능을 습득하는 데 치중함으로써 음성 언어 의사소통 능력의 신장, 문학의 감상, 가치관 교육, 매체의 이해 등을 소홀히 취급한다는 단점을 가지고 있다.
- 전통 모형: 언어 교육을 통하여 문화의 전통과 가치를 전달하려고 하는 모형으로, 자국어 교육과정의 모형 중에서 가장 오래되었다. 이 모형은 훌륭한 문학 작품을 통하여 문화적 전통을 전달하려 하며 미국, 영국뿐만 아니라 우리나라에서도 해방 이후 제3차 국어과 교육과정기까지 나타난다.
- 과정 중심 모형: 학습자가 스스로 자신만의 독특한 방식으로 경험으로부터 지식을 구성하도록 하는 학생 중심의 언어 교육 모형이다. 이 모형에서는 하나의 텍스트를 학습할 때 교사가 텍스트와 관련된 지식을 설명하지 않고 학습자가 여러 가지 방식으로 경험하고 평가하게 한다. 또 언어 사용 기능을 익힐 때에도 의미 있는 언어 활동의 상황 속에서 학습할 수 있도록 한다.

03

국어 교과서

1 교과서란 무엇인가 / 2 교과서에는 어떤 내용이 담겨 있는가 / 3 교과서는 어떻게 짜여 있는가 / 4 교과서를 어떻게 사용해야 할까

초·중등학교 시절의 국어 수업을 돌아보자. 지금은 많이 바뀌었지만 오래도록 우리 국어 수업은 학생이 교과서를 읽고, 선생님이 읽은 글에 대해 설명하고, 이후 학생이 교과서에 실린 학습활동을 수행하는 단계로 진행되어, 교과서 중심으로 이루어져 왔다고 해도 과언이 아니다. 이런 수업에서는 학생이 혼자 시험공부를 할 때도 교과서는 늘 먼저 읽어야 할 중심 텍스트가 된다. 선생님이 교과서 혹은 교과서에 대한 설명 위주로 문항을 출제해서 교과서를 충실하게 공부하지 않으면 시험에 충분한 대비를 할 수 없기 때문이다. 이렇게 교실 수업에서 교과서 의존도가 높은 것은 정도의 차이는 있지만 다른 교과에서도 흔히 볼 수 있는 현상이며, 다른 나라의 국어 수업에서도 종종 볼 수 있다.

현실적으로 많은 교실 수업이 교과서 중심으로 이루어지고 있음에도 불구하고 교과서에 대한 비판 또는 교과서에 대한 높은 의존 현상에 대한 비판이 끊이지 않고 있다. 교과서 내용의 부적절성과 부정확성, 학습자 수준에 대한 고려 부족, 학습자의 흥미와 동기를 유발하지 못하는 내용과 형식, 학습자의 삶과 유리된 비실제적인 제재와 활동, 시의성의 부족, 창의성과 비판적 사고력 계발의 미흡함 등 교과서에 대한 비판은 지속적으로 제기되고 있다. 또한 비판적 검토와 반성 없이 이러한 문제를 가지고 있는 교과서에 의존하는 교사와 그의 수업에 대해서도 우려의 목소리가 적지 않다.

교과서에 대한 다양한 비판이 제기되고 있음에도 불구하고 그에 의존하는 수업을 하는,

혹은 할 수밖에 없는 모순적 상황이 벌어지고 있는 것이 우리의 교실 현실이다. 여기서 우리는 다음과 같은 질문을 던질 수 있다. 대체 교과서란 무엇이고 어떤 특성이 있길래 교육에서 오래도록 중요한 위치를 차지해 왔는가? 좋은 교과서가 갖추어야 할 요건은 무엇인가? 교과서의 내용은 무엇이며, 그것은 어떤 방식으로 짜여 있는가? 교과서를 어떻게 바라보고 사용하는 것이 좋은가? 이 장에서는 이런 질문을 염두에 두고 국어 교과서에 대한 논의를 전개할 것이다.

1 교과서란 무엇인가

1) 교과서의 개념과 성격

교과서의 개념은 여러 측면에서 정의할 수 있다. 먼저 법적인 정의이다. 우리나라는 '초·중등교육법'을 통하여 교과서를 "학교에서 학생들의 교육을 위하여 사용되는 학생용의 서책·음반·영상 및 전자저작물 등"으로 규정한다(「교과용도서에 관한 규정」 제2조 2항). 이 규정에 따르면 교과서의 사용 주체는 학생이고, 목적은 학생들의 학교 교육이며, 형태는 서책·음반·영상 및 전자저작물 등이다. 교과서가 왜, 누구를 위하여 존재하며 어떤 형태를 띠는지를 규정하여 학교 교육에서 사용되는 교과서의 역할과 교과서의 범위를 명시하고 있다.

교과서를 일종의 프로그램으로 이해하는 정의도 가능하다. 프로그램은 '특정한 목표에 도달하기 위하여 구성된 활동의 조직체'이다. '활동의 조직체'는 활동의 임의적 집합이 아니라 문제를 해결하기 위해 계획적으로 고안된 일련의 활동이라는 의미를 갖는다(Royse et al., 2001: 5). 교과서 역시 학습 목표를 달성하기 위해 고안된 일련의 활동의 조직체이기 때문에 일종의 프로그램이라고 할 수 있다. 그러나 이러한 정의는 학교 수업 상황에서 교과서가 수행하는 여러 가지 역할을 충분하게 포착하기 어렵다는 한계가 있다.

교육과정과의 관련성을 강조하는 측면에서의 정의도 있다. "초·중등학교 교육과정에서 사용하기 위해 적절하게 조직되고 의도된 제본 형태의 수업 자료"(Warren, 1981; Dole & Osborn, 1991: 521에서 재인용)나 "교육과정을 구현하기 위하여 학교가 사용하는 자료"(김정호 외, 2014: 10) 등이 그 예이다. 이러한 정의는 교과서의 역할을 교육과정 차원에서 조망할 수 있도록 하고 체계적이고 구체적 자료로서 교과서의 성격을 드러낸다는 장점이 있으나, 앞의 정의와 마찬가지로 교수·학습 측면에서의 역할을 적절하게 드러내지 못하는 문제가 있다.

교수·학습의 매개체나 도구로 교과서를 바라보는 일련의 정의도 있다. 가장 단순하게는 "학습을 위한 비용 효율적인 중요한 도구"(Global Partnership for Education, 2022: 7)와 같은 정의부터 "교수·학습 과정을 수월하게 하기 위하여 사용되는 표상적이고 물리적인 실체"(-Gall, 1981: 5)나 "교수·학습활동에서 일정한 지식과 기능을 습득하기 위하여 매개물로 이용하는 모든 재료(자료)"(박삼서, 2022: 76) 등과 같은 정의도 있다. 이들 정의는 교수·학습을 매개하고 수월하게 하는 교과서의 가장 근본적인 기능을 포착하고 있으나, 교과서가 교육의 전체적인 맥락에서 어떤 위상을 차지하는지에 대한 정보는 찾기 어렵다.

교과서에는 다른 텍스트와 차별되는 특정한 내용이 담겨 있다. 교과서 내용에 초점을 맞춘 정의로는 "수업의 기반으로서 교과의 원리를 표상한 책"(Webster's Dictionary), "특정 교과의 학습을 위해 표준화된 과제로 사용되거나, 수업 지침서로 사용되는 책"(The Shorter Oxford English Dictionary) 등을 들 수 있다. 이들 정의는 주로 사전에 제시되어 있는데, 사전의 특성상 교과서에 대한 일상 언어적 의미를 담고 있고 전통적이고 보수적인 교과서 이미지, 즉 책의 형태를 띠고 있으며 그 안에 표준화된 교과 내용이 담겨 있는 것으로 교과서를 정의하고 있다.

이상 교과서에 대한 기존의 정의로부터 교과서의 성격을 추출할 수 있다. 다른 텍스트와 차별되는 교과서의 특징은 다음과 같다.

첫째, 교과서는 목표 지향적 텍스트이다. 교과서의 모든 내용과 요소들은 교육적 가치와 목표를 달성하는 데 기여하도록 짜여 있다. 이때 교과서가 지향하는 목표는 계층적이다. 최상위 목표는 교육의 보편적 가치를 실현하는 것이고, 상위 목표는 교과가 지향하는 가치와 내용을 교수하고 학습하게 하는 것이며, 하위 목표는 매 수업 시간에 달성해야 할 단원 학습 내용을 성취하는 것이다. 서로 다른 위계와 크기를 갖는 이들 목표가 상호작용하면서 교과서를 소기의 교육적 목적을 달성하는 데 기여하는 텍스트로 기능하게 한다.

둘째, 교과서는 정교하게 구조화된 텍스트이다. 교수와 학습을 위해 존재하는 텍스트인 만큼 교수·학습의 과정과 절차를 고려하여 체계적으로 구성된다. 특정 단위, 예를 들어 대단원, 중단원, 소단원과 같이 일정한 위계를 갖는 단위가 체계적으로 짜여 있다. 각 단위는 하위 요소를 포함하고 있으며, 이들 요소와 단위는 일정한 교수·학습 원리에 따라 배열된다.

셋째, 교과서는 추상적인 교육과정을 교수·학습 자료 수준으로 구체화한 텍스트이다. 광의로 보면 교과서도 일종의 교육과정 자료(curriculum materials)로 볼 수 있지만, 목적이나 역할 면에서 교육과정과 구별된다. 교육과정이 교육의 전반적인 방향을 계획한 밑그림이라면, 교과서는 무엇을 가지고, 어떻게 그 계획을 달성할 수 있는지를 실질적으로 보여주는 보다 구체화된 그림에 비유할 수 있다. 교과서는 다양한 글 자료와 질문, 활동 과제를 활용하여 교육과정에 제시된 목표를 수업에서 실행할 수 있게 도와준다.

넷째, 교과서는 수월성이 가치 판단의 중요한 준거가 되는 텍스트이다. 교과서는 소기의 교육 목적을 달성하기 위하여 의도적으로 생산된 실용적인 텍스트이기 때문에 수월성이 교과서의 가치를 판단하는 준거로서 중요하게 작용한다. 교사의 텍스트로서 가르치고 평가할 내용과 방법을 얼마나 잘 안내하고 있는지, 학생의 텍스트로서 학습 내용과 방법을 얼마나 잘 적절하고 친절하게 제공하는지, 또한 교실 수업에서 교사와 학생의 상호작용을 매개하고 촉진하는 텍스트로서 제 역할을 얼마나 잘 수행하는지가 교과서의 질을 판단하는 중요한 잣대이다. 교사의 의존도가 커질수록 교과서의 수월성은 교육 효과와 직접적으로 관련된다.

다섯째, 교과서는 특정한 교과나 학문 분야의 내용을 기반으로 하는 텍스트이다. 기본적으로 교과서는 교과별로 생산되기 때문에 해당 각 교과의 지식, 논리, 원리를 중심 내용으로 하며, 교과 고유의 사유 방식과 소통 방식으로 구조화된다. 예를 들어, 수학 교과서는 수학적 지식과 원리가 수학적 사유와 소통 방식으로 구조화되어 있고, 과학 교과서는 과학적 지식과 원리가 과학적 사유와 소통 방식으로 구조화되어 있어, 두 교과 교과서의 내용과 형식은 판이하게 다르다. 그러나 국어 교과서의 경우 국어과의 도구 교과적 특성상 다른 학문의 내용과 소통 방식도 다루는 범학문적이고 범교과적인 성격도 갖는다는 특징이 있다.

여섯째, 교과서는 보편적이고 대표적인 내용을 다루는 텍스트이다. 특히 초·중·고등학교 학생들을 대상으로 하는 교과서는 전문적인 학자를 육성하는 데 목적을 두지 않기 때문에 가능하면 일반적이고 보편적인 지식과 내용을 중심으로 하여 구성된다. 또한 교과서에는 특정한 개인이나 집단의 의견이나 주장보다는 사회·문화 공동체에서 공인되고 검증된 의견이나 주장을 포함하는 경우가 대부분이다. 물론 애플(M. Apple)과 같이 교과서가 특정한 집단의 이데올로기를 대변한다고 보는 사람들은 '교과서의 지식이 과연 누구의 것이냐'라는 문제를 제기하기도 한다. 일반성과 보편성이라는 포장 속에 특정 집단의 가치가 편향적으로 숨어 있다는 주장도 타당한 면이 있지만, 대체로 교과서는 공동체 안에서 널리 인정되고 용인된 내용을 지향한다고 볼 수 있다. 교과서는 대체로 대표적이며 보편적인 내용을 다루며, 또 그러하다고 사람들이 인식하기 때문에 교과서에 실린 내용은 교과서에 실리지 않은 내용

보다 중요하게 간주되고 표준적인 지위를 갖게 되는 경우가 많다.

2) 좋은 교과서의 요건

좋은 교과서는 과연 어떤 교과서일까? 교과서는 교사와 학생이 함께 사용하는 자료이기 때문에 이들이 교과서에 갖는 기대는 각각 다르다. 학생들은 교과서가 이해하기 쉬운 정보, 특정 주제에 대해 요약된 정보, 시험과 직접적으로 관련된 정보를 제공해 주기를 기대하고, 교사는 교과서가 새로운 내용, 수업 방식에 대한 새로운 아이디어, 최신의 자료 목록, 특정 주제에 대한 요약된 정보를 제공해 주기를 기대한다(Marsh, 1992: 61). 이처럼 교사와 학생이 교과서에 갖는 기대가 다른 만큼 좋은 교과서를 바라보는 관점도 달라진다.

교과서의 개념과 특성을 고려하면서 좋은 국어 교과서가 갖추어야 할 포괄적이면서도 구체적인 요건을 살펴보자.[1] 첫째, 좋은 국어 교과서는 학습자가 의미 있는 국어 사용 경험을 하도록 실제적인 자료와 활동을 제공한다. 이때 '실제적'이라는 말은 교과서에서 학습자가 경험하는 것이 교실 밖에서도 유효함을 의미한다. '학습'을 위한 자료와 활동이 아니라 교실 밖 현실에서 '통하는' 자료와 활동일 때 교과서의 실제성이 확보된다. 우리가 현실에서 만나는 글은 교과서처럼 늘 그렇게 반듯하거나 모범적이거나 구조화되어 있지 않다. 그래서 교과서의 글에 '안성맞춤으로' 적용되던 요약하기 전략이 교과서 밖의 글을 만나면 '맥을 못 추는' 경우가 많다. 또한 교과서는 효율적인 학습을 위해 언어 기능을 분절적으로 지도하도록 구성되었으나, 이는 일상의 언어생활과는 거리가 멀다. 일상의 말하기에서는 내용 준비만 한다든가 내용 조직만 하는 경우는 없다. 더욱이 듣기 없이 말하기만 하는 경우도 없다. 우리의 언어생활은 늘 전면적이고 총체적이기 때문이다. 좋은 국어 교과서는 언어생활의 실제성을 반영한다.

둘째, 좋은 국어 교과서는 언어의 특성을 총체적으로 반영한다. 언어는 미적, 윤리적, 심리적, 사회적, 역사적, 기호적 특성을 복합적으로 갖는다. 언어의 성격에 대한 전면적 이해는 국어 능력을 계발하는 데에는 물론이고 언어에 대한 이해의 지평을 넓히고 건강한 언어관을 갖게 하는 데에도 기여할 수 있다. 교육과정 수준에서 언어의 특성을 이해하도록 하는 내용을 제시할 수 있으나 교과서도 나름의 논리와 기제로 언어에 대한 총체적 이해를 도울 수 있

1 이하 좋은 국어 교과서가 갖추어야 할 요건에 대한 논의는 정혜승(2006a: 387~391)을 바탕으로 기술하였다.

다. 언어의 아름다움에 대한 이해와 공감, 언어의 힘과 한계에 대한 인식, 언어와 사고의 상호 구축적 관계에 대한 성찰, 언어와 이데올로기의 관계에 대한 분석, 언어와 정체성의 관계에 대한 통찰, 인간 삶의 조건과 언어 변화에 대한 이해, 기호로서 언어의 의미 작용에 대한 탐구 등을 균형 있게 다룰 때 국어 교과서는 언어에 대한 안목을 가지고 주체적이고 창조적으로 언어를 부리어 쓸 수 있는 학습자를 기를 수 있다. 이와 관련하여 좋은 국어 교과서는 학습자의 문화적 소양을 고양하여 언어문화에 대한 이해를 높이고 그것을 향유하고 창조할 수 있는 힘을 길러 준다는 점도 주목할 만하다. 국어 교과서의 글은 국어 사용 기능과 관련된 학습 목표를 달성하기 위한 '자료'일 뿐만 아니라 그 자체만으로 감상하고 반응할 만한 독자적 가치가 있는 텍스트로서 학습자의 문화적 소양을 함양하는 데 기여한다. 좋은 국어 교과서는 다양한 문학 텍스트를 선정, 제시하여 학습자가 이를 감상·반응하는 경험을 충분히 할 수 있도록 배려한다.

셋째, 좋은 국어 교과서는 문서로 쓰인 교육과정을 깊이 있게 해석하여 반영한다. 교과서는 기본적으로 교육과정에 기반하여 개발되는 것이 일반적이다. 그런데 교육과정에 기반한다고 할 때 교육과정의 의미를 표층적 수준에서만 이해해서는 안 된다. 문서로 진술된 교육과정의 기저를 이루는 심층적 수준의 교육과정(deep-structured curriculum)이 존재하기 때문이다. 심층적 교육과정은 표층적 교육과정의 바탕이 되는 철학적, 인식론적 토대이다. 쉽게 말해서 표층적 교육과정이 '학생들이 무엇을, 어떻게 배워야 하는가'와 같은 물음에 대한 명시적인 답이라고 한다면, 심층적 교육과정은 보다 근원적으로 '학생들이 왜 이것을 배워야 하는가', '학생들이 이것을 배워서 어떻게 성장할 수 있는가'와 같은 물음에 대한 가치 지향적인 답이라고 할 수 있다. 이렇듯 교육과정이 중층적이라면 교육과정의 실행체인 교과서도 문서로 쓰인 교육과정을 깊이 있게 해석하여 심층적 교육과정 역시 반영해야 한다. 이해를 돕기 위해 예를 하나 들면, '비유적 표현을 이해하며 글을 읽는다'는 교육과정의 내용은 글 속에서 비유적 표현을 찾는 활동을 반복적으로 제시하여 학습자가 그것을 찾을 수 있게 된다고 해서 온전히 성취되는 것이 아니다. 표층적 교육과정은 비유의 뜻('어떤 것을 다른 것에 빗대는 것이다'), 종류('은유와 직유'), 언어적 형태('-같이, -처럼', 'A는 B이다')를 도식적으로 설명하고 글에서 그것을 확인하는 연습을 단순 반복하는 것으로도 달성될 수 있다. 그러나 그것만으로는 심층적 교육과정에 이를 수 없다. 사람들이 왜 비유를 사용하는지, 왜 비유를 배워야 하는지, 비유적 표현과 글이 어떤 관계인지, 비유의 긍정적, 부정적 효과는 어떤 것이며 비유적 표현을 사용할 때 어떤 점에 유의해야 하는지 등과 같은 학습과 관련된 더 근원적인 문제의식이 교과서에 담겨 있어야 한다.

넷째, 좋은 국어 교과서는 수업에서 교사와 학생, 학생과 학생의 상호작용을 촉발한다. 곧, 좋은 수업을 매개한다. 좋은 수업이란 교사와 학생, 학생과 학생이 만나 더불어 의미를 공유하고 생성해내는 소통 행위이다. 이러한 수업에서 교사와 학생은 모두 소통과 의미 구성의 주체가 되며, 교과서는 이들에게 소통과 의미 구성의 단서를 제공하고 소통 방식을 안내한다. 좋은 국어 교과서는 언어적 상호작용이 활발하게 일어나도록 실제적인 문제 상황을 제시하고, 학생의 다양한 해석과 반응을 유발하는 텍스트와 자료를 선정하며, 이에 대해 교실 공동체 구성원들 간에 활발한 상호작용이 일어나도록 질문, 토의, 토론과 같은 활동을 제공한다.

다섯째, 좋은 국어 교과서는 학습자를 지원한다. 기본적으로 교과서는 학습자의 텍스트이므로 학습자가 심리적으로 가깝게 느끼고 사용하기 쉽도록 만들어진 교과서가 좋은 교과서이다. 교과서가 학습자를 지원하는 방식에는 인지적, 정의적 두 가지 방식이 있다. 인지적 지원 방식에는 학습의 필요성과 의미를 인식시키고 선행 지식을 활성화하는 구성 요소 개발, 학습자의 인지 수준을 고려한 적절한 난도의 텍스트와 학습활동 제시, 디지털과 같은 매체의 활용을 통한 학습 공간의 확대 등이 있다. 정의적 지원 방식에는 학습자의 흥미를 유발하는 텍스트 선정, 학습 의욕과 성취동기를 자극하는 질문과 활동, 학습자가 공감할 수 있는 활동 주제와 화제 선택, 학습자 중심의 진술 방식, 삽화와 같은 편집상의 기술 등이 있다. 좋은 국어 교과서는 이러한 학생 개개인의 수준이나 흥미나 요구 등을 고려하여 학생이 학습에 주도적으로 참여하도록 지원한다.

여섯째, 좋은 국어 교과서는 사회의 문식 환경을 반영하고 문식성 요구를 충족시킨다. 국어과 교육이 의사소통 능력을 길러주어야 한다면 국어 교과서는 변화하는 소통 환경에 능동적으로 대처해야 하며 사회가 요구하는 의사소통 능력을 계발하는 데 기여해야 한다. 최근의 정보과학기술의 급격한 발달은 소통 환경에 큰 변화를 초래하였고, 그에 따라 국어과 교육이 길러 주어야 할 의사소통 능력에도 변화가 요구된다. 제7차 교육과정기 이래 국어과 교육과정이 매체 관련 내용을 성취기준에 반영하고, 2022 개정 교육과정이 매체 영역을 독립시켜 학생들의 디지털·미디어 소통 능력의 계발을 강조하는 것도 이러한 맥락에서 이해할 수 있다. 사정이 이러하다면 국어 교과서 역시 변화하는 매체 환경과 그에 따른 의사소통의 변화에 대한 요구를 적극적으로 반영해야 한다. 그간 여러 차례 개정되면서 많은 국어 교과서들이 인쇄 매체 텍스트는 물론이고 다양한 기호와 양식이 복합적으로 사용되는 복합양식 텍스트의 비중과 관련 학습활동을 늘려 이러한 변화를 수용하고 있다. 그러나 서책형 교과서로는 변화하는 매체 환경에서의 소통 능력, 특히 디지털·미디어 소통 능력을 교육하는 데 제한이 큰 만큼 향후 디지털 교과서나 AI 교과서와 같은 온라인 기반의 교과서를 개발함으로써 변화하는 환경에 적절히 대응할 필요가 있다.

일곱째, 좋은 국어 교과서는 다양성을 인정하고 다양한 목소리를 담아낸다. 지금까지 초등학교 국어 교과서는 국가에서 개발과 보급을 책임지는 국정 교과서로, 중·고등학교 교과서는 대부분 국가의 심사 과정을 거치는 검정 교과서로 개발되어 왔다. 국정과 검정 교과서 사이에 정도의 차이는 있겠지만, 전국의 학생을 대상으로 개발되는 교과서는 속성상 표준화된 관점과 내용을 지향할 가능성이 높다(이경화, 2010: 142). 또한 교과서의 내용 구성이나 서술이 특정 지역이나 계층, 학생 수준을 중심으로 이루어지는 경우도 발생할 수 있다. 과거 교과서에 실린 기행문 중 다수가 서울에서 출발하여 서울로 돌아오는 여정으로 구성되어 있는 것이 그 단적인 예이다. 좋은 국어 교과서는 그 관점이나 그 안의 지식이 '과연 누구의 것인가'라는 물음에 특정 집단이 아닌, 그래서 일률적으로 말할 수 없는 다양한 집단의 목소리를 담아내는 것으로 답해야 한다. 다양한 사람의 다양한 문화와 관점이 다양한 내용과 양상의 텍스트로 펼쳐지는 교과서가 좋은 국어 교과서이다.

2 교과서에는 어떤 내용이 담겨 있는가

교과서는 교사에게는 가르칠 내용을, 학생에게는 배울 내용을 제공하는 구체적인 자료이다. 교과서 안에 학습할 내용이 제시되어 있다는 뜻이다. 그렇다면 교과서에는 어떤 내용이 담겨 있는가? 이 질문에 대한 답은 간단하게 말해서 국어 능력을 기르는 데 필요한 지식, 기능, 태도가 될 것이다. 그러면 이러한 내용은 무엇에 근거하여 교과서로 구현되는가? 또한 교과서 내용을 구성하는 기본 축은 무엇인가? 전자에 대한 답은 교육과정과의 관계 속에서 찾을 수 있다. 기본적으로 우리나라 국어 교과서는 교육과정과의 관계 속에서 존재하기 때문이다. 후자에 대한 답은 교육과정과 글 제재가 될 것이다. 교과서 내용은 교육과정에 제시된 학년별 성취기준과 그것을 달성하기 위해 선정된 글 제재가 중심을 이룬다.

먼저 교과서 내용의 근거를 마련하고 중심축을 이루는 교육과정 성취기준과의 관계 측면에서 교과서 내용을 살펴보자. 교과서는 교육과정과 독립적으로 존재하지 않는다. 교과서 내용은 교육과정에 제시된 목표와 학년별 성취기준에 근거하여 마련되기 때문이다. 교육과정에 제시된 지식, 기능, 태도 및 국어 사용의 실제와 관련된 맥락과 텍스트가 교과서의 주요 학습 내용이다.

다음은 2015 개정 교육과정에 의한 초등학교 5학년 2학기 '국어' 교과서 2단원의 단원명과 학습 목표이다(교육部, 2019a: 30-51).

> 단원명: 2. 지식이나 경험을 활용해요
>
> 학습 목표: 지식이나 경험을 활용해 글을 읽고 쓸 수 있다.

이 단원은 지식이나 경험을 활용하여 글을 읽으면 좋은 점을 알고 글을 읽으면서 지식이나 경험을 활용하는 활동 및 자신이 체험한 일을 떠올려 감상이 드러나도록 글을 쓰는 활동을 중심으로 구성되었다. 이 단원이 근거하고 있는 교육과정 성취기준은 다음과 같다(교육部, 2015: 32-34).

> [6국02-01] 읽기는 배경지식을 활용하여 의미를 구성하는 과정임을 이해하고 글을 읽는다.
>
> [6국03-05] 체험한 일에 대한 감상이 드러나게 글을 쓴다.

위 두 성취기준은 '경험'의 활용이라는 공통적인 학습 요소를 갖는다. 교과서는 관련성을 갖는 두 성취기준을 결합하여 단원을 구성하면서 "지식이나 경험을 활용해 글을 읽고 쓸 수 있다"는 학습 목표를 설정하고, 목표 도달에 필요한 학습 내용과 활동을 제시하였다. 학습 목표는 물론이고 단원을 구성하는 내용과 활동은 두 성취기준을 큰 변화 없이 직접적으로 반영하고 있다.

그러나 모든 교과서 내용이 교육과정을 그대로 반영하여 구성되는 것은 아니다. 교과서는 학습자의 텍스트로서, 교수·학습의 매개체로서 교육과정과는 다른 자체 논리 체계가 있고 교과서 저자의 가치와 신념이 교육과정을 해석하는 데 관여하기 때문에 교육과정을 재해석하여 반영하는 경우도 적지 않다. 동일한 교육과정을 대상으로 개발된 교과서들이 상이한 내용과 형식을 띠는 것도 교과서 저자의 교육과정에 대한 해석이 관여하기 때문에 발생한다고 볼 수 있다.

다음은 초등학교 6학년 2학기 '국어' 교과서 4단원의 단원명과 학습 목표이다(교육部, 2019b: 144~237).

단원명: 4. 효과적으로 발표해요
학습 목표: 다양한 매체 자료를 활용해 내용을 효과적으로 전할 수 있다.

이 단원은 매체 자료의 종류를 알고, 발표하고자 하는 주제에 적합한 매체 자료를 찾으며, '영상 자료'를 만들어 발표하는 활동을 하는 내용으로 구성되어 있다. 이 단원이 근거하고 있는 교육과정은 다음과 같다(교육부, 2015: 30).

-듣기·말하기-(5-6학년)
[6국01-05] 매체 자료를 활용하여 내용을 효과적으로 발표한다.

이 단원의 학습 목표 및 내용과 교육과정을 비교하여 볼 때 교과서가 교육과정 성취기준을 '초점화'하여 내용을 구성하고 있음을 알 수 있다. 교육과정은 학생들이 그림, 표, 그래프, 사진, 동영상 등을 보조 자료로 활용하여 발표하는 능력을 기를 것을 의도하고 있다. 이 단원은 이러한 성취기준에 근거하여 학생들이 다양한 매체 자료를 활용하여 자신의 발표 상황에 맞는 자료를 선택하고 효과적으로 발표하는 활동을 하도록 내용을 마련하면서도, 여러 매체 자료 중 영상 자료에 학습의 초점을 두고 있다. 학습량이 한정된 하나의 단원 안에서 그림, 표, 그래프, 사진, 동영상 등 모든 매체 자료를 다 다루기는 어렵기 때문에 여러 가지 매체의 특성을 복합적으로 보여주는 데 용이한 영상 자료에 초점을 맞추어 내용을 구성한 것이다. 이처럼 교육과정을 기반으로 하지만 교과서 저자가 성취기준을 어떻게 해석하고 단원으로 구현하느냐에 따라 교과서에 반영되는 내용이 달라진다. 이는 추상적인 계획으로서의 교육과정이 구체적인 학습 자료인 교과서에 반영될 때 발생하는 자연스러운 현상이다.

이상 살펴본 바와 같이 교과서는 교육과정에 의거하여 학습자에게 필요한 지식, 기능, 태도를 교육 내용으로 제시한다. 그러나 그것이 반영되는 양상을 볼 때 교육과정과 교과서가 늘 동형적인 것은 아니다. 교과서 저자의 관점에 따라 교육과정이 재해석되기도 하고, 학생 수준이나 학습량, 교과서 체제나 학습 효과성 등 여러 가지 요소가 복합적으로 작용하여 교육과정과 교과서 내용이 다를 수 있다.

교과서는 교육과정과 관련하여 개발되지만 구체적인 교수·학습 자료라는 점에서 교육과정과는 기능 면에서 차이가 있으며, 교육과정 이외의 학습 내용을 추가할 수밖에 없다. 교과서는 교육과정 내용을 담아내기 위해 관련된 언어 자료와 활동을 제시하는데, 이것이 교과서 내용의 또 다른 축을 이룬다. 즉, 교과서에 제시된 다양한 글 제재와 활동이 학습 내용이 된다는 뜻이다. 예를 들어, 2015 개정 교육과정에 의한 초등학교 6학년 1학기 '국어' 교과서의 '비유적 표현' 단원은 '[6국05-03] 비유적 표현의 특성과 효과를 살려 생각과 느낌을 다양하게 표현한다'는 성취기준을 반영하고 있다. 이를 위해서 교과서는 글 제재를 선정, 제시하는데, 이것이 또 다른 학습 요소로 작용한다. 이 단원에는 고일 작가의 그림동화 「뻥튀기」, 심후섭 시인의 「봄비」, 정완영 시인의 「풀잎과 바람」이 제시되어 있다. 교과서 단원 학습 목표는 이들 작품에서 사용된 비유적 표현의 특징과 효과를 이해하는 것이지만, 학생들이 이 목표를 달성하기 위해서는 이들 작품 전체를 읽고 그 의미를 이해해야 한다. 성취기준과 관련된 학습 목표만이 아니라 글 제재가 교과서 학습 내용이 되는 것이다.

비록 글 제재를 이해하고 학습하는 것이 교과서의 궁극적인 목표는 아니지만, 의도한 목표를 달성하기 위해서도 글 제재와 관련된 학습은 필요하다. 교육과정에 제시된 성취기준을 달성하기 위하여 제시된 글이지만 그것에 대한 이해가 선행되지 않으면 본격적인 목표 학습으로 나아가기 어렵기 때문이다. 그래서 교과서는 글 제재를 싣고 그것에 대한 이해를 돕는 학습활동을 제시한다. 2015 개정 교육과정에 의한 초등학교 '국어' 교과서는 대부분 제재 내용을 이해하는 활동을 제시한 후 성취기준과 관련된 목표 학습활동을 제시하는 순서로 구성되어 있다. '비유적 표현' 단원을 예로 들면, 이 교과서는 「풀잎과 바람」이라는 제재를 제시한 후 "'풀잎 같은 친구'가 좋다고 한 까닭은 무엇입니까?", "'바람 같은 친구'가 좋다고 한 까닭은 무엇입니까?"와 같은 질문을 통해 글 제재 자체를 이해할 것을 요구한다. 이후 "「풀잎과 바람」에 나오는 비유하는 표현을 바꾸어 봅시다"라는 목표 활동을 제시하고 있다. 이는 중·고등학교 교과서의 경우도 마찬가지여서, 많은 교과서가 글 제재 자체를 이해하는 학습활동을 구성하여 제시하고 있다. 이처럼 글 제재는 교육과정과 함께 교과서 내용을 이루는 중심축이다.

교과서 글 제재의 학습 내용에는 글의 언어 형식적·구조적·미적 요소와 내용적·주제적·가치적 요소 등에 대한 분석과 이해가 포함된다. 따라서 글 제재가 학습자가 이해하기에 어렵고 교사의 설명과 같은 개입이 많이 요구되는 것이라면 교과서 학습량은 증가하게 된다. 어려운 글 제재는 그것에 사용된 어휘 학습, 구조 분석, 주제 파악에 학습자의 인지적 부담을 가중시키고 제재를 이해하는 것 자체에 수업 시간을 많이 할애해야 하는 어려움을 준다. 이와는 반대로 제재가 쉬워서 학습자가 글을 이해하기 위해 특별한 주의를 기울이거나 집중적으로 학습할 필요가 없는 경우도 있다. 이 경우 학습자는 교과서 학습 내용을 교육과정 내용이나 목표 중심으로 받아들일 가능성이 높다. 글 제재 학습이 큰 비중을 차지하지 않기 때문이다.

제5차 교육과정 이후 국어 사용 기능을 강조하고 그것을 위해 목표 중심의 단원 구성 방식을 취하고 있는 대부분의 교과서에서 글 제재는 중요한 학습 내용으로 간주되지 않는다. 특히 교과서에 대한 관점이 글 중심 교과서관에서 목표 중심 교과서관으로 바뀌면서 교과서에 실린 글 제재를 분석과 이해의 대상으로 보기보다는 목표 달성의 수단인 '자료'로 보는 경향이 강해졌다. 제재라는 명명 역시 목표 종속적인 관점을 반영한다. '자료'의 성격을 가지는 글을 이해하는 데 학습의 초점을 맞추어야 할 필요가 없는 것이다.

그러나 만약 교과서 글을 목표 종속적인 '제재'로만 보지 않고 그 자체를 교육하고 학습하여야 할 가치가 있는 텍스트로 본다면 제재는 중요한 교과서 학습 내용이 된다. 앞서 좋은 국어 교과서가 갖추어야 할 조건에서도 언급한 바와 같이 학습자의 문화적 소양을 함양하고 우리 언어문화에 대한 이해를 제고하기 위해서 교과서는 텍스트 자체에 대한 이해와 감상을 의미 있는 학습 내용으로 다룰 수 있다. 또한 수업 시간에 직접적으로 다루지 않더라도 교과서에 학습 목표나 제재와 상호 텍스트적으로 연결된 텍스트를 제시함으로써 학생들이 보다 실제적이고 깊이 있는 텍스트 경험을 하도록 지원하는 것도 교육적인 의미가 있다.

3 교과서는 어떻게 짜여 있는가

1) 단원 구성 방식

국어 교과서는 여러 개의 단원으로 구성되어 있는데, 단원 구성 방식은 한 단원을 구성하는 요소들이 어떤 기제에 의해 묶여 있는지, 또 각각의 단원이 어떤 관계로 배열되어 있는지와 관련된다. 하나의 단원을 하나의 통일된 단원으로 묶는 방식, 그리고 이들 단원과 단원이 배열되는 방식이 바로 단원 구성 방식이다. 국어 교과서 단원 구성 방식에는 전통적으로 문종(文種) 중심, 주제 중심, 목표 중심의 구성 방식이 있다(정혜승, 2002: 78). 단원을 구성하는 모든 요소가 동일한 문종에 의해 응집성 있게 묶여 있고 한 단원과 다른 단원을 구별하는 기준이 상이한 문종일 때 문종 중심 단원 구성 방식이라고 말할 수 있다. 마찬가지 논리로 주제와 목표도 단원을 응집성 있게 만드는 기제이면서 단원과 단원을 구별하는 기준이 되어 주제 중심, 목표 중심 단원을 구성한다.

문종 중심 단원 구성 방식은 글의 종류(장르)에 따라 단원이 구성되는 방식을 지칭한다. 제4차 교육과정기 교과서를 예로 들면 다음과 같다(문교부, 1984).

1. 시
   (1) 시의 세계
2. 일기와 편지
   (1) 생활의 반성 (2) 오가는 마음
3. 수필
   (1) 약손 (2) 나의 사랑하는 생활 (3) 삶의 광택
4. 설명문
   (1) 국어 공부 (2) 5월 단오

위 예에서 볼 수 있는 바와 같이 교과서의 각 단원과 단원을 구별하는 기준은 시, 일기, 수필과 같은 글의 종류이며, 한 단원을 한 단원으로 결속하는 기제도 글의 종류이다. 단원이 달라지면 다루는 글의 종류가 달라지며, 한 단원에서는 동일한 문종만을 다룬다. 시 단원에서는 시만 학습하며, 수필 단원에서는 수필만, 설명문 단원에서는 설명문만을 다룬다. 시 단원에서 수필을 다루거나, 수필 단원에서 설명문을 다루지 않는다. 당연히 문종 중심 단원 구성 방식에서 가장 중요한 학습 내용은 문종이며, 문종이 곧 단원명이 된다. 단원 도입부에 문종에 대한 개괄적 설명이 제시되고, 중심부를 이루는 소단원 역시 문종의 특성을 전형적으로 보여주는 글 제재와 그것을 분석하고 이해하는 학습활동 위주로 구성된다. 단원을 마무리하는 정리 부분 역시 문종 학습을 확인하고 요약하는 내용을 중심으로 구성된다.

문종 중심 단원 구성 방식의 장점은 체계적이고 반복적인 문종 학습이 가능하다는 것이다. 또한 교과서 글 제재의 장르적 특성에 대한 이해도 높일 수 있다. 그러나 문종 중심 단원 구성 방식은 몇 가지 문제점을 갖는다. 우선 교육과정 내용을 충실하게 반영하기 어렵다. 문종이 우선하기 때문에 특히 말하기, 듣기, 읽기, 쓰기와 같은 국어 사용 기능 영역의 내용을 반영하기 힘들다. 국어 수업이 교사의 설명에 따라 문종에 대한 이론적 학습과 글 제재에 대한 분석 위주로 흐르기 쉽다는 문제도 있다. 문종 중심 교과서로는 학습자가 탐구를 통해 지식을 구성하거나 활동을 통해 국어 경험을 쌓을 기회를 얻기가 쉽지 않은 것이다. 또한 문종에 대한 학습 과잉과 반복도 문제로 지적할 수 있다. 예를 들어, 국어 교과서가 10학년까지 학기제로 발간되고 하나의 문종이 각 학기 교과서에 한 번씩 포함된다고 가정할 때, 학습자

는 동일한 문종을 초등학교 1학년 1학기부터 고등학교 1학년 2학기까지 모두 20번 학습하게 되는 셈이다. 교과서가 문종 학습 내용을 단순 반복하지 않고 학년에 따라 위계적으로 구성한다고 본다면, 하나의 문종에 대한 학습 내용을 20단계로 위계화해야 하고 차별화된 형태로 각 교과서에 반영해야 한다. 그러나 위계화가 명확하게 이루어지지 않는다면 학년 간 문종 학습 내용의 변별성을 확보하기가 쉽지 않다. 학습자가 동일한 문종을 20번이나 단순하게 반복 학습할 가능성이 높다는 뜻이다.

주제 중심 단원 구성은 단원을 응집성 있게 만드는 기제와 단원 간 구분을 가능하게 하는 기준이 주제인 방식을 의미한다. 제2차, 제3차 교육과정기 교과서가 주제 중심으로 구성되었는데, 제3차 교육과정기 교과서에서 예를 찾아보면 다음과 같다(문교부, 1974).

새로운 출발

1. 나라 사랑 2. 오고 가는 정

3. 봄 4. 생활의 반성

언어와 민족

5. 언어와 민족 6. 주시경 선생

7. 폴란드 소녀의 울음 8. 국어 공부

위 예에서 보듯이 대단원명은 그 단원에 포함된 글 제재의 공통된 주제를 나타낸다. '나라 사랑', '오고 가는 정', '봄', '생활의 반성'은 모두 '새로운 출발'이라는 주제에, '언어와 민족', '주시경 선생', '폴란드 소녀의 울음', '국어 공부'는 공통적으로 '언어와 민족'이라는 주제에 부합하거나 포함되는 소주제나 제재이다. 주제 중심 단원 구성에서 글 제재 선정의 일차적 기준과 단원 학습의 초점은 역시 주제이다.

1. 두려움에 직면하여
2. 동물의 지능
3. 재난에 대처하기
4. 목소리 내기
5. 중대한 결정
6. 이야기가 말하는 것

위 1~6은 미국의 'Collections'라는 중학교 1학년 국어 교과서의 대단원명 목록이다. 이 대단원명들은 앞서 본 우리나라 제2차, 제3차 교육과정기 국어 교과서처럼 그 단원에 포함된 글 제재의 공통된 주제를 나타낸다. 예를 들어, '1. 두려움에 직면하여'는 단원명이 시사하는 바와 같이 위험한 계곡에 빠진 주인공들의 모험 이야기나 두려움과 공포증을 설명하는 인터넷 기사 등 '두려움'을 주제로 한 다양한 장르의 제재를 싣고 이를 활용한 여러 가지 국어 학습활동을 제시하는 주제 중심 단원 구성 방식을 취하고 있다(Houghton Mifflin Harcourt, 2016). 이 교과서를 개발한 미국을 비롯하여 프랑스, 핀란드, 호주 등 많은 나라들의 국어 교과서는 주제 중심으로 단원을 구성한다.

주제를 중심으로 구성된 교과서는 여러 가지 장점이 있다. 먼저 실제적이고 심도 깊은 언어 경험을 가능하게 한다. 언어 행위는 늘 주제, 달리 말해서 '무언가에 대한' 것이다. 이 '무언가'가 주제이며, 인간의 언어 사용은 늘 주제 지향적이다. 우리의 듣기, 말하기, 읽기, 쓰기는 필연적으로 주제를 동반하는데, 주제 없이 언어 기능 자체가 작동하는 경우는 거의 없다. 따라서 하나의 일관된 주제에 대해 듣고, 말하고, 읽고, 쓰는 총체적 경험을 통해 실제적이고 심도 있는 학습을 할 수 있다. 주제 중심 교과서는 가치 교육에도 기여할 수 있다. 주제란 가치를 수반하는 것이기 때문에 주제 중심의 교과서는 바람직한 가치관을 형성하는 데 도움을 줄 수 있다. 또 주제를 잘 선택하여 교과서를 구성한다면 학습자의 흥미를 유발하고 학습 동기를 촉발할 수 있다.

그러나 이러한 주제 중심 교과서의 미덕은 자칫 단점으로 작용할 수 있다. 가장 우려되는 점은 국어과의 교과적 특수성을 모호하게 할 소지가 있다는 것이다. 주제 학습에 매몰되면 국어과 교육이 다른 교과 교육과 구별되지 않을 수 있다. 일례로 '자연재해'를 주제로 태풍, 지진 등을 다룬 글을 읽고 이를 이해하는 것을 중심으로 수업이 이루어진다면 과학과 수업과 다른 점이 무엇이냐는 문제에 직면하게 된다. 주제에 대한 지나친 집중은 관련 교과 학습에는 의미가 있을지 모르지만 국어 능력 계발이라는 국어과 고유의 교과 특수적 목적에는 부합하지 않는다. 또 선택된 주제가 지나치게 교훈적이거나 특정 집단의 이데올로기를 담고 있는 것이라면 학습자의 흥미를 떨어뜨릴 뿐만 아니라 가치 편향적 교육을 초래할 위험성도 갖는다.

주제 중심 교과서의 의도와 취지를 살리면서 예견되는 문제를 해결하는 방법으로 언어 활동 중심 단원 구성 방식과 프로젝트 중심 단원 구성 방식을 생각해 볼 수 있다. 양자 모두 주제를 중심으로 단원이 구성된다는 점에서 공통적이나, 전자는 일반적인 주제 중심 교과서보다 듣기, 말하기, 읽기, 쓰기의 총체적인 언어 활동을 강조하여 하나의 주제에 대하여 본격적으로 학습하기 전에 토의하고, 주제를 담은 글을 읽고, 읽은 후 토론과 글쓰기를 하는 과정으로 구성된다. 언어 활동을 중시하지만 그것에 일관되게 관통하는 주제가 있는 것이다. 후자는 프로젝트 수행 과정을 중심으로 단원이 구성되는 것이다. 하나의 주제를 가지고 언어 과제를 수행해 내는 일련의 경험을 하도록 기회를 제공하는 방식이다.

목표 중심 단원 구성 방식은 목표가 단원을 응집성 있게 만드는 기제가 되고 단원 간 구분을 가능하게 하는 기준이 되는 방식을 의미한다. 제1차 교육과정기 및 제5차 교육과정기 이후 2015 개정 교육과정기에 이르기까지 대부분의 국어 교과서가 목표 중심으로 구성되었다. 다음은 2015 개정 교육과정에 의한 초등학교 6학년 1학기 '국어 ㉮' 교과서의 단원명을 제시한 것이다(교육부, 2019a).

1. 비유하는 표현
2. 이야기를 간추려요
3. 짜임새 있게 구성해요
4. 주장과 근거를 판단해요
5. 속담을 활용해요

위 예에서 보듯이 목표 중심 교과서는 대단원명에서 단원 목표를 명시적으로 드러내고 단원의 모든 학습 내용도 목표와 관련되어 있다. '비유하는 표현' 단원에서는 비유적 표현의 개념과 특성을 알고 작품에 쓰인 비유적 표현을 이해하는 학습이, '이야기를 간추려요'라는 단원은 이야기의 구조를 고려하여 내용을 요약하는 학습이 주된 목표이며, 소단원은 모두 그 목표를 달성하기에 적합한 글 제재와 활동으로 구성된다. 이처럼 목표 중심 교과서는 단원을 구성하는 모든 요소가 동일한 목표로 묶여 있다. 즉, 단원을 하나의 응집성 있는 단위로 만드는 기제가 목표인 것이다.

그런데 이 학습 목표는 대부분 교육과정에 제시된 학년별 성취기준에 근거하여 도출된다. 교과서 저자의 해석에 따라 다양한 변형이 존재하지만 대체로 교과서 목표는 교육과정에 의거하여 설정된다. 따라서 목표 중심 단원 구성 방식은 교육과정 내용을 충실하게 반영하는 데 매우 효과적이다. 또한 단원의 초점이 명확하기 때문에 세부적인 기능과 구체적인 지식을 학습하는 데 효율적이다.

그러나 몇 가지 문제점도 있다. 우선 목표 중심 단원 구성 방식은 학습자에게 실제적이고 총체적인 국어 사용 경험을 제공하는 데 한계가 있다. 세부적인 목표를 분절적으로 학습한다고 해서 이것이 전체적인 국어 능력으로 종합된다고 보장하기 어렵기 때문이다. 또 학습자의 흥미나 동기를 유발하기도 어렵다. 세부 목표를 반복적으로 학습하게 하는 구성으로 인하여 학습자가 이를 왜 공부해야 하는지 인식하지 못하고 지루함을 느끼게 될 가능성이 높다.

이상 전통적으로 국어 교과서에서 사용되어 온 세 가지 단원 구성 방식에 대하여 살펴보았다. 각 방식마다 장단점이 있어 어느 방식이 우월하거나 열등하다고 보기는 어렵다. 다만 국어과의 교과적 특수성을 살려 국어 사용 능력을 계발하는 데 기여하면서 언어 경험의 실제성을 담보하고 학습 흥미를 제고하며 가치 교육을 균형 있게 할 수 있는 단원 구성 방식을 탐색할 필요가 있다. 예를 들어, 주제 중심 단원 구성 방식을 기본으로 국어 사용 기능 교육을 소홀히 하지 않는 언어 활동 중심이나 프로젝트 중심의 단원 구성 방식을 대안으로 모색해 볼 수 있을 것이다.

2) 교수·학습 방법과 교과서 체제

교과서 단원을 구성하는 요소들은 아무렇게나 나열되어 있지 않다. 교과서 단원은 일정한 원리에 따라 체계적으로 배열되어 있다. 그 원리는 대체로 교수·학습 방법과 관련된다. 교과서가 교수와 학습의 자료인 만큼 교수·학습이 원활하도록 돕기 위해서는 효율적인 교수·학습 방법을 원용하게 마련이다. 그래서 수업에서 특정한 교수·학습 모형이나 방법을 사용하지 않고 국어 교과서 순서를 따르기만 하여도 교수·학습이 자연스럽게 이루어질 수 있다. 교과서 체제가 교수·학습 방법과 어떤 관련을 맺고 있는지를 구체적으로 살펴보기로 한다. 다음 〈표 1〉은 2015 개정 교육과정에 의한 초등학교 '국어' 교과서의 체제를 도식화한 것이다(교육부, 2019c).

2015 개정 교육과정 초등학교 '국어' 교과서는 '준비 학습-기본 학습-실천 학습'의 세 부분으로 짜여 있으며, 7~11차시에 걸쳐 학습이 진행되도록 구성되어 있다. '준비 학습'은 학습 목표와 관련된 단원명, 학습 동기와 흥미를 유발하는 삽화, 단원 학습의 지향점을 명시하는 학습 목표, 배경지식이나 경험을 활성화하고 학습의 출발점과 필요성을 확인하고 인식하는 내용으로 짜여 있다. '기본 학습'은 단원 학습 목표에 도달하는 데 필요한 지식, 기능, 태도를 본격적으로 학습할 수 있는 내용을 다루는데, 보통 2~3개의 소단원으로 구성된다. 각 소단원은 읽기 전에 배경지식을 활성화하는 활동, 제재, 제재를 이해하고 활용하여 단원 목표와 관련된 지식, 기능, 태도를 익히는 학습활동으로 짜여 있다. '실천 학습'은 '기본 학습'에서

표 1 2015 개정 교육과정 초등학교 '국어' 교과서 체제

준비	기본[2]		실천
	소단원 1	소단원 2	
• 목표 관련 상황 • 단원 국어과 역량 • 단원명 • 학습 목표 • 단원 도입 질문 • 주요 학습 내용 • 단원 학습 계획 • 기초 내용 학습	• 주요 활동명 • 읽기 전 활동 • 제재 • 학습활동		• 주요 활동명 • 기본 학습 내용의 심화, 확장, 실천 학습 • 정리 -단원 학습 내용 정리와 평가 -생활 속 실천 가능성 탐색

표 2 2015 개정 교육과정 고등학교 '국어' 교과서 체제(박영목 외, 2018: 64)

도입	전개[3]		실천	정리
	소단원 1	소단원 2		
• 대단원 표지 -단원명 -교과 역량 • 단원의 길잡이 -학습 목표 -단원을 열며 -배울 내용 한눈에 보기 -미리 생각해 보기	• 소단원 도입 -학습 목표 -소단원 열기 • 본문 학습(제재) • 학습활동 -내용 학습 -목표 학습 • 소단원을 마치며		• 통합 실천 학습	• 단원의 마무리 -정리하기 -점검하기

학습한 것을 심화, 확장하거나 실제로 적용하는 활동과 단원 학습을 정리하고 평가하는 내용 및 단원에서 학습한 것을 실생활과 관련하여 생각하게 하는 활동으로 이루어져 있다.

국가가 저작권을 가지고 직접 관리하는 국정 도서로 개발되는 초등학교 '국어' 교과서와 달리 검정 도서로 개발되는 중학교와 고등학교 교과서는 출판사마다 체제가 상이하다. 대부분의 교과서가 세부적으로는 다르지만 큰 틀 안에서는 앞서 살펴본 초등 '국어' 교과서와 비슷한 체제로 구성되어 있다. 여기서는 한 출판사의 고등학교 '국어' 교과서 체제를 중심으로 교과서 체제와 교수·학습 방법의 관계를 살펴보기로 한다.

이 교과서는 도입, 전개, 실천, 정리의 네 부분으로 구성되어 있다. 초등학교 '국어' 교과서가 심화, 적용하는 활동과 단원 학습을 정리하는 내용을 '실천 학습'으로 포괄하여 크게 세

2 단원에 따라 소단원이 3개로 구성되는 경우도 있다.
3 단원에 따라 소단원이 2~4개로 구성되는 경우도 있다.

부분으로 구성된 것과 달리, 이 교과서는 실천('통합 실천 학습')과 정리('단원의 마무리')를 분리하여 크게 네 부분으로 구성되었다. 그러나 전반적인 체제와 부분별 구성 요소 및 기능은 유사하다. 도입부는 초등학교 교과서와 유사하게 단원 학습 전체를 개관할 수 있도록 학습 목표와 주요 내용을 제시하고 학습의 필요성을 인식하며 배경지식을 활성화하는 요소로 구성되어 있다. 본격적으로 학습이 이루어지는 전개부에서는 2개 이상의 소단원이 제시된다. 이들 소단원에서 대단원 학습 목표에 도달하는 데 필요한 지식과 기능, 태도 학습 내용을 다룬다. 초등학교 교과서와 다른 점은 소단원별로도 학습 목표와 방향을 안내하고 정리하는 요소가 있다는 것인데, 이 요소를 통하여 학생들이 단원 학습의 흐름을 파악하고 마무리할 수 있다. 소단원을 학습한 이후에는 각 소단원에서 학습한 내용을 통합하여 생활 속에서 적용하고 실천할 수 있는 과제나 활동을 제시한다. 이 활동은 초등학교 '국어' 교과서의 '실천 학습'과 유사하다. 정리부는 단원의 주요 학습 요소를 학생이 스스로 요약하고 자신의 학습 과정과 결과를 성찰하여 마무리하는 내용으로 구성된다.

이상 살펴본 바와 같이 교과서마다 사용된 용어나 세부 구성 요소는 미시적인 차이가 있지만, 전반적으로 국어 교과서는 어떤 학습 목표를 성취하기 위하여 도입 단계에서 학습의 동기를 유발하고 목표를 확인하며 사전 지식을 활성화한 다음, 본격적인 학습이 이루어지는 전개 단계에서 목표를 성취하는 데 필요한 주요 내용을 독립적으로 학습하고, 그것을 정리하는 단계에서 다양한 상황에서 확장하고 활용하며 학습을 요약하고 평가하는 과정으로 구성되어 있다. 이러한 구성 체제는 세부적인 지식, 기능, 태도를 독립적이고 집중적으로 학습한 후 이를 다양한 상황 속에서 심화하고 적용함으로써 종합하게 하는 교수·학습 과정과 방법을 염두에 두고 만들어진 것이다.

교과서 체제는 소단원 수준에서도 체계적으로 짜여 있다. 앞서 살펴본 교과서와 대단원 체제가 비슷한 한 중학교 교과서의 소단원을 살펴보자(김진수 외, 2018).

• 소단원명	• 제재
• 학습 목표	-제재명, 지은이, 날개(질문), 각주(단어 뜻풀이)
• 생각 열기	• 이해 학습
• 들어가기 전에	• 적용 학습
	• 활동 마당

위 표에서 볼 수 있는 것처럼 소단원도 여러 요소가 일정한 원리에 따라 일관되게 배열되는 구조이다. 특히, 읽을 제재가 제시되는 읽기나 문학 관련 단원의 경우 읽기 과정 중심 모

형을 참조하여 구성된다. 제재를 학습하기 전에 읽기 전 활동('생각 열기', '들어가기 전에')을 하고, 제재를 읽으면서 읽기 중 활동(날개에 제시된 질문이나 활동)을 하며, 읽기를 마친 후 내용을 이해하고 목표와 관련된 적용 학습을 하는 일련의 과정을 밟도록 되어 있다. 이른바 읽기 '전-중-후' 단계에 따라 각 단계에서 요구되는 활동을 하는 것을 염두에 두고 구성 요소가 마련되고 배열된 것이다.[4]

이처럼 교과서는 교수·학습 방법이나 모형을 기반으로 단원 구성 요소를 체계적으로 배열하여 일관되게 체제가 구성된다. 교사가 교과서를 가지고 효과적으로 수업을 하기 위해서, 나아가 국어과 수업의 특성을 이해하기 위해서도 이러한 교과서의 체제를 분석하고 파악할 필요가 있다(주세형·남가영, 2014: 59). 교과서에 어떤 요소들이 있는지, 그 요소들이 왜, 어떤 방식으로 짜여 있는지, 그것이 학습자의 수준이나 요구에 적합하며 국어과 목표를 성취하는 데 기여하는지를 꼼꼼히 분석하고 그것에 근거하여 교과서를 재구성해야 하기 때문이다.

4 교과서를 어떻게 사용해야 할까

1) 바람직한 교과서관

오랫동안 교과서에 대한 비판이 제기되어 왔지만, 오늘도 대부분의 교실에서 교과서는 건재하다. 이런 상황에서 교과서를 어떤 시각으로 바라보고 어떻게 이용해야 하는가? 전통적으로 국어 교과서를 바라보는 관점은 글 중심 교과서관과 목표 중심 교과서관으로 나누어 살펴볼 수 있다.

글 중심 교과서관은 교과서에 실린 글 제재를 모범적 텍스트로 인식하고 그것을 이해하고 모방해야 할 대상으로 취급한다. 교과서는 전문가나 국가가 권위를 가지고 학습자의 국어 사용에 전범이 될 만한 이상적인 언어 사용 자료인 글을 실어 놓은 것이기 때문에, 그것을 가르치는 교사는 글 형식과 내용을 체계적으로 정밀하게 분석, 설명해서 학습자가 이해하고 따

4 이는 제7차 교육과정에 의한 중학교 '국어' 교과서 이후 여러 교과서에서 나타나는 소단원 구성 방식이라고 할 수 있다.

를 수 있도록 지도해야 한다는 관점이다. 이 관점에 따르면, 작품성이 검증되지 않은 글을 학생들이 학습하는 것은 위험하기 때문에 함부로 교과서를 대체할 자료를 찾기보다는 국어 수업에서 안전하게 사용할 수 있는 검증된 자료인 교과서를 중심으로 수업하는 것이 합당하다.

교과서는 오류가 없으며 완벽한 언어 자료로 구성된다고 보는 글 중심 교과서관을 가진 교사는 제시된 순서에 따라 교과서의 글 하나하나에 꼼꼼하게 주석을 달아 설명하고 학생이 이를 잘 듣고 충분히 이해하기를 원한다. 이런 관점에 따라 진행되는 국어 수업에서 교사는 설명자, 학습자는 수용자의 역할 모델을 갖는다. 이러한 모델에서는 교과서를 자료로 해서 토론하고, 사고하고, 비판하는 적극적이고 창의적인 학습은 좀처럼 발생하기 어렵다. 학습자의 능동적인 국어 사용 활동을 기대할 수 없다는 뜻이다. 또한 글 중심 교과서관을 가지면 교육과정은 물론 교과서가 변화해도 늘 유사한 수업 형태—교사의 독해와 설명 위주의 수업—를 고수할 가능성이 높다. 교과서에서 중요한 것은 목표나 활동이 아닌 글이고 이를 이해하도록 가르치는 것이 국어 수업의 초점이라고 보는 한 교육과정이나 교과서 자체가 변화해도 독해 위주의 설명식 수업을 유지하고 독해 중심의 평가가 이루어질 수밖에 없다.

그렇다고 글 중심 교과서관에 부정적인 측면만 있는 것은 아니다. 교과서 글을 중심으로 수업이 이루어지기 때문에 학습자의 글에 대한 이해를 도울 수 있고, 어휘 학습과 글 구조에 대한 학습을 강화할 수 있다. 또한 교사가 글과 함께 제시된 학습활동을 교과서의 의도대로 충실하게 '따라서' 수업을 한다면 어느 정도까지는 학습 목표에 효율적으로 도달할 수 있다. 교과서의 의도를 그대로 실행한다는 단서 아래 글 중심 교과서관은 전국적으로 교육의 질적 수준을 비슷하게 맞추는 데 기여할 수 있다. 이는 교과서를 신뢰하고 그에 의존하는 글 중심 교과서관이 교사 개인의 능력이나 가치에 따라서 교육 내용과 학습자의 학습 성취 정도가 차이가 나는 교육 격차 문제에 대해 일종의 완충 역할을 할 수 있음을 의미한다.

글 중심 교과서관과 대비되는 관점으로 목표 중심 교과서관이 있다. 말 그대로 목표 중심 교과서관은 교과서를 학습 목표를 달성하기 위해 활용할 수 있는 하나의 자료로 간주한다. 교과서는 완벽하거나 이상적이지 않으며 또 그럴 필요도 없는 수많은 자료 중의 하나일 뿐이다. '교과서를 공부한다'가 글 중심 교과서관을 잘 나타내는 표현이라면, '교과서로도 공부할 수 있다'는 목표 중심 교과서관의 특징을 명확하게 나타낸다.

목표 중심 교과서관에서 좋은 학습 자료의 기준은 목표에 대한 적합성과 학습자 수준에 대한 적절성이다. 이른바 정전이 아니어도 학습 목표를 달성하는 데 적합하거나 학습자 수준에 부합하면 좋은 학습 자료, 곧 교과서라고 본다. 이러한 관점에서 볼 때 교과서는 더 이상 모방해야 할 완벽한 언어 자료가 아니다. 완벽하거나 이상적이지 않기 때문에 교과서에 대해 비판적으로 이해할 수 있고, 그것을 바탕으로 토의와 토론을 할 수 있으며, 창의적인 다양한 활동을 할 수 있다. 교과서의 글 자체에 대한 학습이 궁극적인 학습 목표가 아니므로 교사가 글을 설명하고 학습자가 그것을 소극적으로 수용하는 수업은 의미가 없다. 학습자의 목표를 성취하기 위한 활동 중심의 수업이 펼쳐질 확률이 높은 것이다. 따라서 이런 수업에서는 교사와 학생 모두 더 이상 교과서에 종속된 교과서 소비자가 아니며, 보다 능동적이고 적극적인 소통 주체로 참여할 수 있는 가능성이 제고된다.

이상 살펴본 바와 같이 목표 중심 교과서관은 글 중심 교과서관에 비해 긍정적인 측면이 많다. 그러나 목표 중심 교과서관에 따른 수업이 수업의 효과성을 담보하고 학습자의 학습에 유의미하게 작용하기 위해서는 교사의 전문성과 노력이 전제되어야 한다. 교사가 학습 목표를 정확하게 이해하고 그에 적합한 자료를 찾을 수 있는 '안목'과 '능력'이 없으면, 더불어 그렇게 하려는 의지와 실천적 노력이 없으면 목표 중심 교과서관에 따른 수업이 실제적인 효과를 얻기는 쉽지 않다. 또한 교사의 건전한 국어 교육관도 바탕이 되어야 한다. 목표 중심 교과서관은 교사의 가치와 관점이 목표 해석이나 교과서 선정에 크게 작용하기 때문에 교사의 전문성뿐만 아니라 국어과 교육에 대한 보편적이고 타당한 인식이 요구된다.

2) 교과서 재구성의 필요성과 방법

목표 중심 교과서관을 가진 교사는 교과서를 주체적이고 능동적으로 활용한다. 학습 목표와 자신의 교실 상황에 맞게 교과서를 대체하는 자료를 직접 구성하거나 아니면 교과서를 재구성하여 사용한다. 이런 관점에서 보면 교과서만큼이나 교사의 교과서 사용 방식이 중요하다. 말로(Marlow, 2000)에서 교사의 교과서 사용 방식을 강조한 것도 같은 맥락이다. 그는 교과서는 나쁘지도 좋지도 않은 '자료'일 뿐 문제는 그것을 사용하는 교사에게 있으며, 질 높은 수업은 교수·학습 상황에서 교사와 학생이 교과서를 창조적으로 사용할 때 이루어진다고 주장한다. 말로에 따르면, 교과서를 사용하지 않는다고 더 좋은 수업을 한다고 생각하는 것은 옳지 않으며, 마찬가지 논리로 교과서를 사용한다고 해서 고등 수준의 사고력을 계발하는 데 학생들의 참여를 방해하는 질 낮은 수업을 한다고 비판하는 것도 옳지 않다. 동일한 교과서를 가지고 교사가 토의·토론하기, 비교하기, 비판하기, 분석하기와 같은 고등 수준의 사고 활동을 할 수도 있고, 교과서를 줄줄 읽고 암기하라고 요구할 수도 있다. 교과서를 학생들의 학습을 도약시키는 발판으로 만드는 것은 바로 교사의 교과서 사용 방식이다. 교사가 교과서를 어떻게 바라보고 활용하는가 하는 것이 더 중요하다는 것이다.

교사마다 교과서를 사용하는 방식은 매우 다양하다. 교과서를 정전으로 여기고 목표와 내용, 평가에 이르는 교육의 전 과정을 교과서에 의존하는 교사도 있고, 목표와 무관하게 글 제재만 사용하는 교사도 있으며, 교과서에 제시된 단원 학습 목표만 참조하고 나머지 부분은 전혀 활용하지 않는 교사도 있다. 어떤 방식이든 나름대로 교사의 가치와 판단에 따른 것이어서 옳다 그르다고 평가하기 어려우나, 여기서는 교과서를 재구성하는 방식에 대해서 2015 개정 교육과정에 의한 초등학교 6학년 1학기 '국어' 교과서 1단원 '비유적 표현'을 예로 들어 설명하려고 한다. 다음에 소개하는 세 가지 방식은 교과서를 변형하고 활용하는 정도 면에서 차이가 있다. 즉, 활동 순서 바꾸기 등과 같은 소극적인 재구성부터 목표 바꾸기와 같은 적극적인 재구성까지 재구성의 수준과 범위가 다르다.

소극적인 의미의 교과서 재구성은 교과서에 제시된 내용이나 활동의 순서를 바꾸어 지도하는 것이다. 소단원의 순서를 바꾸어 두 번째 소단원부터 지도할 수도 있고, 학습활동의 순서를 바꾸어 지도할 수도 있다. 학습의 과정 측면에서 교과서에 제시된 순서가 적절하지 않다고 생각될 때 이러한 재구성이 가능하다. 예를 들어, '비유적 표현' 단원에는 2개의 시가 제시되어 있는데, 교사가 이 제시 순서가 적절하지 않다고 판단하면 순서를 바꾸어 지도할 수 있다. 「봄비」라는 시가 「풀잎과 바람」이라는 시보다 길어 이해하기 어려운데 먼저 학습하도록 앞서 제시되었다고 판단하면, 교사는 두 시의 순서를 바꾸어 지도할 수 있는 것이다. 또 학습활동을 전개할 때 학습의 과정이 순조롭게 진행되지 못한다고 판단할 때도 얼마든지 순서를 재구성할 수 있다.

보다 적극적으로 교과서를 재구성할 수도 있다. 교사가 교과서에 실린 글 제재나 활동을 대체하는 것이다. 글 제재와 활동이 학습자의 수준에 맞지 않거나 목표에 적합하지 않다고 판단될 때, 학습의 과정이 자연스럽지 못하다고 생각될 때 이러한 재구성이 가능하다. 예를 들어, 이 단원의 경우 학생들이 이 시들을 이해하거나 시에서 비유적 표현을 파악하는 데 어려움이 있다거나 시에 흥미나 관심을 가지지 못한다고 판단하는 경우 다른 시로 교체할 수 있다.

글 제재나 활동을 대체하거나 변형하지 않고 과감하게 삭제하거나 압축하여 사용하는 방법도 가능하다. 이 경우는 학습자가 목표에 도달할 수 있음에도 불구하고 교과서에 유사한 글 제재와 활동이 불필요하게 반복하여 제시되었다고 판단할 때 사용할 수 있다. 예를 들어,

비유 단원의 경우 시를 바꾸어 쓰는 활동이 반복적으로 제시되어 있는데, 한 번의 활동으로도 학생들이 비유적 표현을 써서 시를 바꾸어 쓸 수 있다고 판단할 경우 한 활동만 선택해서 지도할 수 있다.

교과서를 가장 적극적으로 재구성하는 방식은 교과서의 목표와 내용을 교사가 재해석하고 재구성하는 것이다. 교과서 저자는 교육과정을 나름대로 해석하여 단원 학습 목표를 설정하고, 목표에 도달하는 데 필요한 제재를 선정하고 학습활동을 구성한다. 앞서 살펴본 두 가지 재구성 방식이 교과서 목표, 즉 교과서 저자의 교육과정 해석을 수용한 채 글 제재와 활동 수준에서 부분적으로 교과서를 수정하여 사용한 것이라면, 이것은 교과서 저자와 다른 관점을 취한다는 점에서 가장 적극적이고 능동적인 재구성이라고 할 수 있다.

예를 들어, '비유하는 표현' 단원의 경우 시를 중심으로 비유적 표현의 효과를 학습하도록 초점을 맞추고 있다. 비유적 표현을 학습하기에 시 장르가 효과적이라는 점과 시를 이해할 때 비유적 표현의 의미를 파악하는 것이 중요하다는 점에서 이와 같은 교과서 구성은 적절하다. 그러나 이와 같은 단원 구성으로 인해 학생들이 비유적 표현을 시에서만 사용되는 수사법으로 긍정적인 효과만 가진다고 인식하는 문제가 초래될 수 있다고 판단할 경우, 일상 대화, 속담, 기사, 광고 등과 같은 다양한 장르의 텍스트에서 비유적 표현과 그 효과를 파악하고 그것을 사용할 때의 유의점 등을 생각하게 하는 방식으로 재구성할 수 있다. 이처럼 교사는 교육과정이나 자신의 교육적 관점에 따라 교과서 저자의 교육과정 해석에 대해 주체적으로 재해석하고 비판적인 대안을 내놓는 적극적인 교과서 재구성을 수행할 수 있다.

04

국어과 교수·학습 방법 및 수업 방법

1 좋은 국어 수업에는 어떤 특징이 있는가 / 2 국어과 교수·학습 모형과 절차는 어떠한가 / 3 국어 수업 설계에서 고려할 점은 무엇인가 / 4 국어 수업 실천에서 고려할 점은 무엇인가 / 5 국어 수업 성찰에서 고려할 점은 무엇인가

어떻게 하면 국어 수업을 잘할 수 있을까?

국어 교육을 하는 사람이라면 항상 떠나지 않는 과제이다. 국어 수업은 국어 교육과 관련된 지식을 많이 알고 있다고 해서 잘할 수 있는 것이 아니며, 화려한 수업 기술만으로는 해결되지 않는다. 동일한 차시를 수업하더라도 모든 수업의 아우라가 다르고, 심지어 한 교사가 동일 차시를 수업하더라도 상황에 따라 다양한 모습을 가진다.

좋은 국어 수업은 국어 교수·학습 모형에 얽매이거나 전형적인 수업의 흐름을 그대로 따라가는 것을 벗어나는 데서부터 시작된다. 교사는 국어과 교수·학습 모형을 창의적으로 운용할 수 있어야 한다. 좋은 국어 수업에 대한 안목을 갖고 자신의 수업을 개선하기 위해 끊임없이 자기반성적 사고(reflective thinking)를 하는 습관을 가짐으로써 국어 수업의 전문성을 향상시킬 수 있다.

이 장에서는 국어과 교수·학습의 현상과 좋은 국어 수업의 특징을 살펴보자. 그리고 어떻게 하면 좋은 국어 수업을 하고 국어 수업의 전문성을 함양할 수 있을지 생각해 보자.

1 좋은 국어 수업에는 어떤 특징이 있는가

1) 국어과 교수·학습의 지향점

국어과 교수·학습은 국어과 수업 시간에 교사와 학습자 사이에 일어나는 의도적인 활동이고, 국어 교육과정의 1차 구현 교재인 국어 교과서를 통하여 교사와 학습자가 함께 이루어내는 생산적인 의사소통이라고 할 수 있다. 국어과 교수·학습 현상은 과학과, 수학과 등과 달리 '학습 대상으로서의 언어'와 '수단으로서의 언어'를 모두 다룬다는 특징을 갖는다.

국어 수업을 잘하기 위해서는 국어과 교수·학습의 현상을 이해할 필요가 있다. 첫째, 국어과 교수·학습은 텍스트를 중심으로 한 교사와 학생의 의미 있는 상호작용으로 이루어진다. 상호작용에는 수업의 목표를 공동으로 인식하는 것부터 수업의 구체적인 활동을 통해 교사와 학생이 서로의 생각과 반응을 확인하는 것까지 모두 해당된다. 엄밀하게 말하면 국어과 수업의 상호작용은 교사와 학생, 언어 텍스트, 이 세 가지 사이에서 이루어진다고 할 수 있다. 언어 텍스트는 교사와 학생의 언어활동에 관한 상호작용을 활발하게 불러일으킬 수 있는 요소를 잘 갖춘 것이어야 한다(박인기, 2001).

둘째, 국어과 교수·학습은 국어 활동에 관한 인지적 문제 해결 과정을 바탕으로 이루어진다. 말을 듣거나 글을 읽고 의미를 파악하는 활동은 물론이거니와, 생각을 말이나 글로 표현하는 활동 역시 국어 사용자의 마음속에서 일련의 과정을 거쳐 이루어지게 마련이다. 국어과의 이해와 표현 활동에서 과정에 대한 인식은 인지적 사고 활동을 탐구하는 데서 비롯된다.

셋째, 국어과 교수·학습은 언어 속의 문화나 가치의 작용을 다룬다. 모든 언어 사용은 일차적으로 소통의 기능을 하면서 그 안에서 이념이나 태도의 요소를 발현시킨다. 삶과 세계를 바라보는 기본적인 인식이 문화라는 것 속에 담겨 있고, 그것이 모두 언어를 통해 표출되고 실현된다. 언어 사용의 총체적 모습 속에는 가치, 태도, 문화 등의 모습이 자연스럽게 녹아들어 있는 것이다. 이런 점에서 국어과 수업은 언어와 관련된 문화나 가치의 문제를 다룰 수 있어야 한다.

넷째, 국어과 교수·학습은 학습자의 개별성을 고려한다. 개별성은 학습자 각자가 언어 사용의 주체로서 지니는 고유한 개성을 인정하고 존중하는 것을 뜻한다. 교사는 학습자가 언어 사용의 주체로서 교수·학습 상황에서 자신의 수준과 기호에 맞는 학습 자료와 방법을 택하여 주체적으로 언어를 사용하도록 도와주어야 한다.

다섯째, 국어과 교수·학습은 사회적 상호작용을 통한 의미 구성 과정을 바탕으로 이루어진다. 이러한 관점은 인지 발달에 대한 사회적 상호작용의 역할을 탐구하는 데서 비롯되었다. 비고츠키(Vygotsky)는 사고의 발달이 언어를 매개로 이루어지며 언어는 사회적인 상호작용 속에 존재한다고 보았다. 다른 사람과의 상호작용을 통해 현재 수준의 능력보다 더 높은 능력을 발휘할 수 있다는 것이다. 이런 관점에서 현재의 사고 능력을 강화하여 주는 외부의 조력자를 가정하게 되는데, 그 조력자가 바로 우수한 동료 학습자이거나 교사이다. 학습자는 타인의 도움을 받음으로써 어려운 문제를 해결할 수 있게 되고, 이는 언어 능력 또는 사고력의 향상으로 이어지게 된다.

2) 국어 수업 전문성

국어 수업은 국어과 교수·학습의 변인을 고려한 치밀한 국어 수업 설계를 바탕으로 이루어지되, 국어 수업 실천 상황에서 유연한 전문적 판단력이 요구되는 구체적인 실천 행위이다. 국어 수업에는 학생의 실태, 학생의 발달 수준, 학습 내용의 수준과 범위, 교수·학습 방법, 학습 환경 등 다양한 변인들이 관여하기 때문에 좋은 국어 수업의 조건을 한마디로 명확하게 제시하기는 어렵다.

한국교육과정평가원(2006)에서는 교사의 국어 수업 전문성을 지식 및 능력, 국어 수업 설계 능력, 국어 수업 실천 능력, 교수·학습에 대한 장기적 지원의 네 가지로 제시하였다.

① 지식 및 능력
- 국어과 교육과정에 대한 지식, 국어 교과 내용에 대한 지식, 국어과 교수·학습 방법에 대한 지식
- 학생의 언어 이해: 학생의 언어 발달 및 개인차에 대한 이해, 학생의 언어문화에 대한 이해
- 국어 능력: 국어 수행 능력(듣기·말하기·읽기·쓰기 능력, 국어 탐구 능력, 문학적 감상과 창작 능력, 미디어 소통 능력), 국어 시범 능력, 국어 평가 능력

② 국어 수업 설계 능력
- 학습 목표와 내용 선정
- 교수·학습 모형 및 절차 계획
- 교수·학습 활동 계획
- 학습 자료 및 매체 활용 계획

- 학생 평가 계획

③ 국어 수업 실천 능력

- 국어 학습 환경 조성: 효과적인 수업을 위한 시·공간 환경 조성, 자율적이고 효율적인 소통의 규칙과 절차
- 수업 실행: 배경지식 활성화와 동기 유발, 학습 목표와 학습활동의 관련성, 다양하고 적절한 수업 전략, 수업 계획의 실천과 유연한 상황 대처, 언어적 상호작용 촉진, 피드백 제공, 교과서 및 자료 활용
- 학생 평가: 평가 실행 및 결과 활용

④ 교수·학습에 대한 장기적 지원

- 수업에 대한 반성, 동료 교사와의 협력
- 학부모 및 지역 단체와의 협조
- 전문성 발달 노력

교사의 국어 수업 전문성 네 가지 중 '지식 및 능력'은 국어 수업 전문성의 소양에 관한 것이고, 국어 수업 설계 능력, 국어 수업 실천 능력, 교수·학습에 대한 장기적 지원(반성적 성찰)은 교사의 수업 수행에 관한 것이다. 이 장에서는 교사의 수업 수행과 관련된 국어 수업 설계 능력, 국어 수업 실천 능력, 교수·학습에 대한 장기적 지원(반성적 성찰)을 중심으로 기술하고자 한다.

쉬|어|가|기

우리나라 초·중등 교사들이 생각하는 '좋은 수업'의 일반적인 특성(한국교육과정평가원, 2006)

- 수업 준비와 계획이 철저한 수업
- 수업 목표에 도달하는 수업
- 흥미 있고 재미있는 수업
- 학생들이 적극적으로 참여하는 수업
- 교사·학생의 상호작용이 활발한 수업
- 학생을 이해하고 눈높이를 맞추는 수업
- 효과적인 수업 모형/방법이 적용되는 수업
- 내용이 분명하게 전달되는 수업
- 수업 자료, 교수 매체 등이 잘 갖추어진 수업
- 평가를 통해 학생의 이해와 흥미를 높이는 수업
- 잘 정비된 교실 환경과 효과적인 학급 운영
- 교사가 반성하고 연구하는 수업

이 특성들 중 어느 한 가지 이상만 충족되어도 좋은 국어 수업이라고 할 수 있다. 이들은 좋은 수업이라고 생각되는 일반적인 특성을 선정한 것일 뿐 이들을 모두 충족해야 좋은 수업이라고 오해해서는 곤란하다.

2 국어과 교수·학습 모형과 절차는 어떠한가

국어과 교수·학습 모형은 국어과 교수·학습 과정을 명시적으로 밝혀 구조화한 결과이다. 또한 국어과 교수·학습의 절차, 전략, 활동 등을 보는 사람이 알기 쉽게 단순화하여 나타낸 얼개이다. 건물의 설계도를 보면 건물의 구조를 알 수 있듯이, 국어과 교수·학습 모형을 보면 국어과 교수·학습의 틀이나 짜임을 알 수 있다. 교사는 교수·학습 모형을 활용하여 수업을 짜임새 있고 효율적으로 운영함으로써 교수·학습의 효율성을 높일 수 있다. 교사는 교수·학습 목표, 내용, 학습자의 수준, 자신의 교수 능력, 교수·학습 환경 등의 변인을 고려하여 최적의 모형을 선택하고 적용할 수 있어야 한다(서혁, 2005).

교사가 국어 교수·학습 모형을 적용하기 위해서 고려해야 할 점이 있다. 첫째, 교사는 각 교수·학습 모형의 특징, 절차, 활용에 대해 충분히 이해하고 장단점을 고려할 필요가 있다. 교사가 교수·학습 모형에 대해 충분히 이해할 때 여러 가지 변인을 고려하여 각 차시에 알맞은 교수·학습 모형을 선택, 적용할 수 있기 때문이다.

둘째, 수업 운영 시 각 교수·학습 모형의 특성이 잘 드러날 수 있도록 해야 한다. 흔히 교수·학습 과정 안에는 모형을 적용하여 놓고 실제 수업 시에는 그 모형의 특성이 드러나지 않는 경우가 많다. 교수·학습 모형은 교수·학습 과정안 자체를 잘 짜기 위한 것이 아니라 수업을 짜임새 있게 운영하기 위한 것임을 잊지 말아야 한다.

셋째, 각 모형에 제시된 절차는 실제 수업 운영 시 구동되는 교수·학습의 절차이므로 교과서 구성 절차와 다를 수 있다는 점을 고려할 필요가 있다. 예를 들어, 교과서 구성 시에는 한두 가지 교수·학습 절차나 주요 활동이 제외되거나 추가될 수 있고, 한두 가지 교수·학습 절차만 집중적으로 제시될 수도 있다. 다만, 모형을 재구성하여 활용할 때는 해당 모형의 주요 특성이나 본질이 훼손되지 않는 범위 내에서 하여야 한다. 해당 모형의 본질에 벗어날 정도의 재구성이라면 다른 적합한 모형을 찾는 것이 바람직할 것이다.

넷째, 교수·학습 모형을 적용할 때는 단일 모형만 고수하지 말고 단일 모형 2개 이상이 혼합된 복합 모형도 활용할 필요가 있다. 복합 모형을 활용하기 위해서는 기본적으로 단일 모형의 취지와 단계별 주요 활동을 숙지해야 한다.

여기에서는 직접 교수 모형, 문제 해결 학습 모형, 창의성 계발 학습 모형, 지식 탐구 학습 모형, 반응 중심 학습 모형, 역할 수행 학습 모형, 가치 탐구 학습 모형, 토의·토론 학습 모형

을 소개하겠다.[1]

1) 직접 교수 모형

(1) 특징

직접 교수 모형은 언어 수행에 필요한 특정 학습 내용이나 과제 해결을 명시적이고 단계적으로 지도하는 데 초점을 두는 교사 중심의 교수 모형이다. 이 모형은 전체를 세부 요소나 과정으로 나눈 뒤 이를 순서대로 익히면 전체에 도달할 수 있다는 가정에 기초하고 있다. 학습 내용을 세분화하여 구체적이고 명시적으로 지도하므로 학습 목표에 도달하는 데 유리하다. 학습 목표에 도달하는 데 불필요한 과정이나 활동을 최대한 배제함으로써 교수·학습의 효율성을 높일 수 있다.

(2) 절차

- 설명하기 단계는 학습 내용에 대한 동기를 유발하고 학습 내용을 소개하며, 그것을 왜 학습하여야 하는지 그 필요성과 중요성을 인식시키고, 어떤 절차나 방법으로 그것을 습득할 수 있는지 세분화하여 안내하는 단계이다.
- 시범 보이기 단계는 학습 내용이 적용된 실제 사례를 보여주고, 그것의 습득 방법이나 절차를 세부 단계별로 나누어 직접 시범을 보이거나 매체를 활용하여 시범을 보이는 단계이다.
- 질문하기 단계는 설명하고 시범 보인 내용을 더욱 구체적으로 이해시키고 확인하기 위하여 주어진 학습 과제를 해결하는 데 필요한 지식, 전략, 과정 등에 대하여 세부 단계별로 질문하고 대답하는 단계이다.
- 활동하기 단계는 주어진 목표를 달성하기 위하여 이미 학습한 지식 및 전략을 사용하여 일정한 절차에 따라 언어 자료를 이해하기 위한 활

표 1 직접 교수 모형의 절차

단계	주요 활동
설명하기	• 동기 유발 • 학습 문제 제시 • 학습의 필요성 또는 중요성 안내 • 학습의 방법 또는 절차 안내
시범 보이기	• 적용 사례 또는 예시 제시 • 방법 또는 절차 시범
질문하기	• 세부 단계별 질문하기 • 학습 내용 및 방법 재확인
활동하기	• 적용 • 반복 연습

1 국어과 교수·학습 모형을 적용한 '초등학교 국어 교수·학습 과정안'은 『2015 개정 초등학교 국어 교과서 지도서』에서 발췌하였다.

동을 하는 단계이다.

(3) 활용

직접 교수 모형은 과정이나 절차를 세분화할 수 있고 구체적인 시범이 가능한 학습 과제나 개별 기능 요소를 가르치는 데 적합하다. 그리고 학습자 스스로 해결하기 어려운 수준의 어려운 과제를 해결할 때 효과적인 교수법이다. 따라서 어려운 학습 과제를 다루면서 교사가 구체적으로 시범 보일 수 있는 문제 해결 과정이나 언어 사용 기능 영역에 잘 적용될 수 있으며, 문법이나 문학 영역의 개념이나 원리 학습에도 적용할 수 있다. 학습자의 수준에 비추어 학습 내용이 새롭거나 어려운 경우, 자기 주도적 학습 능력이 부족한 경우에 적용하는 것이 바람직하다. 직접 교수 모형은 개념, 지식, 전략이나 방법을 이해하는 데 주로 활용된다.

교사는 학습자가 문제 해결 과정을 충분히 이해할 수 있도록 해야 한다. 이를 위하여 가르칠 내용이나 과정을 세분화하고, 구체적이고 명시적인 설명과 시범을 보여 줄 수 있어야 하며, 단계별로 학습을 안내하고 유도할 수 있어야 한다. 가시적으로 드러나지 않는 과정을 설명하고 시범 보일 때는 사고 구술법(think-aloud) 등을 활용하여 볼 만하다. 직접 교수 모형은 자칫하면 교사 중심으로 흘러갈 수 있으므로 설명 단계와 시범 단계에서 학생들의 참여를 최대한 확대하고, 교사 유도 활동과 학생 주도 활동에서는 단순 모방에 그치지 않도록 확장된 사고와 활동을 적극 권장한다.

표 2 직접 교수 모형을 적용한 국어과 교수·학습 과정안(초등 4학년 1학기)

단계 (시간)	학습 내용	교수·학습 활동	자료(▶) 및 유의점(※)
설명하기 (10분)	동기 유발하기	■동기 유발 ○공익 광고 영상을 보고 광고에서 말하고자 하는 것이 무엇일까 생각해 보기	
	학습 목표 확인하기	■학습 목표 확인하기 **글의 중심 생각을 찾는 방법에 대하여 알아봅시다.**	
	학습의 필요성 확인하기	■문단을 이용한 글의 중심 생각 찾기 학습의 필요성 확인하기 ○문단의 중심 내용을 바탕으로 하여 전체 글의 중심 생각을 찾는 방법 공부하기 -문단의 중심 내용과 전체 글의 중심 생각은 어떤 관계가 있나요?	
	학습 순서 안내하기	■학습 순서 알아보기 ① 문단의 중심 내용 찾는 방법 알기 ② 문단의 중심 내용을 바탕으로 하여 전체 글의 중심 생각 찾는 방법 알기 ③ 문단의 중심 내용을 바탕으로 글의 중심 생각 찾기	

시범 보이기 (30분)		■문단의 중심 내용 파악하기 ○「새」를 읽고 문단의 중심 내용 파악하기 •「새」를 읽고 각 문단의 중심 내용을 파악하여 봅시다. • 이 글은 몇 개의 문단으로 구성되어 있나요?(네 개의 문단으로 구성되어 있습니다.) • 글을 다시 읽고 '국어' 114쪽에 문단의 중심 내용을 써 봅시다. ■방법과 절차를 시범 보이기 ○문단의 중심 내용 파악하기의 시범 • 이제 선생님이 한 문단의 중심 내용을 파악하는 방법을 말로 시범 보여 볼게요. "1문단의 첫 문장은 새는 뛰어난 능력을 지니고 있다는 것입니다. 아래에 나오는 하늘을 자유롭게 날 수 있다는 문장과 뛰어난 감각 기관을 가지고 있다는 문장은 둘 다 새의 능력을 나타내는 뒷받침 문장입니다. 그리고 새가 날기에 알맞은 몸과 기술을 가지고 있다는 것은 새가 날 수 있다는 문장을 보충하여 주는 문장이고 새가 많은 정보를 알 수 있다는 것은 뛰어난 감각 기관을 가졌다는 문장을 보충하여 주는 문장입니다. 방금 살펴본 것과 같이 1문단은 새가 뛰어난 능력을 지니고 있다는 중심 내용을 이야기하고 있고, 그 예로 새는 하늘을 날고 뛰어난 감각 기관을 지니고 있다는 것을 들고 있습니다. 그래서 1문단의 중심 내용은 '새는 여러 가지 뛰어난 능력을 지니고 있다' 입니다." • 생님의 시범에서 문단의 중심 내용을 파악하는 방법을 알 수 있겠나요? • 선생님이 문단의 중심 내용을 어떻게 파악하였는지 시범 보인 것처럼 이제 여러분이 문단의 중심 내용을 파악하는 방법을 친구들에게 설명하여 봅시다. ■글의 중심 생각 찾기 ○문단의 중심 내용을 바탕으로 하여 전체 글의 중심 생각 찾기 • 앞에서 정리한 문단의 중심 내용을 바탕으로 하여「새」의 중심 생각을 써 봅시다. ○문단의 중심 내용을 바탕으로 하여 전체 글의 중심 생각 찾기 • 이제 선생님이 문단의 중심 내용을 바탕으로 하여 전체 글의 중심 생각을 찾는 방법을 말로 시범 보여 볼게요. "전체 글의 중심 생각은 단순히 문단의 중심 내용을 모두 모은 것과는 다릅니다. 문단의 중심 내용을 살펴보면 더 중요한 문단이 있고 그 문단을 도와주고 보충하여 주는 문단이 있습니다. 이 문단 간의 관계를 바르게 파악하는 것이 가장 중요합니다. 선생님이 전체 글의 중심 생각을 찾는 방법을 시범 보이겠습니다. 2문단의 중심 내용은 새는 하늘을 날기에 알맞은 몸을 지니고 있다는 것이고, 3문단의 중심 내용은 새는 하늘을 날기 위하여 필요한 기술을 지니고 있다는 것입니다. 이 둘은 '새는 하늘을 날 수 있는 몸과 기술을 지니고 있다.'로 요약할 수 있습니다. 이를 〈가〉라고 하겠습니다. 4문단의 중심 내용은 새가 뛰어난 감각 기관을 가지고 있다는 것인데, 이를 〈가〉와 합하면 '새는 날 수도 있고 뛰어난 감각 기관도 지니고 있다.'로 요약할 수 있습니다. 이를 〈나〉라고 하겠습니다. 〈나〉를 1문단과 비교하면 둘 다 새가 뛰어나 능력을 지니고 있다는 것을 말하려고 한다는 것을 알 수 있습니다. 즉, 2, 3, 4문단은 모두 1문단의 중심 내용을 뒷받침하는 문단이라는 것을 알 수 있습니다. 그래서 문단의 중심 내용을 바탕으로 할 때 이 글의 중심 생각은 '새는 하늘을 자유롭게 날고 뛰어난 감각 기관을 가지는 등 여러 가지 뛰어난 능력을 지니고 있다.'입니다. "	※ 글의 중심 생각을 찾는 방법을 시범으로 보일 때 글의 내용을 구조화한 시각 자료를 함께 제시하면 효율적으로 내용을 전할 수 있다.
질문하기 (10분)	방법에 대해 질문하기	■전체 글의 중심 생각 찾기 방법에 대하여 질문하기 ○문단의 중심 내용을 바탕으로 하여 전체 글의 중심 생각 찾기 방법에 대한 질문하기 • 선생님은 어떤 방법을 사용하였나요?(먼저 모든 문단의 중심 내용을 파악하였습니다./ 글의 구조를 파악하여 더 중요한 문단과 보충하여 주는 문단을 찾았습니다./ 글의 구조를 바탕으로 하여 글을 요약하였습니다./ 전체 글의 중심 생각을 한 문장으로 나타내었습니다.) • 이 방법에 대한 여러분의 의견이나 질문을 듣겠습니다.	
활동하기 (30분)	적용 및 반복 연습	■글을 읽고 내용 파악하기 ○'국어' 115쪽「하늘을 나는 꿈」을 읽고 내용 파악하기 • 글을 읽고 무엇에 대한 내용인지 알아봅시다. ■전체 글의 중심 생각 찾기 ○글 간추리기 • 문단의 중심 내용을 바탕으로 하여 글을 간추려 '국어' 121쪽에 써 봅시다. ○중심 생각 정리하기 • 문단의 중심 내용을 간추린 것을 바탕으로 하여 '하늘을 나는 꿈'의 중심 생각을 한두 문장으로 나타내어 봅시다. ■학습 정리하기	

2) 문제 해결 학습 모형

(1) 특징

문제 해결 학습 모형은 학습자 주도의 문제 해결 과정을 강조하는 학습자 중심의 학습 모형으로, 타 교과에서도 많이 활용하고 있다. 하지만 국어과의 문제 해결 학습은 엄격한 가설 검증과 일반화를 통한 결과에 초점을 두기보다는 그 결과에 도달하기까지의 과정에 초점을 둔다. 즉, 교사나 친구들과 함께 해결하여야 할 문제를 확인하고, 문제 해결 방법을 찾아 문제를 해결하며, 이를 일반화하는 활동을 강조하는 것이다. 이 모형은 최대한 학습자 스스로 문제 해결 방법을 찾아 문제를 해결하도록 유도함으로써 자발적인 학습 참여를 유도하고 학습자의 탐구력을 신장시키는 데 도움이 된다. 학습자는 문제 해결 과정에서 지식이나 개념을 단순 수용하는 것이 아니라 나름대로 재구성할 기회를 얻고 학습에 대한 책임감도 가지게 된다.

(2) 절차

표 3 문제 해결 학습 모형의 절차

단계	주요 활동
문제 확인하기	• 동기 유발 • 학습 문제 확인 • 학습의 필요성 또는 중요성 확인
문제 해결 방법 찾기	• 문제 해결 방법 탐색 • 학습 계획 및 절차 확인
문제 해결하기	• 문제 해결 • 원리 습득 또는 재구성
일반화하기	• 적용 및 연습 • 점검 및 정착

- ■ 문제 확인하기 단계는 해결하여야 할 문제와 관련된 상황을 파악하고, 그중에서 해결하여야 할 문제를 추출하거나 확인하는 단계이다.
- ■ 문제 해결 방법 찾기 단계는 학습 문제 해결을 위한 방법을 탐구하고, 이를 바탕으로 하여 학습 절차를 계획하거나 확인하는 단계이다.
- ■ 문제 해결하기 단계는 탐구한 문제 해결 방법을 바탕으로 문제를 해결하고, 이를 통하여 새로운 원리를 터득하거나 기존의 원리를 재구성하는 단계이다.
- ■ 일반화하기 단계는 터득한 원리를 다른 상황에 적용하고 연습함으로써 학습 내용을 점검하고 정착시키는 단계이다.

(3) 활용

문제 해결 학습 모형은 모든 차시에 해결하여야 할 문제(학습 문제)가 포함된다는 점에서 그 적용 범위가 넓다. 그런데 이 모형은 문제 해결 과정을 중시하고 학습자의 탐구 능력을 강조한다는 점, 다소 시간이 걸릴 수 있다는 점에 유의하여 적절한 적용 상황을 선택하여야 한다. 교사는 학습자에게 문제를 명확히 인식시키고 학습자가 스스로 문제 해결 방법을 탐구하고 문제를 해결할 수 있도록 해야 한다. 이를 위하여 '문제 해결 방법 찾기'와 '문제 해결하기' 단계에서 교사의 직접적인 개입을 최대한 줄이고 학습자들의 자발적인 탐구 활동을 최대한 강조한다. 이는 교사가 학습자에게 '해 보라'고만 하는 방관자가 아닌, 학습자의 사고를 자극하고 탐구를 지원하는 적극적인 중재자로서의 역할을 하는 것을 의미한다. 학습 능력이 부족한 학습자나 시간이 충분하지 못할 경우에는 처음부터 일련의 문제 해결 과정을 거치게 하는 것보다 한두 과정(단계)에서 학습자 주도의 활동을 강조하는 것이 효과적이다.

표 4 문제 해결 학습 모형을 적용한 국어과 교수·학습 과정안(초등 4학년 1학기)

단계 (시간)	학습 내용	교수·학습 활동	자료(▶) 및 유의점(※)
문제 확인 하기 (20분)	동기 유발	■제안 사례 듣기 ○국민행복제안센터에 실린 제안 사례 듣기 • 비나 눈이 오는 날 버스나 지하철에서 미끄러진 경험이 있는지 말해 봅시다. • 선생님이 들려주는 이야기를 듣고 버스 계단에서 일어나는 사고를 막기 위해 어떤 제안을 했는지 생각해 봅시다.	▶지도서 336쪽 활동지
	학습 목표 확인하기	■학습 목표 확인하기 **제안하는 글을 쓰는 방법을 안다.**	
	학습의 필요성 확인하기	■동영상 보기 ○사진을 보고 동영상의 내용 짐작하기 •『국어』 235쪽의 사진을 보고 어떤 내용일지 이야기해 봅시다. (물을 아껴 쓰자는 내용일 것 같습니다. / 물이 없어서 어려움을 겪는 이야기일 것 같습니다.) ○동영상을 보고 내용 파악하기 • 깨끗한 물의 소중함을 생각하며 「1리터의 생명」을 봅시다. • 아이는 어떤 어려움을 겪고 있나요? (깨끗한 물이 없어 마실 수 없습니다.) • "당신의 1리터를 나누어 주세요."라는 말은 무슨 뜻인가요? (깨끗한 물을 구하지 못하는 어린이들을 돕자는 뜻입니다.) • 광고를 보고 어떤 생각이 드나요? (깨끗한 물을 보내 주는 기부 운동에 참여하고 싶습니다.)	▶「1리터의 생명」 동영상
	문제 상황 확인하기	■문제 상황 파악하기 ○동영상에서 제시한 문제 상황 찾기 •「1리터의 생명」에서 제시하고 있는 문제는 무엇인가요? (깨끗한 물을 구하지 못하는 어린이들이 어려움을 겪고 있으므로 도움이 필요하다는 것입니다.)	
문제 해결 방법 찾기 (20분)	문제 해결 방법 탐색하기	■제안하는 글을 쓰는 방법 알기 ○제안하는 글에 들어가야 할 내용 말하기 • 제안하는 글에 들어가야 할 내용은 무엇인가요? (문제 상황, 제안하는 내용, 제안하는 까닭입니다.) • 제안하는 글을 쓸 때 생각할 점은 무엇인가요? (제안하는 글을 읽을 사람이 누구인지 생각해야 합니다. / 자신이 하는 제안을 사람들이 실천할 수 있는지 생각해야 합니다.)	
	문제 해결 계획 및 절차 확인하기	■제안하는 글에 들어갈 내용 정하기 ○제안하는 글에 들어갈 내용 정하기 • 문제 상황은 무엇인가요? (깨끗한 물이 나오는 우물이 없습니다. / 어린이가 깨끗한 물을 마실 수 없습니다. / 오염된 물을 마시면 질병에 걸릴 수 있습니다.) • 제안하는 내용을 써 봅시다. (이웃 돕기 모금 운동에 참여합시다. / 깨끗한 물을 보내 줍시다. / 정수기를 보내 줍시다.) • 제안하는 까닭을 써 봅시다. (깨끗한 우물을 만드는 것을 도울 수 있습니다. / 깨끗한 물을 마시면 질병에 걸리지 않고 건강해집니다. / 깨끗한 물로 정수할 수 있습니다.) • 누구에게 제안하면 좋을지 생각해 봅시다. (학급 친구들이나 우리 학교 학생들에게 제안합니다. / 부모님이나 선생님께 제안합니다.)	

문제 해결하기 (25분)	문제 해결 활동 하기	■제안하는 내용 정리하기 ○문제 상황에 들어갈 내용 정리하기 • 문제 상황에는 어떤 내용을 써야 할까요? ○문제 내용에 들어갈 내용 정리하기 • 문제를 해결하기 위해 자신의 제안을 써 봅시다. ○제안하는 까닭에 들어갈 내용 정리하기 • 왜 그런 제안을 했는지, 제안한 내용대로 했을 때 무엇이 더 나아지는지를 써 봅시다. ○적절한 제목을 붙이기 • 제안하는 내용이 잘 드러나도록 제목을 붙여 봅시다.	※ 기부 운동 이외에도 더 좋다고 생각하는 학생의 제안을 수용해 글에 반영한다.
	글 쓰기	■제안하는 글 쓰기 ○제안하는 글 완성하기 • 「국어」 239쪽 5번 글을 읽고 제안하는 글을 완성해 봅시다. ○문제 상황 해결을 위한 제안하는 글 쓰기 • 지도서 346~347쪽의 활동지를 활용해 문제 상황에 알맞은 제안하는 글을 써 봅시다.	▶지도서 346~347쪽 활동지
일반화 하기 (15분)	적용 및 연습 하기	■제안하는 글을 쓸 때 주의할 점 정리하기 ○제안하는 글을 쓸 때 주의할 점 설명하기 • 제안하는 글을 쓸 때 주의할 점을 정리해 봅시다. (어떤 문제 상황인지 파악하고 자세히 씁니다. / 문제를 해결하기 위한 자신의 의견을 제안합니다. / 제안에 알맞은 까닭을 씁니다. / 제안하는 내용이 잘 드러나게 알맞은 제목을 붙입니다.)	
	점검 및 정착 하기	■학습 정리하기	

3) 창의성 계발 학습 모형

(1) 특징

창의성 계발 학습 모형은 창의적인 국어 능력을 계발하는 데 초점을 두는 모형이다. 즉, 언어 수행 과정에서 사고의 유창성, 독창성, 융통성, 다양성을 강조하는 모형이라고 할 수 있다. 유창성은 풍부한 사고의 양을, 독창성은 사고의 새로움을, 융통성은 사고의 유연함을, 다양성은 넓은 사고를 강조한다. 따라서 이 모형에서는 주어진 문제를 해결하기 위하여 정답을 요구하기보다 학습자의 독창적이고 다양한 아이디어나 문제 해결 방법을 존중한다.

표 5 창의성 계발 학습 모형의 절차

단계	주요 활동
문제 발견하기	• 동기 유발 • 학습 문제 확인 • 학습의 필요성 또는 중요성 확인 • 학습 과제 분석
아이디어 생성하기	• 문제 또는 과제를 다른 각도에서 검토 • 문제 해결을 위한 다양한 아이디어 산출
아이디어 선택하기	• 아이디어 비교하기 • 최선의 아이디어 선택하기
아이디어 적용하기	• 아이디어 적용하기 • 아이디어 적용 결과 발표하기 • 아이디어 적용 결과 평가하기

(2) 절차

- 문제 발견하기 단계는 학습 문제를 확인하고 그것을 해결하기 위하여 주어진 학습 과제를 이해하고 분석하는 단계이다.
- 아이디어 생성하기 단계는 아이디어를

생성할 수 있는 방법을 탐구하고 이를 바탕으로 하여 다양한 아이디어를 생성하는 단계이다.

- 아이디어 선택하기 단계는 다양하게 생성된 아이디어를 검토하여 가장 최선의 것을 선택하는 단계이다.
- 아이디어 적용하기 단계는 앞에서 선택한 아이디어를 실제 상황에 적용하여 보고 평가하면서 이를 수정, 보완, 확정하는 단계이다.

(3) 활용

창의성 계발 학습 모형은 창의적인 아이디어의 생성이 많이 요구되는 표현 영역, 문학 창작 및 감상 영역에 적합한 모형이다. 예를 들어, '이야기를 읽고 줄거리를 간추려 봅시다'라는 목표와, '이야기를 읽고 이어질 이야기를 상상하여 써 봅시다'라는 목표가 있을 경우, 전자보다는 후자에 적합한 모형으로 볼 수 있다. 그리고 창의적인 사고력이 많이 요구된다는 점에서 어느 정도 학습 능력이 갖추어진 학습자에게 적합하다. 교사는 허용적인 수업 분위기를 조성할 수 있어야 하고, 학습자의 아이디어 생성과 적용 과정을 일방적으로 주도하거나 지나치게 개입하지 말아야 한다. 그리고 '아이디어 생성하기' 단계나 '아이디어 평가하기' 단계에서 모둠 활동을 적절히 활용하는 것도 좋은 방법이다.

4) 지식 탐구 학습 모형

(1) 특징

지식 탐구 학습 모형은 구체적인 사례나 자료의 검토를 통하여 국어 생활에 일반화할 수 있는 개념이나 규칙을 발견하는 데 초점을 두는 학습자 중심의 모형이다. 교사는 학습 과제를 제시하고 학습자가 자발적으로 주어진 맥락에서 다양한 언어 자료를 탐구하고 그 속에서 일반화할 수 있는 개념이나 규칙을 발견하도록 권장한다. 이러한 과정에서 학습자는 스스로 학습의 필요성을 느끼고 배우게 되므로 유의미한 학습을 할 수 있고 오래 기억할 수 있다. 또 발견 학습 활동을 성공적으로 마쳤을 때 학습자는 지적인 쾌감을 맛보고 새로운 문제에 도전하려는 강한 내적 동기를 형성할 수 있게 된다.

(2) 절차

표 6 지식 탐구 학습 모형의 절차

단계	주요 활동
문제 확인하기	• 동기 유발 • 학습 문제 확인 • 학습의 필요성 또는 중요성 확인
자료 탐색하기	• 기본 자료 또는 사례 탐구 • 추가 자료 또는 사례 탐구
지식 발견하기	• 자료 또는 사례 비교 • 지식의 발견 및 정리
지식 적용하기	• 지식의 적용 • 지식의 일반화

- 문제 확인하기 단계는 학습 문제를 발견 또는 확인하고 관련 배경지식을 활성화하는 단계이다.
- 자료 탐색하기 단계는 문제를 해결하기 위하여 둘 이상의 사례를 검토하는 단계로, 일관성 있는 지식을 추출할 수 있도록 다양한 사례 제시와 함께 교사의 적극적인 비계(scaffolding)가 필요한 단계이다.
- 지식 발견하기 단계는 둘 이상의 실제 사례로부터 공통점이나 차이점을 추출함으로써 일반화할 수 있는 개념이나 규칙을 발견하는 단계이다.
- 지식 적용하기 단계는 발견한 개념이나 규칙을 실제 언어생활에 적용하는 단계이다.

(3) 활용

지식 탐구 학습 모형은 '언어 기능의 지식', '문법 지식', '문학 지식'을 학습하는 데 유용한 모형이다. 예를 들어, '주장하는 글의 특성', '토론할 때 지켜야 할 점', '문장 부호의 종류와 기능', '이어질 이야기를 쓸 때의 유의점' 등을 학습할 때 활용할 수 있다. 이 모형은 학습자가 학습 동기를 일정 수준으로 유지하면서 관련된 정보를 많이 가지고 있을수록 유리하다. 다시 말하면, 학습자가 내적으로 학습할 준비가 되어 있지 않다거나 경험이 부족하다면 관련 지식을 스스로 발견하는 학습을 하기는 어려울 것이다. 교사는 학생이 지식을 발견할 때까지 무작정 기다리는 것이 아니라 적절한 자료를 제공하고 학습자가 적극적으로 학습에 참여할 수 있도록 유도할 필요가 있다.

표 7 지식 탐구 학습 적용 교수·학습 과정안(중학교 2학년 1학기)

단계	학습 내용	교수·학습 활동	형태	시간	자료(▶) 및 유의점(※)
문제 확인하기	동기 유발	■여러 가지 예문 살펴보기 ○몇 개의 예문을 제시하고 살펴보게 한다. 예문: '저는 못 했어요.', '저는 안 했어요.' • 두 예문을 읽었을 때 어떤 느낌이 드나요? • 두 예문의 의미가 비슷하다고 생각합니까? • 다르다면 무엇이 다른지, 왜 그렇게 생각했는지 말해 봅시다.	전체 학습	5분	※ 정답을 찾기보다 다양한 의견을 통해 문제를 탐색할 수 있도록 한다.
	학습 목표 확인	■학습 목표 확인하기 문법 요소의 쓰임을 알고 정확하게 쓸 수 있다.			

자료 탐색하기	기본 자료 또는 사례 탐구	■예문을 통해 '안'과 '못'의 의미를 구별해 보기 ○예문을 통해 '안'과 '못'의 의미를 구별해 보게 한다. • 다음에 제시된 예문을 살펴봅시다. 예문: 선생님-너희들 어제 운동했니? 예문: 송이-선생님 저는 못 했어요. 예문: 선우-선생님 저는 안 했어요. • 송이와 선우의 대답에서 무엇이 다릅니까?('못'과 '안'이 다릅니다.) • 송이와 선우의 대답을 읽어 보았을 때 두 대답이 같다고 생각합니까? 다르다고 생각합니까?	전체 학습	5분	
	추가 자료 또는 사례 탐구	■문제 해결 방법 탐색하기 ○문제 해결 방법을 모둠원끼리 토의하게 한다. • 여러 예문을 찾아 쓰임의 공통 요소를 찾아본다. • 인터넷 백과사전을 이용해 '안'과 '못'의 쓰임을 찾아본다. 조원들끼리 여러 예문을 만들어 그것을 토대로 일반적 원리를 찾아본다. ○여러 방법 중에서 더 타당하다고 생각되는 방법을 정해 학습 문제를 해결해 보게 한다.	모둠 학습	5분	※ 교사의 도움이 필요하다면 도움을 주고 최대한 학생 스스로 문제를 해결할 수 있도록 한다.
지식 발견하기	자료 또는 사례의 비교 및 일반화	■필요한 자료 모으기 ○인터넷, 책, 사전 등을 이용해 '안'과 '못'이 쓰이는 경우를 찾아본다. • '안'과 '못'이 쓰이는 예문을 찾아본다. • '안'과 '못'의 공통점과 차이점을 찾아본다. • 어떤 경우에 사용되는지 일반적 원리를 찾아본다.	모둠 학습	5분	※ 조사한 자료를 바탕으로 타당한 결론에 도달할 수 있도록 격려한다.
		■조사한 여러 예문을 분석하기 ○'안'과 '못'이 쓰이는 예문에서 공통점을 찾아보게 한다. • '안'과 '못'의 공통점을 찾아봅시다. • '안'과 '못'은 둘 다 어떤 주체가 행동하고자 한 바를 이루지 못할 때 쓰인다. ○'안'과 '못'이 쓰이는 예문에서 차이점을 찾아보게 한다. • '안'과 '못'의 차이점을 찾아봅시다. • 안: 단순히, 어떤 행동이나 상태가 이루어지지 않음을 나타내는 것 외에도, 행동 주체가 어떤 일을 하지 않겠다는 의지를 나타낸다. 예문: 하고 안 하고는 네 뜻에 달렸다. • 못: 행위 주체가 신체적·심리적·상황적 원인에 의해 그 행동이나 작용을 할 수 없음을 나타내는 말이다. 예문: 그 남자는 아직도 첫사랑의 여자를 못 잊고 있다.	전체 학습	15분	
	지식의 발견 및 정리	▶결론 도출하기 ○'안'과 '못'의 쓰임을 말하게 한다. • '안'과 '못' 둘 다 행동하고자 한 바를 이루지 못했음을 나타내지만, '안'의 경우는 주체 스스로의 의지로 인해 행하지 않음을 의미하고, '못'의 경우는 주체의 의지와는 상관없이 어떤 상황에 의해 할 수 없음을 나타냅니다.	전체 학습	5분	
지식 적용하기	언어 상황에 적용 지식의 일반화	■적용하기 ○'안'과 '못'을 넣어 짧은 글짓기를 하게 한다. • '안'과 '못'을 넣어 짧은 글짓기를 해 봅시다. ○TV나 신문, 잡지 등 자료에서 '안'과 '못'이 쓰인 경우를 찾아보게 한다. ■학습 정리하기	개별 학습	5분	

5) 반응 중심 학습 모형

(1) 특징

반응 중심 학습 모형은 수용 이론이나 반응 이론에 근거한 것으로, 문학 작품을 가르칠 때 학습자 개개인의 반응을 중시한다. 이는 작품에 대한 해석이 독자(학습자)에 따라 다양하게 나타날 수 있다는 점을 고려한 것이다. 이 모형은 학습자 개개인의 반응을 최대한 존중하고 다양하면서 창의적인 반응을 유도함으로써 학습자의 역동적인 참여와 흥미를 유발할 수 있다는 장점이 있다. 하지만 개별 학습자의 반응을 강조한다고 하더라도 작품(텍스트)은 여전히 감상의 대상으로서 감상의 중심에 놓일 수밖에 없다. 텍스트와 연결 고리를 가지지 못하는 반응은 무의미한 것일 수밖에 없기 때문이다. 따라서 이 모형에서는 텍스트와 독자 간 교류의 과정과 결과를 강조한다.

(2) 절차

표 8 반응 중심 학습 모형의 절차

단계	주요 활동
반응 준비하기	• 동기 유발 • 학습 문제 확인 • 학습의 필요성 또는 중요성 확인 • 배경지식 활성화
반응 형성하기	• 작품 읽기 • 작품에 대한 개인 반응 정리
반응 명료화하기	• 작품에 대한 개인 반응 공유 및 상호작용 • 자신의 반응 정교화 및 재정리
반응 심화하기	• 다른 작품과 관련짓기 • 일반화하기

- 반응 준비하기 단계는 학습 문제를 확인하고 작품을 이해하는 데 필요한 배경지식을 활성화하는 단계이다. 작품과 관련된 자료를 살펴보거나, 그림 등에 관하여 이야기를 나누거나, 일상의 경험을 이야기함으로써 배경지식을 활성화할 수 있다.
- 반응 형성하기 단계는 작품을 읽으면서 학습자가 최초의 반응을 형성하고, 작품을 읽고 난 뒤의 생각이나 느낌을 반응 일지 등에 간단히 정리하여 보는 단계이다.
- 반응 명료화하기 단계는 각자 정리한 반응을 상호 공유하고 이를 바탕으로 하여 자신의 반응을 정교화하거나 확장하는 단계이다.
- 반응 심화하기 단계는 주제, 인물, 사건, 배경 등을 바탕으로 다른 작품과 관련지어 보면서 작품에 대한 이해를 높이고 현실 세계나 자신의 삶에 투영하여 봄으로써 반응을 심화하는 단계이다. 특정 주제에 대한 토의나 토론 활동을 통하여 반응을 심화하는 방법도 좋다.

(3) 활용

반응 중심 학습 모형은 문학적인 텍스트, 특히 문학 작품에 대한 학습자의 다양한 반응이 요구되는 문학 감상 학습에 적합한 모형이다. 이 모형을 적용할 때는 특히 작품을 읽고 난 뒤의 반응 활동에 집중한 나머지 정작 감상의 바탕이 되는 작품 읽기와 이해 과정을 소홀히 다

표 9 반응 중심 학습 모형을 적용한 국어과 교수·학습 과정안(초등 5학년 1학기)

<table>
<tr><th>단계
(시간)</th><th>학습 내용</th><th>교수·학습 활동</th><th>자료(▶) 및 유의점(※)</th></tr>
<tr><td rowspan="4">반응
준비
하기
(15분)</td><td>동기
유발하기</td><td>■동기 유발하기
○마음 상태와 연상되는 사건 떠올려 말하기
• 이것은 마음 상자입니다. 마음 상자 안에는 인물의 마음을 나타내는 말들이 있습니다. 어떤 말들이 있을까요?
• 마음 상자에서 종이 한 장을 뽑고, 그 마음과 관련된 자신의 경험을 상황이 잘 드러나도록 이야기하여 봅시다.
• '답답함'에 대한 경험이 사람마다 다릅니다. 마찬가지로 같은 이야기를 읽어도 사람마다 생각이나 느낌이 서로 다릅니다.</td><td rowspan="4">▶ 마음 상자(마음의 상태를 적은 상자)나 마음의 상태를 적은 카드

※ 마음의 상태를 자신의 경험에서 떠올리도록 한다. 경험이 잘 떠오르지 않을 경우에는 자신이 읽었던 책이나 들었던 이야기 중의 하나를 떠올리게 한다.</td></tr>
<tr><td>학습 목표
파악하기</td><td>■학습 목표 확인하기
작품에 대한 생각이나 느낌이 다른 까닭을 알아봅시다.</td></tr>
<tr><td></td><td>■학습 순서 알아보기
○이 시간에 학습할 내용 알아보기
① 갈등 파악하기
② 기억에 남는 장면 이야기 나누기
③ 친구들의 생각에 대한 자신의 생각 나누기</td></tr>
<tr><td>배경지식
활성화하기</td><td>■이야기 경험 나누기
○책이나 영화를 본 경험 말하기
• 책이나 영화를 보고 다른 사람과 이야기를 나누었던 경험을 말하여 봅시다.
■이야기와 관련된 상황 떠올리기
○생일을 잊었을 때의 마음 가정하기
• 자신의 생일을 가족이 잊었다고 생각하여 봅시다. 어떤 마음이 들지 말하여 봅시다.</td></tr>
<tr><td rowspan="3">반응
형성
하기
(25분)</td><td>제재 글 읽기</td><td>■「우리는 한편이야」 읽기
○인물에게 일어난 사건을 파악하며 「우리는 한편이야」 읽기
○이야기를 읽고 내용 파악하기
• 아빠가 엄마의 생신을 기억하지 못했을 때 엄마는 어떤 마음이 들었을까요?
• 장미꽃을 그리면서 '나'는 어떤 마음이었을까요?</td><td>※ 글을 읽을 때는 날개 부분에 제시된 질문을 생각하며 읽는다.</td></tr>
<tr><td>내용
파악하기</td><td>■내용 파악하기
○인물의 마음 파악하기
• 엄마는 아빠가 준 반지 그림을 본 순간 어떤 생각을 하였을까요?
• 엄마가 아빠에게 서운하게 생각한 것은 무엇인가요?
• '나'는 정답게 이야기를 나누지 않는 아빠와 엄마를 어떻게 생각하고 있나요?
• "난 원래 지키지 못할 약속은 안 하잖아!"에서 나타나는 아버지의 성격은 어떠한가요?
• 엄마가 아빠에게 바라는 점은 무엇일까요?
○인물 간의 갈등 파악하기
• 「우리는 한편이야」에서 인물 간의 갈등을 보이는 인물은 누구누구인가요?
• 아빠와 엄마의 갈등은 무엇이라고 생각하나요?</td><td>※ 세부 내용 파악하기 활동에서 학생들이 스스로 작품에 대한 질문을 만들어 주고받는 형식으로 진행하면 자기 주도적인 학습 분위기를 만들 수 있다.

※ 내용 이해하기를 통하여 인물 간의 갈등을 파악하도록 한다.</td></tr>
<tr><td>개인 반응
형성하기</td><td>■이야기에서 기억에 남는 장면 떠올리기
○기억에 남는 장면을 찾아 친구들과 이야기 나누기
• 「우리는 한편이야」에서 가장 기억에 남는 장면에 대하여 친구들과 이야기하여 봅시다.</td><td></td></tr>
<tr><td rowspan="2">반응
명료화
하기
(30분)</td><td>반응
공유하기</td><td>■인물의 행동에 대한 생각 공유하기
○지민이의 생각 알아보기
○선규의 생각 알아보기
○엄마와 아빠의 행동에 대한 자신의 생각 나누기</td><td rowspan="2"></td></tr>
<tr><td>반응
재정리하기</td><td>■자신의 생각 쓰기
○이야기에 대한 자신의 생각 정리하기
• 지금까지 이야기 나눈 내용을 바탕으로 하여 지민, 선규, 주호와 같이 「우리는 한편이야」에 대한 자신의 생각이나 궁금한 점을 써 봅시다.
• 쓴 글을 모둠별로 돌려 읽고 친구의 글에 대한 자신의 생각을 써 봅시다.</td></tr>
</table>

반응 심화 하기 (10분)	일반화하기	■이야기에 대한 생각 나누기 ○자신의 생각과 친구의 생각 비교하기 • 「우리는 한편이야」에 대한 자신의 생각과 친구의 생각을 비교하여 다른 점을 말하여 봅시다. ○관련된 다른 작품과 관련짓기	
	학습 내용 정리하기	■공부할 내용 정리하기 ○글에 대한 생각이나 느낌이 서로 다른 까닭 알기 • 「우리는 한편이야」에 대한 생각이나 느낌을 친구들과 나누어 보았습니다. 같은 글이지만 생각이나 느낌이 다른 까닭은 무엇인가요?	

루지 않도록 주의하여야 한다. 그리고 자기중심적인 편협한 텍스트 이해나 해석의 무정부 상태에 빠지지 않도록 토의·토론을 병행하여 보다 타당하고 깊이 있으며 확장된 반응을 이끌어 내야 한다.

학습자들은 서로 다른 배경지식을 가지고 있기 때문에 문학 작품에 대하여 다양한 반응을 보인다. 이 경우에 처음에는 반응을 자유롭게 표현할 수 있도록 하는 데 초점을 두고, 점차 상호작용 등을 통하여 반응을 명료하고 정교하게 하면서 다른 작품과 관련지어 심화하여 나갈 수 있도록 유도한다. 교사는 학습자 개개인의 반응이 최대한 존중될 수 있는 학습 분위기를 조성하고, 학습자가 단순한 반응을 제시하거나 표현하는 것에 만족하지 말고 타당하고 명료한 반응, 심화되고 확장된 반응을 적극적으로 이끌 수 있어야 한다.

6) 역할 수행 학습 모형

(1) 특징

역할 수행 학습 모형은 학습자가 구체적인 상황을 통하여 언어 사용을 직접 경험함으로써 학습 목표에 더 효율적으로 도달할 수 있다는 점을 강조한다. 역할 수행을 경험함으로써 학습자는 주어진 문제를 좀 더 정확하고 실감 나게 이해하고 문제를 더 쉽게 해결해 나갈 수 있다. 즉, 학습자는 주어진 문제 상황에 대하여 생각하고, 주어진 상황 속의 인물이 되어 보며, 그 해결책을 제시하는 과정을 거쳐 자신이 부딪힌 문제를 좀 더 효과적으로 해결하는 능력을 기를 수 있다. 그뿐만 아니라 새로운 의미의 발견, 기존의 가정에 대한 의문 제기, 고정관념 깨기, 대안 시도하여 보기 등의 과정을 체험하게 된다. 또 역할 수행을 통하여 다른 사람의 의견이나 행동을 존중하게 되고, 자신의 행동이 다른 사람에게 어떤 영향을 끼칠 것인지 생각함으로써 인간의 행동에 대하여 통찰력을 가지게 된다.

(2) 절차

표 10 역할 수행 학습 모형의 절차

단계	주요 활동
상황 설정하기	• 동기 유발 • 학습 문제 확인 • 학습의 필요성 또는 중요성 확인 • 상황 분석 및 설정
준비 및 연습하기	• 역할 분석 및 선정 • 역할 수행 연습
실연하기	• 실연 준비하기 • 실연하기
평가하기	• 평가하기 • 정리하기

■ 상황 설정하기 단계는 학습 내용을 확인하고 제시된 상황을 분석하여 실연할 상황을 설정하는 단계이다.

■ 준비 및 연습하기 단계는 설정한 상황의 등장 인물을 분석하고, 배역을 정하고, 실연 연습을 하는 단계이다.

■ 실연하기 단계는 학습자가 상황 속의 인물이 되어 직접 역할을 수행하여 보는 활동 단계로, 이를 통하여 학습자는 새로운 세계를 경험하게 되며 그 경험이 사고의 전환을 가져온다. 그럼으로써 학습자가 언어적 문제 상황을 해결하거나 문학적 상상력을 기르는 데 도움을 준다.

■ 평가하기 단계는 학습자의 역할 수행을 통하여 얻게 된 언어 지식이나 문학적 체험을 서로 주고받음으로써 주관적인 지식을 객관화하고 일반화하여 언어생활에 활용하거나 문학적 체험을 확대하는 단계이다.

(3) 활용

역할 수행 학습 모형은 역할놀이 자체가 학습 목적인 경우, 역할놀이가 학습 목표를 달성하는 데 중요 수단이 되는 경우, 통합적 언어활동이 요구되는 경우 적용하기에 알맞은 모형이다. 예를 들면, 전화놀이, 문학 감상 활동 등에 활용할 수 있다. 역할 수행 경험이 풍부하고 어느 정도 표현력을 갖춘 학습자라면 큰 부담 없이 흥미 있게 학습에 참여할 수 있다. 교사는 학습자가 학습 목표를 명확히 인식하고 역할 수행에 임하도록 해야 하며, 역할 수행을 한 이후에는 학습 목표를 성취하였는지 점검할 필요가 있다. 학습자가 역할 수행 활동에만 관심을 가지다 보면 정작 그것을 통하여 학습하여야 할 내용을 소홀히 하는 경우가 있기 때문이다. 역할 수행은 대부분의 수업에서 그 자체가 목적이라기보다는 목표에 도달하기 위한 수단이라는 점을 염두에 둘 필요가 있다.

7) 가치 탐구 학습 모형

(1) 특징

가치 탐구 학습 모형은 학습자가 언어에 내재된 가치를 탐구하고 자신의 관점에서 분석하고 비판적으로 수용함으로써 다양한 가치에 대한 이해심과 비판적 사고 능력을 기르는 데 알맞은 모형이다. 언어에 내재된 가치를 발견, 분석하고 이를 재해석하는 과정에서 학습자는 능동적으로 학습에 참여하게 되며, 자신의 가치를 명료화하여 긍정적인 자아 개념을 학습할 수 있다. 학습자는 이러한 학습 체험을 통하여 합리적이고 비판적인 사고를 할 수 있는 기회를 더 많이 갖는 것은 물론이고 학습 내용을 더 확실하게 이해할 수 있게 된다. 도덕과의 가치 탐구 학습이 바람직한 가치를 발견하거나 내면화하는 데 초점을 둔다면, 국어과의 가치 탐구 학습은 다양한 가치를 발견하고 이를 비판적으로 수용하는 데 초점을 둔다고 볼 수 있다. 즉, 국어과에서 가치를 다루는 목적은 합의된 가치를 이끌어 내거나 내면화하는 것이 아니라, 오히려 다양한 가치를 접하고 이를 입증하는 근거와 그것의 타당성을 탐구하고 평가하는 것이다.

(2) 절차

- 문제 분석하기 단계는 가치를 추출 또는 발견하기 위한 기초 단계로, 학습 문제를 확인하고 가치를 포함하고 있는 담화 자료를 분석하는 단계이다.
- 가치 확인하기 단계는 담화 자료의 분석을 토대로 내재된 가치를 발견 또는 추출하고 그 가치의 근거를 주어진 담화 자료에서 찾는 단계이다.
- 가치 평가하기 단계는 확인된 가치 하나하나를 비교, 분석, 비판하고 나름의 기준을 적용하여 가치를 평가하거나 선택하는 단계이다.
- 가치 일반화 단계는 발견 또는 추출한 가치를 어떻게 이해하고 표현할 것인지를 탐구하거나 적용함으로써 가치를 일반화하거나 재평가하는 단계이다.

표 11 가치 탐구 학습 모형의 절차

단계	주요 활동
문제 분석하기	• 동기 유발 • 학습 문제 확인 • 학습의 필요성 또는 중요성 확인 • 문제 상황 분석
가치 확인하기	• 가치 발견 또는 추출 • 발견 또는 추출한 가치의 근거 확인
가치 평가하기	• 가치의 비교 및 평가 • 가치의 선택
가치 일반화	• 가치의 적용 • 가치의 재평가

표 12 가치 탐구 학습 모형을 적용한 국어과 교수·학습 과정안(초등 6학년 2학기)

단계 (시간)	학습 내용	교수·학습 활동	자료(▶) 및 유의점(※)
문제 분석 하기 (10분)	전시 학습 상기하기	■전시 학습 내용 떠올리기 ○인물이 추구하는 삶 파악하기 • 들려준 시에서 말하는 이가 추구하는 삶은 어떤 것인가요? (「송두리째 다 내놓았어」에서는 다른 사람과 나누며 사는 삶을 추구하였다./「흔적 남기기」에서는 상대를 배려하고 규칙을 지키는 삶을 추구하였다.)	
	동기 유발	■가치 빙고 놀이 하기 ○자신의 삶에서 소중한 것 아홉 가지를 빙고 칸에 쓰고 놀이하기 • 소중한 것 아홉 가지를 쓰고 가장 소중하다고 생각하는 것을 차례대로 말하여 봅시다. 그 내용이 있으면 동그라미를 그립니다. 가장 먼저 동그라미가 그려진 한 줄을 만들면 이기게 됩니다.	
	학습 목표 파악하기	■학습 목표 확인하기 **드라마를 보고 인물의 삶과 자신의 삶을 관련지어 말할 수 있다.**	
	학습 계획 확인하기	■학습활동 순서 알기 ○이 시간에 공부할 내용 알기 ① 드라마를 보고 내용 파악하기 ② 인물이 추구하는 삶 파악하기 ③ 인물이 추구하는 삶과 자신의 삶 비교하기 ④ 인물에 대하여 가상 면담하기	
가치 확인 하기 (30분)	내용 확인하기	■드라마를 보고 내용 파악하기 ○「허준」을 보고 내용 파악하기 • 돌쇠의 간청을 듣고 허준이 갈등한 까닭은 무엇일까요? • 유도지는 과거에 합격하기 위하여 어떻게 하였나요? • 달리던 말에서 떨어진 허준은 어떻게 하였나요? ○이야기의 흐름 정리하기 • 「허준」에서 인물이 처한 상황을 생각하며 이야기의 흐름을 간추려 봅시다. (허준은 과거장으로 향하던 중에 돌쇠에게 어머니의 병을 치료하여 달라는 부탁을 받고 고민한다. → 허준은 돌쇠 어머니의 병을 정성껏 치료하고, 돌쇠는 그런 허준에게 고마운 마음에 말을 빌려 오겠다고 한다. → 유도지는 과거에 합격하기 위하여 아버지와 사이가 안 좋은 벼슬아치들에게 뇌물을 바친다. → 허준은 말을 훔치려던 돌쇠와 공범으로 몰려 체포되었다가 마을 사람들의 도움으로 풀려난다. → 허준은 과거장에 늦게 도착하여 시험을 치르지 못하고, 과거에 합격한 유도지는 허준의 태도를 나무란다.)	※드라마 「허준」은 조선시대에 실존하였던 허준에 대한 역사적 사실을 바탕으로 하여 꾸며 낸 이야기임을 알고 감상할 수 있도록 지도한다.
	가치 발견하기	■인물이 추구하는 삶 파악하기 ○허준과 유도지가 추구하는 삶 파악하기 • 허준이 추구하는 삶은 무엇인가요? (허준은 자신의 과거 시험보다 목숨이 위급한 환자의 치료를 선택하였다. 그는 다른 사람을 위하여 희생하는 삶을 추구한다.) ○유도지가 추구하는 삶은 무엇인가요? (유도지는 과거에 합격하기 위하여 아버지와 사이가 안 좋은 벼슬아치들에게 뇌물을 바쳤다. 그는 성공을 위하여 노력하는 삶을 추구한다.)	
가치 평가 하기 (30분)	가치 비교 및 선택하기	■인물이 추구하는 삶과 자신의 삶 비교하기 ○허준과 유도지가 추구하는 삶을 비교하기 • 허준과 유도지가 추구하는 삶을 비교하여 봅시다. (허준은 자신의 이익만을 추구하지 않고 다른 사람의 생명을 소중히 여긴다. 반면에 유도지는 자신의 성공을 추구하면서 뇌물을 바치는 일도 마다하지 않는다.) ○인물이 추구하는 삶과 자신의 삶 비교하기 • 허준과 유도지가 추구하는 삶을 자신의 삶과 비교하여 보고 각각의 삶에 대하여 평가해 봅시다. (유도지는 자신의 목표를 달성하기 위하여 최선을 다하였다. 물론 뇌물을 주는 것은 나쁘지만 관리들이 편견을 가지고 유도지가 합격하지 못하도록 하였기 때문에 어쩔 수 없었다고 생각한다.) ■가상 면담하기 ○인물에 대하여 가상 면담하기 • 「허준」에 등장하는 인물 가운데에서 면담 대상자를 정하고, 그 인물에 대하여 궁금한 점을 쓴 뒤 짝과 가상 면담을 해 봅시다. • 짝과 가상 면담을 한 뒤에 알게 된 점을 친구들과 이야기하여 봅시다.	※허준과 유도지에 대하여 좋은 인물, 나쁜 인물로 인식하지 않도록 각 인물이 추구한 삶이 무조건적으로 옳고 그른 것이 아님을 지도한다.

가치 일반화 하기 (10분)	가치 적용하기	■자신이 추구하고 싶은 삶 생각하기 ○자신의 꿈 목록 쓰기 • 꿈 목록을 작성하면서 자신이 하고 싶은 일과 추구하고 싶은 가치가 무엇인지 생각하여 봅시다. • 친구들에게 자신의 꿈 목록을 보여 주고 왜 그런 꿈을 가지게 되었는지 이야기하여 봅시다. ■학습 내용 정리	

(3) 활용

가치 탐구 학습 모형은 다양한 가치가 공존하는 상황에서 다양한 가치를 탐구할 필요가 있거나 특정 가치를 선택하여야 하는 언어 기능 영역, 문학 영역, 문법 영역의 수업에 적합한 모형이다. 예를 들면, 다양한 견해가 대립되는 글을 읽고 그것을 비교, 분석하거나, 특정 논제에 대하여 주장하는 글을 쓰거나, 문학 작품에 내재된 다양한 가치를 분석하여 자신의 기준으로 재해석하거나, 바람직한 국어 사용 태도나 문화를 탐구하는 경우 적용할 수 있다. 교사는 언어에 내재된 다양한 가치를 공평하게 다룰 수 있어야 한다. 그리고 학습자에게 한 가지 가치만을 선택하도록 강요하지 말아야 한다. 마찬가지로 학습자가 다양한 가치에 대하여 비판만 늘어놓는 것에 그치게 해서도 안 될 것이다. 교사는 학습자가 다양한 가치를 비교, 검토하고 자신만의 가치를 새롭게 재구성할 수 있도록 보장하고 유도하여야 한다.

8) 토의·토론 학습 모형

(1) 특징

토의·토론 학습 모형은 일정한 규칙과 단계에 따라 학생들이 대화를 나눔으로써 학습 문제를 해결하거나 학습 목표에 도달하고자 하는 공동 학습 모형의 한 형태이다. 토의는 공동의 관심사가 되는 특정 문제에 대하여 바람직한 해결 방안을 찾기 위하여 구성원들이 협력적으로 의견을 교환하는 대화 형태이다. 토론은 찬반의 입장이 분명한 특정 문제에 대하여 각각의 입장을 대변하는 사람들이 쟁점에 대하여 논쟁하는 대화 형태이다. 따라서 학습 상황에 따라 토의 학습 모형과 토론 학습 모형으로 나눌 수도 있다. 토의·토론 학습 모형은 학습자의 자발적인 학습 참여를 유도하고 학습 내용을 폭넓고 깊이 있게 이해시키는 데 효과적이다. 아울러 합리적인 상호작용과 협력적인 의사소통 능력을 길러 줄 수 있고, 분석력, 종합력, 평가력과 같은 고등 사고 능력을 증진시키는 데도 유용한 방법이다. 학습자는 토의·토론 과정에서 자신의 견해나 가치, 신념을 성찰하고 재구성할 수 있는 기회를 가진다.

(2) 절차

표 13 토의·토론 학습 모형의 절차

단계	주요 활동
주제 확인하기	• 동기 유발 • 학습 문제 확인 • 토의·토론 목적 및 주제 확인
토의·토론 준비하기	• 주제에 대한 자신의 입장 정하기 • 주제에 대한 자료 수집 및 정리 • 토의·토론 방법 및 절차 확인
토의·토론하기	• 각자 의견 발표 • 반대 또는 찬성 의견 제시
정리 및 평가하기	• 토의·토론 결과 정리 • 토의·토론 평가

- 주제 확인하기 단계는 토의나 토론의 목적을 명확히 하고 주제를 확인하거나 선정하는 단계이다.
- 토의·토론 준비하기 단계는 주제에 대한 자신의 입장을 정하고, 관련 자료를 수집 및 정리하며, 토의·토론의 방법 및 절차를 확인하는 단계이다. 이때 각종 도서나 인터넷 검색, 토의, 조사 등의 다양한 방법을 통하여 자료를 확보할 수 있다.
- 토의·토론하기 단계는 정리된 자료를 바탕으로 하여 자신의 의견을 제시하고 다른 사람의 의견에 대하여 찬성 또는 반대 의견을 제시하는 단계인데, 이때 토의나 토론의 규칙을 준수하도록 강조한다.
- 정리 및 평가하기 단계는 토의·토론의 결과를 정리하고 토의·토론 자체를 점검하고 평가하는 단계이다.

(3) 활용

토의·토론 학습 모형은 간단한 정보나 지식의 습득보다는 고차적인 인지 능력의 함양에 적합하며, 특정 문제의 해결 방안을 모색하거나 태도 변화를 꾀하는 데 적합한 모형이다. 이 모형은 학습 문제 해결을 지향하는 차시의 특성상 대부분의 차시에 응용할 수 있다. 그중에서도 특히 듣기·말하기 영역의 토론 및 토의 수업에 알맞다. 이 모형은 학습자의 자발적인 참여와 창의적인 사고를 요구한다. 또 학습자의 의사소통 기능과 대인 관계 기능이 수업 성패의 관건이다. 따라서 교사는 학습자가 책임 의식을 가지고 적극적으로 토의·토론에 참여할 수 있도록 지속적으로 관심을 유도하여야 하고, 토의·토론에 필요한 기본 화법 등 토의·토론의 방법과 절차를 사전에 꾸준히 지도하여야 한다. 또 교사는 토의·토론의 주제 선정에서부터 정리 및 평가에 이르기까지 수업 계획과 준비를 철저히 해야 한다.

3 국어 수업 설계에서 고려할 점은 무엇인가

1) 국어 수업 설계

국어 수업 설계는 국어 교수·학습이 효과적으로 이루어지도록 하기 위하여 전반적인 계획을 디자인하는 것을 말한다. 국어 수업을 설계함으로써 단원 및 차시 구성 요소들을 일관성 있게 잘 조직하여 각 활동이 개별적으로나 전체적으로 조화를 이루도록 할 수 있다. 교사는 국어 교수·학습의 변인을 고려하여 각각의 학습활동이 학습 목표를 달성하는 데 유기적으로 연결될 수 있도록 계획하면서 학습자, 시·공간 환경, 상황 등을 고려하여 치밀하고도 유연하게 구성해야 한다. 국어 수업 설계에서 고려할 항목을 학습 목표의 명료화 및 내용 선정 계획, 교수·학습 모형 및 절차 계획, 교수·학습 활동 계획, 학습 자료 및 매체 활용에 대한 계획, 학생 평가 계획으로 나누어 살펴볼 수 있다.

(1) 학습 목표의 명료화 및 내용 선정 계획

교사는 국어과 학습 내용 및 학생들의 다양한 특성과 요구를 고려하여 학습 목표를 명료하게 설정하고, 국어과 교육과정과 국어 교과서를 분석하여 학년·단원의 위계성과 계열성에 적합한 학습 내용을 선정·조직하는 수업 계획을 수립해야 한다. 학습 목표는 국어 수업 설계의 기본 방향과 틀을 안내하여 주기 때문에 교수·학습을 계획하는 데 매우 중요하다. 학습 목표는 국어과 학습 내용 및 학생들의 다양한 특성과 요구를 고려하여 명료하게 설정한다. 이때 설정한 학습 목표를 교사가 직접 제시하거나 학생들이 스스로 발견하도록 유도하는 등 학습 목표의 제시 방식에 관해 계획한다. 학습 목표를 설정한 후에는 국어 교육과정, 국어 교과서, 국어 교사용 지도서 등에 제시된 학습 내용을 파악하여 이들 간의 관계와 위계를 바탕으로 수업 내용을 선정하고 내용의 제시 순서에 관해 계획해야 한다.

(2) 교수·학습 모형 및 절차 계획

교사는 국어 학습 목표에 도달하는 데 적절한 국어 수업의 일반적 절차와 국어과 교수·학습 모형을 이해하고 이에 효율적이고 적절한 국어 수업의 절차를 계획해야 한다. 활동 내용과 학생의 개인차를 고려한 다양한 수업 방법을 활용할 수 있는 계획을 수립하기 위해서 교사는 국어 내용과 관련된 방법 지식을 토대로 학생들이 가장 효과적으로 터득할 수 있는 교수·학습 모형과 절차에 대한 방법 지식을 알아야 한다. 국어과 학습 목표별, 영역별 국어과 교수·학습 모형에 대한 이해를 토대로 선정하되, 필요한 경우 주요 국어과 교수·학습 모형 하나만을 선택하기보다는 다른 교수·학습 모형의 특징을 고려하여 복합, 응용해도 된다.

(3) 교수·학습 활동 계획

교사는 학생들에게 유의미한 언어적 학습 경험을 제공하는 학습활동을 구안하고 수업 시간을 배분하며 이를 지원하기 위한 집단 운영 계획을 수립해야 한다. 교수·학습 활동은 학습 목표를 달성하기 위한 활동으로 선정해야 한다. 이러한 활동들은 논리적이어야 하고, 활동 간에 위계가 있어야 한다. 즉, 활동들은 쉬운 것에서 어려운 것으로, 간단한 것에서 복잡한 것으로, 단일 영역 학습에서 여러 영역 간의 통합 학습으로 진행되어야 한다. 또한 학습활동은 학생들의 심리적 특성을 반영해야 하는데, 학생들의 학년, 배경지식과 흥미, 학습 방식 등을 고려하여 적절하게 구성되어야 한다.

(4) 학습 자료 및 매체 활용에 대한 계획

학습 목표를 달성하는 데 적절한 교수·학습 자료와 매체의 선정은 국어 수업 설계에서 중요하다. 교사는 국어 수업에서 학생들이 유의미한 학습을 할 수 있도록 다양한 학습 자료와 매체, 필요한 자원의 활용을 계획하며, 필요한 경우 교과서에 제시된 제재나 활동을 재구성하거나 대안적인 자료를 활용하는 계획을 수립해야 한다. 교사는 문자언어, 음성언어, 시각언어로 표현된 복합 양식 텍스트를 활용하고, 디지털 리터러시 역량을 함양할 수 있도록 인터넷, 영상 등 다양한 매체 자료를 활용하는 계획을 마련한다. 학생들에게 유의미한 학습 경험을 제공하기 위하여 교육과정과 교육 목표, 교과서를 확인, 검토하고, 교사의 역할, 학생 특성의 이해, 실천 가능성을 검토하여 교과서를 재구성한다. 교과서 제재와 활동을 재구성할 때는 그것이 학습자의 수준과 관심에 적합한지, 타 교과와의 통합 수업 설계가 가능한지 등을 고려하여 제재와 활동의 전부 혹은 일부를 재구성할 수 있다.

(5) 학생 평가 계획

교사는 교수 학습 설계 시 학생들의 성취를 확인하기 위해 학습 목표와 일치하는 타당한 평가 기준과 방법을 수립하고, 학생들의 이해 수준과 학습 발전 정도를 확인하여 수업이 개선될 수 있도록 학생 평가 계획을 수립해야 한다. 이때 국어과 영역의 특성에 맞는 평가 방법을 선택해야 한다. 평가 목표와 상황에 따라 필요시 영역 통합적 평가 방법을 활용할 수도 있다. 평가는 학생들에게 학습 성취에 대한 피드백을 제공하고 교사에게는 교수 활동의 효과성에 대하여 반성할 기회와 수업 개선 정보를 제공해 준다.

2) 국어과 교수·학습 과정안 작성을 위한 지침

국어과 교수·학습 과정안은 지역별, 학교별로 다양해서 통일된 하나의 양식이 있는 것이 아니다. 지역 교육청이나 단위 학교에 따라 특정 교육적 활동이 추가되기도 한다. 또 교수·학습 과정안의 표 양식도 교사 활동과 학생 활동의 구분 여부에 따라 교사 활동과 학생 활동을 각각 다른 칸에 기술하거나 한 칸에 기술하기도 한다.

국어과 교수·학습 과정안 작성을 위한 지침은 다음과 같다. 첫째, 과정안 양식은 다양하지만 과정안에는 공통 항목이 포함되어야 한다. 일반적으로 교과, 학년 및 단원, 차시 학습 목표, 교수 학습 모형, 교과서 쪽수, 시량(초등학교 40분, 중학교 45분, 고등학교 50분), 자료 및 유의점, 평가 계획 등이다.

둘째, 교수·학습 모형을 융통성 있게 활용해야 한다. 학습 목표와 내용, 학생 수준 등을 고려하여 최적의 교수·학습 모형을 선정하되 절차를 융통성 있게 활용할 필요가 있다. 교수·학습 절차나 단계를 따른다고 해서 좋은 국어 학습이 이루어지는 것은 아니다. 자칫 모형의 단계와 절차에 따라 고정된 것으로 설계하여 학습 내용과 활동을 끼워 맞추기식으로 구성하거나, 교수·학습 모형의 특정 단계를 거치기 위해 의미 없는 활동을 하는 우를 범해서는 안 될 것이다.

셋째, '교수·학습 모형을 적용한 과정안'과 '도입, 전개, 정리의 일반적인 과정안'을 구분하여 작성할 필요가 있다. 교수·학습 모형을 적용한 과정안의 경우에는 해당 교수·학습 모형의 단계를 준수해야 한다. 이에 비해 일반적인 과정안의 경우에는 교수·학습 모형에 구애받지 않고 도입-전개-정리의 순으로 작성하면 된다. 그런데 교수·학습 모형을 적용한 과정안을 작성할 때 간혹 일반적인 과정안의 절차와 섞어서 도입-설명하기-시범 보이기-질문하기-활동하기-정리로 작성하는 경우가 있는데, 이는 바람직하지 않다. 이것은 직접 교수 모형을 적용한 과정안도 일반적인 과정안도 아니므로 주의해야 한다.

4 국어 수업 실천에서 고려할 점은 무엇인가

국어 수업 실천은 교사와 학생들이 교수·학습 과정에 실제로 참여하는 것을 말한다. 국어과 교수·학습 과정안을 고려하되, 국어 수업 실천에서 고려할 점을 국어 학습 환경 조성, 수업 실행, 학생 평가로 나누어 살펴볼 수 있다.

1) 국어 학습 환경 조성

(1) 효과적인 수업을 위한 시·공간 환경 조성

교사는 모든 학생이 국어 학습활동에 적극적으로 참여하고 구성원 간의 상호작용이 활발하게 일어날 수 있도록 효율적인 시·공간 환경을 조성한다. 국어 수업을 위한 교실은 다양한 국어 활동에 적합한 물리적 환경을 갖추어야 한다. 그리고 국어 활동의 특성을 반영하고 수업 계획의 순서와 절차를 고려하여 대집단이나 소집단 활동에 알맞은 책걸상 등을 배치한다.

(2) 자율적이고 효율적인 소통의 규칙과 절차

자율적이고 효율적인 소통의 규칙과 절차는 좋은 국어 학습 환경에 해당된다. 교사는 학생들의 언어 능력의 차이와 특성을 존중하고 서로를 배려하는 자율적 학습 분위기를 조성하며, 수업 방법 및 특성에 맞추어 효율적인 소통의 규칙과 절차를 개발한다.

2) 수업 실행

(1) 배경지식 활성화 및 동기 유발

교사는 국어 학습에 필요하거나 관련된 사전 지식을 활성화하고 동기 유발 활동을 통해 학습자의 동기를 유발하고 학습에 능동적이고 적극적으로 참여하도록 유도할 수 있어야 한다. 국어과 동기 유발에서 유의할 점이 두 가지 있다. 하나는 국어과 동기 유발의 핵심이 학습 목표에 대한 동기 유발이 되어야 한다는 것이다. 학습 목표에 대한 동기 유발을 하지 않고 제재 내용(소재 등)에 대한 동기 유발을 하는 경우가 있는데, 이는 바람직하지 않다. 다른 하나는 일반적인 동기 유발이 국어 수업의 전체 과정에 걸쳐 이루어져야 한다는 것이다. 이는 도입 단계만이 아니라 전개, 정리 단계까지 내내 지속되도록 할 필요가 있다.

(2) 학습 목표와 학습활동의 관련성

국어 학습은 실제적인 언어 상황에서 그와 관련된 활동을 하는 과정에서 자연스럽게 이루어진다. 학습활동은 학습자가 몰입하는 상황을 고려하여 구성하여야 한다. 학습자는 학습 활동이 자신의 삶과 관련될 때, 주도적일 때, 진정성이 드러나는 상황일 때 몰입한다(정혜영 외, 2004). 그리고 학습 목표와 학습활동이 유기적으로 관련되어야 한다. 학습 활동들은 상호 논리적으로 배열되어야 하고 활동 간의 관계가 위계적이어야 한다.

(3) 다양하고 적절한 국어 수업 전략

교사는 국어 수업에서 학습 목표, 학습 내용, 학생의 특성과 요구에 부합하는 다양하고 적절한 교수 기법과 전략을 사용한다. 수업 방법 및 특성에 따라 학생 집단을 적절하게 구성하여 운영하며, 수업 단계와 상황에 따라 적절한 교수 매체를 활용한다. 또한 교사는 해당 단원과 차시의 학습 목표나 내용, 그리고 교실의 여건 등을 감안하여 가장 적절한 교수·학습 모형을 선택하고 창의적으로 운용할 수 있어야 한다.

(4) 국어 수업 실천에서의 유연한 상황 대처

교사는 국어 수업 설계에서 수립한 국어 수업 계획을 실천에 옮기되, 수업 상황에서 예기치 못한 사태가 발생하였을 때 융통성 있게 대처해야 한다. 예기치 않은 상황에서도 이를 국어 수업 내용과 연결시킴으로써 국어 학습의 기회로 활용할 수 있어야 한다.

(5) 언어적 상호작용 촉진

수업의 성패를 가름하는 가장 큰 요인은 교사와 학습자 간 상호작용의 질이다. 교사는 학생들의 학습 의욕을 고취시켜 교사-학생, 학생-학생 간에 언어적 의사소통이 활발히 일어나도록 다양하고 적절한 수준의 질문을 사용하여야 한다. 그리고 높은 수준의 사고력을 신장시키는 발문을 해야 한다.

(6) 피드백 제공

교사는 학생들의 이해를 점검하고 학습 효과를 증진시키기 위해 적시에 정확하고 구체적이며 긍정적인 피드백을 제공해야 한다.

(7) 국어 교과서 및 교수·학습 자료

교사는 수업에서 국어 교과서를 적절히 활용하되 필요시 재구성하고, 유의미한 학습 경험을 위해 학습 자료를 활용해야 한다. 국어 수업에서는 다양한 언어활동을 전개하기 위하여 교과서 외에도 다양한 자료가 필요하다.

3) 학생 평가

(1) 평가 실행

교사는 수업 설계 단계에서 수립한 평가 계획에 따라 학생의 국어 수행 능력을 평가한다. 이때 학생의 국어 수행의 과정과 결과를 모두 평가하는 것이 바람직하다.

(2) 평가 결과 활용

교사는 평가 결과를 활용하여 수업 효과를 분석하고 차후 수업 계획 및 전략을 개선하며, 학생, 동료 교사, 학부모 등 다양한 주체와 의사소통한다.

5 국어 수업 성찰에서 고려할 점은 무엇인가

국어 수업을 하고 나서 자신의 수업을 반성적으로 성찰하는 것은 매우 중요하다. 국어 수업에 대한 반성적 성찰의 내용은 주로 국어 수업 설계와 실천에 대한 성찰을 중심으로 이루어진다. 쇤(Schön, 1983)은 반성적 교사가 이론적 지식을 적용하면서 길러지는 것이 아니라 실제적인 문제 상황에서 자신의 경험과 체험적 지식에 대하여 끊임없이 성찰함으로써 해결책을 모색하고 적용하면서 길러지는 것이라고 주장하였다.

실제로 국어 수업을 잘하는 교사는 다른 교사에 비해 자신의 국어 수업에 대하여 반성적 점검을 자주 한다. 교사는 반성적 사고 활동을 통하여 자신의 교수 행동을 주의 깊게 돌아볼 수 있으며, 이러한 방법을 통해 자신의 교수 행동에 대해 능동적인 피드백을 얻을 수 있다.

'국어 수업에 대한 반성'을 통해 수업을 객관적으로 평가하여 강점과 약점을 정확하게 파악하고 이를 수업을 개선하는 데 활용할 수 있다.

국어 수업 성찰에서 고려할 점은 자신의 행동 관찰하기, 타인과 협의하기로 나누어 살펴볼 수 있다. 첫째, 자신의 행동을 스스로 관찰함으로써 반성을 이끌어 내는 방법이다. 자신의 수업을 녹화하여 자신의 행동 관찰하기, 저널 쓰기, 자서전 쓰기, 반성 일지 쓰기 등은 반성적 사고를 기르는 데 도움이 된다. 수업 녹화를 통해 자신의 행동을 평가하는 과정에서 교사는 자신의 교수 행동을 관심을 가지고 관찰하고 그러한 교수 행동의 이유나 원인, 결과 등에 초점을 맞추게 된다. 이 과정에서 저널 등으로 다양하게 기록하는 것은 국어 수업자의 생각이나 감정이 사라지기 전에 기록으로 남겨서 교육 행위에 대해 반성적 성찰을 할 수 있도록 해 준다.

둘째, 타인(동료)과의 협의를 통해 반성을 이끌어 내는 방법이다. 타인과 협의하기에는 수업 나눔 등이 포함된다. '수업 나눔'은 기존의 수업협의회의 대안 중 하나로 교사 스스로 자발적 성찰을 통해 자신의 수업을 개선하는 방법이다. 수업 나눔은 비형식적이고 자율적이며 자발적이라는 것이 가장 큰 특징이다. 또한 수업 나눔에서는 교사의 수업을 평가하거나 비판하지 않는다. 교사와 학생의 경험을 지지하고 교사의 신념과 의도를 파악하려고 노력하며 교사 내면의 변화를 중요하게 여긴다. 특히 참여자의 이해, 공감, 협력이 중요하다고 본다. 기존의 협의회에서는 참관자들이 교사를 평가의 대상으로 여기고 평자가로서 체크리스트를 통해 양적인 평가를 하고 수업자에게 결여된 부분을 지적하고 처방한 반면, 수업 나눔에서는 참관자의 역할이 공감자, 동행자로 전환되었다. 수업 나눔은 교사가 경험하는 주관적이고 내적인 측면에 주목하고 수업자가 수업 설계와 실천에 대한 자신의 고민에 스스로 직면하고 수업의 의미를 성찰할 수 있도록 해 준다.

05

국어과 평가

학교 교육의 개선을 위한 화두로 평가가 다시금 주목받고 있다. '과정 중심 평가', '수업과 평가의 일체화' 등은 학교 교육이 지니고 있는 문제점을 평가를 중심으로 개선하고자 하는 노력의 일환이다. 평가에 접근하는 관점, 어떤 평가 방법을 택할 것인가 하는 문제는 국어교육을 어떤 관점에서 볼 것인가, 어떤 학습 활동을 하도록 할 것인가, 어떤 과제를 통해 평가할 것인가 등과 밀접한 관련을 지닌다. 국어 교육에서 평가는 교육의 질을 높이기 위한 필수 항목이며, 어떤 평가 방법을 택하느냐 하는 문제는 여전히 중요하다. 이 장에서는 국어 교육에서 평가가 왜 필요한지, 평가는 어떤 방향으로 나아가야 할지, 어떤 평가 방법을 적용하는 것이 좋을지, 그리고 평가 결과를 어떤 방식으로 보고하는 것이 유용할지 등에 대해 살펴보자. 평가에는 수업 평가, 교사 평가, 학교 평가 등 다양한 형태가 있다. 이 장에서는 수업 시간에 이루어지는 평가를 중심으로 하여 알아볼 것이다.

1 국어 교육에서 평가가 왜 필요할까

평가는 왜 하는가? 오랫동안 평가는 학생의 능력을 알아보기 위해 실시한다고 생각해 왔다. 그리고 학생의 능력이란 한 반 혹은 동일 학년 전체 학생들 중에서 상대적으로 어느 위치에 있는가를 통해 알 수 있다고 생각하였다. 그러나 상대적인 위치가 전달하는 정보는 그야말로 평가 집단 중에서 해당 학생의 국어 능력이 몇 번째 혹은 몇 등급인가 하는 내용이 전부다. 학생의 국어 능력이 어느 부분에서 취약하고 어느 부분을 보완하고 노력해야 하는지에 대한 구체적인 내용이 결여되어 있는 것이다.

현재 우리 사회는 새로운 평가 관점, 새로운 평가 방식을 원하고 있다. 그것은 바로 학생의 국어 능력에 대해 좀 더 구체적인 정보가 담긴 평가다. 여기서 국어 능력이란 점수나 등급으로 제공되는 '성적'의 의미보다는 학업 성취 정도, 학업 성취를 위한 노력·흥미·태도 등을 포함한 국어 능력을 의미한다. 우리 사회는 이러한 국어 능력에 대한 세밀하고도 구체적인 정보가 담긴 평가를 요구하고 있다. 사실 점수나 등급으로 환원된 학생의 능력에는 중요한 정보가 빠져 있다. 예를 들면 앞서 지적하였던 학업 성취 향상에 기여한 요인, 학업 성취 향상을 위해 노력해야 할 부분, 국어에 대한 애정, 태도, 흥미도 등이 그것이다. 평가의 중요한 목적은 학생의 학업 성취도만을 파악하기 위한 것이 아니다. 국어 능력과 관련 있는 다양한 변인에 대한 정보를 제공함으로써 학생뿐만 아니라 다양한 교육 주체가 학생의 실질적인 국어 능력 신장을 위해 어떻게 노력해야 할지 방향을 제시하기 위한 것이기도 하다.

한편, 평가 방식에 대한 고민이 단지 학생들의 학업 성취 정도를 알아보기 위한 것으로만 그쳐서는 안 된다는 의견도 많은 공감을 얻고 있다. 교수·학습 개선에 도움을 줄 수 있는 평가 방식을 고민해야 한다는 것이다. 학생들의 국어 능력에 대한 상세하고도 체계적인 평가가 이루어질 때 교사는 평가 결과를 바탕으로 교수·학습을 개선할 수 있으며, 학생의 국어 능력에 대하여 구체적으로 지도하고 조언할 수 있다. 학생의 입장에서 볼 때는 자신의 국어 능력이 어느 정도 수준인지 구체적인 정보를 접할 수 있어 앞으로 어떻게 노력해야 할지 계획을 세울 수 있다. 이러한 평가를 하기 위해서는 교수·학습뿐만 아니라 평가의 방식, 나아가 평가 결과 보고 방식에 이르기까지 많은 노력과 변화가 필요하다.

2 국어과 평가는 어떤 방향으로 나아가야 할까

학교 교육의 변화를 논의할 때 빼놓지 않고 등장하는 것이 바로 평가의 개선이다. 1990

년대 후반 이후 국어 교육 평가는 많은 변화를 겪었으며, 지금도 변화를 거듭하고 있다. 좀 더 나은 교육을 위해 국어 교육이 지향해야 할 평가의 방향(최미숙, 2006a)에 대해 살펴보자.

1) 개인의 성장과 발달을 도와주는 평가

국어과 평가의 중요한 방향 중 하나는 언어 체험을 바탕으로 학생의 성장과 발달을 도와주는 평가를 지향해야 한다는 점이다. 교육이 무엇이며 왜 필요한가 하는 질문에 대해 여러 답변을 할 수 있겠지만, 가장 핵심적인 내용은 바로 교육이란 "학생 개인의 성장과 발달"(김대행, 1997)을 위한 것이라는 점이다. 이는 우리 교육이 오랜 기간 표준화·대량화·획일화된 교육을 실시하면서 섬세하게 배려하지 못했던 부분이기도 하다. 아쉽게도 그동안 국어 교육은 점수와 석차로 표현되는 집단 내에서의 서열에 주로 관심을 두고 평가를 해 왔다. 한 개인의 언어 능력이 어떤 과정을 통해 어떻게 변화하고 향상되는지, 평가가 개인의 성장과 발달에 어떻게 기여하는지, 교사는 학생의 성장과 발달을 위해 무엇을 조언하고 지도해야 하는지 등에 대해서는 별다른 관심을 갖지 않았던 것이다. 교육의 목적이 인간의 성장과 발달 과정에서 의미 있는 변화를 꾀하는 것이라면, 학생들의 성취 수준, 변화의 정도, 태도, 흥미 등에 대한 교육적 해석과 판단 그리고 조언 등이 중요한 의미를 가질 수밖에 없을 것이다.

학생의 성장과 발달을 도와주는 평가를 위해서는 평가의 초점을 집단보다는 학생 개인에게 맞추는 방안도 고려할 필요가 있다. 평가는 학생 개개인의 국어 능력을 신장시킬 수 있는 실질적 견인차로서의 역할을 해야 한다. 최근 우리 사회는 학생 개인을 위한 맞춤형 교육이 필요하다고 요구하고 있다. 학생의 특성을 고려한 '맞춤형 교육과정', '개별화된 평가 방식' 등에 관심을 갖는 것도 그런 이유 때문이다. 학생들은 개인적인 경험이나 관심, 이전 학습 단계에서 보여 준 학업 성취 정도 등에 따라 동일한 과제를 수행하면서도 과제 수행 속도, 과제에 대한 흥미나 관심, 동기 유발 등에서 차이를 보일 수 있다. 이러한 개인차를 고려한 평가가 필요한 것이다. 학생 개인에 초점을 맞추는 평가를 통해 현재의 국어 능력이 어느 정도라는 정보 외에도 이전보다 얼마나 더 향상되었는지, 그리고 어떻게 변화하였는지, 특히 변화한 부분은 무엇인지, 앞으로 어떤 점을 보완해야 하는지, 태도 및 흥미도는 어떠한지 등에 대한 구체적인 정보를 제공해 줄 수 있어야 한다. 평가는 한 개인이 지니고 있는 소질과 발전 가능성을 찾아내어, 궁극적으로 그 개인의 성장과 발달에 기여해야 하기 때문이다.

2) 총체적인 국어 능력의 평가

개인의 성장과 발달을 도와주는 평가를 위해서는 '총체적인 국어 능력의 평가'를 지향할 필요가 있다. 총체적인 언어 능력은 학업 성취도뿐만 아니라 성취 동기, 언어에 대한 태도나 흥미, 국어문화 향유 능력 등을 포괄하는 개념이다. 총체적인 언어 능력의 평가를 강조하는 이유는 동기, 태도, 흥미, 국어문화 향유 능력 등이 학업 성취도와 밀접하게 관련될 수밖에 없다는 점, 그러한 다양한 요소에 대한 분석을 토대로 학생들이 즐겁게 배우고 성장할 수 있도록 도울 수 있다는 점, 무엇보다 국어 교육의 특성에 맞는 평가라는 점 때문이다. 학생들의 총체적인 국어 능력을 평가하기 위해서는 국어과의 성격에 맞는 다양한 국어 수행 중심의 평가 방식을 적극 활용하는 것이 좋다. 선택형 문항보다는 서술형 문항, 논술형 문항, 토의·토론형 문항, 포트폴리오 등 다양한 수행 평가 방식을 활용하는 것이 적절할 것이다.

총체적인 국어 능력을 평가하기 위해서는 '지식과 기능의 통합', '기능과 태도의 통합', '다른 영역 간의 통합' 등 다양한 통합적 평가도 고려할 필요가 있다. 2022 개정 국어과 교육과정의 경우, '매체' 영역이 신설됨으로써 "학교 밖 생활과의 통합"(교육부, 2022b: 99)도 중요해졌다. 영역 간 통합 평가를 예로 들어보자. 국어과 교육과정의 하위 영역은 '듣기·말하기', '읽기', '쓰기', '문법', '문학', '매체'로 범주화되어 있고, 국어과 평가는 대체로 영역별 평가 방식을 취하는 경우가 많다. 영역별 평가에서는 각 영역별 성취기준을 중심으로 평가 기준을 세분화하여 평가 도구를 개발하며, 평가 결과 역시 영역별로 보고하는 방식을 취한다. 학생이 어떤 영역에서 높은 성취도를 보이는지, 좀 더 노력할 필요가 있는 영역은 무엇인지 등 세부적인 언어 수행 능력을 알아보기 위해서라면 영역별 평가도 필요하다. 그런데 영역별 평가 관행은 언어 능력을 쪼개어 평가함으로써 실제로 평가하고자 했던 '학생의 언어 능력이라는 실체는 실종되어 버리는 오류'(박인기, 2000)를 낳았다는 비판을 받기도 하였다. 총체적인 국어 능력을 평가하기 위해서는 실질적인 언어생활을 고려하여 여러 영역을 통합하여 평가하는 방법을 적극 활용할 필요가 있다. 글을 읽은 후 말하거나 글을 쓰도록 하고 평가하거나 특정 주제에 대해 글을 쓴 후 말하거나 토론하도록 하고 평가하는 등 실제적인 언어 활동 형태를 고려하여 평가한다면 학생들에게 의미 있는 피드백을 제공할 수 있을 것이다. 2022 개정 국어과 교육과정에서도 영역별 평가뿐만 아니라 '다양한 영역을 연계한 통합적인 언어 수행 능력의 평가"(교육부, 2022b: 64)를 강조하고 있다. 참고로, 영역을 통합하여 평가 도구를 만들 경우 평가 기준은 영역별로 마련하여 평가 결과에 대한 구체적인 피드백이 이루어

지도록 하는 것이 좋다.

3) 교수·학습 과정에서 이루어지는 평가

(1) 수업 과정 중에 이루어지는 평가

'평가' 하면 우리는 으레 그동안 중·고등학교에서 치렀던 시험을 떠올린다. 쥐 죽은 듯 조용한 교실에서 연필과 지우개만 허용된 빈 책상, 정해진 시험 시간, 학생들을 매서운 눈초리로 감시하는 시험 감독관 등이 떠오를 것이다. 시험 감독관은 시험 시간이 끝나면 '절대' 개인적인 추가 시간을 주지 않고 냉정하게 답안지를 걷어가 버린다. 수업과 '엄격하게' 분리되어 있던 평가 상황에서 학생들은 정해진 시간에 정해진 답을 선택하거나 서술해야 했다. 수업과 분리된 평가 상황이 오랜 기간 일반적인 평가 관행으로 자리 잡으면서 평가는 수업이 끝난 후 실시하는 것으로 굳어졌다.

수행 평가의 실시와 함께 평가 상황에 대한 생각이 많이 바뀌었지만, 여전히 학교 현장에서는 시험 형태의 평가 방식을 많이 활용하고 있다. 평가를 통해 좀 더 다양한 정보를 얻기 위해서는 단절된 상황에서 일시적으로 실시하는 기존의 시험 형태보다는 교실 단위의 수업 과정에서 이루어지는 평가를 강조할 필요가 있다. 이는 '과정 중심 평가'와도 관련이 있다. '과정 중심 평가'란 폐쇄된 공간에서 시험을 치르는 방식이 아니라 교수·학습 과정에서 이루어지는 다양한 형태의 평가를 이르는 말이다. 구체적으로는, "교육과정 성취기준을 기반으로 교수·학습 과정에서 자료를 다각도로 수집하여 학생의 성취도나 학업적 성장에 대해 적절한 피드백을 제공하는 평가"(권태현, 2021)를 의미한다.

교수·학습 과정 중에 학생의 발표, 토론 과정, 표현 과정 등을 교사가 직접 관찰하면서 실시하는 평가 방식은 교사가 평가의 중요한 축이 되는 것을 의미한다. 표준화된 평가 도구의 폐해 중 하나는 "국어 교사의 위상을 철저히 배제해 버린다는 점"(박인기, 2000)이었다. 국어 교육 상황에서 수시로 이루어지는 생생한 교사의 판단, 수시로 이루어지는 조언 등은 국어 교육 자체를 역동적으로 만들어 주는 힘이다. 교사가 평가의 중심에 서서 전문가의 관점에서 판단·조언하고, 수업 과정 중에 학생 개개인의 능력에 대해 수시로 평가하고 그 평가 내용을 바탕으로 지도·조언한다면 의미 있는 피드백이 가능해질 것이다. 또한 학습 과정 자체가 평가 과정이 되고 평가 과정이 학습의 변화도 이끌어 내면서 서로 선순환할 수 있을 것이다.

(2) '백워드 설계'와 평가

수업 목표를 먼저 설정하고 그 목표에 의거하여 수업한 후 평가를 실시하는 방식이 아니라 수업을 계획하기 전에 평가 계획을 먼저 수립하는 '백워드 설계(backward design, 역방향 설계)'에 대해 알아보자. 일반적으로 교육과정을 개발할 때에는 교육 목표를 먼저 설정하고 그 목표에 적합한 내용을 선정하고 조직하여 수업을 시행한 후 마지막 단계에 교육 목표에 얼마나 도달하였는지 평가하는 과정을 전제로 해 왔다. 그런데 이러한 전통적인 방식과는 달리 교육 목표를 설정한 후 교육 목표에 맞게 평가를 먼저 계획하고 그것에 의거하여 교육 내용을 구조화하는 방식에 대한 관심이 높아지고 있다. 위긴스(Wiggins)와 맥타이(McTighe)가 제안한 '백워드 설계 교육과정(역방향 설계 교육과정)'이 그것이다.

백워드 설계는 기존의 교육과정 설계 절차를 거꾸로 진행하는 데서 출발한다. 1949년 「교육과정과 수업의 기본 원리」에서 제시한 타일러(Tyler)의 논리는 지금까지도 교육과정 개발의 기초로 알려져 있다. 타일러의 교육과정 개발 모형은 목표 모형으로 불리기도 하는데, 수업 목표를 설정하고 학습 경험을 선정·조직하며 마지막으로 학습 결과를 평가하는 단계(목표 설정 → 수업 계획 → 평가)를 설정한다. 그런데 백워드 설계에서는 절차상의 순서를 변경하여 수업 목표를 설정하고, 목표 도달 여부를 확인할 수 있는 평가를 계획하며, 마지막으로 평가 계획에 따라 수업에서 다루어야 할 학습자의 학습 경험을 선정한다(목표 설정 → 평가 계획 → 수업 계획). 특히 평가 계획을 수립할 때는, 백워드 설계에서 설정한 목표가 달성되었음을 확인할 수 있는 가시적 증거가 무엇인지 검토하는 과정이 중요하다. 학습자가 그러한 가시적 증거를 내보일 수 있도록 수업을 계획해야 하기 때문이다(강현석·유제순, 2010; 류수열·주세형·남가영, 2021).

이러한 관점은 교사들이 수업과 평가를 설계하는 데 많은 영향을 줄 수 있다. 백워드 설계는 다른 상황에 적용할 수 있는 전이 가능성이 높은 주요 아이디어(Big idea)를 가르치는 데에 초점을 둔다. 교육과정 내용에서 주요 아이디어를 선택하고 학생들이 진정한 이해에 도달하도록 '학습 목표 설정 - 평가 계획 - 학습 경험 선정(수업 계획)'의 순으로 수업을 설계할 수 있는 것이다. 평가 계획을 먼저 수립한 후 수업 계획을 세우기 때문에 백워드 설계에서는 "평가가 수업 내용을 결정하는 매우 높은 위상"(류수열·주세형·남가영, 2021: 16)을 갖게 된다. 이런 점은 '수업 과정과 평가의 일체화'와도 밀접한 관련이 있다.

'수업 과정과 평가의 일체화'란 수업을 마친 후에 평가하는 것이 아니라 수업이 평가 과정이자 평가 준비 과정의 일환이 되는 것이다. 구체적인 예를 "평가는 교수·학습과 일체화된 요소(IBO, 2013: 22)"라는 점을 강조하는 IBDP(International Baccalaureate Diploma Programme) 평가 프로그램에서 찾아볼 수 있다. IBDP에서는 수업 전에 학생들에게 상세한 평가 기준을 제공하는데, 이 평가 기준은 평가뿐만 아니라 수업 과정에서도 중요한 지침으로 작용한다. '수업 과정과 평가의 일체화'를 위한 중요한 매개로 작용하는 것이다(최미숙, 2018). 글에 사용된 논증 방법의 타당성을 평가하는 글을 쓰도록 하는 평가 계획을 세웠다고 가정해 보자. 수업 과정에서 학생들은 논증 방법의 타당성을 평가하는 글쓰기 활동을 해야 하며, 이것이 곧 평가 자료가 된다. 평가 계획에 따라 수업은 글에 제시된 연역이나 귀납 등의 논증 방법이 타당한지를 판단한 후, 그 효과나 적절성을 평가하는 방법을 배우고 직접 글을 쓰는 과정으로 이루어질 것이다.

3 평가를 위해 고려해야 할 점

1) 수업 진행 과정을 고려한 평가

교사는 필요에 따라 '수업을 하기 전'에, '수업 중'에, '수업을 끝낸 후'에 평가를 실시할 수 있다. 이를 진단 평가, 형성 평가, 총괄 평가로 나누어 살펴보자.

(1) 진단 평가(diagnostic evaluation)

교사는 단위 수업 혹은 한 학기 수업을 계획하면서 학생들의 학업 성취와 관련된 구체적인 정보를 파악하기 위해 진단 평가를 실시할 수 있다. 진단 평가란 "교육 활동을 시작하기 전에 그 교육 활동의 성공적인 학습을 위해 요구되는 학생들의 적성과 선수 학습에서의 학습 결손, 경험 배경, 성격 특성 등을 체계적으로 조사함으로써 그 교육 활동에서의 학습 성취율을 증진시키기 위한 평가"(서울대학교 교육연구소 편, 2006)를 말한다.

진단 평가의 예를 위해 중학교 1학년의 '비유의 특성과 효과에 유의하며 작품을 감상하고 창작한다'라는 학습 목표를 위한 수업을 가정해 보자. 교사는 이 수업을 하기 전에 초등학교 때 배운 비유에 대해 학생들이 얼마나 알고 있는지 파악한 후 수업을 계획하려고 한다. 초등학교의 비유 관련 성취기준으로는 '[6국05-02] 비유적 표현의 효과에 유의하여 작품을 감상한다'가 있다. 교사는 초등학교 성취기준을 바탕으로 학생들이 비유를 사용하였을 때와 사용하지 않았을 때의 차이를 알고 있는지, 비유 개념을 알고 있는지, 비유 표현의 효과를 알고 있는지, 그리고 일상생활에서 자주 쓰이는 비유 표현의 의미를 알고 있는지 등을 진단하기 위한 평가를 실시할 수 있다. 진단 평가 결과에 따라 학생들이 비유에 대해 얼마나 알고 있는지, 결손된 부분은 없는지 등을 파악한 후, 이를 수업 계획과 교수·학습 과정에 반영할 수 있다.

진단 평가의 목적은 다음 세 가지로 분류할 수 있다. 첫째, 목표로 하는 학습을 위하여 사전에 성취하고 있어야 할 특정 출발점 행동을 학생들이 제대로 갖추고 있는지를 확인하기 위해 실시할 수 있다. 둘째, 수업 목표와 관련된 내용 중 이미 알고 있는 부분이 있는지 파악함으로써 학습의 중복을 피하기 위해 실시할 수 있다. 셋째, 해당 단원의 특수성 및 예상되는 수업 방법 등에 비추어 학생들의 흥미, 성격 특성, 신체적·정서적 특성, 경험 배경, 적성, 과거의 학력 등을 알아봄으로써 효과적인 학생 배치, 예상되는 학습 장애나 학습 곤란 등에 대한 사전 대책을 수립하기 위해 실시할 수 있다(서울대학교 교육연구소 편, 2006).

(2) 형성 평가(formative evaluation)

교사는 특정 학습 목표를 위한 수업 진행 과정에서 이후 이어질 수업의 질과 학습 효과를 향상시키기 위한 중간 평가 활동으로 형성 평가를 실시할 수 있다. 형성 평가란 "교육 활동의 진행 과정에서, 그 활동의 부분적 수정·개선·보완을 위한 관련 정보를 얻기 위하여 실시하는 평가"(서울대학교 교육연구소 편, 2006)를 의미한다. 수업 계획에서 설정한 학습 내용을 교수·학습 과정에서 학생들이 얼마나 잘 이해하면서 활동을 하는지 점검하기 위한 것이다. '비유의 특성과 효과에 유의하며 작품을 감상하고 창작한다'를 위한 수업에서 1차시에 비유 표현의 특성과 효과를 다루었다고 가정해 보자. 비유 표현의 특성과 효과를 학생들이 잘 이해해야 2차시에 진행하는 '비유를 중심으로 한 작품 감상' 수업을 원활하게 진행할 수 있다. 이 경우 학생들이 비유의 특성과 효과를 잘 이해하였는지를 점검하는 형성 평가를 실시할 수 있다. 형성 평가 결과에 따라 학생에게 중간 피드백을 제공할 수 있으며 필요한 경우 보충 지도를 할 수도 있다. 수업 내용에 수정이나 보완이 필요하다고 판단했을 경우에는 다음 차시에 반영할 수도 있다.

일반적으로 수업 진행 과정에서 실시하는 비공식적이면서 학생들의 최종 성적을 판정하는 것과는 무관한 평가 활동도 형성 평가로 부르곤 한다. 형성 평가를 실시하는 목적은 학습자의 측면에서는 학습자 각자의 학습 속도 조절, 학습 곤란이나 잘못된 학습의 진단, 학습에 대한 피드백 등이며, 교사의 측면에서는 수업 진도의 조절, 교정 지도나 보충 지도의 필요성 확인, 수업 방법에 대한 피드백 등이다(서울대학교 교육연구소 편, 2006).

(3) 총괄 평가(summative evaluation)

수업이 끝난 후 교사는 이제까지 진행한 수업을 통해 학생들의 학업 성취도가 얼마나 신장되었는지, 교사의 수업이 학생들에게 얼마나 효율적이었는지 알아보기 위해 총괄 평가를 실시할 수 있다. 총괄 평가란 "교육 활동이 종결되었을 때, 그 활동의 효율성이나 그 활동의 결과로 산출된 성과에 대하여 종합적인 가치 판단을 하기 위하여 실시하는 평가"(서울대학교 교육연구소 편, 2006)를 말한다.

수업을 진행하는 도중에 '교수·학습의 부분적 개선이나 보완'을 위해 혹은 '학생들에 대한 중간 피드백'을 제공하기 위해 실시하는 것이 형성 평가라면, 총괄 평가는 수업 과정이 끝났을 때 실시하는 평가이다. 따라서 총괄 평가는 수업 계획에서 설정한 학습 목표를 학생들이 어느 정도 성취했는지에 관심을 둔다. 총괄 평가는 한 단원, 한 학기, 한 학년의 수업을 마친 후 실시할 수도 있으며, 학생의 최종 성적 판정, 학생의 분류·선발·배치 등의 목적을 위해 실시하기도 한다.

2) 좋은 평가 도구 여부를 판단하는 기준

교사는 대부분 평가 도구를 직접 제작하여 활용한다. 때로는 다른 교사가 만든 문항을 함께 검토하면서 문항의 질을 높이는 과정에 참여할 수도 있다. 이때 좋은 평가 도구인지 아닌지 판단하는 데 활용할 수 있는 기준으로 타당도와 신뢰도를 들 수 있다.

(1) 타당도(妥當度, validity)

타당도는 평가 목적에 비추어 평가 도구의 질을 판단하는 기준으로, 평가 도구가 '평가하려고 하는 능력을 충실하게 재고 있는지'를 의미한다. 다시 말하면 타당도는 평가에서 '재고 있는 것이 무엇(what)인가'와 밀접하게 관련되어 있다(박도순 외, 2016). 추리력을 측정할 경우 추리력을 측정해야지 기억력을 측정해서는 안 되며, 지능을 측정한다고 하면서 학력을 측정해서도 안 된다(서울대학교 교육연구소 편, 2006). 예를 들어 문법 능력을 평가하는 평가 도구를 만든다고 가정해 보자. 문법 사항에 대해 자세하게 설명하는 설명문을 제시한 후 설명문의 특징에 대해 질문한다면, 이 평가 문항은 타당도가 높다고 말하기 어렵다. 상호 소통하는 토론 능력을 평가하기 위해 토론에 대한 지식을 얼마나 알고 있는지 평가하는 도구를 개발할 경우에도, 그 평가 도구는 타당도가 높다고 보기 어렵다. 참고로, 타당도는 정도의 문제로, "타당도가 있다 혹은 없다고 말하는 것이 아니라 낮다, 적절하다, 높다 등으로 표현해야 한다"(김석우, 2010: 226).

(2) 신뢰도(信賴度, reliability)

타당도가 무엇을 평가하는가, 평가하려는 요소를 얼마나 충실하게 평가하고 있느냐의 문제라면, 신뢰도는 '얼마나 정확하게', '얼마나 오차 없이' 정확하게 측정하고 있느냐 하는 정도를 의미한다. 타당도가 '무엇(what)'을 평가하느냐와 관련된 개념이라면, 신뢰도는 '어떻게(how)' 평가하는지와 관련된 개념이다. 어떤 평가 도구로 측정하였을 때 어제 측정한 결과와 오늘 측정한 결과가 예측할 수 없을 정도로 변화하여 일관성이 없다면, 그래서 그 결과를 믿을 수 없다면 그 측정 결과는 신뢰하기 어려울 것이다(서울대학교 교육연구소 편, 2006). 따라서 특정 평가 도구가 어떤 목적으로 쓰이기 위해서는 우선 신뢰도가 있어야 한다. 예를 들어, 요리를 하기 위해 저울로 재료의 무게를 재는 상황을 가정해 보자. 동일한 무게의 재료를 잴 때마다 수치가 다르게 나오는 저울이라면, 우리는 그 저울을 신뢰하기 어려울 것이다. 그런데 동일한 재료의 무게를 반복해서 잴 때마다 저울의 수치가 동일하다면, 우리는 그 저울을 오차 없이 무게를 재는 신뢰도 높은 도구로 여길 것이다.

3) 판단의 기준에 따른 평가

(1) 절대 평가(criterion-referenced evaluation)

상대 평가와 대립하는 것으로, '절대 기준 평가', '준거 참조 평가', '목표 지향 평가(objectives-referenced test)', '준거 지향 평가(criterion-referenced test)' 등으로 다양하게 불린다. 절대 평가란 "평가 대상자가 사전에 결정된 어떤 수행 기준 또는 목표를 얼마나 성취하였는지에 초점을 두며, 개인의 성취 수준의 유의미성을 다른 사람들이나 규준 집단의 성취 정도와 상대적인 비교에서 찾지 않는 평가"(한국교육학회 교육평가연구회 편, 1995)를 의미한다. 다른 학생들과의 상대적 비교를 통해 학습자 개개인의 위치를 파악하기 위한 평가가 아니라, 학생이 도달해야 할 기준에 비추어 어느 정도 도달했는지 혹은 학습 목표를 어느 정도 달성하였는지 파악하기 위한 평가이다. 절대 평가에서는 '영역'과 '준거'가 중요하다. '영역은 평가 내용을 의미하며, 준거는 교육 목표 도달여부를 판단하는 최저 기준'(성태제, 2014: 115)이라 할 수 있다.

(2) 상대 평가(norm-referenced evaluation)

'규준 지향 평가'라고도 한다. 상대 평가란 "한 개인이 그가 소속하고 있는 집단 속에서 다른 사람보다 얼마나 더 성취하였느냐 하는 상대적인 서열을 강조하는 평가 체제로, 가능한 한 학습자들의 성적을 중복되지 않게 서열순으로 나열하고, 우수한 학생과 열등한 학생을 구분하는 데 중점을 두는 평가"(한국교육학회 교육평가연구회 편, 1995)이다. 이러한 상대 평가는 학습자의 학업 성취 정도에 대한 평가의 기준을 학습 목표의 성취 정도보다는 다른 학생들과의 상대적인 비교에 둔다. 학급 혹은 학교의 전체 학생들을 성적에 따라 서로 비교하여 줄 세움으로써 학생들의 성적을 서열화하는 데 관심을 둔다. 주로 "학습자 선발 기능이나 우열을 가려내는 기능이 크게 강조되는 평가"(김석우, 2010: 112)이다. 상대 평가 체제에서 학생들은 성취기준 혹은 학습 목표를 달성하기 위해 공부하기보다는 다른 학생들보다 상대적으로 더 나은 성적을 얻기 위해 공부하는 경우가 많다.

4 국어과 평가 방법에는 어떤 것이 있을까

여기에서는 국어 교육에서 자주 활용하는 선택형 평가, 서술형 평가, 논술형 평가, 포트폴리오 평가 등에 대해 알아보자(최미숙·백순근, 1999; 최미숙, 2005).

1) 선택형 평가

선택형 평가란 주어진 몇 개의 선택지 중에서 물음이나 지시가 요구하는 답을 선택하도록 하는 평가를 의미한다. 선택형 평가 방식에는 진위형(眞僞型), 배합형(配合型), 선다형(選多型) 등이 속한다. 선택형 평가는 학생을 선발, 분류, 배치하기 위한 목적으로 공정성과 객관성을 강조하면서 많이 활용되었다. 장점으로는 채점상의 객관성이 보장된다는 점, 컴퓨터로 짧은 시간 안에 채점할 수 있고 빠른 결과 보고가 가능하다는 점, 대학수학능력시험을 비롯한 대단위 검사에서 쉽게 사용할 수 있다는 점 등을 들 수 있다. 반면에 문항 구성이 어렵다는 점, 학생들의 창의력, 문제 해결력, 비판적 판단력, 통합력 등을 평가하는 데 일정한 한계를 지닌다는 점, 교수·학습을 개선하고 학생을 지도·조언하기 위한 구체적인 정보를 얻기도 어렵다는 점 등 때문에 많은 비판을 받았다.

특히 국어 교육에서 선택형 평가가 비판을 받은 이유는 문항의 특성상 언어 능력을 분절적으로 평가한다는 점 때문이었다. 선택형 평가를 위해서는 전체 언어 능력을 하위 구성 요소로 세분한 후, 각 요소별로 문항을 만들어 평가할 수밖에 없다. 하지만 "전체는 부분의 합 이상이므로 선택형 평가 방법에 의한 부분적인 기능 평가의 합이 학생의 전체적인 언어 능력을 반영한다고 하기 어려울"(천경록, 1998) 것이다. 그리고 정해진 답을 선택하는 평가 방식으로는 학습자의 실질적인 언어 수행 능력을 평가하는 데 일정 정도 한계를 가질 수밖에 없다는 비판도 받아 왔다. 그럼에도 불구하고 학교 현장에서는 평가의 유용성 때문에 여전히 선택형 문항을 활용하는 경우가 있다. 제한된 환경에서나마 선택형 평가 문항을 좀 더 의미 있게 활용하는 방안을 모색할 필요가 있다는 논의가 나오는 이유이다. 다음 문항(최미숙, 2002)을 살펴보자.

> 2. 다음은 (가)를 읽고 난 뒤, (나)의 「선상관매도」를 감상하면서 한 이야기들이다. 잘못 이해한 것은?
>   ① 주제와 관계없는 것들은 과감히 생략해 버렸구나.
>   ② 인물과 매화를 각기 다른 위치에서 보는 것처럼 그렸는데!
>   ③ 사람이 참 입체적으로 보이는데, 우리 옛 그림에서는 명암 표현을 중요하게 여겼구나.
>   ④ 멀리 있는 매화를 배보다 크게 그린 걸 보니, 이 그림이 왜 「선상관매도」인지 짐작이 되네.
>   ⑤ 배와 매화 사이의 여백에서 '매화꽃이 안개 속에서처럼 아련하게 보인다'는 시정(詩情)이 느껴지는 듯한데.

이 문항에서는 글과 그림을 읽고 떠올릴 수 있는 다양한 반응을 선택지를 통해 제시함으로써 학생들의 심도 있는 사유를 유발하고 있다. 선택지 다섯 개 중에서 잘못 이해한 것을 한 가지, 바르게 이해한 것을 네 가지 제시하고 있는데, 특히 네 가지 사고 내용을 각기 달리 구성했다는 점에 주목할 필요가 있다. 이러한 방식은 한 편의 그림을 보면서도 수용자에 따라 다양한 감상이 가능하다는 것을 선택지를 통해 구조화한 것이다. 수용자들은 각각 '주제와 표현의 관계', '대상을 바라보는 방식', '그림의 제목을 인지하는 과정', '구체적인 감상 내용' 등을 중심으로 작품을 감상하고 있다. 특히 선택지를 서술할 때 문체를 변화시킨 것은 수용자의 개별적인 감상을 강조하기 위한 것으로 볼 수 있다. 선택지를 "생략해 버렸구나", "그렸는데!" 등으로 표현한 것은 단순한 문체의 변화가 아니라 최대한 독자의 입장에서 보일 수 있는 다양한 반응을 드러내기 위한 것으로 보인다.

제한적이기는 하지만 선택형 문항을 통해서도 학습자의 국어 능력을 평가하기 위한 다양한 방안을 모색할 수 있다. 서로 다른 글을 읽고 내용을 연결시켜 사고할 수 있는 문항, 글의 내용과 일상적인 경험을 연결함으로써 새로운 차원의 지식이나 깨달음을 유도할 수 있는 문항, 문제 상황에 대한 해결 방안을 모색하기 위해 다양한 사고 내용을 제시한 문항 등을 통해 학생들의 문제 해결 능력과 사고력을 평가할 수도 있을 것이다.

2) 서술형 평가

서술형 평가란 주어진 주제나 요구에 따라 학생이 스스로 서술하여 답하도록 하는 평가를 의미한다. 서술하는 방식이나 형식에 대한 사항은 각 문항에서 제시하는 것이 좋다. 문항에 따라 글의 주제, 목적, 예상 독자, 분량, 시간 등을 제한하여 명시하기도 한다. 선택형 문항이 미리 정해진 답을 선택하도록 하는 것이라면, 서술형 문항은 스스로 자신의 생각을 구성하여 쓰도록 한다는 점이 특징이다. 따라서 학습자가 주체적인 사고 내용과 사고 과정을 잘 드러낼 수 있도록 문항을 구조화하는 것이 중요하다.

서술형 문항의 예로 다음 문항(OECD, 2002)을 살펴보자. 이 문항의 읽기 자료에서는 '낙서'에 대한 서로 다른 생각을 제시하고 있다. 영숙이는 금지된 곳에 하는 낙서는 불필요한 것이며 지워야 하는 '불법적인 예술'이라는 관점에서 말하고 있고, 인혜는 낙서란 개인적 취향의 문제이며 예술적 차원으로 볼 수 있다는 관점에서 말하고 있다. 두 의견 모두 나름의 타당성을 확보하고 있기 때문에 누구 생각은 옳고 누구 생각은 틀리다는 판단을 하기는 어렵다. 이 문항은 세밀한 사고 과정을 거쳐야 서술할 수 있기 때문에 학습자의 문제 해결 능력, 사고력 등을 평가할 수 있는 서술형 문항의 예로 적절하다.

낙서

낙서를 지우기 위해 학교 담벼락을 청소하고 페인트를 다시 칠하는 일이 네 번이나 반복되는 것을 보니 화가 나서 속이 끓는다. 창조란 멋진 일이지만, 자신을 표현하는 것으로 인해 사회가 별도의 대가를 치르게 해서는 안 된다. 왜 당신은 금지된 곳에 낙서를 해서 젊은이들의 명예를 실추시키는가? 예술가가 자신의 그림을 길거리에 걸어 두는 것을 본 적이 있는가? 그들은 전시회를 열어 합법적으로 기금을 모으고 명성을 얻는다.

내 생각에는 건물과 담, 공원 벤치 그 자체가 다 예술 작품이다. 이런 건축물을 낙서로 더럽힐 뿐 아니라, 그로 인해 오존층까지 파괴되고 있다니 정말로 서글픈 일이다. 이런 불법적인 예술가들은 그들의 '예술 작품'이 계속해서 제거되는 데도 불구하고 왜 여전히 그림을 그리는지 정말 이해하기 힘들다. **영숙**

취향을 설명할 수는 없다. 사회는 커뮤니케이션과 광고로 가득 차 있다. 회사의 로고와 상점 이름들, 길가에 무분별하게 붙어 있는 커다란 포스터들, 이런 것들은 괜찮은가? 대개의 경우 그렇다고 한다. 그러면 낙서의 경우는 괜찮은가? 어떤 사람들은 괜찮다고 하고 다른 사람들은 아니라고 한다.

낙서의 비용은 누가 지불하는가? 광고의 비용은 궁극적으로 누가 지불하는가? 그렇다. 소비자다.

광고판을 세운 사람들이 당신의 허락을 받았는가? 아니다. 그런데 낙서를 하는 사람들은 왜 허락을 받아야 하는가? 당신의 이름, 불량배의 이름, 길거리의 대형 예술 작품, 이 모든 것은 그저 커뮤니케이션의 문제가 아닌가?

몇 년 전 옷 가게에 등장한 줄무늬 체크 옷을 생각해 보자. 그리고 스키복도 생각해 보자. 그 문양과 색깔은 담벼락에 그려진 꽃무늬를 그대로 베낀 것이었다. 이런 문양과 색깔은 받아들이고 찬사를 보내면서, 이와 같은 스타일의 낙서는 끔찍한 것으로 간주하는 것은 꽤 웃기는 일이다.

예술을 하기가 어려운 시대다. **인혜**

1. 여러분은 글을 쓴 두 사람 중 누구의 생각에 동의하는가? 위의 두 글에 제시된 내용을 근거로 여러분의 생각을 쓰시오.

2. 이 글의 내용과 서술 방식을 고려하여 답하시오.
여러분이 누구의 생각에 동의하는가와 상관없이, 두 글 중에서 어느 것이 더 잘 쓰였다고 생각하는가? 위의 두 글의 서술 방식을 근거로 여러분의 생각을 쓰시오.

1번 문항에서는 두 사람 중 누구의 생각에 동의하는지 묻고 있다. 두 의견 모두 주장에 대한 타당성과 근거를 확보하고 있기 때문에 학생들은 충분한 사고 과정을 거쳐 자신의 의견을 결정해야 한다. 그렇다고 해서 자신의 생각을 마음대로 쓰라는 것은 아니다. 학생들은 자신의 생각을 쓰되 반드시 "두 글에 제시된 내용을 근거"로 써야 한다. 학습자의 다양한 사고를 드러낼 수 있도록 문항을 구조화하되 그것이 주체적인 사고여야 한다는 점을 강조하기 위해 근거를 들어 서술하라고 요구하고 있는 것이다.

2번 문항에서는 두 글 중에서 누구의 생각에 동의하는가와 상관없이 어느 것이 더 잘 쓴 글이라고 생각하는지, 두 글의 서술 방식을 근거로 자신의 생각을 쓰라고 요구하고 있다. 이 문항은 자신이 읽은 글의 내용에 대한 파악이나 해석 차원을 넘어 글쓰기 방식에 대해서도 판단할 것을 요구하며, 역시 학습자의 다양한 사고를 보장하면서도 주체적인 사고 과정을 거쳐야 한다는 점을 강조하고 있다. 사람들을 설득하고 타인의 생각에 영향을 미치기 위해 내용을 어떤 방식으로 서술해야 하는지를 묻고 있는데, 이는 글의 내용에 대한 비판적인 읽기 능력뿐만 아니라 효과적인 글쓰기 방식에 대한 인식 능력까지 평가하기 위한 것이라는 점에서 의미가 있다(최미숙, 2005).

3) 논술형 평가

논술형 평가는 주어진 논제에 대해 논리적이고 주체적인 사고 과정을 통해 문제를 해결하는 과정을 쓰도록 한 후 평가하는 것이다. 논술형 문항의 경우 논해야 할 주제가 무엇인지 분명히 드러나도록 해야 하며, 학생이 자신의 주장에 대한 타당한 논거를 통해 논변력을 드러낼 수 있도록 문항을 구조화해야 한다. 논술형 문항도 일종의 서술형 문항으로 보는 경우가 있다. 하지만 생각이나 주장을 창의적이면서도 논리적으로 설득력 있게 구조화하여 한 편의 완결된 글로 쓰도록 한다는 점에서 서술형 문항과 구별하는 경우가 많다. 고차원적인 언어 능력을 평가할 수 있다는 장점이 있기는 하지만 객관적인 채점을 하기 위해서 많은 노력이 필요하다는 어려움이 있다.

다음은 독일 바이에른주 '아비투어' 독일어 시험(2016년)에 출제된 논술 문항 중 일부이다(신향식, 2017).

〈문제 5〉

다음 두 가지 문항 중 하나를 선택하여 논술하시오. (제시문 있음)

(선택지 1) 디지털화된 미디어 세상에서 '읽기'가 의미를 잃어 가는지 논술하시오. 다음 제시문에 근거하여 작성하되 개인적 경험과 배경지식을 최대한 활용하시오.

(선택지 2) '글쓰기 문화의 종말'이 계속 화제가 되고 있다. 그렇기 때문에 지역 신문에서는 '디지털화된 미디어 세상에서 읽기 활동이 의미를 잃는다'면서 문제 제기를 하고 있다. 이와 같은 문제 제기에 관한 당신의 생각을 800자로 논술하시오. 다음 제시문에 근거하여 작성하되 개인적 경험과 배경지식을 활용하시오. 적절한 제목도 붙이시오.

4) 포트폴리오 평가

포트폴리오란 학생의 언어 수행 과정이나 결과를 기록한 것, 혹은 동료의 언어 수행에 대하여 항목별로 기록한 것이다. 평소 이루어지는 언어 활동의 과정이나 결과물을 수시로 기록하여 모음집을 작성하게 한 후 평가할 수 있다. 일정 기간을 두고 활동의 과정이나 결과를 누적하여 기록하기 때문에 학생들의 동기, 흥미, 태도 등을 평가하기에 적절하다. 학생의 관점에서 볼 때, 자신의 변화 및 발전 과정을 스스로 파악할 수 있는 자료로도 활용할 수 있다. 포트폴리오의 경우 글로 쓰는 형태를 취할 수도 있지만 항목별로 기록하도록 하는 것도 효율적이다. 이 경우 항목별 내용에 대한 성실성과 충실도를 채점 기준으로 하는 것이 좋다.

다음은 '문학 감상 기록장의 예(최미숙·양정실, 1998)'이다. 이 문항은 평소에 문학 작품을 많이 읽고 자신이 생각하였던 내용이나 느낌을 자주 글로 표현하는 것에 초점을 두고 있다. 한 달에 한 번 정도 교사 의견란에 학생의 기록 상황에 대한 조언과 격려의 말을 써 주는 것이 좋다. 성실성, 자발성, 분량 등을 고려하여 평가하는 것이 바람직하다.

[문항]

다음에 제시한 것은 문학 감상 기록장이다. 읽은 문학 작품에 대한 느낌이나 감상을 수시로 서술하여 한 학기 후에 제출하라. 단, 다음 사항에 유의하라.

- 10편 이상 읽을 것(장편 소설을 읽었을 경우는 10편 이하도 가능함)
- 각 항목별로 성실하게 작성할 것
- 스스로 생각한 내용이나 결과를 적을 것

〈문학 감상 기록장〉	
이름: ○○○	읽은 기간:
(1) 제목/작가(작품 발표 시기)	
(2) 줄거리, 인상적인 부분	
(3) 전체적인 감상	
(4) '나'에게 주는 의미	
(5) 관련 작품	
(6) 이해하기 어려웠던 부분	
(7) 하고 싶은 이야기	
(8) 다음 계획	
(9) 기타	
(10) 교사의 의견	

〈각 항목의 내용〉

(1) 제목/작가(작품 발표 시기): 문학 작품의 제목, 작가, 작품 발표 시기 등을 간단하게 작성한다.

(2) 작품에 대한 줄거리/인상적인 부분: 작품 전체의 내용을 요약적으로 제시한다. 소설의 경우 인물과 사건 중심으로, 시의 경우 자신이 해석한 전체적인 의미를 정리하는 것이 좋다. 그리고 자신에게 가장 감명 깊었던 부분을 쓰고 그것이 인상적이었던 이유에 대해 서술한다.

(3) 작품에 대한 전체적인 감상: 작품을 읽고 느낀 바를 자유로운 형식으로 기술한다.

(4) '나'에게 주는 의미: 현재의 '나'의 관점에서 혹은 현재의 '나'가 처하고 있는 상황에서 그 작품을 어떻게 해석할 수 있는지, 그리고 그 작품은 나에게 무슨 의미가 있는지 서술한다.

(5) 관련되는 작품: 작품의 주제나 표현상의 특징 등에서 환기되는 다른 작품을 기록해 둔다.

(6) 이해할 수 없었던 부분: 이해하기 어려운 부분이 어디였는지, 그 이유는 무엇인지 적는다(교사가 이 부분에 대해 조언하거나 지도하는 내용을 '교사의 의견란'에 써 주면 좋다.).

(7) 하고 싶은 이야기: 이 작품과 관련하여 자신이 하고 싶은 이야기를 내용에 상관없이 자유로운 형식으로 서술한다.

(8) 다음 계획: 이 작품을 통해 무엇에 관심이 생겼으며, 그 관심을 위해 어떤 작업을 할 것인지를 서술한다. 다른 작품을 읽을 수도 있으며, 특정 주제나 분야에 관한 책을 읽겠다는 내용도 좋다.

(9) 기타: 기타 자신이 하고 싶은 이야기를 자유롭게 적는다.

5 평가 도구는 어떻게 작성해야 할까

1) 평가 문항 작성

평가 문항을 작성하는 방식에는 여러 가지가 있다. 여기에서는 수행 평가 도구 작성 방법(최미숙·백순근, 1999)을 중심으로 살펴보자.

(1) 언어 활동의 구체적인 상황이나 맥락을 명시한다

우리의 언어 활동은 진공 상태에서 이루어지지 않는다. 항상 언어 활동이 이루어지는 구체적인 상황이나 맥락이 있게 마련이다. 평가 문항을 작성할 때는 요구하는 언어 활동이 어떤 상황 혹은 어떤 맥락에서 이루어지는지 분명하게 드러내는 것이 좋다. 예를 들어, '요약하기' 활동을 한다면 어떤 상황에서, 누구에게, 어떤 목적을 위해 요약하는지 명확하게 밝혀 줄 필요가 있다. 이야기를 읽고 친구에게 들려주기 위해 요약하는 것인지, 아니면 내용 정리를 하기 위해 요약하는 것인지 등에 대한 정보를 상세하게 명시하도록 한다. 그 이유는 학습자가 과제를 어떻게 수행해야 할지, 활동을 어떻게 구체화해야 할 지 판단하는 데 도움을 줄 수 있기 때문이다. 또 다른 이유로는 제한적인 조건에서나마 실질적인 언어 활동이 이루어지도록 하기 위해서이다. 요약하기 활동이 비교적 단순한 듯하지만 어떤 상황에서 어떤 목적을 위해 하는가에 따라 구현되는 방식은 매우 다양하다. 구체적인 상황이나 맥락을 제시함으로써 실제 상황을 전제로 한 언어 활동을 평가할 수 있다는 장점이 있다. 다음은 그 예이다.

> 우리 지역 신문이 현재 우리들 생활에 관한 정보를 담은 타임캡슐을 만들어 땅에 묻으려고 한다. 이 타임캡슐은 아마 미래의 누군가가 읽을 것이다. 이 신문은 여러분이 다니는 학교에 관한 정보도 담을 계획이다. 우리 지역의 미래 독자를 대상으로 여러분의 학교생활을 구체적으로 알려 주는 기사문을 쓰라. 글은 생생하고 흥미 있으면서 학교가 어떤 곳인지 알 수 있게 하는 정보를 주어야 한다. (60분, 800자)

(2) 언어 활동의 조건을 구체화한다

이 항목은 앞에서 제시한 '구체적인 언어 활동의 상황을 제시'하는 것과 관련이 있다. 어떤 활동을 하라고 막연하게 제시하는 것보다, 말로 해야 할지, 글로 써야 할지, 글을 써야 한다면 어떤 종류의 글을 어떤 형식으로 써야 할지 언어 활동의 조건을 구체적으로 제시하는 것이 좋다. 예를 들어, '듣기·말하기 활동'에서는 말하는 시간, 청자의 유형, 청자의 규모 등을, '쓰기 활동'에서는 글을 쓰는 목적, 글의 종류, 쓰는 시간, 글의 길이 등을 구체적으로 제시할 필요가 있다. 조별 활동을 할 경우 조별 적정 인원수를 명시하는 것이 좋으며, 필요하다면 조별 구성원의 활동 유형을 명시할 수도 있다.

(3) 언어 활동의 주체는 학생이라는 점에 유의한다

활동의 유형이나 수준의 측면에서 초·중·고등학교 학생들이 실질적으로 할 수 있는 활동으로 구성하는 것이 좋다. 초등학생을 대상으로 평가하면서 초등학생의 수준에 맞지 않거나 초등학생이 수행하기 어려운 활동을 제시하는 것은 적절하지 않다. 항상 학습자의 관점에서 구체적으로 할 수 있는 활동을 제시하는 것이 좋다. 예를 들어, '지하철 안내 방송 담당자가 되어 승객들에게 알리는 글을 쓰라'보다는 '지하철 안내 방송 담당자에게 건의하는 글을 쓰라'는 식으로 구성하는 것이 적절하다. 그리고 평가 도구에서 활용하는 언어 자료 역시 초·중·고등학교 학생의 수준에 맞는 것을 제시해야 한다. 전문적인 지식이 있어야만 읽을 수 있는 글, 실용성이 검증되지 않은 특수한 지식을 요구하는 자료는 활용하지 않도록 한다. 평가 대상 학생들이 충분히 이해할 수 있고 교육적으로 유의미한 내용을 담은 언어 자료를 선택하는 것이 좋다.

(4) 지나치게 넓은 반응보다는 특정한 반응을 유도한다

학습 목표나 성취기준에 어느 정도 도달하였는지를 알아보기 위한 평가라면 학습 목표나 성취기준과 관련된 특정 반응을 유도하는 것이 좋다. 유도하고자 하는 반응은 '발문'이나 '조건'을 통해 제시할 수 있다. 예를 들면, '다음 글을 읽고 인간의 삶과 소유의 관계에 대한 자신의 생각을 쓰라', '이 시에서 보여 주고 있는, 시의 화자가 사물을 보는 방식에 대한 자신의 생각을 쓰라' 등의 발문을 들 수 있다. 전자의 경우 서술해야 하는 내용은 '인간의 삶과 소유의 관계에 대한 생각'일 것이며, 후자의 경우는 '시의 화자가 사물을 보는 방식에 대한 생각'일 것이다. 채점 기준 역시 이러한 조건을 중심으로 작성해야 한다. 조건과 관련 없는 반응을 보였을 경우 낮은 수준이라는 평가를 받게 될 것이다.

2) 채점 기준의 작성

수행 평가의 경우, 채점자의 임의적이고 자의적인 판단을 최소화할 수 있는 채점 기준 작성이 매우 중요하다. 채점 기준을 작성할 때 고려해야 할 사항(최미숙, 2004)은 다음과 같다.

(1) 채점 기준의 상세화

채점 기준의 작성은 수행 평가에서 가장 핵심적인 부분이다. 아무리 문항이 좋더라도 채점 기준이 상세하지 않으면 공정한 평가가 이루어지기 어렵다. 수행 평가는 대부분 학습자의 실제 언어 활동 장면이나 수행 과제를 중시하기 때문에 그 장면이나 과제를 관찰하면서 판단하는 평가자의 역할이 중요하다. 그런 만큼 동시에 평가자의 책무도 커지는 셈이다. 그런데 학습자의 활동을 직접 관찰하면서 평가하기 때문에 평가자의 임의적 주관이 개입될 소지가 많다는 우려가 있다. 특히 학습자의 언어 활동이나 장면을 다시 되돌아보면서 평가하기 어렵다는 점 때문에, 즉 평가 장면에서 직접 평가해야 한다는 점 때문에 평가자에 의한 임의적인 판단이 이루어질 가능성이 높다는 것이다. 물론 녹화한 후 반복적으로 살펴보면서 평가할 수도 있겠지만 모든 과제를 녹화하여 다시 보기도 어려울뿐더러 그런 방식 자체가 채점의 공정성을 보장해 주지는 않는다. 평가하기 전에 구체적이면서도 엄정한 채점 기준을 미리 마련해 두어야 하는 이유이다.

채점 기준을 상세화해야 하는 또 다른 이유는 하나의 정답이 아니라 가능성이 있는 여러 종류의 답을 고려해야 하기 때문이다. 인간의 실질적인 언어 활동은 다양한 방식으로 드러나게 마련이다. 채점 기준이 상세하지 않을 경우 다양한 답안 혹은 다양한 수행 장면을 어떻게 해석하느냐에 따라 채점의 경계선상에서 근거 없이 채점이 달라질 수도 있다. 그러한 해석의 유동성을 방지하기 위해서도 채점 기준을 상세화할 필요가 있는 것이다.

(2) 반응의 유형을 다양화·위계화한 채점 기준

학생의 다양하면서도 자유로운 반응을 고려한 채점 기준이 필요하다. 이러한 채점 기준이 필요한 이유는 특정 언어 상황에 대한 반응이 개인의 정서나 태도, 가치관, 나아가서는 개인이 속해 있는 집단, 사회의 문화에 따라 다르게 나타날 수 있기 때문이다. 개인에 따라 정서나 경험, 생각하는 방식이 다르기 때문에, 또 각 개인의 관심사가 다르기 때문에 같은 이야기를 듣거나 같은 자료를 읽거나 또 같은 문학 작품을 읽어도 생각하는 것 혹은 표현으로 드러내는 방식이 개인에 따라 다양할 수 있다. 이런 점을 고려하여 다양한 종류의 반응을 인정하되 문항이 요구하는 조건에 맞는 반응이라면 모두 동일한 수준을 지닌 것으로 평가할 필요가 있다. 이를 위해 문항에서 제시하고 있는 요구 조건에 비추어 반응의 정도를 다양화·위계화하여 채점 기준을 작성하는 것이 좋다.

다음은 학습자의 반응을 다양화·위계화하여 채점 기준을 작성한 예이다.[1]

[제시 글]

다음은 '재택근무'에 대한 찬성과 반대 글이다.

- 재택근무에 대한 찬성 글(생략)
- 재택근무에 대한 반성 글(생략)

[문항]

어떤 종류의 일이 재택근무가 어려울까? 일이나 직업의 종류를 쓰고 그렇게 답한 이유를 쓰시오.

[채점 기준]

■ **상**: 재택근무가 어려운 일(혹은 직업)을 쓰고, 그 이유도 적절한 경우

- 건축. 다른 건물의 나무와 벽돌을 다루는 일은 다른 곳(자신의 집)에서는 하기 어렵기 때문이다.
- 배관공. 다른 사람 집의 싱크대를 자기 집에서 고칠 수는 없기 때문이다.
- 미용사. 자신의 집에서 다른 사람의 머리를 손질할 수는 없다.

■ **중**: ① ~ ③ 중에서 하나를 쓴 경우

① 한 가지 직업(일)을 예로 들었으나 설명이 없는 경우

- 도랑 파기
- 소방수

② 한 가지 직업(일)을 예로 들었으나 재택근무와 관련 없는 설명을 한 경우

- 도량 파기. 도랑을 파는 것은 매우 힘든 일이기 때문이다.
- 소방수: 일이 너무 많아서 직접 현장에 가기 힘들다.

③ 제시한 직업(일)의 범위가 넓어 재택근무도 가능한 경우

- 상품 판매자: 손님에게 직접 판매해야 한다.

1 이 채점 기준은 김경희 외(2010)에 실린 것을 수정·보완한 것이다.

■ **하**: ① ~ ② 중에서 하나를 쓴 경우

① 불충분하거나 관련이 없는 설명을 했을 경우

• 관리인. 아무도 주목하지 않는다.

② 본문 내용 혹은 문제를 정확히 이해하지 못한 채 답을 했을 경우

• 게임 개발자. 집에서도 게임을 개발할 수 있다.

이 문항은 재택근무에 대해 찬성하는 글과 반대하는 글을 제시한 후 재택근무를 하기 어려운 일(혹은 직업)의 종류를 쓰고, 그렇게 답한 이유를 쓰도록 한 문항이다. 제시 글에서는 재택근무가 가능한 일(혹은 직업)의 예가 제시되어 있지 않다. 학생들은 제시 글에 담긴 재택근무의 특성을 바탕으로 일상생활에서 볼 수 있는 다양한 직업군 중 재택근무가 가능한 일(혹은 직업)을 연결 지어 답해야 한다. 채점 기준을 살펴보면 반응의 수준을 상, 중, 하로 위계화하여 제시하였음을 알 수 있다. 그리고 중 수준과 하 수준에서는 각각 세 가지, 두 가지의 다양한 반응을 동일한 수준으로 채점할 수 있도록 하였다.

(3) 반응의 과정을 중심으로 한 채점 기준

특정한 결론에 이르기까지의 '과정'을 드러낼 수 있도록 평가 문항을 구조화한 후, 그 '과정'을 중심으로 채점 기준을 작성하는 방안이다. 전광용의 「꺼삐딴 리」와 김동리의 「화랑의 후예」를 대상으로 하여 '이인국과 황진사로 대표되는 두 인간형의 공통점과 차이점을 비교 분석한 후 자신이 생각하는 바람직한 인간상을 제시하라'는 평가 문항을 예로 들어보자. 이 문항에서 학생들이 써야 할 내용은 크게 두 가지이다. 하나는 이인국과 황진사의 공통점과 차이점에 관한 비교 분석 내용이고, 다른 하나는 자신이 생각하는 바람직한 인간상에 관한 내용이다. 그런데 후자의 내용에 대해서는 수준 차이를 두어 채점하기 어려운 것이 사실이다. 학생들이 개인적으로 생각하는 바람직한 인간상에 대해 수준의 차이를 두기는 어려울 것이기 때문이다. 그렇다면 후자의 질문에 대해 보이는 반응의 다양성은 인정하되 그 반응의 과정에서 거쳐야 할 사항을 중심으로 채점 기준을 작성하는 방안이 가능하다. 예를 들면 '이인국과 황진사라는 인물 유형'에 대해서 제대로 파악하였는지, 그것을 토대로 '그들이 대표하고 있는 인간형의 공통점과 차이점'을 제대로 서술하였는지, '두 부류의 인간형에 대한 논평을 중심으로 자신이 바람직하다고 생각하는 인간상'을 제시하였는지 등을 중심으로 채점 기준을 작성할 수 있다. 이 사항들은 평가 문항에서 요구하는 내용을 서술하는 과정에서 당연하게 담아야 할 핵심 내용이기 때문이다.

(4) 자기 점검 및 평가가 가능한 채점 기준

채점 기준은 단순히 채점만을 위한 것이 아니다. 학생들은 채점 기준을 통해 내가 왜 틀렸는지, 현재 나의 능력이 어느 정도인지, 능력을 좀 더 신장시키기 위해 어떻게 노력해야 하는지 등에 대한 정보를 얻을 수 있다. 그리고 자신의 반응이 어떤 수준이며 어떤 특성을 갖는지 스스로 점검하거나 평가할 수도 있다.

자기 점검 및 평가를 위해 활용할 수 있는 체크리스트를 예로 들어 보자. 다음은 초등학교 학생의 책 읽기 태도 평가를 위한 체크리스트의 예[2]이다.

※ 자신의 평소 책 읽기 태도는 어떠한지, 해당하는 항목에 O표를 하여 봅시다.

항목	항상	거의 항상	보통	거의 전혀	전혀
1. 30분 이상 주의 집중하여 책을 읽는가					
2. 주변의 친구들이나 가족이 시끄러워도 책을 집중하여 읽을 수 있는가					
3. 주변이 시끄러울 때 책을 읽어도 글의 내용을 잘 알 수 있는가					
4. 책을 읽을 때 다른 생각은 하지 않고 책의 내용과 관련된 생각만 하는가					
5. 책을 읽을 때 모르는 내용이 나오면 그것에 관한 자료를 찾아보는가					
6. 책을 읽고 나서 책의 내용과 나의 생각을 비교해 보는가					
7. 책을 통해 알게 된 것이 있는가					
8. 읽은 책에 대해 기록하는 습관이 있는가					
9. 책을 읽고 나서 느낀 점이나 새로 알게 된 사실을 정리하여 기록하는가					

1. '항상', '거의 항상', '보통', '거의 전혀', '전혀'에 O 표시가 된 항목의 수는 얼마나 되는지 살펴보고 '나'의 읽기 태도가 어떤지 생각해 봅시다.
2. 책을 읽는 태도 중 '나'가 잘하는 부분은 무엇이며, 좀 더 노력해야 할 점은 무엇인지 생각해 봅시다.

초등학교 학생이 바람직한 읽기 태도를 형성하기 위해서는 평소의 읽기 태도를 점검하고 성찰하는 것이 중요하다. 체크리스트를 통한 자기 점검 및 평가의 경우, 태도 항목별로 점수를 부여하기보다는 자신의 읽기 태도를 점검한 후, 극복해야 할 태도 항목은 무엇인지 스스로 판단하고 이를 극복하기 위해 노력해야 할 점을 모색하도록 하는 것이 바람직하다.

2 이 체크리스트는 정구향(2001)에 실린 것을 수정·보완한 것이다.

6 평가 결과는 어떤 방식으로 보고하는 것이 좋을까

의미 있는 평가를 하기 위해서는 국어 능력이 어느 수준인지, 그동안 얼마나 어떻게 변화하였는지, 얼마나 노력하였는지 등을 구체적으로 보고할 수 있는 '결과 보고 방식'에 대해서도 고민해야 한다. 여기에서는 학업 성취 결과를 보고하는 방식(최미숙, 2006a)에 대해 살펴보자.

1) 학업 성취 수준의 평가 영역별 보고

평가 결과를 보고하는 것은 여러 교육 주체가 교육의 성과를 이해하고 해석하기 위해서이다. 따라서 평가 결과를 공개하고 통지하는 방식은 여러 교육 주체가 평가 결과를 이해하고 해석하는 데 무리가 없는 형식이어야 한다.

우선, 학업 성취 수준을 평가 영역별로 등급화하여 보고하는 방식에 대해 살펴보자. 각 등급별로 어느 정도의 성취를 이루어야 하는지 미리 구체적으로 명시한 후 절대 평가 방식을 취하여 등급 도달 정보를 제시하는 방식이다. 평가 영역은 일반적으로 국어과 교육과정의 하위 영역에 준하여 설정하거나, 하위 영역을 재구조화하여 제시할 수 있다. 예를 들면, '듣기·말하기', '읽기', '쓰기', '문법', '문학', '매체' 영역별 보고를 들 수 있다. 이에 더하여 각 평가 영역을 다시 세부 영역으로 나누어 보고하는 것도 학생과 여러 교육 주체에게 많은 정보를 줄 수 있다. '읽기' 영역을 예로 들 경우, 내용 체계의 하위 범주를 고려하여 '지식', '기능', '태도'로 나누거나, 읽기의 '과정·기능'을 중심으로 '내용 확인과 추론', '평가와 창의', '점검과 조정' 등으로 나누어 보고할 수 있다. 각 영역별로 학업 성취 수준을 등급화하여 제시하되 그 등급은 4등급(예: 매우 잘함, 잘함, 보통, 못함)으로 나눌 수도 있고 더 세분화할 수도 있다.

평가 영역별로 학생의 성취 수준을 보고할 때에는 학생과 학부모들이 그 결과를 쉽게 파악할 수 있도록 프로파일(profile) 형태로 제시하는 방안도 가능하다. 다음 자료는 개별 학생의 영역별 성취 수준을 간단한 막대그래프 형태로 제시한 예이다. '듣기·말하기', '읽기', '쓰기' 평가 영역을 각 세부 영역으로 다시 나누고 등급은 4등급으로 설정한 경우를 예로 들면 다음 〈표〉와 같다.

'읽기' 영역을 예로 들 경우, 우리는 이 프로파일에서 '내용 확인과 추론'은 1등급인데 비해 '평가와 창의'는 2등급, '점검과 조정'은 3등급임을 알 수 있다. 글을 읽으면서 '내용을 확

표 국어과 영역별 프로파일 형태(예시)

1등급											
2등급											
3등급											
4등급											
세부 영역	1. 듣기·말하기…	2. 듣기·말하기…	3. 듣기·말하기…	4. 내용 확인과 추론	5. 평가와 창의	6. 점검과 조정	8. 쓰기 …	9. 쓰기 …	10. 쓰기	11. …	12. …
평가 영역	듣기·말하기			읽기			쓰기			…	

인하고 추론하는 능력'은 뛰어난데, '평가하거나 창의적으로 읽는 능력' 그리고 '점검과 조정'하는 능력은 상대적으로 부족하다는 것을 알 수 있다. 그리고 각 평가 영역의 세부 영역별로 성취도가 고르게 나타나지 않고 편차를 보이고 있다는 점도 확인할 수 있다. 이런 방식의 프로파일을 활용할 경우, 이전 평가 결과의 누적된 프로파일을 동시에 제공한다면 학생의 학업 성취도가 어떤 변화를 보이는지 쉽게 파악할 수 있다는 장점이 있다. 변화를 가져온 원인을 분석하고 그 대책을 마련할 수 있는 자료로 활용할 수도 있다. 변화 추이를 통해 성취 수준이 점차로 높아지는 경우, 별다른 변화가 없는 경우, 낮아지는 경우 등을 확인할 수 있으며, 그 자료를 바탕으로 다양한 변인을 분석할 수 있을 것이다.

2) '특성 진술형' 서술식 보고

다양한 교육 주체에게 유용한 정보를 제공하기 위해서는 그래프 형태의 프로파일뿐만 아니라 학업 성취에 대한 면밀한 관찰 내용을 서술식으로 제공하는 '특성 진술형' 보고 방식을 병행하는 것이 좋다. 이 방식은 프로파일이나 등급으로 나타내기 어려운 성취 수준을 상세하게 제시함으로써 학생의 국어 능력이 어느 정도이며 어떤 점을 보완해야 하는지 등에 대해 구체적인 정보를 제공할 수 있다는 장점이 있다. '읽기' 영역의 '특성 진술형' 서술식 보고를 예로 들면 다음과 같다.

> (가) 글을 읽으면서 핵심적인 정보를 파악하거나 확인하는 능력, 글을 해석하는 능력이 뛰어납니다. 특히 문학 작품이나 정보를 전달하는 글을 읽으면서 복잡한 줄거리를 파악하거나 복잡한 정보를 구조화하여 이해하는 능력이 지난 평가 때보다 많이 향상되었습니다. (나) 그런데 비판적으로 고찰하는 능력이 다소 부족한데, 이는 지난번 평가 결과와 동일합니다. 길고 복잡한 글을 읽으면서 신뢰성과 타당성 측면에서 글을 비판적으로 평가하는 능력이 다소 부족합니다. 이런 점은 특히 논리적인 글을 읽을 때 자주 드러납니다. (다) 주장이 분명하

게 드러난 글을 읽을 때, 그 주장이 얼마만큼 논리적으로 타당한지 파악하는 부분에서 일반적인 지식만을 기준으로 하여 평가하는 경우가 많아 핵심적인 부분을 놓치는 경우가 많습니다. (라) 이를 보완하기 위해 신뢰할 만한 자료를 활용하여 논리적으로 작성한 다양한 글을 읽으면서 내용에 대한 자신의 주체적인 사고 기회를 자주 가질 것을 권합니다.

서술식 보고 방식은 학생의 언어 능력 발달 과정을 상세하게 알려 줄 수 있다는 장점이 있다. 서술 내용 중 (가)는 뛰어난 부분(장점), (나)는 다소 부족한 부분(단점), (다)는 학업 성취의 부족한 점에 대한 이유, (라)는 앞으로 보완해야 할 점을 담고 있다. 이러한 서술식 보고는 학업 성취에 대한 정보를 구체적으로 제공함으로써 학생이 앞으로 어떻게 노력해야 하는지에 대해 조언도 해 줄 수 있다. 구체적인 보고를 위해 학생의 국어 능력 중 '뛰어난 부분'과 '다소 부족한 부분'에 대한 진술이 필요하며, 부족한 부분을 보완하기 위해 '어떤 노력이 필요한지' 등의 내용을 담는 것이 좋다. 다음 인용문을 보면서 좀 더 자세하게 알아보자.

【말하기·듣기】

조나단은 자신의 생각을 말로 표현하는 데 아무 문제가 없고 학급 회의에서 의견을 잘 제시합니다. 하지만 다른 사람의 말을 들을 때 집중할 필요가 있습니다. 딴짓하지 말고 바르게 앉아야 하며, 정면을 응시해야 합니다(성취도: B, 노력: 3).

【읽기 및 이해력】

조나단은 책을 열심히 읽습니다. 학급 친구들과 더불어 스스로 책을 골라 읽습니다. 새로운 낱말을 적어 두었다가 사전에서 찾습니다. 그런데 책을 읽을 때 천천히 읽고 이해력을 묻는 질문에 답할 때는 단락별로 반복해서 읽어야 합니다. 문장을 완전히 이해하고 생각하면서 답을 해야 더 높은 성적을 얻을 수 있을 것입니다(성취도: B, 노력: 2).

【쓰기】

조나단은 이제 빨리 쓸 수 있습니다. 올해 내내 철자 점수가 꾸준히 상승하였으며 연필을 바르게 잡기 위해 많은 노력을 기울였습니다. 글을 쓸 때 묘사 표현을 사용할 수 있으나 내용의 흐름이 매끄럽지 않습니다. 글 쓰는 도중 아이디어를 너무 자주 바꾸어 만족할 만한 결론에 도달하지 못하는 것입니다. 충분히 시간을 갖고 내용을 구상한 후 계획대로 글을 써야 합니다(성취도: B, 노력: 2).

이 인용문은 영국 초등학교 학생의 영어 능력에 대한 서술형 보고 내용 중 일부이다(서울특별시동부교육청, 2005). '말하기·듣기', '읽기 및 이해력', '쓰기'의 각 영역별로 학생의 언어 능력이 어떤 특성을 지니고 있는지 서술하면서 학업 성취도와 노력 정도를 등급화하여 제시하고 있다.

서술 내용을 살펴보자. 우선, 각 영역별로 교수·학습 과정에서 교사의 면밀한 관찰을 통해 얻은 중요한 장점을 먼저 서술하고 있다. 학급 회의에서 의견을 잘 제시한다든지, 스스로 책을 골라 열심히 읽을 뿐만 아니라 새로운 낱말을 적어 두었다가 사전에서 찾는다든지, 글을 빨리 쓸 수 있다든지 하는 평가 내용은 평소 학생의 학습 방식이나 언어생활 태도를 면밀하게 관찰하였을 때 얻을 수 있는 결과다. 학습 결과로서의 학업 성취 수준만 서술하는 것이 아니라 어떤 방식으로 학습하는지, 과제 수행 과정에서 어떤 태도를 보이는지 등에 대해서도 상세하게 서술함으로써 학생을 비롯한 여러 교육 주체에게 '살아 있는' 정보를 제공하고 있다.

부족한 점을 서술하면서 어떻게 노력해야 그것을 극복할 수 있는지 대안을 제시한 것도 흥미롭다. 바르게 앉아 정면을 응시하면서 다른 사람의 말을 집중해서 들어야 한다든지, 책을 천천히 읽고 단락별로 반복해서 읽어야 잘 이해할 수 있다든지, 문장을 완전히 이해하고 생각하면서 답을 해야 더 높은 성적을 얻을 수 있다든지 하는 서술은 평가 결과이면서 동시에 좀 더 나은 학업 성취를 위한 의미 있는 '조언'에 해당한다.

학습자의 학업 성취 특성에 대한 이러한 서술식 보고를 통해 해당 기간에 학생의 언어능력이 얼마나 성장하였고 어떤 점에서 발달하였는지 파악하는 데 많은 도움을 얻을 수 있을 것이다. 또한 학습과 관련된 태도나 습관은 물론 노력의 방향에 대한 조언을 담음으로써 학습자 스스로 앞으로 어떻게 노력해야 할지에 대해서도 유용한 정보를 제공할 수 있을 것이다.

2부

06

화법 교육

김 선생님은 교직 경력 10년 차의 중학교 국어 교사이다. 김 선생님은 국어 수업 시간에 듣기·말하기 영역을 지도할 때마다 드는 의문이 있다. 언변은 타고나는 것인데 말하기를 가르친다고 실제로 학생들의 말하기 능력이 나아질까? 수업 시간에 떨지 않고 발표를 잘하는 정도를 가지고 말하기 능력이 있다고 할 수 있을까? 상대방이 말할 때 바른 태도로 잘 들으면 되는 것이지 듣기 지도라는 것이 도대체 왜 필요하며 어떻게 할 수 있을까? 어차피 공부 잘하고 책 많이 읽으면 말하기를 잘할 수밖에 없고, 성격이 차분하고 조용한 학생들은 산만한 학생들에 비하여 듣기 능력이 나을 수밖에 없는 것이 아닐까? 그러다 보니 수업을 하기는 하지만 시간 낭비는 아닐까 하는 생각이 들 때도 솔직히 있다. 동료 교사들 중에는 듣기·말하기 영역을 어떻게 가르쳐야 할지 모르겠고 수행 평가를 하기도 어려워서 지필 시험 문제를 내기 쉬운 단원만 골라서 수업한다는 사람도 있다.

화법 교육에 대한 교사들의 이 같은 생각은 화법 교육의 필요성과 목표, 내용, 방법 등에 대한 근본적인 물음에서 출발한 것이다. 교사가 자신이 가르쳐야 할 영역의 교수·학습의 필요성을 인식하지 못하고 그 목표와 내용, 방법 등에 대하여 명확히 알지 못한 상태에서 교과서에 주어진 대로 수동적으로 진행하는 수업에서 학습자가 학습 목표를 효과적으로 성취하기는 어렵다.

이 장에서는 국어과 교육에서 화법(듣기·말하기) 교육이 왜 필요하며 국어과 화법 교육의 목표가 무엇인지에 대하여 살펴보자. 그리고 학생들의 화법 능력(듣기·말하기 능력)을 신장시키기 위해서는 어떤 내용의 교육이 필요하며, 이를 어떤 방법으로 교수·학습을 해야 하는가에 대하여 알아보자.

1 화법은 왜 가르쳐야 할까

1) 화법 교육의 필요성

인간은 사회를 이루고 서로 지식, 의견, 감정 등을 소통하면서 살아간다. 인간이 이같이 의사소통하는 방법에는 문자언어를 통한 방법과 음성언어를 통한 방법이 있다. 이 중 말하기와 듣기의 과정인 음성언어를 통한 인간의 의사소통 방법을 화법(speech communication)이라고 한다. 즉, 화법이란 인간이 자신의 생각을 말하고 상대방의 말을 듣는 과정을 통하여 지식, 의견, 감정 등을 공유하는 음성언어 의사소통(oral language communication)의 방법을 말한다.[1] 화법 교육은 학습자의 음성언어 의사소통 능력을 신장하기 위하여 이루어지는 의도적이고 체계적인 교수·학습을 의미한다.[2] 현재 화법 교육은 초등학교 1학년부터 고등학교 1학년까지 '국어'의 듣기·말하기 영역에서, 그 이후에는 선택 교과목인 '화법과 언어' 과목에서 주로 이루어지고 있다.

인간은 태어나서 신체적으로 특별한 이상이 없으면 별도로 교육하지 않아도 자연스럽게 듣고 말할 수 있는데 이것을 학교에서 교육해야 하는가에 대하여 의문을 제기하기도 한다. 이러한 의문은 말하기와 듣기를 인간이 성장함에 따라 누구나 비슷한 정도로 할 수 있는 일반적인 기능으로 보아 화법 능력—말하기와 듣기 능력—이 특별히 중요하다고 인식하지 못하는 데서 비롯된다. 또 일부는 언어를 통한 표현 기능이라는 점에서 말하기는 쓰기와 유사하고 언어를 통한 이해 기능이라는 점에서 듣기는 읽기와 비슷하므로, 이를 특별히 따로 교육하지 않아도 된다고 생각하기도 한다. 그러나 쓰기와 읽기 기능을 사용하는 문자언어 의

1 '화법'은 연구자에 따라 음성언어 의사소통의 방법, 음성언어 의사소통 능력, 음성언어 의사소통 이론을 연구하는 학문의 분야 등의 개념으로 사용된다. 용어 사용에 따른 의미 혼란을 피하기 위하여 이들을 각각 '화법', '화법 능력', '화법론(theories of speech communication)'으로 구분하여 사용하는 것이 바람직할 것이다(전은주, 2002: 121~122).

2 이 책에서는 화법 교육을 듣기·말하기 교육, 음성언어 의사소통 교육과 동일한 의미로 사용한다.

사소통 상황 맥락과 말하기와 듣기 기능을 사용하는 음성언어 의사소통 상황 맥락은 매우 다르다. 물론 연설과 같이 준비된 말하기의 경우 연설 준비를 하는 과정은 '연설문' 쓰기의 과정과 유사하지만, '연설문'을 잘 쓴다고 연설을 잘하는 것은 아니다. 화법 교육을 통하여 학습자들이 익혀야 할 중요한 것 중의 하나는 준비한 내용을 청중과 상호작용하면서 어떻게 효과적으로 잘 전달하는가 하는 것이다. 또 대화나 토론, 토의, 면담 등과 같이 대면 상황에서 이루어지는 의사소통의 경우에는 화법의 일반 원리와 그 담화 유형의 형식적 특성에 맞게 의사소통이 이루어져야 한다. 글을 읽고 이해하는 과정과 누군가의 말을 듣고 이해하는 과정은 지각된 정보를 처리한다는 점은 유사하지만, 담화의 상황 맥락에 맞게 듣고 이해하고 반응하는 것은 읽기 교육의 범위를 벗어난다. 그러므로 음성언어 의사소통 상황에 맞게 효과적으로 말하고 듣는 방법은 화법 교육을 통해서 배울 수 있다.

효과적으로 말하고 듣는 능력이 중요한 이유는 다음과 같다.

첫째, 현대 사회에서 말하기와 듣기는 단순한 의사소통 방법의 차원을 넘어서 개인의 능력을 표출하고 정보를 받아들이는 중요한 수단으로 자리매김하고 있다. 자신의 생각을 여러 사람 앞에서 자신 있고 분명하게 설명할 수 있고 상대방을 배려하며 구성원들과 발전적인 토의, 토론, 협상 등을 할 수 있는 의사소통 능력은 현대 사회가 요구하는 인재의 기본 요건이다. 미래 사회의 인재가 갖추어야 할 역량으로 의사소통 역량이 지속적으로 강조되는 것도 바로 이러한 이유 때문이다. 특정 분야에 대한 전문적인 지식과 능력을 가진 사람이라 하더라도 사회적 의사소통 상황에서 말하기와 듣기를 효과적으로 할 수 없다면 자신의 능력을 제대로 발휘하기가 어렵다. 자신이 가지고 있는 지식과 능력을 자연스럽게 펼쳐 보일 수 있는 가장 강력한 도구가 바로 말하기와 듣기인 것이다.

둘째, 말하기와 듣기는 다른 언어 능력의 발달에 기여한다. 말하기와 듣기 능력이 우수한 학생들이 읽기·쓰기에서 더 높은 성취를 보인다(Block, 1997: 71에서 재인용). 학생들은 어떤 새로운 표현을 듣고 이해하고 말하게 된 뒤 이를 읽기나 쓰기에 사용하게 된다. 말하기와 듣기는 어휘와 문장, 이야기 구조를 습득하는 일차적이고 결정적인 통로이며, 이것이 곧 읽기와 쓰기의 기초가 되는 것이다. 아동은 동화, 옛날이야기, 전설 등을 들으면서 인간의 삶과 가치, 전통, 문화 등을 배우게 될 뿐만 아니라 글을 읽고 쓰는 데 필요한 능력을 다지게 된다. 유치원 아동의 듣기 능력이 취학 후 읽기 능력과 높은 상관관계를 보이는 것도 이러한 이유 때문이다. 또 학생들은 읽은 것에 대하여 말하거나 토의나 토론의 과정을 거치면 작문을 할 때 더 높은 이해력과 작문 능력을 보인다. 효과적으로 말할 수 있는 학생들은 자신들이 말한 음소(phonemes) 속에서 문자소(graphemes)를 더 빨리 인식한다(Juel, 1991).

셋째, 학업 성취도와 높은 상관관계를 갖는다. 학교생활에서 말하기와 듣기는 학생이 자신의 생각을 표현하고 정보를 이해하는 일차적인 방법이다. 윌트(Wilt, 1950)에 따르면, 초등학생은 하루 2시간 30분가량 들으며 교실 수업에서 60% 이상의 시간을 듣는 데 보낸다(Pinnell & Jaggar, 1991에서 재인용).[3] 또 학생들은 교사의 설명을 듣고 이해하면서, 또는 동료 학습자와의 말하기와 듣기를 통하여 지식을 확장하고 기능을 익히며 학습하게 된다. 수업 시간에 주의를 집중해서 듣고, 들은 내용을 분석하고, 비판적으로 검토하고, 핵심 내용을 제대로 이해할 수 있는 학생은 그렇지 않은 학생에 비하여 높은 학업 성취도를 나타낼 수밖에 없다. 또 자신이 알고 있는 바, 생각하는 바를 자신감 있게 효과적으로 말할 수 있는 학생 역시 교실에서의 의사소통에서 더 많은 기회를 얻고 더 많이 배우며 더 좋은 평가를 받으므로 그렇지 않은 학생에 비하여 상대적으로 높은 학업 성취도를 나타내게 되는 것이다.

넷째, 원만한 인간관계를 맺을 수 있게 한다. 가정이나 학교, 직장 등 인간이 속한 사회 속에서 사람들은 말하고 듣는 과정을 통하여 의사를 전달하고 이해할 뿐만 아니라 상대방에게 자신의 의사를 표현하고 서로 인간관계를 형성하게 된다. 상대방을 이해하고 배려하는 효과적인 말하기와 듣기를 통하여 좋은 관계를 유지할 수 있으며, 갈등과 대립의 상황에서 효과적으로 문제를 해결할 수 있다. 정보를 주고받는 일상적인 말하기와 듣기의 차원을 넘어서 상대를 배려하고 존중하면서 의사소통하고 이를 통하여 얻을 수 있는 긍정적인 인간관계 속에서 행복한 삶도 누릴 수 있다.

학생들이 특별히 교육받지 않아도 되는 자연 습득적인 말하기·듣기의 범위를 넘어서서 시대와 사회가 요구하는 말하기·듣기 능력을 갖추기 위해서는 교사가 말하기와 듣기를 지도할 필요가 있다. 학생들이 주로 경험하는 말하기와 듣기는 비공식적인 대화 상황에서 이루어지므로 일상적인 의사소통의 과정에서는 다양한 유형과 목적, 상황에서 말하고 듣는 방법에 대해서 경험하기가 어렵다. 특히 토론, 토의 등과 같은 공식성과 형식성을 띤 담화 유형의 경우는 경험하거나 배우지 않고 의사소통을 진행할 때 소통 자체에 장애가 생길 수 있다. 그러므로 학교 교육에서는 체계적이고 의도적인 계획 아래 학생들이 다양한 담화를 경험하게 하고 효과적으로 말하고 듣는 방법을 익힐 수 있는 기회를 제공하여야 한다.

....

3 Rankin(1926)에서는 일상생활에서 나타나는 의사소통의 비중이 듣기 45%, 말하기 30%, 읽기 16%, 쓰기가 9% 정도 된다고 보고하고 있다. Wolven & Coakley(1985), Lundsteen(1989), Werner(1994) 등을 통해 보면 대부분의 사람들은 쓰는 것보다 5배, 읽는 것보다 3⅓, 말하는 것보다 2배 더 듣는다(Block, 1997: 112에서 재인용).

2) 화법 교육의 목표

화법 교육의 궁극적 목표는 학습자의 음성언어 의사소통 능력을 배양하는 것이다. 그러나 화법 교육을 어떤 관점으로 바라보는가에 따라 화법 교육의 구체적 목표에도 차이가 생긴다. 민병곤(2006: 21~23)에서는 화법 교육에 접근하는 관점을 크게 형식적 관점, 기능적 관점, 전통문화적 관점, 비판적 관점, 개인적 성장 관점 등 다섯 가지로 나누고 있다.

- 형식적 관점: 화법 교육은 정확하고 규범적인 음성언어를 사용할 수 있는 능력을 길러 주는 것으로 규정된다. 이러한 관점에서는 표준어와 표준 발음, 호칭어, 어법의 정확한 사용 등이 강조된다.
- 기능적 관점: 화법 교육은 음성언어를 통한 효율적인 의사소통 능력을 길러 주는 것으로 규정된다. 이것은 단순히 말하고 듣는 기능에 대한 강조라기보다는 의사소통 목적을 달성하는 데 요구되는 효율적인 전략과 방법의 활용 능력에 대한 강조와 관련된다.
- 전통문화적 관점: 화법 교육은 공동체가 전승해 온 화법 문화를 내면화하는 것으로 규정된다.
- 비판적 관점: 화법 교육은 의사소통 참여자들이 언어를 통하여 자신들의 문화와 환경을 비판적으로 이해하고 자신의 화법 문화를 객관적으로 조망하는 능력을 강조한다. 이 경우 화법 교육은 말하기 기술을 가르치는 교육이 아니라 비판적 사고 능력을 기르는 교육이 된다.
- 개인적 성장 관점: 화법 교육은 개인이 화법을 통하여 자아를 발견하고 대인 의사소통을 통하여 사회 구성원으로서 성장해 나가는 데 필요한 습관과 태도를 형성하는 것으로 규정된다.

위에서 살펴볼 수 있듯이, 만일 형식적 관점에서 화법 교육의 구체적 목표를 설정한다면 화법 교육은 정확하고 규범적인 음성언어를 사용하는 것이 될 것이며, 기능적 관점에서는 효과적인 음성언어 의사소통을 위한 기능과 전략을 기르는 것이 될 것이다. 그러나 각각의 관점이 모두 교육적 필요와 타당성을 지니는 만큼 실제 화법 교육에서는 이러한 관점들을 모두 통합하는 것이 바람직하다.

음성언어 의사소통 능력의 신장이라는 화법 교육의 목표를 몇 개의 차원으로 나누어 구체화하는 방법도 있다. 이도영(2006: 358~359)에서는 말하기 교육의 목표를 개인·심리적 차원, 사회·문화적 차원, 윤리적 차원, 예술적 차원으로 나누어 아래와 같이 제시한 바 있다.

- 개인·심리적 차원: 개인이 가지고 있는 생각을 정확하고 효과적으로 표현하는 것.
- 사회·문화적 차원: 다른 사람과의 올바른 관계 형성과 대화를 통한 문제 해결, 말하기를 통해 다른 사람과 영향을 주고받으면서 학생들이 올바로 성장할 수 있도록 도와주는 것.
- 윤리적 차원: 우리의 말 문화를 이해하고 실천하는 것.
- 예술적 차원: 말하기를 통해 즐거움을 느끼는 것.

화법 교육의 목표를 음성언어 의사소통 능력의 개념과 이상적인 화·청자의 요건을 분석적으로 반영하여 화법 교육적 상황에서 도달하여야 할 목표로 진술하는 방법도 있다. 전은주(1999)에서는 말하기·듣기 교육의 목표를 담화 상황과 목적에 맞게 효과적으로 말하고 들을 수 있고, 담화 과정을 통해 언행적 목적과 관계적 목적을 이룰 수 있으며, 자신감 있게 말하고 경청할 수 있고, 말하고 듣는 동안 자신의 사고를 조절할 수 있는 것으로 제시하고 있다.

한편, 2022 개정 국어과 교육과정에서는 화법(듣기·말하기 영역) 교육의 목표를 별도로 제시하지 않고, 초등학교와 중학교에 해당하는 공통 교육과정의 '국어'의 목표를 다음과 같이 제시하고 있다(교육부, 2022b: 5~6).

> 국어 의사소통의 맥락과 요소를 이해하고 다양한 의사소통의 과정에 협력적으로 참여하면서 언어생활을 성찰하고 국어문화를 향유함으로써 미래 사회에서 요구되는 높은 수준의 국어 능력을 기른다.
>
> (1) 다양한 유형의 담화, 글, 국어 자료, 작품, 복합 매체 자료를 비판적으로 이해하고 자신의 생각을 창의적으로 표현한다.
> (2) 다양성에 대한 이해를 바탕으로 타인의 의견과 감정, 가치관을 존중하면서 협력적으로 의사소통한다.
> (3) 민주시민으로서 의사소통에 적극적으로 참여하여 개인과 공동체의 문제를 해결한다.
> (4) 공동체의 언어문화를 탐구하고 자신의 언어생활을 성찰하고 개선한다.
> (5) 다양한 사상과 정서가 반영되어 있는 국어문화를 감상하고 향유한다.

이 같은 국어과 교육의 목표에 따라 화법 교육의 목표를 추출해 보면, 화법(듣기·말하기 영역) 교육의 목표는 ① 음성언어 의사소통의 맥락과 요소를 고려하여 정확하고 비판적으로 이해하고 효과적으로 말하고, ② 상대를 존중하면서 협력적으로 의사소통하며, ③ 개인과 공동체의 문제를 해결할 수 있는 음성언어 의사소통 능력을 기르고 ④ 국어 화법 문화를 탐구하고 자신의 화법을 성찰하는 태도를 기르는 것임을 알 수 있다. 즉, 현행 교육과정의 듣기·말하기 영역의 교육 목표는 크게 듣기·말하기의 본질, 담화 유형, 맥락 등 음성언어 의사소통에 관한 지식을 익히고, 담화 상황을 이해하여 내용을 구성하고 이를 효과적으로 표현하고 이해하는 데 필요한 기능과, 타인을 존중하면서 상호작용을 통해 주어진 문제를 해결할 수 있는 협력적·문제 해결적 의사소통에 필요한 기능을 익히고 수행할 수 있으며, 담화 관습과 자신의 화법을 성찰하는 등 효과적인 음성언어 의사소통에 필요한 태도를 함양하는 것이다.

이러한 듣기·말하기 영역의 목표는 고등학교 선택 과목인 '화법과 언어'에서 '의사소통 맥락에 적절한 담화 수행을 위한 화법 능력의 함양이라는 목표로 보다 구체화되고 있다. 2022 개정 국어과 교육과정에서는 화법 교육을 위한 심화 과목으로 '화법과 언어'를 신설하고 이 과목의 목표를 다음과 같이 제시하고 있다(교육부, 2022b: 112).

> 화법과 언어의 본질을 이해하고, 의사소통 맥락에 적절한 담화 수행을 위해 화법 능력과 언어 탐구 능력을 함양하며, 이를 통하여 의사소통 문화 발전에 기여한다.
>
> (1) 화법과 언어의 본질과 특성을 탐구하여 국어생활의 다양성과 공공성을 이해한다.
> (2) 다양한 담화 자료를 바탕으로 언어 자원의 표현 효과를 탐구하고 음성언어 의사소통에 능동적으로 참여한다.
> (3) 화법과 언어에 대한 성찰을 통하여 자신의 국어생활을 개선하고 바람직한 의사소통 문화 형성에 기여한다.

위 '화법과 언어'의 목표에는 음성언어 의사소통의 의미 구성, 맥락 형성, 점검·조정 등에 문법이 기저의 운용 원리로 기능한다는 점에서 화법과 문법이 서로 내용상 연관성이 있다는 관점이 잘 드러나 있다. 이번 2022 개정 국어과 교육과정의 '화법과 언어'에서는 어휘, 문법 등이 의사소통에 필요한 도구이자 전략적 표현 자원이라는 측면에서, 음성언어 의사소통 맥락에 적절한 정제되고 구조화된 언어를 선택하고 사용하여 담화 수행을 할 수 있는 화법 능력의 함양과 의사소통 문화의 발전에 기여할 수 있는 태도를 기르는 데 중점을 두고 있다. 제시된 목표 진술에서 2022 개정 국어과 교육과정이 지향하는 화법 교육의 목표는 다음과 같이 재진술할 수 있다.

첫째, 화법에 대한 지식, 기능, 태도를 학습함으로써 의사소통 맥락에 적절한 담화를 수행할 수 있는 화법 능력을 기른다.

둘째, 음성언어 의사소통에 능동적으로 참여하는 태도를 기른다.

셋째, 화법에 대한 성찰을 통하여 문제점을 개선하고 바람직한 화법 문화를 형성하는 데 기여한다.

2 화법이란 무엇인가[4]

1) 음성언어 의사소통의 목적

음성언어 의사소통은 대면 상황에서 둘 또는 그 이상의 참여자가 서로 의미를 교섭해 가는 과정이다. 의사소통 참여자 중 한 사람이 자신의 의도한 바를 표현하고 상대방은 상황 맥락과 자신의 지식에 따라 그 의미를 해석하며 반응한다. 이러한 과정을 통하여 의사소통 참여자들은 정보 전달, 설득, 요청 등과 같은 의사소통의 목적을 달성하고자 한다. 그러나 이것은 둘 이상의 참여자 간에 이루어지는 의사소통이기 때문에 의사소통의 과정에서 참여자 간의 인간관계가 형성된다. 트루드길(Trudgill, 1977)에서는 사람과 사람이 서로 맺는 관계를 지속하기 위한 주요한 수단으로서 역할을 하는 언어의 사회적 기능을 강조한다. 임태섭(1998)에서는 대화의 목적을 의미를 전달하는 것과 관련된 '언행적 목적'과 상황을 표현하는 것과 관련된 '상황적 목적'으로 대별하고 있다. 여기서 '상황적 목적'이란 언어적 의미의 전달보다는 화자의 정체성과 가치 체계, 이념, 관점 등이 반영되어 화자가 자신의 이미지를 관리하는 것을 의미한다. 한편, 전은주(1999)에서는 의사소통이 언어 행위의 수행인 동시에 인간과 인간의 관계에 영향을 미치는 과정임에 주목하여, 인간의 음성언어 의사소통에는 자신이 의도한 바를 달성하기 위하여 말하고 듣고 이해하는 것과 관련된 '언행적 목적'과 의사소통을 통해 개인의 이미지를 관리하고 원활한 인간관계를 이루려는 것과 관련된 '관계적 목적'이라는 두 차원의 목적이 공존한다고 파악하였다.[5] 자신이 의도한 대로 상대방을 설득하였다 하더라도 상대방이 무시당하였다는 불쾌감을 느낀다면 성공적인 의사소통으로 보기 어렵다. 참여자의 특성, 의사소통의 상황에 따라서 언행적 목적을 더 중요하게 다룰 수도 있고, 또 어떤 경우에는 관계적 목적을 더 중요하게 다룰 수도 있다. 그러나 궁극적으로는 이 두 층위의 목적을 함께 추구할 때 바람직한 의사소통이 가능하다.

의사소통의 목적을 두 층위로 나눔으로써 의사소통에 대해 이해하기가 쉬울 뿐만 아니라 교육적 관점에서 보았을 때 화법 능력을 신장하기 위하여 다루어야 할 교육 내용에 대해서도 한결 접근하기가 쉬워진다. 화법 교육을 할 때 효과적인 메시지의 생산과 전달, 수용과 이

4 여기에 제시된 내용은 전은주(1999)에 제시된 내용을 요약·정리한 것이다.
5 이창덕 외(2000)에서는 언행적 목적을 '화행 목적'으로, 관계적 목적을 '관계 목적'으로 표현하고 있다.

해라는 언어 수행적 차원에 대한 지도에만 머무를 것이 아니라, 이와 함께 메시지의 생산과 이해 활동 과정에 직접적으로 관여되는 효과적인 인간관계를 형성하고 유지하기 위한 방법에 대해서도 다루어야 할 것이다(전은주, 1999: 38).

2) 음성언어 의사소통의 방법

(1) 언어적 의사소통

음성언어 의사소통은 화자가 메시지를 전달하고 청자가 이를 이해하는 활동이 아니라 실제적인 발화 상황 안에서 참여자가 함께 교섭하면서 의미를 만들어 가는 매우 역동적인 과정이다. 즉, 의미는 말하기를 통해 전달되고 듣기를 통해 이해되는 것이 아니라 화자와 청자에 의해 상호 교섭적(transactional)으로 창조되는 것이다(이창덕 외, 2000: 112). 음성언어 의사소통은 언어적 요소와 비언어적 요소를 통합하여 의미를 표현하고 이해한다.

음성언어 의사소통에서 언어적 요소에 대한 효과적인 표현은 담화 상황과 대상에 맞게 어휘를 선택하고 이를 어법에 맞게 문장으로 표현하는 데서 출발한다. 그리고 담화의 목적에 따라 알맞은 내용을 조직하는 방법을 선택할 필요가 있다. 담화 내용을 조직하는 방법에는 시간적 방법, 공간적 방법, 논리적 방법, 화제별 방법, 난이도별 방법, 점층식 방법, 문제 해결식 조직 방법 등이 있다(이주행 외, 1996).

듣기는 음성언어 의사소통에서 상대방의 말을 재구성하고, 비판적으로 이해하며, 들은 것에 대한 적절한 피드백을 주는 능동적인 과정이다. 테일러(Taylor, 1964)는 듣기가 이루어지는 과정과 듣기를 하는 과정에서 이루어지는 사고의 과정을 들리기(hearing), 듣기(listening), 청해(auding)로 분류하고 있다. 이는 사고의 수준에 따라 듣기의 종류를 수직적으로 나눈 것이다. 들리기 단계는 귀에 들리는 소리만을 인지하는 단계로 물리적인 과정이다. 듣기는 들은 것에서 의미를 구성해 내는 인지적 언어활동의 과정으로 물리적 단계에서 심리적 단계로의 전환이 이루어진다. 청해는 듣기 과정의 처리 결과를 종합적으로 이해하고 해석하며 여기에 청자 자신의 정의적 반응까지 포함하는 과정이다. 테일러의 이러한 과정 구분은 듣기 과정을 이해하는 데 결정적인 영향을 미쳤다. 효과적인 수용과 이해를 위한 듣기 방법에는 주의 집중하기, 분석적 듣기, 비판적 듣기, 감상적 듣기, 공감적 듣기 등이 있다(전은주, 1999: 207~215).

① 주의 집중하기

바른 자세로 화자를 쳐다보고 마음속에 떠오르는 여러 생각을 차단하고 청취를 하는 목적에 대하여 인식한다.

ㄱ. 외부 자극을 통제하라.
ㄴ. 상대가 말을 마치기 전에 주의 집중을 중단하거나 반응을 보이지 마라.
ㄷ. 상대의 말 속에 감정을 자극할 수 있는 부분이 있더라도 감정적 동요를 보이지 마라.
ㄹ. 상대가 말할 때 자신이 다음 할 말을 구상하지 마라.

② 분석적 듣기

상대방이 전달하려는 의미를 효과적으로 정확하게 이해하기 위한 능동적인 듣기 방법이다.

ㄱ. 주의 집중을 하고 화자의 비언어적 표현까지 관찰하라.
ㄴ. 화자가 하려는 말의 목적과 내용에 대해 예측해 보라.
ㄷ. 전달받은 말을 자신의 언어로 의역해(paraphrasing) 보라. 만약 화자가 전달한 내용을 자기 말로 바꾸지 못한다면 이것은 제대로 이해하지 못한 것이다.
ㄹ. 전달받은 메시지의 목적(purpose), 요점(key point), 세부적 내용(detail) 등을 구분하라.

③ 비판적 듣기

이해하거나 해석한 내용을 비판적으로 분석하는 듣기 방법으로, 상대방이 전달한 메시지가 얼마나 진실하고 믿을 만한 것인가를 결정하는 평가의 과정이다. 상대방의 이야기를 사실과 추론으로 구분한 뒤 추론의 진위 여부를 판단한다.

ㄱ. 사실과 추론의 구분
ㄴ. 추론의 진위 평가
- 추론을 뒷받침해 주는 사실이 있는가?
- 뒷받침해 주는 사실의 양은 충분한가?
- 그 사실은 정확한 정보인가?
- 뒷받침하는 사실과 추론 간에 연관성이 성립하는가?
- 뒷받침하는 사실을 가지고 추론을 도출하는 과정에 오류는 없는가?
- 뒷받침하는 사실을 가지고 추론을 도출하는 데 영향을 미치는 다른 정보는 없는가?

④ 감상적 듣기

즐거움을 얻고 긴장감을 해소하기 위한 오락적 목적의 듣기 방법이다. 긴장감을 풀고 편안한 자세로 자신의 경험과 상상력을 동원하여 내용을 충분히 감상한다.

⑤ 공감적 듣기

상대방의 입장에서 감정을 이입해서 들으면서 화자의 심리 상태를 파악하고 이에 기초하여 반응을 보이는 듣기 방법이다. 청자는 화자가 전달한 메시지의 의미를 명료화하기 위한 반응이나 화자에 대한 협조적 반응을 보이는 것이 효과적이다.

ㄱ. 메시지의 의미를 명료화하는 방법
- 질문하기: 상대의 말을 끝까지 들은 후에 명확하지 않은 부분에 대하여 질문하는 것.
- 의역하기: 상대방의 말을 자신이 이해한 대로 '네가 방금 이야기한 것은 ~라는 의미구나'와 같이 다시 기술하는 것.

ㄴ. 협조적 반응을 위한 방법
- 감정에 대해 지지하기: 화자의 감정 표현에 대하여 위로, 찬성, 긴장 완화 등을 시켜 주는 표현을 하는 것.
- 해석하기: 화자가 지나치게 비관적인 방향으로 사태를 파악하고 이야기할 때 그 사태를 다른 관점에서 볼 수 있도록 청자가 도와주는 것.
- 칭찬하기: 화자에 대해 가지고 있는 긍정적 감정을 언어적·비언어적으로 피드백하는 것.
- 건설적 비평하기: 상대가 자신의 문제점에 대하여 지적해 줄 것을 요청할 때 단순한 비평을 넘어서 개선 방안 또는 대안을 함께 제시해 주면서 반응하는 것.

(2) 비언어적 의사소통

음성언어 의사소통에서 언어적 요소 이외의 수단을 사용하여 의미를 표현하고 이해하는 것을 비언어적 의사소통(nonverbal communication)이라고 한다. 메러비언(Mehrabian, 1971)에 따르면, 메시지를 전달하는 데에서 언어가 7%, 음조, 억양, 크기 등과 같이 목소리가 38%, 비언어적인 태도가 55%의 비중을 차지한다고 한다. 음성언어 의사소통에서 비언어적으로 의미를 전달할 수 있는 요소로는 준언어, 몸짓언어, 공간언어, 침묵 등이 있다.

① 준언어

준언어(paralanguage)란 언어적 요소에 덧붙어 의미를 전달하는 것으로, 음조, 강세, 말의 빠르기, 목소리 크기, 억양 등이 있다. 같은 언어 표현도 음조나 강세, 말의 빠르기, 목소리 크기, 억양 등의 변화에 따라 다른 의미를 전달하게 된다. 준언어에는 사람의 감정, 건강, 교양, 사회적 계층 등의 상태가 반영되어 있다. 준언어의 의미는 담화의 맥락에 따라 다양하게 이해되는데, 일반적으로 다음과 같은 느낌을 준다.

- 음조: 높은 음조는 기쁨, 두려움, 분노 등, 낮은 음조는 우울함, 피곤함, 침착함 등의 상태를 표현한다.
- 강세: 음절, 단어, 어절 등에 얹히는 고저에 의해 실현되며, 주로 강조나 대조를 표현한다.
- 말의 빠르기: 말의 빠르기는 발음의 길이나 쉼, 간투사를 얼마나 사용하는가에 따라 결정된다. 빠른 말은 흥분, 느린 말은 여유, 둔함, 열의가 없음 등의 인상을 준다. 빠른 말은 듣는 사람을 긴장하게 하고 불안하게 만드는 반면, 느린 말은 편안함, 경우에 따라서는 지루함을 느끼게 한다.
- 목소리 크기: 큰 목소리는 자신감, 열정, 화남, 공격성 등을 표현하고, 작은 목소리는 열등감, 온화함, 무기력함, 나약함 등을 표현한다.
- 억양: 단조로운 억양은 무미건조함, 무성의함을, 변화가 심한 억양은 흥분, 과장의 느낌을 준다.

② 몸짓언어

몸짓언어란 몸의 일부 혹은 몸 전체의 움직임을 사용하여 자신이 전달하고자 하는 의미를 표현하는 방법이다. 주로 눈빛, 얼굴 표정, 동작, 자세, 신체 접촉 등을 통하여 의미를 표현한다. 이러한 몸짓언어에는 인간의 음성언어 의사소통에 보편적으로 나타나는 것과 문화에 따라 같은 동작도 달리 해석되는 것이 있다.[6] 예를 들면, 기쁠 때 웃고 슬플 때 찡그리는 것이 문화 보편적인 몸짓언어라면, 엄지손가락과 집게손가락으로 동그라미를 만드는 동작은 문화에 따라 다른 의미를 지닌다. 우리나라나 일본에서는 돈을 상징하는 의미로, 미국에서는 모든 것이 잘 되어 간다는 OK의 의미로, 프랑스에서는 아무것도 없는 빈털터리 또는 별 볼 일 없음의 의미로, 지중해 국가들에서는 동성연애하는 남성을 나타내는 의미로 사용된다.

③ 공간언어

음성언어 의사소통 상황에서 참여자가 어떤 위치에서 어느 정도 떨어져 있는가도 의미에 영향을 미친다. 탁자에서 마주 보고 앉았을 때는 경쟁 관계로 지각하고 긴장감을 느끼며, 직각 형태로 앉았을 때는 협력 관계로 지각하고 심리적으로 편안함을 느낀다. 또 사람들은 의사소통을 할 때 상대방과의 친밀도에 따라 일정 거리를 유지한다. 배우자, 자녀, 연인처럼 아주 친밀한 관계에서는 15~46센티미터의 친밀한 간격을, 사교 모임이나 친구와는 편안하게 이야기할 수 있는 46센티미터~1.2미터의 개인적 간격을 보인다. 또 낯선 사람과의 대화나 공식

6 몸짓언어에 대한 과학적이고 체계적인 연구는 1960년대 이후 동작학(kinesics)이라는 독립된 학문 분야에서 활발히 이루어졌다.

적인 의사 결정, 사회적 담화의 공간에서는 1.2~3.6미터의 사회적 간격을, 강의나 연설을 할 때는 3.6미터 이상의 공공적 간격을 보인다. 이러한 거리의 간격은 문화마다 다르게 인식되어 서로 다른 문화권에서 온 사람들이 같은 공간에서 대화할 때 불편함과 오해를 낳기도 한다.

④ 침묵

음성언어 의사소통에서 침묵도 의미를 표현하고 이해하는 데 영향을 미친다. 언어적 표현이 없는 침묵도 눈빛, 얼굴 표정, 동작 등의 몸짓언어에 따라 동의나 무시, 부정 등의 의미로 사용된다.

이러한 비언어적 의사소통은 일반적으로 언어적으로 표현되는 의미를 보완하고 강화해 준다. 그러나 갈등이나 대립과 같이 감정적인 상황에서 비언어적 표현과 언어적 표현이 상충될 때는 비언어적 표현의 전달력이 더 크다. 화법 교육에서는 언어적 요소와 비언어적 요소를 담화의 상황, 유형, 목적에 따라 어떻게 사용하는 것이 의미를 표현하는 데 효과적이며 어떻게 이해하는 것이 적절한가를 학생들이 깨닫고 실제로 사용할 때 이를 적용하도록 지도하여야 한다.

3) 음성언어 의사소통의 원리

인간이 말하고 듣는 의사소통의 과정을 통하여 전달하고자 하는 바를 표현하고 상대방의 말을 잘 이해하며 서로 좋은 관계를 형성하고 지속해 나가기 위해서 지켜야 할 기본적인 규칙을 '음성언어 의사소통의 원리'라고 한다. 인간의 원활한 언어 사용의 이면에 존재하는 묵시적 규칙을 객관적으로 규명하고자 한 노력이 여러 언어학자에 의하여 시도되었는데, 그중 가장 대표적이라 할 수 있는 것이 그라이스(Grice)의 '협력의 원리(The Co-operative principle)'이다. 그라이스(Grice, 1975)에서는 언어 사용의 원리로 '협력의 원리'와 그 하위에 질, 양, 관련성, 방법 등 네 가지 격률을 설정하였다. 이 네 가지 격률이 지켜지지 않을 경우 이의 상위 원리인 '협력의 원리'를 준수한다는 가정으로 대화 함축(conversational implicatures)을 설명하고 있다. 그러나 이것이 언어 사용의 원리로 보기에는 불충분하다는 지적과 원리 자체가 문제점을 가진다는 반론이 여러 연구에서 제기되었다. 전은주(1999: 84~89)에서는 그라이스의 협력의 원리가 비협력적인 상황에 대한 문제와 네 가지 격률이 일반적 언어 사용 상황을 포괄하지 못하는 부분이 있는 점, 청자의 역할에 대해 어떤 원리도 제공하지 못한다는 점 등을 들어 이를 화법(말하기·듣기) 교육에서 음성언어 의사소통의 원리로 다루는 것을 재고할 필요가 있다고 보았다. 이 책에서는 음성언어 의사소통의 일반적인 상황에서 의사소통의 언행적·관계적 목적을 달성하는 데 필요한 규칙을 음성언어 의사소통의 원리로 본다. 원활한 음성언어 의사소통을 위하여 필요한 기본 원리에는 공손성, 적절성, 순환성, 관련성 등이 있다(전은주, 1999).

(1) 공손성의 원리

공손성(politeness)의 원리는 음성언어 의사소통에서 상대방에게 부담을 적게 주고 상대방을 존중해 주는 표현과 태도를 지키는 것을 말한다. 이 원리는 언어가 정보를 전달하는 기능 이외에 의사소통 참여자 사이의 사회적 관계를 형성하는 데도 기여한다는 것에 근거하여 설정되었다. 고프만(Goffman, 1956)은 한 사람이 다른 사람과의 사회적 접촉에서 투사(projection)하는 이미지를 의미하는 체면(face)이라는 개념을 소개하면서 공손 현상의 연구에 통찰력을 제공하였다. 그는 사회 과정에 참여하는 모든 사람은 타인에게 인정받고자 하는 욕구와 자유롭고자 하는 욕구, 그리고 간섭받지 않으려는 욕구를 가진다고 보았다. 브라운과 레빈슨(Brown & Levinson, 1987)은 고프만의 연구에 영향을 받아 체면에 대한 위협 강도와 언어적으로 실현되는 공손성의 관계에 대한 이론을 발전시켰다.

(1) 책 빌려 줘.
(2) 책 좀 빌려 줘.
책 좀 빌려 주세요.
책 좀 빌려 주시겠어요?
책 좀 빌려 주시면 고맙겠습니다.
미안하지만 책 좀 빌려 주시면 좋겠어요.
(3) 그 책을 꼭 읽어야 하는데.
책 사러 갈 시간이 없네.

(2)는 (1)보다 상대방에게 부담을 적게 주는 더 공손한 표현이다. 또 체면 손상 행위(FTAs: Face Threatening Acts)를 범하였을 경우 (3)과 같이 간접적으로 표현하는 것이 상대방에게 부담을 가장 적게 주어 공손성의 원리를 준수하는 것이 된다.

공손성의 원리가 효과적인 인간관계를 형성하고 유지할 수 있는 것은 이것이 바로 인간의 내적 욕구를 충족시켜 주는 방법이기 때문이다. 매슬로(Maslow, 1970)의 욕구 위계 이론(hierarchy of need theory)에 따르면, 모든 인간에게는 근본적 욕구가 있고 그 중요성에 따라 기본 욕구인 '생리적 욕구', '안전 욕구', '사회적 욕구', '자존 욕구'와 고등 욕구인 '자아실현 욕구'로 계층화된다. 이 중 '사회적 욕구'는 사람들의 동료감, 소속감, 인정, 우정, 타인에 대한 바람 등과 관련되고 '자존 욕구'는 자기 존중에 대한 욕구와 다른 사람에게 존경받고자 하는 욕구 등과 관련된다. 이 둘에는 공통적으로 자신을 인정해 주기를 바라는 인간의 기본 욕구가 내재되어 있다. 자신의 능력과 가치, 힘에 대해 사회적으로 인정받고자 하고 이를 통해 존경받고자 하는 것은 '생리적 욕구'와 '안전 욕구' 다음으로 인간에게 중요한 기본 욕구인 것이다. 그러므로 인간의 기본 욕구의 상당한 부분은 의사소통을 통해 상대에게 존중받고 인정받음으로써 충족될 수 있는 것이다(전은주, 1999: 221).

특정 목적을 가지고 요청하거나 설득할 경우 공손한 언어적 표현과 태도로 하였을 때 그 목적을 이루기가 더 쉽다. 공손성의 원리는 좋은 인간관계의 형성이라는 사회적 기능뿐만 아니라 언어 표현의 효과성도 만족시킨다. 그러나 의사소통 참여자 사이의 인간관계에 맞지 않는 지나친 공손함은 오히려 상대를 향한 빈정거림의 표현이 되므로 의사소통에 걸림돌이 된다.

쉬|어|가|기

정중어법

언어학자 리치는 정중어법으로 공손성의 원리를 설명하고 있다. 정중어법이란 상대방에게 정중하지 않은 표현을 최소화하고 정중한 표현은 최대화하는 것이다. 리치(Leech, 1983)에서는 정중어법을 요령, 관용, 칭찬, 겸양, 동의, 공감의 여섯 가지 격률로 나누어 설명하고 있다.

- 요령의 격률(tact maxim): 상대방에게 부담이 되는 표현은 최소화하고 이익이 되는 표현은 최대화하라. 예) 책 좀 잠깐만 빌릴 수 있을까요?
- 관용의 격률(Generosity maxim): 화자는 자신에게 혜택을 주는 표현을 최소화하고 부담을 주는 표현은 최대화하라. 예) 제가 부족해서 미처 거기까지 생각을 못하였습니다.
- 칭찬의 격률(Approbation maxim): 다른 사람에 대한 비난의 표현을 최소화하고 칭찬이나 맞장구치는 표현은 최대화하라. 예) 박 선생님께서는 참 좋으시겠습니다. 따님께서 이렇게 미인인 데다가 똑 부러지게 자기 일도 잘 하시고.
- 겸양의 격률(Modesty maxim): 자신에 대한 칭찬을 최소화하고 비난은 최대화하라. 예) 제가 뭐 하나 제대로 할 줄 아는 것이 없습니다. 좀 잘 지도해 주시기 바랍니다.
- 동의의 격률(Agreement maxim): 상대방과 불일치하는 표현을 최소화하고 일치하는 표현은 최대화하라. 예) 아, 네 말대로 그런 장점도 있겠네. 그런데 이렇게 생각해 보면 어떨까?
- 공감의 격률(Sympathy maxim): 상대방에 대한 반감을 최소화하고 공감은 최대화하라. 예) 저와 의견이 서로 조금 차이가 있지만 지역 발전을 위한다는 큰 부분에서는 선생님의 의견에 공감합니다.

(2) 적절성의 원리

적절성(appropriateness)의 원리는 음성언어 의사소통의 상황, 목적, 유형에 맞는 담화 텍스트의 형식과 내용으로 표현되는 것을 말한다. 보그랑드와 드레슬러(Beaugrande & Dressler, 1981)에서는 텍스트가 지녀야 할 요건을 응집성(cohesion), 결속성(coherence), 의도성(intentionality), 용인성(acceptability), 정보성(informativity), 상황성(situationality), 상호 텍스트성(intertextuality) 등 일곱 가지 기준으로 제시하였다. 음성언어 의사소통에서 발화된 담화 텍스트가 적절성의 원리를 만족한다는 것은 담화 텍스트가 상황과 표현 의도에 맞게 상대방에게 받아들여질 수 있는, 텍스트적인 요인을 만족시키는 형태로 표현된 것을 의미한다. 공식적 상황에서 설득을 목적으로 이루어지는 토론이라면 토론의 형식에 따라 공식적 말하기와 토론 담화에 맞는 표현을 사용하고 논증을 통하여 상대를 설득하여야 한다. 화법 교육에서는 공식적 상황과 비공식적 상황에서 음성언어 의사소통의 표현 차이와 의사소통의 목적에 따른 효과적인 표현 방법, 담화의 유형에 따른 표현의 절차와 방법 등을 지도하여 학습자들이 적절성의 원리를 만족하는 담화 텍스트를 생산할 수 있도록 하여야 한다.

(3) 순환성의 원리

순환성의 원리는 음성언어 의사소통의 상황에 맞게 참여자의 역할이 원활하게 교대되고 정보가 순환되어 의사소통의 목적이 달성되는 것을 말한다. 말하기와 듣기의 연속적 과정인 음성언어 의사소통에서 참여자의 역할이 적절히 분배되고 교환되지 않으면 일방적 의사 표현과 수용이 되므로 효과적인 의사소통을 기대하기 어렵다. 이는 기본적으로 의사소통이 인간관계를 바탕으로 진행되기 때문에 참여자 개개인이 담화 구성원으로서 그 역할을 배분받고 인정받아야 의사소통의 관계적 목적이 성취될 수 있고 더 나아가 언행적 목적도 이룰 수 있는 것과 관련이 깊다. 참여자의 역할 교대, 즉 화자와 청자로의 역할 순환과 함께 정보도 순환되어야 한다. 상대방에게서 일정 정보와 요구를 제공받는다면 그것에 대한 응대와 이에 상응하는 정보를 다시 상대방에게 제공하여야 한다. 역할 교대를 하더라도 일방적인 정보의 제공이나 요구만 이루어지고 정보가 순환되지 않는 상황이라면 긍정적인 인간관계가 형성되기는 어려울 것이다.

(4) 관련성의 원리

음성언어 의사소통에서 듣기는 상대방이 전달하려는 의미를 재구성하는 적극적인 과정이다. 관련성의 원리는 의사소통 참여자가 상대방이 발화한 담화 텍스트의 의미를 상대방의 의도에 따라 재구성하여 이해하는 것을 말한다. 발화문의 의미와 의도된 의미가 일치하지 않는 경우 참여자는 담화 맥락을 이해하고 추론을 통해 대화의 함축을 찾으려는 적극적인 자세를 지녀야 한다. 만약 이 경우 맥락에 따라 발화문의 의미와 의도된 의미를 제대로 관련짓지 못한다면 의사소통에서 화자의 의도가 전달되거나 달성되기 어려우며, 아울러 효과적인 의사소통은 불가능할 것이다(전은주, 1999: 103). 진정한 음성언어 의사소통은 담화 텍스트의 의미가 참여자들 간에 공유될 때 가능하다.

3 화법 교육에서는 어떤 내용을 지도할까

1) 교육과정의 지도 내용

(1) '국어', '공통국어1', '공통국어2' 과목의 지도 내용

화법 교육의 목표는 학생들의 음성언어 의사소통 능력을 배양하는 것이다. 음성언어 의사소통 능력은 결국 학습자가 말하기와 듣기를 수행하는 과정에서 행위로 나타난다. 그러므로 화법 교육에서는 학습자가 음성언어 의사소통을 수행하는 데 필요한 제반 지식을 이해하고 이를 실제 담화 환경에서 적용해 봄으로써 말하기·듣기의 기능과 전략을 익히고 궁극적으로 실제 담화 상황에서 효과적으로 의사소통할 수 있도록 하여야 한다. 화법 교육에서 어떤 내용을 지도해야 하는가를 가장 잘 살필 수 있는 것이 바로 국어과 교육과정의 듣기·말하기 영역의 내용 체계이다. 2022 개정 국어과 교육과정의 듣기·말하기 영역의 내용 체계는 〈표 1〉과 같다.

〈표 1〉에서 살필 수 있는 바와 같이, 2022 개정 국어과 교육과정의 내용 체계에서는 초등학교의 3개 학년군과 중학교 1-3학년에 이르기까지 듣기·말하기 영역에서 지도하여야 할 내용 요소를 '핵심 아이디어를 중심으로 지식·이해, 과정·기능, 가치·태도의 범주에 내용 요소를 유기적으로 연계'하는 방식으로 취하고 있다. 이는 교육과정 총론에서 교수·학습 설계 원칙으로 제시한 것을 수용한 것이다. 그러나 국어과 고유의 내용에는 맞지 않은 점이 있어 이를 보완하기 위하여 각 범주의 하위에 듣기·말하기 영역 고유의 내용 요소를 체계적으

표 1 듣기·말하기 영역의 내용 체계

<table>
<tr><td colspan="2">핵심 아이디어</td><td colspan="4">• 듣기·말하기는 언어, 준언어, 비언어, 매체 등을 활용하여 서로의 생각과 감정을 주고받는 행위이다.
• 화자와 청자는 상황 맥락 및 사회·문화적 맥락 속에서 의사소통 목적을 달성하기 위하여 다양한 유형의 담화를 듣고 말한다.
• 화자와 청자는 의사소통 과정에 협력적으로 참여하고 듣기·말하기 과정에서의 문제를 해결하기 위해 적절한 전략을 사용하여 듣고 말한다.
• 화자와 청자는 듣기·말하기에 흥미를 가지고 적극적으로 참여하면서 담화 공동체 구성원으로 성장하고, 상호 존중하고 공감하는 소통 문화를 만들어 간다.</td></tr>
<tr><td colspan="2" rowspan="3">범주</td><td colspan="4">내용 요소</td></tr>
<tr><td colspan="3">초등학교</td><td>중학교</td></tr>
<tr><td>1~2학년</td><td>3~4학년</td><td>5~6학년</td><td>1~3학년</td></tr>
<tr><td rowspan="2">지식·이해</td><td>듣기·말하기 맥락</td><td colspan="2">• 상황 맥락</td><td colspan="2">• 상황 맥락
• 사회·문화적 맥락</td></tr>
<tr><td>담화 유형</td><td>• 대화
• 발표</td><td>• 대화
• 발표
• 토의</td><td>• 대화
• 면담
• 발표
• 토의
• 토론</td><td>• 대화
• 면담
• 발표
• 연설
• 토의
• 토론</td></tr>
<tr><td rowspan="4">과정·기능</td><td>내용 확인·추론·평가</td><td>• 집중하기
• 중요한 내용 확인하기
• 일이 일어난 순서 파악하기</td><td>• 중요한 내용과 주제 파악하기
• 내용 요약하기
• 원인과 결과 파악하기
• 내용 예측하기</td><td>• 생략된 내용 추론하기
• 주장, 이유, 근거가 타당한지 평가하기</td><td>• 의도와 관점 추론하기
• 논증이 타당한지 평가하기
• 설득 전략 평가하기</td></tr>
<tr><td>내용 생성·조직·표현과 전달</td><td>• 경험과 배경지식 활용하기
• 일이 일어난 순서에 따라 조직하기
• 바르고 고운 말로 표현하기
• 바른 자세로 말하기</td><td>• 목적과 주제 고려하기
• 자료 정리하기
• 원인과 결과 구조에 따라 조직하기
• 주제에 적절한 의견과 이유 제시하기
• 준언어·비언어적 표현 활용하기</td><td>• 청자와 매체 고려하기
• 자료 선별하기
• 핵심 정보 중심으로 내용 구성하기
• 주장, 이유, 근거로 내용 구성하기
• 매체 활용하여 전달하기</td><td>• 담화 공동체 고려하기
• 자료 재구성하기
• 체계적으로 내용 구성하기
• 반론 고려하여 논증 구성하기
• 상호 존중하며 표현하기
• 말하기 불안에 대처하기</td></tr>
<tr><td>상호작용</td><td>• 말 차례 지키기
• 감정 나누기</td><td>• 상황과 상대의 입장 이해하기
• 예의를 지키며 듣고 말하기
• 의견 교환하기</td><td>• 궁금한 내용 질문하기
• 절차와 규칙 준수하기
• 협력적으로 참여하기
• 의견 비교하기 및 조정하기</td><td>• 목적과 상대에 맞는 질문하기
• 듣기·말하기 방식의 다양성 고려하기
• 경청과 공감적 반응하기
• 대안 탐색하기
• 갈등 조정하기</td></tr>
<tr><td>점검과 조정</td><td></td><td colspan="3">• 듣기·말하기 과정과 전략에 대해 점검·조정하기</td></tr>
<tr><td colspan="2">가치·태도</td><td>• 듣기·말하기에 대한 흥미</td><td>• 듣기·말하기 효능감</td><td>• 듣기·말하기에 적극적 참여</td><td>• 듣기·말하기에 대한 성찰
• 공감적 소통 문화 형성</td></tr>
</table>

표 2 '국어', '공통국어1', '공통국어2' 과목의 듣기·말하기 영역 성취기준(교육부, 2022b: 13~90)

	'듣기·말하기' 영역 성취기준
1~2학년	[2국01-01] 중요한 내용이나 일이 일어난 순서를 고려하며 듣고 말한다. [2국01-02] 바르고 고운 말로 서로의 감정을 나누며 듣고 말한다. [2국01-03] 상대의 말을 집중하여 듣고 말 차례를 지키며 대화한다. [2국01-04] 자신의 경험이나 생각을 바른 자세로 발표한다. [2국01-05] 듣기와 말하기에 관심과 흥미를 가진다.
3~4학년	[4국01-01] 중요한 내용과 주제를 파악하며 듣고 그 내용을 요약한다. [4국01-02] 원인과 결과의 관계를 고려하여 내용을 예측하며 듣고 말한다. [4국01-03] 상황에 적절한 준언어·비언어적 표현을 활용하여 듣고 말한다. [4국01-04] 상황과 상대의 입장을 이해하고 예의를 지키며 대화한다. [4국01-05] 목적과 주제에 알맞게 자료를 정리하여 자신감 있게 발표한다. [4국01-06] 주제에 적절한 의견과 이유를 제시하고 서로의 생각을 교환하며 토의한다.
5~6학년	[6국01-01] 대화에서 생략된 내용을 추론하며 듣는다. [6국01-02] 주장을 파악하고 이유나 근거가 타당한지 평가하며 듣는다. [6국01-03] 주제와 관련하여 궁금한 내용을 질문하며 적극적으로 듣고 말한다. [6국01-04] 면담의 절차를 이해하고 상대와 매체를 고려하여 면담한다. [6국01-05] 자료를 선별하여 핵심 정보를 중심으로 내용을 구성하고 매체를 활용하여 발표한다. [6국01-06] 토의에 협력적으로 참여하며 서로의 의견을 비교하고 조정한다. [6국01-07] 절차와 규칙을 지키고 타당한 이유와 근거를 제시하며 토론한다.
중학교 1~3학년	[9국01-01] 화자의 의도와 관점을 추론하며 듣는다. [9국01-02] 설득 전략을 비판적으로 분석하며 듣는다. [9국01-03] 담화 공동체에 따른 듣기·말하기 방식의 다양성을 고려하여 듣고 말한다. [9국01-04] 상대의 말을 경청하고 상대의 감정과 입장에 공감하는 반응을 보이며 대화한다. [9국01-05] 면담의 다양한 목적과 상대를 고려하여 질문을 점검하고 효과적으로 면담한다. [9국01-06] 다양한 자료를 재구성하여 내용을 체계적으로 조직하고 청중이 이해하기 쉽게 발표한다. [9국01-07] 토의에서 다양한 의견을 교환하여 대안을 마련하고 문제를 해결한다. [9국01-08] 토론에서 반론을 고려하여 타당한 논증을 구성하고 논리적으로 반박한다. [9국01-09] 서로의 감정이나 바라는 바를 진솔하게 표현하면서 갈등을 조정한다. [9국01-10] 언어폭력의 문제점을 성찰하고, 서로를 존중하는 표현을 사용하여 말한다. [9국01-11] 듣기·말하기 과정을 점검하고 듣기·말하기의 어려움을 효과적으로 조정한다.
공통 국어1	[10공국1-01-01] 대화의 원리를 고려하여 대화하고 자신의 듣기·말하기 과정과 공동체의 담화 관습을 성찰한다. [10공국1-01-02] 논제의 필수 쟁점별로 논증을 구성하고 논증이 타당한지 평가하며 토론한다.
공통 국어2	[10공국2-01-01] 청중의 관심과 요구에 맞게 내용을 구성하여 발표하고 청중의 질문에 효과적으로 답변한다. [10공국2-01-02] 쟁점과 이해관계를 고려하여 문제를 해결할 수 있는 대안을 탐색하며 협상한다. [10공국2-01-03] 사회적 소통 과정에서 말의 영향력을 고려하여 책임감 있게 듣고 말한다.

로 선정할 수 있는 하위 범주를 설정하고 이에 따라 학년(군)별 내용 요소를 도출하고 있다.

이번 교육과정에서 '국어', '공통국어1', '공통국어2' 과목의 듣기·말하기 영역에서 지도해야 할 내용인 학년(군)별 '성취기준'은 〈표 2〉와 같다. 이처럼 이번 2022 개정 교육과정 '듣기·말하기' 영역의 성취기준은 내용 체계의 내용 요소를 둘 이상 결합하는 방식으로 기술되어 있다. 2015 개정 교육과정의 내용 체계에서는 담화 유형에 대한 학년(군)별 내용 요소의 아래에 중점 지도 내용을 '[ ]' 안에 넣어 제시하고 내용 요소에 대하여 각각 성취기준을 설계하는 방식을 취하였기 때문에 내용 체계에서 담화 유형에 대한 교육의 계열성 및 위계성이 명시적으로 드러났다. 그러나 이번 교육과정에서는 이러한 방식을 취하지 않아 내용 체계 자체만으로는 담화 유형에 대한 교육 내용의 계열성 및 위계성을 파악하기 어렵다. 학년(군)에 따라 담화 유형에 대한 교육이 어떤 계열성과 위계성으로 제시되었는가를 살펴보기 위하여 이들 성취기준의 내용을 담화 유형을 기준으로 분석해 보면 〈표 3〉과 같다.

표 3 담화 유형에 대한 성취기준의 계열성과 위계성

	대화	발표	토의	면담	토론	연설	협상
초 1~2학년	• 말 차례 지키며 대화하기	• 바른 자세로 발표하기					
초 3~4학년	• 예의 지키며 대화하기	• 자료를 정리하여 자신감 있게 발표하기	• 의견과 이유를 제시하며 토의하기				
초 5~6학년	• 대화에서 추론하며 듣기	• 매체를 활용하여 발표하기	• 의견을 조정하며 협력적으로 토의하기	• 면담의 절차를 이해하고 상대와 매체를 고려하여 면담하기	• 절차와 규칙을 지키고 이유와 근거를 제시하며 토론하기		
중 1~3학년	• 공감하며 대화하기	• 청중이 이해하기 쉽게 발표하기	• 토의에서 대안을 마련하고 문제 해결하기	• 질문을 점검하고 효과적으로 면담하기	• 토론에서 타당한 논증을 구성하여 논리적으로 반박하기	• 설득 전략을 비판적으로 분석하며 듣기	
고 1학년	• 대화의 원리를 고려하여 대화하기	• 청중의 관심과 요구에 맞게 발표하고 청중 질문에 효과적으로 답변하기			• 필수 쟁점별로 논증을 구성하고 논증이 타당한지 평가하며 토론하기		• 쟁점과 이해관계를 고려하여 대안을 탐색하며 협상하기

〈표 3〉에 나타나듯이, 담화 유형 중 초 1~2학년(군)에서 고등학교 1학년까지 지속적으로 교육하는 것은 '대화'와 '발표'이다. '대화'를 지속적으로 심화·확대하여 교육할 수 있게 내용을 구성한 것은, 생활할 때 대화의 중요성에 비하여 효과적으로 대화를 나누는 방법을 잘 모

르거나 대화의 원리는 이해하지만 이를 자연스럽게 수행에 적용하는 데 어려움을 겪는 등의 문제를 개선하여 대인 관계 능력을 점진적으로 신장시킨다는 점에서 의미가 있다. 또 '발표'에 대한 교육이 초 1~2학년에 시작되고 학년(군)이 높아짐에 따라 지속적으로 심화·확대될 수 있게 내용을 구성하였다. 학교의 교수·학습 과정에서 '발표'라는 담화를 빈번하게 수행할 수밖에 없는 학습자가 교과 학습에 필요한 음성언어 의사소통 능력을 기를 수 있도록 교육 내용이 선정되었다는 점에서 이는 이전 교육과정보다 개선되었다고 볼 수 있다. 이번 교육과정에서 듣기·말하기 영역의 성취기준은 기초 기능을 강화함과 동시에 국어과가 도구 교과로서의 기능을 잘 구현할 수 있게 개발한 것임을 알 수 있다.

또 〈표 3〉에서 살필 수 있듯이, 2022 개정 국어과 교육과정에서 담화 유형에 대한 교수·학습은 '대화, 발표(초 1~2학년) → 토의(초 3~4학년) → 면담, 토론(초 5~6학년) → 연설(중 1~3학년) → 협상(고 1학년)의 계열성을 띤다. 이번 교육과정에서 초·중·고등학교에 걸쳐 지속적으로 교육되는 담화 유형은 대화, 발표, 토론이다. 대화 교육 내용의 수직적 조직은 '말차례 지키기 → 예의 지키기 → 추론하며 듣기 → 공감하며 대화하기 → 대화의 원리를 고려하여 대화하기'로 위계화되었다. 발표 교육이 이번 교육과정에서 강화되면서 관련 성취기준이 추가되었는데, 교육 내용이 심화될 수 있도록 '바른 자세로 발표하기 → 자료를 정리하여 자신감 있게 발표하기 → 매체를 활용하여 발표하기 → 청중이 이해하기 쉽게 발표하기 → 청중의 관심과 요구에 맞게 발표하고 청중의 질문에 효과적으로 답변하기'로 위계화되었다. 토론 교육 내용의 위계성은 토론 교수·학습과 관련된 성취기준의 중점 내용을 기준으로 살펴보면 '절차와 규칙, 근거 제시 → 논리적 반박 → 쟁점별 논증 구성 → 반대 신문하며 토론하기'로 위계화되었다.

듣기·말하기 영역의 교수·학습은 지식이나 기능 중 어느 하나에 치중되지 않아야 하며, 지식과 기능에 대한 지도 없이 학습자의 수행 자체에만 의미를 두는 교육이 되어서는 안 된다. 이번 교육과정의 '듣기·말하기' 영역의 성취기준은 음성언어 의사소통에 대한 지식과 기능, 태도를 바탕으로 기초적인 듣기·말하기 기능을 강화하고 음성언어 의사소통의 상호 교섭적 특성을 강조하여 일반적 말하기·듣기 및 다양한 담화 유형을 수행하는 데 필요한 교수·학습 내용을 체계적으로 구성하였다고 평가할 수 있다.

(2) 고등학교 선택 교육과정에서 '화법'의 지도 내용

① '화법과 언어' 과목

2022 개정 국어과 교육과정에서는 초등학교와 중학교의 '국어'와 고등학교의 '공통국어 1', '공통국어2'의 '듣기·말하기 영역'에서 음성언어 의사소통의 방법을 배웠던 것을 고등학교 선택 교육과정의 '화법과 언어' 과목에서 심화하여 교수·학습하도록 하고 있다. 이 과목은 '화법과 언어의 본질을 이해하고 언어 자원의 표현 효과를 탐구하며 다양한 유형의 담화에 능동적으로 참여함으로써, 효과적인 의사소통 능력과 비판적 사고력을 기르고 바람직한 의사소통 태도를 함양하는 데에 목적'을 두고 있다(교육부, 2022b: 111). 2009 개정과 2015 개정 국어과 교육과정의 선택 교육과정에서는 언어 표현의 과정과 방법이라는 공통점을 근거로 '듣기·말하기' 영역과 '쓰기' 영역을 통합한 '화법과 작문' 과목을 구성한 바 있다. 그러나 앞서 설명하였듯이 이번 교육과정에서는 '화법이 다양한 의사소통 맥락에서 주로 음성언어를 매개로 한 사고의 과정이자 사회적 실천이고, 문법이 의사소통의 기저에 있는 운용 규칙이자 원리로서 의사소통의 의미 구성, 맥락 형성, 점검·조정의 자원으로 기능하는 점에서 내용상 연관성'이 있다고 보고 화법과 문법을 연계하여 학습하도록 하였다(교육부, 2022b: 111). 2022 개정 국어과 교육과정의 선택 교육과정 '화법과 언어' 과목의 내용 체계는 〈표 4〉와 같다.

〈표 4〉의 내용 체계에서 살필 수 있듯이, 2022 개정 국어과 교육과정의 '화법과 언어'는 '핵심 아이디어'를 근간으로 '지식·이해', '과정·기능', '가치·태도' 범주에 해당하는 내용 요소를 제시하고 있다. 즉, 언어 사용자로서 학습자가 '맥락에 적절한 언어를 사용하여 의사소통에 능동적으로 참여하고 언어생활을 성찰하여 의사소통 문화 형성에 기여할 수 있게' 하기 위하여 '음성언어를 중심으로 의미를 구성하는 사고 행위이자 언어적 실천과 소통 행위'로서의 화법과 '담화를 수행하고 비판적으로 사고하기 위한 효과적인 자원'으로서의 '언어'에 대하여 이해하게 하고 음성언어 의사소통에 필요한 기능과 태도를 익힐 수 있게 내용 요소를 선정하였다.

특히 이번 '화법과 언어' 과목의 내용 체계는 '지식·이해', '과정·기능', '가치·태도' 범주 모두에서 화법과 문법의 통합적 특성이 잘 드러나게 내용 요소를 구성하였다. 이는 2015 개정 교육과정의 '화법과 작문' 과목의 내용 체계에서 '화법과 작문의 본질'과 '화법과 작문의 태도'에 해당하는 내용 요소만 통합적으로 제시하고 '화법의 원리와 실제'에는 화법의 내용 요소만을, '작문의 원리와 실제'에는 작문의 내용 요소만을 제시하던 제한적 통합 방식과 차

표 4 '화법과 언어' 과목의 내용 체계(교육부, 2022b: 112)

핵심 아이디어	• 화법은 의사소통 목적과 맥락, 담화 참여자의 관계를 고려하여 음성언어를 중심으로 의미를 구성하는 사고 행위이자 언어적 실천과 소통 행위이다. • 언어는 고유의 형식과 의미 기능을 지닌 체계로서, 의사소통 맥락에 맞게 담화를 수행하고 비판적으로 사고하기 위한 효과적인 자원이다. • 언어 사용자는 맥락에 적절한 언어로 의사소통에 능동적으로 참여하고 언어생활을 성찰하여 의사소통 문화 형성에 기여한다.
범주	내용 요소
지식·이해	• 인간의 삶과 국어생활의 변화 • 기호를 활용한 사회적 행위로서의 의사소통 • 맥락에 따른 언어 선택과 담화 관습
과정·기능	• 표준 발음으로 국어생활하기 • 품사, 문장 구조에 대한 지식을 활용하여 언어 자료 분석하기 • 단어의 짜임과 의미 관계를 분석하여 어휘 활용하기 • 화자의 태도를 표상하기 위해 어휘와 문법 요소 활용하기 • 담화를 응집성 있게 구성하기 위해 어휘와 문법 요소 활용하기 • 다양한 유형의 담화 및 매체에 활용된 언어의 공공성을 점검하고 평가하기 • 자아 개념을 인식하고 관계 형성에 적절한 방법으로 대화하기 • 적절한 언어적·준언어적·비언어적 표현 전략을 활용하여 발표하기 • 화자의 공신력과 효과적 설득 전략을 활용하여 연설하기 • 공동체의 문제를 분석하여 합리적으로 문제를 해결하며 토의하기 • 논증에 대해 반대 신문하며 토론하기 • 상호 만족할 수 있는 대안을 탐색하며 협상하기
가치·태도	• 사회적 행위로서의 국어생활에 대한 성찰과 개선 • 다양성을 존중하는 의사소통 문화 형성

이가 있다. 즉, 2015 개정 교육과정에서는 화법과 작문이 '표현'이라는 공통분모를 가지고 있다고는 하지만 실제로 수행할 때 상황 맥락에 맞게 원리를 적용하여 대면 의사소통 상황에서 이를 직접 실연해야 하는 화법의 수행 과정을 제대로 교수·학습하기 위해서는 '본질', '태도' 영역을 통합해서 지도하더라도 '수행'을 위하여 필요한 교육 내용은 각각의 특성에 맞추어 분리·심화하는 것이 효과적이라는 관점을 가지고 있었다. 그러나 이번 교육과정에서는 음성언어 의사소통에서 전략적 표현의 자원, 사고력 향상의 자원으로서 언어를 이해하는 것이 기반이 된다면 음성언어 의사소통을 수행하는 데 효과적이라는 관점을 가지고 있어서 음성언어 의사소통에 대한 이해 및 수행 과정 전반에 화법과 문법을 통합하여 지도할 수 있게 구성하였다.

2022 개정 국어과 교육과정에 제시된 '화법과 언어'의 교육 내용은 〈표 5〉와 같다. 〈표 5〉에서 살필 수 있듯이, '화법과 언어' 과목의 성취기준은 듣기·말하기 영역과 문법 영역을 통합하여 심화·확장한 교육 내용으로 제시되어 있다. 이러한 교육 내용을 화법 교육의 관점에

표 5 '화법과 언어' 과목의 성취기준(교육부, 2022b: 113)

	'화법과 언어' 과목 성취기준
화법과 언어	[12화언01-01] 언어를 인간의 삶과 관련지어 이해하고, 국어와 국어생활이 시간의 흐름에 따라 변화하는 양상을 분석한다. [12화언01-02] 표준 발음을 이해하고 정확하게 발음하는 국어생활을 한다. [12화언01-03] 품사와 문장 구조에 대한 지식을 활용하여 언어 자료를 분석하고 설명한다. [12화언01-04] 단어의 짜임과 의미, 단어 간의 의미 관계를 중심으로 어휘를 이해하고 담화에 적절히 활용한다. [12화언01-05] 담화의 맥락에 적절한 어휘와 문법 요소를 선택하여 화자의 태도를 드러낸다. [12화언01-06] 담화의 구조를 고려하여 적절한 어휘와 문장으로 응집성 있는 담화를 구성한다. [12화언01-07] 다양한 유형의 담화와 매체를 대상으로 언어의 공공성을 이해하고 평가한다. [12화언01-08] 자아 개념이 의사소통 방식에 미치는 영향을 인식하고 협력적인 관계 형성에 적절한 방식으로 대화한다. [12화언01-09] 정제된 언어적 표현 전략 및 적절한 준언어적·비언어적 표현 전략을 활용하여 발표한다. [12화언01-10] 화자의 공신력을 이해하고 효과적인 설득 전략을 활용하여 연설한다. [12화언01-11] 토의에서 주제와 관련된 다양한 자료를 통해 공동체의 문제를 분석하고 합리적으로 해결한다. [12화언01-12] 주장, 이유, 근거를 비판적으로 검토하여 논증의 타당성, 신뢰성, 공정성에 대해 반대 신문하며 토론한다. [12화언01-13] 상황에 맞는 협상 전략을 사용하여 서로 만족할 수 있는 대안을 찾아 의사 결정을 한다. [12화언01-14] 기호를 활용한 사회적 행위로서의 국어생활을 성찰하고 문제점을 개선하는 태도를 지닌다. [12화언01-15] 언어 공동체의 담화 관습을 이해하고, 다양성을 존중하는 의사소통 문화 형성에 기여하는 태도를 지닌다.

서 보면, 이 과목의 성취기준은 음성언어 의사소통을 수행할 때 일반적으로 필요한 언어 사용에 대한 교육 내용과, 대화, 발표, 연설, 토의, 토론, 협상 등 담화 유형에 관한 교육 내용으로 구분된다. 이 중 일반적 음성언어 사용에 대한 성취기준은 음성언어 의사소통 자원으로서 언어가 지닌 위상과 가치를 반영하여 효과적인 음성언어 의사소통에 필요한 지식, 기능, 태도를 제시한 것으로, 이 과목의 영역 통합적 성격이 교육 내용으로 매우 잘 구현되었다고 볼 수 있다. 또한 동시에 화법 교수·학습에서 공적·격식적 의사소통 상황에서 작용하는 언어 인식의 중요성을 이해하고 언어의 전략적 사용의 중요성을 강화하는 교육을 구현할 수 있게 하였다.

이 외에 '화법과 언어' 과목이 담화 유형에 관한 교육에 중점을 두고 구성된 것은 듣기·말하기 영역의 학습에 대한 심화 과목이라는 성격에 부합하며, 수행 중심의 학습을 통해 의사소통 역량을 강화하는 교육을 구현할 수 있게 한다는 점에서 매우 긍정적으로 평가할 만하다. 담화 유형에 관한 교육 내용은 2015 개정 국어과 교육과정의 '화법과 작문' 과목에서 다루었던 내용과 비교하면 '면접' 교수·학습에 대한 내용이 삭제된 것 외에는 대동소이하다. 2022 개정 국어과 교육과정 개발 연구보고서에서는 '면접' 교수·학습에 대한 성취기준이 '직무 의사소통' 과목으로 이동되었다고(노은희 외, 2022b: 257) 설명하고 있다. 그러나 '화법과 언어'와 '직무 의사소통'은 엄연히 다른 목표를 가지고 있는 과목이고 공통 과목이 아니라 선택 과목이므로, 일반 선택 과목인 '화법과 언어' 과목 내에서 '면접' 교수·학습에 대한 심화 학습이 이루어지게 구성하는 것이 한 과목 내에서 담화 유형에 대해 체계적인 심화 학습을 모두 할 수 있게 한다는 측면에서 더 효과적인 설계일 것이다.

② '직무 의사소통' 과목

고등학교 국어과 선택 교육과정에서 '화법'에 대한 지도 내용이 담겨 있는 과목 중 하나는 '직무 의사소통'이다. '직무 의사소통'은 초등학교 및 중학교의 '국어'와 고등학교 '공통국어1', '공통국어2'를 심화·확장한 과목으로, 듣기·말하기, 읽기, 쓰기, 문법, 문학, 매체 영역에서 직무와 관련성이 높은 학습 요소들을 유기적으로 통합하여 학습자의 실질적인 직무 의사소통 능력을 향상시키는 데 목적이 있다(교육부, 2022b: 171). 고등학교를 졸업한 이후 취업하고자 하는 학습자나 일상적 의사소통 능력을 확장하여 직장 생활에서 업무를 수행할 때 필요한 의사소통 능력을 신장시키는 데 관심이 있는 학습자가 능동적이고 협력적인 직무 공동체의 구성원으로서 역할을 하는 데 필요한 지식, 기능, 태도를 교수·학습하여 공동체·대인 관계 역량과 자기 성찰·계발 역량을 함양할 수 있게 하고자 하였다. '직무 의사소통'은 2015 개정 국어과 교육과정에서 진로 선택 과목이었던 '실용국어' 과목의 성격과 내용을 수용하고, 미래 사회의 직무 환경을 염두에 두고 새로운 진로나 직업을 지속적으로 탐색할 때 필요한 능력을 기르는 데 필요한 내용 요소를 반영하였다(노은희 외, 2022b: 295). '직무 의사소통' 과목의 내용 체계는 〈표 6〉과 같다.

표 6 '직무 의사소통' 과목의 내용 체계(교육부, 2022b: 172)

핵심 아이디어	• 직무 의사소통은 다양한 직무 환경에서 직무 수행에 필요한 의사소통 행위이다. • 효과적인 직무 의사소통을 위해서는 목적과 맥락, 참여자 특성을 고려하여 의사소통 과정에 참여하여야 한다. • 능동적이고 협력적인 직무 의사소통은 자신과 직무 공동체의 성장과 발전의 토대가 된다.
범주	내용 요소
지식·이해	• 직무 의사소통의 맥락 • 목적, 맥락, 참여자 특성에 적합한 소통 • 직무 의사소통과 매체
과정·기능	• 직무에 적합하게 자기를 소개하고 면접에 참여하기 • 진로와 직무 탐색을 위해 정보를 이해하고 평가하기 • 직무 정보를 체계적으로 관리하고 활용하기 • 직무 정보를 효과적으로 조직하고 표현하기 • 대화와 협의를 통해 직무 의사소통 문제와 갈등 조정하기 • 직무 공동체의 문제에 대한 대안을 탐색하고 해결하기 • 다양한 매체를 활용해 직무 공동체 구성원과 협력 기반의 소통하기
가치·태도	• 직무 의사소통에서의 개인 권리 및 보안에 대한 책무 • 직무 환경의 변화에 대응하는 지속적인 자기 성찰 및 계발 • 직무 의사소통에의 능동적이고 협력적인 참여

〈표 6〉과 같이 직무 의사소통의 내용 체계는 '핵심 아이디어'를 중심으로 이를 실현하기 위하여 '지식·이해', '과정·기능', '가치·태도'의 범주를 설정하고 각 범주별로 내용 요소를 구체화하였다. 직무 의사소통의 내용 요소를 보면 국어과의 전체 영역과 관련성이 있지만 '자기를 소개하고 면접에 참여하기', '대화와 협의를 통해 갈등 조정하기', '직무 정보를 효과적으로 조직하고 표현하기', '직무 공동체 구성원과 협력 기반의 소통하기' 등에서 특히 듣기·말하기 영역과의 내용 관련성이 두드러진다. '직무 의사소통' 과목의 성취기준을 제시하면 〈표 7〉과 같다.

표 7 '직무 의사소통' 과목의 성취기준(교육부, 2022b: 173)

	'직무 의사소통' 과목 성취기준
직무 의사소통	[12직의01-01] 직무 의사소통의 목적과 맥락, 매체, 참여자 특성을 이해하고 적절한 표현을 사용하여 능동적으로 소통한다. [12직의01-02] 직무 공동체의 다양한 소통 문화와 직무 환경 변화에 적합하게 자기를 소개하고 면접에 참여한다. [12직의01-03] 효과적인 진로 탐색 및 직무 수행을 위해 다양한 방법으로 정보를 수집하고 분석하여 내용을 이해하고 평가한다. [12직의01-04] 적절한 매체를 사용하여 직무에 필요한 정보를 체계적으로 관리하고 활용한다. [12직의01-05] 정보를 효과적으로 조직하여 직무의 목적·대상·상황에 적합하게 표현한다. [12직의01-06] 직무 수행 과정에서 발생하는 의사소통 문제와 대인 관계 갈등에 대해 대화와 협의로 대처하고 조정한다. [12직의01-07] 직무 공동체의 의사 결정 과정에 적극적으로 참여하여 대안을 탐색하고 합리적으로 문제를 해결한다. [12직의01-08] 직무 상황에서 구성원들과 다양한 매체를 활용하여 적극적으로 협업하고 언어 예절을 갖추어 소통한다. [12직의01-09] 개인의 권리와 정보 보안에 대한 책무를 인식하면서 직무 의사소통에 참여한다. [12직의01-10] 직무 환경의 변화에 대응하여 지속적으로 자기를 계발하고, 직무 의사소통에 능동적이고 협력적으로 참여하는 태도를 지닌다.

〈표 7〉과 같이 〈표 6〉의 내용 요소를 연계·통합하여 개발된 성취기준에서도 직무 의사소통 과목이 듣기·말하기 영역의 학습을 직무 상황에서 심화·확장한 것임이 잘 드러난다. 화법 교육 전반에서 담화 유형의 효과적 수행 능력을 강조하고 있는데, 이는 취업 과정부터 직무 수행 과정 전반까지 매우 중요하다. 그렇기 때문에 직무 의사소통 과목에서도 담화 유형에 대한 학습을 매우 중요시하고 있다. 〈표 7〉의 성취기준을 보면 취업 시험에 필요한 '면접'과 직무 수행 과정에 필요한 '대화'에 대한 학습 내용이 명시적으로 제시되었다. 명시적으로 담화 유형이 드러나지는 않지만, 직무 수행 과정에서 정보를 전달하는 '발표', 직무 공동체의 의사 결정 과정에 필요한 '토의', '토론', '협상' 등 효과적인 수행에 필요한 교육 내용도 포함되어 있음을 살필 수 있다. 특히 '직무 의사소통' 과목의 교육 내용에서 매체 환경의 변화에 따른 다양한 매체 활용 능력과, 직무 환경의 변화에 적극적으로 대응하여 자기를 계발하고 능동적이고 협력적으로 직무 의사소통에 참여하는 태도를 강조한 부분은, 직무 상황에서 필요한 음성언어 의사소통 능력이 고정적이고 불변하는 것이 아니라 변화를 수용하고 적극적

으로 대응하여 계발해야 하는 유동적이며 상황에 따라 유연하게 전환되는 것이어야 함을 명시적으로 드러내고 있다는 점에서 의미가 있다.

2) 담화 상황·유형·목적별 지도 내용

어떤 종류의 담화이든 그 담화를 원활하게 수행하기 위해서는 앞서 살펴본 음성언어 의사소통의 본질에 대한 지식이 있다면 유용하다. 이는 담화를 수행하는 데 필요한 일반적인 차원의 지식이다. 이 밖에 학습자가 담화를 효과적으로 수행하기 위해서는 각각의 담화 특성에 따라 말하기와 듣기를 어떻게 해야 하는가를 알아야 한다. 즉, 화법 교육의 내용은 크게 음성언어 의사소통과 관련된 일반적인 지식과 담화의 특성에 따른 화법 지식으로 나누어 볼 수 있다.

음성언어 의사소통은 기준에 따라 다양하게 분류될 수 있다. 참여자의 관계, 전달 수단, 담화의 상황·목적·표현 방식, 준비 여부, 내용 전개상의 기법과 어법 등 분석하는 시각에 따라 더 많은 기준을 만들 수도 있다. 그러나 담화에서 말하기와 듣기의 방법을 결정짓는 것이 무엇인가를 기준으로 음성언어 의사소통을 분류하면 화법 교육에서 다루어야 할 내용을 구체적으로 제시할 수 있다. 그러므로 여기에서는 담화의 표현과 이해 방법을 결정하는 표면적 요인을 담화의 상황과 유형, 목적으로 보고, 화법 교육의 내용을 담화의 특성에 따른 지도 내용을 중심으로 살펴보고자 한다.

(1) 담화 상황별 교육 내용

상황(situation)은 주로 언어 사용자가 말하고 듣거나 글을 쓰고 읽는 때와 곳(시간과 공간)이다(이관규, 1999: 260). 음성언어로 의사소통을 하는 상황, 즉 담화 상황에서는 시간과 공간, 참여자, 맥락, 배경지식 등이 복합적으로 작용한다. 이러한 작용의 결과로 참여자는 표현의 과정과 방법을 선택하게 된다. 담화 상황이 공식성을 띠는지 아닌지에 따라 공식적 말하기와 비공식적 말하기로 구분할 수 있다. 또 말할 내용을 미리 준비하여 전달하는 준비된 말하기와 그렇지 않은 즉흥적 말하기가 있다.

① 공식적 말하기와 비공식적 말하기

담화의 상황이 공식적인가 비공식적인가에 따라 같은 생각을 음성언어로 전달하더라도 표현하는 방법에 큰 차이가 있다. 주어진 담화 상황에서 공식적 말하기 방법을 사용할 것인가 비공식적 말하기 방법을 사용할 것인가를 판단하는 데는 다음과 같은 요인이 작용한다.

- 청자의 수가 많은가?: 발표, 강의, 연설 등을 하는 경우는 화자가 청자보다 높은 지위에 있고 친밀한 관계라 하더라도 한 개인이 집단 앞에서 말하는 경우이므로 공식적 말하기를 한다.
- 사무적인가?: 화자가 개인의 자격으로 말하는가 아니면 어떤 집단의 일원으로서 임무를 수행하기 위해서 말하는가에 따라 판단한다. 사무적인 경우에는 공식적 말하기를 한다.
- 소통 방식이 정형화되어 있는가?: 토론, 토의, 회의 등과 같이 의사소통 방식이 정형화되어 있는 경우에는 공식적 말하기를 한다.
- 대중매체 의사소통(mass communication)인가?: 텔레비전, 라디오 등과 같이 대중을 청자로 한 방송에서는 공식적 말하기를 한다.

공식적 상황에서의 말하기는 비공식적 상황에서의 말하기에 비하여 다음과 같은 언어적 특징이 있다.

- 종결어미가 주로 '(으)ㅂ니다/습니다'로 나타난다.
- 조사를 잘 생략하지 않는다.
- 비격식적인 어휘보다 격식적인 어휘를 주로 사용한다.
- 구어체 표현에서 흔히 나타나는 음운 축소나 변동의 사용을 지양한다.
- 어순을 지켜서 표현한다.

공식적 상황에서의 말하기는 말로 표현하지만 주로 문자언어 표현의 특징을 지닌다. 그러므로 비공식적 말하기에 익숙해 있는 학생들에게 담화의 상황에 따라 언어 표현의 방법이 다르다는 점을 인식시키고 이러한 표현 방법에 익숙해지도록 지도하여야 한다.

② 준비된 말하기와 즉흥적 말하기

음성언어 의사소통에는 발화하기 전에 미리 말할 내용을 계획하고 준비하는 '준비된 말하기'와 사전 계획이나 준비 없이 바로 말하는 '즉흥적 말하기'가 있다.

준비된 말하기의 대표적인 것이 연설이다. 토론이나 토의도 논제가 미리 제시되고 말할 내용을 준비할 시간을 가지는 경우는 '준비된 말하기'로 볼 수 있다. '준비된 말하기'에서 '준비'는 말할 내용에 대한 준비, 말하기 절차에 대한 준비, 상대방의 반응에 대한 준비 등을 의미한다. 연설의 경우는 혼자 말하기이므로 절차가 고려 대상은 아니나, 토론이나 토의의 경우는 그 담화의 말하기 규칙에 따라 말할 내용을 구성하여야 한다. 즉, 토론과 토의의 절차에 따라 자신이 무엇을 말할지 사전에 준비하여야 한다.

'준비된 말하기'는 말할 사람이 전달할 내용을 원고로 작성하여 사전에 연습한다. 실제 담화 상황에서 표현되는 전체적인 내용은 준비한 것과 거의 비슷하나, 말하는 사람의 긴장 정도나 청중의 반응에 따라 구체적인 표현은 준비한 것과 차이를 보인다. 그러므로 '준비된 말하기'를 계획할 때는 말할 내용에 대한 준비와 실제 담화 상황에서 비언어와 준언어적 표현을 어떻게 할 것인가, 청중의 태도에 따라 어떻게 대응할 것인가 등을 미리 고려하여야 한다.

'준비된 말하기'라 하더라도 원고를 보고 그대로 읽어서는 안 된다. 이 역시 청중과 함께 의미를 공유해 가는 상호 교섭적인 과정이 되어야 한다. 그러므로 말하는 사람은 청중을 보면서 준비한 내용을 기억하여 말하고, 청중의 반응에 따라 자신의 언어적, 비언어적 표현을 조절할 수 있어야 한다. 준비된 말하기의 경우는 일반적으로 공식적 말하기의 표현을 따른다.

즉흥적 말하기의 대표적인 것이 일상적으로 이루어지는 대화이다. 사전에 말할 내용이나 절차, 반응을 계획하거나 준비하지 않지만 음성언어 의사소통의 원리를 준수하면서 상대방과 상호 교섭적으로 의미를 주고받는다.

화법 교육에서는 학습자들이 '준비된 말하기'를 할 때 말할 내용을 준비하는 과정과 구체적 담화 상황에서 이를 어떻게 실행할 것인가에 대한 준비 과정을 지도하고, 실제 청중 앞에서 '준비된 말하기'를 수행해 보는 과정을 모두 경험하도록 한다.

(2) 담화 유형별 교육 내용

① 대화

대화는 둘 이상의 사람이 자신의 생각과 느낌 등을 표현하고 상대방의 표현에 반응하는 과정이다. 대화를 할 때는 상대방을 존중하면서 자신이 전달하고자 하는 의미를 정확하고 효과적으로 표현하고 상대방이 표현하는 바를 정확하게 이해할 수 있어야 한다. 우리는 대화를 통해 자신의 생각을 표현함과 동시에 상대방에 대한 태도도 언어적, 비언어적으로 드러낸다. 사람들은 대화를 통해 상대방과 좋은 관계를 형성하고 유지하며 그 관계가 발전해 나가기를 원한다. 그러므로 화법 교육에서 대화를 지도할 때는 정확한 의미 표현과 이해의 측면보다는 상대방과의 인간관계를 고려한 효과적인 표현과 이해에 초점을 맞추어야 한다. 이를 위해서는 다음과 같은 내용을 교육하여야 한다.

- 말하기·듣기의 언행적 목적과 관계적 목적을 이해한다.
- 인간관계의 원리를 이해한다.
- 인간관계를 파악하는 방법을 안다.
- 상대와 나의 관계에 따른 표현의 방법을 안다.
- 상대 인정하기 방법을 안다.
- 상대의 체면을 존중하는 방법을 안다.
- 유대를 이동하는 방법을 안다.
- 자기를 개방하는 방법을 안다.
- 자기표현을 하는 방법을 안다.
- 공감적 경청의 방법을 안다.

화법 교육에서 대화에 대해 지도할 때는 의사소통에 문제가 발생하는 경우를 중심으로 효과적인 대화 방법을 지도한다. 일반적으로 대화에 문제가 발생할 때 참여자 간에 갈등이 생기게 된다. 대화에서 발생하는 갈등을 해소할 수 있는 좋은 방법은 상대방을 존중하고 상대방의 입장에서 생각하고 말하는 것이다. 그러므로 이 같은 청자 지향적 관점의 표현은 효과적인 대화를 가능하게 한다. 권순희(2001)에서는 대화를 지도할 때 효과적인 말하기를 위하여 청자 지향적 표현 방법을 지도할 필요가 있다고 강조하고 있다. 이러한 청자 지향적인 표현은 결국 상대의 체면을 존중해 주는 표현 방법이다. 권순희(2001: 92~122)에서는 청자 지향적 관점의 말하기 지도 항목을 구조적 표현 방법과 비구조적 표현 방법으로 제시하고 있다.

ㄱ. 청자를 고려한 구조적 표현 방법

- 열린 질문 방법: 청자가 계속 화제를 이어갈 수 있도록 질문을 하는 방법으로, 의문사로 된 의문문을 사용하는 것이 효과적이다.
- 청자 지향 어휘 선택 방법: 청자가 선호하는 어휘를 사용하여 표현하며, 오해의 여지를 최소화하는 어휘를 선택한다.
- 나 전달법: 문제를 상대방에게 돌리지 않고 나의 관점으로 바꾸어 표현한다. 상대를 비난하거나 공격하지 않고, 상황에 대한 기술과 그것으로 인한 나의 느낌이나 감정을 표현하는 방식으로 말한다.
- 공감적 응대 방법: 상대방의 처지를 공감하면서 응대한다. '너는 ~하는구나'와 같이 맞장구치기 표현이 대표적이다.
- '동의, 그러나' 방법: 참여자 간에 의견이 일치하지 않을 경우, 상대의 의견을 인정한 뒤 자신의 의견을 밝히는 표현 방법이다.
- 우리 전달법: 상대에게 명령을 할 상황에서 '우리 ~하자/합시다'와 같이 표현함으로써 상대가 강압적인 느낌을 갖지 않게 한다.

- 되묻기 방법: 청자에게 의견을 다시 물어봄으로써 스스로 해답을 찾도록 유도하는 방법이다. 상대의 말에 거절을 해야 할 상황에서 되묻기를 사용하면 직접적으로 거절을 하지 않고 청자가 스스로 답하게 하여 청자에게 끼치게 되는 불이익을 최소화할 수 있다.
- 간접 표현 방법: 간접적으로 자신의 의도를 드러내는 표현을 사용한다. 명령의 상황에서 상대방의 체면을 덜 상하게 하고 부담을 덜 느끼게 한다.

ㄴ. 비구조적 표현 방법

- 입장 바꾸기 방법: 상대방과 나의 입장을 바꾸어 생각해 보는 방법이다.
- 화자의 판단 유보하기 방법: 자신의 주장을 강압적으로 주장하기보다는 상대방에게 판단을 미루고 자신의 주장을 드러내는 표현 방법이다. '청소해라'보다는 '깨끗한 것이 좋지 않을까?'와 같이 말한다.
- 청자 지식 공유화 방법: 자신이 알고 있는 지식이나 정보를 청자가 이해할 수 있는 수준으로 표현하거나 청자가 잘 알고 있는 것을 대화의 화제로 삼는다.

쉬|어|가|기

말하기 불안(communicative apprehension)의 지도

말하기 불안증은 넓은 의미로 담화 상황에서 겪는 심리적 불편감이다. 사람에 따라 정도의 차이는 있겠지만 발표와 같은 공식적 말하기에서는 누구나 긴장, 불안 등과 같은 심리적 불편감을 느낀다. 그러나 이러한 심리적 불편감의 정도가 가벼운 긴장과 불안을 넘어서 의사소통에 방해가 될 정도이거나 기피, 거부로 나타난다면 의식적 노력으로 극복하여야 한다(전은주, 1999: 203).

▶말하기 불안의 유형과 원인

- 성격적 불안: 모든 의사소통 상황에서 거의 언제나 불안감을 느끼는 상태로, 부분적으로는 유전적이지만 대부분은 자라는 과정에서 겪은 부정적인 경험에서 기인한다. 말을 하려고 할 때 강압적으로 저지당하거나 참담한 실패를 반복적으로 경험하면 스스로 말을 못하는 사람이라는 부정적인 자아 개념(self-concept)을 형성하게 되고 결국 모든 담화 상황을 두려워하게 된다.
- 상황적 불안증: 발표, 면접 등과 같이 특수한 상황에서만 불안함을 느끼는 상태를 가리킨다. 이는 통상 상황의 중요성 때문에 생기는데, 누구나 다 정도의 차이가 있을 뿐 이러한 불안증을 겪는다. 말하기에 대해 충분히 준비되지 않았거나 말하기 기능이 부족한 경우에는 상황적 불안증을 겪게 될 가능성이 크다. 또 자신의 능력에 대한 긍정적인 신념이나 태도가 부족한 낮은 자아 개념에서 비롯되기도 한다.
- 특정인 접촉 불안: 상대방이 화자에게 매우 중요한 사람일 경우 주로 나타난다. 과거의 경험으로 인해 실패를 예측하거나 상대방으로부터 거절당할지도 모른다는 생각에서 비롯된다.
- 특정 상황에서의 특정인에 대한 불안: 상황에 대한 압박감과 과거의 부정적 경험에서 기인한다.

▶지도 방법

말하기 불안의 원인은 대체로 화자 내적 문제와 외적 상황이다. 낮은 자아 개념으로 인한 자신감의 부족이나 기능 부족, 반복된 실패의 경험에서 비롯된 불건전한 자아 개념 등은 화자 내적 문제이다. 화자는 자신의 행동 방식을 관찰하고, 문제를 인식하고, 문제의 원인을 찾고, 행동을 수정하는 과정을 반복함으로써 점진적으로 긍정적인 자아 개념을 만들어 갈 수 있다. 자아 개념을 개선하기 위해서는 주변 사람들의 긍정적인 반응도 중요하다. 말하기를 지도할 때 교사와 동료들의 역할이 중요한 이유는 이들의 긍정적인 반응이 화자의 자아 개념을 높이고 말하기 능력을 신장시키는 데 결정적 도움을 줄 수 있기 때문이다. 이 외에 기능 부족과 상황적 문제는 수행 연습과 상황에 대한 둔감화(desensitization) 훈련, 긴장 이완 훈련 등을 통해 점진적으로 개선할 수 있다.

② 연설

연설(public speech)은 여러 사람 앞에서 자신의 주장이나 의견을 진술하는 것을 말한다. 연설에는 설명, 설득, 소개, 수여, 수령, 기념, 졸업 축하, 헌납, 홍보 연설 등이 있다. 이 중 설명 연설은 보고, 발표라고도 하며, 정보를 전달하는 것이 목적이다. 설명 연설과 설득 연설은 연설의 목적을 달성하기 위하여 일정한 형식에 따라 '준비된 말하기'를 하므로 비교적 긴 말하기에 속한다. 이에 비하여 소개, 수여, 수령, 기념, 졸업 축하, 헌납, 홍보 등의 연설은 30초에서 3분 정도의 짧은 시간이 소요된다. 이들 연설은 토론이나 토의처럼 그 담화 과정 전체에 공통의 독립된 목적이 있다기보다는 어떤 공식적인 행사의 절차 내에서 소개나 축하, 격려, 존경, 감사 등을 표현할 수 있도록 한 기능을 만족시키기 위해 이루어지기 때문이다.

연설은 대부분 공식적 말하기이며, 준비된 말하기이다. 그래서 목적과 기능에 맞게 내용을 미리 준비하여야 한다. 연설의 종류에 따른 일반적인 내용 항목을 학습자들에게 지도하고 이를 기초로 연설의 내용을 마련할 수 있도록 한다. 설명이나 설득 연설의 서론에서는 청중의 주의를 끌 수 있는 장치를 사용하는 것이 효과적이다. 연설을 지도할 때는 관심 끌기, 인용하기, 주변 상황 언급하기, 청중 동원하기, 신변 잡담 언급하기 등의 서론 기법을 가르친다. 연설의 결론 부분에서는 '종료 신호-요점 재강조-결언'의 구조를 사용하는 것이 효과적이다. 또 결언에서 명언, 격언, 속담 등을 인용하여 자신이 주장하고자 하는 바를 다시 한 번 강조하거나 미래지향적 결언, 청중 중심의 결언을 하게 한다.

연설을 준비하는 과정은 준비 개요서 작성하기, 실행 개요서 작성하기, 연습하기의 단계를 거치는 것이 효과적이다. 그러므로 학습자에게 연설을 준비하는 방법을 사전에 지도한 후 이에 맞게 준비하도록 한 뒤 수행하게 한다.

준비 개요서 작성하기 단계에서는 연설의 주제, 세부 목적, 핵심 명제를 분명히 기술하고 서론, 본론, 결론으로 나누어 내용을 구성한다. 준비 개요서는 연설문이나 대본과는 달리 말할 내용을 연결사, 부연, 반복, 자세한 설명은 제외하고 목차를 작성하는 형식으로 적는다. 준비 개요서에는 실제로 연설할 때 사용할 논의 전환의 표현이나 중간 요약을 따로 표시해 두고, 주요 아이디어나 서두, 결언은 모두 완전한 문장으로 쓴다.

실행 개요서 작성하기 단계에서는 실제로 연설을 수행할 때 참고하기 위하여 준비 개요서를 요약한다. 준비 개요서의 체계를 그대로 유지하면서 실제로 수행할 때 말할 내용을 기억하는 데 도움이 될 만한 중요한 단어나 구를 중심으로 작성한다.

연습하기 단계는 학습자가 준비된 내용의 연설을 실행 개요서에 따라 수행해 보는 과정

표 8 준비 개요서의 예

준비 개요서
주제: 집중력의 개념과 집중력 향상 방법 세부 목적: 청중에게 집중력의 개념 및 필요성을 알게 하고 집중력 향상법을 알려 주기 위해 핵심 명제: 집중력의 개념과 그 향상 방법에 대해 알아보자. **서 론** 1. 먼저 그림 한 점을 보시겠습니다. 　1) 어떤 그림인 것 같으세요? 　2) 집중력을 향상시켜 주는 그림입니다. 2. 집중력은 복잡하고 급변하는 사회에서 빠른 시간 내에 더 많은 일을 처리하기 위해 필요합니다. 3. 생각할 것이 많고 해결해야 할 일이 산더미처럼 쌓인 우리에게 필요한 집중력에 대해 알아보고자 합니다. 　[전환: 그럼 집중력이란 무엇인지 알아보고, 집중력을 향상시키는 방법에 대해 말씀드리고자 합니다.] **본 론** 1. 집중력의 개념 　1) 집중력이란 주어진 시간 내에 어떤 과제를 해결하기 위해 의식을 몰입하는 능력을 말합니다. 　2) 집중력은 선택적으로 반응하는 능력입니다. 　　- 외부의 다양한 자극 중에서 특정한 자극에만 반응하고 다른 자극에는 반응하지 않는 능력이라는 것입니다. 　3) 집중력은 자기 통제 능력입니다. 　　- 어떤 사건이 발생하거나 자극이 주어졌을 때 즉각적으로 반응하기보다는 미래의 결과를 예측하여 행동하는 것이죠. 　　[전환: 여기서 주목할 것은 집중력은 개선 가능하다는 것입니다.] … 〈**중략**〉 … **결 론** 1. 이상 집중력 및 그 향상법에 대해 알아봤습니다. 다들 기억하시죠? 2. 무엇보다 중요한 것은 향상법을 잘 숙지하고 자신에게 적합한 방법을 찾아 실천하는 것입니다. 3. 우리가 할 일이 매우 많다는 것을 기억하고 이 모든 것에 집중력을 발휘하면 여러분의 노력의 결과가 180도 바뀔 수 있다는 걸 기억하시길 바랍니다.

표 9 실행 개요서의 예

실행 개요서
- 청중이 잘 볼 수 있도록 그림과 ppt 파일을 준비 **서 론** 1. 그림을 보시겠습니다. 　- 약간 쉰다. 　1) 어떤 그림?(질문) 　2) 집중력을 향상시켜 주는 그림 　　: 어떤 요소로 집중력을 향상시켜 주는 그림인지 설명 2. 집중력의 필요성 3. 집중력에 대해 알아보고자 합니다. 　(그럼 집중력이란 무엇인지 알아보고……) 　- 약간 쉰다. **본 론** - ppt 자료를 넘기기 1. 집중력의 개념 　1) 주어진 시간 내에 어떤 과제를 해결하기 위해 의식을 몰입하는 능력 　2) 선택적으로 반응하는 능력 　　: 예시로 설명 　3) 자기 통제 능력 　　: 예시로 설명 　　[스스로 집중력이 높다는 생각이 드시나요?(질문)] … 〈**중략**〉 … **결 론** 1. 이상 집중력 및 그 향상법…… 　다들 기억하시죠? 　- 목소리 높이기(강조) 2. 무엇보다 중요한 것은 실천…… 　- 진지하게 3. 우리는 할 일이 매우 많음을 강조. 　: 입학시험, 많은 시험, 사랑하는 사람의 이야기에 귀 기울이기 등 　- 집중력을 발휘하면 노력의 결과가 바뀔 수 있음을 강조한다.

이다. 연설하기를 지도할 때 학습자가 집에서 스스로 해 볼 수 있도록 과제로 제시한다. 학습자가 개요서를 보지 않고 자연스럽게 자신의 언어적, 비언어적 표현을 조절해 가면서 정해

진 시간에 맞추어 연설을 끝낼 수 있도록 연습하게 한다.

이처럼 개요서를 작성해서 연설을 연습하면 내용의 골자를 떠올리며 하기 때문에 연습할 때마다 표현이 조금씩 달라지더라도 여러 가지로 표현해 보게 된다. 그래서 실제 연설에서는 연습해 둔 표현 중 하나를 말하거나 비슷한 다른 표현을 구사하게 되어 자연스럽게 연설할 수 있다. 또 연설문을 암기하여 연설하다가 기억이 나지 않아 중간에 멈추거나 암기한 대로 말하다가 청중의 예상 밖 반응에 당황해서 적절히 대처하지 못하는 등의 문제에서 벗어나 연설 내용의 큰 줄기를 따라 표현을 조절하고 청중과 상호작용하며 대화하듯이 연설할 수 있다.

③ 토론

토론(debate)은 어떠한 공동 문제에 대하여 긍정 측과 부정 측이 각기 자기편의 주장을 받아들이도록 상대방을 설득하는 경쟁적 의사소통 방법이다. 토론 참여자들은 토론의 과정을 통하여 사회의 현상이나 문제점에 대하여 정확히 이해할 수 있고 논리적인 사고와 표현 방법을 익힐 수 있다. 토론에는 고전적 토론(표준 토론), 반대 신문식 토론(CEDA식 토론 혹은 정책 토론), 칼 포퍼식 토론, 의회식 토론, 링컨-더글라스식 토론, 공적 포럼 토론 등 여러 유형이 있으며, 유형별로 형식에 차이가 있다. 토론의 논제에는 정책 논제, 가치 논제, 사실 논제가 있으며, 논제에 따라 토론 과정에서 논의해야 할 필수 쟁점이 다르다.

토론의 교수·학습 목표는 학습자가 토론의 방법을 정확히 알고 사용할 수 있게 하는 것이다. 토론 능력은 논제에 대한 자신의 입장을 논리적으로 주장하고 상대의 주장을 비판적으로 분석하고 이를 바탕으로 반박하여 청중을 설득할 수 있는 능력을 의미한다. 이러한 토론 능력은 한두 번의 토론 수행으로 길러지는 것이 아니고, 토론을 무조건 여러 번 해 본다고 길러지는 것도 아니다. 정확한 토론 방법에 따라 사고하고 표현하는 방법을 이해하고 이를 적용하여 반복적인 수행 경험을 쌓아 갈 때 가능한 것이다. 따라서 국어과 화법(말하기·듣기) 교육에서 토론하는 방법을 정확히 교수·학습한 뒤 이를 국어과의 타 영역 학습과 타 교과 학습에 적용하고 반복함으로써 토론 능력을 기를 수 있게 된다.

토론에서는 실제 참여자들이 토론을 수행하기 전에 일정한 준비를 거쳐야 하고 토론을 수행한 후에는 수행한 토론에 대하여 긍정 측과 부정 측 중 어느 편이 잘하였는가에 대한 판정이 이루어져야 한다. 이러한 토론의 단계에 따라 참여자에게 필요한 기능과 이를 학습자가 사용하도록 하기 위하여 필요한 교수·학습 내용은 〈표 10〉과 같다.

표 10 토론 단계별 필요 기능과 교수·학습 내용(전은주, 2004)

단계	진행 과정	필요 기능	교수·학습 내용 항목의 예
준비 단계	• 논제 정하기 • 주장 정하기 • 주장 논거 마련하기 • 반박 논거 마련하기	• 논제 분석, 논제 탐색 • 논증 • 논거 검증, 논거 자료 수집 • 추론 • 토론 개요 작성	• 토론의 개념 • 토론의 특성 • 토론의 과정 • 논제의 특성 • 논제 분석의 방법 • 논증의 방법 • 논거 검증의 방법 • 추론의 방법 • 토론 개요 작성의 방법
토론 단계	• 긍정 측 입론 • 부정 측 입론 • 부정 측 반대 신문 • 긍정 측 반대 신문 • 부정 측 변론 • 긍정 측 변론	• 토론의 규칙 • 토론 참여자의 역할 • 입론 구축하기 • 변론 구축하기 • 논박하기 • 오류 분석하기	• 토론 유형별 규칙 • 사회자, 긍정 측, 부정 측 참여자의 역할 • 토론 참여자의 언어적, 비언어적 표현의 방법 • 입론의 조건 • 입론 구축하기 방법 • 변론 구축하기 방법 • 논박하기 방법 • 사고의 오류 분석 방법 • 분석적 듣기의 방법 • 비판적 듣기의 방법
판정 단계	• 판정하기	• 평가하기	• 토론 평가 항목과 기준 • 토론 수행 청취 후 판정 방법

④ 토의

토의는 공통적으로 겪는 문제를 해결하거나 공통적으로 관심을 가지는 의문에 대한 답을 얻기 위하여 여러 사람이 의견을 주고받는 집단 의사소통(group communication)의 방법이다(O'Corner, 1996: 119~120). 토의 교육을 통하여 공동체의 문제를 이해하고 문제 해결에 필요한 실천 방안을 협의하여 찾아내게 함으로써 분석력과 판단력, 협동심 등을 기를 수 있다.

토의의 종류에는 문제 해결식 토의, 포럼(공개 토의), 원탁 토의, 패널 토의(배심 토의), 심포지엄(단상 토의), 분임 토의, 세미나(질의식 토의) 등이 있다.[7] 화법 교육에서는 우선적으로 기본적인 토의 방법을 지도한 후 교실의 상황과 필요에 따라 학습자가 토의 종류에 대한 경험을 확대하도록 한다. 일반적 토의의 경우 토의의 진행 과정에 따른 교수·학습 내용은 〈표 11〉과 같다.

토의가 원활하게 진행되기 위해서는 사회자의 역할이 중요하다. 자기 말만 하고 남의 의견에 귀 기울이지 않는 사람, 적극적으로 토의에 참여하지 않는 사람, 의견을 정확하게 말하

7 회의는 공동의 목적을 가진 집단이 한자리에 모여서 의사를 교환한 뒤에 영향력 있는 사항에 대하여 공식적인 결정을 내린다는 점이 토의와 다르지만, 넓은 의미에서 토의의 일종으로 볼 수 있다.

표 11 토의 단계별 필요 기능과 교수·학습 내용

<table>
<tr><th>단계</th><th colspan="2">진행 과정</th><th>필요 기능</th><th>교수·학습 내용 항목의 예</th></tr>
<tr><td>준비 단계</td><td colspan="2">• 제재 정하기
• 질문 만들기
• 질문 다듬기
• 개요 만들기</td><td>• 제재 분석하기
• 질문의 종류
• 토의 개요 작성</td><td>• 토의의 개념
• 토의의 특성
• 토의의 과정
• 경험적 질문, 평가적 질문, 방법적 질문의 방법
• 토의 개요의 작성 방법[문제의 배경과 원인 → 나올 만한 여러 답의 비교와 평가 → 토의 결과 예측(지지받을 경우와 반대에 부딪힐 경우)]</td></tr>
<tr><td rowspan="3">토의 단계</td><td>시작</td><td>• 참가자 소개하기
• 제재와 의논할 문제 알리기
• 배경 정보 알리기
• 토의 목적 알리기</td><td rowspan="3">• 토의의 규칙
• 토의 참여자의 역할
• 토의 진행법</td><td rowspan="3">• 토의의 종류별 진행 방법
• 토의 참여자의 역할
• 토의 참여자의 언어적, 비언어적 표현 방법
• 토의 사회자의 진행 전략
• 협의의 방법
• 분석적 듣기의 방법</td></tr>
<tr><td>중간</td><td>• 의견 주고받기
• 협의하기</td></tr>
<tr><td>끝</td><td>• 요약하기</td></tr>
</table>

지 못하는 사람, 토의자끼리 서로 싸우게 되는 경우 등이 있을 때 사회자가 토의자의 감정을 상하지 않게 하면서도 문제를 원만하게 해결하고 토의가 계속 진행될 수 있도록 하는 표현법을 지도하여야 한다. 또 토의 참여자도 자신의 생각을 토의 담화 표현법에 맞게 표현할 수 있어야 한다. 그리고 상대의 견해를 무조건 비판하기보다 함께 해결 방안을 찾는 건설적인 비판 방법을 사용할 수 있어야 한다. 토의 사회자와 참여자에게 필요한 효과적인 표현 방법은 다음과 같다.

〈통제 기법〉

- 말을 너무 자주 하는 참가자를 통제할 때: ○○ 양, 우리는 ○○ 양의 의견을 흥미 있게 들었습니다.
- 말을 하지 않는 참가자가 말을 하도록 할 때: ○○ 군, 방금 ◇◇ 군의 의견에 대하여 어떻게 생각하십니까?
- 참여자 간의 말다툼을 멈추게 할 때: ○○ 군과 ◇◇ 군, 두 사람의 생각이 여러 사람에게 충분히 이해된 것 같습니다. 이제 다른 사람의 의견을 들어 보겠습니다. (제3자에게) △△ 양, 이 문제를 해결하는 데 또 어떤 방법이 있을 수 있는지 △△ 양의 의견을 말씀해 주시기 바랍니다.
- 참가자가 생각을 정확하게 표현하게 할 때: 방금 ○○ 양이 좋은 의견을 내놓았습니다. ○○ 양, ○○ 양의 의견을 모든 사람이 정확히 이해할 수 있게 다시 한 번 말씀해 주십시오.

〈의견 표현 기법〉

- 저는 ~라고 생각합니다. 왜냐하면 ~기 때문입니다.

〈비판 기법〉

- 의견이 좋지 않을 경우 전체적인 비판보다는 부분적이고 구체적인 비판을 한다. "별로 좋은 것 같지 않은데

요." → "생각은 좋지만 실행상 문제가 있을 것 같습니다."
- 무조건 비난하는 것보다 기준에 미치지 못함을 표현한다. "말도 안 돼요." → "우리가 바라는 해결책은 아닌 것 같습니다."
- 문제점을 지적할 때는 간접적인 표현이나 완화된 표현을 한다. "그런 말을 해서는 안 되죠." → "그런 제안에는 조금 문제가 있지 않을까 합니다."
- 가능성에 주목하고 그것을 칭찬한다. "너무 추상적이군요." → "좀 더 구체화한다면 정말 좋은 방안이 될 수 있을 것 같습니다."
- 좋은 점을 이야기한 다음 단점을 지적한다. "별로 구체적이지 않습니다." → "멋진 생각입니다. 그런데 좀 더 구체화한다면 더 좋을 것 같습니다."
- 비판보다는 개선 방안을 제시하는 것이 좋다. "그것을 이렇게 구체화하면 어떻겠습니까? 우선 ~ ~."

⑤ 협상

사람들의 생각, 가치, 관심, 행동 등의 많은 부분은 서로 차이가 있다. 그래서 의사소통의 과정에서 갈등이 생겼을 때 이를 회피하거나 약화시키는 것보다는 직면해서 적극적으로 해결하는 자세가 필요하다. 협상은 갈등의 상황에서 어떤 목적에 부합되는 결정을 하기 위하여 이루어지는 의사소통 방법으로, 토의의 일종이다. 사회적으로 협상의 중요성이 부각되면서 2007 개정 국어과 교육과정에서부터 '협상'을 '토의'와 별개로 교육해야 할 담화 유형으로 제시하였다.

협상은 갈등의 상황을 문제 상황 그 자체로 보기보다는 문제를 해결할 수 있는 상황으로 보고 효과적인 해결책을 찾아가는 상호 교섭적인 의사소통의 과정이다. 갈등의 상황에서 그 원인을 살펴보고 협상해야 할 가치가 있다면 협상하기 위한 준비가 필요하다. 우선 상대방의 행동이 나에게 어떤 영향을 끼치고 있는가를 구체적으로 서술하고, 협상을 통해 상대방이 해 주기를 바라는 것이 무엇인가를 구체적으로 서술한다. 협상 전과 협상 진행 중에 고려해야 할 항목들은 다음과 같다(임칠성 역, 1995: 405~407).

〈협상의 준비와 과정〉

① 자신과 상대방의 욕구를 구체적으로 규정하라.
② 자신과 상대방의 권한이 어디까지인가를 분명히 하라.
③ 타결할 수 있는 최대, 최소의 영역을 설정하라.
④ 논지, 반대 논리, 스타일, 접근 기술을 결정하라.
⑤ 논의할 대상, 순서, 역할, 진행 과정과 방법 등에 대한 목록을 작성하라.
⑥ 긍정적이고 서로에게 가치 있는 결과에 도달하기 위한 태도를 형성하라.
⑦ 합의된 후에 일어날 것에 대해 계획을 세워라.

문제 상황에서 협상을 통해 갈등을 처리하는 것은 갈등을 회피하거나 약화시키는 것에 비하여 시간과 노력이 많이 든다. 그러나 어느 한쪽만을 위한 일방적인 해결책이 아니라 서로를 위한 해결책을 찾을 수 있고, 참여자들이 서로를 더 많이 이해하고 신뢰하게 되며 존중할 수 있게 된다는 점에서 효과적인 의사소통 방법이다. 학습자에게 갈등의 상황에서 협상의 필요성을 인식시키고 협상을 준비하고 진행하는 데 필요한 지식을 지도하고 실제 수행을 경험해 보게 하는 것이 효과적이다.

⑥ 면담·면접

면담과 면접은 특별한 목적을 가지고 이루어지는 공식적인 성격의 질의·응답식 대화로, 영어로는 다 같은 인터뷰에 해당된다. 일반적으로 면담은 상대방에게 정보나 도움을 얻을 목적으로 이루어지므로 이를 정보 획득 인터뷰라고 한다. 면접은 면담의 일종으로 면접자가 피면접자의 성격이나 능력 등을 판단할 목적으로 이루어진다. 입학 면접과 입사 면접이 대표적이다. 면담과 면접에는 한 사람이 묻고 한 사람이 대답하는 형식으로 이루어지는 단독 면담·면접과, 한 사람과 여러 사람 사이에서 이루어지는 집단 면담·면접이 있다.

면담과 면접은 즉흥적으로 이루어지는 대화가 아니라 사전에 일정과 담화의 목적이 정해지고 그 목적에 따라 말하기와 듣기를 준비한다는 특징이 있다. 따라서 면담자와 피면담자, 면접자와 피면접자의 상황에서 무엇을 어떻게 묻고 답하여야 하는가에 대해 충분히 사전 준비를 하여 담화의 목적을 성공적으로 달성할 수 있다.

표 12 면담과 면접의 교수·학습 내용

면담자	피면담자	면접자	피면접자
• 면담 주제 설정 • 질문 문항 준비 • 주안적 질문과 부차적 질문의 방법 • 피면담자에 대한 사전 정보 조사 • 면담자의 태도	• 면담 주제에 대한 사전 준비 • 당황스러운 질문에 대한 대처 방법 • 피면담자의 태도	• 면접 목적과 형식 • 질문 문항 준비 • 주안적 질문과 부차적 질문의 방법 • 피면접자에 대한 사전 정보 조사 • 면접자의 태도	• 질문 문항 예측 • 예측 문항에 대한 응답 준비 • 당황스러운 상황에서의 대처 방법 • 피면접자의 태도

화법 교육에서는 면담자와 피면담자, 면접자와 피면접자의 상황에서 준비하여야 할 점과 실제 수행 단계에서 주의하여야 할 점에 대해 지도해야 한다. 다음은 면담과 면접의 준비 단계에서 질문 문항 준비 방법과 당황스러운 상황에서의 대처 방법이다.

〈질문 문항 준비 방법〉

- 질문 문항을 간단명료하고 완전한 문장으로 미리 작성한다.
- 일반적인 내용에서 시작하여 본격적인 질문으로 넘어가도록 한다.
- 부차적 질문의 유형에 대하여 미리 준비한다. 부차적 질문은 주안적 질문에 대한 보충 질문, 응답이 불충분하거나 불명확할 때 다시 묻는 질문이다.
  "다시 한 번 구체적으로 설명해 줄 수 있겠습니까?"
  "그렇다면 그 이유는 무엇입니까?"
  "방금 ○○○이라고 하셨는데, 구체적으로 무슨 뜻입니까?"

〈당황스러운 상황에서의 대처 방법〉

- 질문의 뜻을 모를 때: "죄송합니다. 잘 듣지 못했습니다.", "다시 한 번 말씀해 주십시오.", "방금 하신 질문을 ○○○으로 이해해도 괜찮을까요?"
- 난처한 질문을 받았을 때: 당황하지 말고, 냉정하게 질문자의 의도를 가늠해 보아야 한다.
- 대답이 막힐 때: 침묵하고 있지 말고, "이 문제에 대해서 깊이 생각해 볼 수 있는 기회로 삼겠다."
- 침묵이 흐를 때: 어색하게 그냥 있는 것보다 꼭 하고 싶었던 이야기를 전달하는 기회로 만드는 것이 효과적이다.
  "잠깐 ○○○에 대해서 말씀드릴 기회를 주시면 고맙겠습니다."

현장 수업에서 학습자의 역할을 면접자와 피면접자나 면담자와 피면담자로 나누어서 역할극을 하는 모의 수행법을 사용하는 것이 효과적이다. 학습자가 면담이라는 담화의 형식에 익숙해지면, 교사가 피면담자의 역할을 맡고 학습자가 면담자가 되어서 면담식으로 국어과 수업을 진행하는 것도 통합 수업의 한 방법으로 권장할 만하다.

⑦ 발표

학교나 회사 등과 같이 여러 사람이 함께 모여 의사소통을 할 때는 일상적 대화와 달리 여러 사람 앞에서 어떤 사실이나 자신의 의견 등을 드러내어 알리는 말하기 방식이 빈번하게 사용된다. 특히 학교 수업에서 학생들은 전체 학생들 앞에서 사실이나 자신의 생각을 드러내어 말하거나 부여받은 과제에 대하여 조사한 후 자료를 정리하여 다른 학생들에게 정보를 전달하기 위하여 말하기를 한다. 이러한 상황에서 효과적으로 전달하기 위한 말하기 방법이 필요하다. 여러 사람 앞에서 사실이나 의견 등을 드러내어 알리는 행위를 일반적으로 '발표'라고 불러 왔고, 학교나 회사 등에서 발표 능력이 매우 중요한 평가 지표로 부각되면서, 2007 개정 국어과 교육과정에서부터 '발표'를 교육해야 할 담화 유형으로 제시하였다.

발표는 여러 사람 앞에서 어떤 사실이나 자신의 의견 등을 드러내어 알리는 말하기로 연설의 일종이다. 프레젠테이션(presentation)은 영어로 제시, 발표 등의 의미를 가진 단어이지만, 우리나라에서는 청자의 이해를 돕는 시청각 자료를 준비하고 이를 사용하여 수행하는 발표를 말한다. 발표의 내용과 상황, 목적에 맞게 시청각 자료를 활용하여 말하기를 하면 청중에게 효과적으로 내용을 전달할 수 있다. 과거에는 종이에 글, 도표, 그래프, 그림 등을 넣은 시각 자료를 주로 사용하여 발표하였다. 그러나 정보 과학 기술의 발달로 사용할 수 있는 매체와 시청각 자료의 종류가 다양해지고 다양한 프레젠테이션 프로그램이 개발되면서 어떤 자료를 사용하여 어떤 방식으로 청중에게 제공하는가, 말하면서 자료를 제시하는 과정과 방법이 효과적인가 등이 발표에서 매우 중요해졌다.

그러므로 발표 교수·학습에서는 발표 과제를 분석하고 발표 내용을 준비하는 것뿐만 아니라 청자 중심의 발표 자료 준비, 준비한 시청각 자료를 사용하여 발표 수행을 연습하기 등 발표의 준비와 연습 과정에 대한 지도가 필요하다. 발표 교수·학습 내용에는 발표 과제 분석, 발표 내용 구성, 시청각 자료 제작, 표현과 전달 방법 연습, 질문의 응답 준비 등이 있다. 특히 매체의 발달과 더불어 시청각 자료를 사용한 효과적인 발표 방법에 대하여 지도할 때는 시청각 자료가 발표의 목표를 달성하는 데 유익한지를 판단한 후 적합한 유형의 시청각 자료를 찾아 발표 시간과 청중의 성향, 수준 등을 고려하여 준비하고 이에 맞는 효과적인 전달 방법을 선택하게 한다. 적절한 시청각 자료의 사용은 청중이 발표 내용에 흥미를 가지게 하고 내용을 이해하는 데 도움을 주며 발표 내용을 오래 기억하게 하는 등의 효과가 있다. 그러나 시청각 자료는 발표의 내용을 전달하는 보조 자료이지 그 자체가 발표의 핵심 내용이 아니므로, 학습자가 발표 보조 자료를 준비하는 데 지나치게 많은 시간을 사용하느라 발표 내용 분석, 내용 개발이나 발표의 표현과 전달 방법에 대한 연습이 부족해지면 발표에 부정적인 영향을 미칠 수 있다는 점을 이해하게 해야 한다.

(3) 담화 목적별 교육 내용

① 설득

설득이란 화자가 듣는 사람의 생각이나 느낌, 행동 등을 의식적인 의도를 가지고 변화시키려고 하는 언어 행동이다(임칠성 역, 1997: 195~196). 설득을 목적으로 이루어지는 대표적인 담화 유형에는 연설, 설교가 있으나, 대화의 상황에서도 상대방을 설득해야 하는 경우가 흔히 있다. 화법 교육에서는 학생들에게 상대방을 설득하는 데 필요한 지식을 제공하고 이를 적용하는 연습을 하도록 한다. 설득 화법을 구사하기 위해서는 우선적으로 설득의 구체적 목적을 이해해야 한다. 설득의 목적이 청중의 신념을 변화시키기 위해서인지, 청중의 태도를 변화시키기 위해서인지, 아니면 청중의 행동을 변화시키기 위해서인지에 따라 구체적인 설득 방법이 다르기 때문이다.

설득의 방법으로 가장 대표적인 것은 아리스토텔레스가 그의 저서『수사학』에서 말한 인격적 설득(ethos), 감성적 설득(pathos), 논리적 설득(logos)이 있다(이주행 외, 2004: 286). '점성술은 비과학적이다'에 대하여 다음과 같이 세 가지 방법으로 청중에게 호소할 수 있다(박경현, 2001: 163~164).

ㄱ. 인격적 설득: 화자의 지식과 경험, 생활 태도 등에 대하여 청자가 신뢰할 때 화자의 말에 설득된다.
모든 분야에서 고도의 교육을 받은 사람들은 타당한 지식으로 점성술을 거부하는 경향이 있습니다. 많은 교회들은 밀교와 긴밀한 연계로 점성술을 공공연히 비난합니다. 점성술에 얽힌 나의 악몽 같은 경험에 비추어 보아 밀교에 사로잡히는 것은 자신의 온전한 정신을 은연중에 약화시킨다는 것을 확신합니다.

ㄴ. 감성적 설득: 사람들의 정서에 호소하여 감정적으로 공감을 얻는다.
점성술은 사람들의 현실감을 현저하게 훼방 놓습니다. 경험을 바탕으로 하는 생각 대신에 허황되고 단세포적인 생각에만 젖게 합니다. 점성술은 사람의 정신 건강뿐만 아니라 신체 건강에도 위험할 수 있습니다. 예를 들어 점성술에 유래를 두고 있는 단식, 사업, 인간관계 등은 이성적으로 문제에 접근하여 해결하려고 하기보다는 숙명론적으로 맹종하려고 합니다. 점성술은 기본적으로 편견이고 비정상적입니다.

ㄷ. 논리적 설득: 논리적 사고를 통해 상대방을 설득하는 것으로 논증의 방법을 사용한다.
허위 과학입니다. 그 주장이 경험적으로 증명될 수 없고 중심적이고 일관된 지배 이론이 없기 때문입니다. 오늘날까지 알려지고 있는 점성술의 토대는 현대 경험 과학이 시작되기 오래전에 세워진 것입니다. 점성술은 그들이 만들어 낸 천궁도와 서로 모순됩니다. 그들의 예언은 지나치게 일반화되어 증명될 수 없습니다.

청자를 설득할 때 일반적으로 다음과 같은 단계를 거친다(박경현, 2001: 178).

ㄱ. 주의 환기 단계: 청자의 관심을 끌고 주의 집중시키는 단계로, 대담하고 기발한 표현을 하거나 유머를 사용할 수 있다. 또, 놀라운 사실이나 뉴스 말하기, 청중의 반응을 알아보기 위한 질문 던지기, 개인적 경험담 이야기하기, 참고품이나 증거물 등 실물을 활용하여 이야기하기 등의 방법을 사용하는 것이 효과적이다.
ㄴ. 필요 단계: 청자에게 해결해야 할 문제가 무엇이며 왜 해결해야 하는지 인식시키고 그 문제에 대하여 흥미를 가지도록 한다.
ㄷ. 만족 단계: 문제에 대한 해결책을 제시하여 청자를 만족시키고 앞으로 청자가 해야 할 행동의 방향을 제시한다.
ㄹ. 구체화 단계: 해결책을 구체적으로 제시하여 화자의 말을 들었을 때 어떤 이익이 있으며 거절했을 때 어떤 손해가 있는지를 알게 한다.
ㅁ. 행동 촉구 단계: 청자가 해야 할 행동의 방향을 분명히 깨닫게 하고 그것을 실행하고자 하는 의지를 촉구한다.

② 설명

설명이란 상대방이 잘 모르는 것을 이해하기 쉽게 표현하는 말하기 방법이다. 흔히 보고나 발표, 설명 연설, 정보 전달을 위한 말하기 등에 설명의 방법을 사용한다. 설명하기 위해서 말하는 사람은 무엇보다 설명하고자 하는 것에 대하여 충분히, 정확하게 알고 있어야 한다. 또 설명하고자 하는 것에 대한 상대방의 사전 지식이 어느 정도인가를 파악하고 있어야 한다.

일반적으로 설명의 방법에는 예시, 비교와 대조, 분류, 정의, 분석 등이 있다. 이러한 설명의 방법은 음성언어 의사소통에서뿐만 아니라 문자언어 의사소통에서도 널리 쓴다. 그러나 음성언어 의사소통에서의 설명은 듣는 사람이 쉽게 이해할 수 있도록 명확하고 구체적이어야 하고, 듣는 사람의 흥미를 끌 수 있는 방법을 사용해야 하며, 시청각 자료를 사용하여 듣는 사람의 이해를 도울 수 있어야 하고, 설명문과는 달리 텍스트 구조와 언어적 표현에 차이를 두어야 한다는 점 등이 다르다. 또 설명하는 화자가 말할 때 비언어적 표현을 어느 정도 잘 사용하여 자신감 있게 전달하는가에 따라 듣는 이의 이해 정도에 영향을 미친다.

그러므로 음성언어 의사소통의 방법으로 설명을 지도할 때는 문자언어 의사소통에서 사용하는 일반적인 설명의 방법을 학습자가 이해하고 있는지 확인하고 말로 설명할 때와 글로 설명할 때의 차이를 이해하게 한다. 또 실제로 보고나 발표, 설명 연설 등을 준비하게 하고 수행하게 함으로써 다양한 설명의 방법을 사용하여 보도록 하고 학습자가 언어적, 비언어적 표현 방법의 문제점을 발견하고 개선할 수 있는 기회를 주어야 한다.

③ 친교 및 정서 표현

사람과 사람이 만나 서로 생각과 감정 등을 나누며 의사소통을 하는 과정에서 표현의 내용과 방법에 따라 친밀감을 느끼고 긍정적인 관계가 형성된다. 자신에 대한 정보를 서로 노출하며 상대와 매우 친하고 가까운 느낌을 주고받기 위해서는 상대방을 존중하고 배려하며 마음의 방어벽을 허물고 진솔하게 의사소통해야 한다. 상대방에게 하는 칭찬, 질책, 부탁, 거절, 사과, 감사, 충고, 위로, 격려, 축하 등의 말은 친교 및 정서 표현의 활동으로 좋은 관계를 맺게 하거나 관계가 유지·발전되게 할 수 있으나, 잘못 표현할 경우 서로의 관계에 부정적 영향을 미친다. 친교 및 정서 표현의 방법 중 일부를 살펴보면 다음과 같다.

가. 칭찬

칭찬의 표현이라고 해서 무조건 다 좋은 것은 아니다. 과장된 칭찬은 상대방을 당황스럽게 하고, 어울리지 않는 칭찬은 오히려 상대방을 불쾌하게 만들 수 있다. 칭찬할 때는 다음과 같은 방법으로 한다.

- 칭찬받을 일이 무엇인지 구체적으로 표현하고 칭찬한다.
- 성격이나 인성을 판단하거나 평가하지 말고 행동에 대하여 칭찬한다.
- 그 행동으로 인한 나의 생각, 느낌을 표현한다.
- 긍정적인 표현 방법으로 칭찬한다.
- 적절한 시기에 효과가 발생할 수 있도록 칭찬한다.

나. 질책

질책은 상대방이 잘못하였을 때 이를 꾸짖어 바로잡기 위해 하는 말하기이다. 질책의 목적은 잘못한 사람이 자신의 잘못을 깨달아 같은 잘못을 되풀이하지 않게 하는 것이다. 그러므로 질책으로 인하여 상대방의 마음을 상하게 하거나 인간관계가 나빠지지 않도록 주의하여야 한다. 질책을 해야 하는 상황에서는 다음과 같은 방법으로 하는 것이 효과적이다.

- 상대방의 체면을 존중하면서 말한다.
- 잘못한 그 문제에 대해서만 질책을 한다.
- 질책으로만 끝날 것이 아니라 개선 방법을 제시한다.
- 질책 후 일정 시간이 흐른 뒤 위로와 격려를 해 준다.

상대방으로부터 질책을 당하는 경우에도 효과적으로 대처할 필요가 있다. 잘못한 것에 대하여 정당화하려는 변명은 상대방을 더욱 화가 나게 하고, 상대에 대한 반격은 관계를 악화시킨다. 그러므로 다음과 같이 반응하는 것이 바람직하다.

- 자신의 잘못을 인정한다.
- 이러한 상황에 대한 자신의 감정을 표현한다.
- 상대방에게 미안함을 표현한다.
- 앞으로 어떻게 행동할 것인가 표현한다.

4 화법 교육은 어떤 방법으로 할까

1) 화법 교수·학습의 원리

화법 교육을 통하여 학습자의 말하기·듣기 능력을 신장시키려면 학습자에게 말하기·듣기 수행에 필요한 지식과 그것을 사용할 수 있는 수행 기회를 충분히 주어야 한다. 화법 교육을 할 때 말하기와 듣기 지식에 대하여 교사가 일방적으로 설명하는 것이 아니라 학습자가 활동을 통하여 지식을 이해하고 그것을 사용하여 담화를 수행하게 하려면, 화법 교육 목표와 상황에 맞는 다양한 학습 방법을 사용하여야 한다. 화법 교수·학습에서는 다음과 같은 원리를 고려하여야 한다(전은주, 1999).

(1) 상호관계성

음성언어 의사소통에서는 말하기와 듣기가 동시에 이루어진다. 참여자 중 한 사람이 말을 하면 상대방은 이를 듣고 반응한다. 그러므로 화법 교육에서는 말하기와 듣기가 서로 관계적으로 이어진 교수·학습이 되도록 하여야 한다. 어떤 담화의 말하기에 대해 학습한다면 그런 유형의 말을 듣기 위하여 학습자에게 필요한 것들도 함께 다루어져야 한다. 토론과 비판적 듣기, 대화와 공감적 듣기, 연설과 비판적 듣기 등과 같이 한 담화의 말하기와 듣기를 서로 관계 지어 함께 학습해야 한다는 것이다. 이 둘이 분리된다면 토론하기를 학습한 뒤 실제 적용 과정에서 수행할 때 학습자들은 청자로서의 역할을 제대로 이행할 수 없다. 또 비판적 듣기를 따로 학습한다 하더라도 학습자가 이것을 적용하여 실제로 수행하려면 토론하기와 같은 설득적 말하기도 함께 수행해야 하거나 설득적 말하기가 담긴 비디오나 오디오 자료에 의존하여야 한다.

그리고 학습자들이 말하기·듣기 활동을 수행할 때 화자와 청자를 상호관계적으로 관련지어 각자 자신의 역할을 수행하게 해야 한다. 수행 중심의 교육에서 유의미한 수행 경험을 하지 못한 학습자가 발생한다면 그 교수·학습의 방법은 적절하다고 보기 어렵다. 그러므로 수행 중심의 교육 방법을 사용할 때는 화자와 청자로서의 학습자의 역할과 학습자가 수행을 통해 어떤 경험을 하게 될 것인가를 사전에 구상하여야 하며, 이것을 학습자가 알아야 한다. 또 실제 수행에서는 학습자가 각자 자신의 역할을 유목적적으로 이행할 수 있도록 교사가 배려하여야 한다.

(2) 이해와 적용

화법 교육의 궁극적 목표는 학습자의 음성언어 의사소통 능력이 신장되는 것이다. 언어 사용 능력은 수행 경험을 통하지 않고는 성취될 수 없다. 그러므로 교수·학습의 과정이 화법에 대한 지식의 '이해' 과정으로만 이루어지고 실제 적용의 단계를 거치지 않는다면 이는 학습을 위한 지식이 될 뿐 음성언어 의사소통 능력과는 무관해질 것이다. 또 지식에 대한 올바른 제시와 '이해' 없이 수행만을 강조한다면 이는 맹목적인 수행이 될 뿐 학습자가 체계적으로 기능이나 전략, 태도 등을 성취하는 것을 돕지 못할 것이다. 그러므로 화법 교육에서는 '이해'와 '적용'의 과정이 조화롭게 진행되어야 할 것이다. 이때 조화라는 것은 '이해'와 '적용' 과정의 양적 조화가 아니라 '이해' 과정에서 학습한 지식이 '적용' 과정에서 실제로 필요한 지식이 되어야 함을 의미한다.

(3) 실제성

학생들의 언어 발달은 그들의 언어, 세계 지식, 사회와의 상호작용, 교실 환경에 의해 영향을 받는다. 교수란 학습자가 의도된 지식, 기능, 신념과 같은 학습력을 합리적으로 학습할 수 있도록 학습자의 내·외적 환경을 체계적으로 조직하는 과정이다(김신자, 1998). 그러므로 화법 교수·학습에서는 학생들이 교실 환경에서 실제 세계 상황에서 접하거나 접하게 될 말하기·듣기를 경험할 수 있도록 해야 한다. 이때 이러한 경험은 실제적 수행이 되어야 한다. '실제적 수행'이란 실제적 과제(authentic tasks)와 실제적 과제 환경 속에서 이루어지는 수행을 말한다. 즉, 화법 교육에서 제시되는 활동 과제가 실제 세계 상황에서 학습자가 겪을 수 있는 것이어야 하며 과제 수행 환경 역시 실제 세계 상황과 같아야 한다는 것을 의미한다. 따라서 화법 교수·학습 활동은 음성언어 의사소통 활동의 상황적 특성을 고려하여 구안되어야 하며, 학습 활동의 목표, 담화 환경에 대한 정보, 실행의 방법 등을 자세히 기술하여야 한다.

2) 담화의 특성에 따른 화법 지도 방법[8]

담화의 특성에 따라 말하기와 듣기의 방법은 다르다. 담화의 상황이나 유형, 목적별로 음성언어 의사소통의 방법을 지도하기 위해서는 대화 분석적 방법, 내재적 수행법, 실제적 수행법, 모의 수행법 등을 사용한다(전은주, 2002).

(1) 대화 분석적 방법

대화 분석적 방법은 자신 또는 다른 사람이 수행한 말하기·듣기의 내용과 방법, 태도 등을 분석하는 활동을 통하여 화법에 대한 지식을 이해하게 하는 방법이다. 담화 수행에 대한 영상, 음성, 전사, 사진 자료 등을 분석의 자료로 삼는다. 자료에 나타난 음성언어 의사소통 상황에서 의미의 표현과 이해가 어떻게 진행되었고, 문제점은 무엇이며, 이를 해결하기 위해서는 어떻게 해야 하는가를 탐색하는 과정에서 효과적인 의사소통 수행에 필요한 지식을 깨닫게 되는 것이다. 흔히 담화 자료를 분석하고 말하기에 대한 말하기를 통한 교육 방법이라는 의미에서 '담화 분석법', '메타 말하기 방법'이라고도 한다.

이러한 분석 방법은 학습자가 자신이나 다른 사람의 말하기와 듣기를 객관적으로 인식하게 해 주고, 문제가 있는 의사소통 상황을 해결할 수 있는 대안을 모색할 수 있으며, 더 나아가 담화의 진행 양상에 대한 안목을 갖게 한다. 효과적으로 잘 수행된 담화의 자료를 학습자에게 제공함으로써 교사가 직접 시범을 보이지 않더라도 좋은 화자와 청자로서의 의사소통 방법을 깨닫게 할 수 있다. 담화 분석 활동이 지식에 대한 이해로 끝나지 않고 이해한 지식을 사용하여 수행하도록 하는 것이 효과적이다.

(2) 내재적 수행법

내재적 수행법은 성공적으로 담화 활동을 수행해 나가는 자신의 모습을 연상하게 하는 방법이다. 이 방법은 실제적 수행 활동과 같은 과정으로 진행되나 행위가 내재적으로 주어지므로, 실제적 수행 활동의 전 단계를 연습하는 과정으로, 교실 환경에서 수행하기 힘든 담화 상황에 대한 연습법으로, 말하기 불안증을 완화하기 위한 방법으로 이용될 수 있다. 내재적인 행위 연습(covert behavior rehearsal)은 외현적인 행위 연습(overt behavior rehearsal)

....

8 여기서 제시된 지도 방법은 전은주(2002)에 제시된 내용을 발췌한 것이다.

만큼이나 효과적이라는 것이 증명되었다(Adler, 1976). 실제 수행에서와 똑같은 과정을 내적으로 밟아 가므로 실제 수행으로의 전이 가능성이 높으며, 자기 완성적 예언(self-fulfilling prophecy)으로 인하여 실제 수행에서 성공 가능성을 높일 수 있다. 내재적 담화 수행 활동에서 가장 중요한 점은 학습자가 자신이 수행할 과정을 명확하게 영상화할 수 있도록 내적·외적 환경을 마련하는 것이다.

(예) 다음과 같은 상황에서 어떻게 이야기할지를 생각한 뒤, 아래의 순서에 따라 이를 마음에 그려 보자.

▶ 활동 순서

① 어디서 무슨 일이 일어나며, 그 상황에서 어떻게 이야기할 것인지를 확실히 이해한다.

② 눈을 감고 마음을 편히 한다.

③ 눈을 뜨고 주의를 집중시킨 후, 아래의 상황에서 이야기하는 자신의 모습을 상세하게 마음속에 그린다.

1. 지하철 안에서 평소 어렵게 생각하던 선생님을 만났다.
2. 반장 후보가 되었다. 친구들 앞에서 한 해 동안 반장으로서 어떻게 할 것인가에 대하여 이야기하려고 한다.

(3) 실제적 수행법

실제적 수행법은 학습자가 실제의 담화 환경이나 이와 유사하게 조정된 교실 환경에서 학습자들의 경험 세계에서 수용 가능한 화제에 대하여 수행해야 할 담화의 종류와 목적, 역할에 맞게 의사소통하게 하는 방법이다. 실제적 수행법에서 '실제'는 학습자의 행위 수행이 실제적(외현적)으로 이루어진다는 의미와, 담화 수행 활동을 구성하는 요소들이 실제적(authentic)이라는 의미를 포괄하고 있다.

학습자에게 담화를 수행하게 할 때는 담화 환경에 대한 정보가 학습 활동에 표면적으로 명확하게 제시되어야 실제적인 담화 수행이 가능하다. 또 실제적 담화 수행이 끝난 뒤 자신의 수행을 점검할 수 있도록 '자기 평가'의 기회를 주는 것도 효과적이다. 학습자는 '자기 평가'를 통하여 자신의 수행에 나타난 문제점을 인식하고 다음 수행의 목표를 설정하게 된다.

(예) 학급의 친구들에게 '헌혈을 하자'는 주제로 5분 동안 설득적 연설을 해 보자.

1. 헌혈과 관련된 어떤 이야기를 하는 것이 설득적인가 생각해 보자.
2. 연설의 각 부분에 어떤 내용이 오는 것이 효과적인지 생각해 보자.
3. 친구들 앞에서 설득적 연설을 한 뒤 다음의 평가 기준에 따라 자신의 연설을 객관화하여 점검하고 평가해 보자.

'실제적 수행 활동'에서는 학습자에게 다양한 종류, 목적, 배경의 담화를 경험할 수 있게 해야 한다. 또 담화의 형식적인 면을 고정해 두고 화제에 변화를 줌으로써 학습자가 동일 유형의 담화 텍스트를 반복적으로 생산할 수 있게 해야 한다. 말하기 교수·학습은 '적용을 위한 학습 활동'이 중심이 되어야 하며, 그중에서도 '실제적 수행 활동'이 주가 되어야 한다.

(4) 모의 수행법(역할극)

모의 수행법은 말하기 교수·학습에 교육 연극의 기법을 도입하여 담화의 상황에서 학습자가 허구적 역할을 수행하도록 한 뒤 현실적 자아로 되돌아오게 함으로써 담화 수행의 방법과, 담화에서 참여자들의 관점에 따라 발생할 수 있는 여러 가지 문제를 이해할 수 있게 하는 방법이다. 모의 수행법은 학습자가 자신의 입장에서 담화 환경에 맞게 수행하는 실제적 수행법과 달리, 학습자가 다른 사람의 입장에서 담화를 수행하고 자신의 입장에서 이를 다시 되돌아보게 하는 것이다. 이 방법을 사용할 때는 문제가 있는 의사소통 상황에서 허구적인 인물의 입장을 이해할 수 있도록 자료가 충분히 제시되어야 학습자가 허구적 역할을 잘 수행할 수 있다.

쉬|어|가|기

화법 교육과 자아 개념

자아 개념이란 자기 자신에 대한 자기 스스로의 이해로, 자신에 대한 신념이나 태도를 말한다. 자아 개념은 주로 부모, 형제, 교사 등과 같은 주변 사람들과의 의사소통 과정에서 습득하게 되며, 사회적 비교나 자기 인식을 통해서도 습득하게 된다. 대부분의 사람들은 자신의 자아 개념에 따라 다른 사람들 또는 현실과 어떻게 상호작용할 것인가를 결정하는데, 자아 개념은 상대와 상황에 따라 달라질 수 있다. 자아 개념은 긍정적이거나 부정적인 것에 따라 분류될 수 있으며, 모든 사람은 특정 상황에서 자신에 대해 긍정과 부정의 감정을 다 갖는다(Olson & Forrest, 1996: 30).

음성언어 의사소통에서 자아 개념은 의사소통 과정을 촉진하는 개방성과 의사소통 결과에 영향을 주는 기대의 역할로 인하여 주목받는다. 일반적으로 긍정적인 자아 개념을 가진 사람은 자기 개방적이며 자신의 말하기에 대하여 자신감을 가진다. 또 대화에 적극적으로 참여하며 잃어버린 기회, 실수, 실패 등에 집착하지 않는다. 긍정적 자아 개념을 가진 사람도 새로운 환경에서 말하기를 주저하기도 하나 점차 완화되고 자신이 참여할 방향을 찾고 곧 대화를 즐긴다. 이에 반하여 부정적인 자아 개념을 가진 사람은 자신감의 결여로 인하여 의사소통에서 회피나 공격과 같은 자기 방어적 성향을 나타내며 부정적 표현을 자주 한다. 목소리가 작고, 말하기를 주저하기도 하며, 더듬기도 한다. 그러므로 효과적으로 음성언어 의사소통을 하려면 참여자가 긍정적인 자아 개념을 가지고 있어야 한다.

화법 교육에서 교사는 학습자가 긍정적인 자아 개념을 가질 수 있도록 도와주어야 한다. 자아 개념의 부정적 양상은 기대치를 너무 높이 잡은 결과에서 기인하는 경우가 많으므로 학습자가 자신에 대하여 정확하게 인지하도록 할 필요가 있다. 자신이 무엇을 할 수 있는가에 대한 실제적인 기대를 가지게 하고 교사와 동료 학습자의 긍정적인 피드백을 통하여 자아 개념을 수정할 수 있도록 한다. 특히 긍정적인 자아 개념을 발달시키기 위해서는 다른 사람과 상호작용할 기회를 많이 가지는 것이 중요하며, 주변 사람들의 칭찬과 인정이 큰 도움이 된다.

5 화법 교육에서 평가는 어떻게 할까

어떠한 내용을 지도한 뒤에는 이에 대해 적절히 평가하여야 한다. 말하기·듣기(화법) 교육의 경우 궁극적인 목표가 학습자의 화법 능력을 기르는 것이므로 실제 평가에서도 학습자의 화법 능력이 어느 정도인가를 평가하여야 한다. 앞서 살펴보았듯이, 학습자가 듣기와 말하기를 잘 수행하여 성공적인 음성언어 의사소통을 하기 위해서는 이와 관련된 지식, 기능, 전략 등을 충분히 사용할 수 있어야 한다. 그러므로 화법 평가에서는 평가해야 할 내용이 화법에 대한 지식, 기능, 전략 등과 같이 담화 수행에 관련된 것인지, 발표, 토론, 토의, 면접 등과 같이 실제 담화의 수행 능력인지를 우선적으로 결정하여야 한다. 학습자의 화법에 대한 지식, 기능, 전략 등이 어느 정도인가를 각각 평가할 수 있는 방법이 있을 수 있으나, 제한적 상황에서만 가능하고 학습자의 화법 수행 능력에 대한 실제적인 평가가 아니라는 점에서 문제가 있다. 따라서 화법 평가에서는 학습자의 실제 말하기·듣기 수행 능력을 직접 평가하는 것이 가장 바람직하다. 학습자의 실제 말하기·듣기 수행 능력을 평가하는 방법은 다음과 같다.

1) 분석적 평가

분석적 평가는 평가 내용을 구성하고 있는 대표적인 요소들 각각에 대하여 평가하고 이를 종합하여 측정하는 방법이다. 화법에서 학습자의 담화 수행 능력을 평가하고자 할 때 담화 수행을 종합적으로 측정하는 총체적 평가의 경우 교사의 주관적·인상적 평가가 되기 쉬우며, 학습자의 수행 능력 정도에 대한 종합적인 정보만을 제공한다. 이에 반하여 분석적 평가는 평가하고자 하는 담화 수행 능력을 구성하는 하위 요소들에 대하여 각각 평가하므로 총체적 평가에 비하여 객관성을 확보하기가 쉬우며, 학습자의 수행 능력에 대하여 구체적인 정보를 줄 수 있다. 평가 결과가 교수·학습에 피드백되는 경우를 생각해 보면 학습자의 담화 수행 능력에 대한 좀 더 구체적인 정보를 주는 분석적 평가가 종합적 평가보다 더 유용하다. 화법 평가에서 어떠한 담화 수행에 대하여 분석적 평가를 할 때는 그 담화 능력을 구성하는 요소들을 평가의 범주로 설정한다. 예를 들어, 학습자에게 주어진 시간 동안 특정 화제에 대하여 발표하게 한 뒤 이를 평가할 때 분석적 평가를 위한 평가 기준을 〈표 13〉과 같이 마련할 수 있다.

이 평가 기준은 대중 앞에서 발표할 때 화제의 선택과 언어적 표현과 비언어적 표현, 태

표 13 분석적 평가 기준의 예-발표의 경우

평가 범주		평가 항목	평가 척도 1-2-3-4-5	판단 근거
화제 선택		• 청중에게 맞는 화제를 선택하였는가?		
언어적 표현		• 청중의 흥미를 유발할 수 있도록 서론을 시작하였는가? • 청중의 수준에 맞는 내용인가? • 내용의 배열 순서가 효과적인가? • 이해하기 쉽도록 전환의 표현을 적절히 사용하는가? • 불필요한 간투사를 쓰지는 않는가? • 인상적인 결언을 하였는가? • 발음을 정확하게 하는가?		
비언어적 표현	준언어	• 음조가 적절한가? • 강세를 적절히 주는가? • 목소리의 크기는 적절한가? • 말의 속도가 적절한가? • 억양이 단조롭거나 변화가 심하지 않고 적절한가?		
	동작 언어	• 청중에게 골고루 시선을 주는가? • 얼굴 표정이 부드럽고 자연스러운가? • 바른 자세를 유지하는가? • 손동작을 적절하게 하는가?		
	자료	• 시청각 자료를 효과적으로 사용하는가?		
태도		• 열정적으로 성실하게 말하는가? • 청중들에게 공손한가?		
합계			/100	

도 등이 효과적으로 잘 수행되었는가를 평가한 뒤 이를 종합하여 이 발표에 대한 수행 능력을 측정하도록 하고 있다. 일반적으로 학교 현장에서 5분 스피치라고 하는 것도 발표의 일종이다. 교사가 수업에서 무엇을 중점적으로 지도하였는가에 따라 구체적인 평가 범주와 항목이 결정된다. 또 평가하고자 하는 담화의 수행 결과를 어떻게 표시할 것인가에 따라 평가 척도 역시 조정된다.

2) 포트폴리오 평가법

포트폴리오 평가법은 학습자의 발달 과정을 보여 줄 수 있는 다양한 자료를 모아 이것을 총체적으로 평가하는 방법으로, 여러 교과 영역 전반에서 사용되고 있다. 원래 포트폴리오(portfolio)란 서류철이나 작품 목록집 등을 뜻한다. 예를 들어, 화가 지망생이 유명한 화가에게 지속적으로 지도를 받으면서 자신의 작품을 그린 순서대로 모아 둠으로써—즉, 포트폴리오를 만듦으로써—자기 자신의 변화와 발전 과정을 스스로 파악할 수 있도록 하고 그 작품집을 이용하여 스승과 다른 사람들에게 쉽게 평가를 받을 수 있게 하는 것과 유사하다(국립교육평가원, 1995). 화법에서의 포트폴리오 평가법은 학습자가 어떤 음성언어 의사소통을 수행하기까지 일련의 과정에서 발생한 관련 자료를 모아서 평가하는 방법이다. 담화 수행을 직접적으로 평가하였을 때 학습자의 수행 능력에 대한 평가는 할 수 있지만 학습의 과정에 대한 평가는 하기 어렵다. 포트폴리오 평가를 통하여 학습자가 어떤 과정을 거쳐서 어떻게 발전해 나가고 있는가, 학습자의 현재 상태는 어떠한가 등 학습자의 화법 능력 발달에 대한 종합적인 정보를 얻을 수 있다. 학습자의 준비 개요서, 실행 개요서, 수행 연습 일지, 자기 평가지, 교사나 학부모의 관찰 평가지, 학습자의 수행을 담은 녹화 자료 등이 화법 포트폴리오 평가를 위한 자료로 사용된다.

3) 녹화 기록법

학습자가 말하기 수행을 하는 과정은 쓰기처럼 결과물이 남는 것이 아니고 일과적이다. 학습자가 수행하는 장면에서 수행과 동시에 평가가 이루어져야 하므로, 교사는 학습자가 수행하는 동안 이를 관찰하고 채점하고 기록해야 한다. 토론이나 토의와 같이 여러 명이 함께 수행하는 경우 이러한 부담은 더욱 커진다. 또 학습자의 수행을 실시간으로 직접 평가할 때는 학습자의 표현이나 행동 중 일부를 놓쳐 버리는 경우 정확하게 평가할 수 없다는 문제점도 있다. 그러므로 이를 해결할 수 있는 한 방안으로 녹화 기록법을 사용할 수 있다. 녹화 기록법이란 학습자의 수행 장면을 녹화해 둔 뒤 이를 재생하여 보면서 평가하는 방법이다. 교사가 필요할 때 언제든지 반복적으로 재생할 수 있으므로 학습자의 말하기와 듣기 수행에 대한 전모를 파악할 수 있다. 또 교사와 학습자가 함께 보면서 학습자의 강점과 약점에 대하여 구체적인 피드백을 줄 수 있으며, 평가 자료뿐만 아니라 교수·학습의 자료로서도 유용하게 사용할 수 있다.

4) 자기 평가법과 동료 평가법

학습자의 실제 수행을 평가하는 주체가 누구인가에 따라 평가 방법을 구분할 수도 있다. 화법 평가의 경우 학습자의 담화 수행을 학습자 스스로 평가해 보는 자기 평가법과 동료 학습자가 평가하는 동료 평가법이 있다. 자기 평가법은 학습자가 자신의 수행을 객관적으로 돌아보게 하며 향후 말하기와 듣기 수행의 목표를 설정하는 데 유익하다. 교사는 학습자가 자기 평가에서 반드시 다루어야 할 평가 항목을 미리 제시해 주는 것이 좋다.

동료 평가법은 학습자의 수행에 대하여 동료 학습자가 평가하게 하는 방법이다. 말하기와 듣기는 혼자 이루어질 수 없으며 결국 상대방이나 청중이 있어야 한다는 점에서 화법 평가에서 동료 평가는 학습자의 수행에 대한 청중의 반응으로 볼 수 있다. 결국 학습자의 수행에 대하여 학습자와 같은 눈높이의 청중이 어떻게 평가하는가를 알 수 있다. 또 동료 평가의 과정은 평가를 받는 학습자뿐만 아니라 평가를 하는 학습자에게 자신의 말하기와 듣기를 반성적으로 돌아보게 하고 화법 능력에 대한 인식을 높일 수 있는 좋은 방법이다.

07

읽기 교육

취미와 특기 난에 '독서'를 쓰는 것이 유행하던 때가 있었다. 독서는 곧 마음의 양식으로 최고의 교양을 상징하였다. 실제로 독서하는 사람은 최고·최신·최다의 정보와 지식을 가진 지성인이었다. 그런데 요즘은 사람들이 책을 읽지 않는다. 어린이나 젊은 세대일수록 더욱 읽기와 거리가 멀어진다고 한다. 요즘 사람들에게 종이책과 글은 오래되고, 느리고, 길고, 재미없고, 어려운 일로 여겨진다. 세상에 재미있는 것이 너무 많고, 글을 읽지 않아도 동영상 몇 개를 찾아보면 해결되는 것도 있다.

그래서 책과 글도 바뀌고 있다. 글자만 적혀 있던 책에 그림과 사진이 들어가고, 디지털 매체일 때는 배경 음악도 깔아 둔다. 이제 그림이나 사진도 보고 음악과 효과음도 들으며 책을 읽는다. 훨씬 더 재미있고 머릿속에 쏙쏙 들어오기도 한다. 사실 예전 분들도 이렇게 하고 싶었을 텐데 기술이 따르지 않아 글로만 쓸 수밖에 없기도 하였을 것이다.

그럼에도 이런 읽기 자료보다 더 첨단의 기술로 우리의 관심을 휘어잡는 콘텐츠가 나날이 새로워지며 엄청나게 쏟아지고 있다. 이에 비하면 읽는다는 것은 너무 고전적인 일인 것 같아 보인다. 읽을 시간도 일부러 내지 않으면 생겨나지 않는다. 너무나도 좋은 세상이기 때문이다.

이러한 즐길거리의 풍요로움 속에서 역설적으로 마음과 정신의 빈곤은 커지고 있다. 쉬이 싫증이 나 지치고, 본 것은 파편화되어 구경거리를 본 것마냥 겉돌 뿐이다. 마음의 양식이 되지 못하고 사고의 힘이 되지 못함을 느끼는 것이다. 풍요의 시대에 빈곤한 인간이 양산되고 있다.

이제 누구도 책'만' 읽으라고 하지는 않는다. 하지만 책'도' 꼭 읽어야 한다는 것을 안다. 문자는 최첨단의 기술과 매체가 갖지 못하는, 인간의 마음에 대한 이야기를 담을 수 있고, 인간의 감각 기관으로 파악할 수 없는 추상의 세계와 논리·체계의 사유를 담을 수 있기 때문이다. 여기에 영상과 음향이 더해진다면 금상첨화인 텍스트라고 하지 않을 수 없다. 도서관에 있는, 2,000년에 걸쳐 인류가 쌓아 온 지성의 보물들도 '읽어야' 하는 것들이다.

'읽는' 인간은 고요하게 생각하고 사색하며 깊이 탐구하고 문제를 해결하며 창조한다. 읽기는 인간의 마음을 기르고 힘을 키운다. 이제 '읽는' 인간을 길러보자. 무엇을 어떻게 왜 읽는지를 가르쳐서 스스로 읽는 사람이 되게 해 보자. 읽기가 가진 가능성을 흠뻑 경험하게 하고 세상을 살아갈 힘을 한껏 기르도록 우리가 나서 보자.

1 읽기는 왜 가르쳐야 할까

1) 읽기 교육의 필요성

아이를 잘 기르려면 책을 읽히라고 한다. 읽기는 사람이 터득하고자 하는 어떤 가치로운 것을 실현할 수 있는 길이기 때문이다. 읽기를 통해 정보와 지식을 습득하고 사고가 성숙되며, 나아가 평생 학습력을 갖게 되고 인생의 즐거움도 얻을 수 있다. 글이나 책과 같은 문자로 된 텍스트는 물론이고 영상과 음향 등과 함께 구성된 복합양식 텍스트를 포함한 다양한 읽기 자료를 충분히 이해하고 목적에 맞게 비판적이고 창의적으로 생각할 수 있는 읽기 능력은 인생을 살아가는 데 필요한 평생의 자산이다.

그런데 읽기가 중요하다고 해서 체계적 교육으로 가르쳐야 할 필요성이 있을까? 글만 깨치면 누구나 저절로 읽고 생각할 수 있는 것이 아닐까? 더구나 매체가 발달하여 동영상과 음향 등이 함께 제공된다면 이해하기가 훨씬 쉬워지고 사고하는 데도 큰 어려움이 없어지는 것이 아닐까? 이런 의문에 답하면서 읽기 교육을 하려면, 읽기를 초등학교부터 고등학교까지 오랜 시간을 두고 의도적이고 계획적으로 가르쳐야만 하는 이유가 있어야 한다. 읽기 교육은 왜 제도 교육 안에서 의도적이고 체계적으로 이루어지는 것일까?

읽기 능력은 본능이 아니라 학습되어야 하는 능력이기 때문이다. 읽기 능력은 성장하면서 자연적으로 발달하는 것이 아니라 학습에 의해 획득되는 것이다. 제도적인 학교 교육을 받지 못하였지만 읽기 능력을 기른 경우도, 읽기 능력이 저절로 생긴 것이 아니라 읽어야 한다는 자극을 받고 읽는 활동을 함으로써 성장된 것이다. 읽기 능력은 글자를 아는 것만으로 성취되는 것이 아니고 여러 단계의 발달을 거쳐 사고가 성장함으로써 온전히 성취되는 것으로, 오랜 기간에 걸쳐 발달한다. 문자로만 이루어진 읽기 자료만이 아니라 영상이나 음향이 동반되어 즉각적인 이해가 어느 정도 가능한 복합양식 텍스트도 그 의미를 충분히 이해하고 활용할 수 있기 위해서는 읽기 능력을 기르는 체계적인 교육이 있어야 한다.

읽기 능력은 문자 외에 영상이나 음향 등의 다양한 소통 양식이 복잡하게 사용되는 현재와 미래에도 여전히 중요하다. 어떤 소통 양식이 더해지더라도 문자 텍스트에 대한 이해를 포함하는 읽기 능력은 의사소통에 필수적이고 핵심적인 역할을 하기 때문이다. 대체로 시각적인 영상이나 청각적인 음향 등은 문자와 같은 언어 기호보다 직관적으로 이해할 수 있어 쉽고 빠른 메시지 소통이 가능할 수 있지만, 대부분의 경우 전달하려는 메시지의 초점이 무엇인지를 명확히 하기 어렵다. 무엇보다 감각으로 표현할 수 없는 추상적이고 논리적인 개념과 내용은 이미지가 아닌 언어라는 기호를 통해 소통할 수밖에 없다. 첨단 디지털 매체가 사용되는 현재와 미래에도 추상적이고 논리적인 개념과 사고 내용은 언어 기호로써 소통될 수밖에 없다. 언어 기호 중에서도 특히 문자는 길고 복잡한 사고 내용을 기술하기에 적합하다. 지금까지 쌓아 온 인류의 지성도 문자 중심의 언어 기호로 기록되어 있는 것이 압도적으로 많다. 그러므로 문자가 포함된 텍스트를 다루는 읽기 능력은 현재와 미래에도 여전히 필요할 수밖에 없다.

체계적인 교육은 효율적인 학습을 가능하게 한다. 이러한 교육을 통해, 스스로 깨우쳐 익히는 것보다 더 효율적으로 읽기 능력을 학습할 수 있다. 체계적인 교육은 효과적으로 읽기에 입문하도록 이끌고, 더 높은 수준에 도전하도록 지속적으로 자극하여 성장을 촉진시키며, 삶에 필요한 고차적인 읽기 능력을 영구히 가질 수 있도록 숙련시킨다. 읽기를 의도적이고 체계적으로 가르쳤을 때 읽기 학습이 촉진되고 읽기 능력의 발달이 가속화될 수 있는 것이다.

2) 읽기 능력의 중요성

읽기는 문자를 중심으로 구성된 텍스트를 대상으로 하여 그 텍스트가 담고 있는 메시지를 이해하고 그것을 삶의 다양한 상황에서 유용하게 활용하는 인간의 고차적인 인지 활동이다. 현대 사회와 같은 고도의 문명 사회에서 인간이 다루어야 할 메시지는 매우 다양할 뿐만 아니라 복잡다단하다. 이런 다양하고 복잡다단한 메시지를 충분히 다룰 수 있어야 현대 사회에서 인간이 가져야 할 최소한의 기본권이 보장되는 삶을 영위할 수 있고, 고도의 발전적인 삶도 성취할 수 있다. 앞으로 맞게 될 미래의 문명 사회에서도 읽기는 여전히 핵심적인 의사소통 수단이고 개인의 사고와 내면을 연마할 수 있는 가장 정련된 도구가 될 것이다. 개인의 성장과 학습이 읽기가 가능해야 원만하게 이루어질 수 있고 사회의 발전도 구성원들의 읽기 역량 없이는 불가능하다.

이와 같이 읽기 능력은 기본적인 의사소통 능력일 뿐만 아니라 정보와 지식을 획득하는 자기 주도적 학습 능력이다. 적극적인 읽기를 통해 문제 해결과 창의에 도달할 수 있으며, 폭넓은 읽기를 통해 감성과 공감력을 기를 수 있다. 이렇게 읽기는 교양과 전문성을 기르며 개인의 자아와 정체성을 형성·발견하고 인격을 성장시킨다. 이런 '읽는 개인'이 성장함으로써 사회는 진정한 의미의 발전을 이룰 수 있게 된다.

(1) 정보와 지식의 획득과 정서와 경험의 확장

읽기의 가장 기본적인 본질은 '이해'이다. '이해한다'는 것은 이전에 몰랐던 것을 알게 된다는 뜻으로, 텍스트를 통해 새로운 것을 알게 되는 것이 읽기의 본질이다. 읽기 전에는 알지 못하였던 정보, 지식, 정서, 경험 등을 읽기를 통해 알게 되고, 이렇게 알게 된 것은 한 인간의 교양과 전문성을 이루고 나아가 인격과 사회관계를 형성하는 밑거름이 되어 인간이 살아가는 데에 중요한 자산이 된다.

예전에는 당대 최고 수준이자 최첨단의 지적 자산이 문자로 기록되었다. 그래서 최고의 지적 자산에 접근하는 것이 읽기, 특히 책을 읽는 '독서'라는 말 속에 함축되었다. 구두언어인 말도 있었지만 문자로 기록하는 것이 복잡하고 논리적인 사고를 더욱 잘 다룰 수 있고 이를 널리 전달하는 데에도 적합하였기 때문에 글 자료 내지 책을 읽는 것이 최고의 지적 자산을 접하는 길이었다. 오늘날에는 다양한 매체의 형태로 지적 자산이 기록, 저장, 전달되어서 '읽기, 독서'를 넘어 '보기, 매체 수용' 등으로 불리지만, 본질은 그대로 다른 사람이 생산한

지적 자산을 이해하여 아는 것이다. 디지털북, 오디오북, 영상과 음향을 동반한 복합양식 텍스트 등은 디지털 기술 및 다양해진 표현 양식과 그것의 소통 특성을 이해 과정에 추가 또는 변경하여 고려해야 하는 것으로, 읽기의 개념이 확장된 것이라 볼 수 있다. 매체를 막론하고 인류의 지적 자산을 온전히 획득하고 향유하는 것은 읽기 능력을 통해 가능하다.

(2) 사고력과 학습 능력의 신장

텍스트에 담긴 메시지는 저절로 쉽게 파악되지만은 않는다. 인지적인 노력이 필요할 때가 많다. 텍스트 난도가 독자 수준보다 낮을 때는 별다른 인지적 노력 없이 직관적으로 파악될 수 있지만, 텍스트 난도가 독자 수준보다 높거나 독자가 텍스트에서 더 고차적으로 추론하려 하거나 평가·활용하고자 할 때에는 밀도 있는 인지적 노력이 필요하다. 독자는 인지적 노력을 기울여 언어 기호를 해독·해석하고, 비언어의 영상이나 음향 등을 파악해 언어 기호와 연관 지으며, 맥락을 발견·설정하여 잠재된 의미를 추론하고, 내용을 분석·비교하여 종합·비판하며, 유용한 요소나 연상되는 바를 창의적으로 활용하거나 문제를 해결하는 등 어렵고 고차적인 인지 기능을 수행해야 한다. 이런 과정에서 사고력이 증진되며, 이런 사고력은 읽기만이 아니라 삶의 모든 상황에서 가치로운 판단 역량이 된다.

학습의 기본 과제는 기존에 밝혀진 지식이나 정보, 정서나 경험 등을 배우는 것이다. 이런 학습 과제는 '이해'를 동반할 수밖에 없다. 물론 학습은 글만이 아니라 말을 통해서도 이루어지고 비언어적인 자료나 활동으로도 이루어지지만, 학습에서 문자언어가 차지하는 비중은 절대적으로 높다. 글 중심의 자료를 활용하는 읽기가 학습에 절대적으로 중요한 것이다. 이보다 더욱 중요한 점은, 제도 교육에서 가르치려는 바가 '물고기를 잡아 주기보다 낚시법을 터득하게 하려는 것'이라는 것이다. 선생님이 몇 개의 내용을 가르쳐 주기만 하는 것이 아니라, 어떤 내용이든 학습자가 스스로 학습할 수 있도록 하는 자기 주도적 학습 능력을 길러 주는 것이 현대 교육에서 더욱 중요하게 여겨진다. 여기서 자기 주도적 학습 능력은 곧 언어 자료이든 비언어적 자료이든 다양한 텍스트를 통해서 필요한 내용을 파악하여 획득하고 학습자의 목적에 맞게 활용하는 것이다. 이는 곧 읽기 능력이 텍스트에서 내용을 이해·추론하고 비판하며 창의적으로 활용하는 것과 같아서, 읽기 능력을 기르는 것은 자기 주도적 학습 능력을 기르는 것과 거의 등가 개념이 된다. 이와 같이 읽기 능력의 교육은 사고력을 기르는 것이자 자기 주도적 학습 능력을 기르는 것으로서 무엇보다 가치롭다.

(3) 자기 발견 및 인격 도야와 삶의 질 향상

읽기의 과정에서 또 그 결과로 독자는 성장하고 그의 삶이 변화한다. 정보와 지식을 얻고 다양한 정서와 경험을 접하며, 그것을 자신의 관점과 비교하고 자신의 가치로 평가하면서 세계관이 형성되고 자아가 형성·연마되며 인격이 변화한다. 다양한 읽기 자료를 통해 좁은 시각을 극복하고 편향된 생각을 바로잡으며 세계와 인간의 삶에 대한 안목을 넓힐 수 있다. 내면으로는 독자 자신의 생각을 검토하고 조정·변화를 겪으며 자신의 특성을 자각할 수 있고 자신을 성찰하면서 자아 내지 자기 정체성을 발견하거나 형성하게 된다. 그리고 자신의 가치관을 끊임없이 검토하며 개선하게 된다. 읽기를 통해 받는 이러한 자극과 변화로 인해 독자는 자신의 인성을 형성해 가고 인격을 도야한다.

또한 읽기 능력으로 학습 성취가 높아지거나 생활이나 삶에서 생기는 문제를 해결할 수 있게 되면서 자신감과 자긍심을 갖게 되고 자신의 삶에 주도권을 갖는 행복한 존재로 나아간다. 현대 사회의 수많은 전문 분야와 각 공동체에 대해서 다 알지 못한다 하더라도, 인터넷 서비스와 디지털 기술로 정보가 열려 있는 세상에서 읽기 능력은 각 분야에 접근하여 자신에게 필요한 일을 해결할 수 있도록 하는 강력한 도구이다. 읽기 능력으로 인한 이러한 변화는 삶의 국면을 바꾸고 삶의 질을 높이며 새로운 삶을 만들어 갈 수 있게 한다. 어릴 때부터 글자를 깨치고 다양한 읽기 자료를 접하며 눈에 보이지 않지만 꾸준히 길러 온 읽기 능력이 개인의 삶을 바꾸는 힘을 지니게 되는 것이다.

(4) 사회관계의 형성과 사회 발전 견인

읽기 능력은 기본적으로 개인 차원의 역량이지만, 읽는 개인이 기능하고 서로 소통함으로써 사회 차원의 역량이 될 수 있다. 성숙한 읽기 능력을 가진 개인이 각자의 자리에서 제대로 역할을 하는 것만으로도 사회에 긍정적으로 기여할 수 있다. 뿐만 아니라 읽는 개인들은 직접 대면하지 않더라도 같은 텍스트를 읽는 것만으로도 서로 공유하는 점을 갖게 되고 일종의 사회적 관계가 형성됨으로써 더 크게 기여할 수 있게 된다. 같은 텍스트를 읽는 것은 같은 정보와 지식, 정서, 경험 등을 갖는 것이면서 그것과 연관된 세계에 대한 관점, 의견 등을 접하게 되어 개인들이 공유하거나 연결되는 점이 생기게 되는 것이다. 하나의 취미·전공 분야를 접하는 개인들이나 같은 언론·방송을 접하는 개인들처럼, 같은 내용을 알게 되는 데에서 잠재적으로 관계가 형성된다. 이런 연결성이 사회적 소통망(SNS) 등 여러 대면 또는 비대면 관계망을 통해 드러나면 하나의 가시적인 공동체가 되고 사회적 견해를 제시하며 사회적

쉬|어|가|기

읽기와 읽기 교육의 과거, 현재, 미래

- 문명 탄생기(초의미적 읽기): 문자를 발명하여 기록을 남기기 시작한 시기. 지배계급이던 귀족이나 성직자, 글자를 기록하던 하급직 관리만이 문자를 배워 읽음. 읽기는 기억을 보존하고 확인하는 일 또는 절대권력이나 신성의 위엄을 느끼는 초의미적인 일.
- 고대와 중세(인격 수양을 위한 읽기): 기록할 수 있는 도구가 발달하여 문자의 기록 양이 많아지면서 글이 사고의 기록이 됨. 읽기는 '이해'가 본질인 오늘날의 의미로 전환됨. '이해'의 초점은 신의 메시지를 알거나 인격을 수양하는 것에 둠.
- 근대와 현대(읽기 능력 향상을 위한 읽기 교육): 과학의 시대로 읽는 현상 자체를 탐구의 대상으로 놓고 설명하고자 함. 이로써 읽기는 교화 수단이라는 이념적인 차원과 분리됨. 이전에 읽기와 읽기 교육이 분리되지 않았던 것(인격 수양)과 달리, 읽기 교육이 독자적인 목표(읽기 능력 향상)를 갖고 설정됨.
- 현재 그리고 미래(문식적 사회와 비판력): 읽기 능력의 개념이 개인의 인지 능력을 뜻하는 것을 넘어서 사회생활을 누리는 사회적 능력으로 심화됨. 글이 문자언어에서 다매체화하고, 이해의 양상이 의미의 해석을 넘어 맥락에 대한 민감성과 비판의식을 요구하는 쪽으로 변화함. 읽기 교육은 개인만이 아니라 사회적 차원의 목표를 고려해야 하며, 변화된 환경을 수용해야 함.

기능을 할 수 있게 된다.

읽기는 텍스트에 담긴 내용을 비판 없이 수용하는 것이 아니라, 정확하게 이해하여 주체적으로 평가하고 창의적으로 활용할 가능성을 생각하는, 결과가 열려 있는 활동이다. 같은 텍스트를 공유하더라도 개인들이 같은 생각을 하게 되는 것은 아니다. 이런 점이 성숙한 읽기 능력이 사회에 순기능을 하고 선한 영향을 줄 수 있는, 읽기 능력의 가능성이고 중요성이다. 각 개인의 읽기 결과가 서로 충돌하여 부딪치기도 하고 공감하고 일치하여 합의되기도 하면서 사회의 다양성과 서로에 대한 이해를 공유해서 건전한 사회로 나아갈 수 있다. 읽기 능력을 교육하는 것은 개인의 성취를 지원하는 데 그치는 것이 아니라 사회 전체에 선한 영향을 미치며 사회의 바람직한 발전을 이끄는 사회의 역량을 기르는 것임을 알고 급변하는 시대에도 소홀히 하지 말아야 할 것이다.

3) 읽기 교육의 목표

읽기 교육의 목적은 궁극적으로 개인의 성장과 사회의 발전이라고 할 수 있다. 읽기로써 개인의 교양과 전문성을 기르며 자아와 정체성을 형성·발견하여 인격을 성장시키고 행복한 삶을 영위할 수 있도록 돕는다. 그리고 그러한 개인들의 활동과 소통으로 더욱 바람직하고 발전적인 사회를 만들어 가고자 하는 것이 읽기를 강조하고 가르치는 이유이다. 그러나 이런 목적을 성취하는 데에는 읽기 이외의 것도 관여한다. 모든 교육이 이러한 목적을 공동으로 추구하기 때문에 국어 교과의 읽기 영역에서는 좀 더 영역 고유의 특성을 가지면서 구체적으로 성취 가능한 것을 목표로 설정하는 것이 좋다.[1] 이에 국어 교과의 읽기 영역의 목표는 '읽기 능력'을 기르는 것으로 설정한다. '읽기 능력'을 기른다는 목표를 성취함으로써 궁극적인 목적을 이루는 데로 나아갈 수 있게 하는 것이다.

지금까지 국어 교과 읽기 영역의 목표는 읽기 능력의 중요성을 토대로 하여 읽기 능력을 기르는 데 중점을 두고 설정되었다. 2022 개정 국어과 교육과정에서도 읽기 능력을 중심으로 목표를 설정하였는데, 읽기 영역의 목표가 아래 초·중·고에 적용되는 공통 국어 과목의 목표 속에 포함되어 있다.

> 국어 의사소통의 맥락과 요소를 이해하고 다양한 의사소통의 과정에 협력적으로 참여하면서 언어생활을 성찰하고 국어 문화를 향유함으로써 미래 사회에서 요구되는 높은 수준의 국어 능력을 기른다.
> 가. 다양한 유형의 담화, 글, 국어 자료, 작품, 복합 매체 자료를 비판적으로 이해하고 자신의 생각을 창의적으로 표현한다.
> 나. 다양성에 대한 이해를 바탕으로 타인의 의견과 감정, 가치관을 존중하면서 협력적으로 의사소통한다.
> 다. 민주시민으로서 의사소통에 적극적으로 참여하면서 개인과 공동체의 문제를 해결한다.
> 라. 공동체의 언어문화를 탐구하고 자신의 언어생활을 성찰하고 개선한다.
> 마. 다양한 사상과 정서가 반영되어 있는 국어문화를 감상하고 향유한다.

공통 국어에서 읽기 영역의 목표는 읽기에 관여하는 독자, 텍스트, 맥락 각각의 특성을 이해하고 읽기 활동에 긍정적이고 협력적인 태도로 참여하여 읽기를 실제로 수행함으로써 읽기 능력을 기르는 것이 중점이다. 구체적으로는 다양한 유형의 글과 복합양식 텍스트 자료 등을 폭넓게 다룰 수 있는 읽기 능력을 갖도록 하며, 내용 확인과 추론 등 글의 의미 구성은 물론이고 비판적으로 이해하고 창의적으로 활용할 수 있는 고차적 수준의 읽기 능력을 갖도록 하는 것을 목표로 한다. 이러한 읽기 능력은 타인을 존중하는 협력적 의사소통을 할 수 있는 능력이 되어야 하고, 이런 읽기 능력으로 개인과 공동체의 문제를 해결하고 언어생활과 문화에 대해서도 성찰·개선하고 감상·향유할 수 있어야 한다.

이러한 읽기 영역의 목표는 고등학교 선택 과목에서 확장·심화되면서 더 명료하게 진술된다. 진로 선택 과목 중의 하나인 '주제 탐구 독서' 과목은 그 목표를 다음과 같이 명시하고 있다.

1 교육학에서 '목적'은 궁극적으로 도달해야 할 것으로 본래적으로 지향하는 바를 말하고, '목표'는 명확히 성취할 수 있는 것으로 가시적이고 구체적으로 도달해야 할 바를 말한다.

관점과 견해를 형성하는 독서 능력의 중요성을 이해하며, 주제를 깊이 있게 탐구하는 독서 경험을 통해 비판적·창의적 사고 역량을 기르고, 학업과 진로 탐색을 위한 독서를 수행하며 삶을 성찰한다.

(1) 다양한 분야에서 관심 있는 주제와 관련된 책과 자료를 찾아 비판적·창의적으로 읽으며 주제를 깊이 있게 탐구한다.

(2) 주제를 선정하여 책과 자료를 통합적으로 읽고 자신의 관점과 견해를 형성한다.

(3) 주제를 탐구하는 독서를 통해 학업과 진로를 적극적으로 탐색하며 자신의 삶을 성찰하고 계발한다.

국어 과목의 읽기 영역을 토대로 하면서 관심 있는 주제에 관해 다양한 책과 자료를 비판적·창의적으로 읽음으로써 학습자 자신의 관점과 견해를 형성하고 주제에 대해 깊고 넓게 탐구하는 능력을 기르는 것을 목표로 설정하였다. 읽기 능력을 탐구 능력으로 끌어올리고, 주제 중심으로 다양한 책과 자료를 통합하는 수준으로 읽기 능력을 고도화하고 있다. 그리고 일반 선택 과목인 '독서와 작문' 과목에서는 독서의 결과가 작문의 내용으로 연결되도록 하여 학습한 읽기 능력을 실제 언어생활에 적용하게 하였다.

2 읽기란 무엇일까

1) 읽기의 개념

(1) 해독과 해석

읽기는 기호를 의미로 변환하는 일에서 시작된다. 해독과 해석은 기호를 의미로 변환하는 읽기의 기본이자 필수적인 과정이다. 해독(decoding)은 읽기의 기초 과제로, 기호의 규약을 아는 것을 말한다. 한글을 소리 내어 읽을 줄 아는 것, 알파벳을 인지하여 소리 내어 읽을 줄 아는 것 등이 해독이다. 만약 아랍어 문자를 모르는 사람이라면 "تثنبيباأ"을 소리 내어 읽지 못할 것이고, 일본어 문자를 모르는 사람이라면 'おはいお'를 소리 내어 읽지 못할 것이다. 해독은 이러한 문자를 기호로 인식하고 그 문자의 형태와 소리를 짝지어 아는 것이다. 국어의 경우 한글을 소리 내어 읽을 줄 아는 것과 같다.

해독이 성취된 상태에서 그 기호의 의미를 알아야 하는 과제가 있다. 기호의 의미를 아는 것은 기호 자체의 규약적인 의미를 아는 것과 쓰임에 따른 맥락적인 의미를 아는 것으로 구

별할 수 있는데, 이 중 규약적인 의미를 아는 것을 인지심리학 분야에서는 어떤 대상에 의미를 부여하는 것이라 하여 해석(interpretation)이라는 용어로 개념화한다. 단어나 문장에서 사전적 의미나 문법 그대로의 의미를 떠올리는 상태이다. 예를 들어, 한글 원리를 막 깨친 아동이 길가의 간판에서 '냉면'이라 쓴 것을 [냉면] 하고 소리 내어 읽었으나 그것을 의미와 연결 짓지 못해 그것이 평소 자신이 좋아하던 국수같이 생긴 음식이라는 것을 알지 못한다면 해독은 하였지만 해석은 하지 못한 상태가 된다. 우리가 일본어 문자 51개를 배운 후 'わたしはかくせいです[와타시와 칵세이데스]'라고 소리 내어 읽더라도 그 뜻을 알지 못한다면 해독만 한 것이고, 그 뜻이 '나는 학생입니다'라는 것을 알면 해석을 한 것이다. 이 과정은 국어에서는 한글을 익혀 글자나 단어, 짧은 문장 단위에서 소리와 뜻을 연결 지을 줄 아는 것과 같다.

복합양식 텍스트에서는 텍스트에 사용된 영상이나 음향을 지각하고 그것이 어떤 의미인지를 해석할 수 있어야 한다. 영상은 장면·상황과 대상물을 표현하기에 효과적이고, 음향은 분위기를 표현하기에 적합하다. 언어는 개념과 논리 관계를 표현하기에 적합하며, 상황이나 대상을 초점화하여 지시하고 설명하기에 유용하다. 여러 표현 양식이 사용된 복합양식 텍스트에서는 언어뿐만 아니라 영상과 음향 요소의 단위들이 표상하는 기초적인 의미나 이미지를 떠올림으로써 해석할 수 있다.

(2) 의미 구성(이해)

텍스트를 구성하는 작은 단위의 의미는 더 큰 단위에서 서로 연관되어 텍스트의 의미가 된다. 텍스트의 의미를 이해하는 것은 기호나 영상, 음향 등으로 표현해 놓은 것의 의미를 아는 내용 확인과 더불어, 명시적으로 표현되지 않았지만 암시되거나 전제됨으로써 포함되어 있는 것의 의미를 아는 추론적 이해로 수행된다.

① 내용 확인

읽기는 필자와 독자의 의사소통이므로 필자가 텍스트에서 어떤 의미를 전하고자 하였는가를 정확히 알아야 한다. 필자가 전하고자 하는 뜻은 언어와 영상·음향 등으로 표현되어 텍스트에 담겨 있다. 그래서 텍스트의 의미를 이해하는 것은 언어나 영상·음향 등의 명시적 표현 수단을 통해 텍스트에 명시되어 있는 의미를 아는 데서 시작된다. 텍스트에서 언어로 명시되어 있는 단어나 문장의 문맥적 의미를 파악하고 연결 관계나 지시 관계 등을 파악하여 그것을 의미의 망(network)으로 연결한 글의 의미 구조를 구성하거나, 영상·음향으로 표현되어 있는 바를 언어와 연결하고 표상 이미지를 문맥에서 맥락적으로 이해하여 전체 텍스트의 의미를 구성한다. 이것이 필자와 소통하는 기본적인 의미, 곧 텍스트에 드러난 뜻인 명시적 의미를 아는 이해이다. 텍스트의 세부 내용과 중심 내용, 연결 관계, 줄거리, 전개 과정, 글 구조 등을 아는 것이 명시적 의미의 이해를 상세화한 항목이 된다.

이렇게 명시적 의미는 단어나 문장, 이미지 등 있는 그대로의 표현을 이해하는 것뿐만 아니라 문맥적 의미를 파악하고 문장 간 의미나 문단 간 의미를 연결하고 판단하며 생략된 의미를 복원하는 등 추론적인 사고가 필요하다. 명시적 의미는 기호와 이미지를 통해 중개되는 객관적인 면이 있지만 엄밀히 주관적일 수 있고 독자마다 다르게 받아들이는 부분도 있을 수 있다. 그래서 명시적 의미를 이해하는 것은 필자가 '건네주는' 것이 아니라 독자가 글에서 스스로 '만들어 내야' 하는 부분이 많다고 할 수 있다. 이런 점에서 '의미를 구성한다'고 말한다.

② 추론

필자와의 소통은 이런 명시적 차원의 의미를 아는 것만으로 완성되지 않는다. 필자가 텍스트에 표현해 놓은 바와는 다른 또 다른 의도를 품었다고 가정되거나 영리한 독자가 텍스트에 표현되어 있는 것 이상의 뜻을 생각할 때 숨은 의미를 발견할 수 있기 때문이다. "교실이 덥지 않아요?"라는 말을 들었을 때 "네, 더워요."라고 하기보다 '창문을 열거나 에어컨을 켜는 것'이 더 성공적인 소통이 되듯이, 성의 있는 설명서를 읽고 그 내용을 아는 것을 넘어 필자가 독자의 관심을 유도하고 해당 설명이 취하는 관점을 갖도록 설득하는 것임을 생각할 때 더 성공적인 읽기가 될 수 있다. 영상이나 음향 자료도 마찬가지여서, 예를 들어 주가의 등락을 기록한 '차트'들을 보고 점심 식사 시간대에 변동이 잦다는 특성을 찾아내거나 한국과 식사 시간대가 다른 국가에서 한국의 점심 시간대를 투자에 이용한다는 것을 추론하여 알아낼 때 텍스트를 훨씬 더 가치롭게 활용하는 것이 된다. 명시된 표현을 넘어선 추론이 있어야 텍스트를 충분히 제대로 이해할 수 있는 것이다. 이와 같은 추론적 이해는 명시되지 않은 주장이나 암시된 주제의 이해, 강조점의 선별과 필자의 숨은 의도 추정, 시사점 도출, 예상되는 결과 예측, 전제와 관점 분석, 잠재된 가치나 관습 간파, 언급하지 않은 사항(생략한 내용)의 발견과 이유 추정 등으로 구체화될 수 있다.

추론은 텍스트 밖의 요소인 맥락을 활용해야 수행할 수 있다. 텍스트의 내용을 사회문화적 맥락이나 상황적 맥락, 매체 특성 등과 연관 지어 봄으로써 텍스트에 명시되지 않은 내용

들을 짐작해낼 수 있게 된다. 추론된 의미는 명시된 의미처럼 확정적이지는 않지만 의사소통에서 필수적으로 수반되고 삶에서도 매우 중요한 기능을 하므로, 다양한 추론을 할 수 있는 읽기를 하는 것이 중요하다.

(3) 평가와 창의

① 평가

독자는 텍스트에서 이해하는 바를 의식적으로든 무의식적으로든 평가한다. 텍스트에서 내용 확인과 추론을 통해 이해한 내용을 정확성·객관성·편향성, 타당성·적절성 등에 대해 평가하여 수용할 내용과 거부하거나 판단을 유보할 내용을 구별한다. 사실 관련 내용에 대해서는 정확하고 객관적인 사실인지, 전체적으로 한쪽에 편중된 정보가 아니라 균형 잡힌 정보인지 등을 평가할 수 있다. 의견 관련 내용에 대해 옳은지 그른지를 판단하는 타당성을 평가하고, 텍스트와 여타 텍스트 밖의 요소와의 관련성에 대해 적절성과 적합성을 평가한다. 텍스트의 표현 형식에 대해서도 효과성과 적절성 등을 평가한다. 또한 텍스트가 실려 있는 매체에 대해서도 매체의 생산자나 사용자, 유통 방식, 공공성 등을 평가할 수 있다.

평가의 원리는 비교이다. 텍스트 자체만으로는 평가할 수 없고, 텍스트를 다른 것과 비교해 볼 때 평가할 수 있게 된다. 텍스트의 내용, 표현 등을 '다른 사실, 의견, 가치, 표현방식 등'과 비교하면 그것에 대한 평가를 할 수 있게 된다. 비교할 자료는 독자의 사전 지식이나 가치관에서 가져올 수 있고, 다른 텍스트에서 가져올 수도 있다.

② 창의

평가의 결과가 '수용'으로 나타날 때, 글 이해를 통해 구성한 의미는 독자에게 공감이나 감동과 같은 정서적 효과로 나타난다. 또한 읽기에서 알게 된 바를 어떤 상황에 적용하여 유용하게 활용하거나 삶의 문제를 해결하고, 새로운 아이디어나 지식을 떠올리려 창안하는 등의 인지적 성과를 낳는다. 이런 읽기의 성과가 텍스트를 읽는 이유이며 읽기 능력을 기르도록 교육하는 이유이기도 하다.

읽은 결과로 우선 공감이나 감동의 정서 변화를 통해 카타르시스를 경험하거나 위안과 의지를 얻는 등의 정서적 성장을 이룰 수 있다. 또한 읽은 결과로 이해한 바를 재해석 또는 통합하고, 문제 해결이나 의사 결정에 적용·활용하며, 새로운 지식이나 정보를 생산·창출하는 등의 인지적 성과를 얻는 쪽으로 발전할 수 있다. 실학자 박제가는 청나라의 문물을 보고 그와 관련된 자료를 구해 읽었지만 읽은 바를 조선의 발전을 위해 변용하였고, 뉴턴의 『프린키피아』를 탐독한 다윈은 물리의 질서를 생물에 옮겨 놓는 진화론을 창안하였다. 텍스트를 읽은 결과로 새로운 것을 발견·생산·적용하며 확장해 가는 이러한 성과는 읽기를 교육하는 이유이자 목적으로 매우 중요하다.

(4) 주제 중심 통합

텍스트를 읽고 사고한 내용은 또 다른 내용과 연합함으로써 더 유용하게 활용될 수 있다. 이해한 바가 텍스트별로 기억·활용될 수 있지만, 다른 텍스트의 내용과 연합하여 종합·재구성됨으로써 사고의 통일성과 유용한 활용이 가능해진다. 물론 어느 읽기이든 읽은 결과는 독자의 기존 사고 내용과 연합하고 상충되는 내용은 평가와 조정을 거쳐 통일성 있게 정리되어 독자의 사고에 저장되어 활용된다. 이렇게 내용의 연합은 자연스럽게 일어나는 인지과정이기도 하지만, 처음부터 의도적으로 관련 내용을 연결하며 읽는다든지, 읽고 나서 의식적으로 다른 내용과 연결하려 해 본다든지 하는 노력은 읽기의 성과를 더욱 높이는 확실한 방법이다. 주제 중심 독서, 다문서 읽기 등이 이런 읽기 양상의 예이다.

주제를 중심으로 텍스트를 선정하여 읽는 주제 중심 독서는 주제에 대한 내용의 통합이 수월하고 주제를 넓게 이해하여 그에 대한 통찰을 갖는 데 효과적이다. 먼저 관심 주제를 명료하게 하고 주제와 관련된 다양한 텍스트를 선정한다. 그리고 텍스트를 읽고 내용을 주제 중심으로 선별·통합하며 처리하고 사용할 수 있는 결과물을 만들어낸다. 여기에서 관심 주제는 진로, 교과 학습, 관심 분야 등 삶에서 필요한 다양한 것이 모두 될 수 있다. 텍스트는 다양한 매체에서 폭넓게 선택하되 정보의 신뢰성을 검토하는 것이 좋다. 텍스트를 읽을 때는 단기간 또는 장기간에 읽는 다양한 양상이 가능한데, 텍스트별로 선조적으로 읽어가며 내용을 처리할 수 있지만 전체 텍스트를 조망하여 서로 비교하고 연결하며 읽는 것도 효과적이다.

(5) 소통과 공유

같은 글을 읽은 사람들은 공통적으로 글이 담고 있는 의미가 무엇인가를 이해하고 공유한다. 필자와 독자 간에, 그리고 독자들 간에 공유할 수 있는 공통의 의미가 있는데, 읽기에서의 소통은 이러한 공통의 의미를 바탕으로 이루어진다. 그러나 읽기는 다양한 맥락을 동반할 수 있기 때문에 텍스트의 의미가 조금씩 달라질 수 있어서, 같은 글을 읽고 서로 같은 의미로 이해하는 것도 있고 서로 다르게 생각하는 것도 있다. 추론과 평가 및 창의에서는 독자 간에 공통되는 것도 없지 않겠지만 서로 다른 부분이 훨씬 더 클 것이다. 이런 텍스트 이해의 보편성과 개별성 때문에 소통을 통해 읽기가 완성되어야 한다. 함께 정확한 의미를 찾아가면서 서로 다른 점에 대해서도 논의하여 사회적으로 공유할 수 있는 지점이 어디까지일지, 서로 좋은 영향을 주고받을 수 있는 점은 무엇일지를 검토하는 기회를 갖는 것이 중요하다.

대개 읽기 수업에서 공통적인 의미에만 매달리고 독자마다의 차이에 대해서는 무시해 버리거나 자의적인 읽기가 되어도 방임해 버리는 경향이 있는데, 이는 모두 바람직하지 않다. 읽기는 소통을 통해 보편성을 확보하면서도 독자마다의 개별성을 공유해 볼 필요가 있다. 이에 읽기가 개인적인 활동이 아니라 사회적인 활동으로 확장될 필요가 있다. 독서 동아리 등에서 사회적 독서를 하면서 타인과 이해한 바를 공유함으로써 읽기의 가치를 높일 수 있다.

2) 읽기의 과정

(1) 상향식 모형

읽기는 기본적으로 글에서 의미를 구성해 내는 작업이다. 그러면 어떻게 글에서 의미를 만들어 내게 될까. 글자를 읽고 의미를 이해하는 모습은 어떤 것일까. 이러한 질문에 답함으로써 읽기가 무엇이고 어떻게 교육해야 할지를 생각하게 될 것이다. 심리학 분야에서는 읽기의 과정을 크게 세 가지 가설로 설명한 바 있다. 글에서 의미로 가는 상향식, 의미에서 글로 가는 하향식, 양방향이 동시에 다 작용하는 상호작용식 모형이 그것이다.

상향식 모형은 문자의 세부 특징과 같은 작은 요소에서 시작하여 단어와 구, 절, 문장과 같은 큰 단위로 이행하는 방식으로 읽기의 과정을 설명한다. 자소를 파악하여 글자를 읽고, 글자들을 읽어 단어를 파악하고, 단어들을 파악하여 구나 절, 문장과 같은 더 큰 단위를 이해하고, 이 단위들을 이해한 것을 모아야 문단을 이해하게 된다고 본다. 작은 요소에서 큰 단위로 이해하고 글자 단서에서 출발하여 의미를 생각하게 된다는 점에서 상향식(buttom-up)이라 일컫는다.

고프(Gough, 1972)는 문장을 눈으로 지각하여 입에서 나오는 소리로 읽혀 나오기까지의 과정을 구체적인 자료로 매우 섬세하게 설명하고 있다. 그는 읽기가 눈동자의 멈춤(an eye fixation)으로 시작된다고 말하고, 눈동자의 움직임 시간과 인지 범위를 정교하게 계산하여 단위 시간당 문자가 어떻게 지각되고 단어로 조합되며 구로 인식되고 마침내 의미 있는 문장으로 꿰어지는지를 마치 정보 처리 프로그램을 만드는 것과 같은 방식으로 설명해 보였다.

이 모형에서는 문자의 지각과 해독의 과정이 뒤에서 설명할 다른 모형에 비하면 오로지 종이 위에 쓰인 검은색의 글자 모양을 단서로 해서만 분석되는데, 작은 요인들을 분석한 이후 이것들을 종합하여 더 큰 단위를 인식하게 된다고 설명하는 것이 특징이다. 이런 특징은 행동주의적 교육관(모방과 반복 프로그램)과 기능 중심의 개념과 어울려 읽기의 기능(skills)을 '문자, 단어, 구, 문장, 단문, 장문'의 단위로 구분하여 훈련하는 프로그램을 만들어 지도하는 방식으로 읽기 지도에 적용되었다. 또한 의미의 이해에서 독자의 역할은 수동적이며, 글의 의미는 문자에서 생겨나고, 따라서 글에는 정확한 한 가지의 의미만 있을 뿐이라는 생각을 읽기 교육에 심어 놓았다.

이 모형에 대해서는 여러 가지 한계가 지적되었고 비판받았다. 그러나 실제로 읽기가 문자 기호의 해독에서부터 상향적으로 진행되는 측면이 있으며 문자 지각과 인식의 과정을 밝히려는 다른 연구들을 이끌어 냈다는 점에서 연구사적인 의의가 크다.

(2) 하향식 모형

하향식 모형은 배경지식이 글 이해에 주도적으로 작용한다는 식으로 이해 과정을 설명한다. 큰 단위의 의미 또는 맥락이 이에 포함되어 있는 작은 구성 단위인 문자를 인식하는 데 영향을 준다고 하여 하향식(top-down)이라고 한다. 굿맨(Goodman, 1984)은 "읽기는 필자가 제시한 인쇄된 문자언어로부터 독자가 능동적으로 의미를 구성하는 것이다. 읽기는 심리언어적 추측 게임(psycholinguistic guessing game)이다."고 한다. 또한 능숙한 읽기는 모든 종류의 단서를 효율적이며 효과적으로 사용하는 과정, 전략의 적용 과정, 의미의 창조 과정 등이 어떻게 잘 통합되는지에 의해 구별된다고 보았다. 이에 쓰여 있는 언어 기호만이 아니라 배경지식 등 이미 형성된 의미적 차원의 것을 단서로 해서 해독이 이루어진다고 설명하였다. 이 모형에서는 청각적 자극(언어적인 기호)과 더불어 이미 가정하고 있는 어떤 맥락에서 글의 의미여야 할 것 등을 표집하여 예측하면서 기호를 분석하고 의미를 이해하게 된다고 설명한다.

이 모형은 너무 단순하고 세밀하지 못하여 독자의 사고 과정을 자세히 보여 주지는 못하였다. 그러나 의미 이해에 독자의 능동적인 참여를 고려하고자 하였다는 점에서 의미가 있다. 이 모형의 특징은 '표집과 예측'이라는 설명에서 보듯이 읽기에 문자 이외의 다른 요인이 작용하고 독자가 중요한 역할을 한다는 것이다. 이 모형은 기호 외적 요인과 독자의 영향력을 크게 고려하기 때문에 글의 의미가 기호에서 연역되는 것이 아니라 독자와 맥락에 의해 구성된다고 본다.

이것은 구성주의 패러다임과 연합하여 읽기 교육에 큰 영향을 주게 된다. 읽기 지도에서 글의 의미가 한 가지로 고정되는 것이 아니라 독자에 의해 구성되며 그 결과 다양한 의미가 산출될 수 있음을 심리학적으로 인정한 것이다. 이로써 읽기 지도에서 '정확한 의미의 파악'보다 '가능한 의미의 구성'이 읽기 지도의 중심이 되었다.

한편, 다양한 요인의 영향과 독자의 능동적 읽기가 중요하다는 것은 곧 독서 지도에서 언어 기호 이외에 독자 요인과 기타 다양한 요인을 적극적으로 활용하여야 한다는 쪽으로도 해석되었다. 그래서 읽기 지도법으로 글과 관련된 여러 자료를 활용하고 독자를 능동적으로 만들도록, 예를 들면 스키마를 활성화하거나 보충해 주고 독자가 적극적으로 생각하도록 고

쉬|어|가|기

스키마 이론(schema theory)

머릿속에 있는 스키마에 의해 글의 의미가 구성된다고 설명하는 하향식 모형 관점의 이론. 스키마란 대상과 사건의 규칙성을 포착하는 지식의 구조를 말하는데, 읽을 때 독자 머릿속에 있는 스키마의 항목에 맞추며 글의 의미를 파악한다고 설명한다. 따라서 글의 내용에 적절한 스키마가 있으면 글 이해가 쉽고 빠르며 그렇지 못하면 실패할 가능성이 크고, 서로 다른 스키마가 적용되면 글의 의미가 다르게 이해된다. 이러하므로 글을 이해하는 출발점이 바로 독자의 머릿속에 있는 스키마라고 연역하게 된다는 점이 인상적이다.

이러한 스키마의 존재와 기능은 독해 지도에 큰 영향을 미쳤다. 우선 글의 의미가 글 속에 담겨 있는 것이 아니라 독자가 구성해야 하는 것임을 분명히 하고, 정확한 의미를 추구하던 읽기 지도의 방향을 돌려놓았다. 그리고 읽기 지도에서는 사전 읽기 활동을 강조하거나 글의 형식에 대한 지식을 갖추도록 권장하고, 독해의 과정에 선행 지식이나 경험을 최대한 활용하게 하는 지도법을 개발하고 강조하게 되었다. 쉽고 재미있게 읽는 독해가 무엇인지를 가장 명확하고 분명하게 보여 준다.

그러나 스키마의 적용이 발달 초기부터 효율적인 것은 아니라고 한다. 미숙한 독자는 적은 정보를 가지고 과일반화하는 경향이 있고, 비교적 전문가가 된 단계에서는 과도한 스키마의 사용을 자제하며 스키마와 글이 일치하지 않는 경우에 주의를 기울인다고 하므로 스키마가 결정적인 역할을 하지는 않는다고 보인다. 그리고 스키마 이론을 과대 적용할 경우, 아는 것에 대해서는 더 잘 알게 되지만 모르는 것에 대해서는 계속 모르게 될 수 있고, 그래서 전혀 새로운 내용이라도 읽어 알게 될 뿐만 아니라 새로운 내용을 알기 위해 독서를 하는 본래 독서 목적에 반하는 설명을 하게 된다.

오늘날 스키마는 그 개념이 재검토되고 있기도 하다. 스키마는 지식이 위계적인 구조를 이루는 것이라고 가정하지만, 최근에는 지식이 위계적이라기보다 평행하게 무한대로 뻗어 나갈 수 있는 PDP(paralled distributed process) 모형으로 스키마 개념을 대체한다. 물론 그 존재나 기능을 부정하는 것이 아니라 내적 속성을 수정하는 개념이지만, 스키마에 대한 재검토와 냉정한 평가가 오늘날의 대세이다.

무하는 등의 활동을 하는 읽기 수업을 구상하게 되었다. 읽기 전에 배경지식을 보충하거나 관련 지식을 떠올리는 것, 글의 내용을 대략 미리 훑어보고서 예측하거나 질문을 만들어 보는 등의 활동이 이러한 하향식 모형의 발상에서 유추된 지도법들이다.

(3) 상호작용식 모형

상호작용식 모형은 고프(Gough, 1972)의 상향식 모형에 대한 반론이자 보완으로, 고프의 과정을 수용하면서 하향적 과정을 추가하여 양방향에서 동시에 독해가 진행된다고 설명한다. 양방향에서 작용한다고 하여 상호작용식(interactional)이라고 부른다. 러멜하트(Rumelhart, 1985)는 고프의 모형에 여섯 가지의 반증을 제시하였는데, 같은 모양의 글자라도 주위에 어떤 글자가 있느냐에 따라 다르게 읽힌다거나 같은 형태의 문법 구조라도 어떤 단어인가에 따라 기능이 달라진다는 등의 예를 들어 읽기가 문자 기호만으로 수행되는 것이 아니라고 말하였다. 이에 고프가 설명하였던 것과 유사한 방식으로 시·지각에 입력되는 문자 기호를 분석하는 동시에 문자 기호를 지배하고 있는 화제나 의미의 흐름 등 전후 맥락에서 발생하는 예측과 가정으로 문자나 의미를 추측하면서 쌍방향의 분석이 만나는 지점에서 해독이 확정되는 모형을 설정하였다.

이 모형은 이전의 모형에 비해 읽기의 과정을 훨씬 설득력 있게 설명한다는 점에서 의의가 있다. 과정에 대한 설명과 요소도 매우 세밀할 뿐만 아니라 직관적으로 인지할 수 있는 읽기의 다양한 국면을 가장 근사(近似)하게 반영하고 있다고 평가된다.

이 모형에서도 가정된 의미에서부터 출발하는 지점이 있는 만큼, 하향식과 같이 독자의 능동성과 의미 구성의 주관성을 열어 두게 된다. 그러나 독자의 그러한 개방적 역할은 언어 기호와 비교·합치됨으로써 자의적이지 않은, 언어 기호에 기반한 보편타당한 개방성으로 다듬어지게 된다. 따라서 이해에서 구성주의의 노선을 여전히 뒷받침하면서도 기호의 보편성을 잃지 않는다.

이러한 과정의 특성은 무엇보다 읽기가 한 가지 요인에만 기대는 것이 아니라 여러 요인이 여러 측면과 여러 방향에서 동시에 작용하면서 수행되는 심리 활동이라는 점을 부각시킨다. 이에 읽기 지도에서는 언어 기호와 맥락을 함께 효율적으로 활용할 수 있도록 하는 지도법을 개발하고자 하였다. 그 결과로 상향식의 텍스트 중심적 읽기와 하향식의 맥락 중심적 읽기를 읽기 전 활동, 읽는 중 활동 등의 과정 중심으로 종합하는 지도법이나, 전략 및 상위인지(metacognition)와 같이 여건에 따라서 적절한 이해 방법을 구상하여 융통성 있게 적용

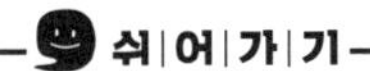

읽기 능력의 발달

읽기 능력의 발달에 대한 이전의 여러 연구 결과를 종합해 볼 때, 읽기 능력의 발달 수준은 다음과 같이 정리된다(Chall, 1996).

독서 발달			독서 발달 부진	
단계	시기	주요 특징	교정 독서	치료 독서
1 독서맹아기	유치원 시기까지	음성언어 시기, 읽기 이전 시기, 하향식 모형	-	-
2 독서입문기	초등 저학년(1~2학년)	문자 지각, 해독, 자소-음소 관계 파악, 음독, 독서 학습의 시기, 상향식 모형	-	-
3 기초기능기	초등 중학년(3~4학년)	기초 기능 발달, 낭독, 음독과 묵독의 과도기, 학습 독서의 시작, 주로 상향식 모형과 하향식 모형 보조	1년 지연	2년 이상 지연
4 기초독해기	초등 고학년(5~6학년)	기초 기능 숙달, 기초 독해 기능, 묵독, 학습 독서의 시기, 의미 중심의 글 읽기, 하향식 모형과 상향식 모형	1년 지연	2년 이상 지연
5 고급독해기	중학 1~2학년(7~8학년)	추론, 글 구조 파악, 작가의 관점 파악 및 비판, 상호작용 모형	1년 지연	2년 이상 지연
6 독서전략기	중3·고등 1학년(9~10학년)	초인지, 독서 전략 구사, 독자와 작자와의 사회적 상호작용임을 이해, 상호작용 모형	1년 지연	2년 이상 지연
7 독립독서기	고등 2학년 이후	교양·학문·직업 세계의 독서, 상호작용 모형	-	-

하도록 하는 현재와 같은 독해 지도의 분위기를 만들게 되었다.

이상과 같은 읽기 과정의 연구는 해독의 수준에 머물렀을 뿐 의미 처리가 주가 되는 독해의 과정을 충분히 설명하지는 못하였다. 이후에 제안된 모형(Irwin, 1991)도 전략을 종합해 놓은 양상으로 설명하면서 독해의 심리적 복잡성을 보여 주었지만, 무엇이 어떻게 선별적으로 작용하는지를 설명하지 못하여 아직 읽기의 심리적 과정을 충분히 밝히지는 못한 것으로 보인다. 읽기의 심리적 과정을 밝힌다는 것은 인간이 수행하는 독해의 과정을 프로그램화할 수 있을 정도의 세밀한 지식을 밝혀야 하는 어려운 과제이다. 그러나 읽기 과정에 대한 연구는 읽기 교육의 실마리를 찾는 기초 연구로, 이해가 어떻게 진행되며 읽기 지도를 어떻게 해야 하는지를 가장 분명하게 보여 줄, 읽기 교육의 핵심 과제로서 계속적인 관심과 연구가 필요하다. 특히 텍스트가 언어만이 아니라 영상과 음향 등으로도 표현된 복합양식의 특징을 가지는 만큼 이런 특징을 설명하고 유용하게 활용할 수 있도록 하는 읽기 과정의 연구가 이어져야 할 것이다.

3 읽기 교육에서는 어떤 내용을 지도할까

1) 교육과정의 지도 내용

(1) '국어', '공통국어1', '공통국어2'의 지도 내용

읽기 능력을 기르는 것을 목표로 하는 읽기 교육은 한글을 깨우쳐 글자를 읽을 줄 알고, 나아가 글의 의미를 성공적으로 구성하고 읽은 결과를 가치 있게 활용할 줄 알며, 이런 읽기가 평생 동안 생활 속에서 영위될 수 있도록 하는 것을 가르치고자 한다. 이런 읽기 교육의 목표를 성취하기 위하여 가르칠 교육적 요소를 국가 수준에서 선정한 것이 국어과 교육과정의 읽기 영역 지도 내용이다. 읽기 영역의 내용 체계표는 지도 내용의 요소와 위계를 중심으로 지도할 내용을 요약적으로 정리해 놓은 것으로, 아래와 같다.

표 1 2022 국어과 교육과정 읽기 영역의 내용 체계

<table>
<tr><td colspan="2">핵심 아이디어</td><td colspan="6">• 읽기는 독자가 자신의 배경지식이나 경험을 활용하여 언어를 비롯한 다양한 기호나 매체로 표현된 글의 의미를 능동적으로 구성하는 행위이다.
• 독자는 다양한 상황 맥락과 사회·문화적 맥락 속에서 자신의 읽기 목적을 달성하기 위하여 다양한 유형의 글을 읽는다.
• 독자는 읽기 과정을 점검·조정하며 읽기 과정에서 부딪히는 문제를 해결하기 위해 적절한 읽기 전략을 사용하여 글을 읽는다.
• 독자는 읽기 경험을 통해 읽기에 대한 긍정적 정서를 형성하고 삶과 공동체의 문제 해결을 위해 공동체 구성원과 함께 독서를 통해 소통함으로써 사회적 독서 문화를 만들어 간다.</td></tr>
<tr><td colspan="2" rowspan="3">범주</td><td colspan="6">내용 요소</td></tr>
<tr><td colspan="3">초등학교</td><td>중학교</td><td colspan="2">고등학교</td></tr>
<tr><td>1~2학년</td><td>3~4학년</td><td>5~6학년</td><td>1~3학년</td><td>공통국어1</td><td>공통국어2</td></tr>
<tr><td rowspan="2">지식·이해</td><td>읽기 맥락</td><td></td><td>• 상황 맥락</td><td colspan="2">• 상황 맥락
• 사회·문화적 맥락</td><td>• 사회·문화적 맥락</td><td>• 사회·문화적 맥락</td></tr>
<tr><td>글의 유형</td><td>• 친숙한 화제의 글
• 설명 대상과 주제가 명시적인 글
• 생각이나 감정이 명시적으로 제시된 글</td><td>• 친숙한 화제의 글
• 설명 대상과 주제가 명시적인 글
• 주장, 이유, 근거가 명시적인 글
• 생각이나 감정이 명시적으로 제시된 글</td><td>• 일상적 화제나 사회·문화적 화제의 글
• 다양한 설명 방법을 활용하여 주제를 제시한 글
• 주장이 명시적이고 다양한 이유와 근거가 제시된 글
• 생각이나 감정이 함축적으로 제시된 글</td><td>• 인문, 예술, 사회, 문화, 과학, 기술 등 다양한 분야의 글
• 다양한 설명 방법을 활용하여 주제를 제시한 글
• 다양한 논증 방법을 활용하여 주장을 제시한 글
• 생각과 감정이 함축적이고 복합적으로 제시된 글</td><td>• 인문, 예술, 사회, 문화, 과학, 기술 등 다양한 분야의 글
• 다양한 설명 방법을 활용하여 주제를 제시한 글
• 다양한 논증 방법을 활용하여 주장을 제시한 글
• 생각과 감정이 함축적이고 복합적으로 제시된 글</td><td>• 인문, 예술, 사회, 문화, 과학, 기술 등 다양한 분야의 글
• 다양한 설명 방법을 활용하여 주제를 제시한 글
• 다양한 논증 방법을 활용하여 주장을 제시한 글
• 생각과 감정이 함축적이고 복합적으로 제시된 글</td></tr>
</table>

과정·기능	읽기의 기초	• 글자, 단어 읽기 • 문장, 짧은 글 소리 내어 읽기 • 알맞게 띄어 읽기	• 유창하게 읽기				
	내용 확인과 추론	• 글의 중심 내용 확인하기 • 인물의 마음이나 생각 짐작하기	• 중심 생각 파악하기 • 내용 요약하기 • 단어의 의미나 내용 예측하기	• 글의 구조를 파악하기 • 글의 주장이나 주제 파악하기 • 글의 구조 고려하며 내용 요약하기 • 생략된 내용과 함축된 의미 추론하기	• 설명 방법과 논증 방법 파악하기 • 글의 관점이나 주제 파악하기 • 읽기 목적과 글의 구조를 고려하며 내용 요약하기 • 드러나지 않은 의도나 관점 추론하기	• 논증 타당성 평가 및 논증 재구성하기 • 진로나 관심 분야에 대한 주제 통합적 읽기 • 논증 타당성 평가 및 논증 재구성하기 • 진로나 관심 분야에 대한 주제 통합적 읽기	• 복합양식으로 구성된 글이나 자료의 관점, 의도, 표현 평가하기 • 읽기 목적을 고려한 주제 통합적 읽기 • 복합양식으로 구성된 글이나 자료의 관점, 의도, 표현 평가하기 • 읽기 목적을 고려한 주제 통합적 읽기
	평가와 창의	• 인물과 자신의 마음이나 생각 비교하기	• 사실과 의견 구별하기 • 글이나 자료의 출처 신뢰성 평가하기 • 필자와 자신의 의견 비교하기	• 글이나 자료의 내용과 표현 평가하기 • 다양한 글이나 자료 읽기를 통해 문제 해결하기	• 복합양식의 글·자료의 내용과 표현 평가하기 • 설명 방법과 논증 방법의 타당성 평가하기 • 동일 화제에 대한 주제 통합적 읽기 • 진로나 관심 분야에 대한 자기 선택적 읽기		
	점검과 조정		• 읽기 과정과 전략에 대해 점검·조정하기				
가치·태도		• 읽기에 대한 흥미	• 읽기 효능감	• 긍정적 읽기 동기 • 읽기에 적극적 참여	• 읽기에 대한 성찰 • 사회적 독서 문화 형성	• 독서 공동체와 사회적 독서에 참여 • 지식 교류와 지식 구성 과정에서 독서의 영향력에 대한 성찰	• 독서 공동체와 사회적 독서에 참여 • 타인과의 교류와 사회 통합에 미치는 독서의 영향력에 대한 성찰

'지식·이해' 중의 읽기의 맥락은 읽기가 어떤 상황·배경에서 왜 이루어지는가를 명확히 하는 것으로, 상황 맥락과 사회·문화적 맥락으로 분류되었다. 독자의 읽기 목적이나 과제 등 개인적 요소로서 어떤 읽기 상황에서나 기능하는 상황 맥락은 초등 중학년인 3-4학년(군)부터 의도적으로 인식하여 활용하도록 가르치고, 텍스트와 관련된 사회·문화·역사적 배경과 같은 사회·문화적 맥락은 초등 고학년인 5-6학년(군)부터 읽기에 적용하여 가르치도록 구성되었다.

'지식·이해' 중의 글의 유형은 텍스트가 담고 있는 정보의 명시성과 함축성, 텍스트의 구조나 형식 차원의 복잡도 수준을 고려하여 텍스트의 유형과 수준이 위계화되었다. 또 하나 눈에 띄는 점은, '글의 유형'에서는 '글'이라고 하였으나 '과정·기능'의 성취 항목에서는 '3-4

학년(군)' 이후의 모든 학년에서 '글이나 자료'를 대상으로 한다는 것이 명시되어 있고 '중학교' 이후는 '복합양식의 글·자료'로 명시되어 있다는 것이다. 현실적으로 '1-2학년(군)'에서도 학습 내용은 한글에 중점을 두지만 교재는 그림책, 애니메이션 등을 활용하게 된다는 점을 고려하면, 읽기 활동의 대상 제재는 전 학년에 걸쳐 '글이나 자료'로서 복합양식 텍스트를 사용할 수 있다는 것을 알 수 있다.

'과정·기능' 중의 '읽기의 기초'는 기초 문식성 교육을 강화하기 위해 공교육에서 역점을 두고 지도해야 할 한글 지도를 명시한 것이다. 초등학교 저학년인 1-2학년에서 집중적으로 가르치면서 3-4학년까지도 지도하여, 한글을 자유롭고 유창하게 읽어 텍스트를 읽을 때 글자에 얽매임이 없는 수준까지 가르치도록 구성되었다. '과정·기능'의 본류라 할 수 있는 텍스트의 의미를 다루는 범주에서는 기존의 '사실적 이해, 추론적 이해, 비판적 이해, 창의적 이해'를 '내용 확인과 추론, 평가와 창의'로 변경하였는데, 기본적인 성격은 같으나 '텍스트의 의미를 구성하는 범주'와 '구성된 의미로 활동하는 범주'로 묶은 것이 특징이다.

'가치·태도'는 '읽기 흥미·읽기 효능감·읽기 동기 등'의 정의적 요인과 읽기의 '경험과 느낌 나누기, 읽기 습관 점검하기, 읽기 생활화하기, 자발적 읽기 등'의 생활화 요인이 포함되었다. 또한 읽기의 생활화가 개인의 독서 활동에 제한되었던 이전의 것이 개선되어 '사회적 독서에 대한 참여와 독서 문화 형성'에 관한 내용 요소가 제시되었다.

이 내용 체계를 구체화한 학년(군)별 성취기준은 〈표 2〉와 같다.

표 2 2022 개정 국어과 교육과정 읽기 영역의 학년별 성취기준

	'읽기' 영역 성취기준
1~2학년	[2국02-01] 글자, 단어, 문장, 짧은 글을 정확하게 소리 내어 읽는다. [2국02-02] 의미가 잘 드러나도록 문장과 짧은 글을 알맞게 띄어 읽는다. [2국02-03] 글을 읽고 중심 내용을 확인한다. [2국02-04] 인물의 마음이나 생각을 짐작하고 이를 자신과 비교하며 글을 읽는다. [2국02-05] 읽기에 흥미를 가지고 즐겨 읽는 태도를 지닌다.
3~4학년	[4국02-01] 글의 의미를 파악하며 유창하게 글을 읽는다. [4국02-02] 문단과 글에서 중심 생각을 파악하고 내용을 간추린다. [4국02-03] 질문을 활용하여 글을 예측하며 읽고 자신의 읽기 과정을 점검한다. [4국02-04] 글에 나타난 사실과 의견을 구분하고 필자와 자신의 의견을 비교한다. [4국02-05] 글이나 자료의 출처가 믿을 만한지 판단한다. [4국02-06] 바람직한 읽기 습관을 형성하고 읽기에 대한 자신감을 기른다.
5~6학년	[6국02-01] 글의 구조를 고려하며 주제나 주장을 파악하고 글 내용을 요약한다. [6국02-02] 글에서 생략된 내용이나 함축된 표현을 문맥을 고려하여 추론한다. [6국02-03] 글이나 자료를 읽고 내용의 타당성과 표현의 적절성을 평가한다. [6국02-04] 문제 상황과 관련된 다양한 관점의 글을 읽고 이를 문제 해결에 활용한다. [6국02-05] 긍정적인 읽기 동기를 형성하고 적극적으로 읽기에 참여하는 태도를 기른다.

중학교 1~3학년	[9국02-01] 읽기는 사회·문화적 맥락에서 의미를 구성하는 과정임을 이해하며 사회적 독서에 참여하고 사회적 독서 문화 형성에 기여한다. [9국02-02] 읽기 목적과 글의 구조를 고려하며 글을 효과적으로 요약한다. [9국02-03] 독자의 배경지식과 글에 나타난 정보 등을 활용하여 글에 드러나지 않은 의도나 관점을 추론하며 읽는다. [9국02-04] 복합양식으로 구성된 글이나 자료의 내용 타당성과 신뢰성, 표현 방법의 적절성을 평가하며 읽는다. [9국02-05] 글에 사용된 다양한 설명 방법과 논증 방법을 파악하고, 그 타당성을 평가하며 읽는다. [9국02-06] 동일한 화제를 다룬 여러 글이나 자료를 주제 통합적으로 읽는다. [9국02-07] 진로나 관심 분야에 대한 다양한 책이나 자료를 스스로 찾아 읽는다. [9국02-08] 자신의 독서 상황과 수준에 맞는 글을 선정하고 읽기 과정을 점검·조정하며 읽는다.
공통국어1	[10공국1-02-01] 다양한 글이나 자료를 읽으며 논증의 타당성을 평가하고 자신의 관점을 바탕으로 논증을 재구성한다. [10공국1-02-02] 자신의 진로나 관심 분야와 관련한 다양한 글이나 자료를 찾아 주제 통합적으로 읽고 읽은 결과를 공유한다.
공통국어2	[10공국2-02-01] 복합양식으로 구성된 글이나 자료에 내재된 필자의 관점이나 의도, 표현 방법을 평가하며 읽는다. [10공국2-02-02] 동일한 화제의 글이나 자료라도 서로 다른 관점과 형식으로 표현됨을 이해하며 읽기 목적을 고려하여 글이나 자료를 주제 통합적으로 읽는다. [10공국2-02-03] 의미 있는 사회적 독서 활동에 참여함으로써 타인과 교류하고 다양한 지식이나 정보, 삶에 대한 가치관 등을 이해하는 태도를 지닌다.

(2) 고등학교 선택 교육과정의 읽기 영역 관련 지도 내용

고등학교 선택 과목 중 일반 선택 과목 중에 '독서와 작문', 진로 선택 과목 중에 '주제 탐구 독서'가 있다. 이들 선택 과목은 중학교까지 학습한 '국어'와 고등학교의 '공통국어1'과 '공통국어2'를 토대로 다른 활동과 통합하면서 심화·확장하도록 한 것이다. '독서와 작문'은 읽기를 쓰기 활동과 통합한 것으로, 읽은 결과를 쓰기 또는 쓰기 위한 읽기 등을 다룬다. '주제 탐구 독서' 과목은 읽기 활동을 심화하면서 실생활에 직접적으로 도움이 되는 방향으로 지도하기 위해 구성되었다. '독서와 작문' 및 '주제 탐구 독서'의 내용 체계와 성취기준은 다음과 같다.

표 3 '독서와 작문' 과목의 내용 체계

핵심 아이디어	• 독서와 작문은 문자 언어를 중심으로 의미를 구성하는 사고 행위이자 사회·문화적 맥락 속에서 소통하는 문어 의사소통 행위이다. • 독자와 필자는 자신의 목적을 달성하기 위해 적절한 전략을 사용하여 다양한 분야 및 유형의 글과 자료를 읽고 쓴다. • 독자와 필자는 주도성과 책임감을 가지고 문어 의사소통을 실천함으로써 바람직한 언어 공동체의 문화와 담론을 형성하는 데 기여한다.
범주	내용 요소
지식·이해	• 문어 의사소통의 방법 • 문어 의사소통의 구성 요소
과정·기능	• 문어 의사소통의 목적과 맥락을 고려한 글과 자료의 탐색 및 선별하기 • 내용 확인 및 추론하기 • 평가 및 종합하기 • 내용 생성 및 조직하기 • 표현 전략을 고려한 표현과 작문 맥락을 고려한 고쳐쓰기

	• 문어 의사소통 과정의 점검 및 조정하기 • 인문·예술, 사회·문화, 과학·기술의 분야별 독서와 작문 수행하기 • 정보 전달, 논증, 정서 표현 및 자기 성찰의 유형별 작문과 독서 수행하기 • 주제 통합적 독서와 학습을 위한 작문 수행하기 • 매체의 유형과 특성을 고려한 독서와 작문 수행하기
가치·태도	• 독서와 작문의 주도적 계획 및 실천 • 공동체의 소통 문화 및 담론 형성에의 참여 • 문어 의사소통 생활에 대한 성찰 및 책임감

표 4 '독서와 작문' 과목의 성취기준

[12독작01-01] 독서와 작문의 의사소통 방법과 특성을 이해하고 문어 의사소통 생활을 주도적으로 실천하고 성찰한다.
[12독작01-02] 독서의 목적과 작문의 맥락을 고려하여 가치 있는 글이나 자료를 탐색하고 선별한다.
[12독작01-03] 글에 드러난 정보를 바탕으로 글의 내용을 파악하고 글에 드러나지 않은 정보를 추론하며 읽는다.
[12독작01-04] 글의 내용이나 관점, 표현 방법, 필자의 의도나 사회·문화적 이념을 평가하며 읽는다.
[12독작01-05] 글을 읽으며 다양한 내용 조직 방법과 표현 전략을 찾고 이를 글쓰기에 활용한다.
[12독작01-06] 자신의 글을 분석적·비판적 관점으로 읽고, 내용과 형식을 효과적으로 고쳐 쓴다.
[12독작01-07] 인간과 예술을 다룬 인문·예술 분야의 글을 읽고 삶과 예술에 대한 자신의 생각을 담은 글을 쓴다.
[12독작01-08] 사회적·역사적 현상이나 쟁점 등을 다룬 사회·문화 분야의 글을 읽고 사회·문화적 사건이나 역사적 인물에 대한 관점을 담은 글을 쓴다.
[12독작01-09] 과학·기술의 원리나 지식을 다룬 과학·기술 분야의 글을 읽고 과학·기술의 개념이나 현상을 설명하는 글을 쓴다.
[12독작01-10] 글이나 자료에서 가치 있는 정보를 수집하고 효과적으로 조직하면서 정보를 전달하는 글을 쓴다.
[12독작01-11] 글이나 자료에서 타당한 근거를 수집하고 효과적인 설득 전략을 활용하여 논증하는 글을 쓴다.
[12독작01-12] 정서 표현과 자기 성찰의 글을 읽고 자신의 정서를 진솔하게 표현하거나 자신의 삶을 성찰하는 글을 쓴다.
[12독작01-13] 다양한 글을 주제 통합적으로 읽고 학습의 목적과 교과의 특성을 고려하여 학습을 위한 글을 쓴다.
[12독작01-14] 매체의 유형과 특성을 고려하며 글이나 자료를 읽고 쓴다.
[12독작01-15] 독서와 작문의 관습과 소통 문화를 이해하고 공동체의 소통 문화 및 담론 형성에 책임감 있게 참여한다.

표 5 '주제 탐구 독서' 과목의 내용 체계

핵심 아이디어	• 주제 탐구 독서는 관심 분야의 책과 자료를 통합적으로 읽으며 주제를 주체적으로 탐구하는 행위이다. • 정보를 비판적·창의적으로 읽으면서 주제에 관한 자신의 관점과 견해를 형성한다. • 관심 분야와 주제를 정해 주도적으로 독서하고 탐구하면서 삶을 성찰하고 계발한다.
범주	내용 요소
지식·이해	• 주제 탐구 독서의 의미 • 분야에 따른 책과 자료의 특성
과정·기능	• 주제 탐구를 위한 독서 목적 설정하기 • 탐구할 주제를 선정하고 상세화하기 • 주제와 관련된 책과 자료를 다양하게 탐색하며 읽을 내용 선정하기 • 주제와 관련된 책과 자료의 이해·분석·평가·종합하기 • 주제에 대한 관점과 견해 형성하기 • 매체를 포함한 다양한 방법으로 주제 탐구의 과정이나 결과를 공유하고 소통하기 • 관심 분야의 특성을 고려하여 주제 탐구 독서 수행하기
가치·태도	• 주제 탐구를 위한 주도적 독서 계획의 수립과 실천 • 주제 탐구 독서를 통한 삶에 대한 성찰과 계발

표 6 '주제 탐구 독서' 과목의 성취기준

[12주탐01-01] 주제 탐구 독서의 의미를 이해하고 관심 있는 분야에서 탐구할 주제를 탐색한다.
[12주탐01-02] 학업과 진로 탐색을 위해 주제 탐구의 독서 목적을 수립하고 주제를 선정한다.
[12주탐01-03] 관심 분야의 책과 자료가 지닌 특성을 파악하며 주제 탐구 독서를 한다.
[12주탐01-04] 주제와 관련된 책이나 자료를 탐색하면서 신뢰할 수 있고 가치 있는 정보를 선정하여 분석하며 읽는다.
[12주탐01-05] 주제에 관련된 책과 자료를 종합하여 읽으며 자신의 관점과 견해를 형성한다.
[12주탐01-06] 매체를 포함한 다양한 방법으로 주제 탐구 독서의 과정이나 결과를 사회적으로 공유하고 소통한다.
[12주탐01-07] 주제 탐구 독서를 생활화하여 주도적으로 삶을 성찰하고 계발한다.

이와 같이 '독서와 작문' 및 '주제 탐구 독서' 과목은 인문·예술, 사회·문화, 과학·기술 분야 등에서 주제와 관련된 다양한 책과 자료를 탐색하고, 읽기와 쓰기 활동을 연계함으로써 더욱 실제적이고 심화된 언어 활동을 경험할 수 있게 하였다. 이런 읽기의 교육은 '읽는' 궁극적인 이유를 직접적으로 다루어 읽기가 평생 삶의 역량이 될 수 있게 의도한 것이다.

2) 읽기 지도 내용

(1) 글의 구조

문단이나 완성된 글, 장르 단위의 글에서도 문장에서처럼 일종의 규칙이나 질서와 같은 것이 작용하는데, 이에 관한 지식을 학습할 필요가 있다. 이러한 지식을 학습함으로써 읽기를 정확하고 효율적으로 할 수 있는 가능성이 높아진다.

문단이나 완성된 글, 장르 등의 특징은 그 구조와 기능을 분명히 함으로써 잘 드러난다. 구조란 내적인 생김새를 뜻하는데, 글의 구조는 글이 어떠한 짜임으로 구성되었는가를 말한다. 글은 외형적으로는 문장이 이어지는 선적인(lineal) 연속체이지만, 내적으로는 균형 있고 완결된 골격을 갖는 의미의 구조물이다. 문장이 이어져 서술되어 있을 때 각각의 문장은 그냥 열거되어 있는 것이 아니라, 어떤 문장은 중심 내용이고 어떤 문장은 그것을 부연하는 세부 내용이며, 어떤 문장은 원인의 의미를 갖고 다른 문장은 이에 대한 짝으로서 결과의 의미를 갖고 있다. 이런 문장 간(또는 명제 간)의 관계는 핵심과 상술, 나열, 비교/대조, 원인-결과, 문제-해결 등으로 정리되는데, 문장 간(또는 명제 간)의 관계 분석을 통해 글이 갖는 의미의 골격을 알 수 있다.

이렇게 분석되는 의미의 골격은 크게 두 가지 형태로 드러난다. 하나는 글의 의미가 중심 내용과 이를 부연하는 세부 내용의 상·하위 위계를 이루고 있는 구조이고, 다른 하나는 마치

쉬어가기

위계형 구조

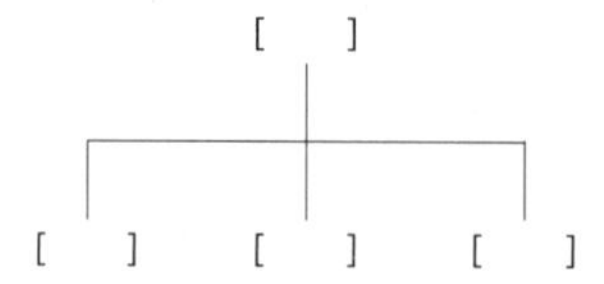

인간은 언젠가는 죽음에 이르게 된다. 나이가 들어 감에 따라 힘이 모두 소멸되어 생명이 다하기도 하고, 병에 걸려서 생명을 연속하지 못하기도 하며, 사고에 의해 생명을 다하지 못할 때도 있다.

연쇄형 구조

[ ]----[ ]
[ ]----[ ]
[ ]----[ ]

한국의 전통 음악을 소개하는 자리에서 자주 볼 수 있는 공연의 하나가 사물놀이이다. 사물놀이는 꽹과리, 북, 장구, 징 등 네 가지의 타악기만으로 구성된 놀이인데, 이는 예로부터 널리 행해진 풍물놀이에 뿌리를 두고 있다. 풍물놀이는 농악을 달리 이르는 말인데, 농사와 직접 관련하지 않고도 널리 행해지기 때문에 풍물놀이라는 말이 많이 사용되고 있다.

사슬이 이어지듯이 앞선 내용에 뒤따르는 내용이 연관되면서 계속 꼬리에 꼬리를 물고 이어지는 연쇄 구조이다. 위계형 구조는 설명문이나 논설문 등의 거시 구조를 이루며, 연쇄형 구조는 이야기류의 글의 거시 구조를 이룬다. 위계형 구조인 글은 다시 내용 간에 '근거'와 '주장'이라는 의미 특성이 드러나는가 아닌가에 따라 논증의 글이 되기도 하고 설명을 위주로 하는 글이 되기도 한다. 이러한 구조의 분석은 구조의 특징을 직접 명시하는 '표지어'에 반영되어 있어서 표지어를 활용하여 구조 파악을 시도할 수 있다.

(2) 텍스트 유형

텍스트의 구조나 기능이 관습화되어 거의 일정한 기능과 구조로 이해될 때, 이렇게 관습화된 구조나 기능을 갖는 텍스트들을 모아 분류한 것을 '텍스트의 유형'이라 한다. 텍스트의 유형을 '기능'을 중심으로 분류할 경우 '정서 표현, 친교, 정보 전달, 설득' 등으로 분류되고, '구조'를 중심으로 분류할 경우 '기술(description), 설명(explanation), 논증(arguement)' 등으로 분류된다. 국어과 교육과정 읽기 영역에서는 내용 중심으로 '정보적 텍스트'와 '정서 표현 텍스트'의 두 가지로 크게 분류해 제시하였는데, 정보적 텍스트에 정보 전달 텍스트와 설득의 텍스트 대부분이 포함되고, 정서적 텍스트에 친교 및 정서 표현의 텍스트가 포함된다는 점에서 성격이 크게 달라지지는 않았다.

'정서 표현 텍스트'는 문학 작품이 대표적이고 이 외에 '일기, 자서전, 추도사, 시사만화 등'도 이 범주로 분류할 수 있다. 친교 텍스트는 '인사, 소개, 편지 등'의 텍스트가 대표적이고 '격려, 위로, 식사 등'의 텍스트도 이 범주에 해당한다. 정보 전달 텍스트에는 '설명문'을 비롯하여 '기사, 보고, 해설, 규약 등'의 텍스트가 있고, 설득 텍스트에는 '논설문'을 비롯하여 '사설, 칼럼, 논평, 호소, 건의, 의견서, 판결문, 학술 논증 등'의 텍스트가 있다. 그러나 어느 한 유형이라 보기 어렵고 둘 이상의 기능을 뚜렷하게 갖는 텍스트들도 있는데, '서평, 광고' 등은 설득과 정보 전달의 기능이 뚜렷하고 '기행문' 등은 정보 전달과 표현의 기능이 뚜렷하다.

그리고 이러한 텍스트 유형은 대개 일정한 내용 전개 방식 또는 의미 구조를 갖는 경우가 많다. 여행 기록의 '견문과 감상', 설명하는 텍스트의 '화제와 서술', 논증하는 텍스트의 '주장과 논거'와 같이 내용의 구성이 보편화되어 있기도 하다. 또한 같은 논설문에서도 삼단구조(서론-본론-결론), 사단구조(기-승-전-결) 등과 같이 텍스트의 짜임이 문화권에 따라 달리 선호되기도 한다.

(3) 맥락의 영향

독자가 텍스트를 통해 의미를 소통하는 데에는 텍스트와 독자를 둘러싸거나 지배하면서 의미에 영향을 미치는 맥락 요인이 있다. 맥락은 독자가 텍스트를 읽는 것을 둘러싸고 있는 환경으로, 텍스트와 독자를 제외하고 읽기에 영향을 미치는 모든 요소를 뜻한다. 이런 맥락 요소를 크게 두 가지로 정리할 수 있는데, 하나는 텍스트 내용과 연관되어 있는 고정적인 요인인 사회·문화적 맥락이고, 다른 하나는 읽기의 상황을 이루고 있는 가변적인 요인인 상황 맥락이다.

사회·문화적 맥락은 텍스트에 제시되지 않았지만 텍스트 내용과 직접 연관되어 있어 텍스트 내용을 제대로 이해하기 위해서 필요한 관련 내용을 말한다. 예를 들어, 『달라이 라마의 행복론』이라는 책을 내용 확인과 추론, 평가 등을 하면서 충분히 소화하기 위해서는 '달라이 라마의 사상과 생활, 티베트의 문화와 역사, 불교의 세계관이나 인생관, 달라이 라마의 상황(처지), 이전에 발표된 달라이 라마에 대한 다른 자료' 등 그 책의 내용과 관련하여 얽혀 있는 직접적인 정보와 지식을 알아야 한다. 이렇게 텍스트의 내용과 관련된 정보나 지식이 '사회문화적 맥락'이 된다.

상황 맥락은 독해를 수행하는 시점에서 그 상황을 규정하고 특징짓는 요인을 말한다. 독해의 과제나 독해 목적, 텍스트에 대한 흥미, 읽는 환경 등 그때 그때마다 바뀔 수 있지만 실제 읽는 데에 적지 않은 영향을 주는 요인들이다. 흔히 경험하는, 여가 시간을 보내기 위한 읽기와 보고서를 쓰기 위한 읽기가 다르고, 조용한 도서관에서 집중하며 읽는 것과 시끄러운 대합실에서 훑어 읽는 것이 다르게 되는 데에 영향을 주는 맥락이다.

(4) 매체의 기능

현대는 다매체의 발달로 읽기 대상 자료가 다양한 매체를 통해 다양한 형식으로 구현되고 있다. 이때 동일한 텍스트 내지 동일한 내용이라도 어떤 매체에 실려 있는가에 따라 이해의 결과가 달라지는 것을 경험할 수 있다. 어떤 텍스트가 시사 잡지에 실렸는가, 문집에 실렸는가, 신문에 실렸는가, 교과서에 실렸는가, 인터넷 백과사전에 인용되었는가, 블로그에 담겼는가 등에 따라 동일한 내용과 구성일지라도 텍스트의 성격이 다르게 이해된다. 「기미독립선언문」은 독립의 의지를 고취시킨다는 보편적인 의미를 담고 있지만, 이것이 1919년 파고다 공원에서 학생 대표에 의해 낭독될 때에는 '참여를 호소'하는 의미가 컸던 반면 오늘날 국어 교과서에 실린 것은 '논설문의 양식'을 보여 주는 기능이 크다. 갯벌을 설명한 글이 지식정보 채널에서는 세세한 지식이 중요한 내용이 되고 그 기능도 정보 전달이지만, 시사 채널에서는 세세한 지식보다 갯벌의 환경 변화가 중요한 내용이 되고 환경 보호를 주장하는 설득 텍스트가 된다.

(5) 독자의 읽기 능력

① 읽기 기능(技能, skills)

기능은 무엇을 수행할 수 있는 능력 요소로, '~을 할 수 있다'로 표현된다. 읽기 기능은 해독과 해석을 '할 수 있고' 의미 구성을 '할 수 있고' 비판과 적용·창의 등의 사고를 '할 수 있는' 것을 말한다. 이런 읽기 기능은 읽기를 '실제로 수행하는 것'으로서 읽기 능력의 핵심이고 읽기 지도의 중점이 된다.

일반적으로 이런 기능을 신장시키려면 반복적인 연습을 해야 하는 것으로 알려져 있다. 반복된 연습을 함으로써 그 활동에 익숙해지면서 능숙하게 '할 수 있게' 되어 기능이 신장된다고 한다. 우리가 경험으로 알고 있듯이, 책을 많이 읽은 사람이 잘 읽는다거나 요약하기를 자꾸 반복하다 보면 요약을 잘하게 되는 것 등이 연습에 의한 숙련의 결과로 기능이 신장된 것이라 할 수 있다.

이런 숙련의 방법은 행동주의 심리학에서 효과적인 학습 원리로 검증된 전통적인 지도법으로, 모방과 반복의 원리를 적용한 대표적인 교육 방법이며 오늘날에도 모든 교육 분야에서 널리 활용된다. 이 지도법에서 핵심은 반복 연습을 할 때 어떻게 하면 적은 연습으로도 숙련이 될 수 있을까 하는 반복의 효과인데, 그동안의 연구에서 모방 및 반복의 단위가 작을 때 숙련 효과가 커지는 것으로 밝혀졌다. 그래서 읽기 기능의 지도는 읽기 행위를 작은 단위로 나누어서 반복 연습을 하도록 구성한다. '글자 읽기, 단어 읽기, 문장 읽기, 문단 읽기, 전체 텍스트 읽기' 등과 같이 텍스트의 단위에 따라 하위 기능(skills)을 나누어 가르치는 방식과, '해독과 해석의 문자적인 이해 수준을 중심으로 한 연습, 드러난 뜻을 파악하는 내용 확인 수준을 중심으로 한 연습, 숨은 뜻을 생각해 내는 추론적 이해 수준을 중심으로 한 연습, 그리고 비판이나 창의를 중심으로 한 연습' 등의 사고의 유형에 따라 읽기의 하위 기능을 나누어 훈련하는 방식이 있다.

일찍이 읽기 기능 목록을 제시한 바렛(Barrett, 1976)의 기능 목록은 여전히 읽기 기능의 분류 예시를 잘 보여 주어 참고할 만하다.

표 7 바렛(Barrett, 1976)의 읽기 기능 목록

축어적 재인 및 회상 (literal recognition or recall)	세부 내용, 중심 생각, 줄거리, 비교, 원인 결과 관계, 인물의 특성 등
재조직(reorganization)	유목화, 개요, 요약, 종합 등
추론(inference)	뒷받침이 되는 세부 내용, 중심 생각, 줄거리, 비교, 원인 결과 관계, 인물의 특성, 결과 예측, 비유적 언어 해석 등
평가(evaluation)	현실과 환상, 사실과 의견, 정확성과 타당성, 적절성, 수용 가능성 등
감상(appreciation)	주제나 구성에 대한 정의적 반응, 인물이나 사건에 대한 공감, 자기가 사용한 언어에 대한 반응, 심상 등

읽기 기능 지도 한계는, 예컨대 '중심 내용 찾기'를 수십 번 반복해도 '중심 내용 찾기'에 또 실패하는 경우가 있는 것처럼, 반복 연습이 효율적이지만은 않을 수가 있고 상황이 조금만 바뀌면 적용하지 못할 수 있는 점이다. 이에 상황이 바뀌더라도 적용할 수 있는, 원리를 터득할 수 있는 학습이 필요하고, 여러 번 반복하지 않더라도 분명하게 학습되는 더 효율적인 학습이 필요하다. 이런 보완책의 하나가 다음에서 설명할 '읽기 전략(strategies)'이다.

쉬|어|가|기

기능(技能, skills)이란 무엇일까

숫자를 1부터 10까지 차례로 세어 보자. 가능한 대로 빨리 세어 보자. 매우 빠르게 할 수 있을 것이다. 그러면 거꾸로 헤아려 보자. 어린 아동이라면 더듬거릴 것이고 어른이라면 그것도 쉬울 것이다. 그러면 20부터 10까지 거꾸로 헤아려 보자. 영어로도 숫자를 거꾸로 헤아려 보자. 아마도 더디고, 집중해야 겨우 할 수 있을 것이다.

왜 그럴까? 아라비아 숫자를 이미 다 알고 있고 영어로도 숫자를 알 터인데, 왜 잘 안 되는 것일까? 지식은 이미 있는데, 그럼에도 불구하고 그 지식이 왜 술술 풀려 나오지 않는 것일까? 이에 답하는 것이 바로 '기능(skills)'이다. 기능은 무엇을 수행하는 추동력으로, 그 정체를 드러내기는 어렵지만 능력의 핵심이 되는 요소이다.

가끔 지식이나 태도를 제외하고 이 기능만을 능력이라 일컫기도 하는데, 그만큼 기능이 능력의 본질을 담고 있는 핵심이며 독해 지도에서도 중요한 부분이기 때문이다.

② 읽기 전략

전략은 무엇을 수행하는 과정이나 절차, 방법을 말한다. 읽기 전략은 읽기, 즉 '읽기 기능'을 수행하는 과정이나 절차, 방법을 말하는데, 읽기 기능을 반복적인 연습으로 익히게 하는 것이 아니라 그 기능을 수행하는 과정이나 절차, 방법을 가르쳐서 더욱 수월하게 익히게 하려는 것이다.

예를 들어, '중심 내용 찾기'를 반복하게 하는 연습과 더불어 중심 내용을 찾는 과정이나 방법을 가르쳐 주는 것이다. 중심 내용에 들어갈 수 있는 '포괄적인 문장' 또는 '강조된 문장'을 찾게 하고 이런 단어들이 전체 내용을 대표할 수 있는지 검토하게 하는 등으로 그 과정 또는 방법을 가르쳐 주는 것이 읽기 전략을 가르치는 것이다.

또한, '글쓴이의 주장이 옳은지 평가해 보자'라는 비판적 이해를 가르칠 때 '평가해 보라'는 지시만 반복하기보다 '주장의 타당성을 평가하는 절차'를 제시하여 가르쳐 준다면 학생들에게 큰 도움이 될 것이다. 예를 들어, 필자의 주장과 대립되는 반대 주장을 설정하게 하고, 각 주장의 장단점 또는 근거와 반박을 각각 적어 보게 한다. 이후 양자를 비교하게 하여 어떤 주장을 수용할지를 판단하게 한다. 이렇게 하면 대부분의 학습 독자들은 그리 어렵지 않게 필자의 주장에 대해 평가하며 자신의 의견을 제시할 수 있을 것이고, 다른 읽기 상황에서도 이 방법을 적용할 수 있을 것이다. 이와 같이 텍스트를 읽으면서 수행해야 할 크고 작은 사고의 과정에서 그 과정을 수행하는 데 도움이 되는 절차나 방법, 즉 전략을 가르침으로써 어려움을 극복하고 읽기 능력이 향상되도록 지도할 수 있다.

읽기 전략은 동일한 읽기 기능 수행에 대해 여러 가지가 있을 수 있다. '중심 내용 찾기'를 위해 '핵심어'를 이용하는 전략도 있고, '표지어'를 사용하는 전략도 있으며, '배경지식'을 활

쉬|어|가|기

전략(戰略, strategies)이란 무엇일까

1부터 5까지의 수 더하기를 가르친 다음 6부터 9까지의 수 더하기를 가르치고 있다고 가정하자. 지금까지의 지도법으로 가르친다면 '6+7, 8+6, 9+8, ……' 등의 연습 활동을 만들어 계속 덧셈을 해 보게 할 것이다. 그런데 이것은 어린 아동 학습자에게 버거운 과제여서, 해답을 계속 가르쳐 주며(모범을 보이며 모방하고 반복 연습하게 하여) 따라 해 보라고 하더라도 그 원리를 터득하지 못할 수 있다.

이때 예를 들어 '7은 5+2'로, '8은 5+3'과 같이 '5+x'로 각 숫자를 만든 다음 먼저 5와 5를 더하여 10을 만들게 하고 나머지 남은 수를 더하여 10에 붙이는 방법을 가르쳐 준다면, 비교적 쉽게 이 수준의 더하기 능력을 얻을 수 있을 것이다. 이 외에도 어느 하나의 수를 다른 수에서 빌려와 먼저 10이 되게 만든 다음, 다른 수의 나머지를 먼저 만들어 둔 10에 더하는 방법도 가능하다.

이와 같이 어떤 활동을 수행하는 과정 또는 절차·방법을 밝혀서 가르치도록 고안한 것이 전략 중심의 지도이고, 이때 적용한 수행의 과정·절차·방법이 전략이다. 앞의 예와 같이, 한 가지 활동에 한 가지 전략만 가능한 것이 아니라 두 가지 이상의 다양한 전략을 만들어 사용할 수 있다.

용하는 전략도 있다. 이렇게 사람마다 상황마다 각기 다른 수많은 전략을 개발하고 활용할 수 있다. 이런 다양한 전략 중에서 활용성이 높은 것은 특별히 정리하여 지식으로 널리 보급할 수도 있다.

학습한 읽기 전략이 새로운 읽기 상황에 적용되기 위해서는 학습한 전략을 사용해 보고자 하는 인식이 있어야 하고, 새로운 읽기 상황이 그 전략을 적용할 수 있는 상황인지 판단하여야 하며, 그 전략을 그대로 적용하기 어려울 때는 전략을 수정하거나 새로 개발할 수도 있어야 한다. 이런 일련의 사고는 전략 활용을 제어하는 사고로, 다음에 설명할 상위인지 지도의 필요성을 보여 준다.

③ 상위인지

상위인지(metacognition)는 인지 또는 사고를 점검하여 조정하는 정신 작용을 말한다. 교육과정에서 상위인지는 '읽기 과정의 점검과 조정'과 같은 말로 표현된다. 상위인지는 해결하거나 수행해야 할 문제나 과제가 있을 때 이에 대해 '계획'하고, 적절한 전략을 '선택·사용'하고, 수행 과정을 '점검·통제'하고, 결과를 '반성·평가'하는 사고 기능으로, 전체를 조망하면서 지식이나 기능, 전략 등을 점검하고 조절한다. 어떤 텍스트를 읽는 상황에서 상위인지는 읽는 목적, 사전 지식, 읽기 능력, 맥락, 텍스트 유형 등을 고려하여 적절한 읽기 전략 또는 기능이 무엇인지를 검토하여 선정·수행하게 하고, 이 수행의 과정이 성공적인지를 계속 점검하여 문제가 있을 때는 지식이나 전략, 기능 등을 조정하도록 하며, 과제를 해결한 이후에도 전체 과정을 되돌아보며 전체 수행 과정이 효과적이었는지, 개선할 점은 없는지 등을 반성하여 다음의 읽기에 적용할 수 있게 하여, 독자 스스로 학습하고 성장할 수 있게 한다.

④ 태도

태도란 대상과 상황에 대한 개인의 반응에 영향을 미치는 경험이나 직접적이고 동적인 영향을 통해 조직된 정신적이고 신경적인 준비 상태를 말하는 것으로, 구체적으로 대상에 대한 감정과 판단, 평가 등을 포함한 심리적 경향성을 가리킨다. 예를 들어, 어떤 현상에 대하여 '좋음'과 '싫음', '가치 있음'과 '가치 없음', '기꺼이 함'과 '그렇지 않음' 등의 감정이나 판단을 가지는 것이 태도이다. 읽기에 대한 긍정적인 태도는 '텍스트를 읽으며 사고하는 것'에 대하여 '이것을 즐거워하고, 노력할 가치가 있다고 생각하면서, 기꺼이 적극적으로 몰입하는 것'을 뜻한다.

읽기 능력을 결정하는 요소로 지식과 기능 외에 정의적인 요인 또한 중요한 역할을 한다. 읽기에 흥미가 없고 읽기 능력이 낮은 수준에 머물러 있던 미숙한 독자도 어떠한 계기로든 읽기에 흥미를 갖고 의욕을 갖게 되면 읽기 능력이 놀랍도록 성장하는 사례들을 볼 수 있다.[2] 태도와 같은 정의적인 요인은 지식이나 기능과 같은 인지적인 요인과 같이 읽기를 직접 수행하는 데 관여하지는 않지만 인지적인 요인을 추동하는 근원적인 힘이 된다. 실제로 읽기 성취 정도와 태도의 상관관계를 분석하면 그 상관성이 매우 높은 것으로 나타나는데, 이러한 결과는 여러 연구에서 반복적으로 확인된다. 지금까지 태도 요소는 지도 내용에 포함되더라도 효율적으로 지도되지 못하고 소홀히 다루어진 면이 있다. 읽기 능력을 향상시키기 위해서는 지식과 기능과 같은 인지적 측면뿐만 아니라 읽기에 대해 긍정적인 태도를 갖도록 하는 정의적 영역의 교육에도 관심을 쏟아야 한다.

2 『서머 힐』(알렉산더 닐)에는 글 읽기와 쓰기에 전혀 관심이 없던 아이가 자신이 좋아하는 가구 만들기를 하면서 '이것을 팔려면 설명서를 써야 한다'는 말을 듣고 비로소 스스로 글을 배우는 사례가 소개되어 있다.

4 읽기 교육은 어떤 방법으로 할까

1) 읽기 교수·학습의 원리

기능과 전략은 읽기 지도 내용의 가장 중심 요소이자 지도하기가 가장 어려운 것이기도 하다. 따라서 여기서는 기능 및 전략을 중심으로 지도 방법을 살펴볼 것이다. 기능 및 전략의 지도는 항목화된 개별 기능을 학습·숙련하게 하거나 전략을 획득하고 숙련하도록 가르치는 일이다. 이러한 기능이나 전략을 지도하는 데에는 구성주의 관점에서 제안하는 근접 발달 영역 및 비계 설정 이론, 행동주의 관점에서 제안하는 의도적 반응을 통한 학습의 강화, 인지주의 관점에서 제안하는 상위인지의 점검, 그리고 교수 과정으로서의 책임 이양 과정 모두 가치롭다.

(1) 근접 발달 영역 과제

읽기 지도를 하기 위해서는 근접 발달 영역 내의 기능이나 전략을 학습 목표로 제시해야 한다. 학습할 기능이나 과제가 능력 이하의 것이면 학습 의욕이 생기지 않으며, 능력보다 너무 높으면 좌절하게 된다. 따라서 현재의 능력보다 조금 높은 수준으로, 스스로 수행할 수는 없지만 다른 이의 도움을 받아 수행할 수 있는 수준인 근접 발달 영역(a zone of proximal development)의 과제를 주어야 한다. 이를 위하여 먼저 과제를 단계화할 수 있어야 한다. 즉, 과제를 수준별로 단계화하여 다음 수준의 과제를 줄 수 있도록 해야 한다. 예를 들어 중심 내용 찾기 기능을 가르치고자 할 때, 첫 단계에는 중심 내용이 명시되어 있는 텍스트를 주고, 다음에는 중심 내용이 명시되지 않은 텍스트, 마지막에는 두 가지가 혼합된 텍스트를 제시하는 것과 같이 과제나 텍스트에 수준을 부여하여야 한다. 그리고 근접 발달 영역에 해당하는 과제를 주기 위하여 또 하나 필요한 점은, 수업이 일제식이 아니라 개별화된 수업이 되어야 한다는 것이다. 여러 수준의 학습자가 모인 교실에서 평균 수준의 과제는 이에 맞는 단지 몇 사람에게만 의미 있는 과제일 뿐이다. 따라서 최대한 개별 수준을 고려하여 근접 발달 영역의 과제를 수행함으로써 읽기 능력을 기를 수 있는 여건을 만들어야 한다.

(2) 비계 설정

학습자에게 근접 발달 영역의 과제를 준다면 다른 사람이 무엇인가를 도와야 한다. 이와 같이 그 활동을 수행할 수 있도록 이끌어 주는 한 가지 방법이 비계를 설정하여 지도하는 것이다. 비계(scaffoldings)란 건축물을 지을 때 사용하는 보조물로, 가르칠 때 도움이 되는 보조 요소를 뜻한다. 예를 들어, 자전거 타기를 가르칠 때 보조 바퀴를 사용하는 것이나 수영을 가르칠 때 킥보드를 쓰는 것, 그리고 접영을 가르치면서 두 팔을 동시에 젓는 것이 아니라 한 팔 젓기 과정을 추가하는 것 등이다. 교사는 학습자가 현 상태에서 목표 상태로 가게 하기 위하여 어떤 종류의 것이든 비계를 제공할 수 있어야 한다. 글 구조를 이해시키기 위해 도해 조직자를 사용하거나, 비판을 위해 다른 관점의 텍스트를 제공하는 등의 활동을 해야 한다.

(3) 반응 유도

머릿속에서 수행되는 읽기는 어떠한 반응을 형성하게 함으로써 분명하게 볼 수 있을 뿐만 아니라 더욱 적극성을 띠도록 유도할 수 있다. 이에 읽기의 과정이나 결과가 어떠한 형태로든 밖으로 표현될 수 있도록 격려하고 유도한다. 예를 들어, 자연스러운 읽기 과정에서는 중심 내용을 하나의 명제로 요약하여 명료하게 인식하는 경우가 거의 없으나 읽기 지도에서는 한 문장으로 요약 진술하는 반응을 요구한다. 또한 일상적으로는 자발적으로 생겨나지 않는 한 의미를 덧붙이는 읽기가 흔치 않으나, 독해를 지도하는 국면에서는 자발적이지 않더라도 반드시 어떤 형식으로든, 가령 설명을 덧붙이거나 예를 들고 주석을 다는 식으로 뜻을 만들어 내도록 유도한다. 이러한 반응을 분명히 함으로써 읽기가 더욱 의미 있게 인식되고 학습될 수 있다.

(4) 상위인지 점검

읽기 능력의 학습은 읽기 과정에 대한 통찰에서 비롯된다. 읽기의 수행 과정을 점검하고 인식하게 함으로써 읽기 능력을 더욱 효과적으로 기를 수 있다. 읽기를 수행하는 전 과정을 되짚어 보거나 읽기의 과정에서 의식적으로 읽기를 조절하는 등의 노력은 읽기의 방법을 점검하고 조절하는 상위인지 점검이다. 상위인지를 의식적으로 점검함으로써 읽기 방법 또는 읽기 전략을 우연한 성취가 아니라 지속적으로 유발 가능한 원리로 학습하게 할 수 있다. 스스로 한 번 경험한 읽기 방법이나 전략을 확실히 자신의 것으로 만드는 방법은 바로 읽기 과정을 점검하여 스스로 인식하면서 학습하는 것이다.

(5) 책임 이양

읽기 능력은 궁극적으로 학습자의 수행 속에서 그 성장이 경험되어야 한다. 따라서 읽기 지도에서 학습자의 수행은 필수적이다. 그러나 한편으로 교육적 실천이어야 하는 만큼 교사의 역할이 중요하다. 이러한 두 요인을 고려하여 읽기 지도에서 학습자의 수행을 돕기 위하여 가장 바람직한 것으로 책임 이양의 수업 과정을 들 수 있다. 수업의 초기에는 수업에서 교사가 주도적인 역할을 하다가 점차 교사의 역할을 줄여 나가면서 수업의 후반부에는 학습자가 읽기의 수행에 주도적인 역할을 하도록 구성하는 것이다. 예를 들어, 수업의 초기에는 수행에 대한 안내나 프로토콜 시범 등으로 교사가 주도적인 역할을 하다가, 교사의 비중을 줄여 교사는 안내나 조언의 역할만 하고 학생이 수행하고, 이후에는 학생이 혼자 스스로 독립하여 수행하도록 한다. 수업에서의 주된 역할을 점점 옮기면서 학습자가 읽기 수행을 하도록 한다.

2) 기능 및 전략의 지도 방법

읽기 능력을 기르기 위해 특정한 기능이나 전략을 지도할 수 있다. 이는 글 전체의 이해 자체를 목표로 하기보다 특정 기능이나 전략의 학습을 목표로 하는 것으로, 예를 들어 내용을 요약하는 전략, 필자의 의도를 추론하는 기능, 주장의 타당성을 평가하는 전략 등을 초점화하여 가르치는 것이다.

이런 기능이나 전략을 가르치는 데에 효율적인 교수·학습 방법으로 직접 교수법, 문제 해결 학습 모형, 그리고 현시적 교수 모형이 대표적으로 적용된다. 직접 교수법은 교사가 과정·절차·방법 등을 설명하고 시범을 보여 가르친 후 학생들이 활동으로 익히게 하는 일종의 연역적인 지도 방법이고, 문제 해결 학습 모형은 학생들에게 수행해야 할 목표를 알려 준 후 학생들이 스스로 과제를 해결하는 활동을 하게 하여 그 결과로 과정·절차·방법 등을 발견해 내게 하는 일종의 귀납적인 지도 방법으로, 구체적인 사항은 이 책 4장을 참고할 수 있다.

현시적 교수 모형은 직접 교수법과 문제 해결 학습 모형의 특징을 조합하여, 먼저 학생들이 문제 상황에 접하여 스스로 생각해 보게 하고 이후에 과정·절차·방법 등을 제시해 알려 주며 익히게 하는 방법으로 지도한다. '시범' 단계에서 기능·전략을 간략히 소개하고, 그것을 어떻게 사용할 것인지를 사고구술 등의 시범이나 예시 활동 등을 통해 보여 준다. 이후 학생이 연습 활동을 하며 기능이나 전략을 어떻게 수행할 것인지를 탐색하며 적용해 보고 교사는 적절한 피드백을 주며 돕는데, 이것이 '교사 유도 연습' 단계에 해당한다. '강화'에서는 주로 학습지를 가지고 앞서 학습한 것을 정리하면서 그 기능이나 전략이 무엇이고 그것을 왜 적용하는지, 어떻게 적용해야 하는지를 충분히 이해하도록 설명한다. 다음에는 배운 기능이나 전략을 실제로 적용하면서 학생이 주도적으로 읽는 '학생 독립 연습'을 하는데, 이 단계에서 학습자가 제대로 수행하지 못한다고 판단할 때에는 '재강화'를 한다. 그리고 마지막으로 여러 가지 텍스트에서 학습한 기능이나 전략을 적용하고 익히게 한다. 현시적 교수 모형이 직접 교수법의 장점 요소와 문제 해결 학습 모형의 장점 요소를 선별·재조합하여 만들어진 것처럼, 지도 모형을 창의적으로 구성할 수 있다. 필요와 상황에 맞게 지도 모형을 구성하여 사용할 줄 아는 것은 교사의 지도 역량으로서 중요하다.

표 8 현시적 교수 모형

과정	주요 활동
시범	- 기능·전략에 대한 간략한 소개 - 시범, 예시
교사 유도 활동	- 기능·전략의 적용 방법 탐색과 적용 연습 - 교사의 피드백
강화	- 기능·전략에 대한 자세한 설명 - (학생의 이해 여부 확인)
학생 독립 활동	- 기능·전략의 적용, 연습 - (교사의 피드백과 미이해 학생을 위한 재강화)
적용	- 실제적인 글 읽기에서 적용

3) 독해의 지도 방법

글의 전체적인 이해를 목표로 가르칠 때에 효율적인 지도 방법은 과정 중심 지도법, SQ3R과 GRP, DRA와 DRTA 등이다. 이들은 실제 교실 수업에서 가장 흔히 다루게 되는 지도법으로서, 텍스트를 읽고 이해하는 활동 속에서 이전에 익혔던 읽기 기능이나 전략을 유연하게 활용한다.

① 과정 중심 지도법

글을 읽는 과정에 따라 유효하고 적절한 기능이나 전략을 활용하도록 지도하는 방법이다. 먼저 '읽기 전 활동'으로, 하향식 읽기 이론에서 시사하는 바와 같이 문자를 본격적으로 읽기 전에 텍스트의 내용이나 형식 등에 대한 '배경지식을 활성화'하거나, '어휘 학습'을 하거나, '학습 목표나 읽기의 목적을 분명히 하는 등의 활동'을 함으로써 읽기를 효율화할 수 있다. 또한 텍스트의 결론이나 소제목, 요약, 서문, 제목 등 텍스트의 핵심이나 독자에게 중요하게 느껴지는 것을 판단할 수 있는 단서를 '미리 찾아 읽어 보거나', 텍스트를 전체적으로

'훑어보고', 나올 내용에 대하여 '예측하거나 상상하며', 생기는 궁금증을 '질문 목록으로 만들어 보는' 등의 활동으로 읽기를 적극적으로 하도록 유도할 수 있다. 이와 같은 '읽기 전 활동'은 텍스트의 전체 내용에 대한 틀을 잡기 위한 활동으로 매우 효율적이다. 이러한 읽기 전 과정을 학습자가 독립적인 읽기 상황에서도 스스로 수행할 수 있도록 익히게 한다.

그리고 이후 '읽는 중 활동'으로, 본격적인 상향식 읽기의 과정에서 텍스트 분석을 통해 차분히 의미를 구성해 가는 동시에 하향적 과정을 부분적으로 적용하는 읽는 중 활동을 수행하도록 지도한다. 텍스트의 매체나 장르 등의 맥락과 텍스트의 형식 및 표지, 그리고 텍스트와 관련된 필자 및 내용에 대한 배경지식 등을 활용하여 '텍스트의 장르'에 대해 추론하고, '글의 구조'와 '전개 구조'를 분석하며, 텍스트의 '기능'을 이해한다. 또한 사회적 맥락 등과 연관 지으며 텍스트의 표현 속에 담겨 있는 '기저 가치'를 분석하고, 기타 '맥락적 의미' 등을 추리하게 한다. '사실과 의견을 구별'하고, 텍스트의 내용을 '정교화'하며, 텍스트의 내용과 추론한 내용을 '평가하고 감상'한다. 동시에 읽기 과정에 작용하고 있는 '상위인지'를 활성화하고 활용하도록 한다. 읽기에 필요한 모든 전략과 기능을 최대한으로 발휘하여 다양한 의미를 심도 있게 분석·구성하도록 한다. 사실상 읽는 중 활동은 읽기의 본격적이고 핵심적인 과정으로, 읽기에 관한 모든 기능과 전략이 적용될 수 있다. 이와 같은 읽는 중 활동이 더욱 적극적으로 이루어질 수 있도록 '그래픽 조직자 활용하기'나 '질문하기', '메모하기' 등과 같은 다양한 보조 활동(비계)을 제공하고 유도한다.

이러한 본격적인 읽기 활동 이후에 '읽은 후 활동'으로 이해하고 생각한 바를 정리하는 과정을 갖게 한다. 기본적으로는 중심 내용이나 전체 내용을 '요약'하거나 '회상'하며 정리하고, '텍스트의 분위기'와 '필자의 진정한 의도', 텍스트를 읽고 '중요하게 생각하게 된 것' 등을 추론하며, 읽은 바에 대해 '평가와 비판'을 하며 앞으로 더 해야 할 것 등의 창의적인 생각을 하도록 한다. 이와 같이 텍스트 전체 내용에 대해 의미 있는 것을 정리·기록하고, 추론하며, 평가·감상한다. 그리고 '텍스트의 표현 특징'에 대해서도 정리하며, 자신이 읽기를 수행한 과정을 되짚어 '읽기 방법에 대해 검토하고 반성'한다. 나아가 읽기에서 얻은 내용 또는 형식의 특징이 자신이 관심을 가진 다른 분야나 다른 상황과 어떻게 연관되는지를 생각하며 아이디어를 개발한다. 그리고 이러한 읽기 후 활동이 적극적으로 이루어질 수 있도록 관련된 다른 책(상호텍스트)을 읽게 하거나 토의하게 할 수 있고, 이해한 내용을 다른 장르로 바꾸거나 다른 사람에게 자신의 말로 설명하게 하고, 비평문이나 독후감을 쓰는 것으로 읽기를 적극적으로 수행하도록 격려할 수 있다.

② SQ3R

SQ3R은 가장 전통적이며 대표적인 읽기 지도 방법 중의 하나로, 주로 텍스트의 내용에 '몰입'하여 읽고 텍스트 내용을 '학습'하게 하는 지도법이다. 그러나 학습을 위한 텍스트만이 아니라 읽기의 일반적인 전략을 매우 간략하면서도 효율적으로 안내하고 있어, 그 자체를 읽기의 한 전략으로 익히게 할 만한 지도 모형이다.

SQ3R은 '개관 → 질문 → 읽기 → 암송 → 검토'의 절차로 이루어진다. 본격적으로 읽기 전에 내용을 먼저 '개관'해 보고(survey), 이를 바탕으로 궁금한 것, 알고 싶은 것, 알아야 할 것 등을 '질문'으로 만들어 분명히 인식하게 하고(question), 텍스트를 '읽고'(read), 읽은 내용을 '다시 말해 보고'(recite), 잘 이해되지 않는 부분은 다시 '검토'하게 하는(review) 과정으로 읽게 한다. 이는 과정 중심 읽기 지도의 읽기 전(개관, 질문), 중(읽기), 후(암송, 검토) 과정을 간략히 정리한 것과 같은데, 비교적 간단하면서도 읽기 전체 과정의 핵심을 담고 있다.

③ GRP

텍스트의 구조를 확인하는 기능을 익히고 회상 능력을 기르는 데 도움을 주는 읽기 지도 방법으로, 내용을 학습하는 텍스트를 지도할 때 유용하도록 개발한 지도법이다. GRP는 안내된 읽기 과정(Guided Reading Procedure)이라는 뜻으로, 읽는 동안의 집중력을 강조한다.

지도 과정은 '읽기 목적 설정 → 텍스트 읽기 → 읽기 확인 → 재지도 → 평가'로 요약된다. 먼저, 교사가 읽기의 목적을 설정한다. 읽기 목적은 텍스트와 상황에 따라 달리 설정하되, 일반적인 목표, 예를 들어 '이 단원의 텍스트를 읽고 가능한 한 많은 내용을 기억하라' 등과 같이 제시할 수 있다. 다음으로 학생들이 정해진 시간 동안만 텍스트를 읽게 한다. 그러고 나서 텍스트를 덮고 기억한 내용을 말한다. 내용을 간략하게 칠판에 기록하는데, 틀린 내용도 함께 적은 다음 텍스트에 나온 내용이 맞는지 확인한다. 이어서 텍스트 내용에 대한 이해가 충분히 이루어지지 않았다고 판단되면, 이미 아는 내용과 텍스트에 나온 새로운 내용을 통합하는 질문 등으로 새로운 내용을 이해하도록 한다. 이후 텍스트 내용이 기억되고 학습되었는지를 확인하기 위하여 평가를 하고, 2~3주 후 다시 한 번 평가한다.

④ DRA와 DRTA

제시된 텍스트를 독해하면서 그 과정에 읽기 기능을 지도하는 부분을 적절한 지점에 삽입하여 지도하는 방법이다. 구미에서 널리 활용되었던 지도 방법의 하나로, 국어 교과를 비롯하여 내용 교과의 모든 학습용 텍스트와 기타 모든 분야의 텍스트 읽기를 지도하는 데 적용되었다.

DRA는 지도된 읽기 활동(Directed Reading Activity)이란 뜻으로, 일반적으로 '동기 유발 및 배경지식 개발 → 텍스트 읽기 → 기능 학습 → 후속 학습 → 강화 학습'의 다섯 단계로 진행된다. 첫 단계는 교사가 읽을 텍스트의 내용에 대해 학생들의 흥미를 유발하기 위하여 텍스트의 내용과 학생들의 지식 및 경험을 관련시키도록 하고 시청각 자료 등을 활용한다. 다음의 텍스트 읽기 단계는 텍스트를 읽고 내용을 알게 하는 과정인데, 텍스트 읽기에 앞서 이해의 방향을 잡아 주기 위하여 알아야 할 핵심 사항을 질문으로 만들어 제시한다. 교과서의 학습 활동이 여기에서 소화되어야 할 내용인데, 교사는 더욱 세밀한 질문을 준비하고 질문하는 방법을 세밀하게 고려해야 한다. 그리고 텍스트를 다 읽고 난 후에는 질문에 답하도록 하는데, 중요한 내용에 대해서는 질의와 응답을 하는 토론의 과정도 갖도록 한다. 이후 읽기와 관련된 기능을 지도한다. 핵심어 찾기, 지시어 찾기, 중심 문장 찾기, 문단 나누기 등 여러 기능을 지도하는데, 단편적이고 지엽적으로 지도할 것이 아니라 앞서 소개한 직접 교수법을 사용하여 집중적이고 체계적이며 단계적으로 지도하도록 한다. 그리고 후속 활동으로 익힌 기능들을 연습 문제를 통해 학생이 직접 해 보도록 하고, 이후 교과서의 텍스트와 유사하거나 관련된 텍스트를 찾아 더 읽어 보게 하거나, 쓰기·연극·음악·미술 등 여러 교과와 관련짓거나 다양한 활동으로 심화시키도록 한다.

DRTA는 DRA를 학생 중심의 활동으로 좀 더 상세하게 변형시킨 것으로, 안내된 읽기 사고 활동(Directed Reading-Thinking Activity)을 뜻한다. '읽는 목적을 설정하거나 확인하기 → 읽는 목적이나 자료의 성격에 맞게 조절하며 읽도록 지도하기 → 읽는 상황을 관찰하기 → 독해 지도하기 → 중요한 기능 지도하기'의 절차로 진행되는데, 앞의 네 단계는 모두 DRA에서 '텍스트 읽기' 단계에 해당한다. 마지막 단계는 이 텍스트를 읽을 때 필요한 '기능'이나 '전략'을 지도하는 것으로, 이 과정을 학습자가 수행해야 할 사고의 과정으로 세밀하게 분석한 것이다. 먼저, 학생 스스로 또는 교사와 학생 간의 상호작용으로 읽기의 목적을 설정한다. 이때 경험이나 배경지식 등을 활용하도록 한다. 다음으로, 이렇게 설정한 목적에 따라 적절한 읽기 방법을 구상하여 자료의 특질에 맞게 읽도록 지도한다. 읽기 속도를 조절하고 자기 관찰(상위인지)을 하면서 여러 전략을 생각하도록 강조한다. 그리고 교사는 자료의 성격이나 목적에 맞게 알맞은 방법으로 읽는지를 관찰한다. 이후 독해 여부를 확인하고, 예측한 내용이나 설정한 목적이 적절하였는지를 질의 응답을 하면서 평가한다. 마무리 단계로 이 텍스트를 읽을 때 중요하게 작용한 기능이나 전략을 가르치는데, 이것은 '직접 교수법'이나 '문제 해결 학습 모형', '현시적 교수 모형' 등의 절차를 적용하여 지도할 수 있다.

5 읽기 교육에서 평가는 어떻게 할까

1) 읽기 평가의 원리

(1) 읽기 평가의 목표와 성격

읽기 평가의 목표는 학습자의 읽기 능력에 대해 아는 것이다. 학교 교육에서 읽기 능력을 평가할 때 두 가지 성격으로 나누어진다. 하나는 해당 수업이나 해당 단원에서 가르친 것에 대하여 학습자가 얼마나 성취하였는가를 보는 평가이고, 다른 하나는 학습자의 읽기 능력이 현재 어떤 수준인가를 보는 평가이다.

가르친 것에 대한 성취도 평가는 읽기 능력 전반이 아니라 읽기 능력 중 일부에 해당하는, 가르친 것에 국한하여 성취 정도를 파악한다. 따라서 수업 목표 또는 단원 목표가 성취 정도를 판단하는 평가 목표 및 내용이 된다.

이와 달리 학습자의 현재 읽기 능력 전반을 알아보려는 전체적인 읽기 능력 평가는 학기 초에 학습자에 대해 알기 위해 하는 진단을 비롯해 기타 읽기 능력 전반의 수준을 알고자 할 때 사용한다. 현재 읽기 능력 평가지 또는 독해력 검사지로 여러 가지 표준화된 검사지가 개발되어 시판되고 있어서 구매하여 결과 분석까지 받아 볼 수 있으며, 평가자의 자작 검사지로도 수행할 수 있다. 읽기 능력 전반을 평가하는 데에는 대체로 '어휘, 내용 확인(사실적 이해), 추론적 이해, 비판적 이해'의 하위 항목들이 포함된다.

(2) 읽기 평가의 제재 텍스트 선정 기준

평가에 사용할 텍스트는 평가하기에 적절해야 한다. 읽기 능력 평가에 사용할 텍스트의 첫째 기준은 새로운 텍스트, 즉 이전에 읽거나 학습한 적이 없는 텍스트이어야 한다는 것이다. 그래야 읽는 능력을 알 수 있기 때문이다. 이미 읽어 보았거나 학습한 텍스트는 내용을 기억하고 있기 때문에 읽기 능력을 정확히 파악할 수 없다. 둘째 기준은 평가 제재의 장르가 평가 목표에 맞게 선정되어야 한다는 것이다. 학습 성취도 평가인 경우 학습한 텍스트와 같은 장르의 제재를 사용해야 하고, 읽기 능력 전반을 평가하는 경우 여러 대표 장르의 텍스트를 골고루 포함하여야 한다. 셋째 기준은 텍스트 난도가 평가 대상 학습자들에게 적합해야 한다는 것이다. 초등 저학년은 그 수준에 맞는 내용·형식의 난도를 가진 자료로 읽기 능력을 평가하고, 중·고등 학생은 그 수준에 맞는 난도의 텍스트를 선정해서 읽기 능력을 평가해야 한다. 너무 어렵거나 쉬운 텍스트는 읽기 능력을 제대로 변별하지 못하기 때문이다. 넷째 기준은 텍스트의 내용이 편향되지 않아야 한다는 것이다. 텍스트 내용이 특정 독자들에게 친숙한 내용일 경우 그 텍스트에 대한 관련 배경지식이 많기 때문에 훨씬 유리해져서 객관적인 읽기 능력을 평가할 수 없기 때문이다.

읽기 능력 평가에서 유념할 바는 읽기 평가가 특정 텍스트의 이해도를 알고자 하는 것과 구별되어야 한다는 점이다. 예를 들어 '생물의 분류 체계'를 다룬 텍스트에 대해 평가할 때, 같은 문항이라도 과학 교과의 관점에서는 생물의 특징을 알고 있는지 여부가 중요하지만, 읽기 평가의 관점에서는 이런 종류의 텍스트를 얼마나 읽어 낼 수 있는가 하는 독해 능력을 판단하는 것으로 결과를 해석해야 한다. 읽기 평가에서는 텍스트의 내용을 얼마나 아는가가 아니라 이런 텍스트를 얼마나 독해할 수 있는가가 중요하다. 다만 독해 역량을 알기 위해 독해한 내용의 양과 질을 파악하는 것임을 알아야 한다.

(3) 읽기 평가의 내용과 결과 활용

읽기 평가의 내용으로 지식적인 것과 기능적인 것의 두 가지가 선택될 수 있다. 지식적인 것은 읽기 과정에 관한 지식이나 텍스트에 대한 지식, 전략에 대한 지식 등 관련 '지식'을 아는지를 검사하는 것이다. 이는 독해에 대한 지식이 없는지, 지식은 있지만 적용을 하지 못하는지 등을 구별해 판단하기 위해 필요하다. 특히 학습 목표나 단원 목표가 읽기에 관한 지식을 아는 것이었다면, 성취도 평가 등에서는 읽기의 본질, 읽기의 과정, 읽기 전략, 읽기에 영향을 주는 요소 등 지식적인 것이 평가 내용으로 설정된다.

읽기 능력을 알기 위해 평가해야 할 내용의 본격적인 부분은 '읽기 기능의 수행'이다. 실제로 텍스트에 대해 내용 파악·추론·평가·창의를 어느 정도나 해 낼 수 있는지, 여러 개의 자료를 읽고 목적에 맞게 내용을 종합해 사고할 수 있는지, 상위인지를 잘 발휘하는지, 바람직한 읽기 태도를 보이는지 등 읽기의 수행을 평가하는 것이다. 읽기 기능의 수행은 읽기 능력 평가에서 가장 핵심적인 평가 내용이다.

평가의 결과로 수업과 읽기 지도에서 유익한 피드백을 제공해 줄 수 있어야 한다. 학교에서 수행하게 되는 평가 대부분은 학습자의 독해 수행을 돕고 학습자의 독해 능력의 장점과 단점 등을 파악하여 지도하는 데 피드백하기 위한 것이다. 피드백의 방향은 두 가지로 이루어져야 한다. 하나는 학습자의 결함을 발견하여 '보완'하는 것이다. 학습이 덜 되었거나 덜 익힌 바가 있다면 그것을 다시 지도하거나 보충 자료 등을 제공하여 보완하도록 해서 목표를 성취할 수 있도록 해야 한다. 또 하나는 학습자의 장점을 발견하여 '계발'하는 방향으로 이끌어 주는 것이다. 학습자가 쉽게 익히고 특별히 잘하는 부분이 있다면 그 장점을 충분히 알려 주고 그것을 계발하여 잘 활용할 수 있도록 안내하고 격려한다.

2) 읽기 평가의 방법

평가 목표와 평가 내용에 따라 적절한 평가 방법을 선택하여야 한다. 평가 목표나 평가 내용에 따라 평가 방법을 결정하는데, 여기서는 지식과 기능 중에서 지식은 남겨 두고 읽기 기능을 평가하는 방법을 알아보겠다.

(1) 과정 평가 및 상위인지 평가

독해는 사고를 통해 진행되기 때문에 그 과정을 들여다보기는 쉽지 않다. 그러나 독해의 과정이 드러날 수 있는 몇 가지 흔적을 통해서 그 과정을 알 수 있고, 이를 분석하여 독해력의 특징을 추출할 수 있다.

① 눈 멈춤과 읽기 속도

눈동자의 움직임은 독해를 알기 위해 첫 번째로 관찰하는 대상으로, 정밀한 측정으로 독해의 특성을 연구하는 방법으로 사용되었다. 읽기 수업에서는 연구에서와 같이 정밀한 측정과 분석을 하기 어렵지만, 텍스트를 읽을 때 텍스트의 어느 부분에서 눈이 오래 머물고 있는지 어느 부분에서 시간이 많이 걸리는지를 대략이나마 관찰할 수 있다. 눈 멈춤이 길고 읽기 속도가 느린 부분은 학습자가 어렵게 느끼는 내용이므로 그 수업에서 중점적으로 다루어야 함을 알 수 있다. 눈 멈춤과 읽기 속도는 학습자가 묵독을 하는 상황에서 학습자가 느끼는 곤란 지점을 찾고 나아가 그 원인이 무엇인지를 분석하는 자료를 얻는 데 유용하다.

② 오독과 자율적 수정

오독은 텍스트를 낭독하면서 잘못 읽는 것을 말하고, 자율적 수정은 학습자가 자신이 잘못 읽었다는 것을 깨닫고 스스로 고쳐 읽는 것을 말한다. 오독은 단어나 문장을 바꾸어 읽거나 삽입하거나 누락하고 읽는 것, 그리고 띄어 읽기가 바르지 못한 것 등을 포함하는데, 이러한 오독 현상을 기록하여 학습자가 어떻게 의미 구성을 하고 있는지, 추론한 것이 무엇인지, 통사적·의미적 능력은 어느 정도인지 등을 판단한다. 그리고 자율적 수정은 상위인지적인 요소로, 수정을 하는지 하지 않고 계속 읽는지, 어느 지점에서 실수를 인식하였는지, 얼마나 정확하게 수정하였는지 등을 관찰하거나 기록하여 의미에 얼마나 민감하게 반응하는지, 주의 깊은 독해를 하고 있는지, 내용의 흐름을 이해하고 있는지 등을 판단한다.

오독과 자율적 수정은 주로 입문기나 기초 기능기에 속해 있어서 낭독으로 텍스트를 읽는 학습자들에게 유용하게 사용되며, 특히 독해 부진 등의 특이 현상을 파악하는 데 사용된다. 이때 학습자와 일대일로 자세히 기록하고 특징을 살필 수 있도록 계획하고, 읽는 텍스트를 조금 어려운 새로운 텍스트로 하며, 일부분보다는 전체 텍스트를 읽히는 것이 좋다. 그리고 그 결과는 오독의 개수, 오독의 형태적 유형과 내용적 특징, 오독의 지점 등을 기준으로 판단하고, 자율적 수정 또한 그 개수와 민감도 및 정확성 등을 기준으로 분석하여 학습자의 상위인지적 독해 능력을 판단할 수 있다.

③ 빈칸 메우기

빈칸 메우기는 결과 평가 방법으로도 사용되고 과정 평가 방법으로도 사용될 수 있는데, 빈칸이 있는 텍스트를 끝까지 다 읽은 후 빈칸을 채우는 방식은 읽기의 결과로 머릿속에 표상된 의미를 가지고 빈칸을 채우기 때문에 결과 평가 방법이다. 반면 독해 과정을 보는 방법으로서의 빈칸 메우기는 빈칸이 있는 텍스트를 죽 읽어 가게 하면서 빈칸 부분을 발견한 즉시 메우며 읽게 하는 방법이다. 읽는 과정에서 빈칸을 어떻게 메우는가에 따라 텍스트를 읽으면서 구성하였던 의미와 추론, 배경지식의 특징, 기능이나 전략의 유연성 등을 판단할 수 있다.

빈칸의 구성은 알아보고자 하는 목적에 따라 결정할 수 있다. 예를 들어, 텍스트의 내용이나 구조를 이해하는지, 그 전략을 아는지 등을 확인하고자 할 때는 핵심어나 중심 문장, 표지어 등을 적절히 삽입해 놓고 특정 부분을 생략함으로써 단서의 활용이나 내용의 이해, 구조의 파악 등에 관한 특징을 알 수 있다. 빈칸 메우기는 어느 학년에서나 가능하고, 독해의 과정을 의도적으로 계획할 수 있다.

④ 프로토콜

학습자에게 텍스트를 읽으면서 생각하게 되는 사고의 내용을 중얼거리게 하는 것이 프로토콜, 곧 사고구술(thinking aloud)이다. 읽기에서 사고는 매우 빠르고 다양하게 진행되기 때문에 모든 것이 다 중얼거림으로 드러나는 것은 아니지만, 프로토콜 자료는 독해의 전체 과정을 가장 자세하게 보여 주는 기록으로 특징적이거나 인상적인 사항을 담게 된다. 이 자료를 분석함으로써 내용 이해를 비롯하여 추리와 해석, 평가, 감상, 전략 적용 등 독해 중 사고의 모든 측면을 볼 수 있고, 상위인지적 요소가 나타나는 지점도 확인할 수 있다.

프로토콜 방법을 적용하기 위해서는 학습자가 자신의 읽기 과정을 관찰할 수 있는 가능한 연령인 초등학교 고학년 이상이어야 한다. 자연스러운 프로토콜 자료를 얻기 위해서 프로토콜을 생성하는 훈련 과정을 거친 뒤에 평가를 시행하는 것이 좋다. 학습자의 독해력 특징을 전반적으로 검사하고자 한다면 프로토콜 방법이 가장 적합하다.

⑤ 읽기 수행의 관찰

읽기 수행 과정을 관찰하는 데 특정한 방법을 의도적으로 적용하지 않더라도 평소 수업

쉬어가기

읽기 수행 관찰 지표

내용 이해도	
1. 글을 논리적으로 재구성한다. 2. 구조, 주제, 개념을 확인하고 정교화한다. 3. 글 내용은 물론 글을 넘어서는 추론을 한다. 4. 개인적 지식이나 경험을 이용하여 의미를 해석한다. 5. 필자의 문체나 가정, 관점과 주장 등에 대해 민감하고, 나아가 문제 제기까지 한다. 6. 글 내용에 대해 의견, 판단, 시사점을 제시한다.	1. 글에 있는 순서대로 기억한다. 2. 글과는 관련 없는 고립된 사실에 초점을 둔다. 3. 추론이나 정교화가 거의 없고, 글의 사실만 나열한다. 4. 글 의미에 개인적 지식이나 경험을 부여하지 못한다. 5. 필자의 문체나 가정, 관점, 주장 등에 둔감하다. 6. 글에 나타난 생각에 대해 설명을 하지 못한다.
전략 활용도	
1. 읽기의 목적을 세운다. 2. 선행 지식이나 경험을 새로운 내용과 통합한다. 3. 그림과 같은 시각적 단서를 활용한다. 4. 의미 구성에 핵심적인 단서를 찾고 활용한다. 5. 의미 구성을 잘못했을 때 자기 교정을 한다. 6. 낯선 단어를 알기 위해 융통성 있는 전략을 사용한다. 7. 초인지적 자기 관찰과 조절을 한다.	1. 읽기의 목적에 대한 인식이 없다. 2. 선행 지식을 형성하지 못한다. 3. 시각적 단서를 활용하지 못하거나, 지나치게 의존한다. 4. 중요하지 않은 단서나 의미 없는 단어에 집착한다. 5. 자기 교정 없이 계속 진행한다. 6. 무시하거나 한 가지 방법만 고집한다. 7. 초인지적 현상이 보이지 않는다.

(Barrentine, 1999; 박수자, 2001에서 재인용)

을 진행하며 학습자의 특징을 누가적으로 관찰하고 기록함으로써 학습자의 독해 능력 특징에 대하여 많은 것을 알 수 있다. 이렇게 읽기 수행을 관찰할 때 설정할 수 있는 항목은 수업의 목표와 지도 내용에 따라 목록을 작성하여 활용할 수 있다.

(2) 결과 평가

독해 능력이 뛰어나다면 텍스트를 읽고 그 내용을 이해한 것과 그에 대한 평가, 감상, 적용 등의 반응에서 우수성을 보일 것이나, 그렇지 않다면 결과는 보잘것없을 것이다. 이와 같이 텍스트를 읽고 머릿속에 형성된 독해의 결과로 독해 능력을 추리하는 것이 결과 평가의 방법이다.

① 자유 회상과 탐문

자유 회상은 텍스트를 읽고 이해한 바를 자유롭게 쓰게 하는 방법이다. 자유 회상법으로 읽기 능력을 분절하지 않고 한 편의 텍스트를 처리하는 데 요구되는 읽기 능력 전체를 검사할 수 있다. 회상해 낸 내용은 독자의 머릿속에 표상되어 있는 의미가 반영된 것으로, 이해의 정확성 및 수준을 판단할 수 있는 자료가 된다. 자유 회상에서 말해지지 않은 것이 있을 때는 특정 단서를 주고 이에 대해 회상해 보게 하는 탐문과 같은 단서 회상 방법으로 이해 상태를 더욱 정확하게 판단할 수 있다.

자유 회상이나 탐문, 단서 회상 등의 결과에서 기억의 양과 질, 내용의 연결 방식, 기억 인출 구조 등을 분석하여 전체적인 독해의 수준을 판단한다. 이러한 회상 방식은 독해 능력을 요소별로 분석하여 보는 것이 아니라 독해의 결과를 총체적으로 드러내는 것이기 때문에, 요소별 독해 능력 특성을 분석하려 하기보다 전반적인 독해 능력 수준을 판단하는 데 활용하는 것이 좋다.

② 요약과 중요도 평정

요약은 자유 회상과 같이 머릿속에 표상된 의미를 드러내는 방식인데, 중요한 내용과 그렇지 않은 내용 간의 위계 관계가 분명하게 드러나도록 강조하는 과제이다. 따라서 요약을 통해서는 텍스트 내용의 중요도에 대한 정보를 더 정확하게 얻을 수 있다. 요약에는 글 구조를 중심으로 한 과제뿐만 아니라 특정 목적이나 과제를 중심으로 한 요약문을 작성하는 방식도 사용할 수 있다. 요약문에서는 글의 구조나 내용의 중요도에 대한 이해를 집중적으로 분석하되, 내용의 재조직 방식이나 연결 관계 추론 방식, 첨가되거나 변형된 내용 등에도 주목하여 학습자의 독해 능력 특징을 판단한다.

중요도 평정은 텍스트를 문장이나 문단별로 중요도를 4~6등급 척도로 설정하여 매기는 것을 말한다. 이 방법으로 평가할 때에는 글 구조의 중요도만을 판단할 수 있는 자료를 얻게 된다. 이 방법을 요약문을 작성하기 위한 중간 과정으로 활용할 때에는 평가 수행을 돕는 중간 과정의 하나로도 활용할 수 있다. 요약과 이를 보조하는 중요도 평정 또한 독해 능력의 특정 요소가 아니라 전체를 드러내는 방식이므로, 독해 능력의 전반적 수준을 판단하는 데 활용한다.

③ 선다형과 객관식 평가 문항

독해력 검사에서 현재 가장 널리 활용되고 있는 것이 선다형 검사이다. 텍스트에 대해 평가 목적에 따라 적절한 선택형 질문을 함으로써 독해의 상태와 독해 능력의 특징을 추출할 수 있는 평가 방법이다. 여기에서는 검사 문항을 무엇으로 작성하는가에 따라 평가하고 분석할 내용이 달라지는데, 특정 요인에 대한 검사라면 이와 관련한 문항을 작성하고, 전반적인 독해력을 검사하는 평가라면 가능한 모든 요인을 포함할 수 있는 폭넓은 문항을 적절한 비율로 작성하여 포함하여야 한다.

선다형 평가는 효율성과 경제성 등 외적인 면에서 매우 유용한 반면, 평가의 타당성 등 내적인 면에서는 유용성이 떨어진다. 그러나 평가 문항과 답지를 어떻게 구성하는가에 따라 평가의 내적인 질이 결정될 수 있으므로, 목표에 맞는 문항과 적절한 난이도와 오답률을 가진 답지를 편성하는 것이 필수적이다.

선다형 검사의 결과는 평가 항목에 따라 문항을 분류하여 기록함으로써 독해력의 특징을 분석적으로 알 수 있다. 선다형 검사 외에도 진위형과 연결형, 결과 평가로서의 빈칸 메우기 등 여러 객관적 평가 방법을 선다형 검사와 같은 맥락에서 수행할 수 있다.

④ 서술형·논술형과 토론형

서술형은 독해의 결과를 텍스트로 기술하게 하는 방법이며, 논술형은 서술형 중에서도 논리적인 서술을 요구하는 방법이다. 토론형은 토론의 장을 마련하여 독해의 결과가 진술될 수 있도록 하는 방법이다. 이들은 객관식이라 일컬어지는 선다형과 대립되는 방법으로, 독자의 반응을 자유롭게 담을 수 있다. 서술형·논술형과 토론형 평가는 형식 면에서는 자유 회상이나 요약과 같은 평가 방식을 포함하지만 내용 면에서는 이들보다 훨씬 더 자유롭게 독해의 다양하고 심화된 결과를 드러낼 수 있다.

평가 목적에 따라 서술·논술이나 토론의 과제를 설정할 수 있는데, 텍스트에 대한 해석, 논평, 감상, 쟁점, 반박 및 옹호 등의 고급한 과제를 부과할 수 있다. 이에 대한 분석은 텍스트 내용 이해의 충실성, 텍스트와 독자 사고 연결의 논리성, 독자 관점의 설득성 등을 기준으로 할 수 있다.

이러한 평가에는 독해력 이외에 독자의 지식과 세계관, 표현력 등이 다분히 포함될 수 있다. 그러나 읽기 행위 자체가 복합적이고 상호 연관적이며 독해의 효용이 복합적 형태로 나타난다는 것을 생각하면, 이러한 서술형과 토론형의 평가는 가장 실용적인 독해 능력을 평가하는 방법이 될 수 있다. 또한 여러 개의 자료를 읽고 종합적으로 사고하는 다문서 읽기 능력을 평가하기에 적합하다.

⑤ 독해 포트폴리오

포트폴리오(portfolio)란 작은 서류 가방이나 그림책을 뜻하는데, 교육에서는 학습자의 수행과 성취에 관한 자료를 모아 놓은 기록 파일을 말한다. 학습자의 독해 수행과 관련된 자료를 모아 학기 동안이나 학기 말에 종합적으로 평가하여 피드백하고 성적에 반영하기도 하는 자료로 활용할 수 있다.

포트폴리오로 정리할 수 있는 자료로 독해와 관련하여 유익한 판단을 할 수 있는 것이라면 무엇이든지 포함할 수 있는데, 읽은 텍스트의 목록이나 텍스트의 요지나 개요, 줄거리, 느낀 점, 낙서, 글, 그림, 토의 내용 기록, 교사의 관찰 일지나 체크리스트 등 독해의 결과뿐만 아니라 과정에 대한 것도 무엇이든 다양하게 포함하는 것이 좋다.

포트폴리오를 구성할 때 특정 텍스트의 장르나 특정 독해 활동 등의 목적을 중심으로 자료의 범위를 구체화할 수 있고, 독해에 관한 전반적 특징을 모두 볼 수 있도록 제한 없이 자료를 수집할 수 있다. 이러한 자료를 통해 학습자의 독해 수준, 독해 성향, 배경지식과 전략에 관한 지식 및 활용 수준, 발달(변화) 추이 등을 분석하도록 한다.

08

쓰기 교육

1 쓰기는 왜 가르쳐야 할까 / 2 쓰기란 무엇인가 / 3 쓰기 교육에서는 어떤 내용을 지도할까 / 4 쓰기 교육은 어떤 방법으로 할까 / 5 쓰기 교육에서 평가는 어떻게 할까

김 선생님은 경력 5년 차의 초등학교 교사이다. 성실성과 국어 교육에 대한 열정 면에서 자타가 공인하는 김 선생님이지만 쓰기 수업 시간만큼은 자신이 없다. 최근 미래 대비 핵심 역량이다, 독서 논술 능력이다 해서 학교에서 부쩍 쓰기 수업의 중요성이 강조되고 있지만, 정작 쓰기 수업 시간만 되면 무엇을 어떻게 가르쳐야 할지 막막해진다.

수업 시간에 직접 교수법에 따라 글을 쓸 때 유용하게 사용할 수 있는 브레인스토밍이나 마인드 맵 전략 등을 시범 보이면서 글쓰기를 유도해 보기도 한다. 하지만 시간에 쫓겨 개별 활동에만 그칠 뿐 정작 학생들이 온전한 한 편의 글을 제대로 완성해 보는 경험을 하지 못한 채 수업이 끝나 버릴 때가 많다. 할 수 없이 수업 시간에 미처 마치지 못한 글을 숙제로 부과하지만, 학생들은 쓰기 과제를 마치 벌을 받는 것처럼 부담스러워 하는 것 같아 마음이 무겁다.

또 학생들이 과제로 제출한 글에 대해서도 어떻게 반응해 주어야 할지도 큰 고민이다. 공문 처리 등 행정 업무를 보느라 늘 시간에 쫓기다 보면 학생들의 글을 일일이 읽고 첨삭 지도하는 일도 고역이다. 어렵사리 시간을 내어 일일이 빨간 펜으로 글을 고쳐서 돌려주어도 학생들은 별반 반응을 보이지 않아 과연 이런 첨삭 지도가 학생들에게 도움이 되는 것인지 회의감을 느끼게 된다. 학생들이 수업 시간에 글쓰기 경험 자체를 즐기면서도 실제적인 쓰기 역량을 키워 나가도록 하는 특별한 방법은 없을까?

이 장에서는 이러한 김 선생님의 고민에 대한 해법을 쓰기 교육의 필요성과 목표, 쓰기

교육 및 평가 방법을 중심으로 함께 공부해 보도록 하자.

1 쓰기는 왜 가르쳐야 할까

1) 쓰기 교육의 필요성

왜 쓰기 교육이 필요한가?

이 물음은 쓰기가 왜 중요한가에 대한 쓰기의 효용성 문제와 함께 쓰기 교육을 통해 학생들에게 무엇을 어떻게 가르쳐야 하는가에 대한 근원적인 고민거리를 던져 준다. 쓰기 교육은 학습자의 쓰기 능력을 신장시키기 위해 제도권 학교 교육 안에서 이루어지는 의도적이고 체계적인 교수·학습 행위를 의미한다. 2022 개정 국어과 교육과정에 따르면, 쓰기 교육은 초등학교 6년, 중학교 3년, 고등학교 1학년에 이르는 국민 공통 교육 기간 동안 국어과의 '쓰기' 영역에서, 그 이후에는 고등학교 '공통국어1', '공통국어2', 일반 선택 과목인 '독서와 작문', 융합 선택 과목인 '독서 토론과 글쓰기' 과목에서 이루어지고 있다. 이렇게 학교 교육에서 쓰기 교육이 지속적으로 이루어지고 있지만, 정작 많은 학생들은 학교를 졸업한 후 한결같이 쓰기의 어려움을 토로하면서 학교에서 쓰기 교육을 제대로 받아 본 적이 없다고 말한다. 아마도 이러한 현실은 국어 교육에서 쓰기 교육이 가장 어려운 부분이기도 하지만 학생들에게 정말 필요한 실제적인 쓰기 교육을 제대로 해 오지 못하였기 때문일 것이다.

베라이터(Bereiter, 1980)는 숙련된 필자의 쓰기 능력을 구성하는 기능 요인으로 문자언어로 표현하는 것의 유창성, 아이디어 생성의 유창성, 작문에 관한 일반적 규칙 및 관습에 대한 통달, 예상되는 독자 및 글을 쓰는 상황과 대상을 고려할 수 있는 사회적 인지 능력, 우수한 글에 대한 감상력 및 비판력, 통합적 사고력 및 통찰력 등을 들고 있다. 이러한 쓰기 능력은 체계적인 교육과 훈련, 꾸준한 자기 연마 과정을 통해 단계적으로 발달해 나가는 평생의 과업이라고 할 수 있다.

그러나 사람들은 이러한 쓰기 능력을 평생 갈고 닦아야 할 과업 또는 교육의 대상으로 보기보다는 다분히 타고난 재능의 문제라고 생각하는 경향이 있다. 사실 이러한 통념에 대해서는 충분히 수긍이 가기도 한다. 세간에서 문명(文名)을 날리는 사람들이나 위대한 작가들 가운데 상당수는 분명 남다른 재능을 타고난 사람들일 것이기 때문이다. 글쓰기에 대한 또 다른 통념은 글쓰기를 영감(靈感)의 문제라고 보는 입장이다. 이들은 훌륭한 글이란 어느 날 갑자기 뮤즈(Muse)로부터 한 줄기 섬광과 같은 영감을 선물로 받아서 도저히 쓰지 않고서는 견딜 수 없는 바로 그 순간에 이르러서야 비로소 쓸 수 있다고 믿는다.

그러나 이렇게 글쓰기를 타고난 재능이나 영감의 문제라고 생각하는 통념은 많은 사람들에게 일찌감치 글쓰기를 포기하게 하거나 쓰기 교육을 하는 교실에서 고작 정서법이나 가르치고 문법에 어긋난 비문(非文)이나 고쳐 쓰게 하는 정도에 머무르게 한다는 점에서 아무런 도움이 되지 않는다. 사실, 우리 주변에서 볼 수 있는 글 잘 쓰는 사람들 대부분은 글쓰기 능력을 타고난 사람들이라기보다는 적절한 교육과 훈련 과정을 통해 쓰기 능력을 갈고닦은 경우이다.

우리가 교육의 목표로 삼고 있는 글쓰기 역시 전문적인 작가를 길러 내는 것이 아니라 성공적인 사회인으로 살아가는 데 필요한 실제적인 쓰기 능력을 갖추도록 하는 것이라는 점을 감안해 본다면, 쓰기를 재능의 문제로 인식하는 통념은 별반 의미가 없다. 또한 영감이라는 것도 사실 알고 보면 어느 날 갑자기 운이 좋아서 뮤즈로부터 선물로 받는 것이라기보다는 필자가 어떤 문제에 몰입하여 많은 책을 읽고 고민하고 끄적이는 과정에서 어느 순간에 떠오르는 것이다. 아무런 노력도 없이 저절로 영감이 떠오르는 경우는 결코 없다.

결국 쓰기란 타고난 재능이나 영감의 문제라기보다는 쓰기를 통해서 생각하는 능력 또는 글을 써야 하는 문제 상황에서 여러 인지적인 제약을 해결하고 글을 완성해 가는 일련의 목표 지향적인 문제 해결 과정이라는 관점에서 쓰기를 바라볼 필요가 있다. 그렇다면 여기서 다시 처음의 질문으로 되돌아가 보자.

왜 쓰기 교육이 필요한가?

글쓰기를 단순한 재능이나 영감의 문제가 아니라 사고하는 과정 또는 일련의 목표 지향적인 문제 해결 과정으로 인식하면, 쓰기를 통해 사고하는 방법이나 글을 쓸 때 부딪히는 여러 가지 문제점을 해결할 수 있는 '보다 효율적인 방법'을 가르쳐 줄 수 있게 될 것이다. 학습자들은 누구나 글쓰기를 통해서 표현하고자 하는 욕망과 잠재적인 쓰기 능력을 가지고 있지만 실제적인 쓰기 상황에서 무엇을 어떻게 써야 할지에 대해서 많은 어려움을 겪고 있기 때문이다. 결국 쓰기 교육 현장에서 필요한 것은 적절한 쓰기 교육 프로그램을 통해서 '무엇을', '어떻게' 써야 할 것인가에 대한 방법을 학생들에게 체계적으로 훈련시킬 수 있다면 누구나 일정 수준 이상의 쓰기 능력을 가질 수 있다는 신념과 교육적 실천일 것이다.

2) 쓰기 능력의 중요성

쓰기 능력이란 낱말과 낱말을 결합하여 문장을 구성하는 능력 이상의 것을 요구한다. 필자는 글을 쓰는 과정에서 글씨, 띄어쓰기와 맞춤법, 어휘 선택, 문장 구조, 문장 간의 연결 관계, 글의 조직, 문체, 글쓰기 목적, 예상되는 독자의 반응 등과 같은 여러 가지 문제를 거의 동시에 해결해야 한다. 이러한 쓰기 능력은 고도의 인지적 사고 과정이며, 아이디어를 생성하고, 조직하고, 표현하고, 고쳐 써야 하는 일련의 문제 해결 행위이자 의미를 창조하고 사회적 협력을 이끌어 내는 사회·문화적 실천 행위라고 할 수 있다. 이는 교육받은 사람들이 갖추어야 할 가장 기본적인 기능일 뿐만 아니라 사회에서 성공적인 삶을 살아가는 데 가장 절실하게 요구되는 핵심역량(key competence)이라고 할 수 있다.

이 절에서는 미래 핵심역량인 쓰기 능력의 중요성을 다음과 같이 의사소통 도구로서의 쓰기, 사회적 경쟁력으로서의 쓰기, 사고력 증진 도구로서의 쓰기, 범교과적인 학습 도구로서의 쓰기, 학습자의 성장과 긍정적 정서 강화 수단으로서의 쓰기 차원에서 살펴보기로 한다.

(1) 의사소통 도구로서의 쓰기

쓰기는 진공 상태에서 이루어지는 것이 아니라 구체적인 상황 맥락 안에서 그 누군가에게 영향을 미치기 위한 목적으로 이루어진다. 사람들은 친교 목적으로 편지를 쓰기도 하고, 전혀 새로운 정보를 전달하기 위해 글을 쓰기도 하며, 자신과 생각이 다른 독자를 설득하기 위한 목적으로 글을 쓰기도 한다. 이 모든 유형의 쓰기 활동은 자신의 생각이나 느낌을 문자 언어를 통해서 표현하고 전달함으로써 상대방에게 영향을 미치기 위한 일련의 의사소통 행위라고 할 수 있다. 쓰기는 발화한 즉시 소멸되는 말이 갖는 시간적 제약을 뛰어넘어 특정 공간에 기록으로 남겨진다는 점에서 모든 것을 일일이 기억해야 하는 부담감으로부터 해방시켜 줄 뿐만 아니라, 문서화하여 소통됨으로써 개인과 공동체가 직면한 문제를 창의적으로 해결하는 의사소통 도구라고 할 수 있다.

(2) 사회적 경쟁력으로서의 쓰기

인터넷이 보편화되면서 모든 업무와 사회적 의사소통의 채널이 기존의 '면대면(face to face)' 방식에서 전자 우편(이메일), 인터넷 게시판, 블로그, SNS 등의 디지털 글쓰기 방식으로 변화되었다. 이에 따라 쓰기 능력은 그 어느 때보다도 중요한 사회적 경쟁력으로 자리매김하고 있다. 과학자가 아무리 좋은 아이디어가 있더라도 그것을 적절한 형식을 갖춘 논문이나 보고서로 학계에 발표하지 못한다면, 그 사람은 과학자로서 제대로 평가받기 어렵다. 모든 분야의 직업 세계에서 성공과 글쓰기 능력에 상관관계가 있음은 이제 하나의 상식처럼 되어 버렸다. 수백만 권이 팔리는 베스트셀러를 쓰고 나서 하루아침에 전국적인 유명인사가 되어 사회적인 발언권을 얻으면서 전문가로 대접받는 사람들을 보면, 글쓰기야말로 가장 강력한 사회적 경쟁력일 뿐만 아니라 경제적 부의 원천이라고 해도 과언이 아닐 것이다. 현대 사회에서 글쓰기는 곧 힘(power)을 의미하기 때문이다.

(3) 사고력 증진 도구로서의 쓰기

쓰기는 단순히 단어를 연결하여 문장을 엮어 나가는 단순 기능이 아니라 생각을 정련하고 구조화하고 재조정하는 고차원적인 사고 기능이라고 할 수 있다. 이런 점에서 쓰기 기능의 가장 중요한 효용 가운데 하나로 쓰기의 사고 형성 측면을 꼽아 볼 수 있다. 쓰기는 머릿속에서 혼란스럽게 실타래처럼 얽혀 있는 생각을 명료하게 정리해 주는 신비한 마력이 있다. 머릿속의 복잡한 생각을 정리해 주기도 하고, 여러 아이디어 간의 연결 관계 속에서 또 다른 생각을 떠올림으로써 새로운 앎으로서의 지식을 생성하기도 한다.

우리는 쓰기 활동을 통해서 사물들 간의 관계를 이해하고, 여러 가지 다양한 경험에 대하여 질서를 부여할 수 있게 된다. 또한 글쓰기를 통해서 자신을 둘러싼 여러 대상에 대해 통찰하고 자기 자신과 세상을 보다 깊이 있게 이해할 수 있게 된다. 결국 학생들에게 쓰기를 가르친다는 것은 논리적으로 사고하는 방법, 비판적으로 현상을 이해하는 방법, 창의적으로 문제를 해결하는 방법으로서의 사고력을 키워 주는 일이라고 할 수 있다.

(4) 범교과적인 학습 도구로서의 쓰기

전통적으로 쓰기는 모든 학문 분야 또는 교과에서 대단히 중요한 교육 목표로 인식되어 왔다. 어느 학문 분야에서든지 교육을 통하여 어느 정도의 학문적 성취를 이루었는지를 판가름하는 가장 중요한 척도는 쓰기 능력이었다. 이러한 쓰기는 오늘날에도 범교과적으로 모든 교과 학습에서 매우 강력한 도구로 힘을 발휘한다. 범교과 작문 교육을 주장하는 학자들은 쓰기 행위가 아이디어를 발견하고 조직하고 표현하는 심리적 활동임과 동시에 지식을 구조화하는 인지 작용이라고 본다. 특히 교수·학습의 목적이 학생들에게 일련의 체계화된 지식을 가르치고 해당 학문 분야의 전문가들이 문제를 해결하는 방식과 유사하게 사고할 수 있도록 하는 교과일수록 쓰기는 그러한 목적을 달성하는 데 매우 적합한 학습 양식이 될 수 있다(박영목 외, 2001: 221).

선수 학습에서 배운 지식이나 개념, 원리를 바탕으로 새로 배우는 내용을 서로 결합해 가는 인지적인 과정이라 할 수 있는 '학습(learning)'에서 필자가 가지고 있는 '지식'을 바탕으로 문제를 '이해'하고, 표현하고자 하는 바를 일정한 구조적 틀에 '적용'하고, '분석'·'종합'·'평가'하는 일련의 인지 과정을 거치는 쓰기는 그 자체로 매우 유용한 학습의 도구로 기능한다. 또한 학습한 내용을 자신의 관점에서 재해석하고 새로운 문제에 적용해 봄으로써 더 깊이 있는 앎의 수준에 이를 수 있게 한다는 점에서, 쓰기는 지식을 종합하고 확장하는 데도 매우 강력한 배움과 학습의 도구라고 할 수 있다.

(5) 긍정적 정서 강화 수단으로서의 쓰기

쓰기는 긍정적이고 바람직한 정서를 강화하는 매우 유용한 수단이 되기도 한다. 불안, 우울증 등을 겪고 있는 청소년이나 노약자들이 글쓰기 치료를 통해 정서적인 안정감과 자신감을 얻게 되었다는 보고(이봉희 역, 2007: 28)에서 알 수 있듯이, 글쓰기는 감정을 조절하고 치유하는 데 탁월한 효과를 발휘한다.

특히 일기 쓰기와 같은 자기 표현적 쓰기 활동은 대상과의 '거리 두기'를 통해 주변 상황과 자신의 내면 심리를 차분히 성찰할 수 있게 함으로써 혼란스러운 정서를 이해하고 조절할 수 있게 해 준다. 자유롭게 글을 쓰는 행위를 통해서 학생 필자들은 자신의 내면에 집중하면서 억압된 정서를 분출하기도 하고, 생각과 느낌을 정리하는 자기 성찰의 과정을 거치면서 자기 자신을 추스르고 문제에 대한 새로운 해결책을 찾기도 한다. 희망이 없던 시대를 살았던 안네 프랑크가 매일 일기 쓰기를 통해서 자신을 추스르고 희망의 끈을 놓지 않을 수 있었던 것처럼, 쓰기는 그 자체로 긍정적인 정서를 강화하고 바람직한 가치관을 형성하며 학습자의 성장을 돕는 매우 효과적인 자기관리 역량이라고 할 수 있다.

2 쓰기란 무엇인가

1) 쓰기의 개념

우리는 단순히 낱말과 낱말을 조합해서 만든 문장들의 배열을 '글(text)'이라고 하지 않는다. 글이 되기 위해서는 마치 날실과 씨실을 교직하여 천(textile)을 만드는 것처럼, 문자 기호를 조합하여 만든 일련의 문장들이 형식적인 응집성(cohesion)과 내용적인 결속성(coherence)을 갖추어야 비로소 글다운 글이 된다. 그리고 이러한 형식적·내용적 요건을 갖춘 글을 쓸 수 있을 때, 비로소 '글을 쓸 줄 안다'는 말을 할 수 있다.

그러나 쓰기 개념이 이렇게 단순히 필자가 전달하고자 하는 메시지를 문자언어로 기호화하여 형식적인 응집성과 내용적인 결속성의 요건을 갖춘 글을 쓰는 일체의 행위로만 이해될 수는 없다. 필자는 글을 시작할 때 '나는 왜 글을 쓰는가?', '내 글을 읽게 될 사람은 누구인가?', '독자는 이 글에서 어떤 내용을 기대할까?', '이 글을 통해서 내가 정말 하고 싶은 말은 무엇인가?'와 같은 문제들을 고민하면서 글을 쓰게 된다. 또한 독자는 문자언어로 표현된 글을 매개로 하여 필자가 전달하고자 하는 의미를 해석하는 행위를 수행하게 된다. 이렇게 쓰기는 진공 상태가 아닌 구체적인 상황 맥락 안에서 필자 자신이 의도한 메시지를 독자에게 전달하는, 필자와 독자, 글의 삼각 구도 속에서 이루어지는 의사소통적 관점에서 비로소 그 본연의 의미를 갖게 된다.

그런가 하면 쓰기는 필자가 사회적 상황 맥락 안에서 주어진 쓰기 과제를 인지적 사고 과정을 통해 해결해 가는 일련의 목표 지향적인 문제 해결 과정(원진숙·황정현 역, 1998)이기도 하다. 우리는 글을 써야 하는 문제 상황 속에서 쓰기 행위를 둘러싼 수사적 맥락을 고려해야 하고, 쓰기 상황이 요구하는 아이디어를 생성하고, 조직하고, 이를 중심으로 초고를 쓰고, 또 쓴 글을 다시 고쳐 써 가는 일련의 과정을 통해 접하게 되는 여러 가지 인지적인 어려움을 해결해 가면서 한 편의 글을 완성하게 된다.

그러나 이러한 일련의 쓰기는 아이디어 생성하기, 조직하기, 초고 쓰기, 고쳐쓰기의 단계를 차례차례 밟아 나가는 선조적(線條的)인 과정이 아닌 회귀성(回歸性)을 본질로 한다. 필자는 계획하기, 아이디어 생성하기 단계를 거쳐 집필하기, 고쳐쓰기 단계에 이르렀다가도 자신의 글에 문제가 있음을 발견하면 다시 이전 단계로 되돌아가서 새로운 아이디어들을 생성해 내기도 하고, 아예 그것을 조직화해서 처음부터 새로 쓰기도 하는 것이다. 이러한 쓰기의 회귀성은 필자가 구체적인 쓰기 상황 속에서 끊임없이 자신의 쓰기 과정을 점검하고, 평가하고, 조정하는 상위인지(metacognition)를 작동시키면서 쓰기라는 문제를 목표 지향적으로 해결해 가기 때문에 가능하다. 이러한 논의를 종합해 보면, 결국 쓰기란 고도로 복잡한 인지적 사고 과정 및 목표 지향적인 문제 해결 과정에 기반한 의사소통 행위라고 규정할 수 있을 것이다.

2) 쓰기의 어려움

사람들은 대개 말하기, 듣기, 읽기, 쓰기의 네 가지 언어 사용 기능 가운데 쓰기를 가장 어렵다고 생각한다. 듣기나 읽기보다 쓰기가 어려운 까닭은 쓰기 과정에서 표현할 내용을 직접 생성해 내야 하고, 이를 다시 조직화해야 하기 때문이다.

또한 쓰기는 발화 상황의 맥락을 청자와 화자가 공유함으로써 상대방으로부터 즉각적인 반응을 얻을 수 있는 말하기와 달리, 독자를 직접 대면하지 못한 채 의사를 전달해야 하기 때문에 필자의 의도가 제대로 전달되지 못할 가능성이 높다. 그런가 하면 억양, 강세와 같은 운율적 수단이나 얼굴 표정이나 눈빛, 몸짓과 같은 비언어적 수단을 통해 상대방으로부터 즉각적인 반응을 경험하고 이에 바로 대응하는 말하기에 비해 상대적으로 시간적인 압력을 덜 받게 마련이다. 바로 이러한 이유로 필자는 수많은 머릿속 생각을 되풀이하는 연습 과정을 통해서 많이 생각하고 고치고 다시 쓰는 과정을 반복함으로써 말하기에 비해 인지적인 정보 처리 부담을 더 많이 지게 되는 것이다.

이러한 제반 요인들로 인해 학생 필자들은 글을 쓰는 과정에서 여러 가지 어려움에 봉착하게 된다. 머릿속이 막막해서 아예 글쓰기 자체를 시작조차 하지 못하는 경우, 일단 글을 시작하기는 하지만 몇 줄만 쓰고 나면 이내 머릿속 생각이 고갈되어 버리는 경우, 종종 멋진 아이디어가 떠올라서 글을 쓰려고 자리에 앉지만 이내 아무 생각도 안 나는 경우, 분명히 뭘 써야 하는지 알기는 하겠는데 그걸 어떤 낱말과 문장들로 표현해야 할지 모르는 경우, 글을 써나가다 보면 원래 의도하였던 것과 다르게 엉뚱하게 곁길로 빠져 버리는 경우, 어떤 경우에도 2~3쪽 이상 분량으로 글을 쓰지 못하는 경우, 쓴다고 썼는데 사람들로부터 한 번도 좋은 평가를 받아 본 적이 없는 경우, 글을 쓰면서도 도무지 자신이 제대로 쓰고 있는지 아닌지를 알 수 없어서 답답한 경우……. 우리가 흔히 접하게 되는 글쓰기의 어려움이다. 이러한 글쓰기의 어려움을 한마디로 요약한다면 결국 '뭘 어떻게 쓸까?'의 문제라고 볼 수 있다. '뭘 쓰지?'의 문제는 쓰고자 해도 머릿속에 쓸 내용이 없어서 생기는 어려움이고, '어떻게 쓰지?'의 문제는 글 쓰는 방법을 몰라서 겪는 어려움이다.

우리는 앞서 쓰기를 고도의 인지적 사고 과정이면서 일련의 목표 지향적인 문제 해결 과정으로 정의한 바 있다. 쓰기를 이렇게 일련의 목표 지향적인 문제 해결 과정으로 본다면, 우리는 능숙한 필자들이 쓰기 과정에서 접하게 되는 제반 어려움이나 문제에 대처하는 좀 더 효율적인 방법들을 학생들에게 가르칠 수 있을 것이다. 실제로 글을 잘 쓰는 능숙한 필자들과 그렇지 못한 미숙한 필자들은 쓰기 과정에서 접하게 되는 어려움에 대처하는 방식이 서로 다르다.

그렇다면 과연 능숙한 필자와 미숙한 필자의 글쓰기 방법은 어떻게 다른 것일까?

(1) 미숙한 필자

대개 글쓰기를 싫어하는 미숙한 필자들은 계획하기 단계에 시간을 거의 할애하지 않는다는 공통점이 있다. 글쓰기와 관련된 자료를 수집한다거나 글의 내용을 구상하여 개요를 작성하기보다는 막연하게 좋은 생각이 떠오르기만을 기다리면서 더 이상 글쓰기를 미룰 수 없는 시점까지 글쓰기를 위한 구체적인 노력을 하지 않는다. 일단 글을 쓰기 시작할 때도 글에 대한 수사적 맥락을 전혀 고려하지 않는다. 이 글을 읽게 될 사람은 누구인지, 독자는 이 글에서 어떤 내용을 기대할지, 이 글을 쓰는 목적과 목표는 무엇인지, 내가 이 글에서 정말 하고 싶은 말은 무엇인지 하는 수사적 문제를 고려하기보다는 막연한 생각의 단편만을 자기중심적으로 쏟아 낼 뿐이다.

글쓰기를 더 이상 미룰 수 없는 바로 그 순간이 되어서야 시작하는 미숙한 필자들은 일단 글쓰기를 시작한다는 것 자체에 상당한 어려움을 겪는다. 우선 첫 문장을 시작하는 것부터 어려움을 겪는데, 낱말들을 이리저리 꿰어 맞춰서 문장을 만들어 가는 시행착오 전략으로 꽤 많은 시간을 소비한다. 그런가 하면 무슨 말을 해야 할지 결정하기도 전에 처음부터 대번에 완벽한 초고를 써야 한다는 강박증으로 어려움을 겪기도 한다. 또 자료를 수집하거나 수집된 자료를 바탕으로 메모를 하지 않고 글을 쓰기 때문에 사고의 흐름이 자주 끊기고 순간순간 떠오르는 생각에만 의존해서 쓸 수밖에 없다. 대개 계획하기 단계의 개요 작성 작업을 거치지 않고 글을 쓰다 보니 자주 엉뚱한 곁길로 빠지곤 한다.

미숙한 필자들은 글쓰기를 일련의 과정과 절차에 의해 수행하기보다는 글을 쓰는 데 거의 시간을 할애하지 않으면서 앉은 그 자리에서 떠오르는 생각을 중심으로 분량 채우기 전략이나 짜깁기 전략에 의지해 글을 완성한다. 항상 시간에 쫓겨서 글쓰기를 시작하기 때문에 글을 꼼꼼히 고쳐 쓰는 경우가 거의 없으며 대개 초고가 그대로 제출본이 된다(원진숙, 1999a에서 재인용).

(2) 능숙한 필자

대개 글쓰기를 즐겨 하는 능숙한 필자들은 영감에 의존한다거나 처음부터 완벽한 초고를 쓰려고 하기보다는 글쓰기 과정 자체를 일련의 목표 지향적인 사고 과정으로 파악한다. 따라서 작업 구상 단계부터 나름대로 목표 의식을 가지고 글의 핵심적 주제를 설정하고 이를 중심으로 사고의 흐름을 전개해 나간다. 이들은 이렇게 글쓰기의 주제와 방향이 잡히면 충분한 시간을 두고 일찌감치 글쓰기 과정에 착수하여 계획하기 단계에 많은 시간과 노력을 할애한다. 능숙한 필자들은 자신의 머리를 믿기보다는 열심히 발품을 팔아 도서관이나 서점의 자료를 뒤지고, 손품을 팔면서 인터넷의 자료들을 찾아 정리하는 노력을 아끼지 않는다. 주제와 관련된 충분한 자료를 전략적으로 찾아서 읽고 이를 바탕으로 틈틈이 메모를 하면서 머릿속의 막연한 사고의 편린을 자료를 찾아서 읽고 숙고하는 과정을 통해서 구체화한다.

능숙한 필자는 미숙한 필자와 달리 이 계획하기 단계에서 수사적 상황을 철저히 고려한다는 점에서도 차별성을 보인다. 과제를 부과한 선생님의 의도는 무엇일까, 이 글을 읽게 될 독자가 기대하는 바는 뭘까, 이 글을 쓰는 목적과 목표는 무엇인가, 내가 정말 이 글에서 하고 싶은 말은 무엇인가 등을 중심으로 전략적인 사고를 하고 이를 바탕으로 글의 가닥을 잡아 나간다.

능숙한 필자들은 바로 글쓰기에 돌입하기보다는 브레인스토밍이나 마인드 맵 등의 방법을 동원해서 아이디어를 생성하는 데 주력하고 이를 바탕으로 다소 도전적이지만 언제든지 버릴 수 있는 설계도면으로서의 개요를 작성한다. 능숙한 필자들은 앉은자리에서 대번에 글을 완성해야 한다는 식의 완벽한 초고 쓰기 전략에 의지하지 않는다. 첫 문장을 어떻게 써야 할까를 고민하기보다는 고쳐쓰기 단계를 염두에 두고 글에서 자신이 정말 하고 싶은 이야기, 해야 할 이야기들을 중심으로 일단 초고 형태로 글을 쓴다. 초고(rough draft)는 그야말로 초고일 뿐이어서 띄어쓰기, 맞춤법 등 글의 표현적인 부분에 신경 쓰기보다는 내용의 흐름에 주목한다. 초고 쓰기 단계에서도 미리 마련된 글의 개요와 메모에 의지해서 글을 쓰기 때문에 글이 원래 목표로 하였던 중심 생각에서 벗어나 엉뚱한 곁길로 빠지는 경우가 좀처럼 드물다.

능숙한 필자들은 계획하기 단계 못지않게 고쳐쓰기 단계에 많은 시간을 할애한다. 띄어쓰기, 맞춤법 등의 기계적인 문제부터 시작해서 낱말이 적절한지, 문장이 어법에 맞는지, 단락을 중심으로 사고를 제대로 전개해 나갔는지, 글의 내용적 통일성이 주제 구성과 관련되어 충분히 확보되었는지를 종합적으로 검토하고 교정한다(원진숙, 1999a에서 재인용).

이상에서 살펴본 바와 같이 능숙한 필자와 미숙한 필자는 쓰기 과정이나 쓰기 전략 면에서 서로 다른 모습을 보여 주고 있다. 미숙한 필자는 막연하게 영감을 기다린다거나 시행착오 방법으로 대번에 완벽한 문장 쓰기 전략에 의지하는가 하면, 글쓰기 행위를 일련의 문제 해결 과정으로 파악하기보다는 앉은자리에서 대번에 써 버리는 행위로 파악하기 때문에 계획하기 단계나 고쳐쓰기 단계 없이 초고를 그대로 완성본으로 삼는다. 이에 비해 능숙한 필자는 글쓰기 과정을 일련의 목표 지향적인 사고 과정으로 파악하면서 처음부터 완벽한 초고 쓰기 전략에 의지하기보다는 상대적으로 계획하기 단계와 고쳐쓰기 단계에 많은 시간과 노력을 할애한다. 또한 자기중심성이 강해서 독자를 고려하지 않는 미숙한 필자에 비해서 능숙한 필자는 사회인지(social cognition) 차원에서 독자의 기대와 요구를 충분히 고려하는 독자 중심의 글쓰기를 한다.

결국 문제 해결 과정을 중심으로 작문을 지도해야 한다는 관점은 능숙한 필자들이 글쓰기 과정을 통해서 글쓰기의 어려움을 해결해 나가는 더욱 효율적인 방법들을 전략화하여 가르친다는 의미라고 할 수 있다. 진지한 사유의 결과물인 자신의 생각을 자기화된 언어로 정확하게 표현하고 전달하기 위해서는 능숙한 필자와 같이 글쓰기를 일련의 문제 해결 과정으로 파악하고 전략적으로 접근하는 것이 효율적인 대안이 될 수 있을 것이다.

3) 쓰기 기능의 본질과 특성

쓰기를 바라보는 시각은 크게 결과물로서의 글을 중시하는 전통적인 접근과 쓰기 과정 자체를 중시하는 구성주의적 접근,[1] 담화 공동체 구성원들의 의사소통을 실현하는 도구로서의 장르를 강조하는 접근으로 나뉜다. 여기에서는 쓰기 기능의 본질과 특성을 크게 결과물

1 구성주의적 접근은 쓰기를 개인적인 행위로 보느냐 사회적인 행위로 보느냐에 따라 다시 인지 구성주의와 사회 구성주의로 구분된다.

을 강조하는 형식주의 작문 이론, 인지주의 작문 이론, 사회 구성주의 작문 이론, 그리고 장르 중심 작문 이론의 네 가지 관점으로 나누어 살펴보기로 한다.

(1) 형식주의 작문 이론

결과물로서의 글을 강조하는 전통적 관점의 형식주의 작문 이론에서는 쓰기란 쓰기와 관련된 지식을 객관화된 작문 절차와 장르 규범, 글쓰기 규칙에 따라 글로 실현하는 과정으로 정의한다. 제4차 국어과 교육과정기까지 소위 '결과 중심의 쓰기 교육'을 주도해 오던 형식주의 작문 이론에서는 쓰기 과정을 선조적이고 단계적인 것으로 보면서 쓰기의 결과로 생산된 결과물로서의 글에 관심을 둔다.

형식주의 작문 이론에 따르면, 쓰기 교육에서 교사가 해야 할 일은 학생들에게 모범적인 텍스트를 제시하고 이를 모방하는 글을 쓰도록 하거나, 이러한 글을 생산하는 데 필요한 객관화된 쓰기 지식을 전달해 주고 학생의 완성된 작품에서 나타나는 오류들을 교정해 주는 것이다. 또한 학생의 입장에서 보면 쓰기 학습이란 글쓰기의 규칙을 배우고 모범적인 텍스트를 모방하여 쓰는 것이다.

(2) 인지주의 작문 이론

형식주의 작문 이론을 비판하면서 등장한 인지주의 작문 이론은 작문의 결과보다는 과정을, 작품의 형식보다는 필자의 머릿속에서 이루어지는 인지 과정에 더 관심을 두면서 제5차 국어과 교육과정기부터 소위 '과정 중심 쓰기 교육'을 주도해 왔다. 인지주의 작문 이론에서는 쓰기를 개인적인 필자가 일련의 목표 지향적인 문제 해결 과정을 통해서 한 편의 글을 완성해 가는 사고 과정으로 본다. 인지주의 작문 이론에서는 기존의 결과 중심의 쓰기 교육을 지양하고 일련의 글쓰기 과정을 조절하고 통제할 수 있는 기능이나 전략을 쓰기 교육의 주된 내용으로 삼는다.

그러나 이러한 인지주의 작문 이론은 쓰기를 개인에 한정된 문제로만 인식한 나머지 쓰기가 이루어지는 구체적인 사회·문화적 상황이나 맥락을 간과하고 있다는 점, 글쓰기가 이루어지는 인지적인 의미 구성 과정 자체에만 초점을 둔 나머지 결과물로서의 글 자체에 대해서 소홀히 하였다는 점 등이 문제점으로 지적된다. 글쓰기의 궁극적인 목적이 결국은 결과물로서의 글을 생산해 내는 것이라는 점을 감안한다면 글쓰기의 과정 못지않게 결과물인 텍스트 자체도 중시되어야 하기 때문이다.

(3) 사회 구성주의 작문 이론

사회 구성주의 작문 이론에서는 쓰기를 객관화된 지식을 실현하는 과정이나 순수하게 개인적인 의미 구성 과정이 아닌, 담화 공동체 구성원들과의 상호작용을 통한 의미 구성 과정으로 인식한다. 필자는 사회·문화적 상황 맥락 안에서 담화 공동체 구성원들과 상호작용을 하면서 글을 쓰는 존재이며, 이러한 필자가 생성해 낸 글은 필자 개인이 생성한 결과라기보다는 담화 공동체 안에서 교사나 동료와의 의미 협상을 통한 상호작용의 결과라고 보는 것이다.

사회 구성주의 작문 이론에서는 사고가 인식 주체인 개인의 정신 활동의 결과가 아니라 담화 공동체 구성원들 간에 이루어지는 언어적 대화가 내면화된 것이라는 비고츠키의 관점에 기반하여 쓰기를 필자가 담화 공동체 구성원들과 나누는 대화의 과정이라고 본다. 작문을 대화 과정으로 파악하는 사회 구성주의 작문 이론에서는, 학습을 사회적 맥락 안에서 이루어지는 전문가와 초보자의 인지적 도제 관계에 의한 전수 과정으로 본다. 즉, 학습자는 책임 이양의 틀 속에서 전문가인 교사나 유능한 학습자들과의 대화적 상호작용을 통해 사회적 수준의 학습을 점차 개인적 수준의 학습으로 내면화하면서 자기 주도성을 획득하게 될 뿐만 아니라 독자를 고려하는 글을 쓸 수 있게 되는 것이라고 보았다. 사회 구성주의 작문 이론을 근간으로 하는 쓰기 지도 국면에서는 대화나 의미 협상을 강조하면서 교사와 학생, 동료 학생 상호 간의 협의 과정에 바탕을 둔 소집단 협동 작문 활동 등을 주된 쓰기 교육의 내용과 방법으로 삼는다.

(4) 장르 중심 작문 이론

장르 중심 작문 이론에서는 '장르'를 특정 의사소통의 목적을 공유하는 담화 공동체 구성원들의 의사소통을 실현하는 도구로 규정하고 글쓰기를 사회·문화적 맥락 안에서 일어나는 사회적 행위로 파악한다. 북미 수사학파를 대표하는 밀러(Miller, 1994)는 장르가 단순하게 '시', '소설', '희곡', '수필'과 같은 문학적 텍스트의 유형 분류라고 생각해 왔던 관행에 맞서 장르 개념을 '유사하게 반복되는 사회적 상황 속에서 전형화되어 나타나는 수사적 행위(typified rhetorical actions based on recurrent situations)'로 규정한다. 마치 결혼식 상황에서 수많은 주례의 축사가 반복되면서 전형화된 주례사 양식이 만들어지는 것처럼, 장르란 주례사와 같은 특정 유형과 목적의 글(장르)이 특정 상황 맥락(결혼식 상황) 속에서 실현되는 사회적인 행위—주례가 두 남녀의 성혼을 선포하는 사회적 동기와 목적을 실현하는 것과 같은—와 결합된 언어적이고 수사학적인 개념으로 이해해야 한다는 것이다.

'사회적 행위로서의 장르'는 미리 정해져 있는 틀이나 규칙이라기보다는 특정 담화 공동체의 사회적 필요와 요구에 의해 만들어지고 발전되고 소멸되는 역동성을 지닌다. 또한 장르에는 그 담화 공동체에서 사용하는 쓰기 목적, 사회·문화적 상황 맥락, 언어의 형식과 내용, 방법 등이 반영되어 있으므로, 담화 공동체 구성원들이 공유하지 않는 장르의 사용은 용인되지 않는다.

이러한 '사회적 행위로서의 장르' 개념은 일상적으로 쓰는 편지, 초대장, 실험 보고서, 건의문, 자기소개서, 자서전, 광고문, 식사문, 기사문, 학술 논문 등 구체적인 사회·문화적 맥락 안에서 존재하는 다양한 미시 장르들의 목적, 언어 구조적 특성과 담화 특성 등을 목적 지향적으로 탐구할 수 있게 해 줌으로써 작문 교육 분야에 지대한 영향을 미쳤다. 일단 장르 자체가 글쓰기를 목적 지향적이며 고도로 전문화된 작업으로 정교하게 초점화하여 다듬어 주기 때문에, 쓰기를 장르에 기반해 명시적으로 가르치면 일상생활에서 접하는 다양한 쓰기 장르뿐만 아니라 학문, 전문 직업의 영역에 이르기까지 점점 더 중요해지고 있는 전문화된 장르에 접근하여 그 장르로 의사소통할 수 있는 실제적인 능력을 학생들이 갖출 수 있도록 교육할 수 있다는 이점이 있다.

한편 시드니 학파라 불리는 할리데이(Halliday)의 체계기능언어학에서는 언어 구조가 사회적 맥락과 기능에 통합되어 있다는 점에 기반하여 텍스트의 언어적 속성, 즉 맥락에 따른 의미 실현의 도구인 문법에 주목한다. 즉, 사회적 맥락과 언어적 구조는 밀접한 관련이 있으며 이것이 구체적으로 실현되는 방식이 장르이기에, 이 개별 장르에 맞는 쓰기 규약으로서의 문법적 유형, 어휘 등의 언어적 요소들을 적절하게 선택하여 운용할 수 있도록 명시적으로 교육할 수 있다고 보았다. 텍스트는 개인에 의해 생산되지만 언제나 사회적 맥락 안에서 사회적 상호작용의 결과물로 생성되는 것이기에, 관련된 구조적, 문법적 요소들을 적절하게 선택하고 배열하는 능력을 보다 명시적이고 효율적인 방법으로 가르칠 수 있다고 본 것이다.

요컨대, 장르 중심 작문 이론은 과정 중심 쓰기 이론이 상대적으로 소홀히 해 왔던 결과물로서의 텍스트와 그 언어적 측면을 사회적 맥락과 관련하여 새롭게 주목하고, 쓰기 교육에서 장르를 통해 맥락과 텍스트를 통합할 수 있는 가능성을 열어 주었다고 평가된다.

이상에서 논의된 네 가지의 주요 쓰기 이론의 관점에서 쓰기의 본질을 정리해 보면, 형식주의 작문 이론에서는 쓰기를 교사가 제시하는 글쓰기 규칙의 학습과 반복적인 연습으로 형성되는 결과적인 것으로 본다. 또한 인지주의 작문 이론에서는 쓰기를 개인의 인지 과정을 바탕으로 하여 이루어지는 과정적인 것으로 보는 반면, 사회 구성주의 작문 이론에서는 쓰기를 담화 공동체 안에서 이루어지는 사회 구성원들 간의 상호작용을 바탕으로 하는 사회적인 행위로 규정하고 있다. 장르 중심 작문 이론에서는 쓰기를 사회·문화적 맥락 안에서 특정 의사소통의 목적을 공유하는 담화 공동체 구성원들의 의사소통을 실현하는 도구인 '장르'를 통해서 구현되는 사회적 행위로 규정하되, 개별 장르에 맞는 쓰기 규약으로서의 문법적 유형과 언어적 요소들과 결합된 텍스트를 강조한다. 이 각각의 쓰기 이론의 관점들은 일견 서로 배타적인 것으로 볼 수 있겠으나 쓰기 교육 현장에서 균형감 있게 추구해 나가야 할 매우 유용한 쓰기 교육의 방향성을 제시해 주고 있다.

3 쓰기 교육에서는 어떤 내용을 지도할까

1) 초·중·고등학교 공통 과목 '국어'(1-10학년)의 지도 내용

(1) 쓰기 영역의 내용 체계

쓰기 교육의 목표는 학생들의 문어 의사소통 능력을 배양하는 것이다. 2022 개정 국어과 교육과정의 쓰기 영역에서는 개정의 중점을 문제 해결 과정으로서의 쓰기, 사회·문화적 실천 행위로서의 쓰기라는 쓰기의 속성과 글을 쓰는 행위를 수행하는 필자로 성장하는 삶에 주목하여 실제 쓰기를 수행하는 데 필요한 지식과 기능, 태도를 학습할 수 있도록 하는 데 두었다(노은희 외, 2022a: 98~99).

학교의 쓰기 교육에서 이러한 능력과 태도를 길러 주기 위해서 무엇을 지도해야 하는가를 가장 잘 살필 수 있도록 해 주는 것이 바로 국어과 교육과정 문서에 제시된 쓰기 영역의 내용 체계표라 할 수 있다. 다음의 〈표 1〉에서 살필 수 있는 바와 같이, 2022 개정 국어과 교육과정의 내용 체계에서는 쓰기 영역에서 지도하여야 할 '내용 요소'를 '핵심 아이디어'를 중심으로 지식·이해, 과정·기능, 가치·태도의 '범주'와 유기적으로 연계하는 방식을 취하고 있다. 이는 교육과정 총론에서 교수·학습 설계 원칙으로 제시한 것을 수용한 것이다.

표 1 쓰기 영역의 내용 체계

<table>
<tr><td colspan="2">핵심 아이디어</td><td colspan="5">• 쓰기는 언어 및 기호, 매체를 활용하여 인간의 생각과 감정을 글로 표현함으로써 의미를 구성하는 행위이다.
• 필자는 상황 맥락 및 사회·문화적 맥락 속에서 자신의 의사소통 목적을 달성하기 위하여 다양한 유형의 글을 쓴다.
• 필자는 쓰기 과정에서 부딪히는 문제를 해결하기 위하여 적절한 쓰기 전략을 사용하여 글을 쓴다.
• 필자는 쓰기 경험을 통해 언어 공동체의 구성원으로 성장하고 쓰기 윤리를 갖추어 독자와 소통함으로써 언어 공동체의 의사소통 방식을 익히며 새로운 의사소통 문화를 만들어 간다.</td></tr>
<tr><td colspan="2" rowspan="3">범주</td><td colspan="5">내용 요소</td></tr>
<tr><td colspan="3">초등학교</td><td>중학교</td><td>고등학교</td></tr>
<tr><td>1~2학년</td><td>3~4학년</td><td>5~6학년</td><td>1~3학년</td><td>1학년</td></tr>
<tr><td rowspan="2">지식·이해</td><td>쓰기 맥락</td><td></td><td>• 상황 맥락</td><td colspan="3">• 상황 맥락
• 사회·문화적 맥락</td></tr>
<tr><td>글의 유형</td><td>• 주변 소재에 대해 소개하는 글
• 겪은 일을 표현하는 글</td><td>• 학습 결과를 보고하는 글
• 이유를 들어 의견을 제시하는 글
• 독자에게 마음을 전하는 글</td><td>• 대상의 특성이 나타나게 설명하는 글
• 적절한 근거를 들어 주장하는 글
• 체험에 대한 감상을 나타내는 글</td><td>• 복수의 자료를 활용하여 다양한 형식으로 쓴 글
• 대상에 적합한 설명 방법을 사용하여 쓴 글
• 타당한 근거를 들어 주장하는 글
• 의견 차이가 있는 문제에 대해 주장하는 글
• 자신의 정서를 표현하는 글</td><td>• 사회적 쟁점에 대한 자신의 견해를 나타내는 글
• 개성이 드러나는 글
• 공동 보고서
• 논증이 효과적으로 나타나는 글</td></tr>
<tr><td rowspan="8">과정·기능</td><td>쓰기의 기초</td><td>• 글자 쓰기
• 단어 쓰기
• 문장 쓰기</td><td>• 문단 쓰기</td><td></td><td></td><td></td></tr>
<tr><td>계획하기</td><td></td><td>• 목적, 주제 고려하기</td><td>• 독자, 매체 고려하기</td><td>• 언어 공동체 고려하기</td><td>• 언어 공동체의 특성 고려하기
• 작문 관습 파악하기</td></tr>
<tr><td>내용 생성하기</td><td>• 일상을 소재로 내용 생성하기</td><td>• 목적, 주제에 따라 내용 생성하기</td><td>• 독자, 매체를 고려하여 내용 생성하기</td><td>• 복합양식 자료를 활용하여 내용 생성하기</td><td>• 복수의 자료를 요약·활용하여 내용 생성하기
• 신뢰할 수 있는 자료를 종합하여 내용 생성하기</td></tr>
<tr><td>내용 조직하기</td><td></td><td>• 절차와 결과에 따라 내용 조직하기</td><td>• 통일성을 고려하여 내용 조직하기</td><td>• 글 유형을 고려하여 내용 조직하기</td><td>• 내용 전개의 일반적 원리를 고려하여 내용 조직하기
• 효과적으로 내용 조직하기</td></tr>
<tr><td>표현하기</td><td>• 자유롭게 표현하기</td><td>• 정확하게 표현하기</td><td>• 독자를 고려하여 표현하기</td><td>• 다양하게 표현하기</td><td>• 정교하게 표현하기
• 복합양식 자료를 활용하여 표현하기</td></tr>
<tr><td>고쳐쓰기</td><td></td><td>• 문장/문단 수준에서 고쳐쓰기</td><td>• 글 수준에서 고쳐쓰기</td><td>• 독자를 고려하여 고쳐쓰기</td><td>• 쓰기 맥락을 고려하여 고쳐쓰기
• 작문 관습을 고려하여 고쳐쓰기</td></tr>
<tr><td>공유하기</td><td colspan="5">• 쓴 글을 함께 읽고 반응하기</td></tr>
<tr><td>점검과 조정</td><td></td><td colspan="4">• 쓰기 과정과 전략에 대해 점검·조정하기</td></tr>
</table>

가치·태도	• 쓰기에 대한 흥미	• 쓰기 효능감	• 쓰기에 대한 적극적 참여 • 쓰기 윤리 준수	• 쓰기에 대한 성찰 • 윤리적 소통 문화	• 다양한 언어 공동체에 참여 • 공동체 규범에 대한 인식과 글의 영향력에 대한 성찰 • 사회적 책임 인식 • 언어 공동체의 작문 관습과 규범의 내면화

내용 체계표의 상위 조직자로 제시된 '핵심 아이디어'는 쓰기 학습의 주체인 학습자를 '필자'라는 주어로 제시함으로써 문식 실천 주체로서의 학습자 주도성(agency)을 강조하고, 학생 '필자'가 전 학년에 걸쳐 쓰기 영역에서 배워야 할 학습 내용을 구체화하여 제시하였다. 쓰기 영역을 학습하였을 때 필자가 알 수 있는 것, 할 수 있는 것으로 기대되는 내용으로 구성한 '핵심 아이디어'는 쓰기 영역의 학습을 통해 학습자가 경험하는 활동의 본질, 그러한 활동의 결과로 학습자가 이해하고 실천하게 되는 앎의 특성, 쓰기 영역의 학습을 통해 학습자가 구성하게 될 필자의 정체성에 대한 탐색을 통해 추출(서수현, 2023b: 343)하였다.

쓰기 영역의 '핵심 아이디어'가 쓰기 영역의 내용 '범주'와 유기적인 관련성을 확보하고 있다는 점도 특징적이다. 첫 번째 핵심 아이디어는 '지식·이해', '과정·기능', '가치·태도'를 전체적으로 통어하는 내용으로 구성하였고, 두 번째 핵심 아이디어는 '지식·이해' 범주, 세 번째 핵심 아이디어는 '과정·기능' 범주, 네 번째 핵심 아이디어는 '가치·태도' 범주와 관련된 내용으로 구성하였다. 이 쓰기 영역의 '범주'는 핵심 아이디어에 해당하는 내용을 구체화한 것으로, 쓰기 영역의 기초 개념이나 원리로 구성되었다.

'지식·이해' 범주에서는 사회 구성주의 작문 이론과 장르 중심 작문 이론을 반영하여 '쓰기 맥락'과 전통적 친교·정서, 정보 전달, 설득의 범주에 기반한 다양한 쓰기 장르를 '글의 유형'의 내용 요소로 제시하였다.

'과정·기능' 범주에서는 인지주의 작문 이론을 반영하여 계획하기, 내용 생성하기, 내용 조직하기, 표현하기, 고쳐쓰기, 점검과 조정 과정을 하위 범주로 설정하고 각 범주에 해당하는 쓰기 전략을 내용 요소로 제시하였다. 또한 새롭게 '쓰기의 기초'를 신설하여 글자 쓰기, 단어 쓰기, 문장 쓰기, 문단 쓰기 등의 기초 문식성 관련 요소를 내용 요소로 제시함으로써 기초 문식성 학습에 대한 쓰기 영역의 책무를 강화하였다.

'가치·태도' 범주에서는 하위 범주 없이 문식 실천 주체로서의 필자 주도성을 통해 필자의 성장하는 삶에 주목하여 쓰기 흥미, 쓰기 효능감, 쓰기에 능동적 참여, 쓰기에 대한 성찰

등을 내용 요소로 선정하여 제시하였다. 또한 새로운 의사소통 문화에 기여하는 필자가 갖춰야 할 태도에 주목하여 '쓰기 윤리'의 교육 내용을 구성하였다.

2022 개정 국어과 교육과정 쓰기 영역의 '내용 요소'는 쓰기 영역의 각 학년(군)에서 배워야 할 학습 내용을 '지식·이해', '과정·기능', '가치·태도'별로 초점화하여 위계적으로 제시하였다.

(2) 쓰기 영역 교육 내용의 위계화

2022 개정 국어과 교육과정 '쓰기' 영역 교육 내용의 특징은 '지식·이해' 범주의 글 유형의 내용 요소, '과정·기능' 범주의 쓰기 과정 및 쓰기 전략 관련 내용 요소, '가치·태도' 범주의 쓰기 학습 주체인 '필자' 관련 내용 요소로 구체화하여 학년(군)별로 제시함으로써 성취기준 간의 위계성과 연계성을 강화한 것이다.

① 글 유형 관련 성취기준 및 내용 요소

2022 개정 국어 교육과정 쓰기 영역에서는 사회 구성주의 쓰기 이론에 기반하여 '필자는 상황 맥락 및 사회·문화적 맥락 속에서 자신의 의사소통 목적을 달성하기 위하여 다양한 유형의 글을 쓴다'라는 핵심 아이디어와 연계된 '지식·이해' 범주를 '쓰기 맥락'과 '글의 유형'을 하위 범주로 상세화하여 제시하였다. 학년(군)별 글 유형 관련 성취기준 및 내용 요소를 정리해 보면, 다음 〈표 2〉에서 보는 바와 같이 학생 필자에게 다양한 유형의 글을 쓰는 경험을 제공하기 위해 정보 전달, 설득, 친교 및 정서 표현으로 글의 유형을 범주화하고 이에 해당하는 성취기준을 반복적으로 위계화하여 제시함으로써 쓰기 수행의 실제성을 제고하고 있다.

② 쓰기 과정, 쓰기 전략 관련 성취기준 및 내용 요소

2022 개정 국어과 교육과정 쓰기 영역에서는 전통적으로 쓰기 영역 교육과정에서 중점적으로 다루어 왔던 인지주의 작문 이론에 입각하여 문제 해결 과정으로서의 쓰기에 주목하여 쓰기 과정과 전략을 '과정·기능' 범주의 하위 범주로 구체화하고 필자가 쓰기 과정에서 부딪히는 문제를 해결하기 위해 동원하는 여러 가지 쓰기 전략을 내용 요소로 제시하고 있다. 〈표 3〉에서 보는 같이 쓰기 과정을 계획하기, 내용 생성하기, 내용 조직하기, 표현하기, 고쳐쓰기, 공유하기, 점검과 조정으로 세분화하고 각각의 범주별 학습 요소를 학년(군)별로

표 2 글 유형 관련 성취기준 및 내용 요소

범주 / 학년(군)	목적에 따른 글의 유형		
	정보 전달	설득	친교 및 정서 표현
초등학교 1~2학년	[2국03-03] 주변 소재에 대한 글	-	[2국03-04] 겪은 일을 표현하는 글
초등학교 3~4학년	[4국03-02] 절차와 결과를 보고하는 글	[4국03-03] 의견을 들어 의견을 제시하는 글	[4국03-04] 독자에게 마음을 표현하는 글
초등학교 5~6학년	[6국03-01] 대상의 특성이 나타나게 설명하는 글	[6국03-02] 적절한 근거를 들고 인용의 출처를 밝히며 주장하는 글	[6국03-05] 체험에 대한 감상을 나타내는 글
중학교 1~3학년	[9국03-01] 대상에 적합한 설명 방법을 사용하여 쓴 글 [9국03-02] 복수의 자료를 활용하여 다양한 형식의 정보를 전달하는 글	[9국03-03] 타당한 근거와 적절한 표현을 들어 주장하는 글 [9국03-04] 의견 차이가 있는 사안에 대해 주장하는 글	[9국03-05] 자신의 삶과 경험을 바탕으로 정서를 진솔하게 표현하는 글 [9국03-06] 다양한 표현을 활용하여 생각과 느낌을 표현하는 글
고등학교 1학년	[10공국2-03-03] 복합양식 자료가 담긴 공동 보고서	[10공국1-03-01] 사회적 쟁점에 대한 견해를 제시하는 글 [10공국2-03-02] 논증 요소 분석을 바탕으로 논증하는 글	[10공국1-03-02] 필자의 개성이 드러나는 글

표 3 쓰기 과정, 쓰기 전략 관련 성취기준 및 내용 요소

범주 / 학년	계획하기	내용 생성하기	내용 조직하기	표현하기	고쳐쓰기	공유하기	점검과 조정
초등학교 1~2학년		[2국03-03] 주변 소재		[2국03-04] 자유롭게 표현		[2국03-04] 생각이나 느낌 나누기	
초등학교 3~4학년	[4국03-04] 목적과 주제 고려	[4국03-04] 목적과 주제 고려	[4국03-02] 절차와 결과	[4국03-02] 정확한 표현	[4국03-01] 문장과 문단 수준		[4국03-05] 쓰기 과정 점검
초등학교 5~6학년	[6국03-04] 독자와 매체 고려	[6국03-04] 독자와 매체 고려	[6국03-05] 통일성	[6국03-04] 독자 고려	[6국03-05] 글 수준	[6국03-06] 독자와 공유	[6국03-05] 쓰기 과정 점검·조정
중학교 1~3학년	[9국03-01] 언어 공동체 고려	[9국03-02] 복수의 자료 활용 [9국03-07] 복합양식 자료 활용	[9국03-07] 글의 유형	[9국03-06] 다양한 표현	[9국03-08] 독자 고려	[9국03-06] 독자와 공유	[9국03-08] 쓰기 과정과 전략 점검·조정
고등학교 1학년	[10공국1-03-02] 다양한 언어 공동체	[10공국2-03-03] 신뢰할 수 있는 자료 종합	[10공국1-03-01] 내용 전개의 일반 원리 [10공국2-03-02] 효과적인 조직	[10공국1-03-01] 정교한 표현 [10공국2-03-03] 복합양식 자료 활용	[10공국1-03-03] 쓰기 맥락 고려 [10공국2-03-01] 작문 관습 고려		[10공2국-03-01] 쓰기 과정과 전략 점검·조정

제시하되, 학습자가 글을 쓰는 일련의 과정을 반복·위계적으로 경험할 수 있도록 성취기준을 배치하였다.

③ 가치·태도 관련 성취기준 및 내용 요소

2022 개정 국어과 교육과정 쓰기 영역에서는 전통적으로 쓰기 수행에 필요한 지식과 기능을 중심으로 교육 내용을 구성해 왔던 것과 달리, 글을 쓰는 주체인 학생 필자 자체에 주목하는 교육 내용으로 '가치·태도' 범주를 중심으로 구체적인 성취기준 및 내용 요소를 학년(군)별로 제시하고 있다. 〈표 4〉에서 보는 바와 같이 '필자'에 주목하여 '가치·태도' 범주를 구성하고, 쓰기 흥미, 쓰기 효능감, 쓰기에 대한 적극적 참여 등을 내용 요소로 구체화하고 위계화하여 학년(군)별로 제시하고 있다. 쓰기 교육의 궁극적인 목적이 글을 잘 쓰고 즐겨 쓰는 필자를 길러 내는 것이라면 이러한 '가치·태도' 관련 교육 내용은 언어 공동체 안에서 필자로서 성장하는 삶을 구현하는 데 기여할 수 있다는 점에서 의미가 있다.

표 4 가치·태도 관련 성취기준

학년(군)	성취기준
초등학교 1~2학년	[2국03-02] 쓰기에 흥미를 가지며 자신의 생각이나 느낌을 문장으로 표현한다.
초등학교 3~4학년	[4국03-05] 자신의 쓰기 과정을 점검하며 쓰기에 자신감을 갖는다.
초등학교 5~6학년	[6국03-02] 적절한 근거를 사용하고 인용의 출처를 밝히며 주장하는 글을 쓴다. [6국03-06] 쓰기에 적극적으로 참여하며 자신의 글을 독자를 공유하는 태도를 지닌다.
중학교 1~3학년	[9국03-09] 언어 공동체의 구성원인 필자로서 자신에 대해 성찰하며, 윤리적 소통 문화를 형성하는 데에 기여한다.
고등학교 1학년	[10공국1-03-02] 다양한 언어 공동체의 특성을 고려하며 필자의 개성이 드러나는 글을 쓴다. [10공국2-03-01] 언어 공동체가 공유하는 작문 관습의 특성을 이해하고 쓰기 과정과 전략을 점검하며 책임감 있게 글을 쓴다.

④ 기초 문식성 강화 요구에 따른 성취기준 및 내용 요소

2022 개정 국어과 교육과정 쓰기 영역에서는 한글 학습 및 기초 문식성 강화 요구에 따른 교육 내용을 '과정·기능' 범주의 하위 범주로 새롭게 '쓰기의 기초'를 신설하고, 다음의 〈표 5〉와 같이 관련 성취기준을 제시하였다. 이전 교육과정에서는 다루지 않았던 '단어 쓰기'를 명시적으로 새로운 한글 학습의 주요 내용 요소로 편입하고, '쓰기의 기초'에 '문단 쓰기'를 포함시킴으로써 기초 문식성 학습의 범위가 글자 쓰기에 국한된 것이 아니라 글쓰기의 기초가 되는 문단을 쓰는 데까지 확장되어야 함을 분명히 함으로써 기초 문식성 교육의 내용 요소를 '글자 쓰기', '단어 쓰기', '문장 쓰기', '문단 쓰기'로 위계화하였다.

표 5 쓰기의 기초 관련 성취기준

학년(군)	성취기준
초등학교 1~2학년	[2국03-01] 글자와 단어를 바르게 쓴다. [2국03-02] 쓰기에 흥미를 가지며 자신의 생각이나 느낌을 문장으로 표현한다.
초등학교 3~4학년	[4국03-01] 중심 문장과 뒷받침 문장을 갖추어 문단을 쓰고, 문장과 문단을 중심으로 고쳐 쓴다.

(3) 쓰기 영역의 학년(군)별 성취기준

쓰기 영역은 학습자가 학교생활과 일상생활에 필요한 문어 의사소통 능력을 길러 목적에 맞게 다양한 유형의 쓰기를 효과적으로 수행하고 언어 공동체의 구성원으로 성장하며 바람직한 의사소통 문화를 형성하는 데 기여할 수 있도록 하는 데 목적을 둔다. 이를 위해 쓰기 영역의 성취기준은 ① 언어를 비롯한 다양한 기호나 매체를 활용하여 의미를 구성하는 과정 전반에 필요한 쓰기 지식과 기능, 태도, ② 목적에 따라 다양한 유형의 글을 쓰는 데 필요한 지식과 기능, ③ 글을 쓰는 경험을 통해 학습자가 언어 공동체의 구성원으로 성장하는 데 필요한 학습 내용을 중심으로 선정하였다. 이렇게 선정된 성취기준을 학습자의 인지·정의적 발달 수준, 쓰기 수행의 수준, 학습자의 언어적 필요 등을 고려하여 학년(군)별로 배열하였다. 특히 학년(군)이 높아질수록 쓰기 수행 경험이 정교화·심화될 수 있도록 성취기준을 제시하였다(노은희 외, 2022a: 178).

다음 〈표 6〉에 제시된 바와 같이, 2022 개정 국어과 교육과정에서는 초등학교 15개, 중학교 9개, 고등학교 5개의 성취기준을 개발하여 총 29개의 성취기준을 학년(군)별로 선정하여 제시하였는데, 새로 신설된 경우보다 2015 개정 국어과 교육과정의 내용 요소를 활용하여 수정·보완된 경우가 많다. 이는 문제 해결 과정으로서의 쓰기 전략 강화, 사회·문화적 실천 행위로서의 쓰기 수행의 실제성 제고, 필자로서 성장하는 삶의 구현, 한글 학습 및 기초 문식성 강화(서수현, 2023a)와 같은 개정의 취지를 반영하면서도 전통적으로 중요하게 다루어 왔던 쓰기 영역 학습 내용과의 연속성을 고려한 것이다.

표 6 2022 개정 국어과 교육과정 쓰기 영역의 학년(군)별 성취기준

학년(군)	성취기준
초등학교 1~2학년	[2국03-01] 글자와 단어를 바르게 쓴다. [2국03-02] 쓰기에 흥미를 가지며 자신의 생각이나 느낌을 문장으로 표현한다. [2국03-03] 주변 소재에 대해 소개하는 글을 쓴다. [2국03-04] 겪은 일을 표현하는 글을 자유롭게 쓰고, 쓴 글을 함께 읽고 생각이나 느낌을 나눈다.

초등학교 3~4학년	[4국03-01] 중심 문장과 뒷받침 문장을 갖추어 문단을 쓰고, 문장과 문단을 중심으로 고쳐 쓴다. [4국03-02] 절차와 결과가 드러나게 정확한 표현으로 보고하는 글을 쓴다. [4국03-03] 대상에 대한 자신의 의견과 그렇게 생각한 이유가 드러나게 글을 쓴다. [4국03-04] 목적과 주제를 고려하여 독자에게 마음을 전하는 글을 쓴다. [4국03-05] 자신의 쓰기 과정을 점검하며 쓰기에 자신감을 갖는다.
초등학교 5~6학년	[6국03-01] 알맞은 내용을 선정하여 대상의 특성이 나타나게 설명하는 글을 쓴다. [6국03-02] 적절한 근거를 사용하고 인용의 출처를 밝히며 주장하는 글을 쓴다. [6국03-03] 체험한 일에 대한 감상을 나타내는 글을 쓴다. [6국03-04] 독자와 매체를 고려하여 내용을 생성하고 표현하며 글을 쓴다. [6국03-05] 쓰기 과정을 점검·조정하며 글을 쓰고, 글 전체를 대상으로 통일성 있게 고쳐 쓴다. [6국03-06] 쓰기에 적극적으로 참여하며 자신의 글을 독자를 공유하는 태도를 지닌다.
중학교 1~3학년	[9국03-01] 대상의 특성에 적합한 설명 방법을 사용하여 글을 쓴다. [9국03-02] 복수의 자료를 활용하여 다양한 형식으로 정보를 전달하는 글을 쓴다. [9국03-03] 주장을 뒷받침할 수 있는 타당한 근거를 들고 적절한 표현을 사용하여 주장하는 글을 쓴다. [9국03-04] 의견 차이가 있는 사안에 대해 자료를 수집하고 사회·문화적 맥락을 고려하며 주장하는 글을 쓴다. [9국03-05] 자신의 삶과 경험을 바탕으로 하여 정서를 진솔하게 표현하는 글을 쓴다. [9국03-06] 다양한 표현을 활용하여 자신의 생각과 느낌이 드러나는 글을 쓰고 독자와 공유한다. [9국03-07] 복합양식 자료를 활용하여 내용을 생성하고 글의 유형을 고려하여 내용을 조직하며 글을 쓴다. [9국03-08] 쓰기 과정과 전략을 점검·조정하며 글을 쓰고, 독자를 고려하여 글을 고쳐 쓴다. [9국03-09] 언어 공동체의 구성원인 필자로서 자신에 대해 성찰하며, 윤리적 소통 문화를 형성하는 데에 기여한다.
고등학교 1학년	[10공국1-03-01] 내용 전개의 일반적 원리를 고려하여 사회적 쟁점에 대한 자신의 견해를 정교하게 표현하는 글을 쓴다. [10공국1-03-02] 다양한 언어 공동체의 특성을 고려하며 필자의 개성이 드러나는 글을 쓴다. [10공국2-03-01] 언어 공동체가 공유하는 작문 관습의 특성을 이해하고 쓰기 과정과 전략을 점검하며 책임감 있게 글을 쓴다. [10공국2-03-02] 논증 요소에 따른 분석을 바탕으로 효과적으로 내용을 조직하여 논증하는 글을 쓴다. [10공국2-03-03] 신뢰할 수 있는 정보를 종합하여 복합양식 자료가 담긴 공동 보고서를 쓴다.

2) 고등학교 융합 선택 과목 '독서 토론과 글쓰기'의 지도 내용

2022 개정 국어과 교육과정의 '독서 토론과 글쓰기'는 초등학교 및 중학교 공통 '국어'와 고등학교 '공통국어1', '공통국어2'의 듣기·말하기, 읽기, 쓰기 영역을 심화·확장한 융합 선택 과목이다. '독서 토론과 글쓰기' 과목은 다양한 분야의 책을 토대로 독서 토론을 하거나 글쓰기를 수행하는 경험을 통해 학습자가 삶과 세상을 이해하고 서로 다른 생각과 관점을 존중하는 성숙한 민주 시민으로 성장하도록 돕기 위해 설정한 과목으로 비판적·창의적 사고력과 협력적 의사소통 능력을 함양하는 데 목적을 둔다(노은희 외, 2022a: 561).

이 과목에서는 학습자들이 함께 책을 읽고 의견을 나누며 글을 쓰는 일련의 과정에서 책에 대한 이해와 감상을 공유하고 소통하는 데 중점을 둔다. 학습자들은 이 과정에서 자아 탐색과 타자 및 세계 이해, 지식 확장과 교양 함양, 공동체의 문제 해결과 사회적 담론 참여 등 독서 토론과 글쓰기의 실제적 목적을 실현해 가며 주체적이고 협력적인 언어 공동체 구성원으로서의 소양을 기르고 세상에 대한 이해의 지평을 넓혀 나갈 수 있다.

표 7 '독서 토론과 글쓰기' 과목의 내용 체계

핵심 아이디어	• 독서 토론과 글쓰기는 주체적이고 협력적으로 의미를 발견하고 구성하는 행위이자 사회적인 소통 행위이다. • 다양한 분야의 책을 읽고 독서 토론하며 글을 쓰는 행동은 개인과 공동체의 삶의 문제를 심층적으로 탐색하고 해결하는 과정이다. • 독서 토론과 글쓰기를 효과적으로 수행하기 위해서는 능동적이고 협력적인 참여, 서로 다른 생각과 관점을 존중하는 유연한 자세가 필요하다.
범주	내용 요소
지식·이해	• 독서 토론과 글쓰기의 특성 • 독서 토론과 글쓰기의 맥락
과정·기능	• 개인이나 공동체의 관심사를 고려하여 읽을 책을 탐색하고 선정하기 • 질문을 생성하며 주체적으로 해석하기 • 대화, 토의, 토론 등을 활용하여 독서 토론하기 • 쓰기 목적, 독자, 매체를 고려하여 글을 쓰고 공유하기 • 자아를 탐색하고 타자와 세계를 이해하기 • 지식을 확장하고 교양을 함양하기 • 공동체의 문제를 해결하고 사회적 담론에 참여하기
가치·태도	• 능동적이고 협력적인 참여 • 서로 다른 생각과 관점에 대한 존중

2022 개정 국어과 교육과정의 융합 선택 과목 교육과정 '독서 토론과 글쓰기' 과목의 학습 내용 범위와 수준을 나타낸 '내용 체계'는 위의 〈표 7〉과 같다.

〈표 7〉에서 보는 바와 같이 융합 선택 과목인 '독서 토론과 글쓰기' 과목의 '내용 체계'는 총론에서 제시한 '핵심 아이디어', '범주', '내용 요소'의 틀을 유지하면서 본 과목에서 필수적으로 다루어야 할 교육 내용을 '지식 · 이해', '과정 · 기능', '가치 · 태도'로 나누어 제시하였다.

'독서 토론과 글쓰기'의 학습을 통해 일반화할 수 있는 내용을 핵심적으로 진술한 '핵심 아이디어'에서는 책을 읽고 독서 토론을 하며 글을 쓰는 활동의 본질이 새로운 의미를 발견하고 구성하는 행위이면서 사회 구성원들과 긴밀하게 이루어지는 소통 행위라는 점, 개인과 공동체의 삶의 문제를 탐색하고 해결하는 과정이라는 점, 이 자체가 능동적이고 협력적인 수행 과정이며 다양한 생각과 관점에 대한 존중이 요구되는 행위임을 제시하였다.

'지식 · 이해' 범주에서는 독서 토론과 글쓰기의 특성과 맥락을, '과정 · 기능' 범주에서는 읽을 책을 탐색하고 선정하는 학습에서 질문을 생성하고 해석하기, 독서 토론하기, 글을 쓰고 공유하기와 같은 일련의 학습 과정과, 자아 탐색과 타자와 세계 이해하기, 지식 확장 및 교양 함양하기, 공동체의 문제 해결 및 사회적 담론 참여하기를 제시하였다. 또한 '가치 · 태도' 범주에서는 능동적이고 협력적으로 참여하는 태도와 서로 다른 생각과 관점을 존중하는 태도를 내용 요소로 제시하였다. 〈표 7〉의 내용 체계에 따라 도출된 교육 내용은 다음 〈표 8〉

표 8 '독서 토론과 글쓰기' 과목의 교육 내용

[12독토 01-01]	개인이나 공동체의 관심사를 고려하여 읽을 책을 선정한 후 질문을 생성하고 주체적으로 해석하며 책을 읽는다.
[12독토 01-02]	대화, 토의, 토론 등 적절한 방법을 활용하여, 서로 다른 생각과 관점을 존중하며 독서 토론을 한다.
[12독토 01-03]	독서 토론의 내용을 바탕으로 쓰기 목적, 독자, 매체를 고려하여 글을 쓰고 공유한다.
[12독토 01-04]	인간의 삶에 대한 다양한 시각과 해석이 담긴 책을 읽고 독서 토론하고 글을 쓰며 자아를 탐색하고 타자와 세계를 이해한다.
[12독토 01-05]	다양한 분야의 정보가 담긴 책을 읽고 독서 토론하고 글을 쓰며 학습이나 삶에 필요한 지식을 확장하고 교양을 함양한다.
[12독토 01-06]	사회적인 현안이나 쟁점이 담긴 책을 읽고 독서 토론하고 글을 쓰며 공동체 문제를 해결하고 사회적 담론에 참여한다.
[12독토 01-07]	독서 토론과 글쓰기의 특성을 이해하고 독서, 독서 토론, 글쓰기에 능동적으로 참여한다.

과 같다.

융합 선택 과목의 특성상 성취기준 간 연계를 바탕으로 한 프로젝트 기반 교수·학습이 효과적임을 고려하여, 교과 내 또는 교과 간 성취기준의 연계나 통합이 수월할 수 있도록 하나의 범주에서 2개의 내용 요소를 통합하거나 학습자가 궁극적으로 성취할 수 있기를 기대하는 도달점이 드러나도록 수업 운영 시 핵심 성취기준으로 기능하게 교육 내용을 구성하였다.

4 쓰기 교육은 어떤 방법으로 할까

2022 개정 국어과 교육과정 쓰기 영역에서는 학습자의 삶을 바탕으로 다양한 유형의 글을 쓸 수 있도록 쓰기 수행의 실제성을 강조하고 있다. 학생 필자가 쓰기의 상황 맥락 및 사회·문화적 맥락을 고려하여 실제로 글을 쓰는 활동을 강조하면서 한 편의 글을 작성하는 일련의 문제 해결 과정을 통해 쓰기와 관련된 지식, 기능, 태도를 증진할 수 있는 쓰기 과제 제시하기, 학습자가 스스로 질문을 생성하며 쓰기 과정에서 부딪히는 문제를 능동적으로 해결하도록 안내하기를 강조하였다. 또한 학습자가 자신이 작성한 글에 대해 다양한 독자의 반응을 경험할 수 있도록 지원함으로써 학습자가 실제 삶의 다양한 맥락 속에서 적극적이고 주체적인 필자로 성장할 수 있도록 하는 데 쓰기 지도의 중점을 두었다.

이 절에서는 쓰기 교육 방법을 쓰기 교수·학습 원리, 쓰기 능력의 신장을 위한 지도 방향, 장르(텍스트) 중심의 쓰기 지도를 중심으로 제시해 보고자 한다.

1) 쓰기 교수·학습 원리

(1) 생태학적 교수·학습 환경의 구성 원리

생태학적 교수·학습 환경의 구성 원리는 쓰기 수행이 이루어지는 교실 환경을 학교 밖의 실제 세계처럼 학습자들이 실제로 다양한 자료를 읽고 쓸 수 있을 뿐만 아니라 자신들에게 의미 있는 과제를 중심으로 적극적으로 참여하고 활동할 수 있는 하나의 생태계(ecosystem)로 창출해 내는 것을 주요한 전제 조건으로 삼는다. 생태학적 교실 환경이란 학습자들이 읽고 싶은 각종 자료와 글쓰기에 필요한 자료를 인터넷 웹 등을 통해 검색하고 활용할 수 있는 물리적 환경뿐만 아니라 학습자들이 글쓰기를 자연스러운 학교생활의 일부로 인식할 수 있도록 격려하는 정의적 환경까지도 포함하는 개념(원진숙, 1999)이다. 학습자들은 이러한 생태학적 교실 환경 속에서 안전하고 자연스럽게 실제성이 있는 쓰기 과제를 다양한 쓰기 목적과 주제와 형식으로 자기 주도적이면서도 목표 지향적으로 쓰기 활동을 수행할 수 있게 된다.

(2) 다양한 접점에서의 글쓰기 경험 원리

바람직한 쓰기 수업은 학습자들에게 다양한 접점에서 이루어지는 쓰기 경험을 제공해 주어야 한다. 쓰기 교육은 글쓰기를 사회적인 의사소통 행위로 인식하고 독자들을 고려하면서 써야 하는 설명문이나 논술문 등의 의사소통적 글쓰기부터 학습자들의 내면에서 우러나오는 자발적인 표현 욕구에 의해서 생산되는 표현적 장르의 개인적 글쓰기에 이르기까지 다양한 접점에서 이루어지는 글쓰기 경험과 여러 유형의 독자(교사, 부모님, 친구, 자기 자신 등)들로부터 자신이 쓴 글에 대한 다양한 반응을 경험함으로써 성숙한 필자로 성장해 나갈 수 있도록 지원한다.

(3) 과정과 결과의 균형성 원리

바람직한 쓰기 교수·학습은 글쓰기 과정뿐만 아니라 결과물로서의 텍스트도 함께 강조하는 방향으로 이루어져야 한다. 쓰기 과정과 방법만 강조하다 보면 자칫 고립적이고 개별적인 쓰기 기능이나 전략 자체에만 지나치게 치우쳐 정작 이들을 통합해서 한 편의 글을 완성해 보는 온전한 쓰기 경험으로 이어지지 못할 수가 있다. 쓰기와 관련된 지식이나 과정·기능, 전략 중심의 교육은 실제적인 쓰기 상황 맥락 안에서 한 편의 글을 쓰고 완성해 보는 경험과 연결되지 못한다면 교육적 실효를 거두기 어렵다.

쓰기 교육의 궁극적인 목적이 좋은 글을 쓸 수 있는 힘을 갖게 하는 것이어야 한다면 결과물로서의 글 역시 과정만큼이나 중요한 의미가 있다. 과정을 중심으로 한 접근 방법 역시 좋은 결과물로서의 글을 생산해 낼 수 있을 때 의미가 있기 때문이다. 교사는 쓰기 과정과 결과의 균형성을 확보하기 위해서 학생 필자가 구체적인 쓰기 상황 맥락 안에서 목표 지향적으로 일련의 쓰기 과정을 거쳐 한 편의 글을 완성하고 실제적인 독자들과 글을 공유하고 고쳐 쓰는 경험을 통해 성장할 수 있도록 지원해 주어야 한다.

(4) 단계적 책임 이양 원리

바람직한 쓰기 교육은 수업에서의 주도권이 교사에게서 학습자에게 점차 이양되는 단계적 책임 이양 원리를 기본 원리로 할 필요가 있다. 학습 초기 단계의 학습자들은 아직 자기주도적으로 글을 쓸 수 있는 지식이나 능력이 부족하기 때문에 도입 단계에서는 일단 교사 주도하에 글쓰기에 필요한 원리나 방법 등을 구조화된 지식의 형태로 설명해 주고 시범을 보여 주는 직접 교수법 형태로 유도하는 것이 바람직하다. 이때 학습자들은 도입부에서 교사가 제시한 쓰기 원리나 방법 등을 모방하고 내면화하는 과정을 거치게 된다.

대개 책임 이양 원리는 교사가 학습자에게 실제적인 쓰기 수행에 필요한 구체적인 방법을 손쉽게 가르칠 수 있는 직접 교수법에 의해 실현된다. 이때 주의할 점은 직접 교수법이 자칫하면 학습자 자신들의 다양한 목소리를 내는 것이 미덕이 되어야 하는 작문 교실에서 학생들의 사고를 특정 방향으로 편향되게 규정하거나 제약할 수 있다는 것이다. 따라서 쓰기 전 단계에서 미니 레슨(mini-lesson)의 형태로 교사가 그 시간에 수행할 쓰기 과제를 해결하는 데 필요한 원리나 방법 등을 가능하면 간단히 설명하고 시범을 보인 다음 학습자들 스스로가 이를 바탕으로 곧바로 자신의 쓰기 과제를 일련의 쓰기 과정을 거쳐 해결해 나가도록 하되, 필자로서의 창의성을 발휘하면서 자기 목소리를 낼 수 있도록 격려해 줄 필요가 있다.

(5) 다면적 피드백 원리

다면적 피드백 원리란 일련의 쓰기 교수·학습 과정에서 학습자가 교사나 동료 학습자들로부터 적극적인 비계 지원을 경험할 수 있게 하는 것을 의미한다. 글쓰기 과제가 무엇이든 그것을 해결해야 하는 상황은 학습자에게 문제 상황이 된다. 학습자들은 이 문제 상황 속에서 교사나 동료 학습자들의 적극적인 지원을 통해서 일련의 쓰기 과정을 거쳐서 해결해 나가는 문제 해결 능력을 키워 나갈 수 있게 된다. 학습자들은 초고 쓰기 과정을 통해서 교사나 동료와 함께 쓸 내용을 협의하기도 하고 자신이 쓴 작품을 동료들과 공유하고 그들의 피드백을 통해서 자신의 작품을 반성적 시각으로 바라볼 수 있게 되기도 한다. 이러한 다면적 피드백 원리는 학습자들이 자기 주도적인 쓰기 능력을 신장시키고 실제적인 독자를 고려하면서 글을 쓸 수 있는 사회 인지(social cognition) 능력을 함양할 수 있게 해 준다.

2) 쓰기 능력의 신장을 위한 지도 방향

(1) 결과 중심의 쓰기 지도

쓰기 교육의 궁극적인 목적이 좋은 글을 쓸 수 있는 힘을 갖게 하는 것이어야 한다면, 맞춤법·띄어쓰기 등의 기계적인 측면(mechanics), 문장 구성 측면, 단락 구성 측면 등을 중심으로 한 '결과 중심 쓰기 지도'는 반드시 필요하다. 이러한 요소들은 좋은 글을 쓸 수 있는 든든한 밑바탕이 되기 때문이다.

결과물인 글을 중심으로 하는 쓰기 지도의 핵심은 우리 국어의 문법적 구조에 맞게 문장을 작성하고 전통적인 수사학에서 강조해 온 일반적인 글 구성 원리에 맞게 글을 작성할 수 있는 힘을 갖도록 하는 데 있다.

① 맞춤법·띄어쓰기

학생들의 글에서 적지 않게 발견되는 맞춤법·띄어쓰기 등의 오류는 대개 단순한 실수에 의한 것이라기보다는 개별 형태소에 대한 문법적 지식이 결여되었거나 낱말과 조사, 조사와 어미 등을 구분하지 못해서 발생하는 화석화된 오류가 주류를 이룬다. 이러한 맞춤법·띄어쓰기 등의 기계적인 측면에 대한 지도는 흔히 잘못 표기하기 쉬운 오류 유형들을 용례 중심으로 제시하고 이를 학습자가 직접 고쳐 가도록 하는 방식이 효과적이다. 이때 중요한 점은 교사가 각각의 경우에 무엇이 잘못되었는지, 어떤 점에서 문제가 되는지, 어떠한 원리를 적용해야 하는지에 대한 명시적인 설명을 통한 비계(飛階, scaffolding) 지원을 반드시 해야 한다는 것이다.

② 문장 구성

필자가 글을 잘 쓸 수 있게 해 주는 연장의 기초는 사실 문장 구성과 관련된 문법 지식이라 해도 과언이 아니다. 낱말들을 문법 규칙에 맞게 배열하여 정확한 문장을 구성하지 못하면 대번에 독자의 혼란과 오해를 불러일으키기 때문이다.

문장 구성과 관련된 문법적 지식에 대해서는 문법 자체로 접근해서 가르치기보다는 글쓰기에서 자주 발견되는 오류들을 유형별로 정리해서 제시해 준 다음, 학습자가 직접 이러한 오류나 문제점들을 바로잡아 가도록 하는 방식의 지도법이 효율적이다. 이때 중요한 점은 문장 오류를 고쳐 나가는 과정을 통해서 글쓰기에 필요한 문법적 지식을 귀납적으로 원리화해 나갈 수 있도록 해야 한다는 것이다. 예컨대, "아뢸 말씀은 다름이 아니오라 주주총회가 이번 주말에 있습니다."와 같은 문장의 경우라면 주어와 서술어가 호응하지 않기 때문에 비문임을 지적하고 이 용례를 통해서 '주어와 서술어가 호응하는지를 확인하라'와 같은 문장 구성 원리를 제시하도록 한다. 이러한 문장 구성 원리는 개별 오류 문장을 제시함으로써 지도할 수 있지만 일련의 글쓰기 과정 가운데 고쳐쓰기 단계를 통해서 지도하는 것도 바람직하다. 글을 다듬는 이유가 궁극적으로 독자에게 자신이 의도한 의미가 제대로 전달되게 하기 위한 것임을 인식할 수 있게 해 주기 때문이다.

(2) 과정 중심의 쓰기 지도

글쓰기를 일련의 목표 지향적인 문제 해결 과정으로 전제하는 과정 중심의 쓰기 지도 방법은 글쓰기 과정에 필요한 사고 방법 또는 문제 해결 방법들만 익혀서 활용할 수 있다면 누구나 일정 수준 이상의 글쓰기 능력을 갖게 된다고 본다. 이러한 '과정 중심의 작문 지도'의 핵심은 학습자가 자신의 글쓰기 과정에 대한 인식을 바탕으로 스스로 글쓰기 방법을 점검하고 능숙한 필자들이 사용하는 더욱 효율적인 글쓰기 방법을 전략화하여 실제 글쓰기 국면에 적용할 수 있는 힘을 갖게 해 주는 것이라고 할 수 있다.

과정 중심의 쓰기 지도 방법에서는 글쓰기를 필자가 담화 공동체라는 사회적·수사적 맥락과 교섭하면서 목표 지향적인 사고 과정을 통해서 의미를 구성해 나가는 과정이라고 보고, 이러한 글쓰기 과정에서 접하게 되는 글쓰기의 어려움을 극복할 수 있게 해 주는 효율적인 쓰기 전략을 익혀서 적절하게 활용할 수만 있다면 누구나 일정 수준 이상의 글쓰기 능력을 갖게 된다는 입장을 취한다.

이 절에서는 교사의 지도와 안내에 따라 학습자 전원이 모둠 활동 등을 통해서 실제적인 쓰기 수행을 중심으로 한 글쓰기 과정에 적극적으로 참여함으로써 결과물로서의 글을 생산해 낼 수 있도록 하는 '워크숍 중심의 쓰기 교육 방법'을 중심으로 과정 중심의 쓰기 지도법을 제시해 보고자 한다. 이 워크숍 중심의 쓰기 교육 방법은 도입부에서 교사가 설명하고 시범을 보이는 쓰기 방법이나 원리에 따라서 학습자가 쓰기 전 단계, 초고 쓰기 단계, 고쳐쓰기 단계, 편집하기 단계, 출판하기 단계 등 일련의 쓰기 과정을 통한 실제적인 쓰기 수행 경험을 통해서 결과물로서의 글을 작품화해서 생산해 내는 것에 최우선적 가치를 둔다. 쓰기는 글을 써 가는 과정 중에 언제나 그 이전 단계로 되돌아갈 수 있다는 회귀성을 본질로 하지만, 크게 쓰기 전 단계, 쓰기 단계, 쓰기 후 단계로 나누어 다음과 같이 단계별로 지도할 필요가 있다.

① 도입 단계

도입 단계는 교사의 주도하에 생태학적 쓰기 교수·학습 환경을 조성하고 학습자들에게 교수·학습 목표와 쓰기 과제가 무엇인지를 인식시키는 단계이다. 교사는 쓰기 과제를 부과할 때 단순히 교과서에 제시된 교수·학습 목표뿐만 아니라 가능하면 학습자들이 다양한 접점에서 실제적이면서도 유의미한 글쓰기를 경험할 수 있도록 세심하게 고려해야 한다. 학습자들은 이 도입 단계를 통해서 자신들이 수행해야 할 쓰기 과제를 구체적으로 표상하게 된다.

② 전개 단계

전개 단계는 학습자들이 워크숍 형태로 일련의 쓰기 과정을 거쳐서 한 편의 글을 완성해 나가는 활동을 중심으로 이루어진다. 이때 교수자는 책임 이양의 원리에 따라 쓰기 전 단계에서 미니 레슨 형태로 부과된 쓰기 과제를 해결하는 데 필요한 명제적, 절차적 지식을 간단히 설명하고 시범을 보이는 과정을 거쳐서 차츰 과제 수행에 대한 주도권을 학습자에게 이양하면서 비계와 피드백을 제공해 준다.

(가) 쓰기 전 단계: 이 단계는 대체적인 글의 주제나 방향의 윤곽을 잡아 나가는 준비 단계이다. 쓰기 전 단계에서는 학습자 스스로 자신이 쓸 글의 주제와 방향을 결정하는 것이 중요하다. 학습자들은 교사가 부과하는 글쓰기 주제가 아니라 스스로 선택한 주제의 과제를 수행할 때 훨씬 더 자기 주도적인 책무성을 갖게 되기 때문이다. 브레인스토밍이나 마인드 맵 등을 활용해 아이디어를 생성해 내고 대체적인 글의 주제나 방향이 정해지면, 학습자들은 자신이 쓰게 될 주제에 관해서 이미 알고 있는 내용, 알고 싶은 내용, 찾아봐야 할 내용 등을 중심으로 메모를 하거나 다양한 방법(협의하기, 자료 찾기, 인터뷰하기, 자유연상 글쓰기 등)을 동원해서 관련 자료나 아이디어를 수집하고 이를 다발짓기 등의 방법을 통해서 조직화한다.

이 단계에서 교사는 주제 선정이나 아이디어의 생성 및 조직에 어려움을 겪는 학습자들을 위해서 도입부에 간단한 미니 레슨의 형식으로 작업에 필요한 방법을 명시적으로 설명하거나 시범 보이기를 통해서 비계를 제공한다.

(나) 초고 쓰기 단계: 초고란 문자 그대로 완결된 글이 아니라 고쳐 쓸 것을 전제로 하여 쓰는 글이다. 초고 쓰기 단계에서는 띄어쓰기, 맞춤법 등 글의 형식적인 측면은 신경 쓰지 않으면서 내용 자체에만 집중해서 떠오르는 생각을 빠른 속도로 적어 나가도록 한다. 이 단계에서 가장 중요한 것은 학습자들에게 글이란 초고 단계에서 대번에 완성되는 것이 아니라 고쳐쓰기, 편집하기 등의 일련의 과정을 거쳐서 완성해 가는 것이라는 인식을 갖게 해 주는 일이다.

(다) 고쳐쓰기 단계: 고쳐쓰기 단계는 자신이 쓴 초고를 다시 읽어 보면서 글의 내용적인 측면을 중심으로 다듬어 나가는 단계이다. 이 단계에서 가장 중요한 것은 바로 수정 작업을 하기에 앞서서 자신이 쓴 글을 소집단 안에서 동료들과 공유하는 과정을 거치도록 한다는 것이다. 이때 교사는 '작가석(author's chair)'을 마련해서 학습자들이 자신의 글을 동료들 앞에서 발표해 보고 자신이 쓴 글에 대해 동료들로부터 피드백을 경험할 수 있게 해 준다. 학생들은 작가석에 앉아서 동료들에게 자신의 글을 읽어 주는 작가로서의 경험을 통해서 아주 자연스럽게 글쓰기가 독자를 전제로 하는 활동이라는 것을 인식하게 될 뿐만 아니라, 동료들의 다양한 반응을 통해서 자신의 글을 좀 더 객관화해 볼 수 있는 안목을 키워 나갈 수 있게 된다. 동료들의 피드백을 바탕으로 자신의 글을 고쳐 쓰는 활동은 그 자체로 학생이 성숙한 필자로 성장하게 해 주는 매우 유의미한 경험이 될 수 있다

(라) 편집하기 단계: 이전까지의 단계가 주로 글의 내용 면에서 이루어지는 작업이었다면, 편집하기 단계는 띄어쓰기, 맞춤법 등 형식적인 측면에서 오류가 없도록 글을 깔끔하게 다듬어 나가는 데 주안점을 둔다. 교사는 이 편집 단계에서 OHP 등을 활용하여 학습자의 글을 대상으로 맞춤법, 띄어쓰기 등의 오류, 비문 등을 바로잡아 나가는 시범을 보임으로써 이 과정이 독자에게 읽히는 글이 되도록 하는 데 꼭 필요하다는 것을 인식시켜 주도록 한다. 학습자들은 교사가 직접 시범으로 보여 주는 편집하기 활동을 통해서 글의 형식적 측면에 대한 고려와 노력이 자신이 쓴 글의 완성도를 높일 수 있을 뿐만 아니라 무엇보다 독자들에게 훨씬 편하게 읽힐 수 있는 글이 되도록 하는 데 꼭 필요한 과정임을 인식하게 된다.

③ 정리 단계

정리 단계에서는 학습자들이 자신이 쓴 글을 완성도 높은 작품으로 다듬어서 출판하는

과정을 통해서 작가로서의 경험을 갖게 해 주고 교사는 출판된 글을 평가하도록 한다. 이 단계에서 이루어지는 평가 역시 결과물로서의 글 자체에 대한 고립적이고 분절적인 평가보다는 필자로 성장해 나가는 학습자의 발달적 수행을 중심으로 한 포트폴리오 평가가 바람직하다. 그리고 평가 주체도 반드시 교사로 한정하기보다는 완성된 작품을 대상으로 한 동료 평가나 자기 평가 방식도 함께 원용하는 것이 바람직하다.

(마) 출판하기 단계: 출판하기란 학생들이 쓴 글을 학급 문집이나 개인 문집(포트폴리오)으로 엮어 내거나 교실 게시판, 학교 신문 등에 발표함으로써 학급 동료, 교사, 학부모 등의 실제적인 독자와 글을 공유할 수 있게 하는 것이다. 우리 교육 현실에서 학생이 쓴 글을 출판하는 것은 어렵겠지만, 교사는 어떤 형태로든 학생이 쓴 글을 발표할 수 있도록 하는 방안을 모색함으로써 학생에게 작가로서의 경험을 갖게 할 필요가 있다. 학생을 작가로 대우해 주고 학생이 작가로서의 경험을 직접 해 보게 하는 것만큼 효과적인 작문 지도 방법은 없기 때문이다.

(3) 장르(텍스트) 중심의 쓰기 지도

2022 개정 국어과 교육과정에서는 그 어느 때보다 쓰기 교육에서 학습자들이 구체적인 상황 맥락 안에서 다양한 유형의 글을 쓰는 경험을 통해서 언어 공동체의 구성원으로 성장하는 필자 주체성을 강조하고 있어 주목할 만하다. 학습자들이 쓰기 교육을 통해서 적극적인 행위 주체성을 지닌 필자로서 언어 공동체 안에서 '사회적 행위로서의 쓰기'를 실천함으로써 새로운 의사소통 문화를 만들어 가는 주체로 성장할 수 있어야 함을 강조한 것이다.

언어 공동체 안에서 소통되고 수행되는 '사회적 행위로서의 쓰기'는 '장르 중심의 쓰기 지도'로 접근되어야 한다. 사실 모든 글쓰기는 진공 상태가 아닌 구체적인 상황 맥락 안에서 나름의 의사소통 목적을 실현하기 위해 이루어진다. 특히 실제적인 언어 공동체 안에서 그 구성원으로서 글쓰기를 통해 자신의 의사소통 목적을 실현하고 언어 공동체의 새로운 문화를 만들어 가는 데 기여하기 위해서는 무엇보다 그 담화 공동체가 공유하는 작문 관습의 특성을 이해하고 그 담화의 관습적 규약을 준수하면서 글을 쓰는 힘을 기를 필요가 있다. 장르는 담화 공동체의 구성원들 간에 이루어지는 효율적인 의사소통의 매체 내지는 도구(Swales, 1990: 23~27)로 활용되기 때문에, 특정 담화 공동체 구성원들과 원활한 의사소통을 하기 위해서는 그 집단에서 소통되는 매체인 장르의 텍스트 특성과 수사적 구조, 사용 어휘와 표현법 등의 관습적 규약을 익힐 필요가 있다.

장르 중심 접근법(genre approach)은 텍스트의 목적과 그에 따른 텍스트 형식과 내용적 제약을 강조한다. 문법적 요소나 글 구조 등 쓰기의 결과물인 텍스트를 강조한다는 점에서 결과 중심 쓰기 접근법과 상당 부분 유사성이 인정되지만, 그보다는 쓰기를 둘러싼 사회적 상황 맥락을 강조한다. 장르 중심 접근법에서는 쓰기란 언제나 특별한 사회적 상황 맥락 안에서 존재하며, 어떤 목적으로 글을 쓰는가에 따라 텍스트 유형이나 형태가 달라진다고 본다. 이러한 장르 중심 접근법에서는 학습자가 쓰기를 통해 독자에게 영향을 주고 사회적 목적을 달성하는 능력을 기르는 것이 주된 목적이기 때문에 특정 담화 공동체의 일원들이 기대하는 수사적 구조와 글쓰기 규범에 부합하는 글을 쓸 수 있도록 지도하는 것이 무엇보다 중요하다.

일반적으로 장르 중심의 쓰기 지도법에는 다음과 같은 '예시글 제시하기(modeling)', '협력하여 글쓰기(joint negotiation of text)', '독립적으로 쓰기(independent construction)'의 3단계 방식(Callaghan & Rothery, 1988)이 있다.

① 예시글 제시하기 단계: 교수·학습의 목표가 되는 핵심 장르를 예시글로 제시하고, 이러한 장르가 어떠한 사회적 맥락 안에서 활용되고 소통되는지, 그 원형적 구성 요소는 무엇인지, 특징적인 수사적 구조와 표현법과 사용 어휘에는 어떠한 것이 있는지를 중심으로 지도함으로써 학습자가 해당 장르에 대한 원형적 장르의 수사적 구조와 형식적 표지 등을 명확하게 인식할 수 있도록 한다.

② 협력하여 글쓰기 단계: 교사와 학생이 함께 맥락적 특성과 장르의 구조 및 텍스트의 특질 등에 대한 지식을 공유하고 협상하면서 해당 장르의 글을 새롭게 써 보는 단계이다.

③ 독립적으로 쓰기 단계: 학생이 이전 단계를 통해서 내재화한 지식을 바탕으로 교사의 지원 없이 자기 주도적으로 텍스트를 생산하는 단계이다.

이 3단계를 기본 축으로 하는 장르 중심의 쓰기 지도법은 학습자가 자신이 속한 담화 공동체에서 기대하는 내용과 형식으로 소통할 수 있도록 명시적인 방식으로 단기간에 실제적인 텍스트 생산 능력을 함양할 수 있게 해 준다는 점에서 교육 효과가 높은 방법으로 인식되어 왔다. 그러나 이러한 접근법은 자칫 장르를 그 안에 의미 요소를 채워 넣기만 하면 되는 도식적 틀로 인식하는 오개념을 갖게 함으로써 필자의 창의성을 저해하고 일련의 텍스트 유형을 단순 반복 재생산하는 데 그칠 수 있다는 점에 주의할 필요가 있다. 이런 한계를 극복하기 위해서는 학습자 스스로 유의미한 상황 맥락 안에서 장르에 대한 지식을 탐구하고 발견할 수 있는 기회를 제공하고, 글을 써야 하는 이유와 목적을 분명히 인식하면서 글쓰기 전 과정에 주도적으로 참여하고 능동적으로 의미를 구성해 나갈 수 있도록 지도하는 것이 바람직하다.

5 쓰기 교육에서 평가는 어떻게 할까

1) 쓰기 평가 원리

(1) 실제성의 원리

쓰기 과정에서 상황과 맥락이 중요하다면, 쓰기 평가 국면에서도 마땅히 맥락이 중시되어야 한다. 더욱이 쓰기 교수·학습 과정에서 학습자의 발달과 성장을 목표로 하는 평가 국면이라면 이 실제적인 쓰기 상황 맥락은 특히 중시되어야만 한다. 이 실제성의 원리는 쓰기 수행 평가가 실제적인 쓰기 과제를 중심으로 한 맥락화된 평가를 지향해야 한다는 것으로 요약되는데, 이를 위해서는 무엇보다 다양하면서도 실제적인 평가 맥락을 조성하는 것이 전제되어야 할 것이다.

(2) 지속성의 원리

한정된 시간에 그 자리에서 한 편의 글을 다 쓰도록 요구하는 일회적인 평가로 학습자의 쓰기 능력을 타당하게 평가하기란 대단히 어려운 일이다. 쓰기 상황이나 쓰기 과제의 변인이 학생의 쓰기 수행에 많은 영향을 미칠 수 있기 때문이다. 학생의 쓰기 능력을 제대로 평가하기 위해서는 시간을 두고 지속적으로 다양한 쓰기 상황에서 다양한 쓰기 목적과 형식의 글 여러 편을 대상으로 해야 하며, 그래야만 학습자의 쓰기 능력을 타당하게 평가할 수 있을 뿐만 아니라 학습자의 성장에 기여할 수 있을 것이다.

(3) 전인성의 원리

쓰기 평가는 학습자의 지식, 기능뿐만 아니라 태도까지도 종합적으로 평가하는 전인성의 원리를 지향해야 할 필요가 있다. 즉, 쓰기와 관련된 여러 가지 인지적 영역의 명제적·절차적 지식은 물론 이 지식을 어떻게 실제 쓰기 상황에 적용하여 의미를 구성해 나가는가에 대한 기능적인 측면, 어떠한 자세와 태도로 쓰기 활동에 임하는가 하는 정의적 영역까지 모두 평가의 대상으로 삼는다.

(4) 과정 중심의 원리

과정 중심의 원리는 쓰기에서 결과 못지않게 과정이 중요하고 학습자는 이 쓰기 과정을 통해서 변화하고 성장하고 발전해 나간다는 점을 중시한다. 따라서 결과물로서의 글만을 평가 대상으로 삼는 것이 아니라 계획하기, 초고 쓰기, 고쳐쓰기, 편집하기 등의 과정에서 요구되는 쓰기 전략의 적용 등을 통해서 한 편의 글을 생산해 가는 과정도 중요한 평가 대상으로 삼는다.

(5) 통합성의 원리

쓰기 평가는 교수·학습과 평가 과정이 분리되지 않고 서로 역동적이면서도 순환적인 교수·학습의 전반적인 체계 속에서 통합적으로 이루어지는 통합성의 원리를 지향해야 한다. 기존의 결과 중심의 평가 방식이 교수·학습 과정이 끝난 지점에서 투여됨으로써 학습 과정 자체에 대해서는 주변적일 수밖에 없었던 것에 비해, 교수·학습 과정과의 통합을 지향하는 쓰기 평가는 교수·학습 과정의 핵심부를 이루면서 그 질적 측면에 기여할 수 있다는 점에서 의미가 있다.

(6) 개별화의 원리

쓰기 평가는 학습자의 개인차를 인정하고 일련의 쓰기 발달 단계의 계열화된 연속체(writing development continuum) 안에서 각 학습자의 쓰기 발달 정도를 평가하는 개별화의 원리를 고려해야 할 필요가 있다. 한 교실 안에 존재하는 학습자들은 저마다 다양한 능력의 차이, 학습 속도 면의 차이, 각기 다른 흥미와 관심사 등을 지닌 존재이다. 쓰기 평가는 이러한 학습자들의 상대적인 우열이 아닌 개별 학습자들의 쓰기 능력이 얼마나 성장하고 발달하였는가에 관심을 두어야 한다. 이 개별화의 원리는 대체적인 쓰기 발달 단계를 일련의 계열화된 연속체로 상정하고 개별 학습자가 학습 시발 지점으로부터 학습 종료 지점에 이르기까지 쓰기 능력 발달 면에서 어떠한 변화가 있었는지에 대해 파악하고 기술하는 것을 중심으로 운용된다. 이를 위해서는 교수자이면서 평가자인 교사가 쓰기 과정 자체와 쓰기 발달 단계 전체를 계열화해서 볼 수 있는 전문적인 지식과 안목을 가지는 것이 절대적으로 요구된다.

2) 쓰기 평가 방법

(1) 쓰기 평가 기준

학습자의 쓰기 능력을 평가한다고 할 때 무엇을 중심으로 평가해야 할까? 또 일반적으로 쓰기 평가에서 좋은 평가를 받는 글들이 지닌 보편적 특성은 무엇일까? 평가자들은 글에 나타난 어떤 특성을 기준으로 점수를 부여하는가?

쓰기 평가는 일반적으로 학생들이 정보 전달, 설득, 사회적 상호작용, 정서 표현 등 다양한 유형의 글을 쓸 수 있는가, 쓰기 과정에서 창의적으로 아이디어를 생성하고 그 아이디어를 적절하게 조직하고 전개해 나갈 수 있는가, 자신의 생각을 정확하고 효과적인 표현을 바탕으로 정교하게 글로 발전시켜 나갈 수 있는가, 쓰기의 관습적 규칙을 준수하면서 글을 쓸 수 있는가 등을 종합적으로 고려하면서 이루어져야 할 것이다. 이러한 여러 가지 사항을 종합적으로 고려하여 쓰기 평가를 하려면 타당도와 신뢰도를 확보할 수 있는 객관적인 쓰기 평가 기준을 중심으로 학생의 글을 평가해야 할 것이다.

잘 정의된 평가 기준은 교사와 학생, 학부모 모두에게 학습자의 성취도를 증진시키는 데 어떠한 역할을 제공해야 하는가에 대한 공통적인 인식의 기반을 제공해 준다는 점에서 특히 의미가 있다. 일반적으로 바람직한 평가 기준의 요건으로는 교수·학습 목표 및 평가 목표와 잘 부합되어야 하고, 교사·학생·학부모 모두에게 신뢰가 가고 유의미해야 하며, 그 평가 내역과 기준이 명확하게 전달될 수 있어야 하고, 현재 학생의 성취 정도를 그 발달 단계에 맞게 적절하게 반영해 줄 수 있어야 한다는 점 등을 들 수 있다.

쓰기 평가 기준은 평가의 목적, 학습자들의 발달 수준, 글의 장르 등에 따라 달라야 할 것이다. 전통적으로 쓰기 평가 기준은 어떤 글이 좋은 글인가, 쓰기 평가에서 높은 점수를 받는 글들이 지닌 보편적 특성은 무엇인가, 쓰기 능력을 구성하는 구인(構因)은 무엇인가 하는 문제들을 고려하면서 쓰기 능력을 크게 글의 내용, 조직, 표현의 세 가지 범주를 중심으로 한 결과적 수행을 규정 짓는 방향으로 개발되어 왔다.

글의 내용, 조직, 표현의 세 가지 범주를 중심으로 한 일반적인 쓰기 평가 기준을 제시하면 〈표 9〉와 같다.

(2) 쓰기 채점 방법

쓰기 영역에서의 평가 방법은 실제로 글을 쓰게 한 후 쓴 글을 대상으로 평가하는 직접

표 9 쓰기 평가 기준의 예

	아주 좋음	좋음	보통임	나쁨	아주 나쁨
I. 글의 내용 범주					
1) 내용의 통일성	5	4	3	2	1
2) 내용의 풍부성	5	4	3	2	1
3) 사고의 참신성	5	4	3	2	1
4) 주제의 명료성	5	4	3	2	1
5) 내용의 적절성	5	4	3	2	1
II. 글의 구성 범주					
1) 단락 구조의 적절성	5	4	3	2	1
2) 글 구성의 적합성	5	4	3	2	1
3) 글 구성의 통일성	5	4	3	2	1
III. 글의 표현 영역					
1) 맞춤법/띄어쓰기/글씨	5	4	3	2	1
2) 어휘 사용의 적절성	5	4	3	2	1
3) 개성적 표현	5	4	3	2	1
4) 장르에 맞는 적절한 문체	5	4	3	2	1

평가와 글을 쓰게 하는 대신 쓰기 능력을 측정할 수 있는 평가 문항을 개발하여 지필 검사의 형식으로 평가하는 간접 평가로 나눌 수 있으나, 가급적 학습자의 쓰기 능력 및 태도를 직접 평가할 수 있는 방법에 중점을 두도록 한다. 직접 평가 방법을 사용할 경우에는 총체적 채점 방법(holistic scoring method)이나 분석적 채점 방법(analytic scoring method)을 활용할 수 있다.

총체적 채점 방법은 글 전체를 하나의 단위로 보고 글에 대한 전체적 인상에 의해 평가하는 방식이다. 우선 쓰기 교수·학습의 목표와 직결되는 평가 목표를 설정한 다음 이 목표를 고려하여 무엇에 중점을 두어 평가할 것인지를 평가자들이 협의하여 채점 기준표(rubrics)를 마련한다.

훈련받은 평가자들은 표집된 글을 대상으로 채점 기준표에 따라 채점해 나가는 과정을 통해서 대체적인 글의 질적 수준에 대한 인상을 바탕으로 평가 범주별로 가장 전형적인 특성을 보이는 글을 선정한다. 평가 위원들은 각 평가 범주별로 채점 기준을 검토·개발하여 기준이 될 만한 답안(anchor paper) 두세 편을 선정한다. 채점자들은 이 기준 답안과 채점 기준표에 의지해서 각각의 글을 재빨리 읽으면서 그 글이 어느 등급에 속하는지를 인상적으로 채점하게 되는데, 이 과정에서 등급 판정을 할 때 평가자들 간에 이견이 있으면 협의하여 조정하도록 한다.

이 총체적 채점 방식은 분석적 채점 방식에 비해 경제적일 뿐만 아니라 작문의 질을 전체적인 측면에서 판단할 수 있다는 점에서 효율적이다(Jett-Simpson, 1997). 이러한 채점 방식은 대체적인 발달적 쓰기 연속체(developing writing continuum)를 구성해야 할 경우나 제한된 시간 안에 많은 학생들의 글을 평가해야 할 경우에 더욱 유용하게 이용될 수 있다.

이에 비해 분석적 채점 방법은 글을 내용, 조직, 표현, 표기 및 어법 등 쓰기 능력을 구성하는 뚜렷한 특성 또는 범주별로 점수를 부여하여 총점을 산출하는 방식으로 이루어진다. 분석적 채점 방법으로 평가할 때는 우선 쓰기 교수·학습 목표와 직결되는 평가 목표를 설정한 다음 그 목표를 고려하여 분석적 평가의 항목과 평가 척도를 결정한다. 그다음 이러한 평가 항목별 평가 기준을 설정한다. 학생들이 작성한 작품 전체를 평가 항목별로 개별적으로 평가한 다음 평가 항목별 점수를 합산하여 학생의 개인별 점수를 산출한다.

분석적 채점 방법은 교수·학습을 촉진시키고 즉각적인 피드백이 중시되는 형성 평가 국면에서 더욱 유용하게 이용될 수 있다. 분석적 채점 범주의 하위 항목들을 중심으로 쓰기 수행의 특정 측면에 대한 의사소통이 가능하기 때문이다.

3) 쓰기 포트폴리오 평가

쓰기 포트폴리오 평가란 학습자가 일정 기간을 두고 쓴 여러 편의 글을 모은 작품집을 대상으로 하는 평가이다. 생태학적 평가관을 기반으로 하는 쓰기 포트폴리오 평가는 기존의 결과 중심의 평가와는 달리 자연스럽고 실제적인 쓰기 상황 맥락 안에서 학습자가 각기 다른 목적과 형식으로 충분한 시간을 두고 일련의 과정을 거쳐서 써낸 여러 편의 글들을 대상으로 평가한다는 점에서 충분히 그 타당도를 확보할 수 있게 된다. 쓰기 수행에 영향을 미치는 여러 요인들을 감안해 볼 때 단지 특정 주제와 장르의 글 한 편을 잘 썼다고 해서 다른 주제와 장르의 글을 잘 쓸 수 있는 능력이 있음을 보장할 수는 없기 때문이다.

캠프와 레빈(Camp & Levine, 1991: 203)은 쓰기 포트폴리오 평가의 특성을 다음과 같이 핵심적으로 정리하고 있다.

① 충분한 시간을 두고 여러 편의 글을 수집한다.
② 다양한 글쓰기 목적과 다양한 유형의 글을 대상으로 한다.
③ 과정을 중시하되 특히, 고쳐쓰기, 편집하기, 다시 쓰기 등의 과정을 강조한다.
④ 시간을 두고 이루어지는 개별 학생들의 필자로서의 변화를 볼 수 있다.
⑤ 작품을 선택하고 포트폴리오를 조직하는 과정을 통해 자기 평가적인 반성이 가능하다.

캠프와 레빈(Camp & Levine, 1991)이 위에서 정리한 쓰기 포트폴리오 평가의 핵심은 학생 스스로 작품을 선정하고 포트폴리오를 조직하는 과정을 통한 '자기 평가적인 반성(reflection)'으로 귀결된다. 포트폴리오(portfolio)가 단순한 쓰기 작품집(folder)과 구별되는 차이점은 바로 이 필자의 반성 과정이 있었는가의 여부이다. 쓰기 작품철이 포트폴리오가 되기 위해선 반드시 필자의 '반성' 과정이 수반되어야만 한다. 이 '반성'이야말로 단순한 작품철과 포트폴리오를 구별해 주는 가장 결정적인 특질이다(Yancey, 1996). '반성'은 학습자가 주체가 되어 포트폴리오에 어떤 작품을 포함하고 제외할까, 포트폴리오는 어떻게 구성하고 조직해서 제출할까에 대한 고민으로부터 비롯된다. 바로 이 고민이 학습자로 하여금 자신의 글을 읽고 스스로 평가하고 반성하게 만드는 것이다.

실제적인 쓰기 맥락 안에서 일정 기간 충분한 시간을 두고 다양한 조건하에서 쓰인 여러 편의 글을 대상으로 하는 포트폴리오 평가에서는 일회적인 결과적 수행을 중시하는 기존의 쓰기 평가와 다르게 학습자의 발달적 수행을 최우선적 가치로 본다. 학습자가 필자로서 얼마나 발전하고 성장하였는가 하는 이 '발달적 수행'의 정도는 일련의 쓰기 발달 연속체 안에서 파악되어야 할 필요가 있다. 즉, 처음 학습 시발 시점에 개별 학습자는 이 쓰기 발달 연속체 안의 어느 단계에 있었는데 일정 기간의 쓰기 교육을 받고 난 종료 시점에 필자로서 어느 정도로 변화·발전해서 어느 단계로 진입하였는지에 대한 '발달적 수행'을 기술해 줄 수 있어야 한다는 것이다. 따라서 쓰기 포트폴리오 평가 기준을 설정할 때는 우선 쓰기 교육의 목표로부터 전환된 평가 목표, 쓰기 발달 연속체 안에서의 개별 학습자의 발달적 수행 정도, 특히 어떠한 수행의 측면에서 변화를 보였는지에 대한 준거로서의 평가 범주의 요소를 충분히 고려해야 한다.

이러한 맥락에서 스판델과 컬햄(Spandel & Culham, 1996)에서 제안한 포트폴리오 평가 기준은 참조할 만하다. 이들은 포트폴리오의 평가 목적이 시간을 두고 이루어지는 학습자의 발달적 수행 정도, 자기 평가 능력의 신장임에 착안해서 모든 유형의 포트폴리오에 일반적으로 적용할 수 있도록 평가 범주를 크게 시간의 경과에 따른 변화(Change over Time), 다양성(Diversity), 문제 해결력(Evidence of Problem Solving), 포트폴리오의 조직 및 형식과 구조(Organization, Format and Structure), 자기반성(Self-reflection)의 다섯 가지로 나누고, 다시 그 하위 범주별로 수행의 정도에 따라 상, 중, 하(Strong–Developing–Not Yet)의 세 단계로 나누어 일반적인 특성을 중심으로 기술하였다. '시간의 경과에 따른 변화' 범주에서는 학습자가 제출용 포트폴리오에 수록하기 위해 선정한 작품들이 일정 기간 동안 수행의 특정 영역에서 얼마나 발달하였는지를 충분하게 증명해 줄 수 있는지를 판단의 기준으로 삼고 있다. '다양성' 범주에서는 포트폴리오를 통해서 학습자가 얼마나 다양한 유형의 과제와 기능을 수행할 수 있는가를 중심으로 평가하고, '문제 해결력' 범주에서는 학습자가 문제 상황을 어떻게 인식하고 필요한 전략을 활용하여 대안을 모색해 나가는가를 중심으로 평가한다. 또 포트폴리오의 '조직 및 형식과 구조' 범주에서는 학습자가 독자를 충분히 염두에 두고 포트폴리오의 내용을 얼마나 조직적으로 체계화하였는가 하는 형식적 측면을 중심으로 평가한다. 마지막으로 '자기반성' 범주에서는 학습자가 교육 목표를 중심으로 자신의 성취 정도 및 장·단점 등에 대해 반성적인 자기 평가를 하고 있는가에 대한 상위인지적인 측면을 평가한다. 스판델과 컬햄(Spandel & Culham, 1996)이 제안한 포트폴리오 평가 기준은 쓰기 평가 국면이 아닌 포트폴리오 전반에 적용하도록 마련된 것이긴 하지만, 포트폴리오 평가의 본질을 핵심적으로 파악하고 있어 쓰기 포트폴리오 기준을 설정할 때 적용할 만하다.

09

문법 교육

국어과 교육 중에서도 수업에 대한 전형이 좀처럼 변화하지 않는 영역이 바로 문법이다. 문법 영역은 특히 언어 능력과 창의력 전반을 향상시키는 데 도움을 주지 않고 학생에게 부담을 주며 흥미 유발도 하기 어렵다고 간주되곤 한다. 하나의 문장을 두고 문법 개념을 활용하여 문장 구조를 분석하는 수업을 문법 수업의 전형으로 떠올리곤 하기 때문이다.

'예쁜 꽃이 피었다.'

위와 같은 자료를 두고 '문장의 필수 성분, 개별 단어의 의미, 활용형에 대한 지식, 문장 종결법, 격조사에 대한 지식, 문장 확대 방법에 대한 지식, 해당하는 맞춤법 규정' 등을 가르쳐야만 문법 수업이며, 이것이 문법 수업의 전부라고 생각하는 것이다. 물론 이런 수업 역시 중요하지만, 문법의 개념과 지식을 익히는 것 자체가 문법 교육의 전부는 아니다.

문법 교육은 실세계의 언어 자료를 있는 그대로 대면하여 언어적 직관을 더 분명히 하도록 하는 탐구 활동을 기본으로 한다. 이러한 활동은 무의식적으로 사용해 왔던 언어에 대한 메타적 사고를 촉진함으로써 타 교과 학습의 기본인 과학적 사고의 근간이 된다. 문장이 맥락 속에서 어떻게 사용되는지, 특정 언어 형식이 주로 어떤 텍스트 장르와 연계됨으로써 특정 장르의 전형적 속성을 이루고 있는지를 파악하도록 한다. 더 나아가 창의성·인성 교육의 접점을 찾아 활동할 수도 있고, 특정 언어 형식이 특정 사회 집단의 의도를 대변하고 있음을 비판적으로 읽어 낼 수도 있다. 이처럼 문법 교육은 학습자가 주체적 탐구자로서 언어생활의 다양한 국면을 관찰하고 분석하고 성찰함으로써 바람직한 국어 인식을 형성하고 언어 공동체의 일원으로서 지속적으로 성장할 수 있도록 돕는다.

1 문법 교육의 목표

1) 문법 교육이 목표로 하는 교육적 인간상

문법 교육은 어떤 학습자를 길러 내고자 하는가? 문법 교육과정은 '언어적 주체'라는 개념으로 인간을 바라보는 관점을 반영하고 있지만, 지식적 성격이 강한 영역적 특성으로 인해 이를 읽어 내기가 어려운 듯하다. 이를 위해 문법 교육의 주요 목표점을 구성해 온 교육사적 맥락을 이해해야만 한다. 문법 교육에서 지향해 온 교육적 인간상은 실용적 인간, 탐구적 인간, 공동체적 인간으로 압축할 수 있는데, 이는 문법 교육과정의 목표에 복합적으로 반영되어 있다.

(1) 실용적 인간을 길러 내기 위해: 올바르고 정확한 언어생활

근대 교육은 인류 역사상 최초로 우매한 하층민을 교육 대상으로 삼아 이전 시대와는 다른 실용적 목표를 지향하기 시작하였다. 올바르고 정확한 언어생활을 영위하는 인간상은 근대 언어 교육에 이르러서야 설정되었던 것이다. 따라서 후술할 '탐구적 목표' 지향 언어 교육의 역사와 비교해 볼 때, 실용적 목표 지향 언어 교육은 그 교육적 전통이 오히려 짧다.

오늘날의 실용성이란 단지 배운 지식을 사회에서도 활용할 수 있어야 한다는 의미를 넘어선다. 불확실성의 시대에 '지식'은 불확정적인 상황(문제에 대한 답이 알려지지 않은 시점)과 어떤 문제에 대한 궁극적인 해결(문제에 대한 답이 알려진 시점) 사이를 조정하는 역할을 한다. 즉, 실용성은 일상과 학문 모두에서 해결해야 하는 문제를 자발적으로 발견하고 이를 주체적으로 해결하는 지향을 의미한다. 이는 삶의 목적이자 학습의 목적이 되었고, 더 나아가 후술할 '탐구적 인간'과 동일한 궤를 지향하게 되었다. 이러한 점은 OECD 2030 프로젝트에서도 강조하고 있으며, 우리 교육과정에서도 삶과 연계한 학습을 추구하며 다양한 국어 활동 경험을 제공하도록 하고 있다.

실용성 지향의 문법 교육은 '올바르고 정확한' 언어생활을 영위하는 학습자를 목표로 해왔다. 그러나 최근 '올바르고 정확한 언어'에 대한 함의가 달라져서 모든 사람이 단 하나의 동질한 언어를 사용하는 것이 아니라 모두의 언어가 다를 수 있음을 인정한다. 학습자가 대면해야 하는 언어적 삶이 바뀌었기 때문이다.

(2) 탐구적 인간을 길러 내기 위해: 언어를 대상화하고 언어로 문제를 구성하고 해결할 수 있는 생활

탐구적 목표의 지적 전통은 오래되었다. 근대 이전 서양에서는 교양 있는 지도자를 양성하는 것이 교육의 목표였고, 수사학·논리학과 더불어 문법 교육을 중요하게 다루었다. 지도자가 되려는 학습자들은 어려운 문법을 견뎌야 했다. 일상생활에서 바로 적용할 수 있는 내용이 아니었으므로 당시 문법 교육의 목표는 실용성과 전면적으로 배치되었다.

흔히 '실용성'은 지식을 경시하는 것으로, '탐구성'은 삶과 유리된 것으로 오해받는다. 그러나 전술하였듯이, 이 둘은 긴밀한 관련성을 지닌다. 사실 인간의 발달 과정 자체가 탐구 활동의 연속이다. 언어적 탐구는 태어나면서부터 생애 전반에 걸쳐 이루어진다. 인간은 태어나자마자 모든 수단을 동원하여 '탐구(mathetic)'하는 동시에 탐구한 것을 실험하는 '실행(pragmatic)'도 한다. 이러한 언어적 탐구의 삶 자체가 지식 구성 및 학습의 과정이며, 더 나아가 삶 그 자체이다.

문법 교육에서 '탐구적 인간'이란 언어 자체를 대상화할 수 있는 능력이 있으며 언어로 스스로 문제를 구성하고 해결할 수 있는 인간을 의미한다. 학습자 스스로가 언어적 주체로서 일상 언어 자료를 대면하여 동시대의 다양한 사회 집단의 언어 문제를 발견하고 그 문제의 기원을 탐색하며 이를 해결하고자 탐구 활동을 수행한다.

(3) 공동체적 인간을 길러 내기 위해: 한국어 공동체의 일원으로서 요구되는 언어생활

문법 교육에서는 언어 공동체의 일원에게 요구되는 언어생활을 영위하는 인간을 길러 내고자 한다. 그동안 문법 교육에서는 학습자가 한민족이라는 공동체에 동의하도록 하기 위해서 공교육의 힘으로 언어를 동질화하는 것이 중요한 과업이었다. 국가와 민족이 위기 상황이었던 일제강점기에 단일 공동체로 통일하기 위해서 '표준, 규범'을 공고히 하기 위한 문법 연구가 이루어졌고, 그 성과로서의 '표준 및 규범'이 곧 국어 교육의 전부였다.

그러나 지금은 우리 사회가 다민족·다문화 국가로 나아가기 위한 노력을 거듭하고 있기에 '이념적 인간'에 대한 상이 완전히 바뀌고 있다. 단지 내 주변의 공동체만이 아니라 통일 시대를 고려한 공동체, 해외 동포를 포함한 공동체 등 한국어 사용자의 표준이 무엇인지 규정하기가 어려운 정도가 되었다. 그에 따라 언어 역시 동질한 언어가 아닌 다양한 변이형을 인정하고 있다.

개인이 자발적으로 한국어 공동체를 거부하기도 하는 시대에, 문법 교실에서는 '왜 한국어이어야 하는가'를 적극적으로 생각하도록 함으로써 한국어 공동체라는 상상의 공동체에 자발적으로 참여하게 해야 한다. 한국어를 제1 언어로 하지 않는 학생에게는 특히 '왜 한국어인가'를 설명할 수 있는 논리를 마련해 두어야 한다. 더 나아가 세계 시민으로서 내가 속한 언어 공동체 및 자아 정체성까지 성찰하도록 해야 한다. 학생들은 문법 영역에서, 태도 및 가치 범주에서 제공되는 교육 내용을 중심으로 국어 공동체를 둘러싼 이념적 논리를 학습하게 된다.

2022 개정 국어과 교육과정에서는 학습자가 자신이 속한 공동체의 언어문화에 관심을 가지고 이를 탐구하면서 자신의 언어생활을 성찰하고 개선하는 태도를 갖출 수 있어야 함을 강조한다. 이는 앞선 세 종류의 인간상을 하나로 합쳐 기술한 것이다.

2) 국어 교과 내에서 문법 교육의 역사적 위상

문법 교육이 그동안 국어 교과 내에서 지녔던 위상은 크게 두 가지이다. 첫째, '의사소통 능력과 문법'의 관계에 의거하여 문법 교육이 지니는 위상이 논의된 경우로, (1)에서 살펴본다. 둘째, 타 영역과의 관련성에 의거하여 문법 교육이 지니는 위상으로, 이는 (2)에서 살펴본다.

이 2개의 준거가 혼동되기도 하는데, 실상은 동일선상에서 논의할 수 없는 것이다. (1)이 학문적 가설에 대한 학자 간의 논쟁이라면, (2)는 교육적 가치 부여 문제와 관련된 선택적 위상이다. 즉, (2)는 국어과 교육과정의 개정 과정에서 문법 교육에 대한 특정한 견해를 선택하고 특정 교육적 관점에 따라 영역 간의 관계도 선택함으로써 귀결된 것이다.

(1) 문법 교육 무용론: 의사소통 능력과 문법의 관계 설정

'의사소통 능력의 신장 - 문법의 역할' 관계에 대한 입장 차이는 '문법 교육 무용론과 유용론'이라는 입장 차이를 초래한다. 서양에서도 문법은 논쟁의 대상이었다. 각종 과학 실험 결과에서는 '의사소통 능력', '듣기·말하기·읽기·쓰기 능력'에 문법이 그다지 효과가 없는 것으로 나타났다는 수많은 근거를 내놓기도 하였고, 또 다른 실험에서는 이와는 정반대의 결과가 나오기도 하였다.

'문법 교육 무용론'의 논리는 다음과 같다. 이들은 모어 화자인 학습자들이 이미 이른 시기에 문법 구조에 숙달되었다는 점을 들어 국어 교육에서 문법 교육은 더 이상 필요 없다고 주장한다.

그러나 핵심은, '어떤 종류의 문법인가'이다. 무용론자들이 주장하는 문법의 범위는 지극히 좁은 개념이다. 문법 교육 무용론을 뒷받침하였던 실험에서도 실험에 사용한 '문법의 종류'가 문제였다. 모어 화자가 이미 통달해 있는 '구조'에만 국한한다면 당연히 무용론을 지지하는 결과를 낳을 수밖에 없다. 문법 개념의 외연을 확장한 지금의 국어 교육에서는 문법 교육의 유용성에 대해 더 이상 의심하지 않는다.

(2) 타 영역과의 관련성 여부: 통합적·독자적 입장

문법 교육의 위상은 또한 국어 교과 내 타 영역과의 관련성 여부에 따라 논의되기도 한다. 다른 영역과의 관련성에서 문법 교육의 존재 의의를 찾는 입장을 '통합적 입장', 관련짓지 않더라도 문법 교육 자체로 독자적인 의의를 지닌다고 보는 입장을 '독자적 입장'이라고 일컫는다. 제7차 국어과 교육과정에서부터는 두 입장 모두를 존중하는 '포괄적 입장'을 취하고 있다.

문법이 의사소통 능력에 기여하는지 여부를 두고 논쟁하는 것은 무의미하다. 문법 교육 무용론은 '어떠한 문법이어야 하는가'를 고민하지 않은 상태에서 도출된 가설에 지나지 않는다. 또한 문법 교육의 역할을 교육과정 문서상에서 보이는 '기능 영역과의 관련성'만을 염두에 두고 정리하는 것도 온당치 않다. 장기적으로는 이러한 논리에서의 '통합적·독자적 입장' 명명 방식은 사라져야 한다. 이러한 문법 교육이 교육과정 문서상에서 취해야 할 '정치적 입장'만 보여 줄 뿐 문법 교육의 본질적 위상을 이론적 근거에 따라 말해 주지 않고 있기 때문이다.

'통합적 입장'을 정립하더라도 '언어와 언어 활동의 본질'에서 천착한 '통합의 원리'를 찾아 국어 교과 전체의 철학적 토대를 이룰 수 있도록 해야 한다. 20년간의 노력으로 문법 교육은 점차 이러한 역할을 담당할 수 있는 역량을 갖추게 되었다. 이에 대하여 다음에서 살펴본다.

3) 문법 교육의 본질적 위상

문법 교육의 본질적 위상은 학습자가 의미를 언어화하는 데 필요한 지식, 기능, 맥락을 서로 긴밀히 관련시키는 토대로서 의의를 지닌다. 국어문법교육학은 사회언어학, 텍스트언어학, 체계기능언어학 등의 연구 성과를 적극적으로 반영한 결과 문법 교육의 본질적 역할을 다음과 같이 정리할 수 있게 되었다.

국어과 교육에서 '문법' 영역의 본질적 역할

① 정확하고 효과적인 의사소통을 위한 기초적·규범적 원리를 제공하는 영역으로서의 역할

② 다양한 소통 상황에서 활용할 수 있는 사회적 언어 자원을 제공하는 영역으로서의 역할

③ 자신의 언어를 대상화할 수 있는 과학적 탐구자이자 주체적 언어 사용자를 길러 내기 위한 영역으로서의 역할

①은 문법 영역이 수행해 내야 할 핵심 역할로 간주되어 이에 대한 학습이 초등학교에서부터 이루어지기 시작한다. 그렇지만 전통적으로 초등학교에서 다루어 온 문법 내용의 범위는 소통의 정확성과 규범성을 위해 필요한 기초 수준을 확인하는 정도여서, 중학교 입학 이후에 다시 용어를 익히고 재체계화하여 이를 구조적·체계적 지식으로 완성해 가야 한다. 그 결과 국어과 문법 영역의 학습에서 대부분의 문법에 대한 기본 지식은 중학교 시기와 고등학교 1학년에서 집중적으로 학습하고 있다.

②는 국어과 활동의 본질로 의미를 언어화하는 것인데, 문법 교육이 이에 답해 줌으로써 이 역할을 담당하고 있다. 여기에서 '다양한 소통 상황'이란 상황 맥락 층위 및 사회·문화적 맥락 전반을 의미하며, 구체적으로 언어 자료를 선택할 때에는 담화 텍스트의 종류로 대응하여 보아도 된다. 체계기능언어학의 철학에 따라 '모어 화자가 왜 그 상황 맥락/사회·문화적 맥락에서 그 언어 형식을 선택하는가'라는 물음에 답하는 방식에 따라 교육 내용이 제공된다. 이 원리에 따라 문법 교육에서는 학자가 정립한 '결과적 지식'이 아닌, 모어 화자가 언어 활동 과정에서 활용한 '과정적 지식'이 무엇인지 발굴하게 되었다. 그 성과는 2015 개정 국어과 교육과정의 '언어와 매체' 과목 성취기준에서 갈래와 언어적 형식의 관계를 살펴보

는 것을 시작으로 반영되었고, 2022 개정 국어과 교육과정에서부터는 전반적으로 이 원리와 내용이 강화되었다.

이와 관련하여 가장 눈에 띄는 변화를 보자면, 기존 2015 개정 국어과 교육과정의 고등학교 1학년 '국어'에서 일괄적으로 다루던 문법 요소(피동, 인용, 높임, 시간 표현) 관련 내용을 학년(군)별로 계열화하였다. '높임 표현과 지시·접속 표현'(초등학교 3-4학년) → '시간 표현'(초등학교 5-6학년) → '피동 표현과 인용 표현'(중학교 1-3학년) → '다양한 분야의 글과 담화에서의 문법 요소(피동, 인용, 시간, 높임 표현)'(공통국어1)로 반복·심화될 수 있도록 계열화한 것이다. 이는 기본적으로 '문법 요소를 한데 놓고 지식 체계를 구성'하는 데 방점을 두지 않고 문법 요소가 담화 유형별로 의미 구성의 자원으로 활용된다는 점을 깊이 있게 이해하도록 한 것이기에, ②의 역할을 본격화한 것이라 볼 수 있다.

예로 든 문법 요소 이외에도 어휘 및 문법적 장치를 다양하게 다룰 수 있다. ②를 목표로 개발되는 내용은 실제 국어과 교수 학습에서는 '문법' 시간에 다룰 수 있지만 '화법·읽기·쓰기' 시간에도 다룰 수 있다. 문법 지식을 국어학자가 분석한 결과인 지식으로 보는 것이 아니라 모어 화자가 표현 과정에서 활용하는 '과정적 지식'으로 본다면, 학습자의 고쳐 쓰기 과정에서 나타나는 메타인지 양상이란 곧 어휘문법적 선택 과정을 추적(신희성, 2020)하는 것으로 간주할 수 있는 것이다. 최근 문법 교육에서는 이러한 연구도 활발하게 진행되고 있다.

그러나 ①과 ②의 역할 모두가 이루어지고 하나로 어우러지도록 하려면 ③이 전제가 되어야 한다. ③에서는 문법 교육에서 주로 이루어지는 두 가지 활동, 즉 국어 탐구 활동과 국어 인식 활동을 명시하고 이에 대해 기술하고 있다.

학습자는 국어에 '대하여' 배움으로써 '지식'만 얻지는 않는다. 자신의 언어를 '대상화'하여 국어를 메타적으로 인식하는 특유의 눈과 논리로 언어의 세계를 조망할 수 있는 안목을 얻는데, 이러한 활동이 바로 국어 인식 활동이다. 그 과정에서 인간의 언어에 대하여, 나의 말과 글에 대하여, 우리 말글과 남의 말글에 대하여 나름의 태도와 가치를 형성하기도 한다. 언어에 대하여 메타적으로 인식하는 활동 그 자체에 대한 감정적 반응 역시 반복을 통해 일관성 있는 하나의 성향으로 자리 잡을 수 있다(김은성, 2006).

이 점에서 유의해야 할 점은 '국어 인식 활동'이 그 과정에서 '국어 탐구 활동'을 포함한다는 것이다. 구체적인 언어 자료를 대상화하여 메타적으로 인식하는 인지 활동은 학습자가 언어를 과학적 태도로 대하며 주체적으로 탐구하는 활동이다. 대상화된 언어 자료에서 구조적 지식 체계 자체를 학습하는 데 초점을 둘 수 있으나, 화자의 언어 선택 의도가 달라지는 지점을 사회문화적 맥락 및 이데올로기에 따라 읽어 낼 수도 있다. 이는 비판적 문식성과 깊이 관련된다. 즉, 국어 인식 활동과 국어 탐구 활동은 서로 분리되지 않는다. 문법 활동의 본질은 인지적인 면과 정의적인 면 모두가 통합되는 활동인 것이다.

교사는 학습자가 문법을 학습하는 일련의 과정을 학습자의 사고 행위를 중심으로 관찰하고 최종적으로는 바람직한 태도를 형성하도록 하기 위해 문법 교육을 어떻게 계획·설계해야 하는지 고민한다. 따라서 ①, ②는 결국 ③이 전제되어야만 하고, 그래야 세 유형의 문법 활동이 학습자 내에서 제대로 연계될 수 있다.

문법 영역의 성취기준에 결합된 내용 요소는 한국어학에 대한 지식을 기본으로 하는 경우가 많다. 그러므로 목표에 부합하는 언어 자료를 구성하기 위해서는 한국어학에 대한 지식을 당연히 익혀야 한다. 문학사적 지식이나 문학 개념 없이 문학 작품을 감상할 수 있으나 학습자의 문학 능력을 향상시키기 위하여 지식과 개념을 익히는 것과 같은 이치이다. 교사가 문학 지식과 개념을 깊이 이해하고 있을수록 학습자에게 유의미한 감상 및 창작 활동을 구상할 수 있듯이, 문법 영역에서도 마찬가지이다. 학습자에게 지식과 개념을 가르치지 않더라도 교사는 한국어학 지식을 익혀야만 성취기준에 부합하는 내용 요소를 제대로 다루어 유의미한 자료를 바탕으로 탐구 활동을 설계할 수 있다.

학습 목표를 ①~③ 중 어디에 두는지에 따라서 내용 요소들의 '범위'가 달라질 수 있다. ②에서는 문법 내용 요소를 담화·텍스트적 관점에 따라 다루는 것이 최우선적이며, ②에서 다루기 어려웠던 국어사 관련 내용을 ③에서 본격적으로 다룰 수도 있다. '형태소의 종류', '문법 요소의 특성'을 목표에 부합하게 자료로 구성한다면 ②, ③의 내용 요소가 될 수 있다. 요컨대, '내용 요소의 선정 범위'에 대한 논의보다 적절한 학습 활동을 어떻게 구성할 것인가를 구체적으로 논의하는 것이 중요하다. 국어 교사는 ①, ②, ③ 각각이 담아내는 문법 교육의 구체적 모습과 학습자상이 어떻게 달라지는지를 확인하면서 실천하는 것이 중요하다.

4) 문법 교육 목표의 실행

앞서 문법 교육이 지니는 본질적 목표와 위상을 살펴보았다. 그런데 문법 교육의 목표는 시대의 흐름에 따라 그 강조점이 달라질 수 있어서, 교육과정이 개정될 때마다 특정 목표가 강조되거나 약화될 수도 있다. 특히 선택 교육과정의 문법은 단독으로 과목을 형성하지 않고 다른 영역과 통합적으로 과목을 형성해 왔다. '독서, 매체, 화법'과 통합된 각 과목에서 문법 교육이 실행되는 모습이 다양하게 나타났던 것이다.

또한 동일한 시기에도 교육과정 실행 층위에 따라서 문법 교육의 목표는 다소 다른 모습으로 구체화된다. 교육 목표의 실천 층위는 크게 셋으로 나눌 수 있다. '교육과정 층위의 목표', '교과서 층위의 대단원·소단원 목표', '개별 차시 단위의 수업에서의 학습 목표'가 그것이다. 현행 초·중등 국어 교과서에서 문법 영역의 목표가 상세화된 대단원 하나를 선택하여 그와 관련된 교육과정 항목이 무엇인지 파악해 보자. 그리고 그 결과를 다음 빈칸에 정리해 보자.

- 교육과정 층위의 목표:
- 교과서 층위의 대단원 목표:
- 교과서 층위의 소단원 목표

  1소단원:

  2소단원:
- 교과서 층위의 소단원 활동들의 목표

  1소단원 활동 1:

  활동 2:

  활동 3:

  2소단원 활동 1:

  활동 2:

  활동 3:
- 개별 수업 단위에서 설정 가능한 학습 목표

  1차시:

  2차시:

  3차시:

  4차시:

목표의 실천 층위를 인식하면, 교육과정과 교과서의 관계, 교과서 내 '대단원-소단원-각 활동'의 관계, 각 차시별 수업의 연계성 등을 제대로 파악할 수 있다는 장점이 있다. 문법 교육의 경우는 특히 '목표-내용' 관계를 유기적으로 인식할 수 있다는 장점도 있다. 문법 영역은 다른 영역과는 달리 가르칠 내용이 분명히 정해져 있다고 생각해 온 경향이 있다. 그래서 문법 교육에서만은 '목표-내용'을 설정하는 데 문제가 없다고 생각하곤 한다. 문법 교육에서

'한국어학에 대한 지식을 익히는 것이 목표이자 내용'으로 생각하는 경우에는 '목표-내용'이 거의 일치하여 아예 '목표-내용' 관계를 설정하는 것 자체가 어렵게 된다.

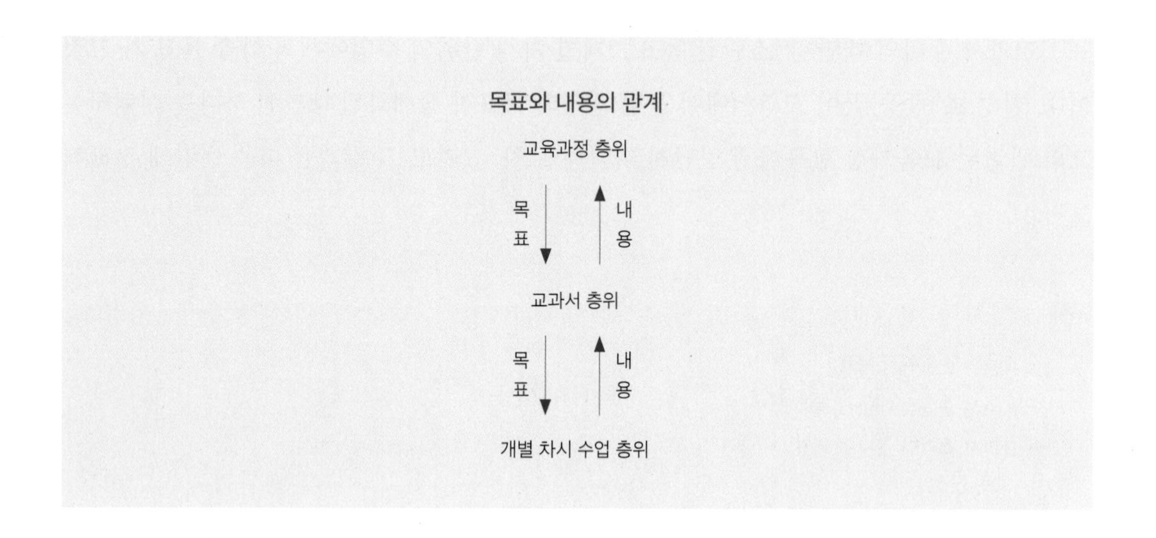

목표와 내용을 결정적으로 구분할 수 있는 기준은 '교육의 실천 층위'이다. 개별 차시 단위 수업의 학습 목표는 교과서 층위의 목표를 채우는 '내용'이라고 할 수 있고, 교과서 층위의 목표는 교육과정 층위의 목표를 채우는 내용이다. 하위 층위의 목표는 상위 층위의 내용인 것이다.

문법 교사가 실제 수업에서 더 유의해야 할 점은 내용 요소가 목표를 제대로 담아내고 있는지를 인식하는 것이다. 실천 층위를 인식하면 목표와 내용의 관계를 파악하기 쉬우므로, 내용의 목표와 관련성 정도를 인식하는 데에도 유용하다. 과연 그 내용이 목표를 표상하고 있는가? 명시적이든 암시적이든 그 내용을 학습하면 그 목표를 달성할 수 있는가? 이와 같은 물음을 인식하는 과정이 수반되어야 한다. 특히 문법 영역에서는 '자료'나 '내용 요소'로 교육 목표를 단정하기가 쉽다. 비슷한 내용 요소와 활동처럼 보이더라도 교과서의 필자가 의도한 목표가 무엇인지 명확히 파악해야 한다.

예를 들어 보자. 첫째, 초등학교 교과서에 꾸준히 등장하는 '교육 내용' 또는 '자료'로 의성어 및 의태어, 재미있는 말이 제공되며, 이들 언어 자료 자체를 대상화하여 메타적 활동을 하도록 하는 내용이 꾸준히 등장한다. 그러나 '재미있는 말'의 범위와 '재미있는 말놀이를 통해 도달할 수 있는 목표'는 교육과정 차수별로 달라졌는데, 최근에는 동음이의어와 상하위어 등의 문법 내용 요소를 문학 영역과 통합하여 다루고 있기도 하다.

둘째, 형태소 '-었-'을 주로 '서사적인 글'을 인식하는 문법 표지로 인식하는 활동인 경우 문법 영역의 본질적 역할인 ②에 초점을 둔 것이다. 가게 점원이 '-시-'를 주체를 높이는 데 사용한 게 아니면서도 문장에 과도하게 사용한 경우, 문법 영역의 본질적 역할인 ①에 따른다면 맞지 않는 표현이다. 그러나 ③에 따른 목표를 설정한다면 왜 점차로 '-시-'를 공손성을 드러내는 표지로 전용하여 쓰는 상황이 생기는지, 더 나아가 사회 전반적으로 높임법 체계가 변화하고 있는 현상을 관찰하며 비판적으로 성찰해 보도록 할 수 있다.

2 문법 교육 내용은 무엇인가

1) 국어문법교육학과 국어학적 지식의 관계

국어문법교육학은 국어학과 차별화되는 인식론과 연구 방법을 공고히 하면서 괄목할 만한 성장을 보여 왔다. 그에 따라 역대 교육과정 문서를 간단히만 보더라도 그 어느 영역보다도 교육 내용의 정체성이 다채로우면서도 역동적으로 변화하고 있음을 알 수 있다. 또한 한국어학에 대해 폭넓게 이해하는 것을 기반으로 해야 그와 차별화되는 문법 교육과정에 대해 올바르게 이해할 수 있다. 그렇기에 교육과정에 간략히 기술된 내용을 제대로 이해하기란 보통 어려운 일이 아니다.

여기에서는 문법 교육 내용의 정체성을 올바르게 이해하고 이를 통하여 국어 문법 교육 내용은 단지 국어학의 연구 성과를 간략히 하여 제공하는 것이 아님을 명확히 한다. 한국어학에서는 언어 단위별 각 세부 분야마다, 더 나아가 세부 단위에 대한 학파의 관점마다 모두가 다 특화된 전공으로 간주되고 있기에, 여기에서 그 많은 기반적 지식을 다 설명할 수는 없다. 국어문법교육학에서는 국어학의 '계'를 자원으로 삼아 국어 문법 교사가 관심 있는 이론적 층위로 실제로 수업할 수 있는 이론을 구성한다(김은성, 2016: 18). 중요한 점은 교사가 어학적 지식에 대하여 어떻게 접근해야 하는지, 수많은 언어학파 중에서도 어떤 관점이 특히 교육과정에 강력하게 반영되고 있는지를 살펴보는 것이다.

2) 학교 문법 또는 표준 문법

학교 문법(school grammar)이란 원래 중세 이래 서양의 언어 교육에서 외국어인 그리스어, 라틴어를 가르치기 위해 구성하였던 문법이다. 한편 'pedagogical grammar'를 '학교 문법'으로 번역하는 경우도 있는데, 이는 외국어 학습자에게 필요한 교육용 문법 학습 과정을 가리키는 개념이다. 비슷한 개념으로 교육 문법(educational grammar)이 있는데, 자국인 학습자에게 필요한 언어에 대한 풍부한 자원, 경험, 지식을 제공할 수 있는 넓은 의미의 문법이다. 외국에서는 'pedagogical grammar'와 동일한 개념으로 쓰기도 하나, 우리나라에서는 구분하여 쓰고 있다. 외국에서는 '자국어 교육'에 대한 연구가 거의 없기 때문인 것으로 보인다.

표준 문법(standard grammar)은 '규범 문법'으로 번역되기도 하였다. 2000년 이후 국립국어원에서 한국어 교육 문법을 표준화하기에 나섰는데, 이후 '표준 문법'은 한국어 교육 분야에서 주로 사용되어 왔다. 그러나 유현경(2013)에서는 '표준 문법'을 국어 교육 문법이나 한국어 교육 문법, 학문 문법, 생활 문법 모두에 기준을 제공하는 문법이라고 정의하고 있다. 표준 문법은 특정한 교육 목표를 상정하거나 특정 학습자를 대상으로 하지 않아야만 '모든 문법'의 '참조 문법(reference grammar)'으로서의 역할을 제대로 수행할 수 있다.

19세기 말 과학적인 국어 연구를 시작하면서 그 결과물로 정서법을 제정하고 사전을 만드는 데 목적을 두었기 때문에 문법 연구는 원래 규범적인 성격을 지녔었다. 그 이후 국어 문법을 표준화하기 위한 노력이 지속적으로 이어졌기에, '기술 문법', '표준 문법', '규범 문법', '학교 문법'이라는 용어가 혼용되었던 것으로 보인다(유현경, 2013). 이들 개념을 구분하는 것보다 더 중요한 것은 '학교 문법'이라는 용어 자체에 내포된 역사와 언어관이다. 그동안 학교 문법은 그 교육적 의의를 투철하게 고려하지 않은 채 교육되었기 때문에, 원래의 중세적·전근대적 언어관에서 탈피하지 못하여 지금의 위기를 낳을 수밖에 없었다. 자국인을 대상으로 하는 문법 교육은 '학교 문법'이 아닌, 교육용 패러다임에 의거한 '교육 문법'을 대상으로 한다(김광해, 1997).

현재 검인정 교과서 체제에서 기준이 되는 내용을 제공하는 참조 문법(reference grammar)은 제7차 문법 교과서의 내용이다. 국립국어원에서는 유현경 외(2019)를 펴내면서 해당 책에서 제시한 표준 문법 체계를 참조 문법으로 삼아 국어 교과서의 문법 내용을 폭넓고 타당하게 기술할 수 있을 것으로 기대하였으나, 현재 검인정 교과서를 출간하는 출판업계에서는 여전히 제7차 문법 교과서를 참조 문법으로 삼고 있다. 사실상 국어과에서의 문법 교육 내용이 점차 축소된 반면 국어원의 표준 문법 내용은 국어학적 성과 중 정설을 중심으로 집대성되었기 때문이다.

3) 2022 개정 국어과 교육과정에서의 문법 교육 내용

(1) '국어', '공통국어1', '공통국어2' 과목의 '문법' 영역 내용 체계와 성취기준

문법 영역은 2022 개정 국어과 교육과정에서 가장 많은 변화를 보이고 있다. 최근 30여 년간의 국어문법교육학의 혁신적이고도 독립적인 연구 성과들이 거의 모두 압축적으로 반영된 결과물이라고 평가할 수 있다. 즉, 사회언어학, 텍스트언어학, 체계기능언어학 등의 연구 성과를 유의미하게 반영하여 교육 내용을 학생들의 언어생활과 보다 긴밀하게 연계하고 학습의 실제성을 높였다. 그 결과 언어의 체계와 구조에 대한 지식을 넘어서서 '다양한 맥락에서 실제 사용되는 국어의 역동성', '국어의 다면성을 고려한 국어 탐구 경험의 다양화'를 추구하게 되었으며, 다양한 집단 사회의 언어에 대한 언어적 관용까지 다루어, '언어 인식에 기반한 언어 주체의 정체성 발달'도 꾀하는 영역으로 거듭나게 되었다. 또한 기초 문식성 교육을 강화하기 위하여 내용 체계에 '한글의 기초와 국어 규범' 범주를 신설하여 이에 대한 교육 내용을 체계적으로 계열화한 부분도 눈여겨보아야 한다.

① '문법' 영역 내용 체계

문법 영역의 핵심 아이디어는 앞서 기술한 '문법 영역의 본질적 역할'을 모두 제대로 담아내고 있다. 첫째, 문법은 단지 언어 형식의 체계만이 아니라 '국어의 내용을 이루는 틀'이라든지, 규칙이기도 하지만 '원리'이기도 하다는 점을 분명히 하고 있다. 문법 탐구에 대해서도 '문법에 대해 사고하는 활동'이라고 최초로 정의를 내림으로써 문법을 대상화하는 활동임을 강조하고 있다. 둘째, 체계 및 구조를 갖춘 국어는 '의미 생성 자원'임을 강조한 부분에서는 체계기능언어학의 언어관이 그대로 반영되었다. 이때의 국어는 '모어 화자의 언어화 과정에서 선택되는 표현의 힘으로서의 과정적 지식'이다. 셋째, 국어 자료는 의사소통의 결과물로 인식되되 '다양한 맥락'에서 만들어짐을 알 수 있어야 한다. 결과물로서 대면할 수 있는 국어 자료는 국어 활동의 대상이 된다. 넷째, 국어 사용자는 '국어 현상'을 있는 그대로 대면하는 인식 활동을 수행할 수 있어야 하고, 이를 통하여 '국어 문제'를 구성하여 탐구할 수 있어야 한다. 이러한 국어 인식 활동이 쌓여 가는 가운데 국어에 대한 성찰적 태도가 생성되며, 이는

표 1 2022 개정 국어과 교육과정의 '문법' 영역 내용 체계

<table>
<tr><td colspan="2">핵심 아이디어</td><td colspan="4">• 문법은 국어의 형식과 내용을 이루는 틀로서 규칙과 원리로 구성·운영되며, 문법 탐구는 문법에 대해 사고하는 활동으로 국어에 대한 총체적 앎을 이끈다.
• 국어는 체계와 구조를 갖춘 의미 생성 자원이자, 사회적으로 구성된 관습적 규약이며, 공동체의 사고와 가치를 표상하는 문화적 산물이다.
• 국어 자료는 다양한 맥락에서 만들어지는 의사소통의 결과물로서, 국어 현상을 파악하고 국어 문제를 발견할 수 있는 문법 탐구의 대상이다.
• 국어 사용자는 일상생활에서 국어 현상과 국어 문제를 탐구하고 성찰하면서 언어 주체로서의 정체성과 국어 의식을 형성한다.</td></tr>
<tr><td colspan="2" rowspan="3">범주</td><td colspan="4">내용 요소</td></tr>
<tr><td colspan="3">초등학교</td><td>중학교</td></tr>
<tr><td>1~2학년</td><td>3~4학년</td><td>5~6학년</td><td>1~3학년</td></tr>
<tr><td rowspan="3">지식·이해</td><td>언어의 본질과 맥락</td><td></td><td>• 의사소통과 관계 형성 수단으로서의 언어
• 참여자 간 관계 및 장면에 따른 언어</td><td>• 음성언어 및 문자언어의 특성과 매체
• 지역에 따른 언어와 표준어</td><td>• 국어의 음운 체계와 문자 체계
• 세대·분야·매체에 따른 언어</td></tr>
<tr><td>언어 단위</td><td>• 글자·단어·문장</td><td>• 단어의 의미와 단어 간의 의미 관계
• 단어의 분류
• 문장의 기본 구조
• 글과 담화의 높임 표현과 지시·접속 표현</td><td>• 어휘 체계와 고유어
• 관용 표현
• 문장 성분과 호응
• 글과 담화의 시간 표현</td><td>• 단어의 형성 방법
• 품사의 종류와 특성
• 어휘의 양상과 쓰임
• 문장의 짜임과 확장
• 글과 담화의 피동·인용 표현</td></tr>
<tr><td>한글의 기초와 국어 규범</td><td>• 한글 자모의 이름과 소리
• 단어의 발음과 표기
• 문장과 문장 부호</td><td>• 단어의 정확한 발음과 표기</td><td>• 단어와 문장의 정확한 표기와 사용</td><td>• 한글 맞춤법의 원리와 내용</td></tr>
<tr><td rowspan="2">과정·기능</td><td>국어의 분석과 활용</td><td>• 언어 단위 관찰하기</td><td>• 언어 단위 관찰하고 분석하기
• 국어사전 활용하여 문제 해결하기
• 글과 담화에 적절한 표현 사용하기</td><td>• 언어 표현의 특징 분석하기
• 글과 담화에 적절한 표현 사용하기</td><td>• 기준에 따라 분류하고 분석하기
• 원리 적용하여 표현 창안하기
• 글과 담화에 적절한 표현을 사용하고 효과 비교하기
• 자료를 해석하고 창의적으로 활용하기</td></tr>
<tr><td>국어 실천의 성찰과 비판</td><td>• 소리와 표기의 차이 인식하기</td><td>• 국어 규범 인지하고 수용하기</td><td>• 국어생활 점검하고 실천하기
• 언어 표현의 효과 평가하기</td><td>• 국어 규범의 원리 탐색하기
• 언어 표현의 의도 탐색하고 대안 모색하기
• 국어 문제 발견하고 실천 양상 비판하기</td></tr>
<tr><td colspan="2">가치·태도</td><td>• 한글에 대한 호기심</td><td>• 국어의 소중함 인식</td><td>• 국어생활에 대한 민감성
• 집단·사회의 언어와 나의 언어의 관계 인식</td><td>• 다양한 집단·사회의 언어에 대한 언어적 관용
• 언어로 구성되는 세계와 자아 인식</td></tr>
</table>

궁극적으로 언어 주체로서의 정체성과 국어 의식을 형성하게 되는 데 기여할 것이다.

② '문법' 영역 성취기준

성취기준에서 크게 변화한 부분을 중심으로 짚어 보기로 한다. [2국04-03]은 [2국04-01]의 '자모와 소릿값', [2국04-02]의 '낱말의 소리와 표기'와 함께 문장으로 의사소통하기 위해 필요한 기초적인 문식성을 위해 설정되었다. 무엇보다도 '문장 부호 사용하기'가 기계적으로 다루어져서는 안 된다. 즉, 문장 단위를 인식하고 문장 하나하나의 의미 기능을 문장의 종류와 연계하여 익히는 가운데, 문장의 종류 및 문장의 의미 기능에 부합하는 적절한 문장 부호를 선택하도록 내용 요소가 철저히 결합되어 있다는 점이 큰 변화라 하겠다.

[4국04-02]는 국어사전을 활용할 때 필요한 지식과 경험을 보다 현실화하기 위하여, 이전 교육과정에서 5-6학년(군)에서 다루었던 단어의 의미를 이 성취기준에 통합하여 다루었다. 이로써 기초적인 품사 이해, 동형이의어·다의어의 의미 파악이 함께 이루어지도록 연계하였다. [4국04-04]에는 '지시·접속 표현'의 내용 요소가 추가되었다. '높임 표현'과 함께 다루어 이들 모두가 담화 단위 내에서 참여자 간의 관계나 장면에 따라 언어 선택이 달라지는 점을 이해하게 하였다. [6국04-03]은 중학교 1-3학년에 있던 '어휘의 체계 및 양상' 성취기준 중 '어휘의 체계' 관련 내용을 초등학교 5-6학년으로 옮긴 성취기준이다. 단, 관용 표현과 고유어의 친연성을 고려하여 학년 수준에 맞게 고유어를 중심으로 초점화하여 관용 표현과 연계하는 방식으로 다루었다.

[9국04-01]은 '음운 체계'에 대한 지식과 '한글의 창제 원리'에 대한 지식으로 각기 분절되어 있던 내용 요소를 '음운 체계와 문자 체계에 대한 이해'로 체계적으로 연계·통합하고, 초등학교 5-6학년의 '음성언어와 문자언어의 특성 이해'와 계열화함으로써 언어의 기호성에 대한 확장적 인식을 도모하고자 하였다.

[9국04-07]은 다양한 세대·분야·매체에 따른 어휘의 팽창과 분화를 '다양한 집단·사회의 언어에 대한 관용적 태도'와 연계하여 '어휘의 양상(사회 방언)'에 대한 지식의 교육적 의미를 제고하였다. [10공국1-04-03]은 담화 유형에 따른 언어 표현의 선택과 효과를 종합적으로 평가해 볼 수 있도록 '문법 요소'와 '어휘' 선택의 효과를 함께 살펴보게 하였다.

언어의 기호성과 '사용으로서의 언어' 관련 내용이 강화됨에 따라 [6국04-01], [6국04-02]의 성취기준이 신설되었고, '문법 요소' 관련 내용을 계열화하는 과정에서 [6국04-05], [9국04-05]의 성취기준이 신설되었다.

표 2 2022 개정 국어과 교육과정의 '문법' 영역 성취기준

	'문법' 영역 성취기준
1~2학년	[2국04-01] 한글 자모의 이름과 소릿값을 알고 정확하게 발음하고 쓴다. [2국04-02] 소리와 표기가 다를 수 있음을 알고 단어를 바르게 읽고 쓴다. [2국04-03] 문장과 문장 부호를 알맞게 쓰고 한글에 호기심을 가진다.
3~4학년	[4국04-01] 단어와 단어 간의 의미 관계를 파악한다. [4국04-02] 단어를 분류하고 국어사전을 활용하여 능동적인 국어 활동을 한다. [4국04-03] 기본적인 문장의 짜임을 이해하고 적절하게 사용한다. [4국04-04] 글과 담화에 쓰인 높임 표현과 지시·접속 표현을 이해하고 상황에 맞게 표현한다. [4국04-05] 언어가 의사소통과 관계 형성의 수단임을 이해하고 국어를 소중히 여기는 태도를 지닌다.
5~6학년	[6국04-01] 음성언어 및 문자언어의 특성을 이해하고 다양한 매체 자료에서 표현 효과를 평가한다. [6국04-02] 표준어와 방언의 기능을 파악하고 언어 공동체와 국어생활의 관계를 이해한다. [6국04-03] 고유어와 관용 표현의 쓰임과 가치를 이해하고 상황에 맞게 표현한다. [6국04-04] 문장 성분을 이해하고 호응 관계가 올바른 문장을 구성한다. [6국04-05] 글과 담화에 쓰인 시간 표현을 이해하고 상황에 맞게 표현한다. [6국04-06] 글과 담화에 쓰인 단어 및 문장, 띄어쓰기를 민감하게 살펴 바르게 고치는 태도를 지닌다.
중학교 1~3학년	[9국04-01] 국어의 음운 체계와 문자 체계를 이해하고 국어생활에 활용한다. [9국04-02] 단어의 짜임을 분석하여 새말 형성의 원리를 이해한다. [9국04-03] 품사의 종류와 특성을 이해하고 국어 자료를 분석한다. [9국04-04] 문장의 짜임을 이해하고 표현 효과를 고려하여 문장을 구성한다. [9국04-05] 피동 표현과 인용 표현의 의도와 효과를 분석하고 상황에 맞게 활용한다. [9국04-06] 한글 맞춤법의 기본 원리와 내용을 이해하고 국어생활에 적용한다. [9국04-07] 세대·분야·매체에 따른 어휘의 양상과 쓰임을 분석하고 다양한 집단과 사회의 언어에 관용적 태도를 지닌다. [9국04-08] 자신과 주변의 다양한 국어 실천 양상을 비판적으로 분석하여 언어와 자아 및 세계 사이의 관계를 인식한다.
공통 국어1	[10공국1-04-01] 언어 공동체가 다변화함에 따라 다양해진 언어 실천 양상을 분석하고 언어 주체로서 책임감을 가지며 국어생활을 한다. [10공국1-04-02] 음운 변동을 탐구하여 발음과 표기에 올바르게 적용한다. [10공국1-04-03] 다양한 분야의 글과 담화에 나타난 문법 요소 및 어휘의 표현 효과를 평가하고 적절한 표현을 생성한다.
공통 국어2	[10공국2-04-01] 과거 및 현재의 국어생활에 나타나는 국어의 변화를 이해하고 국어문화 발전에 참여한다. [10공국2-04-02] 한글 맞춤법의 원리를 적용하여 국어생활을 성찰하고 문제를 해결한다.

(2) 선택 과목의 내용 체계 및 성취기준

문법 영역과 관련된 과목은 '일반 선택 과목'인 '화법과 언어', '융합 선택 과목'인 '언어생활 탐구'이다.

① '화법과 언어' 과목의 내용 체계와 성취기준

'화법과 언어'의 경우 지금까지 교육과정에서 시도되지 않았던 새로운 조합이다. '화법과 언어'는 초등학교 및 중학교 공통 '국어'와 고등학교 '공통국어1, 공통국어2'의 듣기·말하기 영역과 문법 영역을 심화·확장한 과목으로, 실제 삶과 연계하여 다양한 유형의 담화에 능동적으로 참여하고 언어를 탐구할 수 있게 한다.

표 3 '화법과 언어' 과목의 내용 체계

핵심 아이디어	• 화법은 의사소통 목적과 맥락, 담화 참여자의 관계를 고려하여 음성언어를 중심으로 의미를 구성하는 사고 행위이자 언어적 실천과 소통 행위이다. • 언어는 고유의 형식과 의미 기능을 지닌 체계로서, 의사소통 맥락에 맞게 담화를 수행하고 비판적으로 사고하기 위한 효과적인 자원이다. • 언어 사용자는 맥락에 적절한 언어로 의사소통에 능동적으로 참여하고 언어생활을 성찰하여 의사소통 문화 형성에 기여한다.
범주	내용 요소
지식·이해	• 인간의 삶과 국어생활의 변화 • 기호를 활용한 사회적 행위로서의 의사소통 • 맥락에 따른 언어 선택과 담화 관습
과정·기능	• 표준 발음으로 국어생활하기 • 품사, 문장 구조에 대한 지식을 활용하여 언어 자료 분석하기 • 단어의 짜임과 의미 관계를 분석하여 어휘 활용하기 • 화자의 태도를 표상하기 위해 어휘와 문법 요소 활용하기 • 담화를 응집성 있게 구성하기 위해 어휘와 문법 요소 활용하기 • 다양한 유형의 담화 및 매체에 활용된 언어의 공공성을 점검하고 평가하기 • 자아 개념을 인식하고 관계 형성에 적절한 방법으로 대화하기 • 적절한 언어적·준언어적·비언어적 표현 전략을 활용하여 발표하기 • 화자의 공신력과 효과적 설득 전략을 활용하여 연설하기 • 공동체의 문제를 분석하여 합리적으로 문제를 해결하며 토의하기 • 논증에 대해 반대 신문하며 토론하기 • 상호 만족할 수 있는 대안을 탐색하며 협상하기
가치·태도	• 사회적 행위로서의 국어생활에 대한 성찰과 개선 • 다양성을 존중하는 의사소통 문화 형성

표 4 '화법과 언어' 과목 중 '문법' 관련 성취기준

	'화법과 언어' 과목 중 '문법' 관련 성취기준
화법과 언어	[12화언01-01] 언어를 인간의 삶과 관련지어 이해하고, 국어와 국어생활이 시간의 흐름에 따라 변화하는 양상을 분석한다. [12화언01-02] 표준 발음을 이해하고 정확하게 발음하는 국어생활을 한다. [12화언01-03] 품사와 문장 구조에 대한 지식을 활용하여 언어 자료를 분석하고 설명한다. [12화언01-04] 단어의 짜임과 의미, 단어 간의 의미 관계를 중심으로 어휘를 이해하고 담화에 적절히 활용한다. [12화언01-05] 담화의 맥락에 적절한 어휘와 문법 요소를 선택하여 화자의 태도를 드러낸다. [12화언01-06] 담화의 구조를 고려하여 적절한 어휘와 문장으로 응집성 있는 담화를 구성한다. [12화언01-07] 다양한 유형의 담화와 매체를 대상으로 언어의 공공성을 이해하고 평가한다.

문법과 화법의 연계 논리를 공고히 하는 가운데 문법 교육에서 심혈을 기울인 부분은 '언어 자원'이다. 이는 앞서 언급한 문법 교육의 본질적 역할인 ②에 해당하는 것이다. 이에 집중하도록 함으로써 학습자는 다양한 유형의 담화에 좀 더 언어적 근거를 가지고 능동적으로 활동할 수 있게 되며, 화법 및 문법을 연계하면서도 화법 중심적 내용과 문법 중심적 내용을 두루 포괄하게 된다.

② '언어생활 탐구' 과목의 내용 체계와 성취기준

'언어생활 탐구'는 '교과 내 융합, 교과 간 융합, 실생활 응용'이라는 과목 설정의 취지를 고려하여 융합과 응용을 가능하게 하는 융합 선택 과목 3개 중 하나이다. 문법, 화법, 작문, 매체 등의 다양한 영역을 통합한 융합 과목으로, 국어 현상과 언어 사용 양상을 살피고 여기에 나타나는 여러 문제를 언어적으로 해결하고 실천하는 능력을 기르기 위해 설정되었다. 이 과목에서는 언어를 통해 정체성을 형성하고 학습하며 타인과 사회적으로 소통하는 양상을 학습자들이 탐구함으로써 언어의 힘과 가치를 인식하고 자신의 언어생활에 능동적으로 참여하도록 하는 데 중점을 둔다.

'문법'을 중심으로 '화법', '매체', '작문' 등의 영역이 융합된 신설 과목이라는 점에서 이 과목에서 다루어야 할 핵심 경험을 선정하는 문제가 중요하게 대두되었다. 문법 영역을 중심으로 학습이 이루어지기는 하나, 문법 지식을 학습하는 데 얽매이지 않도록 내용 요소를 마련하고 학습자의 삶과 연계되는 경험을 구체화하는 일이 논의되었다.

이에 학생의 삶과 밀접하게 관련되어 있는 공간으로 가정·학교·사회를 선정하고, 이들 공간에서 이루어지는 언어생활 가운데 자아 인식, 정체성의 형성, 지식의 구성과 학습, 사회적 담론의 형성과 참여 등 언어가 주요하게 작용하는 핵심 주제를 설정하여 이를 내용 요소로 구성하였다.

공통교육과정에서 깊이 있게 다루어지지 않았음에도 '언어생활 탐구' 과목에서 본격적으로 다루도록 한 성취기준에 대해 짚고 넘어갈 필요가 있다. [12언탐01-03]은 최근 교과 문식성 및 학문 문식성에 대한 관심을 반영한 성취기준이다. 이는 주로 읽기나 쓰기 영역에서 연구하는 것으로 여겨지고 있다. 그러나 문법교육학에서도 최근 문법이 지식을 구성하는 언어의 기능과 힘에 주목하여, 다양한 분야나 교과가 소통되는 맥락, 그리고 텍스트에 사용된 표현의 특성과 효과를 탐구하고 전문어와 사고도구어의 특성을 연구하고 있기 때문에, 이를 통합적으로 익히도록 이 성취기준을 반영하였다.

[12언탐01-06]은 공공성을 지녀야 하는 공공 언어를 주로 탐구하도록 하는 성취기준이다. 모두가 표준화된 언어를 써야 한다고 보았던 시절의 국어 수업과는 달리, 2022 개정 국어과 교육과정에서는 사회 방언은 물론이고 개인어조차도 개인의 정체성을 반영하고 있음을 인정하고 있다. 이러한 상황에서 정부 및 공공 기관, 방송사의 언어 등은 정확성과 적절성, 소통성, 품격, 공공성을 유지할 필요가 있음을 강조하고, 품격 있는 언어생활의 중요성을 이해하고 바람직한 언어문화를 주도하도록 한다.

표 5 '언어생활 탐구' 과목의 내용 체계

핵심 아이디어	• 언어는 정체성을 드러내는 표지이자 학습의 도구이며, 사회적 소통과 담론 형성의 자원이다. • 언어생활 속에서 접하는 다양한 글과 담화는 의도와 목적에 따른 선택의 결과로서 고유한 구조와 기능을 가진다. • 언어의 힘과 가치는 사회적으로 의미가 소통되는 맥락과 과정을 탐색함으로써 드러난다.
범주	내용 요소
지식·이해	• 우리 삶에 작용하는 언어의 역할 • 글과 담화의 맥락과 언어적 특성
과정·기능	• 언어생활에서 탐구 주제 발견하기 • 언어 자료 수집하고 분석하기 • 언어 자료 해석하고 결과 공유하기 • 언어를 통한 정체성 실현과 관계 형성 양상 탐구하기 • 글과 담화의 표현 특성과 효과 탐구하기 • 사회적 담론 형성의 맥락과 과정 탐구하기 • 공공 언어 사용의 실제 탐구하기
가치·태도	• 언어생활에 대한 민감성과 책임감 • 주체적·능동적인 언어문화 실천

표 6 '언어생활 탐구' 과목의 성취기준

	'언어생활 탐구' 과목 성취기준
언어 생활 탐구	[12언탐01-01] 자신의 언어생활에서 의미 있는 탐구 주제를 발견하여 탐구 절차에 따라 언어 자료를 수집하고 비판적으로 분석한다. [12언탐01-02] 언어 자료를 평가·해석하고 그 결과를 공유하며 자신과 공동체의 언어생활에 대한 민감성과 책임감을 지닌다. [12언탐01-03] 글과 담화의 소통 맥락을 고려하여 다양한 분야 및 교과의 언어 자료에 나타난 표현 특성과 효과를 탐구한다. [12언탐01-04] 가정, 학교, 사회의 언어 사용에 나타난 정체성의 실현 양상과 관계 형성의 양상을 탐구한다. [12언탐01-05] 다양한 매체 환경에서 사회적 담론이 형성되는 맥락과 과정을 탐구한다. [12언탐01-06] 품격 있는 언어생활의 특성을 이해하고 공공 언어 사용의 실제를 탐구한다. [12언탐01-07] 언어가 우리 삶에서 담당하는 역할을 이해하고, 주체적·능동적으로 바람직한 언어문화를 실천한다.

이 과목을 교수·학습할 때 유의할 점은 학습자들이 언어 자료의 분석과 해석을 수행한 후에 그 결과를 사회문화적 맥락까지 고려하여 언어 사용 방식과 언어문화의 관계를 비판적으로 성찰하고 언어생활을 실천하는 데까지 나아가도록 하는 것이다. 그렇게 해야만 언어 자료를 중심으로 타 영역과 제대로 융합하여 탐구하는 활동으로서의 위상을 지닐 수 있다.

4) 초등학교 문법 교육의 본질

국어 교육은 단순히 학교 교육만을 포함하는 것이 아니다. 최근에는 학령기 이전과 초등·중등·고등교육 및 그 이후를 포함한 평생 교육이 강조됨에 따라 문법 교육 역시 평생에 걸쳐 이루어져야 한다. 생애주기별, 학교급별, 학년군별로 문법 교육과 목표 및 특성을 특화하려고 노력하지만 언어 발달에 대한 연구가 종합적으로 이루어진 적이 없기에 '단계화(staging)'에 대한 근거가 아직은 부족한 상태이다.

그러나 문법 영역에서는 특히 초등학교와 중학교의 연계성이 부족하다는 점이 큰 문제로 대두되어 왔다. 그에 따라 2022 개정 국어과 교육과정에서는 초등학교 문법 영역의 내용을 보다 정교화하고 강화한 반면, 중학교의 성취기준은 지식·체계 위주의 이해와 설명을 중심으로 하는 일부 성취기준을 학생의 언어생활에 보다 밀접한 활용 중심의 교수·학습으로 초점을 조정하는 방식으로 재구조화가 이루어졌다.

아직 초등학교 문법 교육의 목표 및 내용에 대해서는 '기초 문식성 관련'에서만 어느 정도 합의가 되었을 뿐이다. 그러나 언어발달 단계를 고려할 때 초등학교 시기는 교과 문식성 및 학문 문식성을 발달시키기 위한 전 단계로 고차원의 언어 능력을 획득해야 한다는 점이 분명하다. 최근 문법교육학계에서는 이를 문법 영역을 통해 획득할 수 있음을 보여 주고 있다.

초등학교 '문법' 교육에서는 '국어 탐구 활동의 시작으로서의 메타언어 활동의 강화'에 중점을 둔다. 초등학교 교육에서 종종 하나의 문장을 제시하고 맥락과 상관없이 문법적 정오를 판단하는 훈련에 대하여 교육적 가치가 없는 것으로 오도되고 있으나, 이러한 훈련은 오히려 문법 교육, 더 나아가 국어 교육과 학습 능력에 결정적인 도움을 준다.

메타언어 능력은 언어 사용자가 언어'에 대하여'(언어를 대상화하여) 생각하는 것인데, 이해나 산출 능력과는 독립적이다. 이 능력은 심리학의 영향으로 국어과 교육과정에 포함되기 시작하였는데, 한마디로 탈맥락화된 대상으로서의 언어에 초점을 맞추는 사고 행위라고 할 수 있다. 문법 수업에서 탈맥락적인 문장을 대상으로 하는 문법적 정오 판단은 자신의 언어를 대상화한다는 점에서 메타언어적 능력과 긴밀한 관련성을 지닌다.

(가) 우리 아빠는 집을 초록색으로 칠했다.

(나) 이러한 문장을 쓸 수 있는가?

학생들에게 (가) 문장을 주고 (나) 질문을 던졌을 때, 언어 발달 수준에 따라 (가) 질문의 의미를 받아들이는 양상이 다르다고 한다. 메타언어 능력이 충분히 발달한 아동의 경우는 (나) 질문의 의미를 '문법적으로 옳은 문장인가?'로 받아들이는 경향이 있다. 그리하여 (가) 문장에 대하여 '세상사 맥락과 별개로' 문법적으로 오류가 없는지를 판단하게 된다. 그러나 메타언어 능력이 부족한 아동의 경우는 (나) 질문에 '세상사 맥락에서 분리하여 (가) 문장에 대하여 판단하라'는 의도가 있을 수 있음을 상상조차 하지 못한다. 결국 (가) 질문을 '세상사에 대한 아동 자신의 경험 맥락'에 준하여 '참, 거짓' 여부를 판단하는 의미로 받아들이게 된다. 아동의 경험에 비추어 '자신의 아빠가 실제로 집을 초록색으로 칠한 적이 있는지 여부'를 중심으로 '참, 거짓'을 판단하게 된다는 것이다.

번스타인(Bernstein, 1964)의 연구 결과에서 이를 뒷받침하는 근거를 발견할 수 있다. 주지하다시피 번스타인은 언어 사용의 유형을 정교 어법과 제한 어법, 두 유형으로 나누고 전자는 중·상류층 아동에게서, 후자는 하류층 아동에게서 발견할 수 있다고 하였다. 정교 어법과 제한 어법은 아동의 사고방식의 차이도 초래한다. 이혜성(1997: 112~115)에서는 번스타인의 연구 중 특히 의의 있는 부분을 중심으로 정리하였는데, 그 핵심에 '메타언어 능력'과 밀접한 관련성을 지니는 부분이 많다. 밑줄 친 부분에서, 주어진 상황에서 벗어나는 연습을 주요한 활동 요인으로 다루어야 함을 간파할 수 있다.

> ……정교 어법은 언어 작용의 원칙이 명시적이어서 언어 표현이 주어진 상황을 넘어선 일반화된 진술로까지 가능하다. 이에 비해 제한 어법은 언어 표현이 주어진 상황에 구속되며 자신의 국지적·특정한 경험에 한정된다는 특징을 갖는다.
> 또한 정교 어법은 어법 사용에서 많은 변화 가능성을 가질 수 있어 사회 구속에서 자율적일 수 있으며 상황 독립적일 수 있기 때문에 정교 어법에 익숙한 아동들은 주어진 구체적인 장면에서 초월해 자기의 의사를 보다 자유롭게 표현하고 자유로운 성찰을 할 수 있는 능력이 있다.
> 마지막으로 정교 어법은 개별화된 역할에 기반을 둔 사회적 관계에 토대를 둔다. 따라서 사실과 견해의 차이, 그리고 개인적 신념과 사회적 역할 간의 차이를 구분할 수 있으며, 타인과 동일시 정도가 상대적으로 낮다. 이에 비해 제한 어법은 공동적인 역할에 기반을 둔 사회적 관계에 토대를 둔다. 따라서 감정과 사고, 사실과 견해를 구분하는 정도가 낮고, 자신을 타인과 동일시하는 정도가 높다. '만일'이라는 가설적 질문에 답을 못하는 것은, 주어진 상황이 자신들 경험과 유리된 것이기 때문이다. 보통 제한 어법을 쓰는 아동이 당황하는 이유다(이혜성, 1997: 112~115).

메타언어 능력은 국어과에서 필수적으로 요구하곤 하는 각종 활동과 긴밀히 연결되어 있고, 중등학교의 모든 교과에서 요구하는 학습 능력과 무관하지 않다. 중학교에서는 본격적으로 교과별로 차별화된 언어를 기반으로 교과 문식성을, 고등학교에서는 분야별로 더욱 정교화된 사고방식을 획득하는 학문 문식성을 획득해야 하는데, 이를 위한 기반으로 초등학교급에서는 '추상적 언어'(주세형, 2020)를 획득해야 한다.

그간의 연구에서 지적하였듯이(최선희, 2017; 김억조, 2018; 황미향, 2021) 초등 문법의 개

쉬|어|가|기

국어 규범 교육에 대한 오해

흔히 초등 국어 문법 수업에서는 '정확한 국어생활의 운용'을 위해 '규범'이라도 제대로 가르치면 된다고 한다. 그러나 이는 '규범'에 대한 불분명한 이해로 인해 형성된 편견이다. 어문 규범은 기억해야 할 사실이 아니라 문법 체계에 대한 지식이 종합적으로 응축된 총화이자 종합 과학으로, 그 자체로 탐구의 대상(남가영, 2014: 62)이다. 어문 규범 중 핵심이 되는 띄어쓰기 활동만 놓고 보더라도 형태소에 대한 정치한 이해 없이는 제대로 이루어지기 어렵다. 이러한 어려움이 있기에 초등학교급에서는 규범 학습과 관련된 언어 자료에 대한 관찰과 분석을 인식 및 탐구 활동 수준에서 그칠 수밖에 없으며, 이에 대한 원리적 이해는 중학교에서 개념어를 익히면서 학습한 후 고등학교급에서나 완성하게 된다. 즉, '소리와 표기가 다를 수 있음을 아는 것'은 초등학교에서 처음 접하게 되지만, '소리 나는 대로 형태를 밝혀 적는' 한글 맞춤법의 기본 원리를 완벽하게 이해하는 것은 중등학교급에서 완성되며, 그 과정에서 국어학적 지식을 필요로 한다.

념 및 용어는 타 교과에서 제공하는 개념어와 비교해 볼 때 전혀 어렵지 않다. 메타언어 활동을 더욱 정교화하기 위한 도구로서의 문법 개념을 획득하도록 하며, 적어도 초등학교 단계에서 탈맥락적 문장을 대상으로 문법적 판단을 하는 훈련을 강화하여 세상사를 자신의 맥락과 분리할 수 있는 사고 능력으로 학습 언어를 획득하도록 한다. 초등학교에서 단단하게 다져진 메타언어 능력을 바탕으로, 중등학교 이후에는 국어 인식 활동을 좀 더 과학적으로 '문법적 개념'을 도구로 삼아 적극적으로 수행하게 된다.

3 문법 교육은 어떻게 해야 할까

문법 교수·학습 방법에 대해 알아보기 전에 미리 경계해야 할 점이 두 가지 있다. 첫째, 그동안 문법 교육에서는 '방법'을 개별적인 수업 사례에 대비한 일회적인 기법(technique) 수준만을 가리키는 것으로 오해하였다는 것이다. 문법 영역에서의 '방법'은 특히 다른 영역에 비해 실천적 수준에서의 기법으로만 이해되는 경향이 있다. 교육에 대한 관점이나 접근법 수준의 철학에서 도출되는 거시적 방법론을 문법 교육의 '방법' 수준의 논의에서 전혀 고려하지 않았던 것이다. 문법 교육에서도 '철학 또는 접근법', '모형', '전략', '기법' 등 다양한 층위의 방법 논의가 이루어져야 한다.

둘째, 문법 영역에서 방법 논의가 빈곤한 원인 중 하나는 '내용'과 '방법'이 별개라고 생각하여 내용 논의에만 치중하고 방법 논의는 빈약하다는 것이다. 문법 영역에서의 '방법'을 '내용'과 분리하여 생각해서는 안 된다.

학습자의 모든 문법 활동은 '문법에 대해 사고하는 활동'으로 국어 인식 활동이자 국어 탐구 활동이다. 교사는 학습자가 문법 활동 과정에서 다양한 국어 자료를 활용하여 국어의 구조와 작용을 다각도로 분석하고 탐구할 수 있도록 학습 활동을 설계해야 한다. 교사는 분석적, 규범적, 비판적, 창의적 탐구 경험을 제공할 수 있어야 한다. 이를 위해 우리 주변에서 쉽게 접할 수 있는 국어 자료에 나타난 다양한 국어 현상과 국어 문제를 탐구하여 언어 지식을 구성하고 언어의 힘과 가치를 인식하는 활동을 강조한다. 또한 문법 교육 내용이 위계적으로 반복·심화될 수 있도록 지도하되, 학습한 내용을 국어생활을 개선하는 데 능동적으로 활용할 수 있도록 안내함으로써 학습자가 자신과 주변의 국어생활을 민감하게 주시하고 성찰하는 언어 주체로 성장할 수 있도록 지도한다.

1) 설명하기 교수 방법

설명하기 교수 방법의 궁극적인 목표는 교사가 학습자의 오개념을 올바르게 바로잡고자 하는 것이다. 설명하기 교수 방법의 단계에 대해서는 학자들마다 다양하게 소개하고 있지만, 김은성(2009)의 모형이 문법 수업의 본질을 가장 핵심적으로 담고 있다.

▶ 문법 교수 학습에서 '설명하기'(김은성, 2009: 296)
① 지식 풀이하기 - ② 예 들기 - ③ 지식 틀 세우기
경우에 따라서 [①-②-③], [②-①-③], [③-②-①]의 조합 모두가 가능

설명하기 교수 방법의 모형을 적용하고자 할 때에는 학습자의 오개념을 미리 파악하는 것이 필수적이다. 학습자의 오개념은 교수·학습의 기획과 실행 과정에 매우 유용한 정보를 제공하기 때문이다. 학습자는 특정 문법 개념에 대한 본질적 이해가 선행되지 않은 상태에서 전형적인 사례나 속성을 해당 문법 개념으로 손쉽게 환원하는 경우가 많다. 하나의 문법 개념이 유사하거나 다른 층위의 문법 개념들과 어떻게 관련되어 있으며 어떻게 구분되는지에 대해서 끊임없이 따져 보는 가운데 문법 개념에 대한 이해를 도모해야 한다(조진수, 2014). 학습자 오개념의 전형적 사례는 민현식 외(2020)에서 각 장마다 제시된 목록을 참고할 수 있다. 또한 탐구 학습 과정에서 교사가 개념을 설명해야 하거나 본격적인 탐구를 위한

도구적 개념을 활용해야 할 경우에도 부분적으로 '설명하기' 방법을 활용할 수 있다.

2) 탐구 학습: 문법 교육관을 바꾼 '철학·모형'

언어 현상을 대상으로 문제를 포착하고 관련 자료를 능동적으로 수집·탐색하여 원리나 규칙을 발견하는 과정을 체험하는 것이 탐구 학습의 핵심이다. 탐구 학습은 철학이자 모형이므로 수업의 과정에서 참조한 모형을 유연하면서도 타당하게 활용할 줄 알아야 한다. 언어 현상을 수업에서 본격적으로 탐구의 과정으로 다룬다는 것이 쉬운 일은 아니지만, '국어 인식/언어 인식'이 형성되도록 하는 것이 최종 목표임을 잊지 말아야 한다. 수업을 설계하기 전에 명심해야 할 요인은 다음과 같다.

첫째, '지식'의 문제. 문법 지식은 하나밖에 없는 결론에서 비롯하지 않고 얼마든지 변화할 수 있으며, 지금 규범이라 이르는 것조차 설명의 타당성이 높은 해석일 뿐이다. 하나밖에 없는 결론을 가르치는 문법 교육은 모어 화자에게 큰 의미가 없다.

둘째, '태도' 요인. 문법 탐구 학습에서 학습자가 지녀야 할 태도는 '의문', '호기심', '이성적 사고', '증거 존중', '객관성', '판단의 연기', '모호성에 대한 용인'이다(김광해, 1995: 225~227). 결론을 찾아내는 것은 교사가 아니라 학습자로, 교수·학습의 권한이 학습자에게 상당 부분 이양되었기 때문에 학습자의 적극적인 태도가 무엇보다도 중요하다.

셋째, '교수·학습의 과정 중시'. 탐구 학습에서 과정이 중시되는 것은 역시 지식관의 변화에 기인한다. 찾아낸 정답이 무엇이냐에 초점이 있는 것이 아니라 학습자 스스로 정답을 찾아가는 과정이 중요해진다. 더 나아가 몇 차시에 걸쳐 내린 '모종의 결론'이 있다 하더라도, 그 결론에 대하여 언제나 스스로 재검토와 재검증할 수 있으며 또 그래야 한다는 점에서 문법 학습은 늘 '과정 중'에 있다고 말할 수 있다.

▶ 탐구 학습 단계

① 문제 정의 단계: 문제, 의문 사항의 인식, 문제에 의미 부여, 문제의 처리 방법 모색

② 가설 설정 단계: 유용한 자료 조사, 추리, 관계 파악, 가설 세우기

③ 가설 검증 단계: 증거 수집, 증거 정리, 증거 분석

④ 결론 진술 단계: 증거와 가설 사이의 관계 검토, 결론 추출

⑤ 결론의 적용 및 일반화 단계: 새로운 자료에 결론 적용, 결과의 일반화 시도

초보 교사에게 탐구 학습은 교수 학습 방법으로서 적절하지 않게 느껴질 수 있다. 수업 준비에 많은 시간이 소요된다는 점, 잘못된 가설을 세우는 학생에 대해 제대로 대처할 수 없다는 점, 학생의 지적 수준에 따라 불가능한 교수 모델이 될 수 있다는 점, 학생이 실제로는 탐구 활동을 할 만큼 많이 알고 있지 못한 점(김광해, 1997: 126~127) 등 때문이다.

위의 지적은 일차적으로는 '방법'의 층위 혼란에서 유래된 것이지만, 다른 한편으로 생각해 보면 전형적인 탐구 학습 모형이 문법 수업과 좀처럼 부합하지 않는다는 문제 제기이기도 하다. 무엇보다도 과학과나 사회과와는 달리, 문법 수업에서 '가설 설정과 검증 단계'가 그리 엄정하게 이루어지기는 어렵다(최선희, 2016). 문법 수업에서의 '가설'은 '검증'해야 할 정도로 엄밀성이나 객관성을 지니고 있지 못하다. 따라서 지나치게 탐구 모형 단계를 고집하고 특히 '가설-검증-결론 진술' 단계를 엄밀하게 설정한다면, 그 자체로 문법 지식의 불확실성과 모호성을 오히려 부정하는 셈이 된다.

남가영 외(2009: 375)에서 제안하듯이, 문법 탐구 과정은 '관찰: 학습자의 기존 지식 체계에 자극을 주면서 문제의식을 불러일으킴', '분석: 문제의식에 의거하여 본격적으로 가설을 세우고 자료를 만지면서 가설을 검증함', '판단: 학습자가 모종의 가설을 종합적으로 인식' 정도의 구조를 지닌다고 볼 수 있다.

요컨대, 교사가 탐구 학습 모형을 철학적 접근법으로 받아들이고 교수·학습 상황에 따라 모형을 변형하는 것이 필수적이다. 최근에는 문법 수업만의 특성을 고려한 모형, 교수 상황에 부합하게 변형된 교수·학습 모형이 제시되기도 하고, 탐구 학습 모형의 핵심인 '문법 탐구 경험'을 어떻게 설계할 것인지 그 원리를 탐색한 연구도 있어 수업 설계의 길잡이

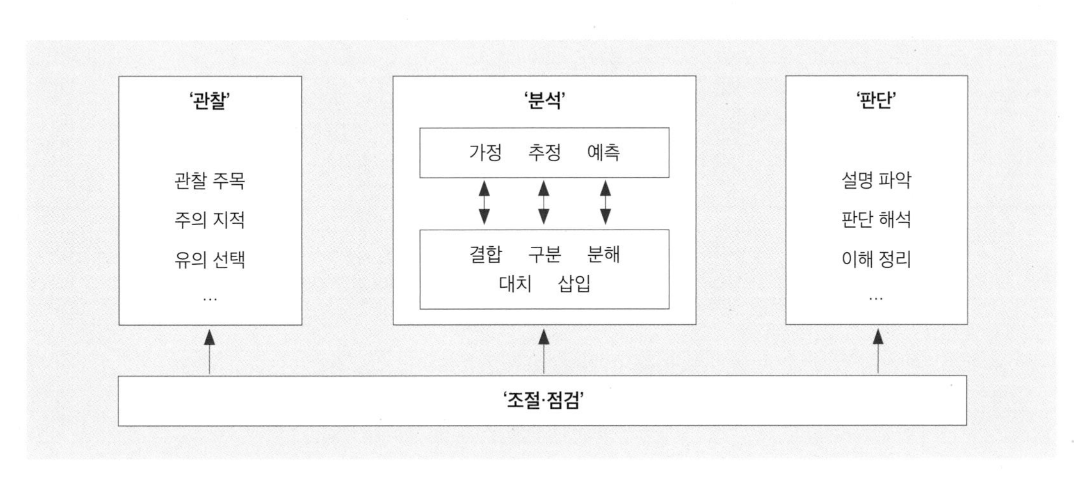

그림 1 문법 탐구 과정의 세부 구조(남가영 외, 2009: 375)

가 된다.

초등학교에서 일반화할 수 있는 개념이나 규칙을 발견하기 위한 사례를 검토하는 모형을 〈그림 2〉와 같이 간략화할 수 있다.

또한 규칙과 원리를 발견하는 데 초점을 두는지, 아니면 실제 생활에 적용하는 데 초점을 두는지에 따라 다른 모형을 활용할 수 있다.

그림 2 초등 국어 지식 탐구 학습 모형(최선희, 2016: 437)

단계	주요 활동
문제 확인하기	• 동기 유발 • 학습 문제 확인 • 학습의 필요성 또는 중요성 확인
자료 탐색하기	• 기본 자료 또는 사례 탐구 • 추가 자료 또는 사례 탐구
지식 발견하기	• 자료 또는 사례 비교 • 지식의 발견 및 정리
지식 적용하기	• 지식의 적용 • 지식의 일반화

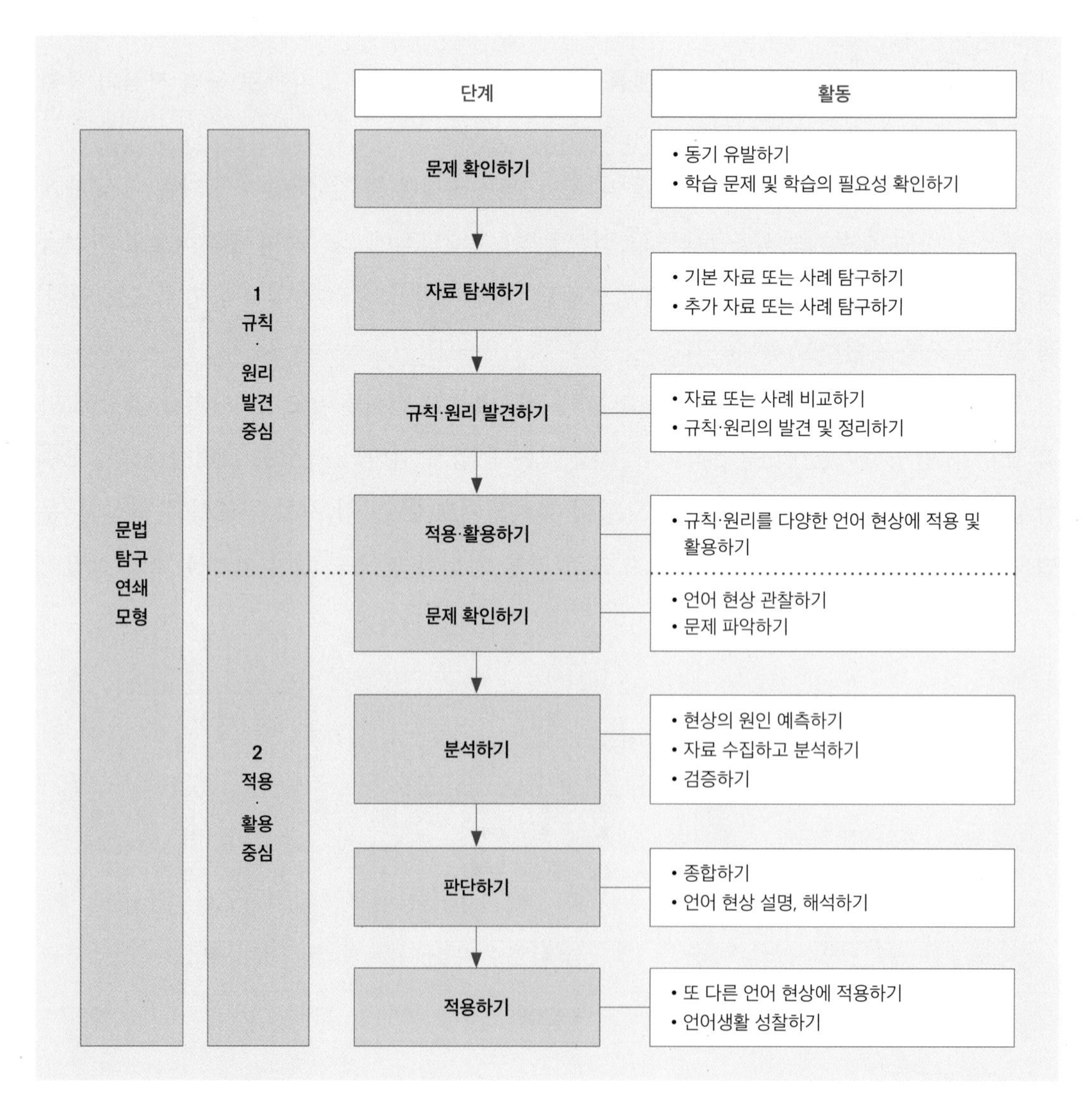

그림 3 문법 탐구 연쇄 모형의 예시(최선희, 2016: 442)

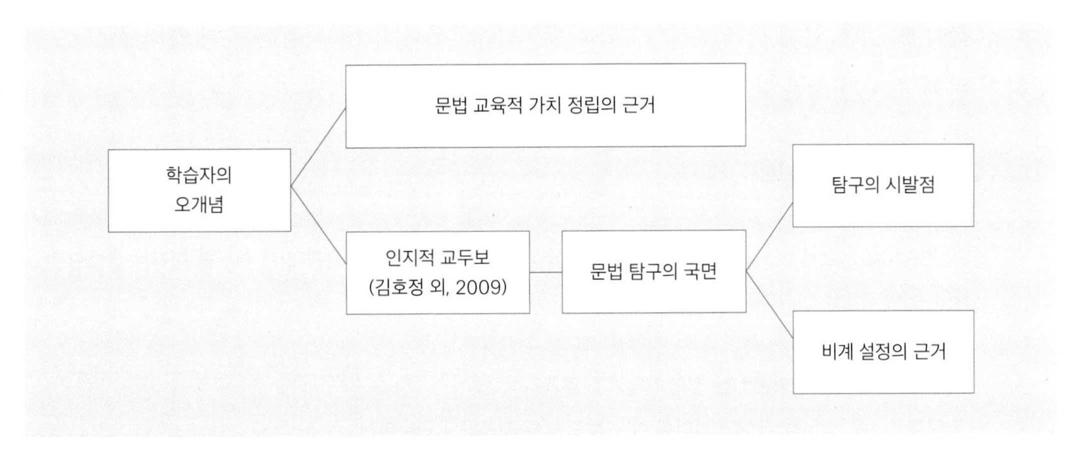

그림 4 학습자 오개념의 문법 교육적 가치(조진수, 2014: 299)

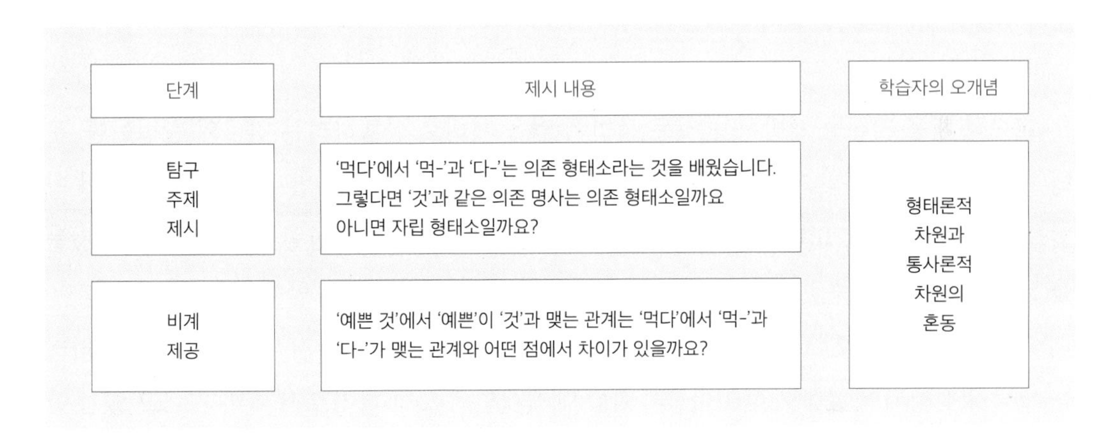

그림 5 오개념에 바탕을 둔 문법 탐구 주제 및 비계 제시의 예

교사는 탐구 경험을 설계할 때 앞서 언급된 학습자 오개념을 탐구 경험의 출발점으로 삼을 수 있다.

또한 언어 현상 속에서 둘 이상의 상이한 관점에 따라 다양한 설명과 해석이 활성화된 학계의 쟁점을 교육계의 논리로 쟁점화하여 탐구 경험으로 제공할 수 있다. 탐구 경험을 설계하기 위한 문법 쟁점에 대해서는 김은성·송소연(2018)을 참고할 수 있다.

3) 교수자와 학습자의 지식

교과 내용의 기반이 되는 학문적 지식이 풍부하다고 해서 교육적 목적에 맞게 변환할 수 있는 능력이 보증되는 것은 아니다. 교사에게는 '교수적 내용 지식(PCK: Pedagogical Content

Knowledge)'이 더욱 중요한데, 이는 학문적 지식을 교수 상황에 적절한 형태의 지식으로 변환하기 위해 교사가 소유해야 할 지식이다.

문법 지식의 교수학적 변환

교사가 학생에게 전달해야 하는 '교수적 지식'은 학문적 지식을 변형할 수밖에 없는데, 교사의 이러한 활동을 '교수학적 변환(didactical transposition)'이라 한다(심영택, 2004). 교사는 다음과 같은 질문을 던지는 방법으로 교수학적 변환 과정을 인식하며 교수적 지식을 개발할 수 있다.

- 문법 지식의 개념, 기원, 의미, 동기, 사용을 제대로 가르치고 있는가?
- 내가 아는 것과 내가 가르치는 것이 어떻게 다른가?
- 가르칠 지식이 학문적 지식의 의미를 어느 정도 보존·왜곡하고 있는가?
- 무엇을 어떤 방식으로 왜곡·보존하고 있는가? 그것이 타당한가?
- '왜곡·보존' 정도와 방법이 문법 수업의 목표를 달성하는 데 기여하고 있는가?

교수적 내용 지식을 개발하는 것은 문법 수업을 제대로 실행하려는 하나의 방법이다. 문법 교사는 교수적 내용 지식을 풍부히 개발하려고 노력함으로써 기법·전략 차원의 수업 방법을 숙달할 수 있다. 교과서에서는 곳곳에 교수적 내용 지식에 포함할 수 있는 성격의 것들을 노출하고 있어 교수적 내용 지식을 처음으로 구성하는 데 도움을 받을 수 있다.

교수적 내용 지식은 교수자 입장에서 학습자에게 최대한 학문적 지식을 제대로 전달하려는 노력이 전제되어 있는 개념이다. 즉, 학습자 개개인이 모어 화자로서 이미 지니고 있는 암묵적인 문법 지식은 제대로 된 지식이 아니라거나 향후 정교화되거나 수정되어야 할 지식으로만 바라보는 관점이다. 이러한 수업은 여전히 문법 학습자의 능동적이고 자발적인 탐구를 촉진하기 어려울 수밖에 없다.

이러한 문제의식에 따라 최근에는 학습자의 문법 지식 그 자체에 주목하여 지식의 가변성을 인정하면서, 기존의 전문가 집단의 문법 지식 체계 역시 학습자의 문법 지식에 의해 비판받을 수 있다고 보는 연구가 새로운 흐름으로 나타났다. 구본관·신명선(2021)에서는 모어 화자로서 개인이 가진 암묵적인 문법 지식을 개인적 문법 지식(Individual Grammatical Knoweledge), 어문 규정이나 전문서를 포함하는 전문가에 의해 탐구된 명시적 문법 지식을 일반적 문법 지식(Common Grammatical knowledge), 언어 공동체의 암묵적인 문법 지식을 추상적 문법 지식(Abstract Grammatical Knowledge)으로 세 층위의 문법 지식을 제시하였다. 개인적 문법 지식은 개발 화자들의 구체적인 실제 의사소통 과정에서 축적된 살아 있는 문법 지식으로, 능동적이고 역동적인 변화를 바탕으로 일반적, 추상적 문법 지식의 변화를 이끄는 원천으로 가치 있게 다루어야 한다고 강조한다. 개인적 문법 지식이 갖는 불확실성과 모호성을 오개념으로 보아 교정할 것이 아니라, 오히려 새로운 문법 창출의 수원지로, 또한 교육의 시작점으로 파악하는 것이다.

4 문법 교육 연구의 실천적 반영

1) 담화를 관점으로 다루기

2022 개정 국어과 교육과정에서는 내용 체계에서 '언어 단위' 범주를 설정하였음에도 '담화 단위'를 별도의 언어 단위로 설정하지 않았다. 또한 기존 교육과정에 포함되어 있던 담화 단위와 관련된 내용 요소('담화의 개념과 특징') 역시 별도의 내용 요소로 선정하지 않았다. 즉, 글이나 담화 자료에서 '문법 요소'를 탐색하도록 함으로써 자연스럽게 담화 단위에 대한 인식이 동반될 수 있도록 하였다. 이런 변화가 생기게 된 계기는 무엇인가?

담화를 다루는 데에는 두 가지 방식이 있다. 메이(Mey/이성범 역, 1993/1996: 52~53)에 따르면 화용론은 담화를 다루는 방식에 따라 크게 두 견해로 나뉜다. 하나는 화용론을 언어학의 한 '부문'으로 보는 견해, 다른 하나는 언어학적 '관점'으로 보는 견해가 그것이다. 화용론을 부문으로 보는 견해에서는 각각의 '모듈'이 고유하게 정해진 영역 안에서 잘 정의된 고유한 대상에 대해 고유하게 설정된 구체적 방법에 의해 작동한다고 본다. 반면, 관점론자의 견해에서는 언어학의 제 분야에 대한 화용론적 양상을 강조하여 언어학의 여러 부문에 대해 심지어 '우산'의 역할을 할 수 있을 것이라고 한다.

국어교육학계에서는 기존 구조주의 언어학의 연구 성과로는 채워지지 않는 부분을 극복하기 위하여 상황 맥락에 주목하였고 그러한 의도에서 담화 및 텍스트 단위에 주목하였으므로, 이는 화용론을 '부문'으로 보는 견해에 해당한다. 일찍이 국어교육학계에서는 담화 텍스트 부문을 대상으로 한 연구 성과를 국어 교육 내용으로 정착시키려고 노력하였다. 그러나 '부문으로서의 담화'는 여전히 문제점이 있다. 즉, 어휘 교육이나 담화 교육이 강조되었을 뿐 문장 교육은 소홀히 다루어졌다. 문법 구조의 습득이 학령기 이전에 끝난다고 보기 때문에 학습자는 '문장'을 이미 아는 것으로 간주되었고, 이로 인해 어휘 교육이 강조되었다. 또한 언어 활동의 직접적 단위는 '담화'이지 '문장'이 아니라는 이유로 '담화' 교육이 강조되었다. 그러나 문장의 구조적 특성을 내면화하였다고 해서 문장에 대한 학습이 끝났다고 보기는 어렵고, 글 쓰는 과정만 보더라도 매 순간 직접적으로 대면하는 구체적 단위는 '문장'이라는 점을 고려할 때, '텍스트 산출을 위한 활동 단위가 과연 담화 텍스트 단위인가'라는 문제가 도출된다. 결국 학습자 입장에서는 '부문으로서의 담화' 내용은 이미 산출된 텍스트를 '이해하는 입장'에서 분석하고 검토하는 데 유용할 뿐 표현하기 위한 자원으로는 적절히 활용하기 어려웠다.

반면, 통합적 문법 교육이라는 패러다임에 따라 문법 교육에서는 '관점으로서의 담화'를 취하기 시작하였고, 텍스트는 언어 단위들의 조합이 아니라 '의미의 조합'(Halliday, 2003: 355)으로 간주되었다. 체계 기능 중심성에서는 담화를 '또 하나의 부문'으로 보지 않는 대신 끊임없이 이어지는 절의 연속을 관찰하게 함으로써 문장을 기능적으로 인식하는 과제를 통해 '문장 및 담화'에 대한 체계 기능적 관점을 획득하게 한다. 문장을 정보 구조로 보거나 문장 이하의 문법 교육 내용에서 '의미 구성력'에 주목하는 것은 담화를 관점으로 보는 쪽에 해당한다고 할 수 있다. 이는 '문법을 표현을 위한 언어 자원이자 힘'으로 제공하는 토대가 된다.

2) 문장 쓰기를 위한 문법 교육

여기에서는 문법이 모어 화자의 의미 구성 활동 과정에 재인식될 수 있도록 하는 사례를 문장 쓰기 활동을 중심으로 살펴본다. 그동안 문법 교육에서는 '구, 절, 문장' 개념을 정확하게 익힌 후 이를 언어 자료에서 식별해 내도록 하는 활동이 대종을 이루었다. 문법 활동이 이렇게만 이루어지면, 문장의 내부 구조를 분석할 수는 있어도 문장이 의미하는 명제 내용과 관련성을 지니기 어렵게 된다. 그러나 관점을 바꾸어 '구-절-문장'의 관계를 기능적으로 인식하도록 한다면, 학생은 다음과 같은 판단 능력을 획득하여 문장이 의미하는 명제 내용을 수월하게 인식할 수 있다.

- 문장 경계를 결정할 줄 안다.
- 문장 간결성을 판단하고 결정할 줄 안다.
- 문장의 정보 구조를 언어 단위로써 드러낼 줄 안다.

다음 (가)와 (나)를 비교해 보자.

(가) 그리고 버스를 타고 가스 과학관에 갔다. 제일 처음에는 밥을 먹고 놀고 들어갔다. 들어가서 우주가 어떻게 생겼는지도 보고 이야기 나무에 가서 문제를 풀고 그 전에는 게임하는 게 나왔는데 1번, 2번대가 했다.
그래서 4등을 했다. 자유시간이 있었는데 자전거 같이 돌리는 거 하고 컴퓨터는 못했다. 그리고 꼭대기에 올라가서 망원경으로 보았는데 아주 가까이 보였다.
그리고 버스를 타고 지하철로 가서 송내역으로 내려서 집에 갔다. 그리고 종연이네서 놀다가 집에 왔다. 오늘 참 재미있었다. 선생님 가을 여행 고맙습니다.

(나) 영빈이 터무니없이 밝은 소리로 말했기 때문일까, 경호가 눈감은 채 희미하게 웃었다. 영묘는 못 알아들은 것 같았다. 수술실 앞에는 오늘 수술장에 들어가는 환자 가족들이 웅성거리고 있었다. 그중에서 영묘 시어머니와 친척인 듯한 부인이 영묘를 보고 달려오더니, 용원 아저씨한테 자꾸 뭐라고 물어보고 아저씨가 아는 척을 하는 걸 영빈은 바라보기만 했다. 수술장 앞에서 흔히 볼 수 있는 광경이었다. 송 회장의 모습은 보이지 않았다. 수술장 입구 간호사로부터 다시 체크를 받고 나서 환자는 담당 마취과 의사와 함께 수술장 안으로 사라졌다. 영빈은 의사들의 전용문을 통해 수술장으로 들어갔다. 흉강경 수술에 임할 의사들이 갱의실에서 수술복으로 갈아입고, 수술장 방 앞에 있는 수도에서 소독약이 든 수세미 같은 기구로 손톱 밑에서 팔꿈치까지 소독을 하고, 간호사가 건네주는 소독된 타월로 물기를 닦은 후 역시 간호사가 입혀주고 묶어주는 대로 완전 소독된 수술 가운으로 갈아입는 걸 지켜보면서 영빈은 초록색 모자와 마스크만 쓴 다음 수술장 안으로 들어갔다.

- 박완서, 『아주 오래된 농담』, pp. 118~119.

(가)는 초등학교 5학년 학생의 일기이고, (나)는 유명한 소설가의 소설 일부이다. (가)의 밑줄 친 문장에 대하여 교사들은 '문장이 길기 때문에 고쳐 써야 한다'라고 평하곤 한다. 그에 비하여 (나)의 밑줄 친 문장은 (가)의 문장과 비교해 볼 때 훨씬 '많은 음절'로 이루어져 있음에도 불구하고 문장이 길다는 평을 듣지 않는다. 그 이유는 무엇일까?

문장의 간결성을 판단하는 기준은 '하나의 문장 안에 필자가 나타내고자 하는 핵심 명제 하나만 포함되어 있는가의 여부'이다. 이 기준에 근거해 보았을 때, (가)의 밑줄 친 문장은 핵심 명제가 예측할 수 없을 정도이며(단순 연상적 쓰기 능력 단계에 머물러 있다고 진단한다), (나)의 밑줄 친 문장에서는 "영빈은 떨리는 마음으로 수술장 안에 들어갔다."라는 하나의 핵심 명제만을 나타내고 있다. '떨리는 마음으로'라는 부사구 대신 구구절절한 묘사가 '형상화'되어 있는 것이다. 그렇다면 (가)의 첫 번째 문장에서 세 번째 문장까지를 다음 순서에 따라 고쳐 보도록 하자.

(1) 글 전체의 주제를 다시 깊이 생각해 본다.

- (1)~(3) 단계의 모든 활동들이 모두 글을 쓰는 과정 중 일부임을 인식한다.

(2) 절 단위로 중요도를 평정하게 한다.

- 글 전체의 주제에 비추어 볼 때 좀 더 인상 깊고 중요하게 생각했던 것이 무엇인지 판단하며 평정한다. ①이 가장 중요한 것이며 ③이 중요도가 가장 떨어지는 것이다. 물론 내용에 대한 평정은 학생의 의도에 따라 달라질 것이니, 여러 가지 가능성이 있을 것이다.

  ex) 그리고 버스를 타고(③) 가스 과학관에 갔다(①). 제일 처음에는 밥을 먹고(②) 놀고(①) 들어갔다(②). 들어가서 우주가 어떻게 생겼는지도 보고(①) 이야기 나무에 가서(②) 문제를 풀고(①) 그 전에는 게임하는 게 나왔는데(①) 1번, 2번대가 했다(②). 그래서 4등을 했다(①).

(3) 중요하게 평정한 ① 개수를 문장 개수와 동일하게 재구성한다.

- 그 과정에서 중요도가 떨어지는 ③은 생략할 수도 있다. 특히 ③으로 평정한 부분이 당초 문장 단위로 구성된 경우, 이를 '절 수준 이하'로 격하하도록 한다.

  ex) 그리고 버스를 타고 가스 과학관에 갔다. 제일 처음에는 밥을 먹고 놀았다. 들어가서 우주가 어떻게 생겼는지도 보았다. 이야기 나무에 가서 문제를 풀었다. 그 전에는 게임하는 게 나왔다. 1번, 2번대가 게임을 했는데 4등을 했다.

- 구, 절, 문장 단위를 재구성하는 과정에서 응집성이 떨어지는 부분에는 새로운 내용(밑줄)을 포함시킨다.

  ex) 그리고 버스를 타고 가스 과학관에 갔다. 들어가기 전에 밥을 먹고 한참을 놀았다. 과학관에 들어가서는 우주가 어떻게 생겼는지 보았다. 이야기 나무에 가서 문제도 풀었다. 그 전에는 게임하는 게 나왔다. 1번, 2번대가 게임을 했는데 4등을 했다.

- 고친 내용을 바탕으로 하여 다시 중요도 평정을 해 보고, 다시 ①로 평정할 부분(밑줄)이 없는지 확인한다.

  ex) 그리고 버스를 타고 가스 과학관에 갔다. 들어가기 전에 밥을 먹고 한참을 놀았다. 과학관에 들어가서는 우주가 어떻게 생겼는지 보았다. 이야기 나무에 가서 문제도 풀었다. 그 전에는 게임하는 게 나왔다. 1번, 2번대가 게임을 했는데 4등을 했다.

- 다시 (2)~ (3)을 반복한다.

  ex) 그리고 버스를 타고 가스 과학관에 갔다. 들어가기 전에 밥을 먹고 한참을 놀았다. 먼저 과학관에 들어갔다. 과학관에 들어가서는 우주가 어떻게 생겼는지 보았다. 이야기 나무에 가서 문제도 풀었다. 그 전에는 게임하는 게 나왔다. 1번, 2번대가 게임을 했는데 4등을 했다.

이처럼 글을 쓰는 과정에서 문법 지식을 적극적으로 활용함으로써 표현하고자 하는 바를 더욱 정확하게 나타낼 수 있다. 구, 절, 문장에 대한 문법적 개념을 기본적으로 익힌 후, 명제 내용에 적절한 단위를 선택하여 글의 내용을 학습자 스스로 고칠 수 있다. 내용과 의도에 적절하게 언어 형식을 선택할 수 있는 능력을 획득하게 되는 것이다. 이러한 능력은 이해 능력과도 관련성을 지닌다. 구, 절, 문장에 대한 문법 지식으로 필자의 표현 과정을 추론함으로써 필자가 의도한 바를 더 깊고 정확하게 읽어 낼 수도 있다.

3) 언어 활동 과정에서 활용하는 언어 자원

최근 문법 교육에서는 모어 화자의 의미 구성 활동 과정에서 문법 지식을 재인식하도록 하여, 문법 지식을 과정적 지식으로 다루도록 하고 있다. 즉, 어휘 문법 장치를 체계적 선택항으로 인식하여 읽고 쓰는 방법론이 '독서', '작문'의 '언어적' 교수·학습 방법론이 될 수 있다는 가능성을 보여 주고 있다. 이로써 학습자는 문법이 규칙의 집합이 아니라 표현의 힘임을 자각하고 이를 '의미 생성 자원'으로 활용하게 된다.

이러한 움직임은 교육과정에서 '문법 요소'를 다루는 방식에서 변화를 가져왔다. 그 변화는 2007 개정 문법 교육과정에서부터 시작되었다. 당시 '피동 및 사동 표현'의 성취기준은 해당 문법 요소로만 구성되었다. 지난 성취기준이지만 여기에서 언급하는 이유는, 해당 성취기준의 내용 요소에 이전 교육과정에서는 찾아볼 수 없었던 의미 범주의 특성을 탐구하도록 명시되어 있었기 때문이다. '사동·피동 표현에 따라 의미 해석이 어떻게 달라지는지 이해하기, 사동·피동 표현을 사용하는 심리적·사회적 특성 이해하기' 등이 그것이다.

이 성취기준은 문법 교육에 커다란 변화를 가져왔다. 그 이전에는 사동·피동 표현에 대한 구조적·형태적 특징만을 이해하도록 하였지만, 같은 사태를 두고 다른 문법 범주를 선택하였을 경우 화자 또는 필자의 표현 의도가 어떻게 달라지는지를 파악하는 것이 더 본질적인 탐구임을 천명한 것이다. 국어학계에서도 피동 및 사동 표현에 대해 '문법 범주인지 의미 범주인지' 쟁론이 있었던 만큼, 모어 화자가 의미 구성 과정에서 문법 지식을 재인식하도록 할 때 가장 적합한 요소이다. 같은 사건을 접한 5명의 화자가 다음과 같은 문장들을 발화하였다고 해 보자. 각자가 무엇에 초점을 두어 표현하고자 하였는지 해석해 보는 것이다. '행위자', '피행위자', '사건의 원인', '사건의 결과' 등과 관련하여 서술어 부분에 포함되어 있는 형태소를 우선 분석해 보고, 그다음에 의미 차이를 분석해 보자. 특히 피동이나 사동 표현 양쪽 다 실현되지 않았을 경우부터 생각해 보는 것이 좋다.

- 큰 사건이 일어났다.
- 큰 사건이 저질러졌다.
- 도둑이 큰 사건을 저질렀다.
- 과연 어떠한 동기가 그 도둑이 큰 사건을 저지르게 하였는가?
- 피해자는 그 사건으로 인해 도둑에게 4000만 원 상당의 손해를 입었다.

이처럼 피동 표현과 사동 표현은 의미와 긴밀히 관련지어 탐색할 수밖에 없는 문법 범주이다. 그리하여 2007 개정 국어과 교육과정에서는 최초로 피동 및 사동 표현을 시작으로 하여 문법 요소가 의미 구성력을 지니는 것에 초점을 두도록 하는 성취기준을 구성하였던 것이다. 그 이후의 교육과정에서는 피동 및 사동 표현뿐만 아니라 인용 표현, 부정 표현, 시간 표현 등 다른 문법 요소들에 대해서도 의미와 깊은 관련성을 지니고 있음을 다루고, 더 나아가 모어 화자가 언어화 과정에서 이를 선택하는 의도와 관련하여 탐색하도록 유도하고 있다.

2022 개정 국어과 교육과정에서는 이러한 관점이 확대되고 전면화되었다. 이러한 교육적 가치를 제대로 실행하기 위해서는 문법 요소를 한꺼번에 특정 학년에서 학습하는 것이 타당하지 않다고 보고 1)에서 언급한 바와 같이 담화를 '관점'으로 다루어 초등학교에서의 '높임 표현'을 시작으로 하여 중학교 1-3학년군에 이르기까지 문법 요소를 계열화하였다.

이러한 문법 교육이 담화 내에서 제대로 다루어지려면, 특정 언어 형식이 특정한 종류의 텍스트에 '더 자주' 사용되는지를 해당 텍스트 '종류(또는 유형)'를 사용하는 언어 공동체 구성원들의 '공통적인 의미 체계'와 관련지어 '해석'하는 데에도 초점을 두어야 한다. 즉, '인용 표현'이나 '피동 표현' 자체에 대하여 아는 것, 또는 인용 표현이나 피동 표현의 용법이 오류임을 지적하는 것에 그치지 않아야 한다.

(가) 메드베데프 총리는 올해 말까지 모든 정부 부처들이 크림 지원을 위한 구체적 계획들을 제출하라고 지시했다.
(나) 메드베데프 총리는 "올해 말까지 모든 정부 부처들이 크림 지원을 위한 구체적 계획들을 제출하라"고 지시했다.

위 예문에 나타난 문법 요소는 무엇인가? (가), (나)는 모두 메드베데프 총리의 말을 인용하고 있다. 다만, (가)는 이를 간접 인용으로, (나)는 큰따옴표를 사용하여 직접 인용으로 표현하고 있다. 그런데 보통은 (나)를 규범에 어긋난 문장이라고 지적하곤 한다. 직접 인용이 필수적으로 갖추어야 하는 요건을 갖춘다면, 위의 문장은 「메드베데프 총리는 "올해 말까지 모든 정부 부처들은 크림 지원을 위한 구체적 계획들을 제출해라."라고 지시했다.」라고 고쳐야 한다.

그러나 위와 같은 문장은 기사문에서 광범위하게 발견할 수 있다. 기자들은 분명 규범에 어긋남을 알면서도 위와 같이 쓰는 것이다. 의도적으로 규범을 어기면서까지 기자들은 도대체 어떤 의미 체계를 드러내려고 하는 것인가? 그 의미 체계를 '장르성'이라고 잠정적으로 일컬어 보자. 기자들은 '객관성'과 '주관성'을 동시에 갖는 장르성을 드러내려고 하는 것이다.

기사문에서는 객관성과 정확성을 확보해야 하기 때문에 누군가의 발화 내용도 있는 그대로를 옮기는 직접 인용의 방식을 추구해야 마땅하다. 그러나 원 발화를 고스란히 옮기기만 할 수는 없다. 요즈음은 신속하고도 정확하게 정보를 입수할 수 있기 때문에, 기사문이 '보도'의 성격만을 가져서는 팔리기 어렵다. 그리하여 '변형된 직접 인용'이 사용된 기사문에 대하여 과연 기자가 직접 취재한 내용인지, 보도문의 성격만을 지닌 기사문에서 변형 없이 직접 인용한 것인지, 아니면 해당 내용에 대한 자신의 관점을 반영하여 재구성된 사실을 전달하고자 하였는지 판단하기가 어렵다. 그리고 이 역시 기자들이 의도한 것이다. 이를 제민경(2015: 161)에서는 인용 표현을 선택함으로써 전달자의 역할을 드러내어 자신이 직접 경험한 일임에도 자신과 분리하여 전달함으로써 주장의 객관성을 강화하는 것이라고 하였다.

4) 언어 주체의 정체성을 형성하기 위한 문법 교육

문법 교육에서는 학습자가 보다 주체적으로 자신의 언어를 관찰하고 성찰할 수 있도록 사용으로서의 언어(Language in Use)'를 연구하는 의미화용론, 체계기능언어학, 사회언어학 등의 관점을 적극적으로 수용하였다. 그에 따라 지역에 따른 언어와 표준어, 세대·매체·분야에 따른 언어, 언어 공동체의 다변화에 따른 언어와 관련된 교육 내용을 다룸으로써, 상황 맥락 및 사회·문화적 맥락에서 사용되는 실체로서 언어의 여러 변이형과 다양한 사용 양상에 대해 이해하도록 한다. 다른 영역에서 '맥락'은 다소 추상적인 범주로 제공되지만, 문법 교육에서는 보다 구체적인 언어 현상으로 제공되는 것이다.

① 국어 탐구 활동의 세 층위

여기에서 특히 중요한 개념은 '맥락'이다. 문법 교육에서는 상황적 맥락과 사회·문화적 맥락 개념을 문법 지식을 구조로 다루는 방식과 함께 묶어 다음과 같이 3개의 층위로 나누어 학습자 활동을 설계한다.

층위 2는 상황 맥락을 가리킨다. 이는 개별 텍스트와 관련을 맺는데, 특정 상황에서 하나의 텍스트를 생성하는 것은 대면한 상황 맥락 속에서 이루어진다. 층위 3은 사회·문화 맥락이다. 개별 텍스트 하나하나를 생성할 수 있는 의미 잠재력으로, 체계기능언어학에서는 이를 '장르'로 본다. 층위 2에서 관찰되는 개별 텍스트를 이루고 있는 언어는 더 큰 '사회·문화

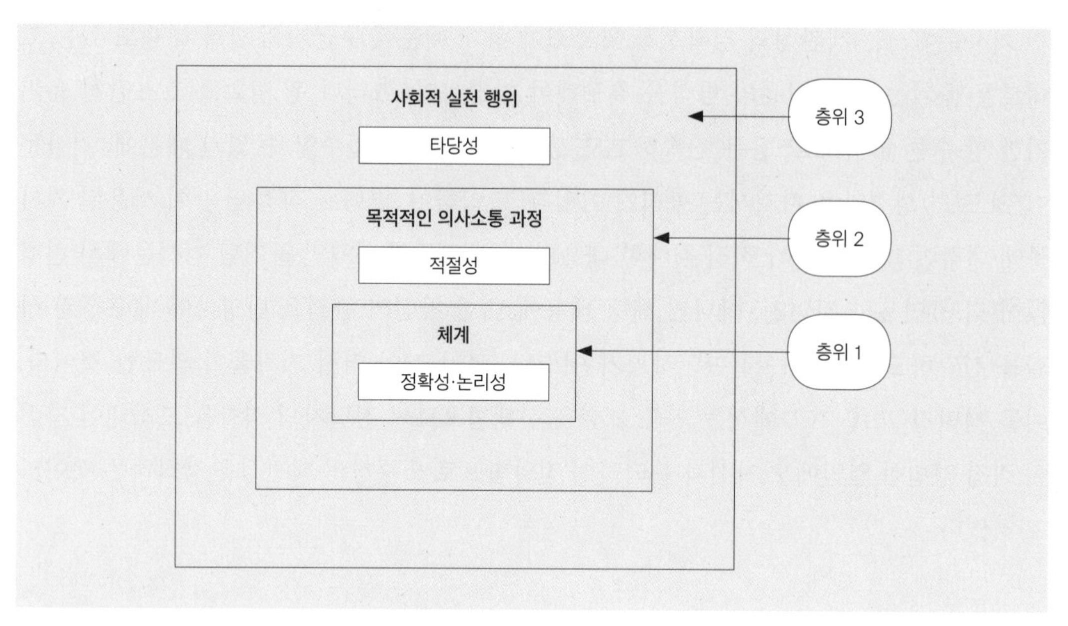

그림 6 국어에 대한 메타적 이해의 세 층위(김은성, 2008)

맥락의 의미 잠재력'과 관련을 맺고 실현된 것이다.

문장 확대 교육을 예로 들어 보자. 층위 1에 주목하는 교육 내용은 겹문장의 유형 분류 결과를 체계화하는 데 주력하며 문장 내부의 문제에 초점을 맞추어 진행한다. 즉, 전통적으로 겹문장을 안은 문장과 이어진 문장으로 나누고, 각각을 또 그 하위 분류로 나누어 이해하는 방식이 이에 해당한다. 층위 2에서는 특정 문장 확대 방식을 의미 기능 층위에서 다루는데, '문장의 짜임을 표현 효과를 고려하여 구성하는' 성취기준이 여기에 해당한다. 화자가 어떤 의도에서 A 방식을 취하지 않고 B 방식을 취하게 되었는지, '선택의 이유와 비선택의 이유'를 생각하게 한다. 여기에서 '화자의 표현 의도'는 명제 간의 관계성을 어떻게 드러내는지 이해하는(조진수, 2014: 273) 과정이 된다.

> ① 그 영화가 국제 대회에서 상을 받았다. 그 영화는 내일 개봉한다.
> ② 그 영화는 국제 대회에서 상을 받았고 내일 개봉한다.
> ③ 국제 대회에서 상을 받은 그 영화는 내일 개봉한다.
>
> -이도영 외(2014: 130)

①, ②, ③은 내용상으로 같은 명제를 다른 형식으로 나타낸 것이다. 바로 이 점에 대한 정확한 인식이 필요하다. ②의 명제 내용은 ①과 같은데 왜 이어진 문장을 썼을까? 2개의 명제

내용을 별개의 사태로 인식할 필요가 없다고 판단하였을 것이다. 그렇다면 ③의 경우는 왜 하나의 명제 내용을 관형절로 안기게 하였을까? 이는 앞 명제 내용이 독립된 사태를 형성할 수 없으며, 더 나아가 뒤 명제 내용의 화제를 구체화하는 성격으로서만 의미를 가진다는 판단에서 비롯되었을 것이다. 요컨대, 단순히 홑문장 2개를 겹문장으로 만드는 것이 아니라, 모든 문장의 형식에서는 모어 화자의 판단에 따라 '표현 이전의 명제 내용'을 '어떠한 절 복합체'로 실현할 것인지가 결정되는 것이다. 엄밀히 말해 이는 언어 주체가 '표현 의도에 부합하도록 절의 기능성을 고려하여 조합하는 과제'로 다루어야 한다.

층위 3에서도 층위 2와 마찬가지로 기본적으로 왜 '독립적 문장'으로 구성하지 않고 '안긴 절'로 구성하였는지, '종속절' 대신 '대등절'로 구성하였는지 '선택과 비선택의 이유'를 추정하면서 탐구하는 활동이 진행된다. 그러나 층위 2와의 차이점은 특정 언어 형식을 선택한 결과로 해당 언어 형식이 실현된 텍스트가 지니는 '힘'과 '가치'를 판단하게 한다는 것이다.

요컨대, 층위 3에서는 텍스트를 사회·문화적 실천 행위로 바라보고, 텍스트에 동원된 문법 요소들이 모종의 의미 기능을 수행한다는 언어적 특성을 포착함으로써 텍스트의 장르성을 이해하는 활동을 할 수 있다. 기사문에 사용된 특정한 언어 형식을 단순히 통사적으로 분석하는 것이 아니라, 필자의 의도나 기사문이라는 장르적 특성을 고려하여 선호된 것으로 해석하는 것이다. 앞서 예로 든 기사문의 인용 표현 탐구가 그 예이다.

이처럼 국어에 대한 메타적 인식을 다양한 층위에서 수행함으로써, 특히 층위 3에서 국어 탐구 활동을 하게 된다면, 언어를 사용하는 나, 집단·사회의 언어와 나의 언어와의 관계, 타인의 언어 및 언어 사용에 대한 인식 등 언어 주체로서 언어를 부려 쓴다는 것의 의미, 언어의 힘을 인식하고 자신의 언어 실천에 책임을 지는 것의 의미를 파악하게 된다. 사실 필자가 사태에 대한 태도를 표현하고자 할 때 양태 표현이나 보조사 등 아주 작은 언어 형식을 통해서도 특정한 힘에 대한 가치 판단을 명시적 또는 암시적으로 드러낼 수 있다.

② 변이형을 다루는 방식

언어 변이(language variation)란 동일한 언어 공동체 내의 화자들이 사회적, 지리적 변인과 언어 사용의 상황맥락적 변인에 따라 언어 사용의 양상이 다르게 나타나는 현상이다. 사회언어학에서는 화자가 대화 참여자 간의 관계 및 상황에 대한 사회적 요인을 체계적으로 반영하여 변이형을 만들어 낸다고 보고 있다. 이에 따르면 같은 언어 형식이라도 화자의 사회적, 지역적 배경과 언어 사용의 맥락, 목적, 상황에 따라 다르게 해석될 수 있음을 강조하게 된다. 그 중에서도 특히 지리적, 사회적 요인에 따라 변이된 언어 체계를 방언(dialect)이라고 한다. 방언은 지리적 요인에 따른 지역 방언과 계층, 연령, 성별 등과 같은 사회적 요인에 따른 사회 방언으로 나뉜다.

예를 들어 '비속어'는 올바르지 않다고 판단되어 온 대표적인 언어 자료이다. 전통적 방식대로 '다른 사람이 비속어를 들으면 심기가 불편할뿐더러, 무작정 쓰지 말아야 함'이라는 처방은, 섣불리 특정 언어를 특정한 정체성과 연결해 버리는 오류를 범하는 것이다. 그러나 이를 사회언어학적 변이형으로 다룬다면 아래와 같이 다룰 수 있다.

- 비속어가 한국어 어휘 체계에서 가지는 위상에 대해 객관적으로 관찰할 수 있는 자료와 기회를 준다.
- 언어가 사회에서 자신이 가지는 정체성을 형성해 주기도 하는데, 비속어도 그런 효과를 지닌다.
- 그러므로 비속어를 많이 사용하는 화자는 사회 속에서의 정체성 형성에 문제가 있을 수 있다.

은어나 전문어로 다루었던 전통적 개념은 최근 '사회 방언'으로 다룬다. 청소년 집단 내에서 특히 공유하는 언어, 전문인 집단 내에서만 소통되는 언어 모두 특정 사회 집단의 정체성을 드러내는 '사회 방언'으로 다루어야 타당하다. 그리고 집단 구성원 외의 사람들은 알아들을 수 없는 말에 대해 '이질감'을 공통적으로 느낀다. 이에 대해 도덕적 판단을 내리기보다는 언어의 품격, 차별, 배려의 관점에서 언어의 '공공성'이라는 개념과 함께 학습자가 여러 기준으로 언어 자료를 성찰하도록 한다.

교사 역시도 자신의 언어와 비슷한 언어를 구사하는 학생과 소통을 더 잘하는 경향이 있다. 가장 전형적인 예로 학교에서의 우등생은 대개 초등학교 1학년 때부터 결정된다는 말은, 교사와 소통되는 언어를 쓰는 아이만이 우등생이 될 자질을 지니고 있다는 것을 의미하기도 한다. 교사는 자신의 언어와 현저히 다른 언어를 쓰는 학생을 암묵적으로 차별할 수도 있다는 것을 예민하게 인식해야 한다.

- 특정 집단의 사회 방언이 어휘 체계에서 가지는 위상을 객관적으로 관찰할 자료와 기회를 준다.
- 사회 방언은 해당 집단의 문화를 드러내는 기능을 지님을 알도록 한다.
- 사회 집단의 언어의 실험을 구성원과 공유하는 것은 해당 집단의 문화를 공유하는 것이나 다름없음을 알도록 한다.
- 일련의 과정을 통하여 다른 집단과 소통하기 위하여 노력해야 함을 자각하도록 하고, 그것이 곧 사회화 과정임을 알도록 한다.
- 이후의 언어생활에서 다양하게 접하게 될 '다양한 집단', '다양한 언어들'에 대하여 미리 가치 판단을 내리지 말고 그들의 언어를 일단 포용하고 이해하고, 궁극적으로 소통하려는 자세를 갖도록 한다.

- 모든 언어는 '변이'이며, 따라서 어떠한 언어적 가치도 우월한 것이 없다는 것을 인식하도록 하여, '다름'을 인정하도록 한다.

5) 국어 공동체의 역사적·사회문화적 이해를 위한 경험을 제공하는 문법 교육

그동안 학습자들이 국어사에 대해 학습할 필요성을 느끼지 못하였던 것은, '국어사적 지식'이라는 내용 요소 때문이 아니라 국어사를 교육하는 목표와 방법 때문이다. 국어사 교육이 학습자에게 유의미한 경험을 제공하기 위해서는 학습자가 실존하는 현재의 언어와 단절되지 않도록 교육 내용을 제공해야 한다.

첫째, 국어사 교육은 역동적으로 변화하는 언어를 주체적으로 이해하는 기회를 제공해야 한다. 즉, 과거의 언어를 살피는 일이 지금 우리를 둘러싼 언어의 본질적인 역동성을 체험하고 자각하는 일로 이어질 수 있도록(신희성, 2019: 170) 해야 한다. 이에 대하여 최소영(2018)에서는 '범시적 관점의 문법 이론'을 정립하면서, 학습자가 언어 변화의 점진성을 깨닫게 함으로써 학습자 자신도 국어를 변화시키는 주체임을 인식하도록 해야 한다고 역설한다. 이러한 변화로 인하여 2015 개정 국어과 교육과정에서 국어사 교육 내용을 국어의 역사성으로 대체하였고, 이후 2022 개정 국어과 교육과정에도 지속적으로 반영되고 있다.

둘째, 국어사적 지식을 '국어를 둘러싼 역사적 사건'으로 다루기보다는 교육 방법을 바꾸어 국어문화에 대한 심층적 이해를 체화하는 교육 내용으로 제공할 수 있다. 또한 문법 범주에 대한 변화를 깊이 있게 이해하는 것은 단지 '타 문화권과 어휘 체계를 비교함으로써 얻어지는 문화적 상대성에 대한 인식'보다 언어와 문화의 관계를 역사문화적 공동체를 자각하면서 이해하도록 하는 중요한 주제가 된다.

국어문화에 대한 언중의 무의식적 인식은 어휘보다는 문법에 더 잘 반영되어 있다. 몇 개의 어휘를 비교하는 것만으로 국어문화의 심층을 체화하기란 어렵다. 개화기에 급격히 유입된 어휘를 살펴보는 것만으로 당시 국어문화의 특징을 이해한다는 것은 그야말로 표피적인 이해에 지나지 않는다. 또한 타 문화와의 차이점을 통해 국어문화를 이해하려 할 때에도 어휘보다는 '문법 체계'를 비교하여 살펴보는 것이 수월하다. 예를 들어, 타 언어에는 있으나 우리말에는 해당 범주가 없는 경우(성 gender, 수 number), 타 언어에는 없으나 우리말에는 해당 범주가 있는 경우(높임법) 등이 적절한 내용이 될 것이다.

이를 바탕으로 하여 교사는 다음과 같은 활동이 가능하도록 계획하고 조언해야 한다.

- ‘국어사적 사실’을 있는 그대로 익히는 데 그치지 않도록 한다.
- 문법 체계의 큰 변화를 인식하고, 이를 유도한 언중의 의도를 해석한다.
- 오늘날 광범위하게 발견되는 문법적 오류 현상도 언중의 의도가 있을 것이라 가정하고 해석한다.
- 특정 사고방식이나 의미가 ‘어휘’로 실현될 때보다 ‘문법’으로 실현될 때 해당 언어 공동체에 있어 좀 더 보편화된 사고방식을 반영함을 이해하도록 한다.

10

문학 교육

1 문학 교육은 왜 필요할까 / 2 어떤 관점에서 문학 교육에 접근해야 할까 / 3 문학 교육에서는 무엇을 지도할까 / 4 문학 교육은 어떻게 해야 할까 / 5 문학 교육 평가에서는 무엇을 고려해야 할까

인류 역사에서 오랫동안 문학이 인간의 삶과 함께할 수 있었던 가장 근본적인 이유는 문학이 독자에게 어떤 '쓸모'가 있었기 때문일 것이다. 문학의 효용을 '쾌락'과 '교훈'이라는 관점에서 접근하였던 로마의 시인 호라티우스(Horatius) 이후 많은 사람들은 문학의 '쓸모'로 '즐거움'과 '깨달음'을 제시해 왔다. 문학작품을 읽는 것 자체가 즐거웠고, 또 즐겁게 읽다 보면 거기서 어떤 삶의 깨달음을 얻기도 하였다. 이렇게 보면 우리가 문학과 함께 할 수 있었던 중요한 전제는 바로 문학작품을 읽는 것 자체가 즐겁다는 점 때문일 것이다. 그런데 요즘 학생들도 이러한 전제에 동의할지 궁금하다. 우리 주변에는 영화, 게임, 웹툰, 드라마, 유튜브에 올라온 무궁무진한 콘텐츠 등 문학 이외에도 재미있는 볼거리와 읽을거리가 넘쳐난다. 문학은 그동안 독점적으로 누렸던 지위를 상당 부분 다양한 미디어 장르와 나누고 있는 중이다. 문학과 각종 미디어 장르 간의 경계가 점점 허물어져 가고 있고, 앞으로도 그 현상은 더욱 활발해질 것이다. 우리 사회는 지금 문학작품 읽기뿐만 아니라 창작, 유통, 소통, 향유 등의 측면에서 문학 교육의 변신을 요구하고 있다. 변신의 방향은 급속도로 변하는 문학 환경과 밀접한 관련을 지닐 것이다. 문학 교육이 어떤 방향으로 나아가야 할지 지속적인 고민이 필요한 시점이다. 이 장에서는 이러한 문제의식을 바탕으로 문학 교육의 관점은 무엇이며, 어떤 내용을 지도해야 하는지, 그리고 문학을 어떻게 가르치고 평가하는 것이 좋을지 등에 대해 생각해 보는 시간을 갖기로 하자.

1 문학 교육은 왜 필요할까

문학 교육이 학교 교실에서만 이루어지는 것은 아니다. 우리 일상생활에서도 문학 교육은 다양한 모습으로 이루어지고 있다. 어렸을 때 잠자리에서 듣던 자장가, 친구들과 놀면서 함께 불렀던 노래들, 부모님께 들었던 재미있는 이야기들, 지하철 승강장 안전문에 게시된 시민들의 창작 시, 도심 속 빌딩 글판에 실린 시 구절, SNS로 소통하는 다양한 문학적 표현들, 유튜브나 팟캐스트를 통해 접하는 문학작품 등 학교에서 이루어지는 문학 교육 이외에도 문학은 늘 우리와 함께하고 있으며, 일상생활에서도 문학 교육은 다양한 형태로 이루어지고 있다. 넓은 의미에서 보면 일상생활에서 작품을 읽거나 듣고 문학적으로 표현하는 모든 행위는 인간으로서 삶을 영위하는 데 필요한 것을 배우는 과정이며, 모르는 것을 새롭게 깨달으면서 성장하는 과정이라는 점에서 교육의 성격을 지닌다. 이렇게 일상적으로 문학 교육이 이루어지고 있는데 학교에서 문학 교육을 해야 하는 이유는 무엇일까. 그 이유는 많은 학생들이 초등학교에 입학하기 전에도 말하고 듣고 읽고 쓸 수 있지만 학교에 진학하여 국어를 배워야 하는 이유와 동일할 것이다.

우선, 학생들은 문학 교육을 통해 공동체 혹은 인류의 문화유산으로 전해지는 문학작품을 체계적으로 읽으면서 성장할 수 있다. 공동체의 정서가 담긴 문학작품, 인류 보편성을 지닌 문학작품 등을 발달 단계에 맞게 읽으면서 한 개인이자 공동체의 일원으로 성장해 나갈 수 있다. 문화유산으로서의 문학작품에는 오랜 기간 인류가 공유해 온 다양한 감정, 갈등, 사유의 과정이 심미적 언어로 표현되어 있다. 인간이 사랑, 기쁨, 슬픔, 고통, 번민 등을 어떻게 서로 나누면서 삶을 공유해 왔는지 문학 언어를 통해 경험할 수 있는 것이다. 학생들은 문학 교육적 관점에서 체계화한 다양한 문학작품을 접하면서 스스로 자신의 삶을 고민하고 성찰하며, 나아가 타자와 함께 공동체를 이루며 어떻게 살아야 할지 사유할 수 있다. 그럼으로써 인류가 오랜 기간 형성해 놓은 문학적 대화의 장에 능동적으로 참여하는 방법을 배울 수 있을 것이다.

다음으로, 문학 교육을 통해 문학 언어의 심미적 속성을 익히고 그 속성을 바탕으로 작품을 읽고 표현하는 능력은 물론 삶을 영위하는 데 필요한 언어 능력을 향상시킬 수 있다. 문학작품은 성장기 학생들의 언어 능력 신장에 중요한 역할을 한다. “문학작품은 가치 있고 풍부한 언어 활동의 전범이 되는 자료”(김대행, 1998)이며, 또한 문학을 설명하는 지식과 원리는 "다면적이고 입체적인 언어 활동을 설명하는 데 매우 유용"(김대행, 1998)하다. 학생들은 문학 언어를 배움으로써 풍부하면서도 창의적인 언어생활을 영위하는 데 도움을 얻을 수 있고, 나아가 언어문화 향유 능력을 기르는 데에도 도움을 얻을 수 있다.

또한 문학 교육을 통해 인간으로서 살아가는 데 필수적인 '문학 행위'의 지식, 방법, 태도 등을 체계적으로 습득할 수 있다. 그러한 지식이나 방법을 몰라도 문자를 알면 문학작품을 혼자서도 읽을 수 있을 것이다. 하지만 개인적 차원에서는 알기 어려운 문학에 대한 지식이나 해석 방법, 문학적 표현 방법, 소통하고 공유하며 향유하는 방법 등을 배우고 익힘으로써 능동적인 문학 행위의 주체로 거듭날 수 있다. 최근 문학 교육은 그동안 학습자를 설명해 왔던 '독자', '감상자', '해석자', '수신자', '생산자' 등의 개념에서 더 나아가 '문학 행위자'로서의 위상을 강조하고 있다. 문학의 '수용, 생산, 향유' 활동을 자연스럽게 총체적으로 수행하는 주체로 학습자를 설정하고 있는 것이다. 이는 문학 교육의 중심을 '지식이나 방법의 전달을 위한 교육' 혹은 '지식이나 방법과는 분리된 활동이나 태도의 교육'으로 한정하지 않겠다는 의미이다. 일상의 삶 속에서 문학을 온전히 자신의 것으로 만들어 즐길 줄 아는 주체를 길러 내겠다는 의미인 것이다. 문학 활동의 기초로서의 지식, 원리로서의 방법, 일상생활에서 문학을 즐기는 다양한 활동과 태도 등의 교육을 통해 학습자는 주체적인 문학 행위자로 거듭날 수 있을 것이다.

한편, 여기서 '일상생활에서 이루어지는 문학 교육'과 '학교의 문학 교육'이 완전히 분리된 것은 아니라는 점에 유의해야 한다. 두 차원의 문학교육은 상호작용하면서 선순환 관계를 맺어야 한다는 점을 분명히 할 필요가 있다. 학교의 문학 교육은 학생들이 일상에서 문학을 즐길 수 있도록 다양한 계기를 제공할 것이며, 일상의 문학 향유는 학교에서 이루어지는 문학 능력의 신장에 구체적이면서도 실질적인 도움을 줄 것이다.

2 어떤 관점에서 문학 교육에 접근해야 할까

문학 교육을 바라보는 관점에는 여러 가지가 있을 수 있다. 김대행 외(2000)에서는 문학 교육을 바라보는 관점으로 '실체 중심 문학 교육', '속성 중심 문학 교육', '활동 중심 문학 교육'을 들고 있다. 여기에서는 김대행 외(2000)에서 제시한 세 가지 관점을 중심으로 문학 교육의 관점에 대하여 살펴보자.

1) 실체 중심 문학 교육

김대행 외(2000: 10)에 따르면, 실체 중심 문학관은 '문학을 가시적인 어떤 대상으로 보아 그 존재와 가치를 설명함으로써 문학을 이해하고 문학에 접근하는 관점'이다. 여기서 '실체(實體, substance)'란 '현실적·구체적으로 존재하는 대상'을 뜻하는 말로, 문학에서는 실제로 창작되어 전하는 구체적 작품이나 그 작품의 작자를 뜻한다. '문학이란 김소월의 「진달래꽃」이다'라고 설명하는 방식이 그것이다. 이 문학관에 따르면, 구체적으로 어떤 문학작품이 언제 누구에 의해 있었던가에 주로 관심을 두게 된다. 또한 이 문학관은 문학사를 중시하는데, 문학사가 역사적 의미가 있는 작품과 작가라는 실체에 관심을 두고 작품의 가치와 시대적 삶의 상관성, 작품과 작품 사이의 연관성 등에 주목하기 때문이다. 이러한 문학관에 의거한 문학 교육을 실체 중심 문학 교육이라 한다.

김대행 외(2000: 11-12)에서는 실체 중심 문학 교육의 장점으로 '사실 자체를 아는 지식의 교육', 그것도 그 지식을 체계적으로 알게 된다는 점을 들고 있다. 대상을 알고자 할 때 사실 자체를 아는 것이 가장 기본이라는 점에서, 그리고 그 어떤 앎도 사실 자체에 대한 지식이 없이는 사상누각처럼 관념으로 흐를 위험이 있다는 점에서 의의가 있다는 것이다. 같은 것을 알고 있는 사람들끼리의 동류의식도 중요하다고 말한다. 바로 이를 통해 인간적·사회적 유대가 형성되기 때문이다. 하지만 실체 중심 문학관으로 문학 교육을 기획할 경우 몇 가지 한계를 지니게 된다고 우려하고 있다. 역사적으로 이미 존재하는 작품에 관심을 갖기 때문에 문학 교육이 작품의 이해와 감상으로 한정될 수 있다는 점이다. 그 결과 문학 교육이 훌륭한 문학작품을 읽고 감상하는 것으로만 진행되기 쉽고, 문학적인 글을 쓰는 일조차도 보통 사람에게는 불필요한 일로 오해해 버리거나, 창작 교육도 전문적·예술적 경향에 국한되기 쉽다는 한계가 있다고 제시하고 있다.

실체 중심 문학 교육을 이해하기 위해서는 그러한 관점이 왜 그토록 오랜 기간 문학 교육의 중요한 관점으로 유지되어 왔는지 고찰할 필요가 있다. 실체 중심 문학 교육은 훌륭한 문학작품으로 평가받은 작품 읽기를 중시하였던 인류의 오랜 전통과 깊은 관련이 있다. 인류는 성장기의 학습자에게 의미 있는 문화유산으로 평가받아 온 문학작품을 읽도록 하였고, 그것을 발판으로 문화를 계승·창조하며 역사를 발전시켜 왔다. 성장기의 학습자에게 훌륭한 문학작품을 읽는 경험을 제공함으로써 전인적 성장의 계기를 마련해 주어야 한다는 점 또한 오랜 기간 학교 교육에 부과된 중요한 과제였다. 훌륭한 문학작품을 읽고 감상하는 것만으로도 한 인간의 전인적 성장에 풍요로운 자산을 제공할 것이라는 공동체의 암묵적 전제가 존재하였던 것이다(최미숙 외, 2023). 하지만 실체 중심 문학 교육은 그러한 전제에서 더 나아가야 한다는 요구를 받고 있다. 오늘날의 독자들은 선조들의 훌륭한 작품을 읽으면서 그 속에 담긴 아름다움을 감상하고 깨달음을 얻는 것으로만 만족하지는 않는다. 작품에 대한 자신의 생각이나 감정을 적극적인 문학 행위를 통해 표현하면서 다양한 방식으로 자기화하고자 한다. 작품을 읽고 자신만의 생각이나 감상을 인터넷에 올려 공유하거나, 작품에 대해 토론하거나, 오늘날의 관점에 맞게 작품을 바꾸어 써 보기도 하는 등 다양한 활동을 통해 작품을 내면화한다. 실체 중심 문학 교육은 학습자의 다양한 문학 활동과 결합함으로써 문학 교육의 폭과 깊이를 더할 필요가 있는 것이다.

기존의 실체 중심 문학 교육이 지녔던 한계를 극복하기 위해서는 문학작품을 이해하고 표현하는 과정에서 다양한 문학 활동이 이루어질 수 있도록 해야 한다. "실체 중심도 얼마든지 활동 중심으로 교수할 수 있"(정재찬, 2013: 85)기 때문이다. 문학작품을 중심으로 이루어지는 모든 문학 활동은 문학작품에 대한 이해를 기초로 한다. 다시 말하면 문학 활동은 실체로서의 작품을 제대로 이해하였을 때 비로소 가능해지며, 또한 문학 활동을 수행하는 과정을 통해 작품을 더욱 풍부하게 이해할 수 있다. "작품에 대한 지식, 작품에 대한 이해와 감상을 바탕으로 말하기와 글쓰기 등 다양한 표현 활동으로 연결"(김대행 외, 2000)하는 교육이 필요한 것이다. 작품에 대한 지식 교육, 작품에 대한 이해와 감상 교육에서 더 나아가, 그것을 '바탕으로' 다양한 문학 활동으로 이어지도록 해야 하는 것이다. 작가의 관점에서 바라보든 독자의 관점에서 바라보든, 작품이란 결국 문학 활동의 산물이기 때문이다. 작품에 대한 수용 활동과 생산 활동의 양면을 아우르는 실체 중심 문학 교육을 지향할 필요가 있다(최미숙 외, 2023).

2) 속성 중심 문학 교육

김대행 외(2000: 14-15)에 따르면, 속성 중심 문학관이란 문학을 설명하는 중점을 문학의 특수한 성질에 두는 관점이다. 개개의 작품 또는 그 집합보다 문학을 이루는 본질에 주목하며, 그렇게 함으로써 문학 일반이라는 총체적인 대상을 설명하고자 하는 관점이다. '속성'은 '사물이나 현상의 본질을 이루는 성질'을 가리키므로 속성에 대한 이해는 문학의 본질을 이해하는 데 도움을 준다. 속성 중심으로 문학을 설명하는 방식 중에서 문학 교육은 '문학의 요소'나 '맥락'에 특히 관심을 갖는다(최미숙 외, 2023). 여기서 요소 분석이란 시를 시답게 하는 요소로 율격이나 이미지를 설명하거나, 이야기의 요소로 인물, 사건, 플롯 등을 풀이하는 것을 의미한다. 맥락 분석이란 문학이 어떤 요인에 의해서 생성되는가, 문학의 생성과 향수에 어떤 요인들이 관여하는가, 문학에서 우리가 보아야 하고 알아내야 할 것은 무엇인가를 설명하는 것이다.

속성 중심 문학관의 장점 중 하나는 문학을 문학답게 하는 자질이 무엇인가를 분명하게 알게 해 준다는 것이다. 속성 중심으로 문학 교육을 기획할 경우, 문학의 이해와 표현에 관한 심도 있는 체계적 지식을 제공함으로써 대상을 더욱 깊이 있게 천착할 수 있게 해 주고, 그렇게 함으로써 수준 높은 교양인으로서 사회생활을 영위할 수 있도록 한다. 또한 문학은 일상의 언어 활동과 동떨어진 것이 아니므로 문학의 속성을 일상의 언어생활에 활용하는가 하면, 그와 반대로 일상의 언어에서 문학적 요소를 발견하여 문학적으로 활용하는 능력을 기를 수도 있다. 이처럼 문학과 일상의 언어 활동을 조화롭게 하는 언어 능력을 지닐 수 있게 한다는 점에서도 속성 중심 문학 교육은 중요한 의의를 지닌다. 그런데 문학다움에 대한 고정관념에 빠지거나 부질없는 가치 평가에만 매달리는 편벽된 시각을 갖게 함으로써 문학을 지나치게 도식적으로 파악하는 결과를 낳을 수 있다는 문제점도 지닌다. '문학은 이래야 한다'는 식의 생각에 사로잡힐 수 있으며, 또 속성 하나하나에 치우쳐 바라봄으로써 문학작품에 대한 무의미한 분석 작업에 그칠 수도 있다. 그 결과 진실이나 의미의 추구보다는 기교에만 매달리는 문학 교육을 낳을 수도 있다는 점을 고려해야 한다(김대행 외, 2000: 16-17).

속성 중심 문학 교육의 핵심은 문학의 속성에 대한 이해를 통해 작품을 심미적으로 이해하고 해석하며 나아가 문학적으로 표현할 수 있는 능력을 기르기 위한 것이다. 그런데 문학 수업에서 종종 문학의 속성을 이해하는 활동으로만 그치는 경우가 있어 많은 우려를 낳고 있다(최미숙 외, 2023). 문학 교육에서는 운율, 비유, 상징, 심상, 인물, 플롯 등을 중심으로 문학의 속성을 익히고 그 효과를 파악하는 활동을 주로 하고 있다. 예를 들어, '비유 표현의 효과에 유의하여 작품을 이해하고 표현한다'라는 학습 목표를 위한 수업을 떠올려 보자. 대부분의 국어 교과서가 '비유의 개념과 특성 이해하기', '작품에서 비유 표현을 찾아 원관념과 보조관념 확인하기', '비유를 사용하지 않은 일상적 표현과 비유를 사용한 표현의 차이를 통해 표현 효과 확인하기', '일상 텍스트에서 비유 표현을 찾아보기', '비유를 활용하여 표현하기' 등의 활동으로 구성되어 있다. 이러한 활동은 당연히 국어과 교육과정에 제시된 성취기준 해설이나 교수·학습 관련 내용을 충실히 담은 것으로 볼 수 있다. 하지만 그 성취기준을 통해 도달해야 할 온전한 작품 읽기는 도외시한 채 세분화된 학습활동을 그저 반복하고만 있는 것은 아닌지 성찰해야 한다. 학습자의 문학 능력 신장에 별다른 도움이 되지 않는, 무의미한 속성 분석과 표현 활동에 그칠 염려가 있는 것이다. 문학의 속성에 대한 이해를 바탕으로 전체 작품을 온전하게 이해하고 감상하며, 이를 바탕으로 표현 활동으로 나아가야 속성 중심 문학 교육의 의미를 살릴 수 있을 것이다.

3) 활동 중심 문학 교육

김대행 외(2000: 18-20)에 따르면, 활동 중심 문학관이란 문학을 설명하는 중점을 인간의 활동이라는 특성에 두는 관점으로, 문학은 어떤 활동을 통해 성취되며 그것이 인간에게 어떤 의의를 지니는가를 살핌으로써 문학의 특성을 설명한다. '활동'은 어떤 의도를 가지고 적극적으로 벌이는 행위라는 뜻을 함축한다. 따라서 문학을 활동으로 보게 되면 그 의도와 행위의 방법 또는 과정의 특성을 중시하게 된다. 활동 중심으로 문학 교육을 기획할 경우, 학습자는 문학 활동을 통해 경험을 쌓음으로써 유기적이고 구체적이면서 실제적인 강점을 갖는 방법적 지식 혹은 절차적 지식을 얻을 수 있다는 장점이 있다. 또한 문학의 이해뿐만 아니라 말하기와 글쓰기 등 표현 활동으로 자연스럽게 이어짐으로써 이해와 표현의 양면을 아우르는 균형적인 능력의 신장도 가능하다. 하지만 방법이나 절차에 관심을 기울인 나머지 교육을 받은 사람이면 마땅히 지녀야 할 사실적 지식이나 개념적 지식을 도외시하기 쉬우며, 또 자칫 교육이 아닌 훈련으로 치달을 우려가 있다는 약점이 있다.

활동 중심 문학 교육은 학습자의 활동을 강조한다는 점에서 문학 교육이 오랜 기간 강조해 온 독자의 주체성과 밀접한 관련이 있다. 최근 문학 교육 논의에서도 학습자의 주체성과 능동성을 강조하기 위해 '문학 행위', '언어 행위로서의 문학'(최미숙, 2022), '학습자의 행위 주체성'(염은열, 2023) 등을 강조하고 있다. 2022 개정 국어과 교육과정에서도 '문학' 영역의 핵심 아이디어에서 "문학은 인간의 삶을 언어로 형상화한 작품을 통해 즐거움과 깨달음을 얻고 타자와 소통하는 행위"로 제시하고 있다. 모두 학습자의 적극적이고 능동적인 문학 활동을 전제로 한다는 점에서 활동 중심 문학 교육과도 관련된다. 그런데 이러한 논의는 대부분 작품이라는 '실체', 문학의 '속성', 학습자의 '문학 행위'를 포괄한다는 점에 주목할 필요가 있다. 사실 활동 중심 문학 교육은 그 성격상 작품이라는 '실체', 문학의 '속성' 등과 분리하여 적용하기 어렵다. 실질적인 문학 활동이 이루어지기 위해서는 작품에 대한 이해가 필요하며, 작품에 표현된 속성을 이해해야 의미 있는 다양한 문학 활동도 가능해지기 때문이다. 이런 점 때문에 활동 중심 문학교육은 독립적으로 존재하기보다 "실체 중심 문학 교육에서도 구현될 수 있고, 속성 중심 문학 교육에서도 구현"(정재찬, 2013)될 수 있다고 보기도 한다.

김대행 외(2000)에서 논의한 대로 실체 중심, 속성 중심, 활동 중심이라는 세 가지 관점은 이미 문학 교육에 적용해 온 관점이다. 문학 교육의 전개 과정에서 세 가지 관점 중 어느 한 가지가 부각된 시기도 있었지만 실질적으로 세 가지 관점을 서로 분리된 것으로 이해해서는 곤란하다. "세 가지 관점은 문학 교육에서 결코 배타적일 수 없으며 두루 포괄되어야"(김대행 외, 2000: 21) 하기 때문이다. 이 세 가지 문학 교육관이 지니는 특성, 장점, 한계 등에 대한 이해를 바탕으로 각 관점의 장점을 살린 통합적인 접근이 필요하다.

3 문학 교육에서는 무엇을 지도할까

문학 교육에서는 문학교육학계의 요구, 사회의 변화, 문학 환경의 변화 등에 따라 교육 내용을 변화시켜 왔다. 앞으로도 문학 교육의 내용은 지속적으로 변화해 나갈 것이다. 여기에서는 최근 문학 교육이 지향하는 바를 중심으로 문학 교육의 내용에 대해 알아보기로 하자.

1) 문학의 생활화

'문학의 생활화'는 문학 교육이 궁극적으로 추구해야 할 관점이자 방향이다. '문학의 생활화'는 문학을 '문학'이라는 틀에만 가두는 것이 아니라 우리들의 일상생활과 밀접하게 관련지으려는 관점이다(김대행, 2001). 문학을 '생활화'라는 시각에서 바라본다는 것은 '일상의 삶을 문학과 함께 영위'하자는 것을 의미한다. 우리 삶에서 문학을 '생생하게 움직이는 동체(動體)이자 끝없이 완성되고자 하는 활동'(김대행, 2001)으로 접근하자는 의미이다. 이런 관점은 오랜 기간 문학 교육이 학습자의 문학적 삶과 유리된 채 단순 지식과 도식적인 작품 분석을 강조해 온 것에 대한 반성에서 출발한 것이다. 문학 교육을 통해 "학습자들의 삶 속에서 문학이 더 이상 소외되지 않고 유의미하게 작동하도록"(이원영 2021: 324~325) 하자는 문제의식의 발현인 것이다. 문학이 학습자와 분리된 채 타자로 대상화될 것이 아니라 우리들의 일상 삶 속에서 함께하도록 하는 것이 문학 교육의 임무임을 다시금 되새긴 것이라 할 수 있다.

'문학의 생활화'는 학교뿐만 아니라 학교 밖 생활에서도, 나아가 성인이 되어서도 즐겨 문학을 읽고 표현하며 향유하는 삶을 강조한다. 이를 위해 문학 교육에서는 문학적으로 이해하고 문학적으로 말하고 쓰는 언어 활동을, 전문적인 작가가 되기 위해서가 아니라 자신의 생각이나 느낌을 전달하기 위해 창작하는 활동을, 문학작품을 읽고 다른 사람들과 작품에 대한 생각을 공유하며 소통하는 삶 등을 강조한다.

문학 활동이 학교 교실에서만 존재하는 것이 아니라 학교 밖에서, 우리들 삶에서 일상적으로 이루어질 때 진정한 문학의 생활화가 가능할 것이다. 이 점을 강조하기 위해 2022 개정 국어과 교육과정에서도 "교과 외 시간에도 시나 노래, 이야기에 흥미를 가지고 즐겨 접하도록 독려함으로써 문학을 생활화하는 태도를 기르(교육부, 2022b: 18)"도록 할 것을 명시하고 있다. 문학 교육에서는 2007 개정 국어과 교육과정에서부터 '문학의 생활화' 항목을 중요하게 다루어 왔다. 2022 개정 국어과 교육과정 중에서 '문학의 생활화'를 명시적으로 드러내는 내용은 다음과 같다.

'문학' 영역

[10공국2-05-02] 주체적인 관점에서 작품을 해석하고 평가하며 문학을 생활화하는 태도를 지닌다.

'문학' 과목

- 문학 향유자는 문학을 통해 자아를 성찰하고 타자를 이해하며 공동체의 문제 해결에 참여하는 태도를 지니고 주체적으로 문학을 생활화한다.(핵심 아이디어)

[12문학01-12] 주체적인 문학 활동을 생활화하여 지속적으로 문학을 즐기는 태도를 지닌다.

단, 인용한 성취기준만 '문학의 생활화'와 관련 있는 것은 아니다. '문학' 영역 및 '문학' 과목에 제시된 대부분의 성취기준이 궁극적으로 '문학의 생활화'를 지향한다는 점을 고려해야 할 것이다.

2) 문학 활동의 기초로서의 지식

단순 지식 중심의 문학 교육이 비판을 받으면서 한때 문학 교육에서 지식 교육은 별다른 의미가 없는 것으로 평가받기도 하였다. 하지만 비판의 초점은 파편화된 단순 지식 중심의 문학 교육이었지 지식 교육 자체가 아니었음을 상기할 필요가 있다. 문학 교육에서는 그동안 지식을 개념적 지식, 명제적 지식, 실천적 지식, 방법적 지식, 절차적 지식 등으로 다양하게 범주화하여 논의해 왔다. 여기에서는 그러한 지식 중에서 주로 '문학의 수용, 생산, 향유를 위해 알아야 할 기초적인 지식(앎)'에 한하여 제시하되, 주로 김대행(2008)의 논의를 바탕으로 '개체적 지식', '역사적 지식', '개념적 지식'을 중심으로 살펴볼 것이다. 문학작품의 해석과 표현 방법에 관한 방법적 지식, 절차적 지식까지 모두 포함할 경우 문학 교육과정에 제시된 대부분의 내용을 다루어야 하기 때문이다.

개체적 지식 문학은 구체적인 작품이라는 실체로 존재한다. 김대행(2008)은 '개개의 작품을 아는 일', 즉 작품에 대한 개체적 지식을 아는 것이 문학 교육의 기본이라고 보고 있다. 개체적 지식으로는 '언어', '문학작품의 내용'을 들 수 있다. 우선, 개체적 지식으로서의 '언어'에 대해 생각해 보자. 어떤 말이 무엇을 가리키는지, 그리고 어떤 생각을 나타내는지를 알지 못하고는 문학을 이해할 수도 없고 창작할 수도 없을 것이다(김대행, 2008: 81-83). 언어를 제대로 알지 못한다면 작품을 잘못 이해할 수도 있으며, 자신의 생각이나 느낌을 표현할 때에도 적절한 언어를 찾을 수 없게 된다. 예를 들어 보자. 시 「향수」(정지용)의 "얼룩빼기 황소가 / 해설피 금빛 게으른 울음을 우는 곳,"이라는 시행을 읽으면서 '황소'를 '젖소'로 이해하는 독자가 많다고 한다. 하지만 '얼룩빼기 황소'는 창작 당시인 일제강점기에 우리 농가에서 많이 기르던 '칡소'를 의미한다. '얼룩빼기'는 털빛이 얼룩얼룩한 동물을 가리키며, '얼룩얼룩하다'는 누런 빛이 아니라 '여러 가지 어두운 빛깔'의 점이나 줄 따위가 무늬를 이룬 모양을 뜻한다고 한다. '얼룩송아지'(1948년 1학년 음악 교과서에 실린 동요)의 아비 소라는 것이다(엄민용, 2023). '얼룩빼기 황소', '얼룩송아지'라는 어휘를 '젖소'로 알고 있는가, 아니면 '칡소'로 알고 있는가에 따라 독자의 내면에 떠오르는 시상은 완전히 달라질 것이다.

다음으로는 문학작품의 내용을 생각할 수 있다. 작품이 어떻게 시작해서 어떻게 끝나는지, 그리고 무엇에 대하여 무어라고 말하고 있는지를(김대행, 2008) 아는 것은 문학 활동을 위한 기초에 해당한다. 염상섭의 『만세전』에서 "스물두셋쯤 된 책상도련님"인 주인공은 식민지 조선의 암울한 현실을 체험하고 목격하면서 "공동묘지다! 구더기가 우글우글하는 공동묘지다!"라고 부르짖는다. 독자들은 이 작품이 동경에서 출발하여 고베, 시모노세키, 부산, 김천, 대전을 거쳐 서울까지 이어지는 이동 경로를 따라 각 장소에서 주인공이 체험하고 목격한 암담한 현실이 전개된다는 것을 알아야 주인공의 분노를 이해할 수 있다. 이는 단순히 작품의 줄거리를 알아야 한다는 점을 말하는 것이 아니다. 독자가 직접 작품을 읽으면서 내용을 이해하고 알게 되었을 때 그것을 바탕으로 주체적이고 창의적인 활동이 가능해지며, 문학적 표현이나 창작으로도 나아갈 수 있다.

역사적 지식 개체적 지식을 바탕으로 역사적 지식에 대한 교육 또한 필요하다. 김대행(2008)은 역사적 지식으로 '한국 문학의 역사', '세계 문학의 역사', '역사적 삶과 문학의 관계'를 들고 있다. '한국 문학의 역사'란 문학의 역사를 통해서 우리 민족은 무엇을 생각하였으며 그것을 어떻게 표현해 왔는가를 아는 일이다. 민족문화의 계승과 창조는 이러한 역사적 지식을 바탕으로 할 때 가능해진다. '세계 문학의 역사' 또한 한국 문학이 세계 문학의 한 자리를 차지하고 있다는 점에서 중요하거니와 인간을 이해하는 폭과 깊이를 더욱 확고히 한다는 점에서도 중요하다. 세계란 남들의 집합이 아니라 우리를 포함하는 개념이고, 그것이 인간의 다양성을 드러낸다는 점에서 중요한 교육 내용이 된다. 마지막으로 '역사적 삶과 문학의 관계' 역시 중요하게 다룰 필요가 있다. 문학은 인간의 마음과 삶을 말해 주는 것이라는 점에서도 문학과 삶의 역사적 연관성이 중요한 교육 내용이 되어야 한다(김대행, 2008: 83-85).

개체적 지식이 개별적인 것에 대한 앎이라면 역사적 지식은 흐름과 관련된 앎이라 할 수 있다. 역사적 지식 중에서 '역사적 삶과 문학의 관계'에 대해 예를 들어 생각해 보자. 손창섭의 「비 오는 날」이 6·25 전쟁 직후 피난지 부산에서의 삶을 그린 작품이라는 것을 알고, 그러한 역사적 연관성을 바탕으로 작품을 읽을 때 작품에 담긴 절망적 분위기를 이해할 수 있다. 주인공 원구는 친구의 여동생이자 소아마비에 걸린 동옥이를 구원해 줄 수 있음에도 전혀 도와주지 않고 그냥 견디기만 한다. 독자들이 원구의 그러한 행동을 비윤리적이라고 비난하지 않고 그의 절망감에 공감할 수 있으려면 작품을 당대의 역사적 삶과 관련지어 이해하는 과정이 필요하다. 원구라는 인물이 대재앙으로서의 전쟁이 가져다준 처참하고 암담한 현실 속에서 살고 있음을 알아야 하는 것이다. 그래야 작품을 제대로 이해할 수 있다. 역사적 지식을 작품 이해에 기계적으로 적용하자는 뜻은 아니다. 그것은 오히려 배격해야 할 대상이다. 역사적 지식은 작품이 당대 삶을 어떻게 작품 속에 담고 있는가를 이해하기 위해 필요하다. 그러한 역사적 지식을 통해 작품의 지평을 이해할 수 있기 때문이다. 작품을 읽는다는 것은 독자의 지평과 작품의 지평이 만나 상호 소통하는 과정이다. 독자의 지평만으로 작품을 읽는 것은 작품이 소통하고자 하는 목소리를 듣지 않은 채 독자의 목소리만을 일방적으로 주장하는 것이다. 작품의 지평만을 고려하여 읽는 것도 문제가 있다. 오로지 작가와 당대 맥락만을 중시할 뿐 작품을 읽는 독자의 관점이나 생각이 들어설 여지는 없어지기 때문이다.

개념적 지식 개념적 지식도 문학 교육이 다루어야 할 중요한 내용이다. 김대행(2008)은 문학 교육이 개체적 지식으로부터 출발하지만 그것에만 머물러 있게 되면 단편적 지식으로 전락하게 될 것이라고 우려한다. 낱낱의 사실은 알지만 이를 꿰뚫어 체계적으로 알지 못한다면 그 지식을 다른 능력으로 발전시키지 못한다는 것이다. 문학에 대한 개념적 지식은 문학의 본질, 관습, 요소, 기능 등의 항목으로 분류할 수 있다. 문학의 본질과 관련된 개념으로는 모방과 창조를, 문학의 관습과 관련해서는 시, 소설 등의 장르를 들고 있다. 문학의 요소와 관련하여 시의 경우 은유, 어조, 심상, 상징 등이, 소설의 경우에는 주제, 배경, 인물, 플롯, 시점 등이 해당한다. 기능과 관련한 개념으로는 교훈과 쾌락을, 그 외에도 참여, 고발, 반영, 계몽, 비판 등의 용어를 이해할 수 있어야 한다고 제안하고 있다(김대행, 2008: 85-87).

개념적 지식을 단순 정의나 형식적 분류 중심으로 지도해서는 곤란하다(최미숙, 2019). 예를 들면, 비유를 '어떤 사물을 직접 설명하지 않고 다른 비슷한 사물에 빗대어서 표현하는 방법' 식의 단순 정의 중심으로만 지도하는 것은 학생들의 능력 신장에 별다른 도움을 줄 수 없다. 개념을 어떻게 이해하는가 하는 문제는 문학을 어떤 관점에서 바라볼 것인가, 작품을 어떻게 이해하고 표현할 것인가 하는 문제와 밀접하게 관련되어 있다. 비유를 단순 정의나 형식적 분류 차원에서 접근할 것이 아니라 학습자가 작품과 언어를 이해하고 표현하는 원리로 기능하도록 문학 교육적 관점에서 접근해야 할 것이다.

또한 개념이란 시대를 초월하여 불변하는 실재가 아니라 사회문화적 맥락에 따라 그 의미망을 변화시켜 나가는 유기체와 같다는 점도 고려해야 한다. 오늘날의 학습자에게 유의미한 개념적 지식의 내용을 고민해야 하는 것이다. 문학의 기능에 해당하는 '교훈'을 예로 들어 보자. 로마의 시인 호라티우스에게 '교훈'은 작가가 독자를 대상으로 하여 특정 효과를 달성하려는 목적과 관련된 용어였다(Abrams, 1971). 하지만 오늘날에는 독자 스스로 주체적으로 사유하면서 도달하는 '깨달음' 혹은 '삶에 대한 성찰'과 관련된 것으로 보는 것이 적절하다. 1990년대 중반 이후 비유, 상징 등의 문학적 장치의 개념이 문학작품뿐만 아니라 일상 언어 및 다양한 문화 현상을 이해하고 표현하는 데 중요한 항목으로 그 범주가 확장되었다(최미숙, 2019)는 점도 개념의 변화를 이해하는 데 도움이 된다.

지식 교육의 접근 방법 지식은 문학 능력을 한 단계 신장시키는 데 기초가 되는 중요한 역할을 한다. 지식 교육은 지식 자체만을 교육의 대상으로 삼는 방식에서 벗어나 학습자의 실질적인 문학 활동, 문학 행위로 연결될 수 있도록 해야 한다. "지식을 잘 알고 있다고 해서 그것이 반드시 의미 있는 문학의 향유를 보장해 주는 것은 아니"(윤여탁 외, 2011)라는 점을 고려해야 하기 때문이다. 이전의 문학 교육이 인물, 사건, 배경, 갈등, 시점, 운율, 비유, 심상 등의 지식을 '아는 것'을 강조하였지만 실질적인 작품 이해와 감상을 위한 방법이나 원리로서의 역할을 하지 못하였던 점을 성찰해야 한다. 언제 어디서나 손쉽게 필요한 정보를 인출할 수 있는 현대 사회에서 교육은 학습자가 유효한 지식을 구조화하고 내면화하여 학습자의 삶 속에서 실제로 변용되고 활용될 수 있도록 하는 것에 중점(윤여탁 외, 2011)을 두어야 하는 것이다.

이를 위해서는 지식을 단편적이거나 고정적인 것으로 보는 관점에서 벗어나 문학작품의 이해와 감상, 해석과 평가, 창작과 표현 등을 견인해 낼 수 있는 매개로 보는 관점이 필요하다. 나아가, 유기체처럼 끊임없이 성장할 수 있는 가능성을 지닌 것으로 설정할 필요도 있다. "문학 지식은 고정된 형태로 존재하는 것이 아니라, 계속해서 학습자가 행하는 것과 알게 되는 것에 의해 구축되어 가는"(김미혜, 2007) 성격을 지니고 있기 때문이다.

3) 주체적인 문학 향유 능력의 신장

단순 지식과 분석 위주의 문학 교육에 대한 반성 '문학작품의 이해와 감상'을 문학 교육의 목표로 삼던 이전 시기에는 작가와 작품에 대한 단편적인 지식의 이해, 작품의 세부적인 분석 중심으로 문학 수업이 이루어지는 경우가 많았다. 작품의 표현 방법, 형식상 특성, 내용상 특성 등을 학습한 후 작품의 소재, 주제, 경향 등을 정리하는 순서로 수업을 하곤 하였다. 그 과정에서 작품 분석 방법에 대한 충분한 이해 없이 운율, 비유, 심상, 인물, 플롯 등과 같은 문학의 형식적 장치를 중심으로 작품을 세밀하게 쪼개고 분석하였으며, 그 활동조차도 학생 스스로 하는 것이 아니라 교사의 설명에 의한 기계적인 분석적 읽기로 일관하곤 하였다. 이러한 문학 교육에서 문제가 되었던 것은 학생들의 자발적이고 주체적인 작품 이해와 감상의 기회가 배제되었다는 점이다. 구체적인 작품 해석 방법에 대한 교육은 이루어지지 않았고, 문학 지식 교육 또한 작품을 이해하고 해석하기 위한 방법이나 원리로서 역할을 하지 못한 채 단순 지식을 전달하는 형태로 이루어졌다. 교사는 전문적인 연구자들에 의해 결정된 작품 해석 내용을 그대로 전수하고, 학생들은 그 내용을 일방적으로 받아들이면서 수용하기만 하는 수업이 이루어진 것이다. 학생들은 비판력도 창의력도 없이 그저 교과서 내용과 선생님 설명을 중심으로 작품을 이해하고 외우는 공부를 하고 있다는 비판이 쏟아졌다.

작품을 읽는 방법의 교육이 아니라 단편적인 지식이나 이미 정해진 작품 해석 내용을 전달하는 교육 방식은 선택형 평가 방식과 결합하면서 더욱 강화되었다. 몇 개의 답지에서 하나의 정답을 고르는 평가 방식은 이미 정해진 채로 전달된 작품의 주제, 해석 내용 등을 질문하기에 적합하였으며, 또한 단편적인 지식의 암기 여부를 확인하는 데도 유효했다. 이렇다 보니 문학 교육 현장에서는 학생들의 능동적이고 주체적인 작품 해석보다는 지극히 수동적이고 사유 과정을 동반하지 않는 해석이 이루어지게 되었다. 문학 해석의 원리나 방법에 대한 교육이 아니라 전문가들이 해석한 결과를 그대로 수용하기만 하는 교육을 양산하게 되었고, 이것이 선택형 평가 방식과 결합하면서 단순 지식 중심의 작품 읽기 교육으로 고착화된 것이다.

독자의 주체적인 문학 활동 강조 단순 지식과 기계적인 분석 위주의 문학 교육은 오랫동안 감동이 없는 문학 교실을 양산하는 역할을 하였다. 학습자 스스로 문학작품을 읽고 감상하는 과정은 사라지고 다른 사람의 해석 내용을 그대로 전달받아 마치 그것이 자신의 생각인 양 앵무새처럼 되새기는 획일적인 문학 교실이 연출되었던 것이다. 이런 현실은 당연히 많은 비판에 부딪힐 수밖에 없었다. 이를 극복하기 위해 문학 교육에서 추구했던 방향은 독자를 문학작품 이해와 감상의 주체, 문학 교실의 주체로 설정하는 것이었다. 문학 교육은 단편적인 지식 위주의 교육에 대해 반성하는 한편, 주체적이고 능동적인 문학 체험이 가능한 교육을 실현하기 위해 노력해 왔다. 작가와 작품만을 중시하였던 방식에서 독자를 중심에 두는 방식으로, 교사의 일방적인 작품 해설 수업에서 독자의 주체적인 문학 활동을 중시하는 수업으로 변화를 모색해 왔다.

독자 스스로 작품을 해석할 수 있는 능력을 강조하는 교육, 독자에 따라 서로 다른 해석을 허용하는 교육, 서로 다른 해석을 비교하면서 자신의 생각을 표현할 수 있는 교육을 중요한 교육 내용으로 설정하였다. 그 과정에서 동일한 작품일 경우에도 독자의 관점이나 경험 등에 따라 서로 다르게 해석할 수 있다는 점, 또 독자가 살아가는 시대와 문화적 맥락에 따라 다르게 해석할 수 있다는 점도 인정하게 되었다. 다만, 그 경우 자신이 그 문학작품을 왜 그렇게 읽었는지 '타당한 근거'를 제시하면서 해석할 수 있어야 한다고 강조했다. 타당한 근거를 바탕으로 한 주체적인 해석을 바탕으로 해야 공동 사고와 토의·토론이 가능해지고, 다양한 방식으로 문학을 향유하는 능력도 기를 수 있기 때문이다.

국어과 교육과정에서도 그동안 '다양한 작품 해석', '학습자의 주체적인 작품 해석', '근거를 바탕으로 한 타당한 작품 해석과 평가', '작품의 재구성', '주체적인 문학 활동의 생활화' 등을 강조해 왔다. 2022 개정 국어과 교육과정의 '문학' 영역 성취기준 역시 대부분 주체적인 문학 능력의 신장을 위한 것으로 볼 수 있다. 2022 개정 국어과 교육과정 중 주체적인 문학 활동, 주체적 태도 등을 직접적으로 강조하는 내용을 살펴보면 다음과 같다.

'문학' 영역

[2국05-02] 작품을 듣거나 읽으면서 느끼거나 생각한 점을 말한다.

[9국05-08] 근거를 바탕으로 작품을 해석하고, 다른 해석들과 비교하여 자신의 해석을 평가한다.

[10공국2-05-02] 주체적인 관점에서 작품을 해석하고 평가하며 문학을 생활화하는 태도를 지닌다.

'문학', '문학과 영상' 과목

- 문학 향유자는 문학을 통해 자아를 성찰하고 타자를 이해하며 공동체의 문제 해결에 참여하는 태도를 지니고 주체적으로 문학을 생활화한다.(핵심 아이디어)

[12문학01-08] 작품을 읽고 새로운 시각으로 재구성하거나 주체적인 관점에서 작품을 창작한다.

[12문학01-12] 주체적인 문학 활동을 생활화하여 지속적으로 문학을 즐기는 태도를 지닌다.

[12문영01-10] 문학 작품과 영상물의 수용과 생산 활동에 따르는 윤리적 책임을 인식하면서 주체적이고 능동적으로 참여한다.

문학 향유 능력의 신장 주체적인 문학 능력의 궁극적 지향점은 문학을 스스로 즐길 줄 아는 향유 능력이다. 문학을 즐기기 위해서는 문학에 대한 지식, 작품 이해와 표현의 원리를 알아야 할 뿐만 아니라 그 지식과 원리를 학습자 스스로 실제 문학 활동으로 구현할 수 있어야 하며, 그 과정이 즐거우면서도 능동적이어야 한다. "쾌락을 추구하는 것이 인간의 당연한 본성이라고 한다면, 학습자들이 문학 고유의 미적 향유와 쾌락을 발견할 때 문화산업의 소비적 쾌락에 대한 대응력을 기를 수 있을 것이며, 주체적이고 성찰적 태도 역시 미적 향유를 바탕으로 이루어져야 효과적으로 기를 수 있을 것"(조현일, 2013: 458)이기 때문이다. 이에 문학 교육은 문학을 미적으로 향유할 줄 아는 주체, 즉 문학을 마음껏 즐기고 맛보면서 자신의 것으로 만들 수 있는 주체를 길러 내야 한다. 여기서 유의해야 할 점은 주체적인 문학 능력과 문학의 향유는 서로 보완적인 관계라는 것이다. 주체적인 문학 활동을 전제로 해야 비로소 '문학의 향유'가 가능해지며 또 문학을 향유할 수 있어야 주체적인 문학 능력도 기를 수 있다.

문학의 향유는 초·중·고등 전 과정에 걸쳐 중요하게 다루어야 하지만, 특히 초등학교 저학년 시기의 교육이 중요하다. 그 시기에 경험하는 문학에 대한 흥미나 재미, 문학 활동의 즐거움은 향후 문학 향유뿐만 아니라 총체적인 문학 능력의 신장에도 디딤돌이 될 것이기 때문이다. 2022 개정 국어과 교육과정에서 '말놀이, 낭송 등을 통한 말의 재미와 즐거움 느끼기'를 '초등학교 1-2학년' 단계에 제시한 것도 그러한 맥락에서 이해할 수 있다. 문학에 대한 체계적인 지식을 익히거나 작품을 분석하는 활동을 하기 이전에 문학을 통해 말의 재미와 즐거움을 느끼는 활동이 문학을 향유할 줄 아는 학습자를 길러 내는 데 중요하다는 점을 고려하였을 것이다.

2022 개정 국어과 교육과정은 문학의 심미적 향유와 관련된 내용을 강조하고 있다. 앞서 서술하였듯 초등학교 단계에서부터 문학에 대한 재미와 즐거움, 흥미, 감동 등을 느낄 수 있는 문학 활동을 제시하였으며, 중·고등학교 단계에서는 다양한 방법을 활용하여 작품을 해석해 보고 문학적으로 표현해 보는 활동을 수행하면서 문학을 즐길 수 있도록 하였다. 특히, '문학' 과목의 '핵심 아이디어'에서 '문학 향유자'를 새롭게 제시하고 있다는 점도 주목할 필요가 있다. 학습자가 능동적이고 적극적으로 문학을 수용하거나 생산하는 활동에 참여하고 이를 통해 문학의 아름다움과 문학 활동의 즐거움을 느끼는 경험을 학교 및 일상생활에서 지속해 갈 때 진정한 '문학 향유자'로 거듭날 수 있을 것이다. 2022 개정 국어과 교육과정에 반영된 문학 향유 관련 내용을 살펴보면 다음과 같다.

'문학' 영역

- 문학은 인간의 삶을 언어로 형상화한 작품을 통해 즐거움과 깨달음을 얻고 타자와 소통하는 행위이다.(핵심 아이디어)
- 인간은 문학을 향유하면서 자아를 성찰하고 타자를 이해하며 공동체의 일원으로 성장한다.(핵심 아이디어)

[2국05-01] 말놀이, 낭송 등을 통해 말의 재미와 즐거움을 느낀다.

[2국05-04] 시나 노래, 이야기에 흥미를 가진다.

[4국05-05] 재미나 감동을 느끼며 작품을 즐겨 감상하는 태도를 지닌다.

'문학' 과목

- 문학은 상상력과 창의성을 발휘하여 인간의 삶을 언어로 형상화하는 생산 행위이자 그 결과물을 통해 타자와 소통하고 아름다움을 향유하는 수용 행위이다.(핵심 아이디어)
- 문학 향유자는 문학을 통해 자아를 성찰하고 타자를 이해하며 공동체의 문제 해결에 참여하는 태도를 지니고 주체적으로 문학을 생활화한다.(핵심 아이디어)

[12문학01-01] 문학이 인간과 세계에 대한 이해를 돕고, 삶의 의미를 깨닫게 하며, 정서적·미적으로 삶을 고양함을 이해한다.

[12문학01-12] 주체적인 문학 활동을 생활화하여 지속적으로 문학을 즐기는 태도를 지닌다.

4) 문학 창작 및 문학적 표현 교육

문학 교육에서 창작 교육을 다루지 않던 시기가 있었다. 제4차 국어과 교육과정에서는 '지도 및 평가상의 유의점'에서 '소설이나 희곡의 창작은 문학 창작에 흥미와 재능을 가진 학생을 대상으로 하며, 정규 수업 시간에는 지도하지 않도록' 하였다. 이것은 창작 교육이란 재능을 가진 학생만을 대상으로 하는 특별 교육일 뿐 문학 교육의 일반적인 내용은 아니라는 관점을 드러낸 것이다. 창작 교육을 도외시한 이유는 문학 교육이 전문적인 작가를 길러 내기 위한 교육이 아니라는 점 때문이었다. 그러나 이런 관점은 설득력을 갖기 어렵다. 왜냐하면 학교 교육에서 다루는 모든 내용이 그 분야의 전문가 양성만을 목표로 하는 것은 아니기 때문이다. 예를 들어, 음악 교육에서 노래를 가르치고 미술 교육에서 회화를 가르치는 것은 성악가나 화가를 길러내기 위한 것이 아니라 일상생활에서 음악과 미술을 즐기는 능력을 길러 주기 위한 것이다. 물론 개인적인 취향에 따라 학교 교육을 출발점으로 해서 전문적인 성악 공부나 회화 공부를 계속할 수는 있겠지만 그것은 개인의 취향이나 능력을 고려한 진로의 선택에 따른 것이다(정구향·최미숙, 1999). 문학 교육은 학생이 한 개인으로 성장하는 데 필요한 기본적 자질을 구비하도록 해야 하며, 창작 교육의 필요성 역시 이와 같은 맥락에서 접근할 필요가 있다.

문학 교육에서 창작 교육을 본격적으로 다루기 시작한 것은 제7차 국어과 교육과정부터이다. 제3차 국어과 교육과정 시기까지 국어 교육 내용으로 창작과 관련된 내용이 등장하기는 했지만, 창작 교육의 본격적인 도입은 '문학의 수용과 창작'이라는 범주를 설정한 제7차 국어과 교육과정부터였다. 창작 교육의 본격적인 등장은 문학 창작이 "천재성을 부여받은 특별한 재능 있는 사람들에게 국한된 행위가 아니라는 인식이 확산"(교육부, 1999b: 67)되면서 가능해졌다. 이런 관점에 따라 제7차 국어과 교육과정은 '창작' 개념이 '빼어난 예술품으로서의 작품을 창작하는 것'만을 의미하지는 않는다고 강조하고 있다. 창작이 특별한 재능을 지닌 작가들만의 것은 아니며, 일상인들도 자신들의 삶에서 우러나는 정서나 감정을 창작 활동을 통해 표현할 수 있다고 본 것이다. 여기서 더 나아가 2007 개정 국어과 교육과정부터는 '문학의 수용과 생산'이라는 범주를 사용하기 시작했다. '생산(production)'이라는 용어의 사용은 문학을 작가 개인의 순수한 창작물로만 볼 수는 없다는 생각, 즉 "예술은 인간의 창조물이 아니라 생산물"(Macherey, 1966/2014: 104)이라는 관점을 받아들인 것이라 할 수 있다. 작가를 '창조자'가 아니라 '생산자'로, 작품 '창작'을 '생산'으로 보는 시각을 반영한 것으로 볼 수 있다(최미숙 외, 2023).

제7차 국어과 교육과정에서는 '창작'을 문학 교육적 관점에서 재개념화하여, '수준 높은 작품의 창작만을 의미하는 것이 아니라 문학적인 표현을 사용하여 말하거나 글을 쓰는 것, 문학에 관해서 자기의 의견을 말하는 것 등을 포함하는 것'으로 설정하였다. 시, 소설, 수필, 희곡 등의 장르를 전제로 한 편의 작품을 창작하는 활동뿐만 아니라 문학적인 표현을 사용하여 말을 하거나 글을 쓰는 행위 또한 창작 교육 차원에서 접근하게 된 것이다. 이러한 관점은 창작 교육 방법 차원에서도 드러난다. 제7차 국어과 교육과정에서는 '작품의 창작 활동은 처음부터 높은 수준을 요구하지 말고 학습자의 요구에 따라 개작, 모작, 생활 서정의 표현과 서사문 쓰기 등의 단계를 거치되, 자신의 삶과 밀접하게 연관 지어 지도'하라고 안내하고 있다. 본격적인 작품 창작만을 강조하는 것이 아니라 자신의 생각과 감정을 문학적 표현을 통해 자연스럽게 표현하는 활동, 개작·모작 또한 창작 교육 차원에서 접근해야 한다는 내용은 이후 창작 교육 방법의 기본적인 관점이 되었다.

2022 개정 국어과 교육과정에서도 "창작에 대한 부담감이나 두려움을 낮추고, 나아가 자신의 생각이나 감정을 적극적으로 담아내려 시도하는 가운데 자연스럽게 학습자의 창작 능력이 향상될 수 있"(교육부, 2022b: 138)도록 하라고 명시하고 있다. 다양한 문학적 표현과 작품 창작뿐만 아니라 작품의 일부를 바꾸거나 작품의 갈래적 특성이나 형식적 특징을 중심으로 개작하는 활동, 주제나 내용을 새롭게 재구성하는 활동 등 다양한 표현 활동이 가능하도록 내용을 구성하고 있다. 2022 개정 국어과 교육과정에서는 '과정·기능' 범주의 하위 범주로 '창작'('문학' 영역)과 '문학작품 재구성·창작하기'('문학' 과목)를 설정하였다. 2022 개정 국어과 교육과정에 반영된 문학 창작 및 문학적 표현 교육 관련 내용을 살펴보면 다음과 같다.

'문학' 영역

- 문학 수용·생산 능력은 문학의 해석, 감상, 비평, 창작 활동을 통해 향상된다.(핵심 아이디어)

[2국05-03] 작품 속 인물의 모습, 행동, 마음을 상상하여 시, 노래, 이야기, 그림 등으로 표현한다.

[4국05-04] 감각적 표현에 유의하여 작품을 감상하고, 감각적 표현을 활용하여 자신의 생각이나 감정을 표현한다.

[6국05-05] 자신의 경험을 시, 소설, 극, 수필 등 적절한 갈래로 표현한다.

[9국05-01] 운율, 비유, 상징의 특성과 효과에 유의하며 작품을 감상하고 창작한다.

[9국05-06] 자신의 경험을 개성적인 발상과 표현으로 형상화한다.

[10공국1-05-03] 작품 구성 요소의 유기적 관계와 맥락에 유의하여 작품을 수용하고 생산한다.

'문학', '문학과 영상' 과목

[12문학01-08] 작품을 읽고 새로운 시각으로 재구성하거나 주체적인 관점에서 작품을 창작한다.

[12문영01-04] 문학 창작과 영상 창작의 요소와 기법을 바탕으로 문학 작품과 영상물을 수용·생산한다.

5) 개인과 공동체의 삶에 대한 성찰

(1) 문학의 성찰적·윤리적 역할

인류가 오랜 기간 문학과 함께하였던 이유, 학교 교육에서 문학 교육을 중요하게 다루어 온 이유는 문학작품이 후속 세대인 학습자의 정신적·정서적 성장에 중요한 역할을 한다는 점 때문이었을 것이다. 인간은 자신뿐만 아니라 타인의 삶과 행동을 돌아보면서 스스로를 성찰하고 좀 더 나은 삶을 향해 정진한다. 인간으로서 지켜야 하거나 추구해야 할 윤리적 가치를 탐구하고 그 가치를 실현하기 위해 공동체와 더불어 어떤 노력을 해야 하는지에 대해서도 고민하면서 삶을 발전시켜 나간다. 문학작품은 인류 역사에서 오랜 기간 이런 역할을 충실하게 해 왔다. 작가는 심미적 형상화 방법을 통해 자신이 추구하는 윤리적 가치와 성찰적 태도를 독자와 공유하고자 하며, 독자는 문학작품에 구현되어 있는 윤리적 가치와 성찰적 태도에 공감하거나 비판하면서 작가와 대화를 나눈다.

문학이 던지는 성찰적·윤리적 질문은 '인간은 어떻게 살아야 하는가'라는 근원적인 문제와 관련된 것으로, 인간다움을 추구하는 문학 교육의 본질적 특성이라 할 수 있다(민현식 외, 2011). 여러 예술 중에서도 문학은 인간이 자신의 삶을 성찰하고 윤리적 삶을 지향하는 데 결정적 역할을 하는 예술이다. 좀 더 의미 있는 삶을 지향하기 위해 어떤 노력을 해야 할 것인가, 인간으로서 어떤 윤리적 태도를 취하면서 살아갈 것인가 등의 질문에 대해 문학 언어를 통해 구체적으로 상상하고 사유하면서 삶의 본질에 다가가고자 하는 특성을 지니기 때문이다. 이렇듯 '문학은 학습자가 전인적 인간으로 성장하고 삶의 문제를 전체적 안목으로 이해하고 설계하는 데 많은 도움을 줄 수 있으며, 문학 교육 또한 인성 교육, 나아가 치유와 자아 성장을 위한 교육'(정재찬 외, 2014)으로 주목받고 있다. 생존을 위한 경쟁으로 얼룩진 현대 사회에서 문학의 성찰적·윤리적 역할을 중시하는 문학 교육의 방향은 앞으로도 강화될 것이다.

2022 개정 국어과 교육과정은 문학의 성찰적·윤리적 역할을 '자기 성찰, 타자 이해를 통한 공존 확대'(노은희 외, 2022: 86)를 통해 담아내고 있다. 2022 개정 국어과 교육과정이 담

아내고 있는 '문학의 성찰적·윤리적 역할' 관련 내용을 살펴보면 다음과 같다. '문학' 영역과 '문학' 과목 모두 핵심 아이디어와 성취기준에서 '자아 성찰', '타자 이해'를 명시하고 있음을 알 수 있다.

'문학' 영역

- 인간은 문학을 향유하면서 자아를 성찰하고 타자를 이해하며 공동체의 일원으로 성장한다.(핵심 아이디어)

[6국05-06] 작품을 읽고 자신의 삶과 연관 지어 성찰하는 태도를 지닌다.

[9국05-09] 문학을 통해 타자를 이해하고 공동체의 문제에 참여하는 태도를 지닌다.

'문학', '문학과 영상' 과목

- 문학 향유자는 문학을 통해 자아를 성찰하고 타자를 이해하며 공동체의 문제 해결에 참여하는 태도를 지니고 주체적으로 문학을 생활화한다.(핵심 아이디어)

[12문학01-10] 문학을 통하여 자아를 성찰하고, 타자를 이해하며 상호 소통한다.

[12문영01-08] 문학 작품과 영상물을 비판적으로 수용하며 자신의 삶을 성찰한다.

(2) 공동체와 더불어 살아가는 삶의 지향

인간은 혼자서 살아갈 수 없다. 독립적 개체로서의 삶을 살아가면서 동시에 공동체를 이루어 삶을 유지하는 존재이기도 하다. 문학 교육은 일찍이 이 점을 중요하게 다루어왔다. 문학작품이 한 개인의 삶을 다룬다 하더라도 그것은 궁극적으로 그 개인을 둘러싼 공동체의 문제와 무관할 수 없다. 이런 점 때문에 문학은 개인의 성찰적·윤리적 삶뿐만 아니라 공동체와 더불어 살아가는 삶에 대해서도 사유하도록 한다. 오늘날 우리 사회는 오랜 기간 함께 살면서 삶과 문화를 공유해 온 공동체뿐만 아니라 다문화·세계화를 통해 이합집산하면서 형성된 공동체, 공간적으로 함께 삶을 공유하고 있는 생태 환경 등에 대해서도 함께 사유해야 한다는 과제를 설정하고 있다.

우선, 문학에는 민족이나 공동체가 오랜 기간 삶을 공유하는 과정에서 형성된 언어 표현, 삶의 방식, 사유 방식, 가치관, 문화 등이 잘 드러나 있다. 독자는 문학을 통해 자신이 속한 공동체의 언어와 삶의 방식 등을 공유하고 내면화하면서 공동체의 일원으로 성장한다. 또한 문학작품에 표현된 공동체의 삶에 대한 인식을 바탕으로 자신의 시대에 맞는 새로운 삶의 방식과 가치관을 모색하기도 한다.

한편, 다문화·세계화 시대가 본격화되면서 서로 다른 문화와 삶의 방식을 가진 타자와 한 공간에서 공동체를 이루어 사는 경우가 빈번해지고 있다. 자신이 속한 공동체에 새로운 구성원이 합류하기도 하고, 해외 이동으로 다른 공동체의 구성원이 될 수도 있다. 다문화·세계화 시대는 우리와는 다른 다양한 문화, 삶의 방식, 가치관 등을 이해하고 존중하는 자세를 지닐 것을 요구하고 있다. 우리나라 작품뿐만 아니라 세계 문학을 통해서도 다문화·세계화 시대 공동체 삶의 문제 의식을 공유하고 사유할 수 있는 문학 교육이 필요하다.

지구라는 공간에서 공동체를 이루는 구성원은 인간만이 아니다. 지구상에 공존하는 다른 생명체에 대해서도 공동체의 구성원으로 존중하는 태도가 필요하다. 최근 "지구의 위기에 깊이 공감하여 함께 아파하는 생태 감수성을 기르는"(김정우, 2023) 문학 교육에 대한 요구가 많아지고 있다. 2022 개정 국어과 교육과정에서도 공동체의 공존을 위해 "지구가 처한 위기에 관련된 문제들을 찾아보고 일상에서 그러한 문제를 해결하기 위해 노력하는 생태 소양을 함양"(교육부, 2022b: 40)할 것을 제시하고 있다.

2022 개정 국어과 교육과정에서는 '문학' 영역의 내용 요소로 '문학을 통한 공동체 문제에의 참여'를, '문학' 과목의 내용 요소로 '문학과 공동체 참여'를 제시하고 있다. 이러한 내용은 "인간이 누려야 할 기본적인 권리에 대해 함께 생각하고, 차별이나 불평등의 문제를 인식할 수 있는 작품들을 함께 읽는 가운데 민주적이고 평등한 사회를 만들어 가려는 적극적인 태도를 함양"(교육부, 2022b: 56)하기 위한 것이다. 2022 개정 국어과 교육과정에서 관련 내용을 살펴보면 다음과 같다.

'문학' 영역

- 인간은 문학을 향유하면서 자아를 성찰하고 타자를 이해하며 공동체의 일원으로 성장한다.(핵심 아이디어)

[9국05-09] 문학을 통해 타자를 이해하고 공동체의 문제에 참여하는 태도를 지닌다.

'문학' 과목

- 문학 향유자는 문학을 통해 자아를 성찰하고 타자를 이해하며 공동체의 문제 해결에 참여하는 태도를 지니고 주체적으로 문학을 생활화한다.(핵심 아이디어)

[12문학01-11] 문학을 통해 공동체가 처한 여러 문제들을 이해하고 문제 해결에 참여하는 태도를 지닌다.

6) 미디어와 문학 교육

문학을 둘러싼 환경은 미디어 시대를 맞이하여 변화를 거듭하고 있다. 미디어 문화는 다양한 미디어 텍스트를 통해 우리의 일상생활을 구조화하고 여가 시간을 지배하며, 나아가 사유 방식과 심미적 지각 방식 또한 새롭게 재편하고 있다. 특히 디지털 영상 문화의 발달은 독자들이 문자로만 이루어진 텍스트를 읽는 것에 만족하지 않고 다양한 기호의 결합으로 이루어진 텍스트를 선호하는 데 많은 영향을 미치고 있다. 글이나 책 속에서 문자로만 표현되던 문학이 그림, 음성, 소리, 이미지, 동영상 등과 결합하면서 그 존재 방식과 향유 방식을 다양한 형태로 변화시키고 있다. 문학 텍스트를 읽고 감상하는 방식뿐만 아니라 표현하는 방식에까지 변화를 유도하고 있는 것이다(최미숙, 2007).

인터넷의 발달은 독자들이 작가와 작품에 대해 새로운 방식으로 소통할 수 있는 길을 열어 주었다. 작가들이 자신의 블로그에 시를 탑재하거나 소설을 연재함으로써 창작 과정에서부터 독자와 적극적으로 소통하고자 하는 경우가 많아지고 있다. 독자들 역시 인터넷을 통해 작품에 대한 자신의 감상이나 평가 의견을 올리며, 때로는 연재하는 작품 내용에 대해 자신의 의견을 제시함으로써 작품 창작 과정에 간접적으로 참여하기도 한다. 팟캐스트, 유튜브, 인스타그램 등을 통해 문학을 향유하는 사람들도 많아졌다. 작품을 음성으로 읽어 주거나 작품과 관련 있는 다양한 해설을 해 주는 팟캐스트도 있으며, 동영상 화면과 함께 시를 낭송하거나 소설을 읽어 주는 유튜브도 있다. 예를 들면, '문학광장 문장'은 유튜브와 인스타그램 등을 통해 다양한 소통 공간을 마련하고 있다. 영상과 함께 시를 낭송하는 '문학집배원 시배달', 아름다운 문장을 읽어 주는 '문장 배달', 한국 단편소설을 라디오 드라마 형식으로 읽어 주는 '라디오 단편극장' 등을 통해 독자들은 다양한 문학작품을 만날 수 있다. 특히, 현대인의 필수품이 된 스마트폰을 통해 복합양식 텍스트(multimodal text)로서의 문학 텍스트에 쉽게 접근하고 공유하면서 어느 때보다 풍성한 문학 향유의 기회를 맞이하고 있다.

앞에서도 서술하였듯이 미디어 시대를 맞이하여 독자들은 다양한 미디어 텍스트를 즐기고 있다. 문학의 경우도 예외가 아니어서 문학작품을 영화나 드라마 등 다양한 미디어 텍스트로 변환하여 독자에게 전달하거나 매체 언어로 표현된 다양한 문학 텍스트를 제공하는 경우가 많아지고 있다. 기존의 시집이 주로 종이에 문자언어로 출판하던 방식이었다면, 요즘에는 시에 걸맞은 그림이나 사진을 같이 결합하거나 시와 관련 있는 다양한 글을 함께 결합하여 출판하는 경우가 많다. 기존의 시에 이미지, 배경 음악, 플래시 동영상, 목소리 등을 결합하여 영상 시로 제작하기도 한다. 독자들 또한 문자, 음성, 소리, 이미지, 동영상 등의 기호를 결합하여 다양한 영상 시를 만들어 트위터(Twitter), 페이스북(Facebook), 유튜브, 인스타그램 등을 통해 공유하면서 즐기고 있다.

서사 문학의 경우에도 미디어와 결합하면서 그 외연이 더욱 넓어지고 있다. 그동안 문학교육에서 서사 교육은 주로 소설을 중심으로 이루어져 왔다. 하지만 '소설' 교육만으로는 오늘날의 다채로운 서사 문화의 총체적인 국면을 조망할 수 없다는 문제의식이 확산되었다. 문학 교육에서는 소설을 중심으로 영화, 만화, 웹툰, 애니메이션 등 다양한 서사물의 본질을 이해하고 이를 바탕으로 다양한 서사 장르와의 상호 연계성을 적극적으로 고려한 수용과 생산 활동을 강조하고 있다. "각각의 매체가 요구하는 고유의 감각과 지각 방식을 익히고 그 의미 작용의 방식과 언어를 이해"(문영진·김혜영·조현일·김성진 편, 2019: 324)하면서 수용하고 생산하는 활동을 강조하고 있는 것이다.

문학 교육은 2007 개정 국어과 교육과정 시기부터 디지털 매체 환경의 변화를 교육 내용에 본격적으로 담아 왔다. 2022 개정 국어과 교육과정에서도 "자신의 경험을 개성적인 발상과 표현으로 형상화하고 이를 공유하는 활동을 할 때 문자언어는 물론 그림이나 음악, 영상, 디지털 텍스트 등 다양한 형식 및 매체를 적극적으로 활용할 수 있도록 지도"(교육부, 2022b: 54)하도록 하였다. 특히, 매체 교육은 2022 개정 국어과 교육과정에서 '매체'가 하나의 영역으로 신설됨으로써 획기적인 전환점을 맞이하고 있다. '매체'가 하나의 영역으로 설정되기는 하였지만 '문학' 영역과 '매체' 영역을 통합한 지도도 가능하다. 예를 들면, '초등학교 1-2학년' '문학' 영역의 '[2국05-02] 작품을 듣거나 읽으면서 느끼거나 생각한 점을 말한다'는 성취기준은 '매체' 영역 '[2국06-02] 일상의 경험과 생각을 글과 그림으로 표현한다'는 성취기준과 통합하여 지도할 수 있다. '중학교1-3학년'의 '[9국05-01] 운율, 비유, 상징의 특성과 효과에 유의하며 작품을 감상하고 창작한다'와 '[9국06-05] 매체 자료의 재현 방식을 이해하고 광고나 홍보물을 분석한다'는 성취기준을 통합하여 지도하는 방안도 가능하다. 문학 표현 방식인 운율, 비유, 상징 등은 매체 텍스트가 현실을 재현하는 중요한 방식이기도 하기 때문이다. 한편, 고등학교 진로 선택 과목으로 신설된 '문학과 영상'은 최근 미디어의 발달이 가져온 문학 환경의 변화를 본격적으로 담은 과목이라는 점에서 의미가 있다.

7) 2022 개정 국어과 교육과정과 문학 교육

(1) 공통 교육과정 '문학' 영역의 내용 체계와 성취기준

① '문학' 영역 내용 체계

〈표 1〉은 공통 교육과정의 '문학' 영역 내용 체계이다. 선택 중심 교육과정의 공통 과목인 '공통국어1, 공통국어2'의 내용 체계는 초등학교 및 중학교의 공통 교육과정의 내용 체계를 따르고 있다. 따라서 '국어', '공통국어1', '공통국어2' 과목의 내용 체계는 모두 동일하다.

'문학' 영역 내용 체계는 '핵심 아이디어'를 중심으로 '지식·이해', '과정·기능', '가치·태

표 1 '문학' 영역 내용 체계

<table>
<tr><td colspan="2">핵심 아이디어</td><td colspan="4">• 문학은 인간의 삶을 언어로 형상화한 작품을 통해 즐거움과 깨달음을 얻고 타자와 소통하는 행위이다.
• 문학 작품을 통한 소통은 작품의 갈래, 작가와 독자, 사회와 문화, 문학사의 영향 등을 고려하며 이루어진다.
• 문학 수용 생산 능력은 문학의 해석, 감상, 비평, 창작 활동을 통해 향상된다.
• 인간은 문학을 향유하면서 자아를 성찰하고 타자를 이해하며 공동체의 일원으로 성장한다.</td></tr>
<tr><td colspan="2" rowspan="3">범주</td><td colspan="4">내용 요소</td></tr>
<tr><td colspan="3">초등학교</td><td>중학교</td></tr>
<tr><td>1~2학년</td><td>3~4학년</td><td>5~6학년</td><td>1~3학년</td></tr>
<tr><td rowspan="2">지식
·
이해</td><td>갈래</td><td>• 시, 노래
• 이야기, 그림책</td><td>• 시
• 이야기
• 극</td><td>• 시
• 소설
• 극
• 수필</td><td>• 서정
• 서사
• 극
• 교술</td></tr>
<tr><td>맥락</td><td></td><td>• 독자 맥락</td><td>• 작가 맥락
• 독자 맥락</td><td>• 작가 맥락
• 독자 맥락
• 사회·문화적 맥락</td></tr>
<tr><td rowspan="4">과정
·
기능</td><td>작품 읽기와 이해</td><td>• 낭송하기, 말놀이하기
• 말의 재미 느끼기</td><td>• 자신의 경험을 바탕으로 읽기
• 사실과 허구의 차이 이해하기</td><td>• 작가의 의도를 생각하며 읽기
• 갈래의 기본 특성 이해하기</td><td>• 사회·문화적 상황을 생각하며 읽기
• 연관된 작품들과의 관계 이해하기</td></tr>
<tr><td>해석과 감상</td><td>• 작품 속 인물 상상하기
• 작품 읽고 느낀 점 말하기</td><td>• 인물의 성격과 역할 파악하기
• 이야기의 흐름 생각하며 감상하기</td><td>• 인물, 사건, 배경 파악하기
• 비유적 표현에 유의하여 감상하기</td><td>• 근거를 바탕으로 작품 해석하기
• 갈등의 진행과 해결 과정 파악하기
• 보는 이, 말하는 이의 효과 파악하기
• 운율, 비유, 상징의 특성과 효과를 생각하며 감상하기</td></tr>
<tr><td>비평</td><td></td><td>• 마음에 드는 작품 소개하기</td><td>• 인상적인 부분을 중심으로 작품에 대해 의견 나누기</td><td>• 다양한 해석 비교·평가하기</td></tr>
<tr><td>창작</td><td>• 시, 노래, 이야기, 그림 등 다양한 형식으로 표현하기</td><td>• 감각적 표현 활용하여 표현하기</td><td>• 갈래 특성에 따라 표현하기</td><td>• 개성적 발상과 표현으로 형상화하기</td></tr>
<tr><td colspan="2">가치·태도</td><td>• 문학에 대한 흥미</td><td>• 작품 감상의 즐거움</td><td>• 문학을 통한 자아 성찰
• 문학 소통의 즐거움</td><td>• 문학을 통한 타자 이해
• 문학을 통한 공동체 문제에의 참여
• 문학의 가치 내면화</td></tr>
</table>

도'의 세 범주로 구성되어 있다. 내용 체계의 상단에 제시된 '핵심 아이디어'는 문학 영역 '내용 체계의 설계를 위한 핵심 조직자이자 문학 영역 학습을 통해 학생들이 성취하기를 기대하는 결과'(교육부, 2022b: 4)를 나타낸 것이다. 핵심 아이디어에서는 문학 교육에서 문학을 보는 관점, 문학작품을 통한 소통, 문학의 수용과 생산, 문학에 대한 가치·태도 등을 제시하고 있다. 첫째 항목에서는 문학을 "인간의 삶을 언어로 형상화한 작품을 통해 즐거움과 깨달음을 얻고 타자와 소통하는 행위"라고 함으로써 '독자가 수행해야 할 행위'로 보고 있다는

점이 특징적이다. 앞서 서술했듯이, 최근 문학 교육계에서는 학습자의 '언어 행위로서의 문학'(최미숙, 2022), '학습자의 행위주체성'(염은열, 2023) 등을 강조하고 있다. 이러한 관점은 문학이 분석의 대상으로만 타자화되었던 이전의 관점으로부터 벗어나 학습자의 주체적인 소통 행위를 통해 구현되는 것임을 강조하는 것이다. 독자의 주체성, 능동성에서 더 나아가 '독자의 행위성을 강조하는 패러다임'(최미숙 외, 2023)으로 접어들고 있음을 알 수 있다. 이어 문학작품을 통한 소통 과정에서 고려해야 할 사항으로 '문학 작품 갈래의 특성', '작가와 독자', '사회와 문화', '문학사의 영향' 등을 제시하고 있으며(둘째 항목), 문학의 수용과 생산 능력의 신장을 위한 활동으로 '문학의 해석, 감상, 비평, 창작 활동'을 제시하고 있다(셋째 항목). 넷째 항목에서는 문학을 향유하면서 자아를 성찰하고 타자를 이해할 뿐만 아니라 이러한 과정을 통해 공동체의 일원으로 성장할 수 있도록 해야 한다는 점을 제시하고 있다.

'지식·이해' 범주는 '갈래'와 '맥락'을 하위 범주로 하여 교육 내용을 선정·조직하고 있다. '과정·기능'의 하위 범주는 '작품 읽기와 이해', '해석과 감상', '비평', '창작'인데, 주로 문학작품의 수용과 생산 활동을 중심으로 구성되어 있음을 알 수 있다. '작품 읽기와 이해', '해석과 감상', '비평'은 주로 수용 활동과 관련이 있으며, '창작'은 생산 활동과 관련이 있다. '가치·태도' 범주는 문학이 지니는 가치, 문학에 대한 학습자의 흥미·습관·태도 등과 관련된 내용을 담고 있다.

② '문학' 영역 성취기준

'국어', '공통국어1', '공통국어2' 과목의 '문학' 영역 성취기준을 정리하면 〈표 2〉와 같다.

표 2 '국어', '공통국어1', '공통국어2' 과목의 '문학' 영역 성취기준

학년	성취기준
초등학교 1~2학년	[2국05-01] 말놀이, 낭송 등을 통해 말의 재미와 즐거움을 느낀다. [2국05-02] 작품을 듣거나 읽으면서 느끼거나 생각한 점을 말한다. [2국05-03] 작품 속 인물의 모습, 행동, 마음을 상상하여 시, 노래, 이야기, 그림 등으로 표현한다. [2국05-04] 시나 노래, 이야기에 흥미를 가진다.
초등학교 3~4학년	[4국05-01] 인물과 이야기의 흐름을 중심으로 작품을 감상한다. [4국05-02] 자신의 경험을 바탕으로 작품 속 세계와 현실 세계를 비교하여 작품을 감상한다. [4국05-03] 작품을 듣거나 읽고 마음에 드는 작품을 소개한다. [4국05-04] 감각적 표현에 유의하여 작품을 감상하고, 감각적 표현을 활용하여 자신의 생각이나 감정을 표현한다. [4국05-05] 재미나 감동을 느끼며 작품을 즐겨 감상하는 태도를 지닌다.

초등학교 5~6학년	[6국05-01] 작가의 의도를 생각하며 작품을 읽는다. [6국05-02] 비유적 표현의 효과에 유의하여 작품을 감상한다. [6국05-03] 소설이나 극을 읽고 인물, 사건, 배경을 파악한다. [6국05-04] 인상적인 부분을 중심으로 작품에 대한 의견을 나눈다. [6국05-05] 자신의 경험을 시, 소설, 극, 수필 등 적절한 갈래로 표현한다. [6국05-06] 작품을 읽고 자신의 삶과 연관 지어 성찰하는 태도를 지닌다.
중학교 1~3학년	[9국05-01] 운율, 비유, 상징의 특성과 효과에 유의하며 작품을 감상하고 창작한다. [9국05-02] 갈등의 진행과 해결 과정을 파악하며 작품을 감상한다. [9국05-03] 인간의 성장을 다룬 작품을 읽으며 문학의 가치를 내면화한다. [9국05-04] 보는 이나 말하는 이의 특성과 효과를 파악하며 작품을 감상한다. [9국05-05] 작품에 반영된 사회·문화적 상황을 이해하며 작품을 감상한다. [9국05-06] 자신의 경험을 개성적인 발상과 표현으로 형상화한다. [9국05-07] 연관성이 있는 다른 작품들과의 관계를 파악하며 작품을 감상한다. [9국05-08] 근거를 바탕으로 작품을 해석하고, 다른 해석들과 비교하여 자신의 해석을 평가한다. [9국05-09] 문학을 통해 타자를 이해하고 공동체의 문제에 참여하는 태도를 지닌다.
공통국어1	[10공국1-05-01] 문학 소통의 특성을 고려하며 문학 소통에 참여한다. [10공국1-05-02] 갈래에 따른 형상화 방법의 특성을 고려하며 작품을 수용한다. [10공국1-05-03] 작품 구성 요소의 유기적 관계와 맥락에 유의하여 작품을 수용하고 생산한다.
공통국어2	[10공국2-05-01] 한국 문학사의 흐름을 고려하여 작품을 수용한다. [10공국2-05-02] 주체적인 관점에서 작품을 해석하고 평가하며 문학을 생활화하는 태도를 지닌다.

'문학' 영역의 성취기준은 '과정 · 기능', '가치 · 태도' 범주의 내용 요소들을 중심으로 제시되어 있다. '지식 · 이해' 범주의 내용 요소들은 '과정 · 기능', '가치 · 태도' 범주의 성취기준에 이미 결합되어 있다고 전제하여 따로 제시하지 않고 있다(노은희 외, 2022b: 224).

(2) 선택 과목의 내용 체제와 성취기준

① '문학' 과목 내용 체계와 성취기준

'문학' 과목은 초등학교 및 중학교 공통 '국어'와 고등학교 '공통국어1, 공통국어2'의 '문학' 영역을 심화·확장한 과목이다. 〈표 3〉은 '문학' 과목 내용 체계이고, 〈표 4〉는 '문학' 과목 성취기준이다.

표 3 '문학' 과목 내용 체계

핵심 아이디어	• 문학은 상상력과 창의성을 발휘하여 인간의 삶을 언어로 형상화하는 생산 행위이자 그 결과물을 통해 타자와 소통하고 아름다움을 향유하는 수용 행위이다. • 문학은 세계에 대한 인식과 형상화 방식에 따라 여러 갈래로 나뉘며 문학 작품의 생산과 수용에는 다양한 맥락이 작용한다. • 한국 문학은 한국인의 삶과 미의식을 반영하고 사회와 상호 작용하며 역사적으로 전개되어 왔다. • 문학 향유자는 문학을 통해 자아를 성찰하고 타자를 이해하며 공동체의 문제 해결에 참여하는 태도를 지니고 주체적으로 문학을 생활화한다.

범주	내용 요소
지식·이해	• 문학의 본질과 기능 • 한국 문학의 성격과 역사 • 한국 문학의 보편성과 특수성
과정·기능	• 문학의 특성 탐구하기 • 문학 작품 해석하기 • 문학 작품 감상하기 • 문학 작품 비평하기 • 문학 작품 재구성·창작하기 • 문학 소통하기
가치·태도	• 문학을 통한 자아 성찰과 타자 이해 • 문학과 공동체 참여 • 문학의 생활화

표 4 '문학' 과목 성취기준

과목	성취기준
문학	[12문학01-01] 문학이 인간과 세계에 대한 이해를 돕고, 삶의 의미를 깨닫게 하며, 정서적·미적으로 삶을 고양함을 이해한다. [12문학01-02] 문학의 여러 갈래들의 특성과 문학의 맥락에 대해 이해한다. [12문학01-03] 주요 작품을 중심으로 한국 문학의 범위와 갈래, 변화 양상을 탐구한다. [12문학01-04] 한국 문학에 반영된 시대 상황을 이해하고 문학과 역사의 상호 영향 관계를 탐구한다. [12문학01-05] 한국 작품과 외국 작품을 비교하며 읽고 한국 문학의 보편성과 특수성을 파악한다. [12문학01-06] 문학 작품에서는 내용과 형식이 긴밀하게 연관됨을 이해하며 작품을 수용한다. [12문학01-07] 작품을 공감적, 비판적, 창의적으로 감상하며, 다양한 방식으로 작품에 대해 비평한다. [12문학01-08] 작품을 읽고 새로운 시각으로 재구성하거나 주체적인 관점에서 작품을 창작한다. [12문학01-09] 다양한 매체로 구현된 작품의 창의적 표현 방법과 심미적 가치를 문학적 관점에서 수용하고 소통한다. [12문학01-10] 문학을 통하여 자아를 성찰하고, 타자를 이해하며 상호 소통한다. [12문학01-11] 문학을 통해 공동체가 처한 여러 문제들을 이해하고 문제 해결에 참여하는 태도를 지닌다. [12문학01-12] 주체적인 문학 활동을 생활화하여 지속적으로 문학을 즐기는 태도를 지닌다.

공통 교육과정 '문학' 영역의 '지식·이해' 범주에서는 시, 소설, 이야기, 극, 수필 등 갈래별 특성에 대한 이해와 작가, 독자, 사회·문화 등 다양한 맥락에 대한 이해를 강조한 반면, '문학' 과목에서는 문학의 본질, 한국 문학의 성격과 역사, 한국 문학의 보편성과 특수성 등 문학과 한국 문학에 대한 전체적 이해를 좀 더 중시하고 있음을 알 수 있다. 한편, '문학' 과목의 핵심 아이디어에 '문학 향유자'라는 용어가 등장하였다는 점에 주목할 필요가 있다. '향유자'라는 용어는 '문학의 수용'과 '문학의 생산'을 포괄하는 동시에 문학을 향유하는 주체의 측면을 강조하기 위한 것으로 보인다.

② '문학과 영상' 과목 내용 체계와 성취기준

2022 개정 국어과 교육과정에서 주목할 만한 점으로 '문학과 영상'이라는 진로 선택 과

표 5 '문학과 영상' 과목 내용 체계

핵심 아이디어	• 문학은 다양한 형상화 방법을 가진 언어 예술인 동시에 다른 예술 분야에 영감을 주는 상상력의 원천이다. • 영상은 시각적 요소와 청각적 요소의 결합을 통해 현실 세계와 상상의 세계를 효과적으로 구현한다. • 문학과 영상은 긴밀한 연관 관계 속에서 발전해 왔으며 상호 작용을 통해 서로 변용과 창조의 계기가 된다.
범주	내용 요소
지식·이해	• 문학의 형상화 방법 • 영상의 형상화 방법 • 문학과 영상 관련 문화적 소양
과정·기능	• 단일양식과 복합양식의 특성과 효과 고려하여 수용하기 • 인쇄물과 디지털 매체를 통한 공유의 특성과 효과 고려하여 수용하기 • 문학과 영상의 영향 관계와 상호 작용의 효과 파악하기 • 문학 창작의 요소와 기법에 유의하여 수용·생산하기 • 영상 창작의 요소와 기법에 유의하여 수용·생산하기 • 유사한 소재를 중심으로 통합적으로 수용하기 • 적절하고 효과적인 경로로 창작물 공유하기
가치·태도	• 비판적 수용과 성찰 • 창의적 사고와 적극적 소통 • 윤리적 책임 인식과 능동적 참여

표 6 '문학과 영상' 과목 성취기준

과목	성취기준
문학과 영상	[12문영01-01] 문학과 영상의 형상화 방법과 그 특성을 이해한다. [12문영01-02] 양식과 매체에 따른 특성과 효과를 고려하여 문학 작품과 영상물을 해석하고 비평한다. [12문영01-03] 문학 작품과 영상물 간의 영향 관계와 상호 작용의 효과를 파악한다. [12문영01-04] 문학 창작과 영상 창작의 요소와 기법을 바탕으로 문학 작품과 영상물을 수용·생산한다. [12문영01-05] 소재가 유사한 문학 작품과 영상물을 비교하면서 통합적으로 수용한다. [12문영01-06] 문학 작품과 영상물을 효과적으로 전달할 수 있는 경로와 매체를 선택하여 공유한다. [12문영01-07] 문학과 영상에 관련된 진로와 분야에서 요구하는 문화적 소양에 대해 탐구한다. [12문영01-08] 문학 작품과 영상물을 비판적으로 수용하며 자신의 삶을 성찰한다. [12문영01-09] 문학 작품과 영상물을 통해 창의적 사고를 표현하고 세계와 적극적으로 소통하는 태도를 가진다. [12문영01-10] 문학 작품과 영상물의 수용과 생산 활동에 따르는 윤리적 책임을 인식하면서 주체적이고 능동적으로 참여한다.

목의 신설을 들 수 있다. '문학과 영상'은 초등학교 및 중학교 '국어'와 고등학교 '공통국어1, 공통국어2'의 문학 영역과 매체 영역 관련 내용을 통합적으로 심화·확장한 과목이다. 문학 작품과 영상물을 수용·생산하는 능력을 길러 교육, 연구, 창작, 문화산업 등 관련 분야의 진로에 필요한 문화적 역량을 함양하는 데 목적을 두고 있다(교육부, 2022b). '국어' 과목과 마찬가지로 '문학과 영상' 과목의 내용도 '지식·이해', '과정·기능', '가치·태도'로 범주화하였다.

영상물의 대표격이라 할 수 있는 영화는 출발 초기부터 문학과 밀접한 관련을 지니고 있

쉬어가기

소설 「메밀꽃 필 무렵」(이효석, 1936)과 영화 「메밀꽃 필 무렵」(이성구, 1967) 읽기

소설 「메밀꽃 필 무렵」과 영화 「메밀꽃 필 무렵」은 등장인물, 기본 스토리, 주제 의식의 측면에서 많은 부분을 공유하고 있다. 소설에서 등장인물은 허생원, 성서방네 처녀, 조선달, 동이, 충주댁 다섯 명이며, 이 인물들은 영화에서도 모두 등장한다. 소설과 영화 모두 하루 벌어 하루 먹고 사는 장돌뱅이 허생원, 젊은 날의 사랑, 동이와의 만남 등이 이끌어 가는 기본 스토리를 통해 서사를 전개하고 있다. 하지만 소설과 영화는 밀접한 관련을 가지면서도 형상화 방법과 주제 의식에서 차이를 보인다.

소설과 달리 영화는 고유의 표현 방법인 장면화, 촬영 기법, 편집, 음향 등을 통해 주제를 형상화해 나간다. 영화 「메밀꽃 필 무렵」은 고전 영화의 연속 편집 원리를 따르고 있는데, '전심공간(deep space) 장면화'와 '편심공간(shallow space) 장면화'의 적절한 배치를 통해 등장인물 간 삶의 거리를 드러내고 있다. 허생원이 분이를 찾아 떠나는 장면의 경우, 한 장면에 여러 인물을 등장시키면서도 인물들 간 삶의 방식의 차이에 따라 전경(허생원), 중경(조선달·윤공원), 원경(조선달의 아내)으로 배치하여 심리적 거리를 느끼도록 한다. 카메라의 각도를 아래에서 위로 향함으로써 역동적 에너지를, 카메라를 인물들과 동일한 고도에 배치함으로써 인물들의 심리적 일체감을 표현하기도 한다. 또한 허생원과 분이의 모습에 대한 교차 편집을 통해 긴장감뿐만 아니라 두 인물의 삶이 엇갈리는 데서 오는 안타까움을 효과적으로 드러내고 있다. 과거를 회상할 때 들려오는 '노년의 허생원 목소리'(보드웰Bordwell은 이러한 목소리를 음향의 한 종류로 본다.)는 독자들이 소설을 읽을 때보다 허생원의 내면을 정확하게 파악하는 데 도움을 준다.

영화에서는 플롯 시간이나 스토리 시간이 소설에 비해 확장되어 있으며, 소설에는 없는 다양한 인물(윤공원, 뱃사공 김가, 점박이 소장사 등)이 등장한다. 이런 특성 때문에 독자는 소설을 읽을 때와는 전혀 다른 독해를 수행해야 한다. 소설에서는 분이를 찾아 헤매는 허생원의 노력이 "제천 장판을 몇 번이나 뒤졌겠나"로 매우 짧게 표현되는 반면 영화에서는 분이를 찾아 헤매는 허생원의 5년간의 노력을 그대로 보여줌으로써, 그리고 허생원이 분이를 찾아 헤매는 장면과 분이가 허생원을 그리워하는 장면을 여러 차례 교차 편집함으로써 허생원과 분이의 애절한 관계를 보여주는 데 주력한다. 또한 소설에는 없는 윤공원이라는 장돌뱅이를 등장시키고 그가 길을 걷다가 당나귀 위에서 죽어가는 모습을 보여줌으로써 장돌뱅이의 힘겨운 삶의 모습을 드러내고자 한다. 소설의 주제는 '못 이룬 사랑'이 중심을 이루는 반면, 영화는 여기에 '장돌뱅이 삶의 애환'이라는 주제를 하나 더 첨가하면서 강조하는 것이다.

- 조현일(2007), 「읽기 텍스트로서의 영화와 영화 읽기 교육」, 266-274 참조.

었다. 서구의 경우 현재의 주류 영화가 형성되는 과정에서 '소설'에 의해 결정적인 영향을 받았다는 점은 널리 알려져 있다. 고전적 사실주의 영화가 확립되는 과정에서 당시 중산 계층의 소설 전통을 결합함으로써 연속적 서술 형식을 지닌 현재의 영화 형식을 확립할 수 있었던 것이다(Paech, 1997: 45-70). 문학과 영화 모두 등장인물이 존재하며 스토리와 플롯을 통해 연속적으로 서사를 전개해 나간다는 점, 그리고 작가와 감독이 표현의 핵심 주체가 된다는 점, 문학과 영화를 이해하기 위해서는 해석의 과정이 필요하다는 점 등의 공통점이 있다. 하지만 문학과 영화는 각각 형상화 방법이 달라 수용과 생산의 방법 또한 다르다는 점을 고려하여 지도할 필요가 있다.

4 문학 교육은 어떻게 해야 할까

오랫동안 문학 교육은 교사의 설명을 위주로 한 강독식 교육 방법을 택해 왔다. 문학 교육에서는 기존의 문학 교육 방법이 지니는 문제점을 인식하고 새로운 교육 방법을 적용하고자 노력하고 있다. 여기에서는 그중 몇 가지를 소개(최미숙, 2006; 최지현 외, 2007)하고자 한다.

1) 내면화를 고려한 교수·학습 방법

내면화를 고려한 문학 교수·학습 방법(구인환 외, 2007)은 일반적인 국어 수업 절차로 소개되었던 '계획 → 진단 → 지도 → 발전 → 평가'의 5단계 모형 이후 문학 교육의 특성을 살린 교수·학습 모형이자, 문학작품의 장르적 특성에 맞는 각종 활동을 제시한 교수·학습 모형이라는 평가를 받아 왔다. 문학 교육에서 '내면화'란 작품에 대한 감동, 재미, 깨달음 등이 독자의 마음속에 정신적·심리적으로 깊이 자리 잡는 것을 의미한다. '내면화 단계'를 따로 설정한 것은 독자의 내면에서 이루어지는 공감, 감정 이입, 비판적 감정 등을 교수·학습의 과정에 명시적으로 제시한 것이라는 점에서 의미가 있다. 내면화를 고려한 교수·학습 방법은 문학 지식을 이해하거나 작품을 기계적으로 분석하는 데 그치는 문학 교육이 아니라 학습자의 실질적인 감상 과정을 중시하고자 하는 관점에서 제안된 것이라 할 수 있다.

내면화 단계는 작품의 이해와 감상이 끝난 후, 그것도 수업 절차상 평가 단계까지 끝난 후에 진행되는 것이라고 볼 수는 없다. 내면화는 문학 교수·학습의 제일 마지막 단계에서 사후적으로 진행되는 것이 아니라, 문학작품을 읽고 감상하는 전 과정에서 이루어질 수 있는 활동이기 때문이다. 문학작품을 읽으면서 동시에 공감하기도 하고 자신의 경험이나 체험을 떠올리기도 하고 때로는 문학적 감화를 받으면서 문학의 세계에 깊이 감정이입하기도 하는 것이다. 내면화 단계는 수업 과정에서 가시적으로 파악하기가 곤란하고 수업의 물리적 여러 조건 속에서 의도적으로 통제하기가 어렵다. 하지만 그렇다고 해서 문학 수업 과정에서 내면화 단계 자체를 배제하는 것은 바람직하지 않다(구인환 외, 2007). 작품을 읽고 감상하는 수업 장면에서 독자의 내면에서 이루어지는 내면화 과정을 어떻게 효율적으로 담아낼 것인가에 대한 지속적인 고민이 필요하다.

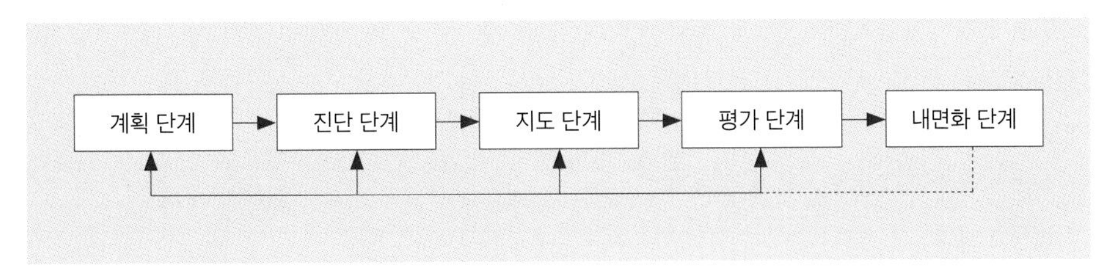

그림 1 구인환 외(2007)의 '문학 제재 수업의 일반 절차 모형'

2) 반응 중심 교수·학습 방법

반응 중심 교수·학습 방법은 '학생들이 문학 경험에 대한 자신의 반응과 감정을 자유롭게 표현하는 것'(경규진, 1995: 12)을 중시한다. 로젠블래트(Rosenblatt, 1995)의 거래 이론(transactional theory)을 바탕으로 하여 제안된 '반응 중심 접근법'(경규진, 1995)에서 출발하였다. 반응 중심 교수·학습 방법은 독자를 '능동적인 참여자'로 설정하며, 텍스트의 의미는 텍스트에서 발견되는 것이 아니라 텍스트와 독자의 거래를 통해 형성된다는 것을 전제로 한다. 반응 중심 교수·학습 방법은 단순 지식 중심·암기식 문학 교육에 대해 비판하던 시점에 문학작품에 대한 학생들의 반응을 중시하는 교수·학습법으로 소개되면서 많은 관심을 받았다. 반응 중심 교수·학습 방법에서 제안하고 있는 단계(경규진, 1993)를 구체적으로 살펴보면 다음과 같다.

1단계: 텍스트와 학생의 거래 ⋯▸ 반응의 형성
(1) 작품 읽기
심미적 독서 자세의 격려
텍스트와의 거래 촉진
2단계: 학생과 학생 사이의 거래 ⋯▸ 반응의 명료화
(1) 반응의 기록
짝과 반응의 교환
(2) 반응에 대한 질문
반응을 명료히 하기 위한 탐사 질문
거래를 입증하는 질문
반응의 반성적 질문
반응의 오류에 대한 질문
(3) 반응에 대한 토의(또는 역할놀이)
짝과의 의견 교환

소그룹 토의

전체 토의

(4) 반응의 반성적 쓰기

반응의 자유 쓰기(또는 단서를 놓은 쓰기)

자발적인 발표

3단계: 텍스트와 텍스트의 상호 관련 ⋯▸ 반응의 심화

(1) 두 작품의 연결

(2) 텍스트 상호성의 확대

* 태도 측정

1단계(반응의 형성)의 초점은 학생들이 심미적 독서를 하도록 격려하는 것이다. 학생들이 정보나 지식의 습득을 위해서가 아니라 일차적으로 즐거운 경험을 하는 것에 초점을 두면서 문학작품을 읽을 수 있도록 해야 한다. 이를 위해 텍스트에 대한 학생들의 부정적 선입견을 제거하고 어려운 어휘나 표현 등을 쉽게 이해할 수 있도록 해야 한다. 심미적 독서에 방해가 되는 요인을 제거해 주어야 하며, 이를 통해 독자와 텍스트의 거래가 촉진되도록 한다.

2단계(반응의 명료화)에서는 학생들이 자신의 문학적 반응이 무엇인지 알고, 작품에 대한 첫 반응을 확장하기 위한 넓고 다양한 방식을 경험하도록 한다. 이른바 반응의 명료화 단계인데, 이를 위해 학생과 학생 사이의 거래를 활성화해야 한다. 일반적으로 학생들은 텍스트가 주는 많은 단서를 생략하거나 무의식적으로 반응하는 경향이 있다. 학생들은 자신의 반응을 명료하게 할 필요가 있으며, 습관화된 반응을 반성하기 위해 노력해야 한다. 작품을 읽은 후 동료 집단과의 집단적인 반응은 학생들에게 새로운 아이디어를 도출하도록 도와줄 수 있고, 더 나아가 학생들의 자기 성장을 도울 수 있다. 특히 반응의 기록은 독서 후에 간단하게 활용할 수 있으며 학생들이 아무 간섭 없이 자신의 반응을 응시하고 성찰하기 위한 좋은 전략이라고 볼 수 있다. 반응에 대한 질문이나 토의, 반응의 쓰기 등은 이 단계에서 할 수 있는 주요 학습 활동이다.

3단계(반응의 심화)에서 자신이 읽은 작품과 다른 작품을 비교하며 읽는 것은 학생들의 반응을 풍부하게 하고 문학적인 사유를 촉진할 수 있다는 점에서 의미가 있다. 이 단계에서 다른 텍스트와 관련지어 읽는 것은 두 작품을 연결하는 것뿐만 아니라 더 큰 범주로 확대될 수도 있다. 이전 학습에서 읽은 작품과 관련시킬 수 있고, 나아가 동일 작가의 다른 작품 또는 그 작품의 주제, 인물, 문체 등을 다른 작품과 비교하며 읽는 것도 가능하다. 이러한 과정에서 학생들은 텍스트에 대한 확산적인 통찰을 얻을 수 있을 것이다.

반응 중심 교수·학습 방법은 교사의 분석 중심으로 이루어지던 이전의 문학 교육 방법을 비판하면서, 문학작품에 대한 학생들의 반응을 중심으로 한 수업을 제안하였다는 점에서 의의가 있다. 작가, 작품, 독자 간에 이루어지는 문학의 소통에서 그동안 소외되어 있던 독자의 위치와 역할을 부각시킴으로써 능동적인 독자를 강조하는 문학 수업을 제시한 것이다. 특히 같은 문학작품을 읽더라도 경험이나 배경지식에 따라 독자의 반응이 다를 수 있다는 것을 전제함으로써 전문가의 해석을 중심으로 이루어지던 문학작품의 이해와 감상 수업에 변화를 일으키고자 하였다.

반응 중심 교수·학습 방법은 반응 개념을 텍스트에 의해 구조화된 경험으로 본다는 점, 독자의 위치를 부상시키면서도 텍스트의 중요성을 배제하지 않았다는 점, 독서 과정과 후의 전 과정을 포함시킬 정도로 작품 읽기 과정을 확대시켰다는 점, 작품 읽기를 개인적이면서도 사회적·문화적 행위 차원에서 접근한다는 점 등(경규진, 1993)을 통해 독자의 능동성을 고려한 문학 수업 논의를 활성화하였다. 그런데 한편으로 수업 현장에서 그것을 어떤 방식으로 구체화할 수 있는지에 대한 실질적인 방법이 부족하다는 평가를 받고 있다. 또한 텍스트와 학생의 거래, 학생과 학생 사이의 거래 등을 설정하기는 하였지만 그 거래의 방식에 대한 논의가 구체화되지 않았다는 아쉬움을 남기기도 하였다. 이는 앞으로 문학 교수·학습 과정에서 구체적으로 채워나가야 할 것이다.

3) 대화 중심 교수·학습 방법

대화 중심 교수·학습 방법(최미숙, 2006)은 문학작품을 중심으로 이루어지는 다양한 형태의 '대화'를 중시한다. 여기서 '대화'란 단순히 두 주체 사이에 말을 주고받는다는 의미가 아니라, 타자와의 의견 교류를 통해 자신의 문학적 사유 방식을 성찰할 수 있고 새로운 문학적 사유를 추동시킬 수 있는 상호 소통 형태의 의견 교환을 의미한다. '대화 중심 교수·학습 방법'은 다양한 관점과 사유 방식, 서로 다른 목소리의 교환을 통해 자신의 의미 있는 목소리를 찾아가는 '과정'을 중시한다.

교수·학습의 관점에서 볼 때 '대화'는 세 층위에서 이루어지는데, 이는 수업 현장에서 문학작품을 해석하고 감상하는 과정이기도 하면서 핵심적인 교수·학습 절차와도 밀접한 관련이 있다. 첫째 층위는 문학작품을 읽을 때 독자 개인의 내면에서 이루어지는 내적 대화이며, 둘째 층위는 독자와 독자 사이에서 이루어지는 횡적 대화이고, 셋째 층위는 전문가와 독자

표 7 '대화 중심 문학 교수·학습'을 위한 수업 절차와 주요 학습 활동의 예

절차	주요 학습 활동의 예
작품을 이해하는 데 필요한 지식 이해하기	• 해당 작품 읽기와 관련 있는 지식과 방법 이해하기 • 대화 중심 읽기 방식 이해하기
작품 읽기·시 낭송하기	• 인물의 성격이나 사건을 예측하며 읽기 • 분위기나 어조를 파악하며 시 낭송하기 • 작품의 의미 예측하기
〈대화 1〉 독자 개인의 내적 대화	• 텍스트에 근거하여 작품을 이해하는 데 필요한 질문을 스스로 생성하고 답하기 • 상호 경쟁적인 읽기 중 스스로 가장 타당한 근거를 제시할 수 있는 읽기(지배적 읽기)를 선택하기 • 독서 스토리 작성하기
〈대화 2〉 독자와 독자들 간의 대화	• 자신이 선택한 해석의 근거와 다른 독자의 해석 근거를 비교하며 대화 나누기 • 대화를 나누면서 타당한 근거와 관련 있는 내용을 텍스트에서 찾아보기 • 애매한 해석 내용을 명료화하고 각 근거의 설득력을 비교하면서 타당한 해석 내용 판단하기
〈대화 3〉 교사(전문가)와 독자의 대화	• 그동안의 대화 과정에서 제시되지 않은 새로운 관점 제시하기(교사) • '대화 2'에서 오독이 발생한 경우 수정하기 • 여러 관점 간의 경쟁적 대화를 통해 좀 더 근거 있는 해석의 가능역 설정하기
작품의 의미 정리하기·작품 재구성하기	• 가장 타당하다고 생각되는 작품의 의미 정리하기 • 모작, 개작, 모방 시 창작하기 • 이어쓰기, 인물이나 사건 등을 바꾸어 써 보기 • 독서 스토리 완성하기

사이에서 이루어지는 종적 대화이다. 대화 중심 교수·학습 방법의 절차와 주요 학습 활동의 예는 〈표 7〉과 같다.

대화 1(독자 개인의 내면에서 이루어지는 내적 대화) 단계는 문학 텍스트를 읽는 과정에서 독자의 내면에서 활성화되는 역동적인 대화를 고려한 것이다. 이 단계에서 이루어지는 대화는 독자의 내적 자아들 간에 이루어지는 '내적 대화'의 형태를 띤다. '내적 대화'란 문학 텍스트를 읽는 과정에서 독자 개인의 내면에서 활성화되는 다양한 문학적 사고들 간의 대화를 의미한다. 텍스트를 읽으면서 문학적 정서와의 동일시를 통해 해당 텍스트의 세계에 공감하기도 하지만, 때로는 고민과 갈등 그리고 망설임을 겪기도 한다. 그리고 그것은 독자 스스로 다양한 사고를 열어 놓으면서 행하는 끊임없는 질문과 대답, 되물음의 형태를 통해 이루어진다. 공감하며 읽는 과정, 거리를 두고 읽는 과정, 문학 텍스트에 대한 자신의 문학적 사고를 여러 관점과 견주어 보고 고민하고 선택하는 과정 등이 흡사 독자의 내면에서 소리 없이 이루어지는 대화와 같은 형태를 띠는 것이다. 내적 대화를 통해 형성된 다양한 상호 경쟁적인 읽기 중에서 가장 타당한 근거를 내세울 수 있는 해석을 독자 스스로 선택하도록 한다.

대화 2(현실적 독자 사이에서 이루어지는 횡적 대화) 단계에서 이루어지는 독자 간 대화, 즉 학생과 학생 사이에서 이루어지는 대화는 현실적 독자들 사이에서 이루어지는 횡적 대화의 형태를 띤다. 이 단계에서는 내적 대화를 통한 독자 개인의 문학 텍스트 읽기를 바탕으로 다른 독자들과 대화를 나누면서 타당한 근거를 모색하는 과정이 이루어진다. 이러한 과정을 통해 타당한 근거를 바탕으로 애매한 해석 내용을 명료화하거나 좀 더 의미 있는 해석에 다가갈 수 있으며, 또한 자신의 문학적 사유를 공개하고 타인의 사유와 동등하게 나누는 대화를 통해 문학적 사유의 폭을 넓히고 조정할 수 있다.

대화 3(이상적 독자와 현실적 독자 사이에서 이루어지는 종적 대화) 단계에서 대화는 전문적 중개자로서의 교사와 학습자 사이, 다시 말하면 이상적 독자와 현실적 독자 사이에서 이루어지는 종적 대화라는 특성을 지닌다. '종적 대화'란 교사가 교육적 관점에서 조언하면서 이끌어 가는 성격을 지니는 대화, 이상적 독자로서의 교사와 현실적 독자로서의 학생이라는 차이를 바탕으로 이루어지는 대화를 의미한다. 그렇다고 해서 이상적 독자가 현실적 독자에게 특정 의미나 해석 방식을 강요하는 대화 방식은 아니다. '내적 대화', '독자 간 대화'를 통해 해결하지 못하였거나 횡적 대화 과정에서 오독이 이루어진 부분, 텍스트의 의미상 해석이 결락된 부분, 다양한 해석을 위해 다른 관점에서 접근할 필요가 있는 부분 등을 중심으로 교사의 지도와 조언 아래 대화를 나누는 것이다. 이 대화에서 교사의 역할은 학생들이 생각하지 못했던 관점을 제시하거나 교육적 의도를 가진 질문을 던짐으로써 새로운 문학적 사유를 가동시키는 것이다. 또한 서로 다른 관점이 가진 차이를 부각시키면서 '경쟁적 읽기'를 추동할 수도 있다. '전문적 중개인'으로서의 교사와 학생이 나누는 대화는 근거 있는 해석을 타당한 해석으로 전환시키는 데 결정적 역할을 할 수 있으며, 또 다른 관점에서 해석이 가능하다는 것을 보여줄 수 있다. 이런 과정을 통해 이상적 독자와 현실적 독자 사이의 거리를 좁힐 수 있다는 특성도 있다.

여기서 '대화 1', '대화 2', '대화 3'의 단계는 대화의 일반적인 절차이기는 하지만 반드시 선조적으로만 이루어지는 절차는 아니라는 점에 유의해야 한다. 그 순서를 기계적으로만 적용해서는 안 된다는 의미이다. '대화 1'에서 '대화 3'까지의 절차를 거치는 과정에서 다시 회귀적으로 돌아가 이전 단계의 대화를 수행할 수도 있다. '대화 2'나 '대화 3' 단계에서도 얼마든지 독자 개인의 내적 대화가 이루어질 수 있으며, '대화 3' 단계에서 교사의 지도에 따라 '대화 2'로 돌아가 특정 쟁점을 가지고 대화를 나눌 수도 있다.

대화의 절차가 중요한 이유는 세 단계의 절차가 서로 긴밀한 관련을 맺고 있다는 점을 전제로 하기 때문이다. '대화 2'는 독자가 개인적으로 작품에 대해 사유하고 자신이 생각하는 근거를 마련하며 읽는 '대화 1'을 전제로 해야 효율적으로 이루어질 수 있다. 그래야 독자 간의 대화가 교육적 의미를 가질 수 있기 때문이다. 충분한 사유 과정 없이 이루어지는 독자 간 대화는 즉각적인 사고를 바탕으로 하기 때문에 비효율적일 수 있다. 마찬가지로 '대화 3' 역시 독자 간 대화가 과연 문학적으로 의미 있게 이루어졌는지 성찰하는 기회를 제공한다는 점에서 차후 단계로서의 의미가 있다. 독자 간 대화를 제대로 수행해야 그에 대한 '전문가의 교육적 판단'에 따라 오독을 수정하거나 작품을 풍부하게 이해할 수 있는 또 다른 기회를 가질 수 있기 때문이다. 독자 간 대화에서 충분히 의미 있는 대화가 이루어졌다면, 그것이 어떤 점에서 의미 있는 대화인지 아는 것도 교육적으로 의미가 있다. 3단계에 이르는 대화의 차이는 각 대화 단계에서 핵심적 역할을 하는 대화 유형의 특성에 다른 것이다.

대화 중심 교수·학습 방법의 궁극적 지향점이 내적 대화의 활성화라는 점을 인식하는 것이 무엇보다 중요하다. 교수·학습의 절차로 제시하는 '대화 2'나 '대화 3'은 사실 좀 더 밀도 있는 내적 대화 능력을 신장시키기 위하여 교육적으로 구성한 단계이다. 교수·학습 상황을 벗어나 학생이 개인적으로 문학작품을 읽을 때는 대부분 내적 대화의 과정을 통해 읽을 것이다. 스스로 작품을 읽으면서 사유하고 성찰하는 과정을 통해 다양한 문학적 사고를 활성화하고, 그 사고들 간의 원활한 대화를 통해 작품을 해석하고 감상하는 것이다. 따라서 '대화 2'나 '대화 3' 단계는 궁극적으로 좀 더 의미 있는 내적 대화 방식을 배우기 위한 단계라고 할 수 있다.

5 문학 교육 평가에서는 무엇을 고려해야 할까

문학 교육 평가에서 고려해야 할 점에 대해 수행평가 방식을 중심으로 살펴보자(문항 작성 방법은 제5장 참조). 여기서 제시하는 방안은 각각 독립적인 성격을 지니기보다 문항의 특성에 따라 결합하여 활용할 수 있는 것들이다.

1) 작품에 대한 감상을 자유롭게 쓰도록 하고 평가하는 방안

작품에 대한 학생의 생각이나 감상을 자유롭게 서술하도록 하고 평가하는 방식이다. 특정 형식이나 절차에 구애받지 않고 학생이 생각한 내용이나 사고의 흐름을 자유롭게 쓰게 한다는 점에서 작품에 대한 다양한 반응을 유도할 수 있다는 장점이 있다. 이러한 평가 방안은 학생들의 반응을 점수화하기보다는 학생들이 평소에 자유롭게 작품을 읽고 기록하는 습관을 기르도록 하기 위한 방편으로 활용하는 것이 좋다. 점수화하기 어렵다는 단점은 있지만, 학생들이 주로 어떤 작품을 좋아하는지, 문학작품의 어떤 내용이나 표현에 관심을 갖는지, 어떤 종류의 반응을 보이는지, 반응의 깊이는 어떠한지 등을 구체적으로 살필 수 있다는 장점이 있다.

2) 문학적 반응을 시기적·공간적으로 자유롭게 열어 놓는 방안

학생들이 일생 생활 속에서 문학을 자유롭게 즐기고 생활화하는 활동을 평가하기 위해 문학적 반응을 시기적·공간적으로 자유롭게 열어 놓는 방안을 고려할 수 있다. 이를 위해서는 '문학 감상 기록장'과 같은 포트폴리오형 평가 도구가 적절하다(제5장 참조). 문학 감상 기록장이란 학생들이 평소에 읽은 문학작품에 대한 감상이나 생각을 수시로 기록한 결과물의 모음집을 말한다. 한 학기나 일 년 단위로 자유롭게 기록하게 한 뒤 기록의 과정과 결과를 평가할 수 있다. 학기 초에 미리 선정한 문학작품 목록을 제시할 수도 있고, 학생 스스로 작품을 선택하여 읽은 후 기록하도록 권장해도 좋다. 오랜 기간 기록한 문학 감상 기록장을 통해 학생 스스로도 자신의 문학적 취향, 문학적 사유·표현 방식의 특징, 자신의 발전 과정 등을 성찰할 수 있다. 과제를 수행하는 중간에 교사가 학생의 문학 감상 기록장에 조언과 격려의 말을 쓴다면 학생들의 활동에 많은 도움을 줄 수 있을 것이다.

다음은 문학 감상 기록장의 구체적인 예이다(최미숙·양정실, 1998).

(1) 제목/작가(발표 시기)	**장용학의 '요한 시집'(1955년 발표)**
(2) 작품의 줄거리, 인상적인 부분	너무 혼란스러워서 줄거리 정리가 잘 안 된다.
(3) 전체적인 감상	참된 자유, 자유의 본질을 찾고자 노력한 누에가 완전하게는 아니지만 어느 정도 이해가 간다. 하지만 지나치게 관념적으로 생각하고, 죽음을 통해 자유를 추구하고자 했던 점이 마음에 안 든다. 하필이면 왜, 죽음을 선택할 수밖에 없었는지… 아무래도 6·25 전쟁 이후라는 점과 관련이 있는 것 같은데 정리가 잘 안 된다.

(4) '나'에게 주는 의미	이 소설을 읽고 우리에게 '자유'란 무슨 의미인지 진지하게 다시 생각해 보게 되었다. 물론 이 소설을 다 읽고 '자유'의 의미를 완전히 깨달은 것은 아니다. '자유'에 대해서는 앞으로도 계속 생각해 보아야 할 것이다. 이 소설 속에 나오는 다음 구절은 '자유'의 의미를 생각하는 데 많은 도움이 되었다. "'자유' 그것은 진실로 그 뒤에 올 그 무슨 '진자(眞者)'를 위하여 길을 외치는 예언자. 그 신발 끈을 매어 주고, 칼을 맞아 길가에 쓰러질 요한에 지나지 않았다!"
(5) 관련 작품	사르트르의 「구토」 - 작자는 이 작품을 읽고 그 영향을 받아 이 소설을 썼다고 한다. 나는 아직 「구토」를 읽어보지는 못했다. 「구토」를 읽으면 아직까지 해결하지 못하고 있는 '자유'의 의미를 이해할 수 있을지…
(6) 작품을 읽고 친구들과 토론한 내용	친구에게 이 책을 소개하고 같이 이야기를 나누어 보자고 했다. 그 친구는 너무나 어려워서 잘 모르겠다고 했다. 같이 대화를 나눌 친구가 없어 우울했다.
(7) 이해하기 어려웠던 부분	이 소설의 첫머리에 토끼의 우화가 나온다. 이 우화가 없었더라면 이 이야기의 느낌이 어떠했을까?
(8) 하고 싶은 이야기	몇 번이나 읽어본 소설이지만 내 지식이 모자라서인지, 아니면 책이 어려워서인지 완전히 이해되지가 않는다. 다음에 좀 더 많은 걸 알게 되었을 때, 꼭 다시 읽어보고 싶다.
(9) 다음 계획	좀 더 많은 문학작품을 읽고 많은 생각을 했으면 좋겠다.
(10) 기타	
(11) 교사의 의견	이 소설은 고등학교 2학년에게 약간 어려운 소설입니다. 그러나 이 작품을 읽고 진정한 '자유'의 의미에 대해 고민하게 되었다니 놀랍군요. 앞으로도 많은 작품을 읽고 깊은 사유를 계속하기 바랍니다. 참고로, '토끼' 우화는 그 이후에 나오는 내용과 구조상 동일하다는 것에 초점을 맞추어 생각해 보기 바랍니다.

'문학 감상 기록장' 외에도 충분한 시간을 주고 작품에 대한 글을 쓰도록 하고 평가하는 방안도 가능하다. 정해진 시간에 시험 형식으로 글을 작성하는 방식이 아니라 한 달 혹은 두 달 동안 관련된 작품을 찾아 읽고 주어진 조건에 맞게 글을 작성하는 방식이다. 오랜 시간 작품에 대해 충분히 생각하고 글을 작성함으로써 작품을 해석하고 평가하는 능력을 심화시킬 수 있을 것이다. 모든 학생들이 볼 수 있도록 과제를 인터넷 학급 게시판에 탑재하도록 한 후 친구들의 글에 대해 질문하고 답하는 기회를 제공하는 것도 좋을 것이다. 다음은 그 예이다.

- 어떤 시는 낭송하기에 좋고, 또 어떤 시는 낭송하기 어려운 경우가 있다. 그 이유는 무엇일지 두 편의 시를 예로 들어 설명해 보자.
- 타자와의 관계가 처음에는 오해와 불신의 관계였는데 차차 이해와 공감으로 바뀌어 가는 경우가 있는가 하면, 서로에 대한 이해와 공감에 도달하지 못하거나 관계가 더 악화되는 경우도 있다. 각각의 모습을 드러내는 두 편의 단편소설을 찾아 비교·대조하는 글을 써 보자.

3) 특정한 종류의 반응을 유도한 후 평가하는 방안

'작품에 대한 감상을 자유롭게 쓰도록 하는 방안'과 '문학적 반응을 시기적·공간적으로 자유롭게 열어 놓는 방안'은 작품에 대한 학생들의 자유로운 반응을 유도하기 위한 것이다. 이에 비해 '특정한 종류의 반응을 유도한 후 평가하는 방안'은 작품에 대한 반응의 범위를 미리 조건으로 제시한 후, 그 반응의 범위를 중심으로 평가하는 방식이다. 이는 무한정 자유로운 반응이 아니라 교육적으로 의미가 있는 특정 종류의 반응을 유도하기 위한 것이다. 다음 문항(최미숙·양정실, 1999)이 그 예이다.

[문항] 「님의 침묵」(한용운)에 표현된 '만남과 헤어짐의 의미와 그 의미에 대한 자신의 생각'을 근거를 들어 서술하되, 평소에 읽은 다른 작품과 관련지어 서술하시오.

채점요소	상(3)	중(2)	하(1)
만남과 헤어짐의 의미에 대한 생각과 근거	만남과 헤어짐에 대한 의미를 타당하게 제시하였으며 그에 대한 자신의 생각 또한 근거를 들어 타당하고 설득력 있게 서술하고 있다.	만남과 헤어짐의 의미를 근거를 들어 제시하고 있으며, 그에 대한 자신의 생각을 근거를 서술하고는 있으나 설득력이 다소 약하다.	만남과 헤어짐의 의미를 서술하고는 있으나 관련성이 약하며, 그에 대한 자신의 생각을 서술하는 데에도 타당성과 설득력이 약하다.
다른 작품과의 관련	'만남과 헤어짐'을 표현한 다른 작품을 제시하였으며, 자신의 견해를 서술하는 데 설득력 있게 활용하고 있다.	만남과 헤어짐에 관한 내용을 담은 다른 작품을 제시하고는 있으나 자신의 서술 내용과 긴밀성이 떨어진다.	제시하는 작품이 '님의 침묵'과의 관련성이 떨어지며, 자신의 서술 내용과의 긴밀성도 떨어진다.

이 문항에서 요구한 '특정한 종류의 반응'은 두 가지다. 하나는 '시에 표현된 만남과 헤어짐의 의미와 그 의미에 대한 학생의 생각'을 서술하는 것이고, 다른 하나는 그 내용을 평소에 읽은 다른 작품과 관련지어 서술하는 것이다. 조건이 두 가지이기 때문에 채점 기준도 두 가지로 설정하고 있다.

4) 반응의 유형을 다양화·위계화하여 평가하는 방안

학생에 따라 동일한 작품을 읽고도 이해한 것 혹은 표현으로 드러내는 방식이 다양할 수 있다. 이런 점을 고려하여 학생의 다양한 반응을 인정하되, 그 반응이 문항이 요구하는 조건에 합당하다면 모두 동일한 수준을 지녔다고 판단하는 것이 타당할 것이다. 그리고 평가 도구에서 제시하고 있는 요구 조건에 비추어 반응의 정도를 위계화하는 방안도 동시에 고려하는 것이 좋다. 위계화된 채점 기준은 학생들의 성취 정도를 구체적으로 파악할 수 있기 때문에 평가 결과 분석에 유용하며, 학생들에게도 자신의 평가 결과에 대해 스스로 생각하고 판단할 수 있는 기준을 마련해 줄 수 있다.

다음은 학습자의 반응을 다양화·위계화하여 채점 기준을 작성한 예(최미숙, 2004)이다.

[문항] 이 시(서정주의 「귀촉도」)의 '새'와 시적 화자의 관계가 구체적으로 드러나도록 글자 수 15자 내외로 쓰시오. [6점]

[예시 답안]

1) 새와 시적 화자의 정서를 동일시하는 경우

① 새는 시적 화자의 모습을 투영하고 있는 대상

② 새는 시적 화자 자신의 모습

③ 새는 시적 화자의 감정이 이입된 대상

④ 시적 화자와 새가 동일시되고 있다.

2) 새를 시적 화자가 사랑한 임의 표상으로 보는 경우

⑤ 새는 시적 화자가 사랑하는 임을 의미한다.

⑥ 새는 시적 화자가 사랑하는 임의 모습이다.

3) 시적 화자와 임을 연결해 주는 매개로 보는 경우

⑦ 시적 화자와 임을 이어주는 대상

⑧ 시적 화자와 사랑하는 임의 모습을 동시에 투영하고 있는 대상

⑨ 시적 화자와 임의 모습이 중첩되어 있는 대상

[채점 기준]

상(6점): 예시 답안 ①~⑨ 중에서 하나를 쓴 경우

중(4점): 새와 시적 화자의 관계는 드러나 있지 않지만 의미는 적절한(통하는) 경우

예) • 감정이입

• 감정이입이 된 대상

• 동일시

하(2점): '시적 화자'와 '시인'을 혼동하여 서술한 경우

예) • 시인의 감정이 이입된 대상

• 시인 자신의 모습

세 가지 유형으로 분류한 예시 답안 ①~⑨는 학습자들이 보일 수 있는 다양한 반응을 고려한 것이다. 하나의 반응만을 가정하지 않고 문항의 조건에 맞는 것이라면 세 가지 유형 중 어떤 유형의 반응을 보이더라도 조건에 맞는 답안으로 처리할 수 있도록 하였다. 우선 '새'와 시적 화자의 관계를 설정할 수 있는 가능한 경우를 고려하여 반응의 유형을 크게 세 가지로 범주화하고 있다. '1) 새와 시적 화자의 정서를 동일시하는 경우', '2) 새를 시적 화자가 사랑한 임의 표상으로 보는 경우', '3) 시적 화자와 임을 연결해 주는 매개로 보는 경우'가 그것이다. 세 가지 유형은 독자가 이 시를 독자적으로 감상하면서 반응할 수 있는 경우의 수를 가능한 한 망라한 것이라 할 수 있다. 한 가지 유형의 반응만을 설정하지 않고 학생들의 다양한 반응을 모두 고려했다는 점에서 반응의 유형을 다양화한 채점 기준이라 할 수 있다. 한편, 채점 기준에서 '상', '중', '하'로 제시한 것(혹은 6점, 4점, 2점)은 학생들이 보일 수 있는 반응을

위계화하여 제시한 것이다. '상', '중', '하' 모두 문항이 요구하는 것과 관련된 반응이되 성취 수준이 높은 것에서부터 낮은 것까지 배열한 것이다.

5) 반응의 '과정'을 중심으로 평가하는 방안

'특정한 종류의 반응을 유도한 후 평가하는 방안'이 특정 반응을 단적으로 요구하는 것이라면, 이와 유사하지만 반응을 드러내는 '과정'에 초점을 맞추어 평가하는 방안도 가능하다. '문학적 사유의 과정'을 드러낼 수 있도록 평가 문항을 상세하게 구조화하고, 그러한 사유의 과정이 충실하게 드러났는가를 기준으로 채점 기준을 작성하는 방안이다. '전광용의 「꺼삐딴 리」, 김동리의 「화랑의 후예」를 읽은 후, 이인국과 황진사로 대표되는 인간형의 공통점과 차이점을 비교 분석하고, 자신이 생각하는 바람직한 인간상을 제시하라'라는 문항을 예로 들어 보자. 이 문항에서 써야 할 내용은 두 가지이다. 하나는 이인국과 황진사의 공통점과 차이점에 관한 비교 분석이고, 다른 하나는 자신이 생각하는 바람직한 인간상이다. 그런데 '자신이 생각하는 바람직한 인간상'의 내용에 대해서는 위계화한 채점 기준을 작성하기 어려울 것이다. 학생들의 반응이 다양하게 나타날 가능성이 높고 그 반응에 수준을 두기 어렵기 때문이다. 그렇다면 후자의 질문에서 보이는 반응의 다양성은 인정하되 그 반응의 과정에서 거쳐야 하는 항목을 중심으로 채점 기준을 작성하는 방안이 가능하다. 구체적인 예로 다음을 들 수 있다.

- 이인국과 황진사라는 인물의 성격에 대해서 제대로 파악하였는가.
- 그것을 토대로 그들이 대표하고 있는 인간형의 공통점과 차이점을 제대로 서술하였는가.
- 두 부류의 인간형에 대한 논평을 중심으로 자신이 바람직하다고 생각하는 인간상을 제시하였는가.

11

매체 교육

1 매체는 왜 가르쳐야 할까 / 2 매체란 무엇인가 / 3 미디어 교육과 미디어 문해력이란 무엇인가 / 4 매체 교육에서는 어떤 내용을 지도할까 / 5 매체 교육의 방법은 무엇일까 / 6 매체 교육은 어떻게 평가할까

오늘날 우리의 정보 교환과 의사소통은 다양한 매체(미디어)를 통해 이루어지고 있다. 스마트폰의 메신저와 소셜 미디어를 통해 다양한 사람들과 소식을 나누고 정보를 접하며, 유튜브 동영상을 통해 정보를 찾아보고 공연과 음악을 즐기기도 한다. 블로그, 인스타그램, 인터넷 카페를 통해 유명인이나 전문가, 공통의 관심사를 가진 사람들의 글과 사진을 읽고 댓글을 남기기도 하고, 태블릿을 가지고 다니면서 펜으로 필기하고 그림을 그리고 일정을 관리하기도 한다. 학술정보 데이터베이스에서 찾은 논문의 내용을 인공지능 챗봇과 번역기를 사용해 이해하고 디지털 노트 앱을 이용해 정리하며, 그 결과를 프로젝트 팀원들과 실시간으로 공유하기도 한다. 이처럼 우리의 일상적 의사소통과 정보 수용, 문화생활과 학습에는 다양한 매체가 개입되어 있다.

국어 교육에서 매체에 관심을 갖는 이유는 이처럼 개인과 사회의 다양한 의사소통에 중요한 역할을 하는 매체의 의미작용이 어떻게 이루어지는지 이해하고, 다양한 목적과 맥락을 지닌 매체 텍스트의 의미를 비판적으로 수용하며, 의사소통의 목적과 맥락에 적합한 텍스트를 생산하여 의미 있는 사회적 의사소통을 할 수 있는 능력과 태도를 기르기 위해서이다. 이 장에서는 국어 교육에서 매체 교육이 필요한 이유, 매체 교육의 주요 내용과 교육 방법을 알아보면서 이 분야의 핵심 개념과 현장 교육 사례 및 쟁점과 전망에 대해 살펴볼 것이다.

1 매체는 왜 가르쳐야 할까

1) 의사소통과 매체

인간이 사회의 일원으로서 살아가기 위해서는 반드시 다른 이들과 소통해야 한다. 소통은 의미를 전달하고 해석하는 과정이다. 소통은 사람과 사람이 직접 만나 대화를 주고받거나 강의를 하는 것과 같은 면대면(face-to-face) 상황에서 일어나기도 하고, 서로 다른 공간과 시간에 있는 사람들이 글·그림·사진·동영상·음성 등의 텍스트를 주고받는 간접적인 방식으로 일어나기도 하며, 인터넷·소셜 미디어·방송 등 다양한 기술 수단을 통해 같은 메시지를 수많은 사람들에게 동시에 전달하는 대량 전달 방식으로 일어나기도 한다. 이렇게 다양한 소통 방식 모두 〈그림 1〉과 같이, 소통 발의자와 수신자 사이에 의미를 주고받는 소통이 이루어진다는 점에서 공통점이 있다.

소통은 상대방을 이해시키려는 의도로 만들어진 메시지 혹은 텍스트, 이를 주고받는 송·수신자(sender-receivers) 간의 상호작용, 그리고 메시지나 텍스트가 유통되는 경로인 채널(channels) 등의 요소로 구성된다. 멀리 떨어져 있는 사람들이 직접 면대면으로 만나지 않고 동시적 혹은 비동시적으로 소통하기 위해, 그리고 수많은 사람들에게 동일한 메시지를 전달하기 위해서는 반드시 매체가 필요하다. 국어 교육에서 매체 교육에 관심을 갖게 된 가장 큰 이유는 현대 사회의 개인적·집단적·사회적 소통에서 다양한 매체를 통해 이루어지는 간접

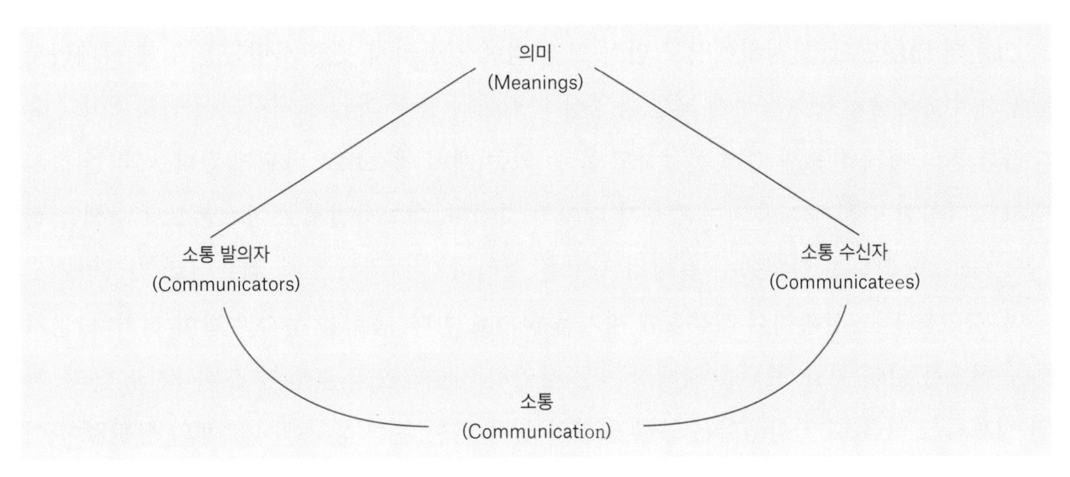

그림 1 소통과 의미(Dibleby & Burton, 1998)

적이고 기술적인 방식의 소통이 매우 중요한 위치를 차지하게 되었기 때문이다.

두세 사람이 카페에 모여 가벼운 대화를 나누는 상황, 과제를 해결하기 위해 소수의 사람이 회의실에 모여 마주 앉아 협의하는 상황, 혹은 교실에서 학생들이 선생님의 강의를 듣는 상황 등은 모두 면대면 소통에 해당된다. 이때 이루어지는 주된 언어 활동은 듣기와 말하기이고 주로 동원되는 언어는 음성언어이지만, 대화 참여자들의 표정이나 몸짓, 공간 속의 위치 등 비언어적 표현들도 의미를 주고받는 데 중요한 역할을 한다. 유튜브 채널을 통해 미리 녹화된 동영상 혹은 실시간 방송을 통해 강의를 들으며 채팅창을 통해 질문과 대답, 반응을 주고받는 상황에서 이용자는 듣기, 보기, 읽기, 쓰기 활동을 하며, 강사는 준비된 자료를 보며 말하기 활동을 주로 하게 된다. 그리고 동영상을 제작하고 전송하며 채팅창에서 답을 하는 역할은 강사가 직접 할 수도 있지만 기술을 지원하는 제작자들이나 진행자들의 도움을 받기도 한다. 이렇게 보면 소통 방식은 면대면 방식과 같이 매체를 통하지 않고 이루어지는 방식과 매체를 경유해 이루어지는 방식의 두 가지로 나누어 볼 수 있음을 알게 된다. 이는 〈표 1〉을 통해 살펴볼 수 있다.

표 1 미디어가 개입되지 않은 소통과 미디어가 개입된 소통(오미영·정인숙, 2005: 66에서 수정)

송수신자 → 메시지 → 송수신자 (텍스트) ←　　←	송수신자 → 메시지 → 미디어 → 송수신자 (텍스트) ←　　←　　←
미디어가 개입되지 않은 소통	미디어가 개입된 소통

그런데 면대면 소통 상황에서도 만약 그 자리에 참석하지 못한 사람들을 위해 카메라로 촬영하거나 녹음기로 녹음하게 되면 동영상 파일이나 음성 파일로 저장되어 인터넷이나 휴대전화 등의 매체를 통해 쉽게 전달하고 볼 수 있는 매체 텍스트로 바뀌게 된다. 이러한 상황에서도 다양한 매체가 사용되는 경우가 많아진 것이다. 대화하면서 스마트폰으로 검색을 하기도 하고, 협의하는 상황에서 결정된 사항을 정리하기 위해 노트북 컴퓨터로 기록하기도 하며, 강의를 듣는 상황에서 태블릿에 필기를 하기도 한다. 음성을 문자로 받아 적거나, 문자를 음성으로 읽어 주고, 화면을 확대하는 등 다양한 기술의 도움을 받아 소통하기도 한다. 이런 점까지 고려할 때 일상생활은 물론 공부와 일을 하는 여러 상황에서 매체와 상관없이 이루어지는 의사소통은 찾아보기 어려울 정도이다. 국어 교육에서 매체에 관심을 갖는 이유는

무엇보다도 의사소통에 매체가 밀접히 관련되어 있기 때문이다.

2) 매체를 통해 구성되는 의미의 비판적 이해

국어 교육에서 매체에 대해 다루는 또 다른 이유는 다양한 매체를 통해 전달되는 정보와 그에 대한 반응을 제대로 이해하며 비판적으로 매체를 수용할 필요가 있기 때문이다. 신문, 방송, 인터넷, 소셜 미디어 등의 다양한 매체는 동일한 내용을 불특정 다수에게 동시에 대량 전달할 수 있는 기술 수단으로, 정보 전달과 사회적 여론 형성에 큰 영향력을 발휘한다. 가장 순수한 의미의 매체는 의사소통 주체의 메시지를 그대로 옮기는 자 또는 원 정보원의 순수한 대리인이라 할 수 있다. 그러나 실제 세계에서는 보도, 논평, 해설의 형식으로 전달하는 내용에 매체 자체의 의식을 투입하는 존재이다(윤석민, 2007: 35). 매체는 우리가 살아가는 세상에서 일어나는 수많은 일들 가운데 왜 특정한 사건과 쟁점들에 관심을 기울여야 하는지, 그것을 왜 특정한 시각에서 바라보아야 하는지에 대해 끊임없이 알려 주고 설득하려 하는 이야기꾼이다(Weimann, 2000; 2003).

매체는 세상을 보는 투명한 창이 아니라 선택적 관점을 제공하는 '중재자(mediator)'로, 객관적이고 중립적인 사실이 아니라 생산자에 의해 걸러진 정보를 특정한 관점으로 구성하여 수용자에게 전달한다. 다양한 매체는 현실에 존재하는 대상을 특정한 관점으로 다시 나타내 보여 준다. 이를 '재현(representation)'이라고 한다. 역사적으로 많은 인종, 민족, 성별, 장애, 직업을 가진 사람들이 실제 현실에 비해 매체에서의 비중이나 의미가 축소되거나 이야기의 중심이 아니라 주변부 인물에 그치는 방식으로 나타나고, 사회의 고정관념 혹은 편견을 반영하는 방식으로 재현되는 문제가 있었다. 재현은 특정한 집단의 사람들에 대한 인식의 측면에서 미디어 수용자와 사회에 부정적 영향을 끼칠 수 있기 때문에, 이에 대한 비판적 분석과 사회 정의의 관점에서 이를 바로잡으려는 실천이 필요하다.

또한 매체에는 의제 설정(agenda setting) 기능이 있다. 의제 설정이란 매체가 사회의 다양한 사건들 중 특정한 사건에 주목하여 보도하고 그 의제의 속성들(attributes)을 특정한 방식으로 바라보도록 틀 짓기(framing)하여 제시함으로써 수용자 개인의 의견과 사회적, 정치적 여론에 영향을 미치는 현상을 뜻한다. 인터넷과 소셜 미디어가 발달한 현대 사회에는 전통적인 언론 매체인 신문과 방송이 제시한 의제나 프레임만이 사람들의 현실 인식에 영향을 미치는 것이 아니라, 온라인 댓글 등의 여론이 뉴스 생산에 영향을 미치기도 한다(김은미·양정애·임영호, 2012). 다양한 디지털 미디어의 참여자들이 뉴스와 정보를 서로 전달하고 논의하면서 '오정보(misinformation)'와 '허위 정보(disinformation)'가 진실된 정보와 뒤섞여 유통되는 '정보 공해' 현상이 생겨나고, 정보의 정확성이나 신뢰성을 따지지 않고 자신의 기존 신념을 확인해 주는 정보를 찾는 확증편향의 경향이 커지는 가운데, 소셜 미디어를 통해 허위 정보와 편향된 정보가 쉽게 확산되어 사회적, 정치적 양극화가 심해지는 문제도 생겨나고 있다.

인공지능 기술이 점차 발전하고 일상생활에서 널리 사용되기 시작하면서, 특정 핵심어와 주제를 기반으로 한 자동화된 뉴스가 생성되고, 인터넷과 소셜 미디어 이용자의 검색 기록, 좋아하는 게시물, 온라인 친구 관계 등을 분석해 이용자의 취향과 관심사에 맞는 정보를 제공하는 개인 맞춤형 정보 제공, 자동화된 챗봇 기술을 활용해 사람과 대화하는 방식의 상담과 정보 제공이 확산되고 있다. 그런데 인공지능이 사용하는 알고리즘과 데이터에는 인간 사회의 편향된 가치가 고스란히 반영된다. 또한 인공지능이 학습한 데이터의 품질에 따라 정보 환경이 어지럽혀지기도 한다. 기술적으로는 누구나 쉽게 문자, 음성, 이미지, 동영상 등으로 매체를 생산할 수 있는 도구가 계속해서 발전하고 있지만, 고품질의 정보와 데이터는 유료로 제공되기 때문에 사회·경제적 격차가 정보 격차로 심화되고 있다. 또한 이미지, 음성, 동영상 생성 기술이 점차 정교화되고 대중화되면서, 허구적 인물이나 사건과 실제 현실의 인물이나 사건을 구분하기가 점차 더 어려워지는 시대가 되었다.

허위 정보의 범람과 확증편향에 의한 정보 수용, 허구와 사실을 구분하기 어려운 정보 기술은 개인의 판단력과 의사결정 능력을 위협하고, 더 나아가 민주주의 사회를 위협할 수 있

쉬|어|가|기

가짜뉴스와 허위 정보

'가짜뉴스(fake news)'란 허위 정보를 고의적으로 유포하기 위해 작성된 뉴스를 말한다. 가짜뉴스는 경제적 혹은 정치적 이득을 얻기 위해 작성되고 발간되며, 수용자의 주목을 끌기 위해 선정적이고 과장되거나 거짓된 제목을 사용하는 경향이 있다. 사실과 다르다고 해서 모두가 가짜뉴스가 되는 것은 아니다. 좁은 의미의 가짜 뉴스란 겉으로는 '언론 보도'의 모습을 하고 있지만 누군가가 어떤 의도를 갖고 조작해서 교묘히 만들어 낸 속임수 뉴스를 일컫는 개념이나, 넓은 의미에서는 오보, 날조, 거짓 정보, 루머, 유언비어, 패러디, 풍자를 포함하는 포괄적인 용어이다. '허위 정보'는 사실과 다른 정보를 의도적으로 만들어 내거나 기존 정보를 왜곡해 전달하는 것을 가리키며, 가짜뉴스와 같은 의미로 사용되기도 하지만 뉴스뿐 아니라 SNS 등에서도 유포될 수 있다. 언론 보도의 형태가 아닌 허위 정보가 SNS의 개인 또는 단체 채팅방, 소셜 미디어, 유튜브 등을 통해 확산되면서 정보 환경을 어지럽히는 문제로 인해 매체에 대해 비판적으로 이해하고 활용하는 교육이 더욱 중요하게 부각되었다.

는 사회적 문제를 야기한다. 이에 따라 매체가 의사소통에서 하는 역할을 이해하고 매체 텍스트의 의미를 비판적으로 이해하고 판단하며 사회적으로 의미 있는 정보를 생산하고 전달하는 주도적이고 책임 있는 사회 구성원으로서의 역량을 갖추는 일이 매우 중요해졌다. 다양한 매체를 통해 전달되는 정보의 출처가 어디인지, 그 출처의 성격은 무엇이고 신뢰할 수 있는 것인지를 확인하고, 다른 출처에서 찾은 정보와 비교해 맥락과 내용을 이해하며, 서로 다른 시각과 의견을 참조하여 비판적으로 판단할 수 있는 주도성을 기르는 매체 교육의 중요성이 더욱 주목받고 있다.

2 매체란 무엇인가

1) 매체의 개념과 역사

사전적 의미에서 매체(media)는 '중재하는 수단, 도구 혹은 매개체'를 뜻하는 말이다. 넓은 의미의 매체는 사람들의 생각이나 정서, 그리고 다양한 정보와 지식을 전달하고 공유할 수 있도록 매개 역할을 하는 것 모두를 가리킨다. 이런 광의의 개념에서 보면 언어도 매체의 하나이다(오미영·정인숙, 2005). 그러나 오늘날의 매체는 이보다 좁은 의미로 쓰이는데, 시간과 공간의 제약을 넘어 수많은 사람들에게 도달하기 위한 목적으로 다양한 기술 수단을 사용해 메시지를 전달하는 소통 채널(communication channel)을 뜻한다.

매체의 역사는 인류의 발전과 긴밀하게 연결되어 왔다. 초기에는 원시적이고 간단한 표현을 하다가 고대에는 동굴 벽화, 토템, 글자의 발명이 이루어졌다. 이후 종이의 발명과 인쇄 기술의 등장으로 시간과 공간의 제약을 벗어나 매체가 확산되고 정보 전달이 이루어지는 혁신적 발전이 생겨났다. 인쇄된 책, 신문, 잡지 등 다양한 매체가 등장하면서 사람들이 정보에 접근하고 소통하는 방식에도 큰 변화가 일어났다. 20세기에는 전자 기술의 발전으로 매체의 형태가 더욱 다양해지고 복잡해졌다. 라디오와 영화, 텔레비전의 등장으로 인해 사람들이 시각과 청각 정보를 동시에 전달받을 수 있는 새로운 매체 환경이 만들어졌다. 이러한 변화로 인해 전 세계적인 정보 전달이 가능해지고 대중문화가 확산되었다.

인터넷의 등장은 정보 전달의 속도와 범위를 크게 확장하였고, 개인이 콘텐츠를 생성하고 공유하는 소셜 미디어의 시대를 이끌었다. 과거에는 책과 신문을 종이에 인쇄된 인쇄매체로 읽었지만, 현재는 종이책뿐 아니라 전자책 단말기나 태블릿, 스마트폰 등 다양한 기기로 인터넷에 접속해서 책을 볼 수 있게 되었고, 디지털 기기를 통한 읽기는 점차 더 확대되고 있다. 스마트폰이 대중적으로 사용되면서 종이책으로 넘기며 보던 만화와는 달리 스마트폰에서 손가락으로 스크롤하며 볼 수 있는 웹툰이 생겨났고 그 문화적 영향력도 매우 커졌다. 종이로 인쇄된 신문을 집으로 배달해 보거나 집에서 텔레비전으로 뉴스를 보는 사람은 현저히 줄어들고, 네이버와 같은 포털, 유튜브 채널, 소셜 미디어와 SNS로 뉴스를 보는 것이 일반화되었다. 스마트폰의 작은 화면에서 보기 편리한 카드 뉴스, 숏폼 동영상, 이미지 위주의 소셜 미디어들이 생겨났는데, 이러한 새로운 매체는 기존의 뉴스 형식이나 소통 방식보다도 주목받고 있다.

인공지능 시대에 들어서면서 매체 환경은 또다시 급격한 변화를 겪고 있다. 인공지능 기술의 발전은 미디어 콘텐츠의 생성, 추천, 분석 및 개인화에 혁신적인 영향을 미치고 있다. 인공지능 알고리즘은 대량의 데이터를 분석해 이용자의 취향과 관심사에 맞는 콘텐츠를 추천해 주거나, 기존의 콘텐츠를 자동으로 생성, 수정, 번역하는 데 사용되고 있다. 인공지능 기자와 뉴스 콘텐츠의 자동 생성이 가능해지면서 기존의 매체 산업에도 큰 변화가 일어나고 있다. 또 대량의 데이터를 학습한 인공지능 챗봇의 등장으로 인해 일상생활과 업무 및 학습과 연구에서 정보 검색과 자료 생성은 물론 인공지능을 바탕으로 한 상담에 이르기까지 인간과 인공지능이 공존하고 협업하는 새로운 시대가 열리고 있다. 이러한 환경은 인간의 편의를 위해 사용될 수도 있지만, 정보의 질과 신뢰성, 허구와 사실과 진실의 경계, 개인정보 보호, 저작권 등에서 쉽게 해결하기 어려운 도전 과제를 제기하고 있다. 따라서 매체에 대한 올바른 이해와 정보에 대한 판단과 이용 능력이 더욱 중요하게 되었다.

2) 매체의 다층적 층위

매체는 거듭 발전하면서 우리의 삶 속 어디에나 있지만 한 가지만으로는 정의하기 어려운 복합적인 개념이 되었다. 예를 들어, 매체는 스마트폰이나 태블릿과 같은 디지털 기기를 가리키기도 하고, 동영상, 웹툰, 뉴스, 게임 등의 콘텐츠를 뜻하기도 하며, 인터넷, 소셜 미디어, 넷플릭스나 티빙 등과 같은 OTT 플랫폼을 말하기도 한다. 벨기에의 학자 쿠르토이(Courtois), 베르더겜(Verdegem)과 드 마레즈(De Marez)의 논문인 「시청각 미디어 소비에 있어 미디어 기술의 세 가지 접합 지점」(2012)에서는 이와 같이 다양한 층위를 가진 매체의 개념을 수용자와의 관계 속에서 이해하기 위해 '객체(object)', '텍스트(text)', '맥락(context)'으로서의 매체 개념을 제시하였다. 소통을 매개하는 기기와 도구로서의 객체, 매체 생산자가 수용자에게 메시지를 표현해 전달하는 텍스트, 객체와 텍스트가 사람들에 의해 사용되는 상황 맥락과 사회·문화적 맥락의 세 가지 층위가 그것이다.

첫째, 매체는 사람들이 텍스트나 내용물에 접근하기 위해 작동하는 객체, 즉 기기나 장치를 뜻한다. 스마트폰, 태블릿, 노트북 컴퓨터, 스마트 TV, 게임 콘솔, 인공지능 스피커 등을 매체라고 부르는 것은 이런 뜻에서이다. 둘째, 매체는 사진, 만화, 웹툰, 동영상, 애니메이션, 드라마, 영화, 뉴스, 다큐멘터리, 문자 메시지, 게임 등 고유의 의미 전달 관습과 문화를 지닌 구체적인 텍스트로 존재한다. 셋째, 매체는 객체가 텍스트와 결합해 소비되는 사회적 공간의 맥락(sociospatial context)이다. 예를 들어, 뉴스(텍스트)는 스마트폰(객체)을 통해 버스나 지하철 안에서(맥락) 이동 중에 혼자 보는 방식으로 소비될 수 있지만, 텔레비전(객체)을 통해 거실에서(맥락) 가족이나 친구들과 함께 보고 이야기를 나누는 방식으로 소비될 수도 있다. 또한 소셜 미디어에서(맥락) 수많은 사람들이 링크를 제공하고 '좋아요'를 누르고, 퍼 나르고, 댓글을 달며 소통하는 방식으로 소비될 수도 있다. 이러한 맥락은 실재 세계와 온라인 공간을 아우르는 특정한 사회적 공간 속에서 만들어지며, 보다 거시적인 역사적, 사회적 맥락 속에 존재한다.

이렇게 다층적인 개념으로 매체를 바라보는 것이 중요한 이유는 매체의 역사적 변화와 매체 이용의 사회적 맥락을 이해하는 것이 중요하기 때문이다. 20세기의 상당 기간 동안 매체는 신문, 라디오, 텔레비전, 광고, 영화 등의 '대중매체(mass media)'를 뜻하는 말이었다. 그러나 모바일 기기의 사용이 확대되고 인터넷을 통해 사람들이 원하는 시간과 장소에서 정보를 이용할 수 있게 되면서 대중매체의 힘이 약화되기 시작하였다. 또한 개인의 삶과 사회적 관계가 소셜 미디어에서 어떻게 재현되는가가 더욱 중요해지면서, 현실의 자아만큼이나 가상현실의 아이디와 아바타, 그리고 온라인 공간에서의 관계와 행동이 중요해지는 '미디어화(mediatization)' 현상이 생겨났고, 매체 자체가 실재인 세상이 되었다(김용찬, 2020). 새로운 '객체(도구)'로서의 매체들이 지속적으로 생겨나면서, 그것에 담기기에 적합한 새로운 형식의 '텍스트'와 이를 이용하는 '맥락'도 계속해서 변화하고 있다. 매체라는 용어를 접하거나 사용할 때에는 이 중 어떤 층위의 개념으로 사용된 것인지를 따져 보면서 매체 현상에 대해 역동적으로 이해할 필요가 있다.

3 미디어 교육과 미디어 문해력이란 무엇인가

1) 미디어 교육과 미디어 문해력 교육의 개념

'매체 교육(media education)' 혹은 '미디어 교육'은 매체(미디어)에 대해 가르치고 배우는 과정으로, "모든 종류의 미디어에 비판적으로, 효과적으로, 책임감 있게 접근하고, 사용하고, 이해하고, 참여하는 능력"이다(MediaSmarts, 2022). '미디어 문해력'은 미디어 교육의 결과물로서 학습자들이 얻는 지식과 역량을 의미한다(Buckingham, 2004). 이는 사회 구성원의 필수 역량으로, 지속적으로 변화하는 디지털 미디어 환경의 맥락에서 고정된 개념이 아니라 유동적이고 진화하고 있다. 디지털 미디어 환경이 보편화됨에 따라 '미디어 교육'이라는 용어가 '미디어 리터러시 교육'이나 '미디어(매체) 문해 교육'과 혼용되거나 이를 대체하여 사용되는 경우가 많은데, '미디어 리터러시'는 '미디어(매체) 문해력' 또는 '미디어(매체) 문식성'으로 번역되어 사용되기도 한다. '디지털 미디어 리터러시', '디지털 미디어 문해 교육', '디지털 시민교육', '디지털 시민성 교육' 등의 용어도 디지털 환경의 매체 교육과 밀접하게 관련된다(정현선·장은주, 2022).

디지털 미디어 이전의 기존 미디어는 전문적인 미디어 조직에서 복잡한 제작 장비와 기술을 바탕으로 생산할 수 있었으나, 모든 것이 연결되는 디지털 미디어 환경에서는 전문적인 미디어 조직에 소속되지 않고 제작 기술이 뛰어나지 않은 개인들도 쉽게 미디어를 제작하고 복제하여 다른 사람들에게 전달할 수 있게 되었다. 이러한 디지털 미디어의 특성을 고려한 미디어 리터러시 교육의 필요성이 제기되면서 '디지털 미디어 리터러시' 또는 '디지털 미디어 문해력'이라는 용어 사용도 점차 확산되고 있다. 매체의 다층성으로 인해 매체 교육은 사회, 도덕, 미술, 영어, 실과, 기술·가정, 정보 등 다양한 교과에서 교과의 목표와 내용에 따라 두루 다룬다. 따라서 다른 교과나 학문 분야에서 사용되는 용어에 대해서도 알아 둘 필요가 있다.

미디어 문해력 교육 관련 주요 학술단체인 전미미디어리터러시교육협회(NAMLE: National Association for Media Literacy Education, 2007)에서는 미디어 문해력 교육의 핵심 원리를 다음과 같이 제시하였다.

- 미디어 문해력 교육은 우리가 소통하는 메시지에 대한 적극적 탐구와 비판적 사고를 필요로 한다.
- 미디어 문해력 교육은 문해력, 즉 읽기와 쓰기의 개념을 모든 형태의 미디어로 확장한다.
- 미디어 문해력 교육은 모든 연령대의 학습자를 위한 기능을 구축하고 강화한다. 문해력의 기능은 통합, 상호작용, 반복 등의 연습이 필요하다.
- 미디어 문해력 교육은 민주주의 사회의 시민을 기르기 위해 풍부한 정보를 바탕으로 성찰적이고 참여하는 활동을 촉진한다.
- 미디어 문해력 교육은 미디어가 문화의 일부이며 사회화의 동인으로 기능한다는 점을 인식하게 한다.
- 미디어 문해력 교육은 사람들이 미디어 메시지에서 자신만의 의미를 구성하기 위해 개인의 기능, 신념, 경험을 사용하도록 촉진한다.

미디어 문해력은 유네스코, OECD, 유럽연합 등의 국제기구에서도 미디어 메시지를 소비하고 생산하는 학습 과정에 학생들이 능동적으로 참여하도록 하기 위해 길러야 할 핵심역량으로 제시하고 있다. 유럽연합에서 제시한 핵심역량으로서 미디어 문해력의 하위 요소와 내용은 다음과 같다(McDougall, Zesulkova, van Driel & Sternadel, 2018).

- 접근(access): 미디어를 능숙하게 찾고 사용하고 다른 사람과 적절하고 가치 있는 정보를 공유하는 기능(데이터, 정보, 디지털 콘텐츠의 탐색, 검색, 필터링과 관리 포함)
- 분석 및 평가(analysis & evaluation): 메시지를 이해하고 비판적 사고를 통해 잠재적인 영향 또는 결과를 고려하면서 질(quality), 진실성, 신뢰성 및 관점을 분석하는 능력
- 생산(creation): 목적, 청중 및 의미 구성 기술을 고려하여 미디어 콘텐츠를 제작하고 자신 있게 자신을 표현할 수 있는 능력
- 성찰(reflection): 사회적 책임과 윤리적 원칙을 자신의 정체성, 소통 및 행동에 적용하고 미디어 생활에 대한 인식을 개발하고 관리하는 능력
- 행동/주도성(action/agency): 민주주의 사회에서 정치적인 주도성을 가진 주체가 되기 위해 미디어를 통해 시민권을 행사하고 관여할 수 있는 능력

2) 미디어 문해력 교육의 핵심 개념

매체 교육은 다양한 유형의 매체 하나하나의 특성을 이해하는 데서 출발하기보다는 모든 매체를 이해하는 데 가장 중요한 '핵심 개념(key concepts)'에 대한 이해와 적용을 중심으로 이루어진다. 매체 교육의 핵심 개념은 전 세계의 다양한 교육자, 학자, 전문 단체들에 따라 다소 차이가 있으나, '생산자(제작자)', '수용자(이용자)', '재현', '언어(형식)', '기술(도구)' 등에 대한 이해를 포함한다. 세계적인 미디어 교육 전문 단체 가운데 하나인 캐나다의 '미디어스마트

(MediaSmarts)'에서는 디지털 기술과 인공지능의 발전 등 최신 디지털 미디어 환경의 변화를 반영하여 학생들이 이해하고 적용해야 할 디지털 미디어 문해력의 핵심 개념을 열 가지로 제시하고, 핵심 개념을 이해하고 적용하기 위해 교실에서 학생들과 함께 탐구할 수 있는 핵심 질문을 제시하였다(MediaSmarts, 2022).

이 중 첫 번째에서 네 번째까지의 핵심 개념은 미디어의 유형과 상관없이 모든 형태의 미디어에 동일하게 적용된다. 그리고 여섯 번째에서 아홉 번째까지의 핵심 개념은 디지털로 된 모든 미디어에 동일하게 적용된다. 다섯 번째와 열 번째 핵심 개념은 특정한 미디어 유형에 따른 고유한 메시지 표현 방식의 특성을 이해하고, 특정한 디지털 미디어 도구가 지닌 행동유도성과 기본값을 이해하는 데 초점을 둔다. 디지털 미디어 이전의 미디어 교육은 첫 번째에서 다섯 번째까지의 핵심 개념을 중심으로 이루어졌다. 그러나 디지털 미디어로 인해 온라인 상황에서의 사회적 갈등, 개인정보 보호의 문제 등이 중요하게 부각되기 시작하면서, 디지털 미디어의 특성을 반영한 핵심 개념에 대한 이해와 적용이 디지털 미디어 문해력에서 중요하게 제기되어 나머지 다섯 가지 핵심 개념이 추가되었다. 그 내용은 다음과 같다.

(1) 미디어는 구성된 것이다

미디어는 세상을 여과 없이 보여 주는 창문과 같은 존재가 아니라 누군가가 의도를 갖고 구성한 것이다. 미디어는 우리의 주의를 끌기 위해 선택한 틀이며, 무엇을 선택하고 배제할 것인지를 결정한 사람들에 의해 생산된 것이다. 미디어의 의미는 가치 중립적이 아니라 편향성을 지닌다. 가장 객관적인 방식으로 세상을 보여 줄 것이라 생각되는 기자나 다큐멘터리 영화감독이라 하더라도, 어떤 점을 부각해야 할지, 카메라를 어디에 비추어야 할지, 촬영된 동영상에서 무엇을 남기고 무엇을 버려서 편집해야 할지 등에 대해 결정을 내린다. 따라서 미디어 텍스트를 만든 사람이 누구인지, 어떤 의도가 있었는지, 텍스트의 표현에서 어떤 선택을 하였는지 등의 질문을 하면서 텍스트의 의미를 분석하고 해석하는 것이 중요하다.

(2) 미디어는 상업적 함의를 갖는다

대부분의 미디어를 제작하는 데는 큰 비용이 들기 때문에 수익을 창출해야 하며, 미디어 산업은 콘텐츠와 유통에 영향력을 행사하는 강력한 기업의 연결망에 속해 있으면서 개인이 미디어에서 보고, 읽고, 듣는 것을 통제한다. 뉴스를 제작하는 신문사나 방송사도 수익을 내야 하는 기업이기 때문에 뉴스 제작은 신문사, 방송사 혹은 유튜브 채널을 소유한 사람들의 견해와 광고주 등의 이해관계에 영향을 받을 수 있다.

(3) 미디어는 사회적이고 정치적인 함의를 갖는다

미디어는 사회적 가치, 권력, 권위에 대한 이념적 메시지를 전달하고, 미디어가 보여 주는 사람과 보여 주지 않는 사람을 결정해 이에 대한 사람들의 신념과 행동에 간접적인 영향을 미치는 경우가 많다. 유명인이나 그 사람들과 관련된 물건들이 미디어에서 긍정적 혹은 부정적인 시각으로 제시됨으로써 특정한 이념적 메시지가 전달될 수 있다. 또한 미디어는 어떤 집단의 사람들은 보여 주고 어떤 집단의 사람들은 잘 보여 주지 않을지를 결정함으로써 이에 대한 사람들의 신념과 행동에 간접적인 영향을 미친다. 선거 기간의 뉴스와 광고는 후보자들의 이미지와 사회적 쟁점을 재현하는 데 영향을 미치며 제작자가 의도하지 않은 함의를 지닐 수 있기 때문에 법을 통해 규제하게 된다. 사회적 약자와 소수자들의 목소리가 미디어를 통해 더 잘 들릴 수 있도록 심의하고 지원하는 제도를 마련하는 이유도 이 때문이다.

(4) 미디어 수용자는 의미를 교섭한다

미디어 수용자는 제작자가 의도한 의미를 그대로 받아들이는 것이 아니라 자신의 개인적, 사회적 경험 등을 바탕으로 의미를 교섭한다. 미디어 콘텐츠의 의미는 제작자에 의해서만 만들어지는 것이 아니라, 제작자와 수용자가 함께 만드는 것이다. 다양한 수용자는 동일한 텍스트를 다른 의미로 이해할 수 있으며, 미디어가 중립적인 것이 아닌 것처럼 수용자가 의미를 읽는 방식 또한 중립적인 것이 아니라 가치 편향적이다. 예를 들어, 같은 광고, 소셜 미디어의 포스트, 유튜브 동영상이라 하더라도 수용자의 나이, 젠더, 인종, 사회적 지위 등에 따라 의미의 해석이 달라질 수 있으며 제작자가 의도한 메시지가 수용자에게 받아들여지지 않을 수 있다. 이는 문학 작품이나 글에 대한 독자의 해석이 작가나 저자의 의도대로 이루어지지 않을 수 있고, 독자의 경험과 사회적 위치 등에 따라 다른 의미로 읽힐 수 있는 것과 마찬가지이다.

(5) 각각의 미디어는 고유의 심미적 형식을 갖는다

각 매체에는 독특한 기술적, 상업적, 스토리텔링 방식 등의 특징, 즉 매체 생산자가 수용자의 주의를 끌기 위해 사용하는 '주목의 법칙(rules of notice)'이 있다. 예를 들어, 영상에서는 '컷'과 '클로즈업' 등을 사용한다. 또 영상에서는 음악과 카메라 각도를 사용해 수용자의 경험에 영향을 주려고 한다. 비디오 게임은 이용자와 미디어 간의 상호작용을 특징으로 하며, 이에 따라 영화나 텔레비전의 스토리텔링과는 다른 방식으로 이야기를 전개한다. 미디어 텍스트의 의미를 이해하고 구성하기 위해서는 자신이 다루는 미디어가 사용하는 '언어'를 학습할 필요가 있다.

(6) 디지털 미디어는 네트워크로 연결되어 있다

기존 미디어에서는 미디어 콘텐츠의 전달이 일방향적이었고 수용자에게 전달되면 그것으로 끝났으나, 디지털 미디어에서는 수용자가 유통 체인의 끝이 아니라 무한 네트워크의 노드일 뿐이다. 디지털 미디어 콘텐츠는 그 제작자나 유통하는 사람이 수용자에게 전달한 것과 같은 방식으로 누구나 그것을 다른 사람에게 전달할 수 있다. 따라서 디지털 미디어의 수용자는 비록 자신이 전달하는 텍스트의 생산자가 아니라 하더라도, 미디어를 공유할 때에는 그것의 생산자나 유통자와 마찬가지로 해당 정보의 신뢰성을 확인하고 출처의 편향성과 관점 등을 고려해야 한다. 또한 자신이 사용하는 디지털 미디어의 네트워크가 다른 이용자들과 상호작용하는 데 어떤 영향을 미치는지, 어떤 정보에 접근할 수 있도록 하는지, 해당 네트워크를 통제하는 사람들은 누구인지 등에 대해 알고 미디어를 이용해야 한다.

(7) 디지털 미디어는 공유될 수 있고 일단 공유되면 사라지지 않고 남는다

기존 미디어와 달리 디지털 미디어에서는 누군가에 의해 한 번 공유된 콘텐츠가 플랫폼의 서버 등 어딘가에 저장되어 검색 가능한 목록이 되고, 이것이 헐값에 복제되어 다른 사람들에게 공유될 수 있다. 이 때문에 최근에 만들어진 콘텐츠들과 과거에 제작된 콘텐츠들이 뒤섞여 공유되기도 하고, 과거에 만든 콘텐츠에 대한 반응을 한참 나중에 받게 되기도 한다. 이로 인해 디지털 환경의 글쓰기에서는 글을 다 쓰고 난 후 맨 마지막에 '출판하기'를 고려하는 것이 아니라, 처음부터 어떤 환경에서 어떤 형태로 누구를 대상으로 공유할 것인가를 고려해 글을 쓸 필요가 있으며, 신중하고 책임감 있는 태도가 필요하다.

(8) 디지털 미디어는 예상하지 못한 수용자를 갖는다

디지털 미디어에서는 일단 콘텐츠가 공유되고 나면 콘텐츠의 생산자와 유통하는 사람들이 가진 통제의 힘이 이전의 미디어에 비해 현격히 줄어든다. 디지털 미디어는 네트워크로 연결되어 있기 때문에 온라인에 공유한 콘텐츠는 자신이 의도하지 않았거나 그것을 볼 것이라고 예상하지 못한 수용자가 볼 수 있다. 또한 다양한 디지털 플랫폼에서 개인 맞춤형 정보를 제공하기 위해 사용하는 추천 알고리즘은 우리가 원하지 않거나 추천받을 것으로 예상하지 못하였던 콘텐츠를 우리에게 전달할 수 있는데, 여기에는 허위 정보나 혐오 발언이 포함될 수도 있다. 추천 알고리즘이 이용자의 기존 정보 이용 방식을 바탕으로 구성됨으로써, 어떤 정보를 볼 수 있는가 혹은 볼 수 없는가에 따라 사람들이 갖게 될 직업을 포함한 기회와 소득은 물론 사회와 자유에도 영향을 미칠 수 있다. 따라서 정보의 유통과 수용에 영향을 미치는 알고리즘 등 기술적 측면에도 관심을 갖고 자신에게 필요한 다양한 고품질의 정보를 이용할 수 있도록 정보 이용 환경을 설정하는 능력과 태도가 필요하다.

(9) 디지털 미디어를 통한 온라인 상호작용은 실제적인 영향을 미친다

온라인에서 우리가 하는 행동은 다른 사람들에게 실제적인 영향을 미칠 수 있다. 그러나 온라인에서 의사소통을 할 때에는 나의 몸, 목소리나 표정 등의 단서가 눈에 보이지 않는 경우가 대부분이어서 마치 자신이 그 자리에 존재하지 않는 것처럼 느껴지기도 한다. 그리고 이로 인해 우리가 온라인에서 하는 행동이 실제적인 결과를 가져올 수 있다는 사실을 잊어버리게 된다. 온라인에서 행동할 때에도 오프라인에서와 마찬가지로 규범과 가치를 지키며 사람들과 관여하는 시민이 되도록 해야 한다.

(10) 디지털 미디어 경험은 우리가 사용하는 도구에 의해 형성된다

디지털 미디어의 형식은 미디어의 의미와 메시지에만 영향을 미치는 것이 아니라, 우리가 텍스트를 읽고 경험하는 방식에 영향을 미친다. 디지털 미디어의 형식에는 인터페이스로부터 콘텐츠를 우리에게 전달하는 알고리즘까지 모두 포함된다. 디지털 미디어의 형식은 이용자가 도구를 사용해서 할 수 있는 행동을 뜻하는 '행동유도성(affordances)', 그리고 도구를 사용해 쉽게 할 수 있는 행동의 기대치를 뜻하는 '기본값(defaults)'을 결정한다. 해당 미디어 도구가 이용자에게 의사소통과 관련하여 어떤 행동을 하도록 요청하고, 요구하고, 장려하고, 혹은 못 하게 하고, 거부하고 허용하는지에 대해 이해하면 미디어 도구에 휘둘리지 않고 의사소통의 목적에 따라 적절한 미디어를 선택해 효과적으로 활용할 수 있다.

각 핵심 개념을 이해하기 위해 학생들과 함께 탐구할 수 있는 핵심 질문의 예시는 다음과 같다.

표 2 디지털 미디어 문해력의 핵심 개념과 핵심 질문(MediaSmarts, 2022)

	핵심 개념	핵심 질문
1	미디어는 구성된 것이다.	• 이 미디어 텍스트는 누가 만들었나요? • 그 목적은 무엇인가요? • 텍스트에 반영된 생산자의 가정이나 신념은 무엇인가요? • 텍스트를 제작할 때 생산자는 어떤 선택을 하였나요? • 어떤 조건이 생산자의 선택을 제한하였을까요?
2	미디어는 상업적 함의를 갖는다.	• 이 미디어 텍스트는 누군가가 돈을 버는 데 어떻게 도움이 되나요? • 이 미디어 텍스트의 상업적 목적이 콘텐츠와 전달 방식에 어떤 영향을 미쳤을까요? • 제작 비용에 대한 고려 사항이 작품 제작 방식(캐스팅, 특수 효과, 코딩 등)에 어떤 영향을 미쳤을까요?
3	미디어는 사회적이고 정치적인 함의를 갖는다.	• 누구 또는 무엇이 긍정적인 혹은 부정적인 시각으로 제시되고 있나요? • 이 사람이나 대상은 왜 이런 식으로 보일 수 있나요? • 어떤 사람 혹은 어떤 대상이 미디어에 등장하지 않나요? 어떤 사람들의 목소리, 관점, 경험이 이 미디어에서 누락되어 있나요? • 이 내용을 바탕으로 수용자가 어떤 결론을 내릴 수 있나요? • 의도된 수용자의 견해는 어떤 것일까요? 이러한 견해가 미디어에 어떤 영향을 미칠 수 있을까요?
4	미디어 수용자는 의미를 교섭한다.	• 사람마다 미디어를 어떻게 다르게 볼 수 있을까요? • 미디어 콘텐츠에 묘사된 인물과 자신이 얼마나 비슷하거나 다르다고 생각하나요? 이에 따라 어떤 기분을 느끼나요? • 미디어 제작자가 생각한 의도된 수용자에 대한 인식은 무엇이고, 그것이 어떤 영향을 미쳤을까요? • 이 콘텐츠의 의미를 어떻게 다르게 읽을 수 있을까요? • 이 콘텐츠의 미디어나 장르가 '이 텍스트에 저항하며 읽기'를 쉽게 하거나 어렵게 하는 데 어떤 영향을 미치나요?
5	각각의 미디어는 고유의 심미적 형식을 갖는다.	• 미디어 콘텐츠에서 수용자의 주의를 끌고 메시지를 전달하기 위해 어떤 기법을 사용하였나요? • 미디어 콘텐츠의 이미지는 다양한 기법(예: 조명, 메이크업, 카메라 각도, 사진 수정)을 통해 어떤 방식으로 만들어졌나요? • 해당 주제와 관련하여 이 미디어의 장르(예: 인쇄 광고, 텔레비전 드라마, 리액션 비디오, 인스타그램 스토리)를 통해 무엇을 기대하고 있나요?
6	디지털 미디어는 네트워크로 연결되어 있다.	• 내가 하려는 작업은 디지털 미디어의 네트워크에서 어디에 위치하나요? 내가 사용할 수 있는 네트워크 도구는 무엇인가요? • 이 네트워크의 노드 간에 전달되는 내용은 누가 제어할 수 있나요? 누가 영향력을 행사하나요? • 이 네트워크를 통해 어떤 정보에 쉽게 접근할 수 있나요? 어떤 정보가 접근하기 어려운가요? • 이 메시지를 통해 나는 네트워크에 있는 다른 이용자들과 어떻게 상호작용할 것으로 예상되나요? • 예상되는 상호작용이 메시지의 제작 방식에 어떤 영향을 미칠 수 있나요?
7	디지털 미디어는 공유될 수 있고 일단 공유되면 사라지지 않고 남는다.	• 이 콘텐츠를 어떻게 접하게 되었나요? 콘텐츠의 생산자와 서로 '친구'이기 때문인가요, 아니면 생산자를 '팔로우'하였기 때문인가요? 플랫폼의 추천 알고리즘이 콘텐츠가 전달되는 방식에 어떤 영향을 미쳤을까요? • 이 메시지를 공유하기 더 쉽거나 어렵게 만드는 요인은 무엇일까요? • 직접 제작한 콘텐츠라면 어떻게 공유하였나요? 이 콘텐츠를 만드는 데 공유 방법이 어떤 영향을 미쳤나요? • 이 콘텐츠는 널리 공유하기 위한 것인가요? 그렇다면 다른 사람들이 공유하는 것을 장려하기 위해 생산자는 어떤 일을 하였나요? 만약 아니라면 다른 사람들이 공유하거나 복제하는 것을 막기 위해 생산자가 어떤 조치를 취하였나요?
8	디지털 미디어는 예상하지 못한 수용자를 갖는다.	• 콘텐츠의 의도된 수용자는 누구인가요? 의도된 수용자가 콘텐츠의 생산에 어떤 영향을 미쳤나요? (예: 친구들이 볼 수 있도록 게시하는 사진과 부모님이 볼 수 있는 사진은 어떻게 다를까요?) • 콘텐츠가 의도한 수용자가 아닌 다른 수용자에게 보일 경우 어떻게 달리 해석될 수 있나요? • 여러분은 이 콘텐츠의 의도된 수용자였나요? 그렇다면 이 콘텐츠에 반응하는 방식에 어떤 영향을 미쳤나요? 아니라면 어떻게 이 콘텐츠를 접하게 되었나요?

		• 어떤 이용자 혹은 메시지가 화이트리스트(삭제, 등급 하향 또는 사실 확인 면제)에 포함되고, 어떤 이용자나 메시지는 블랙리스트에 포함될까요? • 추천 알고리즘을 사용한 결과 나에게 보이지 않는 콘텐츠는 무엇인가요? • 현재 또는 미래에 예상하지 못한 수용자가 이 콘텐츠를 보게 된다면 어떤 일이 발생할 수 있나요? • 콘텐츠 공유자로서 나에게는 어떤 책임이 있나요?
9	디지털 미디어를 통한 온라인 상호작용은 실제적인 영향을 미친다.	• 내가 참여하는 온라인 커뮤니티의 규범과 가치는 무엇인가요? 나는 그것에 동의하나요? 동의하지 않는다면 어떻게 해야 할까요? • 다양한 온라인 행동으로 인해 발생할 수 있는 도덕적, 윤리적 결과는 무엇인가요? • 온라인에서 상호작용하는 사람들에게 공감을 느껴야 한다는 것을 스스로에게 어떻게 상기시킬 수 있나요? • 온라인에서 갈등을 완화하기 위해 어떤 전략을 사용할 수 있나요? • 온라인과 오프라인 커뮤니티를 변화시키기 위해 네트워크 도구를 어떻게 사용할 수 있을까요?
10	디지털 미디어 경험은 우리가 사용하는 도구에 의해 형성된다.	• 콘텐츠를 제작하고 배포하는 데 어떤 도구를 사용하였나요? 지금 나는 어떤 도구를 사용하고 있나요? • 누가 이 도구를 만들었나요? 예상 이용자는 누구였나요? 그것이 이 도구의 설계에 어떤 영향을 미쳤나요? • 이 도구의 행동유도성은 무엇인가요? 기본값은 무엇인가요? 이러한 요소들이 어떻게 결합하여 특정한 행동을 제한하고, 유도하고, 가능하게 하나요? • 이 도구를 만든 사람이 예상하지 못한 용도로 사람들이 도구를 사용하였나요? • 이 도구의 사용 방식은 어떻게 바뀌었을까요?

쉬|어|가|기

'매체 교육', '미디어 교육', '미디어 리터러시 교육'

'매체 교육'과 관련하여 2022 개정 국어과 교육과정에서는 공통 과정의 영역 명칭과 선택과목 명칭에서 '매체'를 사용하였다. 그러나 사회과에서는 '미디어 리터러시'라는 용어를 사용하고 있고, 교육학, 언론정보학, 커뮤니케이션학 등 여러 학문 분야에서는 '미디어', '미디어 교육', '미디어 리터러시', '미디어 문해력', '미디어 문해 교육' 등의 용어가 두루 사용되고 있으며, 국어 교육 분야의 연구에서도 '매체'와 '미디어'를 혼용하고 있다. 매체 교육과 관련된 법령 및 정책 용어로는 「디지털 기반의 원격교육 활성화 기본법」(약칭: 「원격교육법」) 제10조의 "디지털 미디어 문해 교육", 여러 시도 교육청의 학교 미디어 교육 관련 조례에서 사용하는 '학교 미디어 교육', '학교 미디어 리터러시 교육' 등의 용어가 사용되고 있다. 「원격교육법」 제10조에서는 "학교 등의 장은 학생이 원격교육에 자기주도적으로 참여할 수 있도록 다음 각 호의 사항을 포함하는 디지털 미디어 문해 교육 등을 실시하여야 한다"라고 하고, "디지털 미디어에 대한 접근 및 활용 능력 향상, 디지털 미디어에 대한 이해 및 비판 능력 향상, 디지털 미디어를 통한 사회참여 능력 향상, 디지털 미디어를 통한 민주적 소통 능력 향상"을 제시하였다(정현선·장은주, 2021).

미디어 리터러시 교육을 위한 다양한 교재와 교사용 지도서

미디어 리터러시 교육은 학교 교육과정에 정식으로 편성되기 이전에도 방송, 언론, 인터넷 관련 정부 부처 및 공공 기관, 시·도 교육청에서 미래 역량 교육으로서 관심을 갖고 전문적인 교재와 교사용 지도서를 개발해 왔다. 교육부의 학교미디어교육포털 '미리네', 교육부 유아교육 현장지원자료포털 'i-누리'의 '미디어문해교육', 한국언론진흥재단의 미디어교육포털 '포미', 한국지능정보진흥원의 디지털시민교육포털 '아인세(아름다운 인터넷 세상)', 시청자미디어재단의 미디어교육강의실 '미디온' 등에서 학교급 및 주제별 미디어 교육, 미디어 리터러시, 뉴스 리터러시, 디지털 리터러시, 디지털 시민교육 자료를 검색해 내려받아 이용할 수 있다. 부산시교육청, 충남교육청, 인천시교육청 등에서도 미디어 리터러시 교육, 디지털 리터러시 교육에 관한 교수·학습 자료들을 발간해 보급하고 있다.

4 매체 교육에서는 어떤 내용을 지도할까

1) 복합양식 텍스트의 의미 이해와 표현

'복합양식 텍스트(multimodal text)'란 두 가지 이상의 양식을 결합한 텍스트로, 언어, 시각, 청각, 동작, 공간 등 다양한 기호 체계가 기술 도구와 결합해 의미를 만들어 내는 문화적 방식을 뜻하는 '양식(modes)'이 둘 이상 결합되어 정보를 전달하고 의미를 구성하는 텍스트를 가리킨다. 예를 들어, 웹사이트, 동영상, 만화, 웹툰, 광고, 그림책 등은 모두 텍스트, 이미지, 사운드, 애니메이션 등의 다양한 양식을 통해 정보를 제공한다. 사실상 현대의 모든 텍스트는 복합양식적 요소를 지니고 있거나 복합양식 텍스트가 될 수 있는 가능성을 지니고 있다(Kress, 2003).

'복합양식성(multimodality)'은 이렇게 다양한 양식을 이해하고 활용하여 의미를 이해하고 구성하는 능력을 뜻한다(정현선, 2014). 문자, 이미지, 사운드 등을 다양하게 활용해 정보를 해석하고 이를 효과적으로 결합하여 새로운 의미를 생성하고 표현하며, 상황 맥락과 목적에 적합한 기술 도구로 만들어 정보를 전달하는 능력도 포함한다. 그림책과 그림일기는 글과 그림을 통해 대상을 형상화하여 의미를 전달하는 표현 방법을 사용하는데, 글과 그림이 같은 맥락을 공유하면서도 표현하려는 대상에 대해 상보적인 관계를 갖기도 하고 서로 대립하는 의미를 전달하기도 한다. 따라서 글과 그림 중 하나만 해석해서는 의미의 많은 부분을 놓치게 된다. 초등학교 저학년 어린이들의 그림일기는 디지털 미디어를 사용하지 않고도 어린이들이 스스로 복합양식 텍스트를 생산할 수 있음을 보여 준다(옥현진·서수현, 2012).

기호 체계는 복합양식 텍스트에서 의미를 전달하거나 구성하기 위해 끌어오는 자원(resources)이다. 기호나 상징은 '코드(code)'라고 불리며, 어떤 행위를 하기 위해 통용되는 관습에 따라 사용된다. 코드와 관습은 특정한 사회적 그룹 내에서 공유되는 의미를 지니며, 문화적으로 결정된다. 예를 들어 특정한 색의 경우, 특정한 문화적 집단 내에서 사용되고 해석되는 방식이 다른 문화적 집단에서 사용되고 해석되는 방식과 다를 수 있다. 기호 체계는 대체로 언어, 시각, 청각, 동작, 공간의 다섯 가지로 구분된다(〈표 3〉).

복합양식 텍스트의 유형은 의사소통이 이루어지는 공간이 지면 기반인가, 디지털 공간인가, 혹은 면대면(라이브) 공간인가에 따라 구분할 수 있으며, 각 유형의 특성에 따라 기호 체

표 3 복합양식 텍스트에서 사용되는 다섯 가지 기호 체계(Bull & Anstey, 2000)

기호 체계	하위 요소
언어(linguistic)	단어, 장르 구조, 구어와 문어의 문법 등
시각(visual)	정지된 이미지 혹은 동영상의 색, 레이아웃, 스타일, 사이즈, 관점 등
청각(audio)	음악, 사운드 효과, 잡음, 침묵, 사람의 목소리 톤 피치, 사운드 크기, 강조, 액센트 등
동작(gestural)	표정, 손동작, 몸짓 언어, 속도, 정지 상태, 사람들 간의 상호작용 등
공간(spatial)	공간 내 요소들의 조직, 사람들과 사물들 사이의 물리적 근접성, 레이아웃 내의 위치 등

표 4 복합양식 텍스트의 유형과 사례(O'Brien, 2020)

매체 유형	복합양식 텍스트의 사례	기호 체계의 결합
지면 기반	만화책, 그래픽 노블, 그림책, 포스터, 리플릿, 잡지, 신문	언어, 시각
디지털	• 인터넷 기반: 소셜 미디어 게시물, 블로그 게시물, 브이로그, 온라인 게임, 전자책 • 오프라인: 영화, 애니메이션, 비디오 게임, 프레젠테이션 슬라이드	• 인터넷 기반: 주로 언어, 시각 • 오프라인: 언어, 시각, 몸짓, 청각
면대면(라이브)	연극, 오페라 공연, 음악 콘서트, 책 발간 행사, 시 낭독, 강연	언어, 몸짓, 공간, 청각(때로 시각 포함)

계들이 다양하게 결합하여 만들어진다. 그 사례는 〈표 4〉와 같다.

의사소통이 이루어지는 공간은 텍스트에서 다양한 기호 체계가 결합하는 방식에 영향을 미쳐 특정한 기호 체계가 사용되거나 사용될 수 없도록 한다. 웹사이트, 동영상, 소셜 미디어의 포스트, 디지털 게임 등의 미디어 텍스트는 모두 문자, 이미지, 음성, 음악, 애니메이션 등 다양한 소통 양식을 결합해 정보를 전달하고 의미를 생성하는 복합양식 텍스트에 해당한다. 각각의 양식은 그 자체의 의미도 생성하지만 다른 양식과의 관계를 통해 정보를 보완하고 강화하면서 함께 작용하여 추가적인 의미를 구성한다. 예를 들어, 이미지는 문자의 의미를 시각적으로 보완하거나 확장할 수 있고, 음악은 특정한 감정이나 분위기를 조성해 전체 메시지의 의미를 강화할 수 있다. 또한 음성은 텍스트의 의미를 해석하는 데 중요한 단서를 제공하는데, 이는 목소리의 톤이나 강세, 발음 등을 통해 이루어진다. 이러한 다양한 양식들의 의미를 정확하게 해석하고 이해하고 표현할 수 있는 능력은 디지털 미디어 텍스트가 전달하려는 전체 메시지를 비판적으로 이해하고 평가하며 효과적으로 자신의 메시지를 표현해 전달하는 데 중요한 역할을 한다.

복합양식 텍스트의 설계에 코드가 사용되는 방식을 더 잘 이해할수록 보다 효율적으로 텍

표 5 복합양식 텍스트에서 양식과 코드의 사용 사례(Bull & Anstey, 2000)

기호 체계	코드의 사례	현저성을 위한 코드 사용 사례	일관성을 위한 코드 사용 사례
언어	연결	'그리고'와 같은 긍정적 연결어의 사용은 추가적인 정보가 뒤따를 것임을 제시하는 반면, '그러나'와 같은 부정적 연결어의 사용은 대립되는 정보나 제한을 주는 정보가 뒤따를 것임을 제시한다. 연결어의 사용은 독자에게 뒤따르는 정보의 상대적 중요성 혹은 유형에 대해 알려 준다.	적절한 연결어를 연속적으로 사용하는 것은 주장을 뒷받침하는 정보가 연속적으로 전개되도록 한다.
시각	색	밝은 색은 대상에 대한 주의를 이끌어 낸다.	색을 반복적으로 사용하는 것은 이미지 안의 중요한 지점으로 수용자의 시선을 이끈다.
청각	잠깐 멈춤(pause)	연설 도중 잠깐 멈춤(갑작스런 침묵)은 청자들에게 무언가 중요한 내용이 뒤따를 것임을 지시한다.	연설 중의 정기적인 잠깐 멈춤은 청자의 이해를 돕기 위해 문단을 나누고 정보의 흐름을 통제하도록 한다.
동작	자세	만약 의사소통 참여자의 자세가 다른 참여자들과 완전히 다르다면, 그 사람에게 주의가 집중된다.	이야기의 중요한 부분에서 특정한 자세가 반복적으로 사용되는 것은 그 인물을 강화하는 효과가 있다.
공간	근접성(proximity)	만약 어떤 사물이나 사람들이 다른 사물이나 사람들의 앞에 있거나 뒤에 있으면, 중요도를 보여 준다.	어떤 인물이나 사물의 같은 위치가 계속해서 반복되어 사용되면, 그 사물이나 인물의 역할이 발전하거나 그에 대한 이해가 강화된다.

스트의 의미를 이해하고 표현할 수 있다. 〈표 5〉는 다양한 기호 체계에서 코드가 어떤 인물이나 대상에 주목하도록(현저성) 혹은 텍스트가 일관성을 갖도록 사용되는 방식의 예시이다.

2) 정보에 대한 비판적 접근과 활용

디지털 환경에서는 방대한 양의 정보가 실시간으로 생성되고 퍼져 나가며 잘못된 정보와 허위 정보가 정보 공해를 일으킨다. 따라서 신뢰할 수 있는 정보에 접근하고, 정보의 정확성과 신뢰성을 판단해 이를 효과적으로 활용하는 비판적 정보 활용 능력이 매우 중요하다. 이는 미디어 문해력의 핵심 요소 중 하나이다. 정보의 질과 신뢰성은 개인의 결정, 사회 참여, 학문적 연구 등과 같은 많은 활동에 중대한 영향을 미치기 때문이다. 허위 정보나 오해를 불러일으키는 정보는 개인의 판단을 왜곡시키고, 사회적 혼란을 일으키며, 위험한 상황을 초래할 수도 있다. 따라서 정보의 출처와 정확성, 그 정보가 제공되는 맥락을 신중하게 평가할 필요가 있다.

정보에 대한 비판적 접근과 활용 능력을 기르기 위해서는 초등학생 시기부터 신뢰할 수 있는 책, 학술지, 그 밖의 다른 참고자료를 제공하는 학교 도서관을 이용하고 전문 사서의 도움을 받아 신뢰할 수 있는 정보에 접근하는 습관을 기르는 것이 중요하다. 또한 학술적인

표 6 뉴질랜드 국립 도서관의 올바른 정보 검색 방법(문기훈, 2020)

	실천 사항
정보 검색 계획 수립 방법	검색을 진행하기 전에는 다음의 체크리스트를 확인한다. • 무슨 내용을 찾고자 하는가? • 어떤 형태의 자료가 필요한가?(통계 자료, 논문, 신문 기사 등) • 현재 어떤 자료를 갖고 있는가? • 얼마나 많은 정보가 필요한가?
효과적인 검색 방법	정확한 핵심어 선정을 통한 전략적 검색이 중요하다. • 알아볼 내용을 찾기에 가장 적합한 웹사이트를 선정한다. • 궁금한 점을 설명하기에 적합한 단어들을 골라 본다. 뜻이 비슷하거나 연관된 단어들을 모아 핵심어 목록을 작성한다. 사전을 참고하는 것을 추천한다. • 핵심어를 이것저것 시험해 보며 검색 결과를 살펴본다. 필요에 따라 핵심어를 수정해 가며 검색 범위를 좁히거나 넓힌다.
양질의 정보 검색 방법	• 복수의 정보 검색 도구를 사용해 개별 검색 도구의 맞춤형 정보 제공 알고리즘(이른바 '필터버블')을 무력화하고, 정보 편식을 최소화한다. • 검색 전략을 다변화해 여러 출처를 참조한다. • 문자뿐 아니라 시청각 자료를 폭넓게 활용해 정보를 검색한다(이미지 검색, 소리 검색 등). • 추후에 정보를 판별할 수 있도록 자료를 체계적으로 수집하고 저장한다.

온라인 데이터베이스를 활용해 검증된 학술 논문, 언론사, 그 밖의 다른 참고자료들을 이용할 수 있다. 정부, 공공 기관, 박물관, 미술관, 내셔널 지오그래픽 키즈(National Geographic Kids), 브리태니카 키즈(Britannica Kids) 등의 웹사이트도 어린이들이 이해하기 쉬운 언어로 전문가들이 검토한 신뢰할 수 있는 정보를 제공한다. 외국어로 된 웹사이트의 경우 딥엘(DeepL), 구글(Google) 번역, 파파고 번역 등을 활용해 이용할 수도 있다.

인터넷에서 양질의 정보를 효과적으로 찾기 위해서는 우선 계획을 잘 세우고 체크리스트를 활용해 검색하며, 정보 검색 도구를 다양하게 활용하고, 정확한 핵심어를 선택해 사용하며, 핵심어를 다양하게 변형하면서 검색한 후 그 결과를 검토하며 지속적으로 검색할 필요가 있다. 또한 개별 검색 도구의 맞춤형 정보 제공 알고리즘의 틀 안에 갇히지 않기 위해 복수의 정보 검색 도구를 사용할 필요가 있다. 이를 위해 참고할 수 있는 사항을 정리하면 〈표 6〉과 같다.

전문 학술 정보를 포함해서 보다 종합적으로 정보를 검색해 활용하는 방법으로, 최신성(Currency), 적합성(Relevance), 권위(Authority), 정확성(Accuracy), 목적(Purpose) 등 다섯 가지 평가 기준과 핵심 질문에 따른 CRAAP 검증 방법을 소개하면 〈표 7〉과 같다.

이러한 정보 접근과 활용 방법은 매체 영역뿐 아니라 국어 교육의 다른 영역 및 타 교과의 학습과 일상생활에서 정보를 이용할 때에도 지속적으로 적용하여 익히고 실천하는 것이

표 7 CRAAP 검증 방법을 활용한 정보 평가 방법(Meriam Library California State University, 2010)

평가 기준	핵심 질문
최신성: 정보의 적시성	• 정보가 언제 출판 또는 게시되었나요? • 정보가 수정 또는 업데이트되었나요? • 나의 주제에 최신 정보가 필요한가요, 아니면 오래된 출처도 사용할 수 있나요? • 링크가 제대로 작동하나요?
적합성: 나의 필요에 따른 정보의 중요성	• 정보가 주제와 관련이 있거나 질문에 대한 답변인가요? • 이 정보의 의도된 대상은 누구인가요? • 정보가 적절한 수준인가요?(필요에 비해 너무 초보적이거나 높은 수준이 아닌가요?) • 이 자료를 사용하기로 결정하기 전에 다양한 출처를 살펴본 적이 있나요? • 연구 논문에서 이 출처를 인용해도 괜찮을까요?
권위: 정보의 출처	• 저자, 출판사, 출처, 후원자는 누구인가요? • 저자의 자격 증명 또는 조직 소속은 무엇인가요? • 저자가 해당 주제에 대해 글을 쓸 자격이 있나요? • 출판사 또는 이메일 주소와 같은 연락처 정보가 있나요? • URL에서 작성자 또는 출처에 대한 정보를 알 수 있나요? (예시: .com .edu .ac. .re. .gov .org .net)
정확성: 정보의 신뢰성, 진실성, 연관성	• 정보의 출처는 어디인가요? • 정보가 증거에 의해 뒷받침되고 있나요? • 정보가 검토 또는 재검토되었나요? • 다른 출처나 개인적인 지식을 통해 정보를 확인할 수 있나요? • 언어나 어조가 편견이 없고 감정이 없는 것처럼 보이나요? • 맞춤법, 문법의 오류나 오타가 있나요?
목적: 정보가 존재하는 이유	• 정보의 목적은 무엇인가요? (정보 제공, 교육, 판매, 오락, 또는 설득을 위한 것 중 어떤 것인가요?) • 작성자/후원자가 의도나 목적을 명확히 밝히고 있나요? • 정보가 사실인가요, 의견인가요, 선전인가요? • 관점이 객관적이고 공정하게 보이나요? • 정치적, 이념적, 문화적, 종교적, 제도적 또는 개인적 편견이 있나요?

중요하다. 또한 자료 조사를 기반으로 한 수행평가에서도 평가 항목에 반영할 필요가 있다.

3) 미디어 재현에 대한 비판적 이해

미디어 재현이란 미디어 텍스트가 성별, 연령, 민족, 국가 및 지역 정체성, 사회적 쟁점 및 사건을 다루고 수용자에게 제시하는 방식을 뜻한다. 미디어 텍스트는 이러한 중요한 주제에 대해 수용자의 지식과 이해를 형성하는 힘을 갖고 있다. 미디어 재현과 관련된 주요 개념에는 '구성(construction)', '중재(mediation)', '선택(selection)', '앵커리지(anchorage)', '고정관념(stereotypes)' 등이 있다(BBC Bitesize, 2023).

'구성'이란 미디어 텍스트의 의미가 구성되는 방식을 뜻한다. 영화를 포함한 동영상에서는 편집과 카메라 각도의 선택, 잡지나 신문 등의 지면 기반 매체에서는 레이아웃과 글쓰기,

이미지 선택이 의미 구성에 관여한다. '중재'란 모든 콘텐츠가 수용자에게 도달하기 전에 거치는 과정으로, 예를 들어 영화 대본이 제작에 들어가기 전에 작성되고 재작성되는 방식, 신문이나 잡지에 실릴 사진을 자르고 캡션을 붙이는 방식, 시위나 정치인의 연설 등의 실제 사건들이 뉴스 보도에서 묘사되는 방식은 모두 매체의 관점에 따라 선택과 배제의 과정을 거친다. '선택'이란 미디어 텍스트에 포함된 내용을 말한다. 특정 사실을 다른 사실에 우선하여 선택하면 기사의 각도가 달라질 수 있는 뉴스 보도에서는 특히 선택이 중요하게 작용하며, 생략되는 내용도 포함되는 내용만큼이나 중요하게 분석될 필요가 있다. '앵커리지'는 '의미의 닻 내리기'라고 할 수 있는데, 마치 바다에서 떠내려가지 않기 위해 배가 닻을 내리는 것처럼 다양하게 해석될 수 있는 이미지에 특정한 의미를 부여하기 위해 캡션, 헤드라인, 태그 등을 붙여 특정한 맥락 안에서 의미를 읽을 수 있도록 하는 것을 말한다. '고정관념'이란 사람, 집단, 장소 등의 특성을 단순화하여 표현한 것으로, 과장된 표현인 경우가 많다. 고정관념은 수용자들이 가진 기존의 사고 도식에 의존해 인물을 빠르게 인식되도록 묘사하기 위해 사용되기도 한다.

특정한 집단의 사람들 혹은 사회적 쟁점을 선택해 해당 집단 또는 쟁점이 어떻게 미디어에 의해 재현되었는지, 그러한 재현이 사회적 여론이나 공중의 여론에 어떤 함의를 갖는지에 대해 분석해 보는 것은 미디어 재현이 어떻게 작동하는지를 이해하는 데 도움이 된다. 어떤 요소들이 선택되고 배제되었는지, 어떤 언어가 이미지와 결합해 의미를 부여하고 전체 의미를 구성하는지, 이러한 과정을 통해 특정한 집단의 사람들이나 사회적 쟁점에 대해 수용자들이 어떤 고정관념을 갖도록 유도하는지에 초점을 두어 미디어 재현을 분석하고 논의할 수 있다. 미디어 재현을 탐구하고 분석하기 위해 사용할 수 있는 핵심 질문으로는 다음을 참고할 수 있다(ACPA, 2015).

- 이 집단 혹은 쟁점이 정확하게 묘사되었나요?
- 이 그룹은 자신들이 묘사된 방식을 좋아할까요?
- 이 그룹 혹은 쟁점이 묘사된 방식은 긍정적인가요, 부정적인가요, 혹은 그 둘의 혼합인가요?
- 이 그룹 혹은 쟁점이 묘사된 방식에 대해 사람들은 어떻게 느낄까요?
- 이 미디어에서는 이 그룹 혹은 쟁점에 대해 다양한 관점이나 의견을 제시하였나요, 아니면 한 가지 관점이나 의견만 제시하였나요?
- 이 미디어에서 이 그룹 혹은 쟁점에 대해 이야기하는 사람은 누구인가요? 그들은 이 그룹 혹은 쟁점의 외부인인가요?
- 이 미디어에서 이 그룹이나 쟁점을 재현한 방식으로 인해 긍정적인 결과가 있었나요?

- 만약 그렇다면 이러한 긍정적인 결과로 인해 누가 혜택을 입었나요?
- 이 미디어에서 이 그룹이나 쟁점을 재현한 방식으로 인해 부정적인 결과가 있었나요?
- 만약 그렇다면 이러한 부정적인 결과로 인해 누가 고통을 당하였나요?
- 이러한 재현으로 인해 누군가에게는 긍정적인 결과가 초래되고 또 다른 사람들에게는 부정적인 결과가 초래되었나요?

미디어 속 인물들은 수용자들의 역할 모델이 되면서 사회의 인식에 영향을 미친다. 미디어 재현에 대한 비판적 분석은 뉴스나 다큐멘터리와 같은 정보 지향의 매체뿐 아니라, 영화, 드라마, 게임은 물론 예능 프로그램 등에 대해서도 이루어질 수 있다. 예능 프로그램의 서사 구조에서도 서술자의 유형과 시점 및 위계 구조에 대한 언술 분석, 그리고 미장센, 카메라 기법, 편집, 조명, 음향, 음악 등에 대한 영상 분석을 포함한 담화 분석을 통해 이야기 전개와 흐름, 콘텐츠의 구성 요소 등을 분석할 수 있다. 이를 통해 예능 프로그램에 재현된 인물들이 성별, 연령, 민족, 국가 및 지역 정체성, 사회적 쟁점 및 사건에 대한 정형성과 이데올로기를 어떻게 재생산하는지, 혹은 이와 반대로 기존의 고정관념이나 이데올로기에 균열을 내는지 등을 살펴볼 수 있다. 이러한 재현에 대한 분석은 미디어가 지닌 사회적 영향력, 미디어를 통해 재현된 사회적 쟁점과 문제를 보다 명확하게 인식하고 이해할 수 있는 비판적 사고의 도구로, 미디어가 보다 공정하게 다양한 사람들의 목소리를 드러낼 수 있도록 변화를 추구하는 데 도움이 된다.

4) 매체 소통의 윤리와 책임

매체 소통의 윤리와 책임은 디지털 시민성(digital citizenship), 즉 디지털 기술을 책임감 있게 사용하여 배우고, 만들고, 사회에 참여할 수 있는 윤리적인 능력과 태도를 뜻한다. 디지털 시민이라는 용어에는 온라인 공동체의 구성원이자 거주자로서 갖는 권리와 책임이 포함된다. 디지털 환경에서 살아가는 학생들은 디지털 미디어와 기술의 힘을 통해 정보와 의견을 공유하고 다른 사람과 연결되고 소통하며 콘텐츠를 만들고 배우며 성장한다. 이러한 활동을 통해 어린이와 청소년은 의미 있는 학습과 삶의 기회를 얻기도 하지만, 온라인 안전의 위협, 사이버 괴롭힘, 개인정보 유출, 혐오 발언이나 허위 정보의 영향, 디지털 주의 산만 등 여러 가지 문제로 인한 어려움과 딜레마에 직면하기도 한다.

온라인 정체성은 자신의 실명, 정체성, 오프라인의 여러 관계와 연결된다. 어린이와 청소년들은 자신의 사진을 찍어 친구들과 공유하고, 단체 사진을 소셜 미디어에 업로드하며, 게시물에 서로를 태그하는 과정에서 '디지털 발자국(digital footprints)'을 수없이 남기게 된다. 소셜 미디어를 통해 다양한 정보를 얻고 학습하고 관계를 확장하며 더 넓은 세상과 연결되기도 하지만, 괴롭힘과 소문 확산에 시달리기도 하고 혐오 표현, 성차별, 정치적 양극화, 각종 허위 정보, 온라인 사기에 노출되면서 위험에 처하기도 한다. 상시 접속을 요구하는 디지털 미디어의 특성으로 인해 스마트폰을 시시때때로 확인하고 반응해야 한다는 압박감을 느끼며 어려움을 겪기도 한다. 이러한 문제들은 매체 소통의 일부로 다룰 수도 있지만, 국어 교육의 다른 영역인 듣기·말하기, 읽기, 쓰기와 연계하여 토론, 독서, 글쓰기의 주제로 통합하여 다룰 수도 있다.

매체 소통의 윤리와 책임에 대한 이해는 추상적이고 선언적인 규범 학습에 그치지 않고, 학생들이 실제로 자신의 삶에서 매체 이용 습관과 문화에 대해 가치와 태도 측면에서 성찰하고 행동하도록 하는 것이 중요하다. 따라서 어린이와 청소년의 미디어 이용 통계와 질적 연구, 관련 보도 등을 통해 매체 소통의 윤리와 책임의 관점에서 주목해야 할 문제가 무엇인지 알아보고, 자신의 매체 이용과 비교해 보는 활동이 권장된다. 이를 통해 학생들 자신과 또래의 문제 및 해결 과제와 관련하여 온라인 공간에서 소통할 때 지켜야 할 윤리와 책임에 대해 조사, 탐구, 토의·토론을 하는 것이 효과적이고 실제적인 교육 방법이다. 이를 위해서는 교육자들이 어린이와 청소년의 미디어 문화에 지속적으로 관심을 가져야 한다.

(1) 개인정보 보호

디지털 미디어 도구를 활용해 글, 그림, 사진, 영상을 만들고 공유할 때에는 개인정보가 생성된다. 「개인정보 보호법」(법률 제16930호, 2020.2.4. 일부 개정)에 따르면, 개인정보란 "살아 있는 개인에 대한 정보로서, 성명, 주민등록번호 및 영상 등을 통해 개인을 알아볼 수 있는 정보, 해당 정보만으로는 특정 개인을 알아볼 수 없더라도 다른 정보와 쉽게 결합하여 알아볼 수 있는 정보, 개인정보의 일부를 삭제하거나 일부 또는 전체를 대체하는 등의 방법으로 추가 정보가 없이는 특정 개인을 알아볼 수 없도록 처리한 가명 정보"를 뜻한다.

개인정보 보호를 위해서는 비밀번호를 자주 바꾸고, 다른 사람이 알아차릴 수 없는 비밀번호를 설정하고, 파일 다운로드 시에는 항상 바이러스 검사를 하고, SNS 이용 시 개인정보를 비공개 혹은 친구 공개로 설정하는 등의 기술적인 설정에 유의하는 것 이외에도, 디지털 공간에서 의사소통할 때 의심스러운 문자 메시지나 이메일은 클릭하지 않고 지워야 한다.

개인정보 유출이 가장 빈번히 일어나는 원인 가운데는 타인에 대한 해킹 이외에 인터넷에 이용자 스스로 혹은 이용자의 친구가 올린 게시물을 통해서인 경우도 많다. 소셜 미디어에서 친구 관계를 맺은 이들과 일상을 공유하는 과정에서 다수의 개인정보들이 남겨진다. 소셜 미디어에는 성별, 연령, 주민등록번호, 이메일 이외에도 인간관계, 직장, 현재 업무, 정치 성향, 소비 성향, 종교, 가족관계, 자신의 동선 등 상세한 개인정보들이 넘쳐난다. 따라서 인터넷에 글을 남길 때에는 자신, 가족, 친구의 개인정보가 담겨 있지 않은지 확인하고, 다른 사람의 개인정보가 담긴 글이나 사진을 올릴 때에는 허락을 구해야 함을 알고 실천하는 것이 중요하다.

(2) 사이버 명예훼손

사이버 명예훼손이란 사람들이 알 만큼 뚜렷하게 공공연히 다른 사람이나 단체의 사회적 평가를 떨어뜨리는 구체적 사실(진실) 또는 허위 사실을 적시하여 타인의 명예를 훼손하는 행위를 뜻한다. 예를 들어, 인터넷 게시판이나 카페, 트위터 등에 공개적으로 작성한 게시글이 타인의 명예를 훼손하는 경우에 사이버 명예훼손이 성립될 수 있다. 일반 개인 또는 연예인이나 스포츠 선수와 같은 공인, 기업체·공공 기관·학교 등 법인이나 단체에 대한 비방 내용을 포털사이트 게시판 등 불특정 다수가 볼 수 있는 공간에 게시하는 경우가 이에 해당된다. 공개적으로 타인에 대해 나쁘다고 말하거나 헐뜯는 행위인 ‘비방’, 타인과 관련된 부정이나 비밀과 관련하여 특정 사실 또는 거짓의 사실을 유포하는 행위인 ‘폭로’, 타인의 사생활을 공개적으로 다른 사람에게 알리는 행위인 ‘사생활 침해’, 초상권 침해 등이 모두 사이버 명예훼손의 사례이다.

사이버 명예훼손은 인터넷의 특성상 정보가 퍼지는 범위가 현실에 비해 차이가 크기 때문에 일반적인 명예훼손에 비해 처벌 강도가 강하다. 인터넷에 “어느 학원이 별로더라, 어떤 제품이 별로더라”라는 식으로 댓글을 다는 경우 사이버 명예훼손에 해당할 수 있으므로 조심해야 한다. 인터넷 사이트에 사이버 명예훼손이 될 만한 정보가 공개되어 권리가 침해된 경우에는 사이트 운영자에게 침해 사실을 증명하고 그 정보를 삭제하거나 반박 내용을 사이트에 올려 줄 것을 요청할 수 있다.

사이버 명예훼손에 해당하지는 않으나, 사이버 공간에서의 언어폭력에 해당하는 사례에 대해 알고 주의하는 것도 필요하다. 이메일 등으로 비난하는 메시지를 보내거나 위협하고 협박하는 행위, 채팅 등을 통해 말을 걸어도 무시하고 면박을 주는 행위, 인터넷 등에 본인이 싫어하는 별명을 올리며 놀리는 행위, 특정 행동을 사진이나 동영상으로 찍어 본인에게 수치심을 주는 행위, 본인이 싫어하는 사진이나 동영상을 퍼뜨리는 행위 등은 학교 폭력에 해당하므로 주의해야 한다.

(3) 저작권

저작권은 저작물을 창작한 사람이 가지는 권리이다. 저작물이란 인간의 생각이나 감정을 표현한 창작물을 말한다. 저작권은 이미 존재하는 다른 사람들의 저작물을 기반으로 저작자가 스스로의 생각과 표현을 더해 새로운 저작물을 만드는 과정을 인정한다. 저작권은 개인의 사유 재산 중 하나로, 창작자들의 권리와 경제적 이익을 보장하며 사회의 문화적 발전을 위해 필요한 장치이다. 저작권은 저작물을 창작함과 동시에 저작자에게 부여된다. 따라서 처음에는 저작자와 저작권자가 일치한다. 그러나 저작권은 양도나 상속이 가능하므로 저작자와 저작권자는 달라질 수 있다. 저작권에는 저작재산권과 저작인격권이 있다. 저작재산권이 양도되더라도 저작인격권은 여전히 저작자에게 남는다. 따라서 일반적으로 저작권자는 저작자와 구별되는 저작재산권자를 지칭한다.

또한 저작권과 유사하거나 저작권에 준하는 권리를 저작인접권이라고 한다. 저작인접권자는 콘텐츠의 창작 활동을 하지 않기 때문에 저작자라고 할 수는 없으나 저작물을 해석하고 전달하는 역할을 하는 사람으로, 한국의 저작권법에서는 공연을 통해 저작물을 실연한 자, 음반 제작자, 방송사업자에게 저작인접권을 부여한다. 직장에서 근로자가 업무로 창작하거나 작성한 결과물은 업무상저작물이라고 한다. 예를 들어, 뉴스에 보도된 기사나 사진은 업무상저작물에 해당한다. 따라서 기사나 사진을 활용하려 할 때에는 기사를 작성한 기자뿐 아니라 해당 언론사로부터 서면 등의 방법을 통해 이용 허락을 받아야 한다.

자유이용허락표시(CCL: Creative Commons License)가 표시된 저작물은 저작권자가 자신의 창작물에 대해 일정한 조건하에 모든 사람이 자유롭게 이용하도록 허락한 것이다. 저작자가 자신의 저작물에 CCL 표시를 해 놓으면 이용자는 복잡한 절차를 거치지 않고 표시된 조건만 준수한다면 저작물을 사용할 수 있다. 자유이용허락표시에는 저작물을 이용할 때 원저작자를 꼭 표시해야 하는 '저작자 표시', 저작물을 영리 목적으로 이용할 수 없는 '비영리 이용', 저작물을 변경할 수 없는 '변경금지', 2차 저작물을 만들 때 그 저작물에도 원저작물과 같은 라이선스를 써야 하는 '동일조건변경허락'의 네 가지 조건이 있다. 학생들이 수업 목적으로 저작물을 만들 때 필요한 이미지나 음원 등은 직접 창작하거나 자유이용허락을 받은 저작물을 사용하도록 지도하는 것이 필요하다.

소셜 미디어에서 '공유' 기능을 이용해 원저작자가 작성한 콘텐츠를 그 사람의 허락 없이도 동일한 소셜 미디어 내의 다른 사람들에게 전달하는 것은 허용된다. 각 콘텐츠의 저작권자인 소셜 미디어 이용자들이 해당 소셜 미디어에 가입할 때 이용 약관을 통해 자신의 저작물을 이런 방법으로 공유하는 것에 동의하였기 때문이다. 새로운 매체를 이용할 때에는 해당 매체의 이용 약관을 살펴보고 이에 따라야 한다.

5) 2022 개정 국어과 교육과정의 '매체' 교육

2022 개정 국어과 교육과정의 '국어', '공통국어1', '공통국어2' 과목에는 '매체' 영역을 신설하고 내용 체계와 성취기준을 마련하였다. 그리고 고등학교 선택 과목에 '매체 의사소통' 과목을 신설하였다. 매체 영역은 신설 영역이어서 기존에 참조할 수 있는 국어과 교육과정이 없기 때문에 국내외의 관련 학술 성과, 캐나다, 핀란드, 호주, 대만 등 모국어 교육과정에서 매체를 중요하게 다루고 있는 주요 국가의 교육과정, 유네스코와 OECD 등 국제기구가 제안한 내용 체계(framework), 캐나다의 미디어스마트(MediaSmarts)와 미국의 커먼센스미디어(Common Sense Media) 등 국제적인 미디어 교육 전문기관의 교육과정 등을 적극적으로 참고하여 타당한 내용으로 개발되었다. 매체 영역 개발의 중점은 '디지털 매체 기반 의사소통의 특성 반영', '디지털 매체 이용자의 발달 특성 고려', '타 영역 및 타 교과와의 유기적 연계 강화'이다(노은희 외, 2022b: 89). 2022 개정 국어과 교육과정의 '매체' 교육 및 '매체 의사소통' 과목에 대한 소개는 노은희 외(2022b)를 참고하였다.

(1) '국어', '공통국어1', '공통국어2' 과목의 '매체' 영역 내용 체계와 성취기준

① '매체' 영역 내용 체계

매체 영역의 내용 체계는 '디지털 매체를 기반으로 한 소통 능력'과 밀접하게 관련된 디지털 리터러시, 미디어 리터러시, 정보 리터러시, ICT 리터러시, 디지털 시민성, 디지털 역량, 디지털 윤리 등의 교육에서 중핵적으로 다루고 있는 내용을 고려하여 개발되었다. 또한 듣기·말하기, 읽기, 쓰기 영역의 내용 체계와의 차별성을 고려하여 디지털 매체의 등장으로 인해 부각된 의사소통 양상, 매체 자료가 소통되는 사회·문화적 맥락과 매체 자료를 통한 소통으로 인해 나타나는 사회적 현상 등에 초점을 두고, 매체 의사소통 과정에서 부각되는 정의적 영역의 학습 요소를 강조하였다.

매체 영역의 내용 체계는 국어과 내용 체계의 범주인 지식·이해, 과정·기능, 가치·태도로 구분하였다. 매체 영역의 지식·이해 범주는 '매체 소통 맥락'과 '매체 자료 유형'으로 구분하였다. '매체 소통 맥락'의 구분은 국어과 다른 영역과 궤를 나란히 하고 있고, '매체 자료 유형'에서는 각 학년(군)별로 해당 단계의 학습자들에게 친숙하고 학습해야 할 필요성이 있으며 발달 단계에 적합한 매체 자료들을 선정하였다. 매체 영역의 학년(군)별 내용 요소의 설계와 배열은 텍스트의 어려움 정도를 위계적 배열의 주요 원리로 고려함과 동시에, 매체 환경(플랫폼, 사용자 인터페이스 등)의 복잡도, 기기와 소프트웨어의 친숙도, 매체 장르(그림책, 뉴스, 광고, 영화, 매체 비평 등)의 친숙도 등을 추가적으로 고려하였다. 그 내용은 다음과 같다.

표 8 '매체' 영역 내용 체계

핵심 아이디어		• 매체는 소통을 매개하는 도구, 기술, 환경으로 당대 사회의 소통 방식과 소통 문화에 영향을 미친다. • 매체 이용자는 매체 자료의 주체적인 수용과 생산을 통해 정체성을 형성하고 사회적 의미 구성 과정에 관여한다. • 매체 이용자는 매체 및 매체 소통의 영향력에 대한 이해와 자신과 타인의 권리를 지키기 위한 적극적인 노력을 통해 건강한 소통 공동체를 형성한다.				
범주		내용 요소				
		초등학교			중학교	고등학교
		1~2학년	3~4학년	5~6학년	1~3학년	1학년
지식·이해	매체 소통 맥락		• 상황 맥락		• 상황 맥락 • 사회·문화적 맥락	
	매체 자료 유형	• 일상의 매체 자료	• 인터넷의 학습 자료	• 뉴스 및 각종 정보 매체 자료	• 대중매체와 개인 인터넷 방송 • 광고·홍보물	• 다양한 유형의 매체 자료 • 매체 비평 자료
과정·기능	접근과 선택	• 매체 자료 접근하기	• 인터넷 자료 탐색·선택하기	• 목적에 맞는 정보 검색하기		
	해석과 평가		• 매체 자료 의미 파악하기	• 매체 자료의 신뢰성 평가하기	• 매체의 특성과 영향력 비교하기 • 매체 자료의 재현 방식 분석하기 • 매체 자료의 공정성 평가하기	• 매체 자료 비판적으로 분석하기 • 다양한 매체 자료 비평하기 • 매체 소통 문화 탐구하기
	제작과 공유	• 글과 그림으로 표현하기	• 발표 자료 만들기 • 매체 자료 활용·공유하기	• 복합양식 매체 자료 제작·공유하기	• 영상 매체 자료 제작·공유하기	• 소통 맥락과 매체 특성을 고려하여 매체 자료 제작하기
	점검과 조정		• 매체 소통의 목적 점검하기	• 매체 이용 양상 점검하기	• 상호 작용적 매체 자료 점검하기	
가치·태도		• 매체 소통에 대한 흥미와 관심	• 매체 소통 윤리	• 매체 소통에 대한 성찰	• 매체 소통의 권리와 책임	• 참여 • 주제적 수용과 생활화

② '매체' 영역 성취기준

매체 영역의 성취기준을 어느 학교급, 어느 학년 단계부터 제시하는 것이 적절한가에 대해 다양한 의견이 있었다. 특히 초등학교 1-2학년 단계에 매체 영역의 성취기준을 제시해야 하는지, 제시한다면 어느 정도의 수준이어야 하는지에 대해 많은 논의가 있었다. 여러 논의를 종합하는 과정에서 매체 기반의 의사소통이 일상의 삶과 학습 상황에 이미 깊숙이 들어와 있고, 초등 1-2학년의 통합 교과 중 '슬기로운 생활'에서도 '궁금한 세계를 다양한 매체로 탐색한다'([2슬02-04]), '상상한 것을 다양한 매체와 재료로 구현한다'([2슬02-02])와 같은 성취기준이 반영되어 있음을 고려하여, 매체 영역과 관련된 문해력이 점진적으로 발달할 수 있도록 초등학교 저학년 단계부터 매체 영역의 성취기준을 도입하되, 타 영역에 비해서는 적은 수인 2개의 성취기준을 제시하였다. 이러한 성취기준을 적용할 때의 고려 사항에는 '궁금한 세계를 탐색할 때는 영상물, 사진, 책, 누리집 등 다양한 매체를 활용할 수 있어 디지털 문해력 교육을 경험할 수 있다', '다양한 원천으로부터 주제를 찾도록 안내하고, 주제 탐구 과정에서 사용하는 매체와 관련하여 디지털 문해력 교육을 할 수 있다'는 내용이 제시되어 있다.

이러한 점을 고려하여, 초등 1-2학년 단계의 매체 영역에서는 일상에서 어떤 매체와 매체 자료가 이용되고 있는지에 대해 흥미와 관심을 갖도록 하고, 이를 통해 매체 의사소통의 필요성과 중요성에 대해 생각해 보도록 하는 데 초점을 두었다. 또한 복합양식 문해력 발달의 기초 단계로서 짧은 분량의 글과 그림을 결합하여 의미를 구성해 보는 활동을 통해 의미 구성 과정에 서로 다른 형태의 기호가 유기적으로 결합할 수 있다는 점을 인식하도록 하였다. 이러한 내용은 초등 1-2학년뿐 아니라 초등 고학년 및 중등과 고등 단계에서도 매체 영역의 학습에서 실제적인 일상생활의 의사소통 능력 및 이에 대한 성찰을 중요하게 고려해야 한다는 점에서 중요하게 다루어야 한다.

매체 영역의 성취기준은 초등학교 1-2학년에 2개, 3-4학년에 3개, 5-6학년에 6개, 고등학교 '공통국어'에 4개('공통국어1'과 '공통국어2'에 각각 2개씩) 총 19개의 성취기준이 개발되었다. 성취기준을 선정할 때에는 매체 자료의 비판적 수용과 매체를 통한 사회적 소통 참여를 중요한 학습 요소로 고려하였다. 이는 미디어 문해력을 키워드로 한 연구와 정책에서 일관되게 강조해 온 점이다. 또한 디지털 매체 환경을 기반으로 한 다양한 학습 상황에서 강조되는 문해력의 요소인 검색하기, 매체 자료 제작하기 등을 중요하게 다루었다. 아울러 매체 자료는 복합양식적 특성을 지닌다는 점에서 다양한 형태의 복합양식 텍스트를 수용하고 제작하는 능력에 관한 성취기준도 제시하였다. 마지막으로, 바람직한 매체 이용 태도에 대한 교육이 지속적으로 이루어질 수 있도록 관련 성취기준을 여러 학년(군)에 걸쳐 제시하였다.

표 9 '매체' 영역 성취기준

	'매체' 영역 성취기준
1-2학년	[2국06-01] 일상의 다양한 매체와 매체 자료에 흥미와 관심을 가진다. [2국06-02] 일상의 경험과 생각을 글과 그림으로 표현한다.
3-4학년	[4국06-01] 인터넷에서 학습에 필요한 다양한 자료를 탐색하고 목적에 맞게 자료를 선택한다. [4국06-02] 매체를 활용하여 간단한 발표 자료를 만든다. [4국06-03] 매체 소통 윤리를 고려하여 매체 자료를 활용하고 공유한다.
5-6학년	[6국06-01] 정보 검색 도구를 활용하여 자신의 목적에 맞는 매체 자료를 찾는다. [6국06-02] 뉴스 및 각종 정보 매체 자료의 신뢰성을 평가한다. [6국06-03] 적합한 양식과 수용자의 반응을 고려하여 복합양식 매체 자료를 제작하고 공유한다. [6국06-04] 자신의 매체 이용 양상에 대해 성찰한다.
중학교 1-3학년	[9국06-01] 대중매체와 개인 인터넷 방송의 특성과 영향력을 비교한다. [9국06-02] 소통 맥락과 수용자 참여 양상을 고려하여 상호 작용적 매체를 분석한다. [9국06-03] 복합양식성을 고려하여 영상 매체 자료를 제작하고 공유한다. [9국06-04] 매체 소통에서의 권리와 책임을 이해하고, 수용자의 반응을 고려하며 매체 자료의 제작 과정을 성찰한다. [9국06-05] 매체 자료의 재현 방식을 이해하고 광고나 홍보물을 분석한다. [9국06-06] 사회·문화적 맥락을 고려하여 매체 자료의 공정성을 평가한다.
공통국어1	[10공국1-06-01] 사회적 의제를 다룬 매체 자료를 비판적으로 분석한다. [10공국1-06-02] 소통 맥락과 매체 특성을 고려하여 다양한 목적의 매체 자료를 제작한다.
공통국어2	[10공국2-06-01] 매체 비평 자료를 비판적으로 수용하고 자신의 관점을 담아 매체 비평 자료를 제작한다. [10공국2-06-02] 매체의 변화가 소통 문화에 끼치는 영향을 탐구한다.

(2) 선택 과목 '매체 의사소통'의 내용 체계 및 성취기준

'매체 의사소통' 과목은 초등학교 및 중학교 공통 '국어'와 고등학교 '공통국어1', '공통국어2'의 매체 영역을 심화·확장한 것으로, 2022 개정 국어과 교육과정에서 신설된 고등학교 선택 과목이다. 2015 개정 국어과 교육과정의 선택 과목에 '언어와 매체' 과목이 있었으나, 이 과목은 문법 영역과 매체 관련 내용을 심화한 것으로 성격이 상이하며 매체 언어의 사용 능력에 초점을 두었다는 점에서 '매체 의사소통'과는 차이가 있다. '매체 의사소통' 과목은 지속적으로 진화하는 디지털 매체가 개인과 사회의 의사소통 문화에 미치는 영향에 대해 관심을 가지고, 실제 삶 속에서 매체를 통해 의사소통하는 과정에서 나타나는 현상과 문제점을 비판적으로 탐구하며, 바람직한 의사소통 문화를 형성해 나가는 데 목적이 있다.

'매체 의사소통' 과목에서는 개인과 사회에 영향을 미치는 매체 의사소통의 방식과 문화를 탐구하고 비판적으로 성찰하는 태도를 기르는 데 중점을 둔다. 학생들은 매체 생산자가 누구이며, 어떤 목적과 의도를 가지고 텍스트를 생산하는지, 수용자는 텍스트를 어떻게 이해하고 받아들이는지, 텍스트의 의미가 사회·문화적 맥락에서 어떻게 구성되는지 이해할 수 있다. 또한 개인적·사회적 관심사에 대한 자신의 관점을 반영하여 매체 자료를 제작하고 공유함으로써 매체 의사소통에 적극적으로 참여할 수 있다. 따라서 '매체 의사소통' 과목은 '변화하는 디지털 매체 환경을 고려한 교육 내용의 구안', '협력적 문제 해결과 소통 능력을 함양하는 프로젝트 학습의 강조', '디지털 환경의 주도적 소통 참여자로서의 시민적 역량 강화'를 구현하는 방향으로 개발되었다. '매체 의사소통'은 학생이 실제 삶에서 경험하는 매체 의사소통의 문제나 새로운 가능성을 주도적으로 발견하고 다른 사람들과 공유할 내용을 만들면서 배운다는 점에서 프로젝트 기반으로 운영하는 것이 효과적이다.

① '매체 의사소통' 과목 내용 체계

'매체 의사소통' 과목의 내용 체계 개발 과정에서는 매체 의사소통에서 다루고자 하는 매체와 매체 자료의 범위가 무엇이며, 이와 관련된 교육 내용을 어떻게 설정해야 하는가가 쟁점이 되었다. 우선 매체와 매체 자료의 범위 측면에서는 '언어와 매체'에서 다룬 것처럼 매체 전반을 다룰 것인가 아니면 디지털 매체에 초점을 둘 것인가가 쟁점이 되었다. 2022 개정 교육과정 총론에서는 기초 소양으로 '언어 소양', '수리 소양', '디지털 소양'을 다루고 있다. 이에 따라 2022 개정 국어과 교육과정에서는 디지털 미디어 환경을 고려하여 2015 개정 국어과 교육과정의 '자료·정보 활용 역량'을 '디지털·미디어 역량'으로 명칭을 바꾸었다. 이에 따라 '매체 의사소통'에서는 매체 전반에 대한 지식을 다룰 때를 제외하고는 주된 교육 내용을 디지털 매체로 초점화하였다.

'디지털 문해력'과 '미디어 문해력' 가운데 어느 부분에 초점을 둘 것인가도 쟁점이 되었다. 디지털 문해력과 관련된 정보의 수집, 분석, 해석, 평가, 제작 등의 내용은 매우 중요하다. 그러나 이에 대한 내용은 초등학교 및 중학교 공통 '국어'와 고등학교 '공통국어1, 공통국어 2'의 매체 영역에서 기본적으로 다루고 있고, 디지털 문해력과 미디어 문해력의 개념역에 중첩되는 점이 많다. 디지털 문해력이 온전히 발현되기 위해서는 미디어 문해력에서 다루는 사회·문화적 개념이나 쟁점, 원리를 충분히 다룰 필요가 있다. 따라서 '매체 의사소통' 과목의 내용 체계는 미디어 문해력 관련 교육 내용에 초점을 두되, 미디어 교육 내용을 탐구하기 위한 디지털 문해력의 기능과 전략을 함께 다룰 수 있도록 구성되었다.

내용 체계의 '과정·기능'에 매체 유형을 포함하지 않은 이유는 내용 체계가 복잡해지고 학습량이 늘어날 수 있기 때문이다. 실제 수업에서는 성취기준에 언급된 '소셜 미디어', '온라인 동영상 플랫폼', '영화', '게임', '웹툰' 이외에도, 뉴스를 비롯한 정보 미디어, 오디오 미디어, 동영상, 출판, 만화, 드라마, 가상현실 및 혼합 현실 미디어 등을 디지털 기술의 발전에 따른 다양한 '매체 자료'로 다룰 수 있을 것이다. 내용 체계의 학습 요소는 학습량을 적정화하기 위해 핵심 아이디어를 중심으로 정련되었다.

표 10 '매체 의사소통' 과목 내용 체계

핵심 아이디어	• 매체 자료는 현실에 대한 재현물로 사회·문화적 맥락 속에 존재하며, 매체 생산자의 의도와 관점에 영향을 받는다. • 디지털 기술의 발전은 매체 자료의 표현 방식과 의미 구성, 의사소통의 맥락과 소통 방식에 변화를 가져온다. • 매체에 대한 비판적인 이해와 매체 의사소통 과정에 대한 적극적인 참여와 공유는 디지털 시대의 시민으로 성장하는 발판이 되며 더 나은 매체 환경 조성에 기여한다.
범주	내용 요소
지식·이해	• 매체의 유형과 특성 • 디지털 기술과 매체 환경 변화 • 매체 자료의 사회·문화적 구성과 재현
과정·기능	• 매체 의사소통 현상 관찰하기 • 매체 자료 수집·분석하기 • 매체 자료 해석·평가하기 • 매체 자료 기획·구성하기 • 매체 자료 제작·공유하기
가치·태도	• 협력적 문제 해결과 소통 태도 • 매체 의사소통에 대한 윤리적·성찰적 태도

② '매체 의사소통' 과목 성취기준

'매체 의사소통' 과목이 프로젝트 학습을 중심으로 운영되도록 하기 위해 성취기준의 수는 7개로 적정화하였다. 또한 매체 유형을 성취기준에 포함하지 않는 대신, 필요한 경우에 성취기준 내에 매체나 매체 자료의 유형을 예시로 제시하였다.

표 11 '매체 의사소통' 과목 성취기준

[12매의01-01] 매체의 기능과 역할에 대한 이해를 바탕으로 시대별 매체 환경과 소통 문화의 변화 과정을 탐색한다.
[12매의01-02] 소셜 미디어나 온라인 동영상 플랫폼 등의 디지털 매체 환경에서 청소년 문화가 지닌 문제와 가능성을 탐구한다.
[12매의01-03] 영화, 게임, 웹툰 등의 매체 자료가 현실을 재현하는 방식을 분석하며 생산자의 의도나 관점을 파악한다.
[12매의01-04] 디지털 매체 환경에서 매체 생산자의 관점을 파악하고 매체 자료의 신뢰성을 판단한다.
[12매의01-05] 사회적 규범과 규제가 매체 자료의 생산과 소통에 미치는 영향을 조사하고 그 의미를 탐구한다.
[12매의01-06] 개인적·사회적 관심에 대한 자신의 관점이 드러나는 주제를 선정하여 설득력 있는 매체 자료를 제작하고 공유한다.
[12매의01-07] 매체 자료의 생산자이자 수용자로서 권리와 책임을 인식하고 사회적 가치와 문제에 대해 소통한다.

매체의 기능과 역할에 대한 이해에서는 정보 수집과 전달, 갈등 조정, 문화 전파 및 전수,

오락 기능 등에 초점을 두고, 이를 바탕으로 신문, 라디오, 텔레비전, 컴퓨터와 인터넷, 스마트폰 등 시대를 대표하는 매체의 등장으로 인한 매체 환경의 변화를 파악하고 소통 문화와 생활 방식 등이 어떻게 달라졌는지 탐구하도록 하는 것이 중요하다. 또한 청소년들이 매체 의사소통의 주체로서 자신의 문화를 성찰하고 가능성을 탐구하도록 하기 위해, 매체를 통해 자신을 표현하고 타인과 관계를 맺으며 소통하고, 학업 및 진로 등에 필요한 정보나 즐거움을 얻는 측면과 더불어, 부적절한 정보나 매체 자료의 영향을 받고 디지털 소통에 과몰입하기도 하는 점을 성찰하도록 하는 것이 중요하다.

재현이란 현실에 존재하는 대상을 매체를 통해 다시 나타내는 것으로, 매체가 재현하는 현실은 특정한 관점과 의도에 의해 선택되거나 배제된 '중재된' 세상임을 이해하고, 영화, 게임, 웹툰 등 서사가 드러난 매체 자료에서 특정한 이야기나 사건, 인물을 나타내기 위해 어떤 표현이 선택되거나 배제되는지를 파악하고 매체에 재현된 현실이 매체 생산자의 의도나 관점에 따라 다름을 이해하는 것도 중요하다. 또한 포털사이트, 소셜 미디어, 온라인 동영상 플랫폼 등 디지털 매체 환경에서 언론사에서 생산한 뉴스, 개인이나 집단이 소셜 미디어 등에서 생산하고 공유한 정보의 내용과 표현 방식 등을 탐색하면서 매체 생산자가 의도한 상업적 이익이나 사회적 목적이 무엇인지 분석할 필요가 있다. 동시에 매체 자료에 포함된 근거 자료가 정확한지, 매체의 출처가 믿을 만한지를 확인하고 유사한 주제를 다루었거나 관점이 다른 매체 자료와 비교하면서 매체 자료를 신뢰할 수 있는지를 종합적으로 판단하도록 해야 한다. 또한 이용자가 참여하는 플랫폼을 둘러싸고 있는 생태계의 특성이나 플랫폼에서 자체적으로 생성한 자율적인 규범이나 준칙 등에 대해 조사하고 공유하며, 저작권, 초상권, 개인 정보 보호, 잊힐 권리 등 디지털 매체 환경에서 지키도록 사회적으로 합의된 규범을 탐색한다. 이용 등급 분류, 보도 준칙, 방송 광고 규제, 인터넷 실명제, 게임 시간 선택제 등 미디어에 대한 사회적 규제의 원칙과 쟁점 사항을 분석함으로써 매체 자료의 생산과 소통에 미치는 사회적 규범과 규제의 특성 및 적절성을 비판적으로 탐구하도록 한다.

5 매체 교육의 방법은 무엇일까

1) 복합양식 매체 텍스트의 의미 이해

복합양식 매체 텍스트에 대해서는 언어 기호만이 아니라 시각, 청각, 동작, 공간 등의 다양한 기호로부터 의미를 읽어 내고 이를 생산자의 의도와 맥락을 고려하여 비판적으로 이해할 필요가 있다. 이를 위해서는 마치 문학 작품에 대해 반응하듯이 수용자로서 다양한 복합양식 매체 텍스트에 반응하는 것으로부터 시작해 텍스트 내의 여러 단서를 조합해 의미를 읽을 수 있는 훈련이 필요하다. 이러한 학습은 읽기나 문학 영역에서 다루는 생략된 내용, 함축적 표현, 작가의 의도를 고려한 추론적 이해를 복합양식 매체 텍스트에 적용하는 방식으로 다룰 수 있다.

아래는 『2015 개정 국어과 교육과정 초등 5-6학년 교수·학습 자료』(정현선·이지영·이미숙 외, 2019)의 '미디어 리터러시' 자료로 개발된 내용을 일부 수정한 것이다.

매체 이미지의 의미 이해

- **대상 학년**: 초등학교 5-6학년
- **국어과 성취기준**:
  - [6국06-03] 적합한 양식과 수용자의 반응을 고려하여 복합양식 매체 자료를 제작하고 공유한다.
  - [6국02-02] 글에서 생략된 내용이나 함축된 표현을 문맥을 고려하여 추론한다.
- **핵심 질문**: 이미지는 무엇을 어떻게 말할까?
- **핵심 지식과 기능**: 매체의 이미지는 생산자의 의도와 목적에 따라 구성됨을 알고, 여러 가지 양식을 통해 구성된 명시적 의미와 암묵적 의미를 맥락 속에서 추론해 읽는다.
- **수업 의도**: 이미지는 있는 그대로를 전하는 것이 아니라 관점과 의도에 맞게 정보를 재구성하여 보여 주는 것이다. 이렇게 이미지는 특정 장면을 선택하거나 배제함으로써 '의미'를 만들어 낸다. 특히 사진에 대해서는 사실을 그대로 보여 주는 매체라고 인식하는 경향이 있으므로, 사진 역시 보여 주려는 인물이나 대상의 선택, 사진 속 인물의 시선과 자세, 레이아웃, 색상, 사진과 함께 제시되는 문자 정보, 사진의 작가, 후원자, 전달 매체 등의 맥락을 살펴보면서 누가, 어떤 수용자에게, 어떠한 형식을 선택해, 어떤 목적으로 의미를 구성하였는지를 분석하도록 하는 것이 중요하다. 이 과정을 통해 학생들은 수용자로서 복합양식 매체 자료에 반응하면서 그 의미를 맥락 속에서 추론하여 이해하고, 더 나아가 매체 생산자의 선택과 배제를 통한 의도가 반영된 매체 재현을 비판적으로 분석할 수 있는 능력을 기를 수 있을 것이다.
- **준비물**: 이미지, 영상(홍보 영상), 관련 기사
  - 내셔널지오그래픽 포토 아크전 포스터
  - 읽을 자료: "더 늦기 전 함께 #SaveTogether…'내셔널지오그래픽 展'"
  - 전시회 홍보 영상: https://www.youtube.com/embed/Sd6gx5oVoS8

- 전시회 홍보 영상: https://www.youtube.com/embed/Sd6gx5oVoS8

• **지도상의 유의점**:
- 사진에서 보이는 의미를 찾아내는 것으로부터 시작하여 보이지 않는 의미를 추론해 가는 과정으로 나아가도록 한다. 사진을 보는 수용자의 입장에서 사진에 반응하는 것으로부터 시작해 생산자인 사진작가의 입장이 되어 생각해 보도록 사고의 방향을 설정해 준다.
- 학생들이 사진의 의미에 대해 자유롭게 반응하며 탐색할 수 있도록 하되, 사진 속 피사체, 피사체의 시선과 자세, 레이아웃, 색상 등을 단서로 하여 사진의 의미를 이해하도록 한다.
- 이미지를 플로터로 출력하여 칠판에 게시한 후, 학생들과 함께 생각그물을 완성해 가는 것이 좋다.

• **교수학습 활동의 흐름**:

[활동 1]
- 사진을 보고 생각이나 질문하고 싶은 내용 정리하기

〈활용 가능한 질문〉

• 사진에서 무엇을, 혹은 누구를 볼 수 있나요?
• 사진 속 대상의 시선, 표정, 몸짓은 어떠한가요?
• 사진 속 대상은 어디에 위치하고 있나요?
• 이 사진은 어디에서 찍었을까요?
• 이 사진에 어떤 색이 쓰였나요?
• 왜 그 대상을, 그러한 구성으로 찍었을까요?
• 카메라는 어디에 있고, 왜 그 위치에서 찍었을까요?
• 동물을 찍은 다른 사진들과 비교하면 사진 속 대상의 모습은 어떻게 같거나 다른가요?
• 사진 속 대상이 말을 한다면 어떤 말을 할 것 같나요?

- 친구들과 질문을 돌려 보며 좋은 질문을 찾고 그에 대한 대답 적어 보기
- 우리가 생각한 사진이 전하고자 하는 의미 정리하기

[활동 2]

• 사진이 실린 인터넷 기사 및 내셔널지오그래픽에 대한 안내
- 사진의 맥락과 관련된 정보를 알기 전과 후의 생각 비교하기
- 사진을 찍은 의도를 고려하며 다시 사진 읽기
- 복합양식 매체 자료의 의미 이해로서 '사진의 의미를 읽는 방법' 정리하기

• **성취수준 예시**

상	사진에 나타난 여러 복합양식 요소들과 맥락 정보를 토대로 의미를 추론하여 사진의 의미를 깊이 있게 해석할 수 있다.
중	사진에 나타난 여러 복합양식 요소들을 토대로 사진의 의미를 어느 정도 해석할 수 있다.
하	사진에 나타난 여러 복합양식 요소들을 찾을 수는 있으나 사진의 의미 해석으로 잘 연결하지 못한다.

활 | 동 | 1

1. 이미지의 의미 읽기

이미지는 포함하고 있는 정보나 표현 방법에 따라 다양한 방식으로 의미를 전달합니다. 다음 물음에 답하여 봅시다.

❶ 사진을 보고 빈칸에 자신의 생각을 적어 봅시다.

[사진을 설명해요]

[사진이 궁금해요]

©Joel Sartore

[사진작가에게 질문해요]

[사진작가에게 질문해요]

❷ 모둠 친구들과 돌려 읽으며 친구들이 만든 질문에 답하여 봅시다.

- 사진의 의미를 확인하기에 좋은 질문을 골라 스티커를 붙여 보세요.
  (여러 개의 질문을 선택할 수 있어요.)
- 빈 공간을 활용하여 선택한 질문에 대한 여러분의 대답을 적어 보세요.
  (내가 사진작가라면 이런 대답을 할 것 같아요!)

❸ 사진에 대하여 질문한 내용과 친구들이 질문에 답한 내용을 생각하며 사진이 전하고자 하는 의미를 생각해 보고, 그렇게 생각한 이유도 적어 봅시다.

사진의 의미	(하자 / 한다.)
이유	

활 | 동 | 2

❹ 이 사진과 관련된 홍보 영상(https://www.youtube.com/embed/Sd6gx5oVoS8)과 기사("더 늦기 전 함께 #SaveTogether…'내셔널지오그래픽 展'", http://edu.donga.com/?p=article&ps=view&at_no=20180406113431628846)를 보고, 사진작가가 의도한 사진의 의미를 확인해 봅시다.

(하자 / 한다.)

❺ 다시 한 번 사진을 보고, 사진작가가 의도한 사진의 의미와 관련지어 해석될 수 있는 부분을 찾아봅시다.

❻ 활동한 내용을 토대로 사진의 의미를 읽는 방법을 정리해 봅시다.

2) 매체 텍스트의 재현에 대한 비판적 이해

매체 텍스트의 재현에 대한 비판적 이해는 매체 교육의 핵심 내용 중 하나이다. 일상생활에서 쉽게 접할 수 있는 지역 축제 홍보 영상 또는 국가 관광 홍보 영상을 찾아 영상 속 장소가 어떻게 재현되는지를 분석해 볼 수 있다. 또한 학교 혹은 학생들 연령대의 어린이나 청소년을 다루는 영상을 만든다고 상상하면서, 기존의 매체에서 재현된 학교의 이미지나 청소년에 대한 이미지와 다른 새로운 재현을 구상하면서 자신들이 전달하고 싶은 의미 있는 메시지를 생각해 볼 수 있다.

아래는 호주 어린이 텔레비전 재단에서 제공하는 미디어 재현에 대한 학습 내용을 수정해 제시한 것이다.

매체 자료의 재현 이해

1. 장소의 재현

특정 지역이나 국가의 홍보 영상을 찾아 살펴봅시다.

1) 홍보 영상에서 재현된 건물을 찾아보고, 그 건물을 묘사하기에 적합한 2~3개의 관형사 혹은 형용사를 적어 보세요.

2) 해당 홍보물에서 재현된 지역을 묘사하기에 적합한 2~개의 관형사 혹은 형용사를 적어 보세요.

3) 이러한 재현을 구성하기 위해 사용된 시각적 요소와 청각적 요소에 대해 생각해 보고, 이 장소들이 어떻게 다르게 묘사되었는지 적어 보세요.

	건물	도시
음악		
대화		
카메라 쇼트		

2. 아이디어의 재현

학교생활에 대한 새로운 텔레비전 프로그램을 개발한다고 상상해 보세요.

1) 화면에서 학교를 어떤 곳으로 보여 줄 계획인가요?(예: 즐거운, 지루한, 마법 같은, 무서운 곳 등)

2) 영상을 보는 수용자들이 학교에 대해 어떻게 느끼기를 원하나요?(예: 재미있게, 흥미롭게 등)

3) 여러분이 제작할 학교에 대한 텔레비전 프로그램에서 사용될 학교 건물에 대한 재현을 하나의 설정 샷으로 간단히 스케치해 보세요.

3. 사람의 재현

1) 우리가 보는 이 영상 클립에서 여러분 나이의 사람들이 정확하게 재현되었나요? 왜 그렇게 생각하나요?

2) 텔레비전에 나오는 청소년들의 모습에 대한 고정관념에는 어떤 것들이 있나요?

3) 만약 여러분이 여러분 연령대의 청소년 집단에 대한 프로그램을 만든다면, 청소년에 대한 여러분의 재현을 통해 공유하고 싶은 핵심 아이디어를 세 가지 적어 보세요.

(1)

(2)

(3)

(출처: https://www.actf.com.au/education/resources/id/10491)

3) 신뢰할 수 있는 뉴스 찾기

신뢰할 수 있는 뉴스를 찾는 것은 정보 검색의 시작이다. 다음은 미국의 커먼센스미디어(Common Sense Media)에서 개발한 신뢰할 수 있는 뉴스 찾기 활동이다. 서울대팩트체크센터 등 팩트체크 전문기관에서 검증한 최신 뉴스 사례를 찾아보고, 신뢰할 수 있는 정도가 다른 뉴스들을 선택해 활용할 수 있다.

뉴스일까? 가짜뉴스일까?

√ 다음의 체크리스트를 이용하여 온라인에서 찾은 정보의 신뢰성을 평가해 봅시다.
(뉴스를 세 가지 골라 평가합니다.)

인터넷 자료 검증 체크리스트

√ 꼼꼼히 읽기: 말이 되나요? 믿을 수 있나요?
- 텍스트를 읽으면서 텍스트의 특징과 웹페이지를 분석해 핵심 아이디어를 찾으세요.
- 놀라운 점, 믿기 어려운 점 또는 강한 감정적 반응을 불러일으키는 부분에 표시를 하세요.

√ 출처 분석하기: 신뢰할 수 있고 편견이 없는 출처에서 나온 정보인가요?
- 사이트를 탐색하고 웹에서 정보 검색을 해서 사이트 소유주와 저자에 대한 정보를 찾으세요.

√ 증거 보강하기: 같은 사실을 말하는 신뢰할 수 있는 또 다른 출처가 있나요?
- 읽은 내용의 핵심 아이디어와 주요 사실들이 다른 신뢰할 수 있는 사이트에서도 보도가 되었는지 찾아보세요.

	꼼꼼히 읽기	출처 분석하기	증거 보강하기
뉴스 1 뉴스 2 뉴스 3			

이 뉴스는 얼마나 신뢰할 수 있나요? (동그라미 표시하세요.)

가짜뉴스임　　　　의심스러움　　　　신뢰할 수 있음

자신의 대답에 대해 설명하세요.

(출처: https://www.commonsense.org/education/digital-citizenship/lesson/finding-credible-news?check_logged_in=1).

6 매체 교육은 어떻게 평가할까

1) 매체 교육 평가의 주안점

매체 교육의 평가는 상황 맥락과 사회·문화적 맥락을 고려하여 매체를 수용하고 생산하는 능력과 능동적인 태도에 중점을 두어 시행하는 것이 중요하다. 특히, 매체와 관련한 개념이나 지식을 단순히 암기하는 것에 그치지 않고 실제 언어생활 맥락에서 매체를 수용하고 생산하는 능력에 중점을 두어 평가하되, 이 과정에서 국어과의 타 영역과 긴밀하게 통합하여 평가 과제를 구성하는 것이 권장된다(노은희 외, 2022b). 평가는 지필평가와 수행평가로 구분해 적절히 시행하고, 지필평가는 선택형 지필평가와 서술형·논술형 평가의 장·단점을 고려해 시행하도록 한다.

지필평가와 수행평가 등의 공식적인 평가는 교사가 직접 관찰할 수 있는 상황에서 이루어지도록 하는 것이 중요하다. 평가 시 다양한 학습 플랫폼과 디지털 도구를 활용하고, 이로부터 도출되는 학습 데이터를 분석 및 활용하면서 학습자에게 맞춤형 피드백을 제공할 수 있도록 한다. 또한 학습자의 관심과 흥미를 고려하여 학습자가 탐구 활동의 세부 주제나 소재를 직접 선정할 수 있도록 하고, 교사의 평가 이외에도 수행평가의 과정에서 자기 평가나 동료 간 상호 평가를 적극적으로 활용해 학습자가 주도적으로 자신의 수행을 점검하고 조정할 수 있도록 한다. 또한 수행평가를 할 때에는 정규 수업 과정을 벗어난 평가나 일회성 평가를 지양하고, 다차시의 수업과 연계하여 학습자가 성취기준에 도달해 가는 수행 과정을 구체적으로 관찰하고 피드백하는 것이 중요하다.

선택형 지필평가의 한계를 보완하기 위해 서술형·논술형 평가나 구술 평가를 활용하여 학습자의 지식이나 의견을 자신의 언어로 직접 표현하게 함으로써 성취기준에서 요구하는 학습 내용에 대해 보다 종합적인 사고 능력을 평가하는 데 초점을 둔다. 또한 필요한 경우 서술형 평가에서는 성취기준에서 강조하고 있는 지식이나 개념, 원리 등을 간략하게 설명하도록 하고, 논술형 평가에서는 성취기준과 연계하여 주장과 근거를 논리적으로 조직하여 작성하는 능력을 종합적으로 평가할 수 있다. 서술형·논술형 평가나 구술 평가를 활용할 때에는 발문, 보기(또는 자료), 조건 등의 구조를 고려하여 문항을 명료하게 작성함으로써 학습자가 문항을 해석하는 과정에서 혼란이 발생하지 않도록 유의하고, 채점 기준을 세부적으로 작성하여 평가의 타당도와 신뢰도를 확보하도록 한다.

2) 해외의 매체 교육 수행평가 과제 및 평가 기준 사례

(1) 동영상 매체 텍스트 분석

다음은 영국의 '미디어 연구' 과목 평가 항목 중 텍스트 분석을 중심으로 한 평가 과제의 예시이다. 과제는 동영상 매체의 언어와 관습의 기술적 측면이 수용자에게 의미를 전달하는 데 어떻게 사용되는지 분석하는 것으로, 텔레비전 드라마 중 5분 이내의 분량을 4회 재생해 보여 주면서 총 30분 동안 시청하고 필기할 시간을 주고 45분간 작성하는 방식으로 되어 있다. 카메라 숏, 각도, 움직임 및 구도, 편집, 사운드, 미장센의 네 가지 범주에 따라 제공된 구체적인 용어를 사용해 분석할 수 있도록 관련 용어를 제공한다.

과제: 동영상 매체의 언어와 관습의 기술적 측면이 수용자에게 의미를 전달하는 데 어떻게 사용되는지 분석합니다.

[관련 용어]

- **카메라 숏, 각도, 움직임 및 구도**:
  - 샷: 설정 숏, 마스터 숏, 클로즈업, 미디움 숏, 롱 숏, 와이드 숏, 투 숏, 공중 숏, 시점 숏, 오버 더 숄더 숏 및 이들의 변형
  - 각도: 하이앵글, 로우앵글, 캔트 앵글
  - 이동: 팬, 틸트, 트랙, 돌리, 크레인, 스테디캠, 핸드헬드, 줌, 리버스 줌
  - 구도: 프레이밍, 삼분의 일 법칙, 피사계 심도-깊고 얕은 초점, 초점 당기기
- **편집**: 이미지와 사운드의 전환(연속성 및 비연속성 시스템) 포함
  - 자르기: 샷/리버스 샷, 아이라인 일치, 그래픽 일치, 액션 일치, 점프 컷, 크로스컷, 병렬 편집, 컷어웨이, 삽입
  - 기타 전환: 디졸브, 페이드인, 페이드아웃, 와이프, 중첩, 롱테이크, 숏테이크, 슬로우 모션, 줄임표 및 시간 확장, 포스트 프로덕션, 시각 효과
- **사운드**:
  - 다이제틱 및 비다이제틱 사운드, 동기/비동기 사운드, 음향 효과, 사운드 모티브, 사운드 브리지, 대화, 보이스오버, 주소 모드/직접 주소, 사운드 믹싱, 사운드 원근법
  - 사운드트랙: 스코어, 부수적인 음악, 테마 및 스팅, 주변 사운드
- **미장센**:
  - 프로덕션 디자인: 로케이션, 스튜디오, 세트 디자인, 의상 및 분장, 속성
  - 조명, 색상 디자인

(출처: http://media-studies.mrshollyenglish.com/theory/representation).

이 과제의 채점 기준(루브릭)은 다음과 같다.

평가 항목	5	4	3	2	1
설명/주장/분석	• 과제에 대한 뛰어난 이해도를 보임. • 텍스트의 의미를 구성하는 데 기술적 측면이 사용되는 방식에 대한 지식과 이해가 뛰어남. • 주어진 문제를 분명히 해결함.	• 과제에 대해 유능한 이해도를 보임. • 텍스트의 의미를 구성하는 데 기술적 측면이 사용되는 방식에 대한 지식과 이해가 유능함. • 주어진 문제를 적절히 해결함.	• 과제에 대해 만족스러운 이해도를 보임. • 텍스트의 의미를 구성하는 데 기술적 측면이 사용되는 방식에 대한 지식과 이해가 만족스러움. • 주어진 문제와 관련해 해결함.	• 과제에 대한 이해가 제한적임. • 텍스트의 의미를 구성하는 데 기술적 측면이 사용되는 방식에 대한 지식과 이해가 제한적임. • 주어진 문제와의 관련성이 제한적임.	• 과제에 대해 최소한의 이해를 보임. • 텍스트의 의미를 구성하는 데 기술적 측면이 사용되는 방식에 대한 지식과 이해가 최소한임. • 주어진 문제와의 관련성이 최소한임.
예시 사용	• 주어진 범위에 적절한 사례를 들어 텍스트 분석을 하였음. • 주어진 영역의 범위 모두에 대해 다양한 사례를 제시함. • 주어진 문제에 대한 명확한 사례를 제시함.	• 다양한 텍스트 분석을 통해 핵심을 제시함. • 주어진 영역의 범위 모두에 대해 다양한 사례를 제시함. • 주어진 문제와 관련된 사례를 제시함.	• 일부 텍스트를 분석함. • 몇 가지 예를 제공하지만 네 가지 기술 영역 모두를 포괄하지 않음. • 주어진 문제와 어느 정도 관련된 사례를 제시함.	• 텍스트 분석이 제한적임, • 예시가 제한적이고, 네 가지 영역 모두에 해당하는 예시가 아님. • 주어진 문제와 관련성이 낮은 사례를 제시함.	• 텍스트 분석이 최소한임. • 최소한의 예시를 제시하였고, 네 가지 영역 모두에 해당하는 예시가 아님. • 주어진 문제와 관련성이 최소한임.
개념어 사용	• 개념어 사용이 뛰어남.	• 개념어 사용이 유능함.	• 개념어 사용이 만족스러움.	• 개념어 사용이 제한적임.	• 개념어를 거의 사용하지 않음.

(2) 뉴스 보도와 텔레비전 광고 제작

다음은 캐나다의 미디어리터러시협회(Association of Media Literacy)에서 제시한 뉴스 보도와 텔레비전 광고 제작 수행평가의 평가지이다. 과제는 인터뷰를 기반으로 한 뉴스 보도(동영상) 및 해당 뉴스에 대한 광고 제작이다. 제작은 모둠으로 이루어지며, 참여자 모두의 역할과 각자가 맡은 제작 요소를 명시하도록 요구하고 있다. 평가 요소는 대본, 제작의 가치, 구두 발표의 세 가지인데, 대본과 제작의 가치에 대해서는 모둠 평가를 적용하고, 구두 발표에 대해서는 개별 평가를 적용한다.

대본에 대한 평가는 내용에 대한 것으로, 뉴스 보도에 포함된 인터뷰가 보도하는 내용을 뒷받침하는 근거로서 설득력이 있는지, 5W(누가, 무엇을 언제, 어디서, 왜)의 요소를 갖추고 있는지, 뉴스 보도가 '시작-인터뷰-마무리'의 적절한 구조를 갖추고 있는지 등을 평가한다. '제작의 가치'는 결과물의 완성도에 대한 것으로, 사운드, 로케이션, 카메라 사용, 뉴스와 광고의 코드와 관습 사용, 부분과 전체의 일관성 등을 평가한다. 구두 발표는 학생의 자기 평가에 대한 것으로, 동료 학생들과 모둠을 이루어 제작한 매체에 대해 전체적으로 성찰하도록 요구하며 총 12개의 깊이 있는 질문을 모둠원 간에 나누어 작성하도록 한다. 성찰에서는 이 과제를 수행하면서 어려웠던 점을 구체적으로 설명하고 다시 제작할 기회가 생긴다면 어떤 점을 개선하고 싶은지를 서술하도록 함으로써, 매체 제작 이후의 평가 과정에서 매체 제작의 목적과 주요 사항을 다시 되돌아보도록 유도하고 있다.

뉴스 보도와 텔레비전 광고 제작

평가 루브릭
이름:

대본: (모둠 평가) /20
타이핑 /2
철자나 문법 오류 없음 /5
참여자 모두의 역할과 제작 요소가 분명히 파악됨 /5
이야기/광고에서 사용된 5W(누가, 무엇을, 언제, 어디서, 왜) 모두 설득력 있음 /3
'시작, 인터뷰, 마무리'의 적절한 구조 /5

제작의 가치: (모둠 평가) /30
모든 사운드가 분명히 들림 /5
로케이션이 잘 선택됨 /5
카메라 흔들림이 없음 /5
뉴스/광고의 코드와 관습이 분명히 사용됨 /5
모든 분절 단위의 흐름이 좋음(이상한 클립이나 분실된 요소가 없음) /5
모든 부분이 제 역할을 잘하였음 /5

구두 발표: (개인 평가) 모둠원 수를 4등분하여 각 모둠원이 제작한 비디오에 대해 아래의 질문에 답하시오. /20

- 대본을 쓰는 데 어려운 점이 무엇이었나요? 설명하세요.
- 비디오로 이야기를 제작하는 능력에서 어려운 점이 무엇이었나요? 설명하세요.
- 광고를 제작하는 능력에서 어려운 점이 무엇이었나요? 설명하세요.
- 여러분이 만든 이야기에서 핵심 사실로 제시되었어야 하는 것이 무엇이라고 생각하나요?
- 만약 모둠에 더 많은 사람을 포함할 수 있었다면 누구를 인터뷰하고 싶었나요?
- 기술적 이슈로 인해 잘못된 것이 무엇이었나요?
- 여러분의 제작 결과물에 대해 모둠원들이 가장 만족스러운 점은 무엇인가요?
- 여러분이 만든 이야기에서 놓친 정보는 무엇인가요?
- 만약 또 다른 뉴스 이야기를 기록하게 된다면 다음에는 어떤 점을 다르게 하고 싶은가요?
- 텔레비전 뉴스를 만드는 것이 지면 뉴스를 만드는 것에 비해 갖는 장점은 무엇인가요?
- 여러분의 모둠은 방송되는 뉴스에서 왜 그 상품을 팔기로 선택하였나요?
- 그 상품을 누구를 대상으로 광고하였나요, 그리고 여러분의 광고는 그들에게 특히 어떤 호소력을 갖나요?

(출처: 저자 Neil Anderson, https://aml.ca/production-rubrics/).

3부

12

언어 발달

1 언어 발달이란 무엇인가 / 2 언어 발달을 어떻게 볼 것인가 / 3 언어 발달의 조건은 무엇인가

여러분은 언제 처음 말을 시작하였는가? 엄마, 아빠라는 말을 언제 처음 하였는가? 아기가 정확하지 않은 발음이지만, 또 정확한 의미를 알고 사용하는 것은 아니지만 처음 '엄마', '아빠'라는 말을 하였을 때, 부모는 매우 감격한다. 부모는 아기가 자신을 엄마, 아빠라고 부르는 것을 보면서 옹알이 수준을 넘어 이제 알아들을 수 있는 '말'을 하기 시작하였다는 점, 자신들이 엄마, 아빠로 명명됨으로써 부모로서의 정체성을 인정받았다는 점에 신기함과 기쁨을 느낀다. 무엇이 아기로 하여금 엄마, 아빠에게 이런 기쁨을 주게 하는 것일까?

세 살 된 미국 아기가 엄마의 품에 안겨 영어로 재잘대는 모습을 보면서 신기해 한 적이 있다. 지능도, 지식도 아기보다 앞선 어른이 십 수 년 동안 배워도 안 되는 수준의 영어를 아기는 막힘 없이, 어려움 없이 잘도 하기 때문이다. 어떻게 아기가 저리도 영어를 유창하게 잘한단 말인가? 무엇이 아기로 하여금 유창한 언어 능력을 가능하게 하는가?

이 장은 아동의 언어 발달에 대하여 개괄적인 소개를 하는 데 초점이 있다. 아동이 어떻게 언어를 습득하며 발달시켜 가는지, 이러한 현상을 어떤 시각으로 봐야 하는지, 아동의 언어 발달을 위하여 어떤 지원이 필요한지에 대해 알아볼 것이다. 그런데 이 장에서 논의하는 언어 발달 이론은 상당 부분 외국의 연구 성과에 의존하고 있다. 우리나라에서는 아직도 이 방면의 연구가 미진하여 안타깝게도 우리 아동의 언어 발달에 대해 아는 바가 많지 않은 까닭이다. 장차 이 방면의 연구가 좀 더 활발하게 수행되어 우리 아동의 언어 발달 과정과 수준

에 대한 정확하고도 체계적인 이론이 수립되어야 할 것이다.

1 언어 발달이란 무엇인가

1) 발달의 개념과 특성

일반적으로 인간 발달 연구에서 발달의 개념은 '일생에 걸쳐 점진적으로 일어나는 체계적인 변화'(양철수 외, 2018: 12), '수정에서부터 사망에 이르기까지 개인에게서 일어나는 지속적이고 체계적이며 일정한 패턴과 순서를 보이는 변화'로 정의된다(Shaffer/송길연 외 공역, 1999/2000: 1~2). 이러한 정의는 발달이 인간의 전 생애에 걸쳐 연속적으로 일어나는 현상으로 일종의 질서를 가지고 있음을 의미한다. 이는 발달에 원리가 존재한다는 뜻인데, 우선 발달에는 일정한 순서가 있어서 예측이 가능하다는 특징이 있다. 전체에서 부분으로의 발달이 그 예인데, 운동 발달의 경우 머리, 가슴, 팔, 다리의 움직임처럼 전체적인 큰 움직임에서 손가락·발가락의 움직임과 같이 부분적이고 미세한 움직임으로 발달해 간다. 이처럼 발달에 일정한 방향과 순서가 있기 때문에 다음 단계에서 어떤 현상이 나타날지를 예상할 수 있게 된다. 그래서 이러한 원리를 발달의 예측 가능성 원리라고 한다. 언어 발달에서도 일반적으로 소리 발달이 통사 발달에 선행하는 등의 방향성이 있다.

발달은 보편성과 개별성을 양면적으로 가지고 있다. 발달의 보편성이란 어느 시기에 이르면 대부분의 인간에게서 특정한 육체적, 인지적, 정서적, 언어적 특징이 나타나는 현상을 의미한다. 생후 일 년 무렵의 아기가 일반적으로 걸음을 걷기 시작하고 첫 단어를 말하게 되는 것은 발달의 보편성을 보여주는 예이다. 이처럼 대부분 비슷한 시기에 비슷한 행동과 능력, 형태를 보이는 보편성이 있기 때문에 발달 지표(developmental milestones)를 세울 수 있다. 그러나 발달 지표가 누구에게나 한 치의 오차도 없이 발생하는 것은 아니다. 사람마다 발달의 시기와 양상에 차이가 있어서 정상적인 발달의 범위는 넓다. 이는 발달에 개인차가 존재하여 개별성이 있음을 뜻한다. 일반적으로 첫 단어를 말하는 시기가 생후 12개월 즈음이지만, 아이에 따라서는 그 시기가 8개월 혹은 15개월이 될 수도 있다. 보편성과 개별성이 양립 가능하고 발달 지표는 말 그대로 지표에 불과하기 때문에, 보편성에 근거한 발달 지표만을 가지고 아동 발달 수준이나 상황을 재단하는 것은 적절하지 않다.

발달은 선형적이지 않다. 발달은 특정 시기에 특정 영역이 상대적으로 크게 발달하거나 다른 영역에 비해 비대칭적으로 발달하는 양상을 띤다. 생후 6개월까지, 그리고 사춘기 무렵의 아동의 키와 몸무게 등 신체 발달은 다른 시기에 비해 급속하게 이루어진다. 생후 22개월에서 36개월 사이에 아기의 어휘는 폭발적으로 증가한다. 메뉴크(Menyuk, 1999: 7)에 따르면, 16개월 아기가 이해할 수 있는 어휘는 100개인데 36개월 된 아기가 이해할 수 있는 어휘는 4천 개에 이른다. 24개월에서 36개월 사이에 어휘 폭발이 일어나는 것이다. 이 시기 이후 어휘의 성장은 완만하게 이루어지다가 학교 입학을 전후하여 문자를 해득하고 독서량이 증가하면서 다시 폭발적으로 증가한다. 이와 같이 발달은 일직선으로 이루어지기보다는 중대한 국면과 시기를 거치며 이루어진다고 보는 것이 타당하다.

발달은 학습의 영향을 받아서도 발생한다. 발달은 자연적으로 계획된(programmed) 성숙에 의해서도 이루어지지만, 의도적, 비의도적인 학습에 의해서도 이루어진다. 신체 발달은 대부분 성숙에 의해 발생하지만, 언어 발달은 학습과 성숙의 상호작용 효과가 크다. 적절한 시기에 언어 환경에 노출되고 그 환경 속에서 학습 기회가 제공되지 않을 경우 언어 능력의 발달은 이루어지기 어렵다. 언어 발달에서 학습의 중요성을 강조한 사람은 비고츠키(Vygotsky)이다. 그는 근접 발달 영역(Zone of Proximal Development)의 개념을 도입하여 훌륭한 학습은 발달에 선행하여 발달을 추동하는 것임을 분명히 하고 있다. 따라서 언어 발달이 원만하게 이루어지기 위해서는 자연적인 성숙이 잘 일어나도록 지원하는 것과 함께 적절한 시기에 학습 기회를 제공하는 것이 중요하다.

발달이 학습의 영향을 받는다는 것은 발달에 사회적, 문화적, 역사적 맥락이 반영될 수 있음을 의미한다. 아동은 특수한 사회적, 문화적, 역사적 상황 속에 존재하므로 그 상황에서 어떤 학습과 경험을 하느냐에 따라 발달 양상이 달라질 수 있다. 예를 들어, 책의 보급이 보편화되고 텔레비전, 인터넷과 같은 매체의 발달로 문자에 노출되는 빈도와 강도가 증가함에 따라 아동이 문자를 해득하는 시기가 그 이전 시대의 아동보다 빨라졌다. 이는 사회적, 문화적, 역사적 변화가 언어 발달에 영향을 주고 있음을 보여주는 예이다.

발달은 결손이나 불완전한 상태에서 충족되고 완전한 상태로 변화하는 것이 아니다. 아동은 아무것도 할 줄 모르는 무능력한 존재가 아니며, 아동의 머리는 어른이 채워 주어야 하는 백지도, 빈 그릇도 아니다. 아동은 나름의 방식으로 세상을 이해하고, 세상에 대응하며 성장한다. 어떤 사태에 대하여 나름의 가설을 세우고 검증하며 문제를 해결하는 작은 과학자인 것이다. 언어 발달에서도 아동은 미숙하지만 창의적인 지식 구성자이다. 'go'의 과거형을 'went'가 아닌, 한 번도 들어보지 못한 'goed'라고 말하는 것은 아동 나름으로 과거를 말하는 방식에 대하여 가설을 세우고 다른 용례를 통하여 검증한 다음 일종의 규칙으로 인정하였기 때문이다. 아동이 아이러니를 선의의 거짓말(white lie)로 해석하는 것도 담화 상황에서 화자와 청자의 관계에 대한 아동 나름의 이해 방식을 보여 준다. 어지럽혀진 방을 보고 '방 한번 참 깨끗하다'는 엄마의 아이러니를 엄마가 듣는 사람을 생각해서 선의로 거짓말을 하는 것으로 이해하는 현상이 어린 아동에게서 종종 나타난다. 이는 아동이 아이러니를 정확하게 이해한 것은 아니지만 나름대로 화자의 의도와 언어 표현의 관계에 대하여 해석을 내리고 있음을 보여준다. 이런 맥락에서 할리데이(Halliday, 2006: 6~10)는 아동을 기호학적 존재로 표현한다. 비록 어릴지라도 아동은 의미를 이해하고 창조하는 기호적인 힘(semiotic power)을 가지고 있다고 보기 때문이다. 따라서 아동의 발달을 바라볼 때는 그들이 무엇을 할 수 없는가, 어떤 문제점을 갖고 있는지를 찾는 것보다는 그들이 무엇을 할 줄 알고 어떤 가능성을 갖고 있는가에 초점을 맞추어야 한다. 그래야 아동의 성장을 제대로 도울 수 있다.

2) 언어 발달의 내용

아동이 언어를 발달시킨다고 할 때 구체적으로 무엇을 알게 되고 할 줄 알게 된다는 것인가? 브루너(Bruner, 1983: 17~19)는 아동이 언어를 습득한다는 것에는 세 가지 의미가 있다고 보았다. 문법 규칙에 맞게 발화하는 능력, 무언가를 지시하고(refer) 의미하는 능력, 의사소통적 의도를 실현하고 말로 무언가를 성취하는 능력이 그것이다. 이들은 각각 통사 능력, 의미 능력, 화용 능력이라고 볼 수 있다. 그러나 언어 능력에는 이외에도 음운 능력, 문식성(literacy), 상위언어적 능력 등이 있다. 이 장에서는 아동이 발달시켜 가는 언어 능력을 소리를 구분하고 정확하게 발성하는 능력, 단어와 문장의 짜임을 알고 이를 적절하게 구성하는 능력, 단어의 의미를 알고 적절하게 쓰는 능력, 자신의 목적과 상황에 맞추어 언어를 사용하는 능력, 문자언어를 읽고 쓸 줄 아는 능력, 언어에 대한 지식을 가지고 자신의 언어 및 그 사용에 대하여 사고할 수 있는 능력을 포함하는 것으로 볼 것이다.

아동이 말소리의 같음과 다름을 변별하고 표현하고자 하는 소리를 정확하게 조음하여 발성하게 되는 것을 음운 발달이라고 한다. 음운은 뜻을 구분해 주는 언어 단위로, 크게 음소와 운소로 구분된다. '강'과 '방'을 구분해 주는 'ㄱ, ㅂ'이나, '강'과 '공'을 구분해 주는 'ㅏ, ㅗ'와 같은 소리의 단위를 음소라고 한다. 운소는 억양이나 강세, 장단과 같이 음소에 얹혀서 의미를 변별해 주는 것으로, 음소와 달리 독립된 단위로 분절되지 않는다. 생후 1개월 된 아기도 음소를 구분할 수 있으며, 발성 기관이 발달해 감에 따라 /p, b, m/와 같이 소리내기 쉬운 음소부터 시작하여 차차 다양한 음소를 발음할 수 있게 된다. 일반적으로 6-7세 즈음에는 모국어 음소 목록 학습을 완성할 수 있다. 또한 아동은 첫돌이 되기 전에 억양이나 강세의 차이와 변화를 인식할 수 있으며, 다른 사람의 억양이나 강세를 따라 할 수 있게 된다.

아기가 옹알이를 시작하게 되면 기본적으로 '마, 바'와 같은 한 음절의 '자음+모음' 형식의 말소리를 생산하다가, 성장하면서 만 2세 정도가 되면 '모음+자음'(예를 들어, '앙', '옹'), '자음+모음+자음'(예를 들어, '맘', '밥') 형태의 음절을 소리 낼 수 있게 된다. 만 5세쯤 되면 세 음절 이상의 말소리를 낼 수 있고, 6세가 되면 언어 단위로서 음절을 확인할 수 있고 음소를 구분할 수 있다. 시끄러운 환경에서도 음소를 지각하고 이해하는 능력이 발달한다. 명확하지 않은 소리의 흐름에서 말소리를 변별해 내는 이 음소 인식은 인지 발달과 함께 음성적 패턴에 대한 지식이 있기 때문에 가능하다. 아동의 음소 인식 능력은 각운을 맞추는 언어 놀이에서도 확인된다. '리, 리, 리자로 끝나는 말은 개나리, 보따리, 미나리, 유리 항아리' 등과 같은 언어 놀이를 할 수 있게 되는 것이다. 학령기 이후 아동은 문자를 본격적으로 학습하고 인지 발달이 병행되면서 소리와 의미의 관계에 대해 의식적으로 이해할 수 있게 된다.

단어와 문장의 짜임을 알고 이를 적절하게 구성하는 능력의 발달을 형태 발달, 통사 발달이라고 한다. 형태 능력과 통사 능력의 발달은 언어 구조에 대한 지식이 증가하고 이를 바탕으로 언어를 생산할 수 있는 능력이 향상됨을 의미한다. 형태적 지식은 단어를 형성하는 규칙에 관한 것이고, 통사적 지식은 단어와 단어의 결합, 즉 문장 구성의 규칙과 관련된 것이다. 언어 구조에 대한 지식과 그것을 활용하여 문장을 구성하는 능력이 없으면 인간의 언어 능력은 매우 제한적일 수밖에 없다. 인간의 언어 능력은 한정된 문장의 목록을 어휘처럼 머릿속 사전에 저장하였다가 꺼내어 쓰는 것이 아니라, 일정한 생산 규칙에 의해 이전에 들어 본 적이 없는 새로운 문장을 만들어 낸다. 이를 언어의 생산성이라고 하는데, 문장 구성과 구조 규칙은 제한된 수의 어휘를 가지고 무한한 수의 문장을 생산하게 한다. 따라서 능숙한 화자는 단어와 문장을 구성하는 형태적·통사적 능력, 곧 문법 능력을 갖추고 있다.

형태 및 통사 발달이 5세쯤 완성되면 아동은 모국어 화자로서 기본적인 소통 능력을 갖추게 된다. 물론 캐롤 촘스키(Carol Chomsky, 1969)처럼 아동의 언어 발달이 5세에 완성된다고 보지 않는 학자도 있다. 아동은 9세까지 특정한 문장 형태, 예를 들면 '민수는 가르치기 쉽다'(Minsu is easy to teach)와 같은 문장을 이해하는 데 어려움을 겪기 때문이다. 아동은 그 문장에서 가르치기 쉬운 사람이 누구인지, 가르치는 사람이 누구인지를 파악하는 데, 즉 문장의 지시 관계를 파악하는 데 어려움을 겪는다. 또한 주어, 서술어, 목적어를 사용하여 기본적인 문장을 구성하는 능력은 5세 즈음에 완성되지만, 8세까지 대부분의 아동은 대명사를 정확하게 사용하거나 종속절을 자유롭게 구사하는 데 여러 가지 제약을 안고 있다.

아동의 형태소 발달에도 일정한 패턴이 있다. 아동은 명사, 동사와 같은 실질적 의미를 갖는 내용 형태소를 조사나 어미와 같은 문법적 관계를 나타내는 형식 형태소보다 빨리 그리고 쉽게 학습한다. 문법 형태소를 습득하는 순서도 비교적 일정한 경향성을 갖는다. 조명한(1986)에 따르면, 우리나라 아동의 문법 형태소 발달 양상은 영어를 사용하는 아동의 그것과 다르다. 우리나라 아동의 경우 문장 종결어미(~야, ~자), 공존 조사(~랑, ~하고), 장소격 조사(~에), 과거 어미(~었), 미래 어미(~ㄹ), 주격 조사(~이, ~가)의 순서로 문법 형태소를 습득한다. 영어를 사용하는 아동과 반대로 우리나라 아동의 경우 진행형과 수동형의 발달이 가장 늦다. 이는 영어에 비하여 진행형과 수동형 문장을 적게 사용하는 우리말의 특성이 반영된 것으로 해석할 수 있다.

아동의 언어 발달에는 단어의 의미를 알고 이를 적절하게 쓰는 어휘력이 포함된다. 어휘는 언어의 기본 단위로 어휘 지식이 많을수록 언어 능력이 증대된다. 기본적인 통사 능력을 습득한 이후의 언어 능력의 질적 수준은 어휘력에 좌우되는 경우가 많다. 풍부한 어휘력은 유창하고 창의적인 언어 능력의 중핵적 요소로 말하기, 듣기와 같은 구어적 능력뿐만 아니라 읽기와 쓰기 같은 문식성에서도 중요한 관건이 된다. 예를 들어, 독해력을 결정하는 다양한 변인 중 어휘력이 단일 변인으로서는 가장 높은 상관을 맺고 있다는 연구 결과가 시사하는 바와 같이 어휘력은 읽기에서 매우 중요한 요인이라고 할 수 있다.

하나의 단어를 안다는 것은 그 단어의 소리, 의미, 형태, 구조, 쓰임을 안다는 것을 의미한다. 아동은 이 복잡한 단어 학습을 특별한 어려움 없이 수행한다. 아동이 단어를 손쉽게 학습하는 데에는 나름의 비법이 존재한다. 아동은 단어가 대상의 부분이 아니라 전체를 지시한다는 가설(예를 들어, '컵'이 손잡이나 컵 위의 그림을 지시하는 것이 아니라 온전한 컵 자체를 지시한다고 가정하는 것), 단어가 같은 종류의 사물을 지시한다고 보는 분류학적 가설(예를 들어, 개라는 단어를 고양이에는 붙일 수 있으나 개 목걸이에는 붙이지 않는다고 가정하는 것), 단어가 서로 다른 종류의 사물을 가리킨다고 가정하는 상호 배타성 가설(예를 들어, 아동이 인형이라는 단어를 알면 공이라는 단어를 몰라도 인형과 공이 있을 때 인형이 아닌 공을 공이라고 가정하는 것) 등과 같은 원리를 적용하여 단어를 쉽게 학습한다.

아동의 어휘력은 부모나 보호자와의 언어적 상호작용을 통하여 지속적으로 계발된다. 초등학교 입학 이후에는 어휘 폭발이라는 비유적 표현을 사용할 만큼 아동의 어휘는 급속도로 증가한다. 이는 형태적 지식 증가와 관련이 깊은데, 아동은 단어를 구성하는 형태적 정보를 단서로 의미를 추론할 수 있게 된다. 예를 들어, '학원, 학습, 학교' 등의 어휘를 접하면서 '학(學)'이 '배움'의 뜻을 갖는다고 알게 되고, '학'에 대한 단서를 활용하여 '학생'의 의미를 추론할 수 있게 된다. 또 문자를 해득한 아동의 경우 글을 통하여 많은 어휘를 접하게 되는데, 문맥 단서를 활용하여 단어의 의미를 추론함으로써 어휘의 양을 증가시킬 수 있다.

음운 발달이나 문법 발달이 특정 시기에 이르면 멈추거나 완성되는 것과 달리 어휘력 발달은 평생을 두고 지속된다. 청소년기까지는 학교 안팎의 다양한 학습과 경험을 통해서, 성인기 이후는 직무 수행과 같은 다양한 삶의 장면에서 수많은 어휘를 접하면서 어휘를 확장시켜 나가기 때문이다. 일례로 브라이스베르트 등(Brysbaert et al., 2016)에 따르면, 20세 미국인은 평균 4만 2천 개의 단어를 아는데, 60세까지 이틀에 1개 정도로 새로운 단어를 학습한다고 한다.[1]

소리를 낼 수 있고 단어를 알며 문장을 구성할 수 있다고 언어 발달이 완성되었다고 보기는 어렵다. 담화 공동체 속에서 자신의 목적과 상황에 맞추어 실제 언어를 사용할 수 있어야 하기 때문이다. 사회적 상호작용 속에서 언어를 사용하는 능력의 발달을 화용 발달이라고 한다. 화용 발달은 자신의 말이 대화 상대에게 영향을 미친다는 것을 인지하는 것, 의사소통을 통해 무엇인가를 이룰 수 있음을 아는 것, 원하는 것을 이루기 위해 어떤 의도를 가지고 의사소통에 임하는 것을 포함한다.

아동은 갓난아기 때부터 자신의 행동이 다른 사람에게 영향을 미친다는 것을 인식하고, 생후 1년이 되면 의사소통을 하기 위해 의도를 지닌 다양한 행동을 취할 수 있다. 자신에게 주의를 기울이게 하기 위해 다른 사람을 잡거나, 어떤 물건을 갖고 싶을 때 물건 쪽으로 손을 내미는 행동을 하는 것이다. 한 단어 시기가 되면 다양한 의도를 표현하기 위해 여러 가지 형태의 언어를 사용할 수 있게 된다. 다른 사람의 말에 반응해야 한다는 것을 인식하게 되고, 어른의 질문에 답을 할 줄 알게 되며, 억양을 올리면서 질문을 할 수 있고, 남을 부르거나 인사도 할 줄 알게 된다. 이후 아동은 성장 과정에서 다양한 의사소통 목록을 획득해 간다.

1 이때 단어는 사전에 등재되는 형식인 표제어(lemma)를 의미한다.

또한 아동은 언제 대화를 시작하고 마칠 것인지, 어떤 방법으로 대화를 유지할 것인지, 지속적으로 주고받는 대화에서 말 교대(turn-taking)를 어떻게 하는지도 학습한다. 2세 이후 아동은 이전 시기보다는 비교적 긴 대화를 할 수 있게 된다. 이러한 대화 능력은 아동이 대화의 기본적인 규칙을 이해하고 이를 지킬 수 있게 되었다는 것 이외에도 이전의 대화 내용을 기억할 수 있는 인지적 능력을 갖게 되었다는 것을 의미한다. 대화가 자연스럽게 이어진다는 것은 서로 관련 있는 반응을 주고받을 때 가능하므로, 상대방과 자신의 이전 발화를 기억하는 인지적 능력이 필요하다. 대화 규칙과 인지 능력의 발달을 기반으로 아동은 대화 주제를 일관성 있게 끌어가고 대화를 의미 있게 지속하는 능력이 발달하게 된다. 도벌과 에커먼(Dorval & Eckerman, 1984; Hoff/이현진 외 역, 2001/2003: 334에서 재인용)에 따르면, 초등학교 5학년 정도가 되면 대부분의 아동이 대화 주제에 부합하는 이야기를 할 수 있게 된다고 한다.

부모와의 상호작용이나 환경적인 요인이 매우 중요하지만, 구어(oral language)는 의도적이고 인위적인 학습이 수반되지 않아도 발달한다. 그러나 문자언어를 이해하고 표현하는 문식성은 의도적이고 인위적인 학습이 없으면 발달하지 않는다. 문식성은 최근 그 개념이 확대되어 특정 분야에서 성취해야 할 능력이나 소양, 소통 능력을 지시하는 말로 사용되기도 하지만, 기본적으로 쓰인 문자를 해독(decoding)하고 의미를 이해하는 읽기 능력과 자신의 소통 의도를 문자로 부호화(encoding)하여 의미를 구성하는 쓰기 능력을 포함한다.

아동의 문식성 발달은 음성언어의 발달과 밀접하게 관련된다. 예를 들어, 단어는 음소로 구성되며 분절이 가능하다는 것과 국어에서 가능한 음소 배열 패턴을 아는 음운 지식은 초기 문자를 습득하는 데 매우 중요한 역할을 한다. 이러한 음운 지식을 바탕으로 아동은 문자에는 그에 대응하는 소리가 있다는 것, 단어는 자소로 분절된다는 것, '*가*, **가**, **가**'가 각기 다른 모양을 하고 있어도 동일하게 /가/라는 음가를 지닌다는 것 등의 기초적인 읽기 능력을 습득할 수 있다.

의도적인 교육이 중요하게 작용하지만, 아동은 보다 적극적으로 문식성을 발달시켜 간다. 아동은 형식적인 교육이 시작되기 전부터 스스로 문자언어를 발견하는 데 분주하다. 일상적인 환경 속에서 많은 글자를 접하면서 글자를 익히는 데 필요한 기본 토대를 마련하는 것이다. 아동은 단순한 암기나 모방, 반복적인 연습을 통해서가 아니라 언어의 규칙성을 발견하고 그 규칙을 적용하려 애쓰며 독창적인 글자를 만들어 내기도 한다(노명완·이차숙, 2002: 64~65). 문자 체계를 본격적으로 학습하기 이전부터 아동은 점, 선, 그림 등을 이용하여 자신이 말하고자 하는 바를 표현하는 상징적 행동을 하는 것이다. 이는 아동이 문식성을 학습할 때 수동적인 존재가 아니라 환경과의 교섭 속에서 적극적으로 의미를 구성하고 표상하려는 능동적 학습자임을 보여준다.

일반적으로 의도적이고 본격적인 문식성의 계발은 초등학교 입학 후에 이루어진다. 학습자 개인이 처한 상황에 따라 차이가 있지만, 학교에서의 학습을 통하여 단어를 재인하는 수준을 넘어서 텍스트를 이해하고 생산하는 능력을 발달시키게 된다. 그런데 초등학교 저학년 시기에 막힘 없이 글을 읽을 수 있는 유창성이 길러지지 않으면 고등 수준의 문식성이 발달하기는 어렵다. 유창성은 일반적으로 글을 빠르고, 정확하게, 살려 읽는 능력을 의미한다. 유창성은 글을 읽고 의미를 이해하는 독해 능력과 높은 상관관계가 있어서, 유창하게 읽을 수 있어야 글을 잘 이해할 수 있고 고등 수준의 문식성을 계발해 나갈 수 있다(Schwanenflugel & Knapp/서혁 외 역, 2016/2021: 227)는 점에서 초등학교 저학년 단계에서 유창성을 획득하는 것은 중요하다.

문식성의 발달 양상은 읽기와 쓰기로 나누어 살펴볼 수 있다. 읽기와 쓰기는 서로 관련을 맺고 영향을 주고받으면서 발달하지만(Ahmed et al., 2014), 여기서는 읽기와 쓰기로 나누어 초점화하여 살펴보기로 한다. 여러 연구에서 읽기와 쓰기의 발달 단계를 설정하여 제안하였는데, 먼저 읽기 발달의 경우 찰(Chall, 1996)과 천경록(2020)이 대표적이다.

찰(Chall, 1996)은 읽기 발달을 6단계로 나누어 각 단계가 출현하는 시기와 그 시기의 발달 특성을 제시하였다. 이들 단계는 〈표 1〉에서 보는 바와 같이 본격적인 읽기가 시작되기 전 '읽는 척'하며 읽기, 해독하기, 유창성 획득하기, 학습을 위한 읽기, 다양한 자료를 다양한 관점으로 읽기, 목적에 맞게 재구성하며 읽기로 구성된다.

표 1 찰(Chall, 1996)의 읽기 발달 단계

단계	나이/학년	특징
0단계: 읽기 전 '가짜 읽기'	6개월-6세 입학 전	읽는 체하기, 들은 이야기 말하기, 낱자 이름 말하기, 몇몇 기호 인식하기, 자기 이름 쓰기, 책, 연필, 종이 가지고 놀기
1단계: 초기 읽기와 해독하기	6-7세 1-2학년 초	글자와 소리, 인쇄와 구어 단어 간의 관계 알기, 고빈도 단어와 소리와 글자의 대응이 규칙적인 단어를 포함한 단순한 텍스트 읽기, 배운 기능이나 이해한 것으로 새로운 1음절 단어 발음하기
2단계: 해독 입증과 유창성	7-9세 2-3학년	기본적인 해독 요소, 시각 어휘, 의미 맥락의 발전으로 단순하고 친숙한 이야기나 글을 유창하게 읽기
3단계: 새로운 학습을 위한 읽기 A 수준 B 수준	9-13세 4-8학년 4-6학년 7-9학년	새로운 개념을 학습하고, 지식을 구하며, 새로운 감정을 경험하고, 새로운 태도를 배우기 위하여 읽기(일반적으로 하나의 관점을 취함)

4단계: 다양한 관점	15-17세 10-12학년	설명적이고 서사적인 텍스트를 포함한 다양한 범위의 복잡한 자료를 다양한 관점으로 읽기
5단계: 구성과 재구성	18세 이상 대학 및 그 이후	자신의 요구와 목적에 맞는 읽기, 자신과 타인의 지식을 통합하고 종합하여 새로운 지식을 만드는 읽기, 빠르고 효율적인 읽기

천경록(2020)은 찰(Chall, 1996)과 천경록(1999)을 비롯한 읽기 발달에 관한 여러 연구를 종합하여 읽기 발달을 다음 〈표 2〉와 같이 8단계로 구분하였다.

표 2 천경록(2020: 325)의 읽기 발달 단계

독자 발달		독서 발달	독자상	학년	주요 독서 양상	독서 자료나 지도 활동의 주요 특징
유아		읽기 맹아기	잠재적 독자	-K	문자 인식하기 따라 읽기	문자 지각, 해독 시작, 그림책, 글자책, 낱말 카드 등 읽기
어린이 독자	전기	읽기 입문기	유창한 독자	1-2	띄어 읽기 유창하게 읽기	소리 내어 읽기, 해독 완성, 기초 기능, 낭독, 묵독 시작
	중기	기능적 독서기	기능적 독자	3-4	사실적 읽기 추론적 읽기	의미 중심으로 읽기, 묵독 완성, 중핵 기능, 꼼꼼히 읽기
	후기	공감적 독서기	사회적 독자	5-6	공감적 독서 사회적 독서	정서적 반응하기, 몰입하기, 독서 토의·토론하기
청소년 독자	전기	전략적 독서기	전략적 독자	7-8	전략적 독서	목적 지향적 읽기, 점검과 조정하기
	중기	비판적 독서기	비판적 독자	9-10	비판적 독서	잠복된 의도 파악하기, 맥락 활용하기
	후기	종합적 독서기	통합적 독자	11-12	종합적 독서	다문서 읽기, 매체 자료 읽기, 신토피컬 독서
성인 독자		독립적 독서기	자립적 독자	PS	자율적 독서	학업 독서, 직업 독서, 교양 독서

이 연구에 따르면, 읽기 발달은 글자를 인식하는 읽기 맹아기, 해독이 완성되는 읽기 입문기, 본격적인 의미 중심의 읽기가 전개되는 기능적 독서기, 정서적으로 반응하는 공감적 독서기, 목적 지향적으로 자신의 읽기를 조정할 수 있는 전략적 독서기, 텍스트에 내재된 필자의 의도를 파악하는 비판적 독서기, 다문서를 통합하여 읽는 종합적 독서기, 여러 상황에서 자율적으로 읽는 독립적 독서기 단계로 이루어진다. 이러한 읽기 발달 단계는 독자 발달과 연계되며, 단계별로 주요 독서 자료나 지도 방법상의 특징을 갖는다.

쓰기 발달 단계는 베라이터(Bereiter, 1980)를 참조할 수 있다. 이 연구에 따르면, 쓰기 능력은 다음 〈표 3〉과 같이 5단계로 발달하는 양상을 보인다.

쓰기 발달 5단계는 떠오르는 생각을 단순히 문자로 옮기는 단순 연상적 쓰기, 문법이나 문단 구성 방법과 같이 글을 쓸 때 지켜야 할 규범에 맞게 쓰는 언어 수행적 쓰기, 글을 읽을 독자를 인식하고 그를 고려하여 쓰는 의사소통적 쓰기, 필자가 독자의 입장은 물론이고 자

표 3 베라이터(Bereiter, 1980)의 쓰기 발달 단계

단계	특징
단순 연상적 쓰기	머릿속에서 떠오르는 생각을 그대로 글로 옮기기
언어 수행적 쓰기	글쓰기의 규범이나 관습에 맞춰 쓰기
의사소통적 쓰기	독자를 고려하여 쓰기
통합적 쓰기	필자가 독자가 되어 자기 글을 평가하여 다듬는 시기
인식적 쓰기	글을 쓰는 과정에서 반성적 사고를 통하여 새로운 인식을 하는 시기

신의 글을 독자가 되어 판단하고 고쳐 쓰는 통합적 쓰기, 글을 쓰면서 자신과 세상에 대하여 새롭게 인식하고 통찰하는 인식적 쓰기 단계로 이루어진다.

읽기와 쓰기 발달 단계의 구분은 문식성이 어떤 과정을 거쳐 획득되고 정교화되는지를 조망하고 그에 근거하여 교육적 시사점을 도출할 수 있다는 점에서 의의가 있다. 특히, 교육과정에서 내용을 선정하고 조직할 때 문식성 발달 단계를 참조하면 학생의 수준에 적합한 교육을 계획하는 데 유용하다. 그러나 이러한 단계 구분이 절대적인 것은 아니며 단계와 단계가 단절되는 것이 아니라 연계되거나 확장되는 관계라는 점에 유의해야 한다. 특히 쓰기 발달의 경우 단계가 고정적이며 앞 단계의 발달이 완성되어야 그다음 단계의 발달로 이행한다는 관점을 취할 때 교육적으로 문제가 발생할 수 있다. 예를 들어, 맞춤법과 같은 언어 규범에 맞게 쓰는 능력에 해당하는 언어 수행적 쓰기 단계에 도달하지 못하면 다음 단계로 넘어갈 수 없기 때문에 다른 쓰기 지도를 하지 못하는 문제가 생기기도 한다(이성영, 2000: 48).

문식성의 발달이 지식이나 기능과 같은 능력 측면에서만 이루어지는 것은 아니다. 태도와 같은 정의적 영역에서도 발달하기 때문이다. 그러나 읽기나 쓰기 태도의 발달은 능력의 발달과 다른 양상을 보인다. 읽기나 쓰기 능력의 발달이 정체기는 있을 수 있지만 대체로 정적인 방향으로 이루어지는 반면, 태도의 발달은 부적으로 변화하는 양상을 보이기도 한다. 다음 〈표 4〉는 우리나라 초등학생의 읽기 태도를 4점 만점(4점이 읽기를 매우 좋아하는 상태)으로 조사한 한 연구 결과를 정리한 것이다(윤준채·이형래, 2007: 177).

표 4 학년에 따른 학생들의 읽기 태도 점수(평균) 변화

	1학년	2학년	3학년	4학년	5학년	6학년	평균
읽기 태도	3.15	3.18	3.11	3.06	2.90	2.75	3.02

읽기 태도는 1학년보다 2학년이 긍정적인 것으로 나타나기는 하지만, 2학년 이후는 학년이 올라갈수록 부정적으로 변화한다. 3학년부터 점수가 지속적으로 하락하여 5학년부터는 읽기가 싫어지는 상태가 된다. 이러한 추세는 중학생에게서도 지속되어 결과적으로 읽기 태도는 초등학교 2학년 이후 중학교 3학년까지 부적으로 발달하는 모습을 보인다(서수현·정혜승, 2012). 쓰기 태도 역시 읽기 태도와 마찬가지로 학년이 올라가면서 부정적인 방향으로 변화한다(윤준채, 2009). 학년이 올라갈수록 쓰기를 싫어하는 경향이 뚜렷해지고 정도가 커지는 것이다.

읽기와 쓰기 태도 발달의 이런 양상은 우리나라 학생들에게서만 나타나는 것은 아니어서, 외국 학생을 대상으로 한 연구들에서도 비슷한 결과를 보고하고 있다(Kear, 2000). 그렇다면 일반적으로 교육을 받을수록 읽기와 쓰기 능력이 향상되고 계발되는 것과 다르게 읽기와 쓰기 태도가 부정적으로 변화하는 까닭은 무엇일까? 학년이 올라갈수록 읽기와 쓰기를 싫어하는 데에는 여러 가지 원인이 복합적으로 작용하겠지만, 태도가 부정적일수록 읽기와 쓰기를 하지 않으며 이는 결과적으로 문식성 저하로 이어진다는 점에서 학생들의 읽기와 쓰기 태도를 긍정적으로 변화시키기 위한 교육적 노력이 긴요함은 분명하다.

아동의 언어 발달에서 주목해야 할 요소로 상위언어적 능력(metalinguistic ability)이 있다. 상위언어적 능력은 상위언어적 인식(metalinguistic awareness)이라고도 하는데, 언어의 본질과 그 사용에 대해 숙고하는 능력을 의미한다. 상위(meta-)라는 접두사가 암시하듯이, 상위언어적 능력은 언어를 대상으로 관찰하고 분석하고 사고하는 능력이다. 이는 언어 자체에 대한 지식을 가지고 언어 및 그 사용에 대하여 사고할 수 있는 능력으로, 학자에 따라서는 상위언어적 능력을 상위인지(metacognition)의 일종으로 보기도 한다.

상위언어적 능력은 언어의 어떤 부분을 사고의 대상으로 하느냐에 따라 음운 자각, 단어 자각, 통사 자각, 화용 자각 등으로 하위 분류되기도 한다. 상위언어적 능력은 언어생활에서 언어에 대하여 판단하기, 언어의 규칙 적용하기, 잘못되었다고 판단한 언어 수정하기, 언어에 대하여 설명하기, 언어의 단위를 확인하고 구분하기, 언어로 놀이하기 등으로 발현된다. 상위언어적 능력의 발달은 특히 문자 해독 능력을 연구하는 학자들의 관심을 받아 왔다. 단어를 음절로, 음절을 음소로 분절할 수 있는 단어 자각과 음운 자각은 문자를 습득하고 단어를 재인하는 능력의 기반이 되기 때문에 언어를 탈맥락적인 대상으로 사고할 수 있는 상위언어적 능력이 초기 읽기 능력과 깊은 관련을 맺는다고 보는 것이다.

일반적으로 상위언어적 능력은 아동이 언어 형식을 숙달한 후에 나타난다. 아동은 학령 초기에 이르면 그전에는 무의식적으로 사용하던 언어의 형식과 내용에 대해 상위언어적 수준의 인식을 갖게 된다(Owens, 2005: 532~533). 상위언어적 능력이 발달하면 어휘 발달이 가속화되고, 은유와 아이러니와 같은 비유적 언어를 이해하는 능력도 발달하게 된다. 비유적 표현을 이해하기 위해서는 문자적으로 표현된 것과 실제 의미 사이의 괴리, 축자적 의미와 화자의 의미 사이의 괴리를 인식하고, 발화가 이루어진 상황 맥락을 고려하여 적절하게 의미를 해석해 내는 능력이 요구된다(정혜승, 2007). 그런데 언어를 대상으로 하는 사고 능력, 곧 상위언어적 능력이 결여되면 이들 표현을 능숙하게 이해하기 어렵다. 요컨대, 상위언어적 능력은 언어 능력 자체는 아니지만 보다 고차적인 언어 능력을 발달시키기 위해 필수적으로 갖추어야 할 능력이라고 하겠다.

3) 언어 발달 연구의 교육적 시사점

여러분은 황순원의 「소나기」를 언제 배웠는가? 명사, 대명사 등 품사의 개념과 종류는 언제 배웠는가? 「소나기」를 중학교 3학년 때 배운 세대도 있고, 중학교 1학년 때 배운 세대도 있다. 품사를 초등학교 시절에 배운 사람도 있고, 중학교 3학년에 와서 처음 배운 사람도 있다. 「소나기」는 언제 배워야 하는가? 그리고 품사는 언제 가르쳐야 하는가? 교육적으로 의미가 있는 어떤 내용을 가르치고자 할 때 그것을 언제, 어느 정도의 폭과 깊이로 가르쳐야 학습자가 가장 최적의 상태로 학습할 수 있는가? 이는 학습자의 수준을 고려하여 교육하기 위한 교육과정의 위계화와 밀접한 관련이 있는 문제이다. 그런데 이 문제는 아동의 언어 발달에 대한 정확한 정보가 축적되어 있을 때 체계적인 해결 방안을 모색할 수 있다.

국어과는 학습자에게 우리 말과 글을 가르치는 교과이다. 국어과 교육을 효과적으로 수행하기 위해서는 가르치는 내용인 우리 말과 글에 대해서도 잘 알아야 하지만, 교육의 대상인 아동에 대해서도 잘 알아야 한다. 아동이 현재 알고 있는 국어 지식은 어느 정도인지, 실제 말하고 듣고 읽고 쓰는 능력은 어느 정도인지를 알아야 그 수준에 적합한 교육을 할 수 있기 때문이다. 어느 단계에서 어떤 내용을 얼마만큼 가르칠지를 결정하려면 교육과정 내용 자체의 논리적 위계만 고려해서는 안 된다. 아동의 발달 단계도 고려해야 하는 것이다.

이런 맥락에서 이용주(1987: 3)는 "단순히 일정량의 지식이나 기능을 각급 학교별로 또는 학년별로 적당히 등분하여 습득시키는 것으로는 충분한 교과 교육을 할 수 없다"고 하면서, 아동의 "발달 단계에 따라 언어가 어떻게 학습되는지에 대한 연구 결과 얻어진 자료에 기반을 두고 계획되고 실천되어야 한다"고 하였다. 그는 아동의 발달 단계에 대한 자료가 없으면 학교에서 학습시켜야 할 범위와 단계별로 성취되어야 할 수준을 정할 수 없고, 국어과 교육을 바로 계획하고 준비할 수 없으며, 궁극적으로 국어과 교육의 개선도 이루어질 수 없다고 보았다.

그러나 우리는 아동의 언어 발달에 대해 아는 바가 많지 않다. 그간 국어과 교육에서 언어 발달에 대한 연구가 활발하게 이루어지지 않은 까닭이다. 주로 특수교육학, 유아교육학, 인지심리학 분야에서 연구가 이루어져 왔다. 특수교육학 분야에서는 장애 아동을 교육하기 위하여 언어 발달 연구를 수행해 왔다. 5세 이전 영유아 단계의 언어 발달에 대해서는 유아교육학과 인지심리학을 중심으로 연구가 이루어졌다. 그러나 국어과 교육의 대상이 되는 학령기 아동과 청소년의 언어 발달에 대한 연구는 부족한 실정이다. 이는 언어 발달에 대한 연구의 관심이 초기 언어 발달, 즉 아기가 어떻게 언어를 습득하고 그 과정에서 작용하는 요인은 무엇인가를 규명하는 데 있었기에 발생한 현상이다. 그런데 최근에는 생후 5세 이후에도 언어 발달이 지속적으로 이루어지며 이들의 언어가 성인의 그것과 여러 면에서 차이가 있다는 점이 밝혀지면서, 5세 이후 학령기 아동의 언어 발달에 대해서도 연구자들이 관심을 갖기 시작하였다. 그러나 우리나라에서는 아직도 이 방면의 연구가 매우 미진하여 이 장에서 논의하는 많은 내용은 외국의 연구 성과에 의존하고 있다.

이용주(1987)에서 강조한 바와 같이, 국어과 교육이 총체적 또는 단계별 교육 목표와 내용을 설정하는 근거를 가지기 위해서는 어린이로부터 청소년에 이르기까지의 언어 발달에 관한 충분한 연구와 조사가 선행되어야 한다. 언어 발달 연구는 쉽지 않다. 아동에게 관심을 갖고 직접 관찰하고 기록하고 조사해야 하기 때문에 자원과 시간과 노력이 많이 요구된다. 그러나 진정한 학습자 중심의 교육을 하기 위해서는 아동의 언어 발달에 대한 연구를 게을리 해서는 안 될 것이다.

2 언어 발달을 어떻게 볼 것인가

1) 언어와 인지의 관계 측면에서의 관점 차이

학자들이 언어 발달을 바라보는 관점은 다양하다. 인지와 언어의 관계 측면에서 인지 중심적 관점, 언어 중심적 관점, 인지와 언어 상호작용적 관점, 양자의 긴밀한 관계를 인정하지 않는 관점이 있고, 언어 습득 기제 측면에서 선천성을 강조하는 생득적 능력 중심의 관점, 후천적 경험을 강조하는 학습 중심의 관점, 생득적 능력과 학습의 상호작용을 인정하는 관점이 있다.

먼저 인지와 언어의 관계 측면에서 언어 발달을 바라보는 관점은 다음 〈그림 1〉과 같이 도식화할 수 있다.

ㄱ. 인지 발달 ⟹ 언어 발달	ㄴ. 인지 발달 ⟸ 언어 발달
ㄷ. 인지 발달 ⟺ 언어 발달	ㄹ. 인지 발달 ⇠⇢ 언어 발달

그림 1 인지 발달과 언어 발달의 관계 모형

ㄱ은 인지가 언어에 선행하여 발달하며 인지 발달이 언어 발달을 추동한다고 보는 인지 중심의 모형이다. 피아제(Piaget)가 대표적인 학자로, 인지적인 성숙이 어느 정도 이루어져야 비로소 언어가 나타난다고 주장한다. 인지가 언어에 우선한다는 관점은 언어 능력을 발현하는 데 인지적인 요인이 기반으로 작용한다고 보는 것이다. 예를 들어, 보워먼(Bowerman, 1974)은 언어 습득에 필요한 인지적 요소로 다음 네 가지를 제안하였다(Shaffer/송길연 외 공역, 1999/2000: 74에서 재인용). ① 바로 눈앞에 존재하지 않는 대상이나 사건을 표상하는 능력, ② 기본적인 인지 구조와 시공간적으로 관련된 조작 기능의 발달, 행위를 유형으로 분류하는 능력, 대상 영속성과 향상성의 형성, 대상과 행위 사이의 관계 인식, 자신의 지각 공간 구성 능력의 발달, ③ 일반적인 인지 구조와 처리 과정에서 언어 처리 전략을 이끌어내는 능력, ④ 언어 규칙의 구조적 요소로 작용하는 개념과 전략을 형성하는 능력이 그것이다. 이들 요소가 아동이 언어 능력을 갖게 되는 데 필수적인 인지적 선행 조건이라는 것이다. 따라서 인지 중심 관점에 따르면 인지는 언어에 중요한 영향을 미치지만 언어는 인지에 그만큼 중요한 영향을 미치지 못한다.

ㄴ은 ㄱ과 반대로 언어가 인지에 심대한 영향을 끼친다고 생각하는 언어 중심 모형이다. 언어 상대설을 주창한 워프(Whorf)가 대표적인 학자인데, 그에 따르면 언어는 인간의 사유 방식과 세계관을 좌우한다. 눈을 지칭하는 어휘가 많은 에스키모가 다른 언어를 사용하는 사람들보다 눈의 종류를 더 잘 식별하고 구별하는 것은 바로 언어가 사고에 영향을 주기 때

문이라는 것이다. 언어는 세상에 대한 인간의 경험을 해석하는 바탕이고 세상을 향한 창문이므로 어떤 언어를 소유하는가에 따라 인지 체계도 달라진다는 것이다. 이러한 언어 결정론적 모형은 언어 발달에 인지가 미치는 영향보다는 인지 발달에 언어가 미치는 영향을 크게 본다.

앞의 두 모형이 인지와 언어 중 하나의 요인만을 강조한다면, ㄷ은 양자의 상호작용에 주목하는 모형이다. 비고츠키에 따르면, 언어와 인지는 발생론적으로 다른 계통을 가지지만 발달의 어느 시기—대략 2세 즈음—에 이르면 동전의 양면처럼 결합하여 언어적 사고를 형성하게 된다. 발달의 초기에는 인지가 선행하지만, 언어적 사고가 형성된 이후에는 언어를 통하여 인지 발달이 가속화된다. 언어는 사회·문화적 맥락 속에서 부모와의 상호작용을 통해 학습되는데, 이 언어가 사고에 영향을 미치게 된다. 아동이 어른과의 상호작용을 통하여 습득한 언어 구조가 사고의 기본 구조를 형성하게 되는 것이다(Vygotsky/이병훈 외 역, 1934/2021).

ㄱ이 언어에 대한 인지 우위의 입장, ㄴ이 인지에 대한 언어 우위의 입장, 그리고 ㄷ이 언어의 적극적인 역할을 인정하면서 양자의 상호작용을 지지하는 입장이라면, ㄹ은 양자의 긴밀한 관계를 인정하지 않는 입장이다. ㄹ의 입장을 지지하는 대표적인 학자는 촘스키(N. Chomsky)이다. 그는 언어를 인지와 독립된 자율적인 체계로 보고 언어 발달이 인지나 그 밖의 인간의 다른 능력의 발달과 비교적 무관한 것으로 생각한다. 언어와 인지가 어느 정도 상호 영향을 주고받는 것은 사실이지만, 언어 능력은 인지와 별개의 능력으로 언어는 인지와 독립적으로 발달한다고 보는 것이다.

이상에서 살펴본 바와 같이 학자들에 따라 언어와 인지의 관계에 대한 입장은 매우 상이하다. 언어와 인지의 긴밀한 관계를 지지하는 입장, 어느 한쪽의 강력한 영향을 주장하는 입장, 양자 사이의 상호작용을 인정하지 않는 입장이 있는 것이다. 연구가 지속적으로 이루어지고 있음에도 언어와 인지의 관계에 대한 논쟁은 아직까지 진행형이다. 다만 1980년대 이후 본격적으로 등장한 인지언어학의 연구 결과에 따르면, 촘스키의 주장과 달리 언어는 인지와 독립된 자율적인 체계가 아니며 사고에서 중요한 역할을 수행한다고 한다.

2) 언어 습득 기제 측면에서의 관점 차이

언어 습득 기제 측면에서 언어 발달을 바라보는 관점에는 선천성을 강조하는 생득적 능력 중심의 관점과 후천적 경험을 강조하는 학습 중심의 관점이 있다. 아동이 언어를 습득할 수 있게 하는 기제가 무엇인가에 대하여 '인간은 본디 언어를 소유하도록 태어났다'는 생득적 입장과 외부 언어에 노출되고 환경과의 상호작용을 통하여 비로소 언어를 학습한다는 경험적 입장이 있다.

생득적 입장은 촘스키가 제안한 언어 습득 장치(LAD: Language Aquisition Device)와 같이 인간은 언어를 소유할 수 있는 능력을 본유적으로 가지고 있다는 주장을 편다. 연령이 증가함에 따라 육체가 성숙해지는 것처럼 의도적인 학습을 시키지 않아도 언어를 습득하도록 자연적으로 프로그램되어 있다는 것이다(Chomsky, 1981). 생득적 입장을 지지하는 사람들이 내세우는 주된 근거는 언어 습득의 보편성과 생물학적 조건이다. 언어 습득의 보편성은 인간이라면 누구나 언어를 습득하며 인간의 언어는 몇 가지 중요한 특질을 공유한다는 것을 의미한다. 특수한 상황이 아니라면 보통의 경우 모든 인간은 특별한 교육 없이도 언어를 사용할 수 있으며, 표면적으로는 상이해 보이는 언어들이 심층적으로는 유사한 구조를 가지고 있다는 것이다. 예를 들어, 대부분의 언어는 시간을 구분하며, 주어와 서술어 등 주요 성분을 통해 명제의 의미를 전달하고, 부정어의 위치가 유사하다는 공통점이 있다.

생득적 관점처럼 언어 능력이 자연적으로 타고나는 것이라면 언어를 습득하는 데 교육이 할 수 있는 역할은 제한적일 수밖에 없다. 언어가 아동이 성숙함에 따라 발달되도록 이미 계획되어 있다면 언어를 잘 사용하도록 하는 교육은 큰 의미를 가질 수 없고, 단지 성숙의 '적절한 시기'가 중요할 뿐이다. 이러한 입장은 아동이 일정 수준으로 성장할 때까지 아동의 읽고 쓰는 능력, 곧 문식성 교육을 행하지 말아야 한다는 성숙주의 이론과도 일맥상통한다. 성숙주의 이론에서는 아동이 읽고 쓸 정도로 성숙할 때까지 문자를 가르치지 말아야 한다고 주장한다. 학습이 가능한 적절한 시기까지 기다려야 한다는 것이다. 성숙주의 이론가들은 아동이 글을 배우기 위해서는 눈과 손의 협응, 연필을 쥘 수 있을 만큼의 악력, 일정 시간 이상 글자를 들여다볼 수 있을 만큼의 주의력과 집중력이 필요한데, 이러한 제반 능력이 발달될 때까지 문자 교육을 유예하고 기다려야 한다고 본다.

언어 습득을 생득적으로 보는 견해에 반대하면서 경험과 학습을 중시하는 관점도 있다. 생물학적으로 언어를 습득할 수 있는 조건이 갖추어진다고 아동이 자동적으로 언어를 습득하는 것은 아니라는 주장이다. 학습을 강조하는 입장에서 볼 때 아동이 언어를 제대로 발달시키기 위해서는 언어에 충분히 노출되어야 한다. 아동이 성장하면서 언어적 경험을 하지 못하면 언어 능력은 발달하지 않는다. 뜻밖의 사고나 불우한 환경 때문에 사회와 고립됨으로써 언어에 노출되지 못하고 언어를 전혀 경험하지 못한 채 성장한 아동들—예를 들어, 늑대 소년이나 지니(Genie)—의 경우 언어를 제대로 구사하지 못한다. 아동기에 언어를 경험하고 학습할 기회를 제공받지 못하면 언어 능력은 발달하지 않는 것이다.

언어 습득에서 경험과 학습이 중요하다면 언어 발달에서 교육의 역할이 커질 수밖에 없다. 적절한 시기가 될 때까지 기다리자는 성숙주의 이론과 달리 행동주의 이론은 아동이 학습할 수 있도록 내용을 조직하고 체계적으로 가르치면 이른 시기에도 얼마든지 언어 학습이 가능하다는 주장을 편다. 언제 배우느냐가 중요한 것이 아니라 어떻게 가르치느냐가 언어 발달의 관건이라는 입장이다. 내용을 분절적으로 구성해서 위계적으로 조직하기, 아동에게 적합한 교수·학습 방법을 제공하기, 아동으로 하여금 내용을 반복적으로 연습하게 하기, 평가를 통하여 학습을 확인하기 등의 교육적 처치를 통해 이른 시기의 아동도 언어를 학습할 수 있다는 것이다.

언어 발달에서 생득적 요인과 경험적 요인의 조화를 강조하는 관점도 있다. 피아제의 상호작용 이론과 비고츠키의 사회적 상호작용 이론이 그 예이다. 피아제의 상호작용 이론은 성숙주의와 행동주의 이론의 중간 지점에 위치한다. 그에 따르면, 아동은 자신이 속한 환경과 상호작용하면서 발달해 간다. 아동의 인지에는 일정한 발달 순서가 있지만, 아동은 물리적 환경과의 상호작용 속에서 인지 구조를 형성하고 발전·확장시키는 역동적인 존재이다. 발달에서 아동의 능동성과 주체성을 간과한 행동주의 이론에 비하여 상호작용 이론은 학습자로서 아동의 주체성을 인정한다. 그러나 앞서 언어와 인지의 관계에 대한 관점에서 논의한 바와 같이, 피아제는 언어가 인지 발달 수준에 제한을 받는다는 인지 중심 입장을 견지한다.

비고츠키의 이론은 피아제와 유사하게 발달에서 생득적 요인과 경험적 요인의 상호작용을 인정한다. 그러나 양자의 이론이 변별되는 지점은 사회적 환경과 언어의 역할에 대한 인식이다. 비고츠키는 피아제와 달리 물리적 환경뿐만 아니라 부모나 또래 집단과 같은 사회적 환경이 발달에서 중요한 요인으로 작용한다고 보았다. 또한 인간은 사회적 상호작용을 통하여 습득된 언어를 매개로 사고를 형성함으로써 '사회적인 마음'도 형성한다고 주장하여, 발달에서 언어의 능동적인 역할을 강조한다는 점에서도 피아제의 이론과 차이를 보인다(Vygotsky/조희숙 외 역, 1978/2000). 사회적 상호작용 이론은 아동의 사회적 환경과 그 속에서의 상호작용의 역할을 중시한다는 점에서 언어 교육에 구체적인 방법론적 시사점을 제공한다. 부모와 또래 집단의 언어적 상호작용을 장려하고 아동의 학습 수준을 파악하여 그것을 기반으로 한 단계 더 높은 수준으로 발달할 수 있도록 교육해야 한다는 것이다.

3 언어 발달의 조건은 무엇인가

1) 언어 발달의 생물학적 기초

인간이 다른 동물과 가장 큰 차이를 보이는 것은 언어이다. 언어를 사용함으로써 인간은 문화를 창조, 계승, 발전하고 더 나은 삶을 영위할 수 있다. 물론 꿀벌이나 개미처럼 나름의 의사소통 수단을 가진 동물도 있다. 그러나 인간의 언어만큼 정교한 의사소통 장치를 가진 유기체는 존재하지 않는다. 그렇다면 인간만이 언어를 사용할 수 있고, 성장함에 따라 언어를 발달시킬 수 있는 까닭은 무엇인가?

인간이 언어를 사용할 수 있는 것은 생물학적인 조건이 충족되기 때문이다. 정상적인 말소리를 내기 위해서는 폐·기관·후두(성대)·인두(咽頭)·코·입(혀)·입술 등의 발성 기관이 적절하게 협응해야 한다. 만약 이런 기관 중 일부라도 제 기능을 다하지 못하면 정상적인 발성은 불가능하다. 갓 태어난 아기들이 어른과 같은 소리를 내지 못하는 것도 발성 기관이 아직 발달하지 않았기 때문이다. 신생아의 경우 상대적으로 입보다 혀가 커서 입 안에서 혀를 마음대로 움직이지 못하지만, 시간이 흐를수록 얼굴 뼈가 커지고 입 안 공간이 확대되면서 자유롭게 혀를 움직일 수 있게 되고 다양한 소리를 낼 수 있게 된다.

언어 능력은 발성 기관에만 의존하지 않는다. 보다 중요한 것은 뇌의 역할이다. 뇌에 손상을 입은 사람이 언어 장애를 겪는 경우를 종종 보게 되는데, 이는 뇌의 기능이 언어 능력에 얼마나 결정적인 역할을 하는지를 보여주는 증거이다. 인간의 뇌에는 언어 능력을 담당하는 부위가 있다. 뇌와 언어 능력의 관계를 연구하는 학문을 신경언어학이라고 하는데, 이들 분야의 연구에 따르면 좌반구에 손상을 입은 환자는 언어 처리에 심각한 문제가 발생한다. 예를 들어, 브로카(Broca) 영역이 손상된 환자는 문법(통사) 능력에 문제가 생기고, 베르니케(Wernicke) 영역이 손상된 환자는 의미 있는 말을 산출하는 데 어려움을 겪게 된다.

과학 기술이 발달하면서 자기공명영상촬영법(MRI)과 같은 첨단 기법을 이용해서 언어를 사용하였을 때 뇌의 특정 부위가 활성화되는 것을 측정하여 뇌와 언어 능력의 관계를 연구하기도 한다. 이는 인간이 어떤 언어 행위를 할 때 활성화되는 뇌의 부위가 있다면 그 부위가 그 언어 행위나 능력을 관장하는 영역이라고 유추하는 것으로, 뇌의 활성화 정도는 혈액이 산소를 소모한 정도로 측정한다. 언어 능력과 관련된 최근의 뇌 연구에 따르면, 과거 이론에서 주장한 것과 달리 좌반구와 우반구의 기능이 단순하게 구별되기보다는 다양한 뇌 부위가 다양한 언어 능력에 관여한다고 한다. 예를 들어, 사람이 단어를 들을 때, 볼 때, 말할 때, 만들어 낼 때 활성화되는 뇌의 부위는 각기 다르게 나타난다(Hoff/이현진 외 역, 2001/2003: 43)고 한다. 그러나 언어를 국지적으로 특화하여 관장하든, 상보적으로 관장하든 뇌가 언어 발달에 매우 중요한 토대가 되는 것은 분명하다.

2) 개인차와 언어 발달에 영향을 미치는 요인

언어 습득과 발달을 위한 생물학적 기초가 마련되었다고 해서 모든 사람이 동일하게 언어를 잘 사용하게 되는 것은 아니다. 13년에 걸쳐 83명의 아동을 종단적으로 관찰·연구한 하버드 프로젝트에 따르면, 아동의 언어 발달에는 개인차가 존재한다. 영국 아동의 언어 습득 과정을 관찰한 웰스(Wells, 1986) 역시 언어 습득 속도가 가장 빠른 아동과 늦은 아동 사이에는 6개월 정도의 차이가 있다고 보고하고 있다(김진우, 2001: 152~153에서 재인용). 일정한 단계나 틀 안에서의 차이라고 하더라도 아동 개인 간에는 차이가 있는 것이다. 언어를 배우는 방식에도 차이가 있다. 넬슨(Nelson, 1973)에 따르면, 처음 50개의 단어를 습득하는 단계부터 아동의 어휘 습득 방식은 크게 지시형과 표현형 두 가지로 구분된다. 대다수의 아동은 처음 50개 단어의 절반 이상이 무언가를 지시하는 명사를 습득하지만, 일부 아동은 동사나 관용적 표현을 절반 이상 습득한다(김진우, 2001: 152~153에서 재인용). 전자를 지시적 양태, 후자를 표현적 양태라고 하는데, 이와 같이 아동의 어휘 습득 방식은 다르다.

큰 틀로 보면 언어 습득과 발달에 일정한 패턴과 단계가 존재하지만, 미시적으로 보면 개별 아동 사이에 개인차 역시 존재하는 것이다. 그렇다면 이런 개인차는 왜 발생하는 것일까? 개인차가 발생하는 원인을 살피는 것은 언어 발달에 영향을 미치는 요인을 탐색하는 일이 될 것이다. 일반적으로 언어 발달에 영향을 미치는 요인은 생득적 요인과 환경적 요인으로 구분할 수 있다. 생득적 요인에는 성(性), 지능, 성격 등이, 환경적 요인에는 부모의 사회·경제적 수준, 가정환경, 또래 집단 등이 포함된다.

먼저 남녀 성에 따라 언어 발달에 차이가 있을 수 있다. 여자가 남자보다 언어 능력 면에서 앞서고, 언어 습득과 발달의 속도가 빠르다는 것이 일반적인 견해이다. 그러나 성에 따른 차이가 늘 분명하고 일관적인 것은 아니기 때문에 성차를 강조하는 것은 무리가 있다. 지능도 언어 발달에 영향을 미치는 요인으로 간주된다. 지능이 높은 아이의 언어 발달 속도가 빠르고 언어 능력도 우월하다는 것이다. 그러나 성 요인과 마찬가지로 지능 요인에 대해서도 이견이 존재한다. 지능이 유전적인 요인보다 환경적 요인의 영향을 많이 받아 형성되는 것이라는 주장에 따르면 지능을 언어 발달에 중대한 영향을 주는 생득적 요인으로 보기 어렵다. 언어 발달에 영향을 미치는 또 다른 생득적 요인으로 성격을 들 수 있다. 사교적이고 활달한 성격을 가진 아동은 그렇지 않은 아동에 비해 언어 발달이 빠르다. 언어는 다른 사람과의 상호작용을 통해 효과적으로 학습되기 때문에, 사교적인 성격을 가진 아동이 언어를 더 빨리 학습하는 것은 자연스러운 일이다.

인간은 언어 능력을 본유적으로 타고나지만 그것을 원활하게 발현하고 계발하기 위해서는 환경적 요인이 적절하게 뒷받침되어야 한다. 언어 발달에 영향을 미치는 환경적 요인에는 부모의 사회·경제적 수준, 부모와의 언어적 상호작용, 가정의 문식 환경, 또래 집단의 영향 등이 있다.

부모의 사회·경제적 수준이 아동의 언어 발달에 영향을 주는 요인이라는 견해는 여러 연구에서 지지되어 왔다. 부모가 사회적으로 지위가 높고, 경제적으로 풍요로우며, 교육 정도가 높을 때 아동의 언어 발달이 빨라지고 언어 능력도 높다는 것이다(임현주, 2019). 물론 부모의 사회·경제적 지위와 아동의 언어 발달 사이에 강한 상관관계가 있다는 것을 부인하는 주장도 있다. 그러나 어떤 형태로든 부모나 아동이 처한 삶의 조건이 아동의 언어 발달에 영향을 주는 것은 부인할 수 없다.

부모와의 언어적 상호작용은 가장 중요한 언어 발달의 변인이다. 생득적으로 타고난 언어 능력이 발현되기 위해서는 적절한 시기에 양질의 언어적 자극과 상호작용이 주어져야 한다. 야생에서 자라다가 뒤늦게 발견된 늑대 소년이나 언어적 상호작용이 전무한 환경에서 13세까지 자란 지니가 정상적인 언어 사용을 하지 못하는 것은 잠재적인 언어 능력을 발현시킬 환경적 요인이 결여되었기 때문이다. 이는 언어 발달에서 환경적, 교육적 요인이 생물학적 기반 못지않게 중요한 역할을 하고 있음을 보여 준다.

언어 발달은 부모를 비롯한 주변 사람과의 대화의 양과 질에 따라서도 의미 있는 영향을 받는다. 반스 등(Barnes et al., 1983)은 평균 2세 정도인 32명의 어린이를 대상으로 부모와 주변 사람들이 아동의 언어 발달에 주는 영향을 9개월간 관찰하였는데, 어른과 대화를 많이 한 아동은 그렇지 못한 아동보다 말을 빨리 배운다는 것을 발견하였다(김진우, 2001: 152~163에서 재인용). 또한 언어 자극이 많은 가정환경에서 자란 아동은 매일 많은 단어를 반복적으로 경험하기 때문에 그렇지 않은 아동보다 빨리 언어를 배운다(배희숙, 2016: 414). 아동이 가정을 비롯한 주변 환경에서 얼마나 많은 양질의 언어를 경험하는가가 언어 발달에 영향을 미치는 것이다.

가정의 문식 환경은 아동의 구어적 능력뿐만 아니라 문식성을 계발하는 데에도 영향을 미친다. 가정의 문식 환경은 가정에 구비된 책, 책장이나 책상과 같은 물건, 부모나 가족과 책을 읽고 나누는 활동 등을 뜻하는데, 어떤 문식 환경에서 성장하는가에 따라 아동의 문식성 발달이 촉진될 수도 있고 지연될 수도 있다(정혜승, 2014). 문식성은 의도적인 학습에 의해 본격적으로 발달하지만 문자에 노출되는 시기와 빈도, 다양한 형태와 수준의 읽기와 쓰기 경험에 의해서도 영향을 받기 때문이다. 가정에 아동이 읽을 만한 수준의 책을 포함하여 다양한 책이 있어서 아동이 언제든 쉽게 읽을 수 있고 부모나 형제가 즐겨 책을 읽는 모습을 자주 보이는 환경은 아동의 문식 활동을 장려하고 촉진한다. 또한 부모가 자녀에게 책을 읽어 주고, 모르는 내용을 설명해 주며, 읽은 내용에 대해 대화를 나누는 것은 아동의 문식성을 계발하는 데 긍정적인 영향을 미친다(나종혜·손승희, 2018).

문식성의 발달이 가정의 문식 환경에서 영향을 받는 것처럼, 유아나 학생이 생활하고 학습하는 교실의 문식 환경에서도 영향도 받는다. 교실에 문자를 포함한 다양한 책이나 자료를 풍부하게 구비하고, 학생의 읽기와 쓰기 활동을 장려하며, 학생이 독자와 필자로서 소통하는 의미 있는 경험을 제공하는 환경을 조성하는 것은 문식성을 계발하고 읽기와 쓰기에 대한 긍정적인 태도를 형성하는 데에도 기여할 수 있다(김정화·이문정, 2007; 정혜승, 2018).

또래 집단도 언어 발달에 영향을 준다. 라보프(Lavov, 1970; Hoff/이현진 외 역, 2005/2007에서 재인용)는 아동은 5세까지는 부모의 영향을 받으며 기본적인 문법을 형성하고 머릿속 사전(mental lexicon)을 형성하지만, 5세부터 12세 사이에는 또래 집단의 말을 배운다고 하였다. 일례로 이 시기에 해당하는, 영국에 거주하는 카리브 후예 아동들이 동료 집단의 소속감이나 흑인 정체성을 표현하기 위하여 사회에서 낮게 인식되고 부모들이 싫어함에도 불구하고 자메이카식 발음을 사용하는 것도 또래 집단의 영향이라고 볼 수 있다.

유아기에 기초적인 수준의 언어 능력을 숙달한 이후 아동은 보다 고등 수준의 언어 능력을 필요로 한다. 다른 사람과 소통하기 위해 해석이 가능하도록 명료한 담화를 생산하고, 다른 사람이 생산한 담화를 정확하게 이해하고 추론하며 비판적으로 평가하고, 자신의 목적에 맞게 창의적으로 활용하는 능력이 요구되는 것이다. 또 다른 사람의 입장과 관점을 고려하고, 담화가 이루어지는 상황 맥락을 파악해야 한다. 이러한 능력은 단지 언어 능력만으로 성취되는 것이 아니다. 고등 수준의 언어 능력을 발달시키기 위해서는 일정 수준 이상의 인지 능력과 상위인지 능력, 세상사적 지식, 사회적 능력 등이 요구된다.

특정한 화제를 가지고 담화를 구성하기 위해서는 상당한 기억력과 사고력이 필요하다. 예를 들어, 대화를 나눈다고 할 때 사람들은 앞서 이루어진 담화 내용을 기억해야 하고, 필요하다면 그 담화 이전의 담화도 기억해야 하며, 담화 주제와 관련된 지식도 장기 기억에서 적절한 시점에 인출해 내야 한다. 청자든 화자든 담화 상대자를 고려하기 위해서는 피아제식으로 말해서 자기 중심적 사고 수준을 넘어서야 한다. 이는 상대를 고려하는 담화 능력을 갖기 위해서는 일정 수준 이상의 인지적 발달이 수반되어야 함을 의미한다. 또 자신의 발화가 상황에 적절한지, 언어적으로 올바른지, 자신의 담화 목적을 잘 성취해 가고 있는지를 스스로 점검하고 조절하는 상위인지 능력도 요구된다.

언어는 내용과 형식으로 구성된다. 언어의 형식에는 의미라는 내용이 수반되기 마련이다. 언어의 의미는 인간의 머릿속에 있는 거대한 개념 체계, 지식 체계와 무관하지 않다. 흔히 스키마(schema)라고 불리는 지식 체계는 정신적 어휘 목록인 머릿속 사전과 깊은 관련을 맺고 있다. 단어의 의미는 그것이 지시하는 개념 및 지식 체계 속에 그물처럼 얽혀 있기 때문에 어휘력이 풍부할수록 그와 관련된 지식을 많이 가지고 있다고 볼 수 있다. 역으로 백과사전적 지식이 많을수록 어휘력이 풍부하다고도 말할 수 있다. 세상에 대한 해박한 지식, 풍부한 어휘력은 유창하고 능숙하게 언어를 구사하는 데 기반이 되는 요소이다. 그래서 어휘력은 평생을 통해 발달시켜야 할 국어 능력의 중핵적 요소로 간주되기도 한다(김광해, 1995).

언어 발달이 아동 시기에만 이루어지는 것이 아니라 평생에 걸쳐 진행되는 고차적 과업이고 언어는 사회적 상호작용 속에서 작동되기 때문에, 언어 발달이 원활하게 이루어지기 위해서는 사회·문화 공동체가 공유하는 언어문화적 관습과 담화 공동체의 규범을 알고 이에 적절하게 대응하는 능력도 필요하다. 더불어 언어는 사회적 관계 속에서 실현되므로 타인을 고려하고 관계를 원만하게 맺어 가는 사회적 능력도 중요하다. 이는 언어 능력이 언어 자체만의 문제가 아니라 인간을 인간답게 만드는 여타 능력과 긴밀한 연관을 맺고 있고 있음을 시사한다. 촘스키가 생각하듯 언어는 그 자체로 자족적이고 독립적인 단원적(module) 체계가 아니기 때문에, 언어 능력은 인지적, 사회적 능력과 상호 구축적 관계를 맺고 있다. 비고츠키가 발달을 외적 요소와 내적 요소의 얽힘, 그리고 아동이 직면하는 장애를 극복하는 적응 과정으로 특징지어지는 복잡한 변증법적 과정(Cole et al./조희숙 외 역, 1978/2000: 122)으로 이해한 것과 같이, 아동의 언어 능력이 발달하기 위해서는 인지적, 사회적 능력 등 전인적 측면의 발달과 상호 역동적인 관계가 맺어져야 한다.

쉬|어|가|기

최초의 언어 발달 연구는?

언어는 사람과 사람 아닌 것을 구분하는 징표이기 때문에 사람들은 일찍이 언어에 대하여 많은 관심을 보여 왔다. 언어는 어디서 기원하였는가, 다른 동물과 달리 사람들은 어떻게 말을 하게 되었는가 등 언어에 대한 사람들의 관심은 언어에 대한 연구를 촉발하였다. 언어 발달에 대한 최초의 연구는 기원전 600년경 이집트 왕 삼메티쿠스(Psammetichus)에서 비롯되었다고 한다. 그리스의 역사가 헤로도토스(Herodotus)에 따르면 그는 인류 최초의 언어가 무엇인지 궁금해 하였는데, 기원이 되는 언어가 이집트어이기를 내심 기대하였다고 한다. 언어의 기원을 찾고자 한 그는 아기들의 입에서 처음 나온 말이 인류 최초의 말일 것이라고 믿고, 갓 태어난 아기 둘을 동굴에 가둬 세상과 격리하여 관찰하라고 지시하였다. 아기들이 처음 한 말은 터키 지방에서 쓰이던 프리지아어(Phrygian)로 '빵'이란 뜻을 지닌 '베코스(bekos)'라는 단어였다. 그리하여 왕은 인류 최초의 언어를 프리지아어로 믿게 되었다(Hoff/이현진 외 역, 2001/2003: 10). 삼메티쿠스 왕의 실험은 언어의 기원을 밝히려는 목적이 있었지만, 결과적으로 아동이 언어를 습득하는 과정을 연구한 것이기 때문에 최초의 언어 발달 연구라고 볼 수 있다. 그러나 실험을 위해 갓 태어난 아기를 동굴에 가둬 두는 것은 인권의 개념이 없던 고대에 무소불위의 권력을 가진 왕이었기에 가능한 일이었지만, 윤리적으로 매우 합당치 않은 방법이라고 할 것이다.

지니 이야기

1970년 11월 미국 로스앤젤레스 근교에서 13세의 지니가 발견되었다. 지니는 거의 고립된 상태에서 자랐고, 말을 할 줄 몰랐다. 지니가 할 수 있었던 유일한 말은 '멈춰(Stop it)'였다. 정신질환을 앓던 아버지는 지니가 움직이지 못하도록 의자에 묶고 가뒀으며, 소리를 지르면 때리고 먹을 것을 제대로 주지 않았다. 외부와 철저하게 고립된 채 적절한 보살핌을 받지 못한 채 자란 지니는 육체적으로 왜소하고 건강하지 못하였을 뿐 아니라 정상적인 생활 방식을 습득하지 못하였다. 반듯하게 걷지도 못하였고, 딱딱한 음식을 씹기 어려워하였으며, 말을 거의 하지 못하였다. 언어학자와 심리학자들은 지니에게 큰 관심을 보였다. 지니가 언어를 습득하는 데 결정적 시기가 있다는 가설을 검증할 수 있는 기회를 제공한다고 여겼기 때문이다. 그러나 여러 학자들의 보살핌과 지도에도 불구하고 지니는 언어를 제대로 배우지 못하였는데, 4년 동안 100단어 정도만 학습하였을 뿐이다. 지니가 언어를 배우지 못한 것이 결정적 시기를 놓쳐서였는지, 아니면 육체적 손상이나 심리적 상처 때문이었는지는 확실하지 않다.

13

초기 문해 지도 방안

1 초기 문해, 왜 중요한가 / 2 한글의 문자적 특성과 초기 문해 발달은 어떠한가? / 3 한글 교육에서는 어떤 내용을 지도할까 / 4 한글 지도는 어떤 방법으로 할까 / 5 초기 문해, 어떻게 진단하고 중재할 것인가

때로 텔레비전 뉴스에 나오는 어려운 시사용어를 아나운서 못지않게 척척 읽어 내는 어린아이를 보게 된다. 실제로 아이들 대부분은 취학 전에 글자를 읽고 쓸 줄 안다. 그런데 이들을 자세히 살펴보면 뜻을 알고 읽는다기보다는 단순히 소리를 음성화하는 데 그치는 경우가 많다. 그렇다면 과연 글자를 읽고 쓴다는 것의 진정한 의미는 무엇일까?

이 장에서는 초기 문해 지도의 관점을 인식하고, 한글의 문자적 특성과 초기 문해 발달 단계를 살펴본다. 그리고 한글 지도 내용과 방법을 살펴보고, 아이들이 읽기와 쓰기 과정에서 산출하는 오류에 대한 관점을 이해하며, 초기 문해 진단과 바람직한 중재 방안을 제시한다.

이 장을 학습하면서 그동안 초기 문해 지도에 대해 갖고 있던 일반적인 오해를 풀 수 있을 것이다. 또한 교사로서 반드시 알아 두어야 할 유용한 초기 문자 지도 방법을 익히고 활용할 수 있을 것이다.

1 초기 문해, 왜 중요한가

초기 문해는 한평생 문자와 더불어 살아가야 하는 학습자에게 읽기와 쓰기에 대한 기초

기능과 가치관 및 태도를 형성시키는 토대이다. 교육부에서는 2015 개정 교육과정이 시행된 이후 공교육에서 한글 학습을 책임지겠다는 '한글 책임 교육'을 표방하였다. 이는 '한글은 초등학교에 입학하기 전에 깨쳐야 한다'는 기존의 인식을 전환하고자 한 것으로, 학습자의 한글 해득 수준을 진단하고 수준별 맞춤 학습을 제공하도록 함으로써 그 책임을 강조하고 있다.

그리하여 한글 책임 교육이 초등학교 현장에 자리 잡게 되었다. 한글 학습 시간을 증배하여 초등학교에서 한글을 체계적으로 배울 수 있도록 함으로써 한글 선행 학습의 부담을 줄이겠다는 의지를 담았다. 또한 1학년 1학기에는 무리한 받아쓰기, 알림장 쓰기, 일기 쓰기를 지양하도록 안내하고 있다.

초기 문해의 중요성은 네 가지로 제시할 수 있다. 첫째, 초기 문해는 의사소통 능력과 직결되어 사회생활의 통행권으로서 의의가 있다. 사회생활을 하기 위해서는 의사소통 능력이 중요한데, 한글 해득이야말로 의사소통의 기본이 된다(이경화, 2017). 이 시기에 한글 해득에 성공한 경험은 성공적인 사회생활을 위한 긍정적인 태도를 갖게 한다. 반면, 초기 문해 학습에 성공하지 못하면 학습자 개인의 인권과 사회복지 면에서도 문제가 발생할 수 있다

둘째, 초기 문해는 학습 능력을 길러 주고 학교 교육에 적응시키는 역할을 한다. 초등학교에 입학한 학습자에게는 문자 의사소통에 익숙해지는 것이 중요한 과업이다. 읽기와 쓰기 행위는 인간이 고등 사고 능력을 발휘하는 대표적인 활동으로 인정받고 있다(이수진, 2015). 만약 한글을 해득하지 못한 경우 학습 부진이 지속되고 학교생활과 정서적 측면에 부정적 영향을 미치게 된다.

셋째, 초등 저학년 시기에 이루어지는 초기 문해는 학습자가 평생 사용해야 할 문식성 능력을 결정적으로 길러 준다. 학습자에게 초등학교 시기는 문식성을 발달시킬 수 있는 결정적 시기이다. 물론 문식성은 평생에 걸쳐 발달하지만, 발달의 정도나 효율성 면에서는 차이가 있다.

넷째, 초기 문해는 학생들이 친교를 맺고 공동체를 형성하는 데도 영향을 미친다. 이경화·최종윤(2016)은 초기 문해력이 학급 공동체 네트워크를 형성하는 데에도 영향을 미친다고 하였다. 읽기와 쓰기를 잘하는 학생일수록 학급 친구들과 유대 관계를 원활하게 맺고 학급 공동체 네트워크에서 중요한 역할을 한다는 것이 밝혀졌다.

초기 문해(Early literacy)는 '한글 해득'과 동의어로 초기 읽기와 쓰기를 모두 일컫는 말이다. 초기 문해는 대체로 낱말 수준의 읽기, 쓰기 활동을 통해 이루어진다. 즉, 표기된 낱말을 말소리로 바꾸어 그에 해당하는 어휘를 자신의 어휘망(mental lexicon)을 탐색하여 의미와

연결 짓는 능력, 또 음성을 문자로 기록하고 낱말의 의미를 알고 쓸 수 있는 능력을 의미한다.

2 한글의 문자적 특성과 초기 문해 발달은 어떠한가?

1) 한글의 문자적 특성

한글은 여러 문자 중에서도 가장 발전된 형태인 음소문자의 성격을 띠고 있으며 그 과학성과 체계성을 세계적으로 인정받고 있다. 또한 한글은 문자적으로 양면적인 특성을 가지고 있다(송기중, 1994). 한글의 문자적 특성을 제시하면 다음과 같다.

첫째, 한글은 음소문자이다. 음소문자란 글자의 가장 기본이 되는 단위가 음소로 이루어져 있는 문자를 말하며, 이 음소들이 모여서 음절과 단어를 형성한다(이익섭, 2000). 특히 한글은 자음 글자와 모음 글자가 따로 분리되어 있는 전형적인 음소문자라고 할 수 있다. 예를 들어, 영어의 알파벳은 모음 E와 자음 F의 글자 모양만 보아서는 그것이 자음인지 모음인지 구별할 수 없다. 그러나 한글은 'ㄱ'이나 'ㅏ'와 같이 글자 모양만 보아도 그것이 자음인지 모음인지를 금방 알 수 있다.

둘째, 한글은 음절 단위로 모아쓰기 표기를 한다. 음소문자는 보통 영어와 같이 음소를 옆으로 나열해서 쓰는 풀어쓰기를 하는 것이 원칙이다. 반면, 중국어과 같이 글자 하나가 하나의 의미를 형성하는 단어문자의 경우나 일본어처럼 하나의 글자가 하나의 음절을 나타내는 음절문자는 모아쓰기를 한다. 그런데 한글은 음소문자이면서도 음절문자처럼 자음과 모음을 묶어서 한 글자로 쓰는 모아쓰기 방식을 취하고 있다.

셋째, 한글은 표음문자이다. 한글은 표음성이 매우 뛰어난 소리글자로, 모든 언어에서 나타나는 거의 대부분의 소리를 한글의 자음과 모음 글자를 가지고 소리 나는 대로 표현할 수 있다.

넷째, 한글은 표기상 표의주의를 취하고 있다. 표의주의란 언어를 발음하는 대로 표기하는 것이 아니라 그 단어의 뜻을 밝히기 위해서 기본 형태의 원형을 그대로 둔 채 분절하여 표기하는 것을 의미한다. 예를 들어, '밭이'는 본래 표음주의의 원칙에 따라 발음 나는 대로 '바치'라고 표기해야 하는데, '밭'이라는 단어의 의미를 분명히 전달하기 위해서 '밭'과 '이'를 분절하여 '발이'라고 표기한다. 따라서 한글은 글자 표기에서 소리보다는 의미를 더 중요시하는 표의주의를 채택하고 있다.

이상에서 한글의 문자적 특성 안에는 서로 상충되는 점이 있음을 알 수 있다. 한글은 음소문자이면서 음절문자와 같이 모아쓰기를 하고, 표음문자이면서 표기상으로는 표의주의를 채택하고 있어서 언어적으로 양면성을 가진 매우 독특한 문자언어이다.

2) 초기 문해 발달

읽기와 쓰기는 점진적으로 발달해 간다. 어느 날 갑자기 읽기 현상이 출현하는 것이 아니라 점진적으로 발달한다. 따라서 5~6세 무렵에 갑자기 글을 읽을 수 있게 되는 것이 아니라 그 전부터 서서히 발달하는 것이다. 아이들의 쓰기 발달 역시 어느 특정 시점에 갑자기 출현하는 것이 아니라 점진적으로 발달한다. 그것은 마치 나무의 뿌리가 땅속에서 서서히 자리를 잡고 튼튼히 자라나는 것과 비슷하다. 아이들은 자신들의 생활 속에서 서서히 글자에 관심을 가지게 되고, 글자의 기능과 형태, 관습 등을 알게 된다. 그러면서 음성언어와 문자언어를 관계 지으며 서서히 글자를 쓸 수 있게 된다.

(1) 초기 읽기 발달

아동은 초등학교 입학 전부터 읽기를 배운다. 아이들은 부모와 함께 그림책을 읽는 경험, 부모와 형제들이 읽는 것을 보는 경험을 통해 읽기에 관심을 갖게 되며 읽기가 생활에서 매우 중요하다는 점을 인식하게 된다. 또한 읽는다는 것은 그림을 읽는 것이 아니라 그림책 속에 있는 글자를 읽는 것이라는 사실을 알게 되고, 자기 혼자서는 글자를 읽을 수 없다는 사실도 인식하게 된다. 그러다 낱자뿐만 아니라 표지 등도 읽을 수 있게 되며, 상표의 이름도 읽을 수 있게 된다. 어떤 아이들은 낱자와 낱자의 소리를 연결 짓기도 하며, 단어를 만들어 내기도 한다.

그러다가 점차 이전 단계의 아이들과는 다른 형식적인 읽기 지도를 받기도 한다. 이 시기의 읽기 지도는 주로 낱말 공부에 초점이 맞추어져 있으며, 이 시기가 끝날 무렵에는 글을 소리 내어 읽기도 하고 소리 내지 않고 읽기도 한다. 또한 이야기를 어느 정도 이해하게 되며, 다른 사람의 도움을 받지 않고 혼자서 읽기도 가능해진다.

슐츠비(Sulzby, 1989)가 제시한 읽기 발달 단계를 소개하면 다음과 같다.

1단계: 이야기가 형성되지 않은 그림 읽기 단계(그림 지배적 읽기 시기)
① 그림의 명칭을 말하거나 간단하게 해설하는 단계
② 그림이 표현하고 있는 행동을 말하는 단계
2단계: 이야기를 형성할 수 있는 그림 읽기 단계
① 대화체로 이야기를 말하는 단계
② 독백 형식으로 이야기를 말하는 단계
3단계: 문어식으로 읽기를 시도하는 단계
① 문어식 읽기와 이야기 말하기가 혼합된 단계
② 책의 내용과 비슷하게 말하는 단계
③ 단어나 내용을 암기하여 읽는 단계
4단계: 글자 중심으로 읽기 단계
① 글자를 인식하지만 읽을 줄 몰라서 "난 못 읽어요."와 같은 의사를 표현하는 단계
② 아는 글자를 찾아서 몇 개의 글자나 단어에 집중하여 읽기를 시도하는 단계
③ 모르는 글자는 생략하거나 알고 있는 단어로 대체하여 문장과 거의 비슷하게 읽는 단계
④ 거의 정확하게 읽는 단계

(2) 초기 쓰기 발달

아동은 초등학교에 입학하기 전부터 쓰기를 배우기 시작하고, 입학한 후에도 계속적으로 쓰기를 배우면서 마침내 표준적인 글을 쓸 수 있게 된다. 초기 쓰기 단계의 아이들은 그림, 점, 기호, 글자 모양의 상징적 매체를 매우 유동적이고 융통성 있게 활용한다. 쓰기 도구를 계속 탐색하면서 그 기능과 형태와 절차들에 점차 친숙해진다. 그리고 아무렇게나 써 놓은 것은 읽을 수 없다는 사실을 인식하게 된다. 그러나 아직은 남들이 알아볼 수 있는 표준적인 쓰기를 할 수 없기 때문에 계속해서 남들이 알아볼 수 없는 것들을 마치 그리듯이 써 놓는다.

그러다가 점차 맞춤법의 체계를 이해하기 시작하고 창안적 글자 쓰기를 시작한다. 이때 나타내고자 하는 사물의 물리적 속성이나 연령에 따라 글자를 많이 쓰기도 하고 적게 쓰기도 하며, 크게 쓰기도 하고 작게 쓰기도 한다. 대상에 이름을 쓰기 시작하고, 그에 해당하는 소리를 가진 낱자를 찾아 사용하기 시작한다. 창안적 글자 쓰기가 많이 나타나는 것이다. 또한 여러 가지 사회적 상황 속에서 쓰기의 체계를 탐색하고 쓰기의 내적 작용, 즉 의미와 글자의 관계성을 파악하기 시작한다.

이영자와 이종숙(1990)이 관찰한 아동의 쓰기 발달 단계를 제시하면 다음과 같다.

1단계: 긁적거리기 단계
 ① 글자의 형태가 나타나지 않으나 세로선이 나타나는 단계
 ② 글자의 형태는 나타나지 않으나 가로선이 나타나는 단계
2단계: 한두 개의 자형이 우연히 나타나는 단계
3단계: 자형이 의도적으로 한두 개 나타나는 단계
4단계: 글자의 형태가 나타나지만 가끔 자모의 방향이 틀린 단계
5단계: 단어 쓰기 단계
 ① 완전한 단어 형태가 나타나지만 가끔 자모음의 방향이 틀린 단계
 ② 완전한 단어 형태가 나타나고 자모음의 방향이 정확한 단계
6단계: 문장 쓰기 단계
 ① 문장 형태가 나타나지만 부분적으로 잘못도 나타나는 단계
 ② 틀린 글자 없이 완전한 문장 형태가 나타나는 단계

위의 쓰기 발달 단계에서 단계별 구분이 절대적인 것은 아니다. 다만, 유아들의 쓰기 발달은 긁적거리기의 형태부터 창안적 글자를 만들어 보는 시기를 거쳐 결국 표준적인 쓰기로 나아간다. 그리고 유아들은 각기 다양한 쓰기 체제를 실험해 보는 기회를 가짐으로써 쓰기 발달이 촉진된다. 따라서 초기 쓰기 지도는 문자 자체를 쓰도록 하는 것보다는 문자와 친숙해지고 문자를 구성하는 여러 선을 만들어 보는 활동을 중심으로 시작해야 한다.

3) 읽기 오류, 쓰기 오류의 유형

학습자가 소리 내어 읽거나 글씨를 쓸 때 나타나는 오류를 어떻게 볼 것인가? 이러한 오류를 보는 관점에는 '진단 교정의 관점'과 '발달 과정에 대한 정보 제공의 관점'이 있다. 진단 교정의 관점에서는 오류를 잘못된 것으로 간주하고 고쳐야 할 행동으로 본다. 만약 소리 내어 읽는 과정에서 오독이 발견되면 발음 훈련을 해서 오류를 지적하고, 오류가 교정될 때까지 계속 반복 훈련하는 지도를 한다. 반면에, 발달 과정에 대한 정보 제공의 관점에서는 오류를 읽기, 쓰기를 향상시키기 위한 자연스런 발달의 징후로 간주한다. 이 관점에서는 오류를 '읽기 과정, 쓰기 과정을 들여다볼 수 있는 창문'으로 본다. 그래서 오류는 제거해야 할 대상이 아니라 유창한 읽기와 쓰기를 위해 발생하도록 격려하고 도와주어야 할 대상이 된다.

(1) 읽기 오류

학습자가 소리 내어 읽을 때 다양한 오독이 발생한다. 학습자가 산출하는 오독은 읽는

쉬|어|가|기

창안적 글자쓰기

창안적 글자쓰기(invented spelling)는 '발명 철자'라고 불리며, 아동들이 공식적인 쓰기 교육을 통한 관습적 글자쓰기 또는 표준적 글자쓰기를 습득하기 이전에, 아동 나름의 음운 규칙을 구성해 내고 이에 따라 음소(phoneme)와 글자소(grapheme)를 대응시켜 만들어 낸 글자쓰기를 말한다. 아래 예시는 조선하·우남희(2003)에서 제시함.

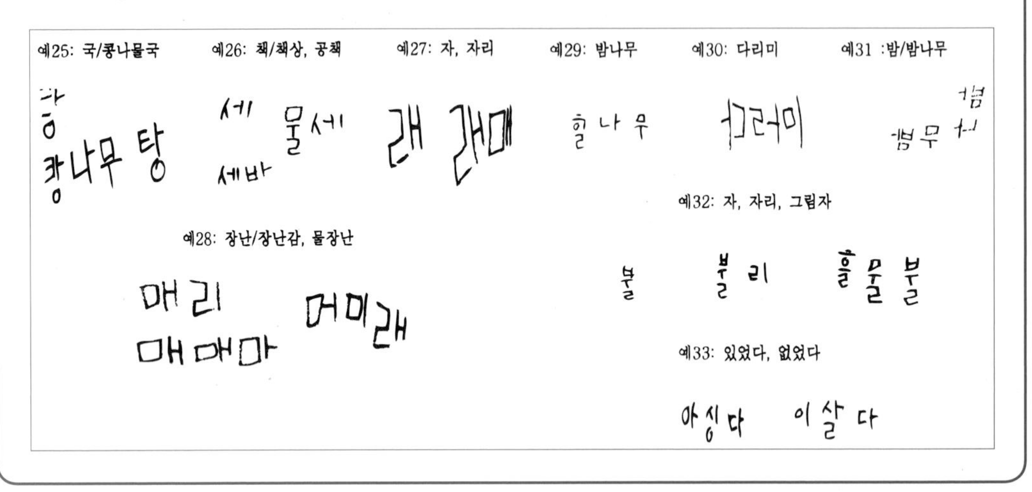

과정에서 그 학습자가 언어에 대해 알고 있는 것은 무엇이고 모르고 있는 것은 무엇인지를 알려 주는 중요한 정보이다. 오독은 개인의 배경지식과 전략에 따라 달라진다. 오독 분석법은 학생의 읽기 과정에서 잘못 읽는 부분을 분석하여 그 학생의 읽기 상태를 평가하는 방법이다.

학습자가 읽을 때 무엇을 잘못 읽는지, 무엇을 삽입하여 읽는지 등을 표시함으로써 학습자가 추측하는 것이 무엇인지, 어떤 의미 구성을 하면서 읽는지를 알 수 있다. 오독 유형 중 ① 무반응, ② 첨가 오류, ③ 생략 오류, ④ 무의미 대치 오류, ⑤ 의미 대치 오류, ⑥ 자기 수정 오류는 기록을 하고 한글 읽기 검사에서 오류 점수로 인정한다. 그러나 ⑦ 반복 오류, ⑧ 떠듬거림 오류, ⑨ 반전 오류, ⑩ 건너뜀 오류는 기록은 하되 점수로 합산하지는 않는 경향이 있다.

오독 분석을 하기 위해서는 교사가 교사용과 학습자용의 예시문 2부를 준비하고 학습자에게 소리 내어 읽어 보도록 하고 녹음을 한다. 학습자가 읽는 중이나 읽은 후에 교사는 교사용 예시문에 체크를 하거나 밑줄을 긋거나 괄호를 치는 방식으로 표시한다. 오독 분석은 누구나 손쉽게 기록할 수 있어야 하고 기록과 채점 방법도 효율적이어야 한다. 그리고 결과를 명료하게 해석할 수 있어야 한다. 오독 분석법의 절차는 준비 단계, 읽기 단계, 평가(분석) 단계로 진행된다.

- 준비 단계: 오독 분석을 받을 학생 선정, 학생에게 제공할 글 선택하기
- 읽기 단계: 읽기가 방해되지 않는 장소 및 자유로운 분위기에서 글 읽기, 학생이 읽기 전에 유의점 알려 주기, 교사가 신속·정확한 결과 기록하기, 읽은 내용을 녹음 및 녹화하기
- 평가(분석) 단계: 읽기 단계에서 얻은 자료를 투입하여 자기 평가를 해 볼 기회를 제공하고 학생이 산출한 오독의 유형 및 원인을 찾아 적절히 처방하기

표 1 오독 분석 평가의 예시

오류 유형 / 이름	무반응	첨가	생략	무의미 대치	의미 대치	자기 수정	기타	종합 의견

(2) 쓰기 오류

쓰기 오류는 아동의 내적 인지 과정을 가시적으로 파악해 볼 수 있는 중요한 근거 자료이다. 아동의 글쓰기와 받아쓰기에서 나타나는 오용은 아동이 발음과 표기의 관계를 파악하고 자신의 생각을 간단한 글로 나타내는 적극적인 과정을 보여 주는 단서라고 할 수 있다. 초기 쓰기 단계에서 많이 보이는 쓰기 오류에 대해 살펴보자.

① 필순 오류

초기 쓰기 단계에서는 글자 쓰기의 기본이 되는 자음자와 모음자를 바르고 정확하게 쓰는 연습이 중요하다. 글자 쓰기는 습관이므로 처음부터 습관을 바르게 잡는 것이 중요한데, 필순을 지키지 않아 글자 모양이 이상한 경우가 종종 있다. 필순 오류는 방향성을 착각하는 경우가 가장 흔하다. 예를 들어, 획의 방향을 위에서 아래로, 왼쪽에서 오른쪽으로 그어야 하는데 반대로 긋는 경우가 있다. 다음으로 가로획과 세로획이 교차될 때는 왼쪽에 쓰는 획이나 위쪽에 쓰는 획을 먼저 써야 하는데 그 순서를 바꾸어 쓰는 경우가 있다. 그리고 받침이 되는 획은 맨 마지막에 써야 하는데 받침이 되는 획을 먼저 쓰고 위에 있는 획을 나중에 쓰는

오류도 있다. 또 획과 획을 구분하지 않고 모두 한 획이나 두 획으로 이어서 쓰는 오류를 범하는 경우도 있다.

필순은 일종의 약속이므로 절대적인 것은 아니다. 그러나 자음자와 모음자를 바르고 정확하게 쓰는 데 최적화된 순서를 정해 놓은 것이므로 가능하면 지키도록 유도하는 것이 좋다. 초기에 자음자, 모음자 쓰기를 배울 때 올바른 필순을 지켜야 쓰기 편하다는 것, 글씨를 예쁘게 쓸 수 있다는 것을 경험하게 하면 좋다.

저학년 학생들은 자음자 비읍(ㅂ), 디귿(ㄷ), 쌍디귿(ㄸ), 쌍비읍(ㅃ) 등을 자주 틀린다.

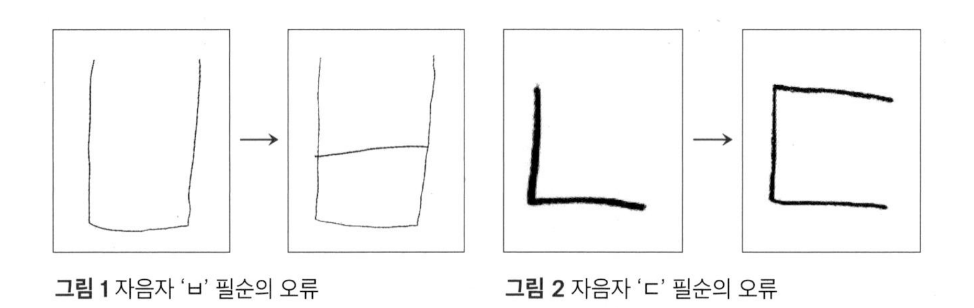

그림 1 자음자 'ㅂ' 필순의 오류

그림 2 자음자 'ㄷ' 필순의 오류

모음자의 경우는 왜(ㅙ), 외(ㅚ), 와(ㅘ), 요(ㅛ), 웨(ㅞ) 등을 자주 틀린다.

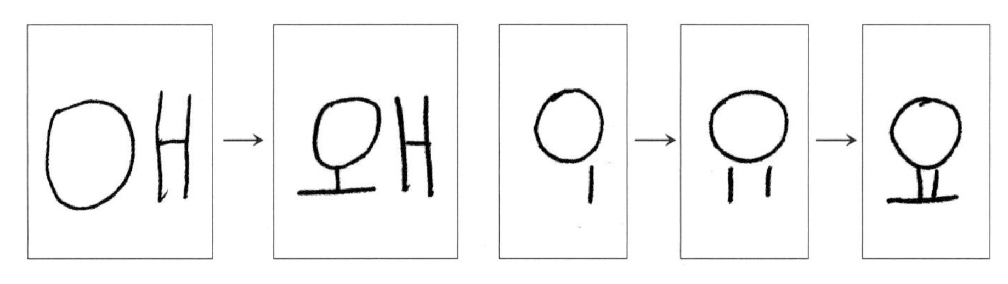

그림 3 모음자 '왜' 필순의 오류

그림 4 모음자 '요' 필순의 오류

② 맞춤법 쓰기 오류

맞춤법 쓰기 오류는 여러 가지로 연구되어 왔는데, 특히 받아쓰기에 대한 연구를 보면 주로 어떤 오류가 발생하는지 알 수 있다. 주로 발음과 표기상의 혼란으로 인한 오용, 대표음으로 발음되는 받침에 대한 이해가 부족하여 생긴 오용, 띄어쓰기의 기본 원칙을 알지 못하여 생긴 오용이 많이 보인다. 대표적인 몇 가지를 소개하면 다음과 같다.

• 소리 나는 대로 쓰기

단어를 소리 나는 대로 쓴다. '밝은'은 '발근'으로, '점잖게'는 '점잔케', '할게'를 '할깨' 등 들리는 대로 쓰는 경우가 많다.

- 잘못된 발음 습관

  평소 잘못된 발음 습관의 영향으로 틀리게 쓴다. '편안한'을 '편한한, 편한안'으로, '어깨'를 '억깨'로 쓰는 경우이다. 또 비표준어 발음이나 구어체 발음으로 틀리게 쓰는 경우도 있다. '선생님'을 '쌤'으로, '그래서'를 '그래 갖고'로 쓰는 경우이다.

- 받침에 대한 이해 부족

  대표음으로 발음되는 받침에 대한 이해가 부족하여 받침을 생략하거나 첨가, 대치하여 쓴다. 특히 겹받침, 쌍받침의 경우 대표음으로 바꾸어 쓰거나 다르게 조합하여 쓰는 경향이 있다. '놓았습니다', '쌓였습니다' 등 주로 ㅎ 받침을 생략하여 쓰는 경우가 많고 'ㅅ'을 'ㅆ'으로, 'ㄲ'을 'ㄱ'으로 잘못 쓴다. 그리고 겹받침의 경우, 닭의 'ㄺ'을 'ㄱㄹ'으로 나타내는 경우도 있다.

- 모음의 혼동

  비슷한 소리가 나는 모음을 바꾸어 쓴다. 모음은 'ㅐ'와 'ㅔ'를 많이 혼동하고 그 밖에 'ㅔ'는 'ㅢ'로, 'ㅚ'는 'ㅟ'로, 'ㅗ'는 'ㅜ'로 잘못 쓰는 경향을 보인다.

  -ㅔ와 ㅐ의 혼동 어깨를 → 어께를 / 헤엄치는 → 해엄치는

  -ㅓ와 ㅕ의 혼동 던져 → 던저/ 뛰어나옵니다 → 뛰여나옵니다.

  -ㅢ와 ㅔ의 혼동 낮에 → 낮의/ 송이버섯의 → 송이버섯에

  -ㅚ와 ㅙ의 혼동 무엇이 될까? →무엇이 돼까? / 외양간 → 왜양간

- 띄어쓰기 원칙에 대한 이해 부족

  띄어쓰기의 경우 대체로 문장의 각 단어는 띄어 쓰지만 간혹 붙여 쓰는 경우가 있다. 특히 단위성 의존명사를 붙여 쓰는 경우가 많다. '두 개'를 '두개'라고 쓰는 경우이다.

맞춤법 지도와 평가의 방법으로 초등학교 전체 학년에 걸쳐 가장 활발하게 이루어지는 학습 활동이 바로 받아쓰기이다. 그동안 받아쓰기는 단순히 문자 습득을 위한 철자 교정에 한정되어 평가의 수단으로 인식되었으며, 주된 활동은 단순히 음성을 문자로 바꾸는 철자법에 관한 학습이었다. 그러나 받아쓰기는 이에 국한되는 것이 아니라 어휘, 표준 발음, 맞춤법 교수·학습 방법이 될 수 있으며, 의사소통에 기여할 수 있는 학습 방법으로서 의의를 가진다.

받아쓰기에도 학습의 단계가 있다. 각 단계를 구분하는 기준은 받아쓸 낱말과 문장의 '의

미 난이도'와 '표기 난이도' 등이 될 수 있다. '의미 난이도'를 기준으로 받아쓰기를 한다면 학습자들이 받아쓸 낱말이나 문장의 의미를 잘 아는 단계부터 시작해서 잘 알지 못하는 단계로 나아가게 된다. 그리고 '표기 난이도'를 기준으로 받아쓰기를 한다면, 음운 변동이 없으면서 받침이 없는 낱말부터 시작해서 음운 변동이 있거나 받침이 복잡한 낱말을 받아쓰는 단계로 나아가야 할 것이다.

받아쓰기의 교육적 의의를 충분히 살리기 위해서는 몇 가지를 고려해야 한다. 첫째, 받아쓰기를 하기 전에 그 목적이 '학습'인지 '평가'인지를 명확히 해야 한다. 받아쓰기를 하는 목적이 '학습'과 '평가' 중 어느 것인지에 따라 많은 차이가 생긴다. 가령, 받아쓰기 활동을 통해서 학생들이 표기의 규칙이나 원리를 익히는 것을 목적으로 한다면 굳이 시험 형태로 받아쓰기를 할 필요는 없다. 교사가 해당 낱말에 대해 설명해 줄 수도 있고, 힌트를 제공할 수도 있으며, 보고 쓰게 할 수도 있다. 한편, 받아쓰기를 통해 표기 능력을 평가하는 것이 목적이라면 평가의 형식을 준수해야 한다.

둘째, 학생들에게 받아쓰기에 대해 충분히 안내해야 한다. 어떤 방식으로 실시할 것이며, 어떤 내용을 대상으로 할 것인가를 밝히는 것이라 할 수 있다. 학생들에게 받아쓰기의 부담을 덜어 주면서 교사가 의도한 효과를 최대한 얻기 위해서는 사전에 충분한 안내가 필요하다.

셋째, 받아쓰기 과정에서 산출되는 오류는 언어 능력의 발달 과정으로 인식해야 한다. 학습자는 불가피하게 학습의 과정에서 오류를 범하게 된다. 이때 오류는 무조건 잘못된 것이 아니라 학습이 일어나고 있다는 것을 증명해 주는 자료가 된다.

받아쓰기의 효과를 높이기 위해서는 받아쓰기 학습에 영향을 미치는 것이 무엇인지를 알 필요가 있다. 받아쓰기는 학습자가 말소리를 듣고 이를 언어적인 규칙을 인식하여 문자로 표기하는 과정이다. 그러므로 그 과정에 영향을 미치는 것이 무엇인지를 알면 받아쓰기 학습의 효과를 극대화할 수 있다.

받아쓰기 학습의 변인으로 들 수 있는 것은 먼저 말소리의 지각과 변별이다. 우선 학습자는 청각기관을 통해 받아들인 정보 가운데 바르게 받아쓰는 것과 관련된 정보에 선택적으로 주의 집중해야 한다. 그리고 선택적으로 지각된 말소리를 보다 정확하게 인식하기 위하여 여러 가지 형식적 틀에 맞추어 조직화를 하게 된다. 이때 낱자 각각의 음가, 글자의 짜임, 발음법, 소리·글자 대응 지식 등이 작용하게 된다. 그리고 이렇게 선택된 정보를 조직하고 해석하는 과정을 거쳐 의미를 형성하게 된다. 말소리의 지각과 변별 과정에서 신경을 써야 할 점은 인지적인 면뿐만 아니라 태도적인 면도 있다. 즉, 상대방의 말을 집중해서 들을 때 말소리의 지각과 변별을 더 잘할 수 있을 것이다.

받아쓰기는 우리나라의 어문 규정 중 두 가지와 관련이 있다. 하나는 받아쓸 낱말이나 문장을 들려주는 사람(주로 교사)이 인식해야 하는 '표준 발음법'이고, 또 다른 하나는 받아쓰는 사람이 생각해야 하는 '한글 맞춤법'이다. 즉, 받아쓰기는 '표준 발음법'에 따라 말을 하거나 글을 읽어 주는 것을 듣고 '한글 맞춤법'에 따라 바르게 표기하는 것이다. 그러므로 표준 발음법에 대한 인식이 있으면 받아쓰기를 하는 데 도움이 된다.

받아쓰기는 문자를 처음 배우는 학습자들에게 어려운 활동이다. 그러므로 국어 수업을 하면서 자연스럽게 학습이 이루어질 수 있게 하고 소리와 표기가 다른 낱말을 학습하는 활동으로 접근할 필요가 있다. 그리고 받아쓰기 과정에서 학습자가 자신의 잘못을 지각하고 이를 적절히 수정해 나가는 과정을 거칠 수 있게 해 주어야 한다. 바르게 쓴 글자를 채점할 것이 아니라 왜 잘못 표기하였는지를 스스로 생각할 수 있게 하여 다음에 글자를 쓸 때 자기 점검을 할 수 있도록 해야 할 것이다.

3 한글 교육에서는 어떤 내용을 지도할까

한글 문해는 낱말을 소리 내어 읽고 의미를 알며 쓸 수 있는 능력이다. 이러한 능력을 갖추기 위해서는 무엇을 지도해야 할까? 여기에서는 한글 해득 과정에 관련된 여덟 가지 요소인 한글 문해 준비도, 음운 인식, 낱자 지식, 글자 소리 대응 지식, 해독, 어휘력, 글자 쓰기, 읽기 유창성에 대해 살펴볼 것이다.

1) 한글 문해 준비도

한글 문해 준비도는 읽기와 쓰기를 하기 전에 학습자가 필수적으로 도달해야 하는 상태를 말한다. 한글 문해 준비도의 학습 요소에는 단어를 인식하고 낱자를 익히는 데 기초가 되는 시·지각 식별과 책의 구성 요소 인식, 도형의 위치 및 형태 변별, 글자 형태 변별, 읽기 방향 인식 등이 포함된다. 시·지각 식별은 시각 변별, 눈과 손의 협응, 도형의 형태 변별, 공간

관계 등 시·지각적 자극에 대하여 구별되는 자질을 인식하는 것이다. 그리고 책의 구성 요소 인식은 책의 앞뒷면 구분, 책 제목 및 역할, 읽기 방향 등에 대하여 인식하는 것이다(Rasinski, 2013).

2) 음운 인식

음운 인식은 소리를 정확하게 듣고 구별하며 결합하는 능력을 말한다. 음운 인식 능력은 해독과 관련되고 이는 초기 문해의 성공과 밀접한 관련이 있다. 해독 능력을 갖추려면 음성 언어가 소리 단위인 음소로 구성된다는 것을 이해하고, 구어 낱말을 음소로 분절·결합할 수 있는 음운 인식 능력이 있어야 하기 때문이다. 음운 인식의 학습 요소에는 음운 인식 과제(단어 수준, 음절 수준, 음소 수준의 수 세기, 합성, 탈락, 대치, 첨가 등), 음운 단기 기억하기(물건, 색깔 이름, 자·모음 이름 등 빨리 말하기), 음운 따라 말하기(일련의 수, 단어 등) 등이 포함된다.

3) 낱자 지식

낱자 지식이란 자·모음 낱자의 모양을 변별하고 자·모음의 이름을 아는 것을 의미한다. 낱자 지식은 읽기 성공 여부를 예측하는 변인 중 강력한 것으로 인식된다(O'conner & Jenkins, 1999). 낱자 지식의 학습 요소에는 자음자·모음자의 모양 알기, 자음자·모음자의 이름과 순서 알기 등이 포함된다. 학습자는 낱자 이름을 말할 수 있는 경우에 글자의 소리를 더 잘 습득한다(Ehri, 1983). 그 이유는 대부분의 자·모음자 이름에는 낱자의 소리를 나타내는 음소가 포함되어 있으므로 낱자의 이름을 아는 것은 낱자 소리를 학습하는 데 도움이 되기 때문이다. 가령, 자음자 ㄱ의 이름은 '기역'인데 자음자의 이름에서 자음자의 소리인 [그]를 유추할 수 있다.

4) 글자·소리 대응 지식

낱자와 말소리를 연결하는 데에는 일정한 규칙이 있는데, 이것을 글자·소리 대응 지식이라고 한다. 각 글자를 알고 쓸 수 있다는 것만으로는 충분하지 않고 글자와 말소리를 연결할 수 있어야 하므로 글자·소리 대응 지식을 학습해야 한다. 글자·소리 대응 지식은 단어 해독의 선행 요건이다. 글자·소리 대응 지식의 학습 요소에는 자음자·모음자에 대응하는 소릿값 알기, 말소리와 낱자 연결하기, 낱자와 말소리 연결하기, 글자의 짜임 알기 등이 포함된다.

5) 해독(decoding)

해독은 글자를 말소리로 전환할 수 있는 능력이다. 한글 문해에서 해독 능력은 무엇보다 중요하다. 읽기에서 해독을 한다는 것은 글자·소리 대응 지식을 활용하여 낱말을 소리 내어 읽을 수 있다는 것이다. 해독의 학습 요소에는 의미 단어를 소리 내어 읽기(글자·소리 일치 낱말, 글자·소리 불일치 낱말), 무의미 단어를 소리 내어 읽기가 포함된다. 글자를 해독하기 위해서는 충분한 소리 듣기가 선행되어야 하고 소리를 구별하고 조작하는 연습이 필요하다. 이러한 연습이 충분한 아이들은 모르는 단어를 읽을 때 글자·소리 대응 지식을 이용하여 소리 내어 읽어 낼 수 있는 해독 능력이 향상된다. 해독 능력이 부족하면 난독증을 의심해 볼 필요가 있다.

쉬|어|가|기

난독증 관련 영화

그림 5 영화 〈지상의 별처럼〉 포스터

난독증은 '듣고 말하는 기능에는 문제가 없지만 문자언어를 판독하고 읽는 데 어려움을 겪는 장애'를 말한다. 난독증을 이해하는 데 도움이 되는 영화로 〈지상의 별처럼〉을 소개한다.

이 영화(2007년)는 인도 영화로 난독증을 겪는 학생과 난독증에 대한 이해를 바탕으로 학생을 변화시켜 가는 선생님의 이야기이다. 난독증을 겪고 있는 주인공 이샨은 미술에 소질이 있지만 학교 수업에 적응하지 못한다. 이때 새로 부임한 미술 교사인 램 니쿰브(아미르 칸) 선생님을 만나면서 조금씩 자신의 가능성을 발견하게 된다.

6) 어휘력

한글 해득은 글자를 발음하고 단어의 의미를 파악하고 쓸 수 있는 능력으로, 단어 재인과 글자 쓰기를 의미한다. 이를 위해 필수적인 것이 바로 어휘력이다. 아동의 구어 어휘력은 단어 재인과 독해력에 영향을 준다(Stanovich, 1980). 한 단어의 의미를 이해하기 위해서 학습자는 문자 기호를 지각하고 그것이 무엇인지를 마음속에 등록된 단어와 연결해야 한다. 이를 어휘망이라고 한다. 어휘망이 풍부한 학습자는 다양한 낱말의 뜻을 이해하고 단어 재인에 성공하지만, 어휘망이 부족한 학습자는 단어 재인에 실패하기 쉽다. 비록 해독을 하였더라도 어휘망이 부족하여 낱말의 뜻을 모르면 단어 재인을 하지 못한다. 어휘력의 학습 요소에는 한글 해득을 위한 기초 어휘, 개별 낱말의 의미, 낱말들 사이의 관계(반의어, 유의어, 상하위어) 등이 포함된다.

7) 글자 쓰기

글자 쓰기는 언어의 음성을 문자로 기록하고 낱말의 의미를 알고 쓸 수 있는 능력으로, 전사와 글자 쓰기(의미)를 의미한다. 전사(transcription)는 언어의 음성을 문자로 기록하는 것으로 덮어 쓰기, 따라 쓰기, 옮겨 쓰기(베껴 쓰기), 듣고 받아쓰기 등을 말한다. 그리고 글자 쓰기(의미)는 자신이 쓰는 낱말의 의미를 알고 글자를 쓰는 것을 말한다. 글자 쓰기의 학습 요소에는 낱자 획순에 맞게 쓰기, 글자 표기 지식(글자 구조 지식: 가형, 고형, 귀형, 강형, 공형, 권형), 전사하기(낱자 쓰기, 낱말 쓰기), 낱말 듣고 받아쓰기, 소리·글자가 일치하는 낱말 쓰기, 소리·글자가 불일치하는 낱말 쓰기 등이 포함된다.

8) 읽기 유창성

읽기 유창성이란 낱말, 문장이나 문단을 빠르고 정확하게 적절한 억양으로 표현력을 살려 소리 내어 읽는 능력을 말한다. 능숙한 독자는 글을 읽을 때 힘을 들이지 않고 쉽고 빠르고 정확하게 단어의 의미를 이해한다. 읽기가 자동화되었기 때문이다. 능숙한 읽기는 읽기의 정확성만으로 되는 것은 아니다. 아무리 정확하게 단어를 읽는다고 해도 읽는 속도가 지나치게 느리거나 빠르다면 문제가 된다. 읽기 유창성의 학습 요소에는 낱말 유창하게 읽기,

문장 유창하게 읽기가 포함된다.

4 한글 지도는 어떤 방법으로 할까

역사적으로 볼 때 국어 교과서에 나타난 한글 문해 지도 방법에는 발음 중심 지도법과 의미 중심 지도법, 양자를 병행하는 균형적 지도법의 흐름이 있지만, 어떤 지도 방법이 최상의 방법인지에 대해서는 아직까지 논란이 있다. 갑오경장 이래 지금까지 한글 문해 지도는 여러 가지 방법으로 행해져 왔고 그 효과에 대해서도 여러 주장이 있었지만, 교사들 사이에서 대표적인 지도법으로 합의된 것이 우리나라에는 아직 없는 실정이다. 한글 문해 지도 방법에는 크게 발음 중심 지도법, 의미 중심 지도법, 균형적 지도법이 있다.

1) 발음 중심 지도법

발음 중심 지도법은 한글을 낱자부터 익히고 점차 글자, 낱말로 확대해 익히도록 하는 방법이다. 한글의 음소와 자음자와 모음자를 관련지어 알게 하고, 음절을 이루는 글자를 만들고, 낱말을 이루는 글자를 익히도록 한다. 이 방법에서는 문자를 소리로 전환하는 해독과, 음운과 철자의 대응 관계를 중요시한다. 발음 중심 지도법은 자모식과 음절식 두 가지로 나눌 수 있다.

(1) 자모식

자모식은 자모법 또는 기역니은식 지도법이라고도 한다. 'ㄱ'에 'ㅏ'를 더하면 '가'가 되고, 'ㅂ'에 'ㅓ'를 더하면 '버'가 된다는 식의 문자 지도 방법이다. 실제 지도에서는 기본 음절표를 활용하여 자모인 'ㄱ, ㄴ, ㄷ, ㄹ …… ㅎ'과 'ㅏ, ㅑ, ㅓ, ㅕ …… ㅣ' 등을 가르치고, 'ㄱ'에 'ㅏ'를 더하면 '가'가 되며 '가'에 받침 'ㄱ'을 더하면 '각'이 된다는 식으로 지도한다. 자모식은 문자라는 집합체를 구조적으로 분석하고 인지할 수 있는 성인 교육에 효과적이나, 추상적 인식 능력이 부족한 학생에게는 다소 어려움이 있다.

(2) 음절식

음절식은 음절법 또는 가갸식 지도법이라고 한다. 한글은 자소와 음소가 1:1로 비교적 정확하게 대응을 이루는 표음문자인 데 비해 표기는 한 음절을 이루는 모아쓰기를 하고 있다. 실제로 발음되는 음절을 단위로 지도하는 방식이다. 이에는 '체계적 자모법'과 '동음절 연상법'이 있다.

체계적 자모법은 음절의 체계적인 조직표인 기본 음절표를 활용하여 먼저 '가갸거겨…' 식의 개음절을 지도하고, 다시 여기에 받침을 덧붙여 폐음절 '각갹걱격…' 등의 음절을 지도한 다음에 문장으로 확장하는 방식이다. 하나하나의 음절을 가르치되 그 음절의 구조와 결합 원리, 그리고 각 자소의 음가를 비교할 수 있도록 분석적으로 가르친다. 한 음절을 자소의 단위까지 분석하여 가르친다는 점에서 자모식과 별 차이가 없으나, 기본 음절표를 사용하여 음절 사이의 자모와 그 자모의 음가를 체계적으로 비교·식별하게 함으로써 자소-음소 대응 관계를 지도한다는 점이 특징이다. 이 방법으로 한글의 특성을 살려 문자 체계를 지도할 수 있다. 그러나 '기본 음절표'의 음절 140개 중 사용하지 않은 음절이 1/3이나 된다는 점을 고려할 때 효율적이지 못하다. 그리고 음운 변화에 따른 발음을 지도하기에 어려움이 있다.

동음절 연상법은 음절을 단위로 새로운 단어를 형성하거나 분석하도록 하는 방식이다. 예를 들면, '우리'라는 단어를 '우유'의 '우'와 '머리'의 '리'로 분석하고 '우' 자와 '리' 자를 결합하여 '우리'라는 단어를 만들어 보는 것이다. 이 방법은 학습 과제의 최소 단위가 음절이지만 기본 음절표를 사용하지 않는다는 점에서 체계적 자모 중심 교수법과 차이가 있으며, 학습 과제의 최소 단위가 '음절'이라는 점에서 의미 중심의 단어식과 구별된다.

발음 중심 지도법의 장·단점을 정리하면 다음과 같다.

표 2 발음 중심 지도법의 장·단점

장점	• 한글 구조에 적합하며 체계적이고 논리적 지도 가능함 • 글자·소리 대응 규칙 지도에 적합함 • 맞춤법 학습에 유용함
단점	• 분석적, 추상적이어서 초기 독자와 초기 필자가 이해하기 어려움 • 학습 흥미와 관심을 유지하기 어려움 • 음운 변동이 있는 낱말의 읽기, 쓰기에 어려움 겪음

2) 의미 중심 지도법

의미 중심 지도법은 단어 또는 문장을 하나의 단위로 제시하여 단어 또는 문장의 의미를 이해하도록 하는 방법이다. 이 방법은 제한된 단어나 문장을 반복적으로 제시하여 익히고 머릿속에 기억해 두도록 하며, 그림을 많이 제시하여 단어나 문장의 의미를 파악하는 것을 중요시한다. 의미 중심 지도법은 단어식과 문장식 두 가지로 나눌 수 있다.

(1) 단어식

단어식은 단어법이라고도 하는데, '아버지', '우리' 등과 같은 단어를 중심으로 지도하는 방식이다. 시각 어휘(sight word)나 학생들이 자주 사용하는 낱말을 낱말 카드 등으로 지도한다. 단어식은 무의미 문자를 기계적으로 암기하는 것보다 진일보한 방식이다. 그러나 모든 글자를 일일이 시각화하여 지도하는 데 어려움이 있다.

(2) 문장식

문장식은 문장법이라고도 하는데, '나는 사과를 먹는다'처럼 문장을 통하여 문자를 지도하는 방식이다. 문장식 지도법은 사물에 대해 이해할 때 전체적 파악이 우선되어야 하며 이를 통하여 부분을 분석해야 한다는 구조주의 철학과 형태심리학의 영향이 반영되어 있다. 전체 구조에 해당하는 문장을 지도 단위로 삼고 있다. 이 방법은 언어 운용의 실제적 단위인 문장을 직접 다룸으로써 생활과 직결되고 학생의 흥미를 북돋울 수 있다는 장점이 있으나, 자소-음소의 연결을 소홀하게 다루기 쉽다.

의미 중심 지도법의 장·단점은 다음과 같다.

표 3 의미 중심 지도법의 장·단점

장점	• 낱말의 발음보다 낱말의 의미에 초점을 둠 • 학습 흥미 유발과 관심 유지 • 읽기, 말하기, 쓰기의 통합 지도
단점	• 정확한 발음이 어려움 • 새로운 낱말이나 문장 학습에 학습 전이가 낮음 • 단어의 의미를 억측하는 경우가 있음

3) 균형적 지도법

균형적 지도법에서 '균형적'이라는 뜻은 아동에게 적합한 지도 방법을 탐색해 가며 계속적으로 변화해 간다는 의미이다. 이 방법은 한글 문해 지도에서 의미 중심 지도법과 발음 중심 지도법의 균형을 고려한다. 균형적 지도법을 활용할 때 고려할 점은 다음과 같다.

첫째, 지도 내용에서 균형을 고려해야 한다. 한글 문해 교육 대상자의 특성이나 발달 수준에 따라 언어 학습 단위 중 어디에 초점을 두어야 할지를 고려해야 한다.

둘째, 제재 측면과 학습 활동에서 균형을 고려해야 한다. 낱자, 기본 음절표, 낱말 카드, 문장 카드, 시, 이야기, 그림책 등 균형적인 언어 자료를 제시하여 여러 언어 단위를 인식하고 친숙해질 수 있도록 해야 한다. 또 학습자가 주체적으로 읽기와 쓰기를 즐길 수 있도록 능동적 활동과 정확한 해독과 쓰기를 자동화하도록 하는 활동을 동시에 활용해야 한다.

셋째, 학습자의 문식성 발달과 개인차를 고려해야 한다. 즉, 문자의 의미를 알고 있으나 읽기가 곤란한 학습자에게는 발음 중심 지도를 적용하고, 읽기를 유창하게 하나 문장의 의미 파악에 어려움이 있는 학습자에게는 의미 중심 지도를 적시에 제공한다.

표 4 균형적 지도법의 장·단점

장점	• 학습자의 개인차를 고려한 맞춤형 지도 -낱말의 의미를 알지만 해독에 어려움을 겪는 경우에 발음 중심 접근법을 알맞은 때에 지도 -해독은 유창하지만 의미 파악에 어려움을 겪는 경우에 의미 중심 접근법을 알맞은 때에 지도 • 한글 읽기와 한글 쓰기의 균형
단점	• 학습자의 개인적 특성에 맞는 지도 방법 판단의 어려움(개별 진단 필요)

5 초기 문해, 어떻게 진단하고 중재할 것인가

1) 한글 해득 진단의 필요성과 진단 도구

학생들의 한글 해득 정도를 진단하고 적절한 지원 방안을 마련해 주는 것은 중요하다. 한글 해득 여부는 단순히 학생이 한글을 사용할 수 있는지를 넘어 교과 학습, 자신감, 정서 등

쉬|어|가|기

광복 직후 초기문자 지도 교재

▲『한글 첫 걸음』(1945)

미군정이 정부 차원에서 교과서를 편찬, 발행하기 전인 1945년 8월 25일 조선어학회(현 한글학회)에서 임시국어교재 편찬을 결의하고 같은 해 9월 2일 조선어학회 안에 '국어 교과서 편찬 위원회'를 두고 교과서 편찬을 시작하였다. 조선어학회에서 편찬한 『한글 첫 걸음』은 발음 중심 한글 학습 교재로서 초등학교 전체 학년과 한글 문맹인 성인을 대상으로 한 문맹퇴치용 교재로 활용되었다.

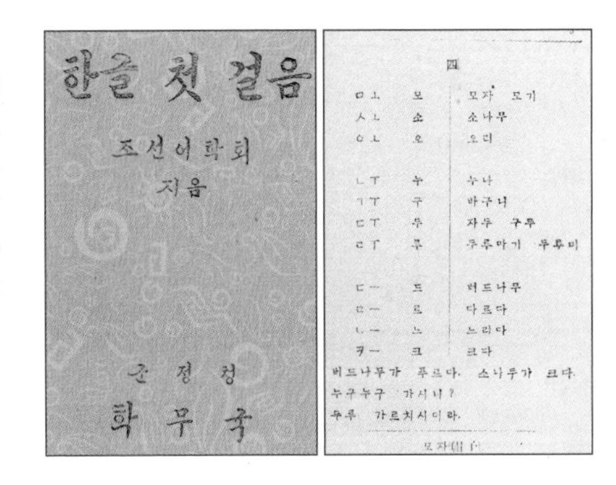

▲『초등국어교본』(1945)

『초등국어교본(상)』은 초등학교 초급 학년용 국어 교과서로서, 『한글 첫 걸음』과 같은 편찬 방침을 세우고, 자모식 지도를 할 수 있도록 편집하였다.

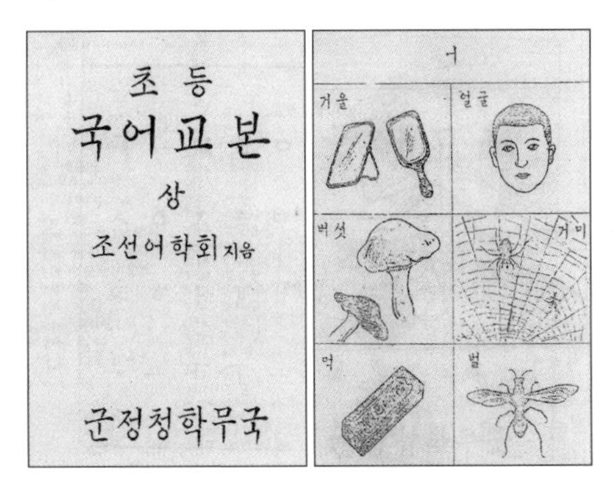

▲『바둑이와 철수』(1946)

『바둑이와 철수』 교재는 대한민국이 수립되면서 편찬된 교과서로 의미 중심 교재이다. 『바둑이와 철수』는 『초등국어』(1-1) 교과서의 다른 이름이다.

에 많은 영향을 미치기 때문이다. 한글 해득 진단은 한글 미해득 학생을 조기에 선별할 수 있다는 점, 한글 미해득 학생별로 중재 방안을 강구할 수 있다는 점, 한글 해득 수준에 대한 정보를 제공할 수 있다는 점, 학습 부진 학생을 예방할 수 있다는 점, 난독증 및 쓰기 장애 등 집중 지원이 필요한 학생을 조기에 선별할 수 있다는 점에서 매우 중요하다.

국내외 한글 해득 진단 검사 도구를 소개하면 다음 〈표 5〉와 같다.

한글 진단 도구 중 국내에서 많이 활용되는 '한글 또박또박'과 '웰리미 한글 진단 검사'의

표 5 국내외 한글 해득 진단 검사 도구

명칭 및 개발자	평가 영역	평가 요소	대상
기초학력검사(KISE-BATT), 박경숙 외(2005)	읽기	선수 기능, 음독 능력, 독해 능력	만 5~17세
	쓰기	선수 기능, 표기 기능, 어휘 구사력, 문장 구사력, 글 구성력	
기초학습 기능 수행 평가 체제: 초기 문해(BASA-EL), 김동일(2011)	기초평가	음운 인식, 음운적 작업 기억, 음운적 정보 회상, 단어 인지, 읽기 유창성(선택)	만 4세 이상
	형성평가	음운 인식	
읽기 성취 및 읽기 인지처리 능력 검사(RA-RCP), 김애화 외(2014)	읽기 성취 검사	단어 인지, 읽기 유창성, 읽기 이해	초 1~6학년
	읽기 인지 처리 능력 검사	자모 지식, 빠른 자동 이름 대기, 음운 기억, 문장 따라 말하기, 듣기 이해, 어휘	
한국어 읽기 능력 검사(KOLRA), 배소영 외(2015)	선별 검사	낱말 유창성, 읽기 설문	초 1~6학년
	핵심 검사	해독, 읽기 이해, 문단 유창성, 듣기 이해	
	상세 검사	음운 인식 처리 능력(음운 인식, 빠른 이름 대기, 음운 기억 과제와 받아쓰기), 쓰기	
디벨스 (DIBELS), Kaminski & Good(2001)	글자 명명하기	낱자를 보고 제한된 시간 내에 그 문자의 이름을 말할 수 있는지 평가	유치원~ 초 6학년 *이 검사는 초기 문해 평가, 독해력 평가임
	음소 인지 능력	단어의 첫소리를 구별하여 읽는 유창성 평가	
	음소 분절 능력	음소 인지 능력 평가	
	무의미 단어와 자소·음소 대응 지식	해독 능력	
	해독, 유창성, 다시 말하기	해독 능력, 유창성, 이해력 평가	
	읽으면서 이해할 수 있는 유추 과정 평가(독해력)	독해력 평가	
한글 또박또박, 한국교육과정평가원(2018)	글자 소리 대응	모음, 자음, 소리가 일치하는 대표 받침 글자	초 1학년
	단어 읽기	의미 단어, 무의미 단어, 대표 받침 단어	
	쓰기(듣고 쓰기)	의미 단어, 무의미 단어	
웰리미 한글 진단 검사, 이경화 외(2017)	초기 읽기	한글 해득 준비도, 음운 인식, 낱말 재인, 문장 청해, 유창성	초 1학년
	초기 쓰기	글자 쓰기	

특징에 대해 자세히 살펴보자.

(1) 한글 또박또박

'한글 또박또박'은 한글 책임 교육 정책의 일환으로 한국교육과정평가원에서 개발하였다. 5분 이내에 학생의 한글 익힘 수준을 파악하여 맞춤형 학습지를 제공하는 웹 기반의 진단 도구이다.

한글 또박또박의 특징은 다음과 같다.

- 교육과정을 기반으로 교과서와 연계하여 한글 해득 여부를 진단할 수 있다.
- 학교 현장의 실용성과 편리성을 고려한 보충 교육 학습 도구이다.
- 교사와 학생의 일대일 개별 활동을 통해 학생의 보충 지도에 대한 유용한 정보를 제공한다.

한글 또박또박의 진단 영역은 한글의 자·모음 및 결합 법칙에 근거하여 글자 소리 대응, 단어 읽기, 듣고 쓰기, 유창성으로 구성되어 있다.

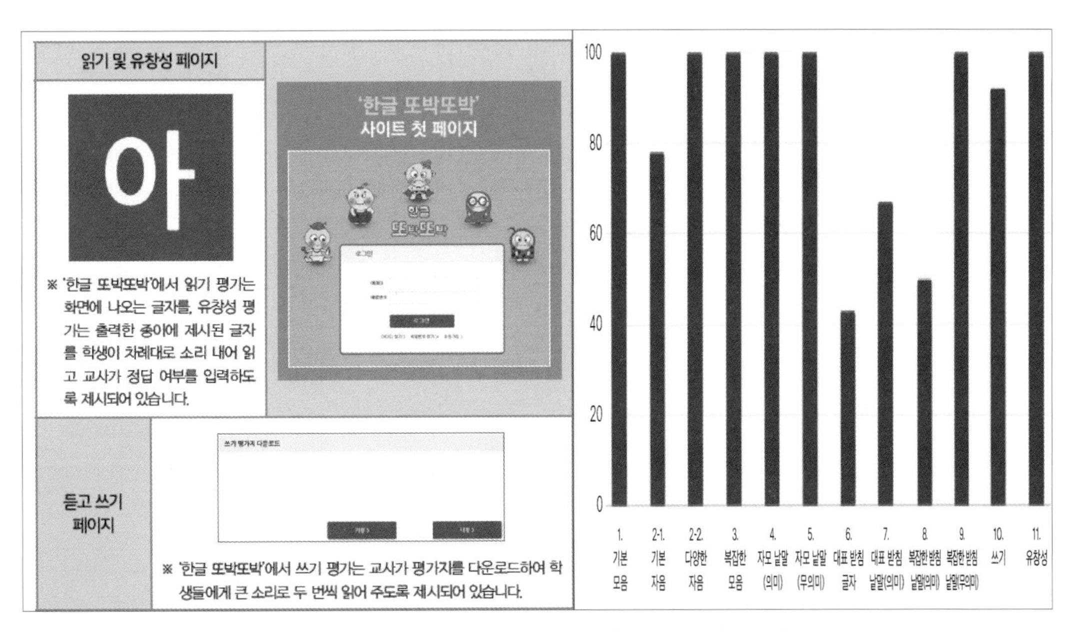

그림 6 한글 또박또박 초기 화면 및 평가 화면

그림 7 분석 결과 보고서

(2) 웰리미 한글 진단 검사

웹 기반 한글 표준화 진단 검사 도구는 한국교원대학교 이경화 교수팀이 만든 것으로, 일명 웰리미(Web-based Early Literacy Learning Lee Kyeong Hwa & MiraeN's Hangeul Standard Assessment)로 불린다.

웰리미의 특징은 다음과 같다.

- 한글 해득 정도를 정확하게 진단하고 구체적인 정보를 제공하는 국내 유일의 웹 기반 한글 해득 표준화 진단 검사이다.
- 온라인에서 무료 진단이 이루어지기 때문에 여러 학생이 동시에 검사할 수 있다.
- 안내 영상, 지시문, 신호음 등을 사용하여 사용자가 스스로 구동할 수 있어 대단위 검사가 가능하다.
- 웹 기반 진단 검사에 스토리텔링을 적용하여 학생의 흥미를 지속적으로 유지할 수 있다.
- 진단 영역별로 상세한 평가 정보를 제공하고 진단 검사 결과에 따른 맞춤형 한글 학습 정보를 제공한다.

웰리미 한글 진단 검사의 진단 영역은 한글 해득 준비도, 음운 인식, 해독 및 낱말 재인, 문장 청해, 글자 쓰기, 유창성으로 구성되어 있다.

웰리미 한글 진단 검사는 온라인에서 이루어지며 홈페이지(http://hg.mirae-n.com)에 접속하여 진단 검사를 진행한다. 진단 검사를 마치고 나면 검사 결과를 확인할 필요가 있다. 검사하고 나면 바로 검사 결과를 살펴볼 수 있다. 검사 결과로 크게 개인별 총점 및 영역별 점수를 제공하고, 각 영역의 세부 요소별 진단 결과도 제공한다. 진단 검사로 학습자의 강점과 약점이 분석되면 부족한 부분을 채울 수 있는 학습 과정을 설계해야 한다. 검사 결과지에 부족한 부분과 그에 대한 학습 방향을 제시하고 있기 때문에 이를 바탕으로 필요한 자료를 제공하여 한글 해득을 도울 수 있다.

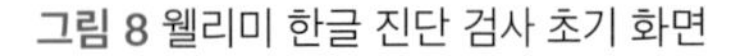
그림 8 웰리미 한글 진단 검사 초기 화면

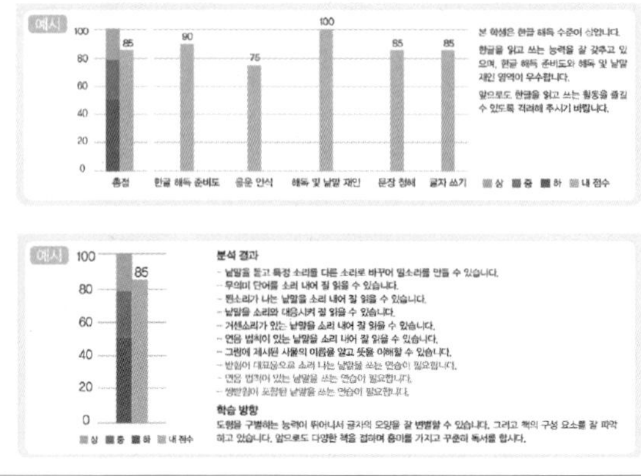

그림 9 웰리미 한글 진단 검사 결과지

2) 한글 미해득 학생의 중재 방안

한글 해득 진단의 목적은 학생의 한글 해득 수준을 확인하고 부진아를 구제하는 것이다. 한글 해득 판별은 한글 진단 도구별 평가 구인과 세부 평가 요인의 성취 수준에 따라 학생의 한글 해득 수준을 결정하는 것이다. 한글 해득 판별의 결과는 학생의 평가 요인별 강점과 약점을 파악하는 데 도움이 된다.

한글 진단 검사를 통해 학생의 한글 해득 수준이 결정되면, 교사는 한글 해득의 부진 원인에 따라 적절한 중재(intervention) 전략을 제공해야 한다. 한글 해득 학습의 특성, 학령 초기 학생의 특성 등을 종합적으로 고려하여 마련해야 한다. 한글 해득 부진에 대한 지도 원리는 다음과 같다(이경화 외, 2018).

첫째, 반복의 원리이다. 한글 해득 부진 학생에게 가장 필요한 것은 한글 학습 기회를 제공하는 것이다. 학생에게 한글 해득 학습 내용을 반복적으로 제공하고, 한글 해득 학습에 유리한 문식성 환경을 마련해 주는 것이 한글 해득 부진에 대한 지도의 첫걸음이다.

둘째, 확장의 원리이다. 모든 학습은 선행 학습과 현재 학습, 현재 학습과 후행 학습을 연계하여 지도할 때 효과적이다. 한글 해득 부진에 대한 지도를 할 때에도 선행 학습에서 얻은 지식, 기능, 태도 등의 학습 효과를 현재 학습과 비교하여 적용할 기회를 주어야 한다. 한글 해득이 부진한 학생은 확장 경험을 통해 부족한 개념 이해에 대해 다시 한 번 되돌아볼 수 있고, 자신이 습득하고 이해한 내용을 새로운 학습 상황에 적용해 볼 수 있다.

셋째, 내면화 원리이다. 언어는 실생활에서 개인이 주도적으로 사용하는 의사소통 수단이다. 자기 스스로 한글 해득 방식을 터득하고 실생활에 적용할 수 있는 수준이어야 한다. 학생이 한글 해득 방식을 내면화하도록 하는 지도 원리는 한글 해득 부진을 근본적으로 해결하는 데 반드시 필요하다.

14

국어 교육과 어린이와 청소년 문화

어린이와 청소년 문화에 대해 이해하면, 학생들의 삶의 맥락과 관심사를 다양한 텍스트와 의사소통 상황 및 활동과 연결하여 학생들이 보다 실제적이고 효과적으로 학습하도록 할 수 있다. 어린이와 청소년 문화는 학생들이 경험하는 디지털 기술과 미디어에 크게 영향을 받으며, 매체 의사소통과도 밀접하게 관련되어 있다. 이 장에서는 어린이와 청소년 문화에 관심을 가져야 하는 이유에 대해 알아보고, 의사소통과 관련된 미디어 문화의 특징과 실태에 대해 살펴보며, 국어 교육에서 이를 다루는 관점과 방법에 대해 탐색할 것이다.

1 왜 어린이와 청소년 문화에 관심을 가져야 할까

어린이와 청소년은 흔히 '디지털 원주민(digital native)', 즉 최신 미디어와 디지털 기술에 익숙한 세대로 기성세대와는 삶과 배움의 방식이 확연히 다른 세대로 여겨지곤 한다. 현재의 어린이와 청소년은 1995년 이후에 태어난 'Z세대'에 속하는데, 이들은 태어났을 때부터 디지털 환경에 노출된 디지털 원주민이자 스마트폰을 쥐고 자랐다고 해서 '포노사피엔스'라고 불리기도 한다. 세대별 구분은 보통 시대와 사회의 특성을 고려해 '베이비붐세대', 'X세대', '밀레니얼세대', 'Z세대'로 하며, 최근에는 스마트폰이 대중화된 이후인 2010년대 초반에서 2020년대 중반까지 태어난 어린이들을 가리키는 '알파세대'라는 말도 등장하였다.

어린이와 청소년 문화는 미디어의 변화에 큰 영향을 받는다. 온라인 동영상, 소셜 미디어, 웹툰, 게임 등 디지털 미디어에 대한 소비는 어린이와 청소년의 생활 방식, 가치관, 인식, 관심사, 행동을 형성하는 중요한 요소이다. 그러나 어린이와 청소년은 단순히 미디어를 소비할 뿐 아니라 유튜브 비디오, 틱톡 댄스, 인스타그램 사진 등 다양한 콘텐츠를 만들어 공유하는 등 미디어를 통해 자신들의 문화를 스스로 만들고 퍼뜨리기도 한다. 소셜 미디어도 청소년이 자신들의 생각과 감정을 표현하고, 서로에게 연결되며, 정보를 공유하는 주요 도구로 사용된다.

어린이와 청소년 문화에서 특히 미디어와 이를 활용한 의사소통은 국어 수업에서 만나게 되는 학생들 삶의 중요한 부분이다. 따라서 이에 관심을 가짐으로써 교사는 학생들의 세계와 관련된 사항을 더 잘 이해하고, 그들의 경험과 관련된 내용을 교육에 통합하여 학생들과의 상호작용과 소통을 더욱 향상시킬 수 있다. 학습 내용을 학생들의 실제 경험과 연결하고, 그들과 관련성이 있는 학습을 제공하며, 그들에게 익숙한 디지털 기술을 수업에 활용하는 데 도움이 되기 때문이다.

최근 OECD를 비롯하여 미래 교육에 대한 비전에서는 '협력적 주도성(co-agency)'을 강조하고 있다. 협력적 주도성은 교사, 학생, 그리고 학교 공동체의 다른 구성원들이 협력하고 공동의 목표를 달성하기 위해 적극적으로 참여하는 것을 말한다. 학생의 '주도성(agency)'은 학생 개인이 자신의 학습을 주도하고, 자신의 행동에 대한 책임을 느끼며 그 결과를 예측하고 제어하는 능력을 가리킨다. 교사가 협력적 주도성을 갖는 것은 학생의 주도성을 발전시키는 데 매우 중요하다. 학생들의 문화를 이해하면 학생들의 학습 방식과 흥미, 그리고 그들이 직면하는 도전을 더 잘 이해할 수 있기 때문에, 교사가 학생들의 의견을 존중하면서 더욱 능동적이고 책임감 있는 자세로 학생들이 학습 과정에 적극적으로 참여하도록 함으로써 협력적 주도성을 실현하는 데 큰 도움이 될 수 있다.

2 어린이 청소년과 'Z세대' 문화

세대별로 문화를 구분하여 이름을 붙이는 이유는 해당 세대가 경험한 사회 변화 중에서도 미디어의 변화 및 그 경험과 밀접하게 관련되어 있다고 보기 때문이다. 이러한 논의는 엄밀한 연구에 근거하기보다는 해당 세대의 소비 성향과 관련해 라이프 스타일 추세나 경제 동향을 설명하는 데 사용되는 경향이 있다. 정보통신정책연구원에서는 2010년부터 매년 실시되는 한국미디어패널조사의 SNS 이용 행태 조사 결과를 세대별로 구분하여 분석하는데, 여기서는 2022년을 기준으로 베이비붐세대 만 55~65세, X세대 만 39~54세, 밀레니얼세대 만 25~38세, Z세대 만 9~24세로 정의하였다(김윤화, 2022).

어린이와 청소년을 디지털 원주민으로 바라보는 것은 기성세대와 구분되는 동질 집단으로 일반화하여 바라보고 신비화함으로써 마치 이들 모두가 디지털 기술을 잘 사용하는 것처럼 오해하게 하고, 같은 세대 안에 존재하는 디지털 환경에 대한 접근·이해·활용 능력의 격차와 불평등을 간과한다는 문제가 있다(Bennett, Maton & Kervin, 2008). 또한 연령대에 따라 디지털 '원주민'과 '이주민'을 구분하는 것은 자칫 디지털 시대의 주도권이 젊은 세대에게 있는 것처럼 오해하도록 만들기도 한다(Facer & Furlong, 2001; 김지숙, 2022). 그럼에도 불구하고 이러한 논의는 어린이와 청소년 문화와 관련하여 자주 언급되기 때문에, 논의의 한계에도 불구하고 그 핵심적인 사항을 이해할 필요가 있다. 또한 학습자들에게 교육적으로 보다 의미 있는 디지털 미디어 경험을 제공하기 위한 수업을 설계하는 데도 도움이 된다.

1) 베이비붐세대와 X세대

베이비붐세대는 기성세대 가운데 Z세대와 가장 먼 세대이다. 베이비붐세대는 나라마다 출생 시기에 다소 차이가 있는데, 서양에서는 제2차 세계대전이 끝난 1945년 이후에서 1963년까지 태어난 세대를 지칭하고, 한국의 베이비붐세대는 한국전쟁이 끝난 1955년에서 베트남 전쟁 참전 전인 1963년 사이에 태어나 군사독재 시절과 민주화 투쟁, 급격한 경제성장을 경험한 이들을 가리킨다(박응서, 2021). 베이비붐세대의 다음 세대인 X세대는 1990년대에 20대를 보낸 이들이다. 한국의 X세대는 주로 1970년대 초에서 1980년대 초에 출생해 민주화와 3저 호황, 해외여행 자유화를 거쳐 넘쳐나는 대중문화 콘텐츠를 경험하면서 개인과 개성을 중시하게 된 첫 세대를 가리킨다(김유진·이아름, 2019).

2) 밀레니얼세대

밀레니얼세대는 X세대나 베이비붐세대의 자녀 세대로, 1980년부터 1994년 사이에 태어나 2008년 글로벌 금융위기 등 불황기를 겪으면서 고용 환경 악화를 경험한 세대이다. 이들은 이전 세대에 비해 개인의 성과에 따른 외재적 보상에 관심이 많고, 복잡하고 많은 양의 정보를 한꺼번에 처리하기 싫어하며, 자신의 직무 수행에 대한 즉각적인 피드백을 원하는 경향을 보이는 것으로 알려져 있다. 금융위기를 겪으면서 회사가 개인을 보호하지 않는다는 것을 알게 되었기 때문에, 자신의 가치와 부합하지 않는 일은 하고 싶어 하지 않으며 일과 생활의 균형을 중시한다(강신형, 2021). 밀레니얼세대는 1998년 초고속 인터넷 서비스의 시작으로 인터넷 이용자 수 급증, 2000년대 초반 인터넷 기반 포털 서비스의 태동과 인터넷 붐, 2009년 스마트폰 사용의 시작(갤럭시 출시와 아이폰 도입)으로 모바일 시대의 디지털 기술과 양방향 콘텐츠 변화를 생활 속에서 경험하면서 성장한 세대이기도 하다. 또한 그다음 세대인 Z세대가 스마트폰을 주로 사용하면서 자란 것과는 달리 텔레비전-컴퓨터-스마트폰으로 이어지는 다양한 매체와 플랫폼의 발전을 경험하면서 성장하였고, 이전 세대와는 달리 주로 영상 콘텐츠를 소비하면서 자라난 세대이기도 하다.

3) Z세대

어린이와 청소년이 속한 Z세대는 1995년 이후에 태어난 세대를 말한다. Z세대는 스마트폰 등 모바일 기기 사용이 성숙 단계에 들어선 시기에 성장하였기 때문에, 밀레니얼세대와는 달리 컴퓨터가 아니라 모바일을 중심으로 미디어를 소비하면서 살아왔다. 또한 2005년에 출시된 유튜브와 함께 자랐기 때문에 '유튜브 세대'라고도 불린다. 이들은 다양한 1인 방송을 보고 만들면서 살고 있고, 연예인보다는 인플루언서들의 영향을 더 많이 받고 있으며, 공부 영상이나 먹방 영상 등을 즐기는 등 영상을 더 이상 '시청'만 하지 않고 '경험'하고, '리액션 영상', '언박싱 영상', 'K-Pop 팬덤'의 세대이기도 하다(조영신, 2019).

그렇다면 실제로 Z세대는 동시대의 미디어 이용에서 기성세대와 어떤 차이가 있을까? 한국미디어패널조사의 SNS 이용 행태 조사 결과를 세대별로 구분해 비교한 연구에 따르면,

SNS 이용률은 전체 응답자 기준 2019년 47.7%, 2020년 52.4%, 2021년 55.1%로 꾸준히 증가하였다. 세대별로는 2021년 기준 밀레니얼세대가 83.5%로 가장 높은 SNS 이용률을 보였고, 다음으로 Z세대(72.6%), X세대(65.6%), 베이비붐세대(28.7%)의 순으로 나타났다. 그러나 세대별 SNS 이용 시간을 살펴보면, Z세대의 하루 평균(주중+주말) 이용 시간이 62분으로, 밀레니얼세대 43분, X세대 29분, 베이비붐세대 24분으로 연령대가 낮은 Z세대의 하루 평균 SNS 이용 시간이 가장 긴 것으로 나타났다(김윤화, 2022).

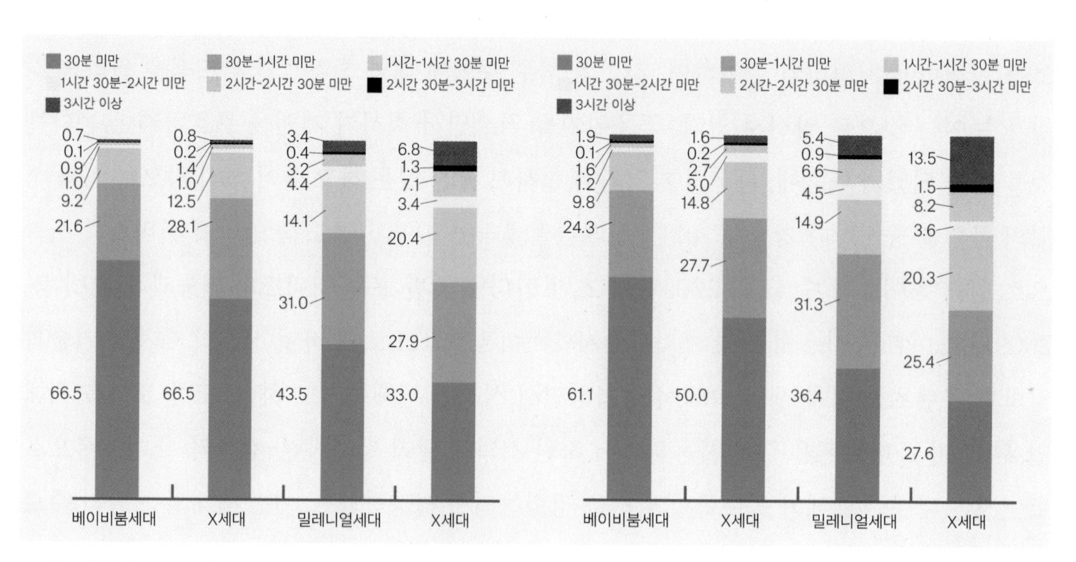

그림 1 세대별 주중 및 주말 하루 평균 SNS 시간(김윤화, 2022)

SNS 이용 행태에서도 Z세대는 44.5%가 하루에 1회 이상 매일 다른 사람의 게시글(피드)을 확인하는 등 가장 적극적으로 SNS를 이용하는 것으로 나타났다. 이와 대조적으로 베이비붐세대 중 하루에 1회 이상 매일 이용하는 비율은 20% 미만으로 나타났다. SNS상에서 매일 댓글을 달거나 '좋아요'를 표시하는 활동을 하는 비율(24.3%)이나, 매일 새 게시글을 업로드하고(14.4%) 타인의 게시글을 공유하는 비율(13.8%)도 Z세대가 다른 세대에 비해 월등히 높았다. SNS 이용의 주된 목적은 세대 간에 큰 차이가 없었는데, 지인·친구와의 소통, 자신의 일상 기록·공유가 세대를 불문하고 단연 높았다. 그러나 Z세대의 경우 오락성 콘텐츠 소비가 그다음 순서로 나타났고, X세대와 베이비붐세대는 뉴스와 지식 등 유용한 정보 취득이 높게 나타나 차이가 있었다(김윤화, 2022). 이러한 조사 결과는 Z세대의 경우 온라인과 오프라인의 삶이 밀접하고 빈번하게 관련되어 있고 온라인에서 적극적으로 자신을 표현하고 다른 사람들과 연결되는 삶을 살고 있다는 것을 보여 준다.

4) MZ세대

밀레니얼세대와 Z세대는 차이도 있지만 디지털 기술을 적극 활용한다는 측면에서 공통점도 있기 때문에 이 두 세대를 묶어 'MZ세대'라고 부르는 경우도 있다. 대학내일20대연구소에서는 밀레니얼세대와 Z세대를 통합해 MZ세대의 라이프 스타일과 가치관을 조사하였다(이재흔·문송이·송혜윤·지승현·장지성, 2019). 그 결과 가치관의 측면에서 MZ세대는 내 안의 기준을 세우고 따르는 '마이싸이더', 사회 인식의 측면에서 나의 소신을 거리낌 없이 말하는 '소피커', 콘텐츠 이용의 측면에서 검색보다 신뢰할 수 있는 사람을 따르는 '팔로인', 소비 측면에서 오감을 만족시키는 현실 같은 감각에 끌리는 '실감세대', 관계 측면에서 가볍게 취향을 중심으로 모이는 '가취관'의 다섯 가지 특징이 있는 것으로 나타났다. MZ세대는 사회나 타인에게 인정받는 삶의 방식보다는 자기 자신에게 맞는 방식을 선택하고, 자신의 소신이나 가치관에 부합한다면 구입이나 사용의 불편함도 감수할 수 있다고 생각하는 경향이 있는 것으로 나타나기도 하였다. 또한 유튜브, 인스타그램, 페이스북 등을 통해 인플루언서를 팔로우하거나 구독하면서 그들에 대해 신뢰하고 있었고, 체험형 여가 활동에 참여해 본 경험이 많았으며, 같은 취향을 가진 사람이라면 처음 만나는 사람과도 쉽게 교류할 수 있다고 생각하는 비율이 높은 것으로 나타났다.

5) 세대별 문화 구분을 어떻게 바라보아야 할까

세대별 문화에 대한 논의는 변화하는 사회와 미디어 기술의 이용 경험에 따른 라이프 스타일의 변화와 소비 패턴에 대해 이해하고 예측하도록 하는 데 빈번하게 사용된다. 이러한 논의는 기성세대가 업무, 교육, 생활의 측면에서 다른 시대적 경험을 하면서 살아온 젊은 세대를 이해하고 그들과 소통하는 데 도움이 되기도 한다. 그러나 Z세대나 밀레니얼세대의 특징으로 간주되는 경향이 반드시 이들 세대에만 국한되는 것은 아니다. 개인에 따른 차이도 있고, 시간이 지나면서 젊은 세대의 특징이 기성세대에게 퍼져 나가기도 한다. 젊은 세대에 속하는 사람들도 기성세대의 사고방식과 생활 패턴을 추구하기도 하고, 반대로 기성세대에 속한 사람들 가운데에도 자신이 하는 일이나 가치관, 삶의 방식 등에 따라 젊은 세대에 비해 오히려 더 새로운 미디어 기술을 빨리 받아들이고 잘 활용하며 새로운 트렌드를 만들어 가는 사람들도 있다. 유튜브와 틱톡을 가장 많이 이용하는 세대는 10대 청소년일 수 있지만,

이러한 플랫폼들을 이용하는 중장년층의 비율도 시간이 지나면서 꾸준히 높아지고 있는 것이 사실이다. 따라서 자신보다 어린 세대와 소통하며 그들에게 의미 있는 학습 경험을 제공하려는 교사들은 세대별 문화를 참고하여 새로운 세대의 문화에 대해 이해하려는 노력을 기울일 필요가 있다. 하지만 이와 동시에 이러한 논의를 고정관념으로 받아들여 편견을 갖는 것에 대해서는 유의할 필요가 있다.

3 어린이와 청소년의 미디어 이용 문화와 교육 방향

유엔아동권리위원회에서는 국제법에 해당하는 「아동권리협약」을 통해 아동이 대중매체의 중요한 기능을 인정하고 자신의 사회적, 정신적, 도덕적, 복지와 신체적, 정신적 건강의 향상에 도움이 되는 정보와 자료에 접근할 수 있도록 보장해야 한다고 국제사회에 권고하였다(「아동권리협약」 제17조). 유엔아동권리위원회에서 말하는 '아동'은 만 18세 이하의 어린이와 청소년이 모두 해당된다. 한편, 청소년에 대한 연령 규정은 법령이나 규범에 따라 다르지만, 한국의 「청소년기본법」에서는 만 9세 이상 24세 이하인 사람을 말한다(「청소년기본법」 2020년 11월 20일 시행). 청소년 연구 분야에서는 인간 발달의 특징과 사회제도를 고려해 청소년을 초기 청소년(9~14세), 중기 청소년(15~18세), 후기 청소년(19~24세)의 세 단계로 구분한다. 초기 청소년기에는 또래 및 성인과 사회적 관계 기술을 습득하면서 또래 간의 관계가 강하게 나타나기 시작한다.

디지털 환경이 지속적으로 진화하고 확장되면서 다양한 정보와 소통 기술을 아우르게 되는 상황에서, 미디어와 관련하여 정부와 공공 기관에서는 해마다 체계적으로 국민을 대상으로 하는 미디어 이용 조사에 어린이와 청소년을 포함하고 있다. 육아정책연구소, 한국청소년정책진흥원, 한국인터넷진흥원, 한국정보사회진흥원, 한국언론진흥재단, 한국콘텐츠진흥원, 한국교육학술정보원 등 어린이와 청소년의 발달, 정보사회, 교육 정보 기술 및 미디어 진흥과 관련된 다양한 공공 기관에서 어린이와 청소년의 디지털 미디어 이용에 관한 통계 자료들을 제공하고 있다. 이러한 조사 결과들은 교사가 학생 세대의 경험을 이해하고 수업에서 다룰 텍스트와 의사소통 상황, 학생들의 매체 제작 프로젝트의 주제와 유형 등을 고려하는 데 도움이 된다.

1) 어린이와 청소년의 미디어 이용

한국언론진흥재단의 「2020 어린이 미디어 이용 조사」(김수지 외, 2020)는 만 3~9세 어린이의 미디어 이용에 대해 체계적으로 조사한 첫 연구이다. 이 연구에서는 취학 전 유아와 초등학교 저학년에 해당하는 만 3~9세 어린이의 약 30%가 만 2세 이전에 스마트폰을 이용하기 시작하고, 78.7%가 온라인 동영상 플랫폼을 이용하고 있으며, 72.4%는 스스로 유튜브 영상을 골라서 시청하고 있음을 보여 주었다. 미디어 이용을 시작하는 나이가 더욱더 저연령화된 것이다.

초등학교 고학년에서 고등학생 정도의 나이에 해당하는 청소년을 대상으로 한 「2022 10대 청소년 미디어 이용 조사」도 이루어졌는데, 이 결과에 따르면 청소년의 인터넷 이용 시간은 하루 평균 약 8시간(479.6분)으로 2019년 조사에 비해 크게 증가한 것으로 나타났다(이지윤·이숙정·박민규, 2022). 특히 초등학생(4~6학년)의 경우 하루 평균 인터넷 이용 시간이 2019년 2시간 40분에서 2022년 5시간 40분으로 중·고등학생보다 크게 증가한 것으로 나타났다. 인터넷 이용 시간의 증가는 청소년의 일상에서 온라인과 오프라인의 구분이 사라지고 있음을 시사한다. 유아와 초등학교 저학년 시기부터 디지털 기기를 통해 동영상을 접하는 어린이들이 늘고 있고, 초등학생의 인터넷 이용 시간이 중·고등학생에 비해 과거와 달리 크게 증가한 점은 어린이와 청소년의 전반적인 미디어 이용 문화 속에서 의사소통의 변화를 이해하는 차원에서 주목할 필요가 있다.

2) 소셜 미디어 이용

10대 청소년의 디지털 미디어 이용의 특징은 이미지와 영상 중심의 소통과 더불어 또래와의 관계 유지, 스트레스 해소를 위한 소셜 미디어 이용 증가 등으로 나타난다. 특히 10대 청소년의 소셜 미디어 이용에서는 영상과 이미지 중심의 인스타그램이 급속히 확산되고 있고, 의사소통만이 아니라 학습을 하기 위해서도 미디어를 중요하게 활용한다는 특징이 나타나고 있다(배상률 외, 2021). 소셜 미디어는 학업에 바쁜 청소년들이 제한된 시간과 경비로 상대적으로 만족할 만한 나름의 여가 생활을 즐길 수 있는 수단이 되면서, 다양한 정보와 콘텐츠를 주고받으며 관계를 확장하고 강화하며 팬덤 문화를 활성화한다는 점에서 청소년 여가 문화에 긍정적으로 기여하기도 한다(배상률·이창호, 2016). 그러나 한편으로는 소셜 미디어에 집착하고 과다 사용하거나 여가 문화를 획일화하는 부정적 측면도 있다. 중학생의 미디어 문화를 연구한 김아미 외(2018)의 연구에서도 중학생의 일상 속 미디어 사용의 주요 요인이 또래 문화라고 보았다. 중학생들은 또래 문화에 대한 소속감을 유지하기 위해 정보를 공유하거나 친교, 정서 표현 등 여러 목적으로 소통하는데, 이 과정에서 청소년기의 자아 중심성과 인정 욕구를 잘 보여 주는 놀이 문화가 형성되기도 하고 학교 안과 밖에서 경험하는 다양한 학습이 나타나기도 한다.

3) 메신저 이용

청소년이 주로 사용하는 메신저 서비스는 2019년과 동일하게 카카오톡(95.3%)으로 나타났고, 2위는 인스타그램 다이렉트 메시지(52.3%), 3위는 페이스북 메신저(30.0%)로 나타났다. 주로 게임 이용자들 사이에서 활용되었던 디스코드(22.4%)의 이용도 크게 늘어났다. 청소년이 가장 많이 이용하는 SNS는 인스타그램(81.6%)인 것으로 조사되었고, 2위는 페이스북(46.1%)으로 나타났다(이지윤·이숙정·박민규, 2022). 청소년들은 SNS를 이용하면서 친밀감을 중시하는데, 불특정 다수와 소통하는 트위터보다는 카카오톡과 페이스북 등을 통해 일상에서 알고 있는 사람들과 친구 맺기를 하는 경향이 있다. 따라서 일상생활에서의 인간관계가 SNS로 깊숙이 이어지는 양상이 나타난다. 특정 집단에 속하고 친밀감을 공유하고 있다는 느낌을 인지하고 싶어 하는 청소년들이 SNS를 이용하면서 온라인과 오프라인에서 지속적으로 연결되고 있는 것이다. 이러한 경향으로 인해, 과거와는 달리 24시간 온라인 상태에서 친밀감을 느끼게 되기도 하지만, 반대로 24시간 내내 지속적으로 소외감을 느끼는 현상도 나타나고 있다(김향연, 2018). 따라서 이러한 의사소통 문화에 대해 청소년들이 스스로 돌아보고 성찰하며 더 나은 의사소통 방식과 문화에 대해 상상하면서 대화를 나눌 수 있는 교육적 기회를 마련할 필요가 있다.

4) 학습을 위한 미디어 이용

청소년들은 단지 사회적 연결만을 위해서가 아니라 학습을 하기 위해서도 디지털 미디어를 적극 이용하고 있다. Z세대 청소년 학습자에 대한 연구(김현영·김현진, 2023)에서는 내신, 입시, 취업 등 과업 달성 및 흥미나 개인의 신념 추구를 위해 집, 학교, 도서관 등으로 이어지는 일상의 장소와 시간을 모바일 시·공간으로 확장하면서 공부 환경을 관리하고, 공부 자원을 수집하며, 공부 경험을 개선하고, 공부 역량을 공유하는 '모바일 학습 일상'을 살아가고 있음을 보여 주고 있다. 이러한 모바일 학습 일상을 잘 살아가고 있는 중·고등학교 학생들의 경우, 보통 초등학생 시기에 대부분 모바일 미디어를 소지하였으나, 학습하는 중간에 전화, 메시지, 알림음, 단순 검색 등을 자주 하게 되는 경험을 스스로 돌아보면서 모바일 미디어가 공부 시간에 방해가 되는 의존성, 과몰입, 양가성이 있음을 인식하게 된다. 따라서 이들은 중학생이 되면서부터는 모바일 웹앱의 추천 알고리즘과 오락 요소의 부정적 측면을 최소화하려는 전략을 사용하기도 하고, 인기 많은 블로그에 들어가 다른 사람의 글도 읽어 보고 댓글도 읽어 보며 정보 판별력과 비판적 관찰 모방을 활용해 공부 자원을 수집하기도 하고, 자신의 공부 일상을 기록하고 성찰하며 자신의 학습 네트워크를 형성하기도 하는 모습을 보여 준다. 이렇게 디지털 미디어를 활용해 새로운 공부 문화를 형성하는 청소년들도 늘고 있다. 모바일 학습 일상을 잘 살아가고 있는 중·고등학생들도 있지만 그렇지 못한 학생들도 있다는 점에 유의하면서, 수업 활동을 통해 학생들이 스스로 디지털 미디어 기기의 이용이 자신의 의사소통과 학습에 미치는 영향을 성찰하는 기회를 제공할 필요도 있다.

5) 온라인 동영상 이용

대부분의 청소년은 온라인 동영상 플랫폼(97.4%), 인터넷 포털(97.3%), 메신저 서비스(95.8%)를 이용하고 있다(이지윤·이숙정·박민규, 2022). 청소년이 가장 많이 이용하는 동영상 플랫폼은 유튜브(97.3%)이지만, 유튜브 쇼츠(68.9%), 인스타그램 릴스(47.6%), 틱톡(39.6%) 등 숏폼 콘텐츠의 인기와 청소년의 적극적인 동영상 플랫폼 이용 방식이 크게 증가하고 있다. 또한 온라인 동영상 플랫폼을 이용하는 청소년의 28.1%가 동영상을 직접 촬영해 업로드해 본 경험이 있는 것으로 나타났는데, 초등학생(36.2%)이 중학생(29.9%)과 고등학생(20.0%)보다 업로드 경험률이 더 높았고 업로드한 동영상 개수 역시 약 30개로 중고등학생보다 1.5배 더 많은 것으로 조사되었다. 이렇게 디지털 미디어의 소비자에만 머물지 않고 생산자가 되는 경험을 하는 청소년이 늘어나고 있음에 주목할 필요가 있다.

이러한 결과는 청소년이 많이 이용하는 동영상 플랫폼에 숏폼 콘텐츠를 업로드할 수 있는 플랫폼의 비중이 늘어남에 따라, 동영상을 생산하는 것에 대해 과거와 달리 큰 부담을 갖지 않고 일상과 취미 관련 영상을 재미 삼아 업로드하는 사례가 늘어나고 있기 때문인 것으로 해석된다. 게임을 즐기는 어린이와 청소년들이 늘어나면서 온라인 동영상에서 게임 방송을 보며 새로운 게임의 트렌드와 플레이 방법을 익히고 소통하는 문화도 확산되었다. 온라인 동영상 채널에 인스타그램, 트위터, 블로그, 카페 등 소셜 미디어를 안내하면서 다양한 채널을 통해 생산자가 이용자와 소통하는 현상도 늘어났다. 온라인 동영상이 동영상 자체에 그치지 않고 게임이나 소셜 미디어 등과 같은 다른 미디어와 연결되어 소통 문화를 형성하고 이용하는 현상을 고려하면서 영상 문화에 대한 이해, 제작, 성찰에 초점을 둔 수업을 계획할 필요가 있다.

6) 뉴스 이용

청소년의 뉴스 이용은 기존의 신문이나 방송을 통한 방식에 비해 더 다양한 플랫폼을 통해, 그리고 더 짧은 뉴스 소비로 이루어지고 있다. 이제 종이신문으로 뉴스를 보는 비율은 현저히 낮아졌다. 인터넷 포털, 텔레비전, 온라인 동영상 플랫폼으로 뉴스를 보는 비율이 높은 가운데, SNS와 메신저 서비스로 뉴스를 접하는 비율도 높게 나타나고 있다. 청소년의 뉴스 이용은 모바일 인터넷을 통한 뉴스 이용 77.9%, 텔레비전 뉴스 시청 69.1%, PC 인터넷 48.7%로 나타났고, 그 외에는 인공지능 스피커(14.4%), 라디오(10.8%), 종이신문(8%), 잡지(4.7%)로 나타났다(이지윤·이숙정·박민규, 2022). 인터넷을 통한 뉴스 이용에 대해 더 자세히 들여다보면, 포털(63.7%), 온라인 동영상 플랫폼(63.3%), SNS(49/3%), 메신저 서비스(46.9%), 인터넷 뉴스 사이트(17.1%), 언론사 홈페이지(15.3%), 온라인 커뮤니티(7.0%)로 다양하게 나타났다.

청소년들의 뉴스 이용 방식에서 포털을 통한 방식의 비중이 높게 나타난 것은 미디어 문해력 교육의 측면에서 주목할 필요가 있다. 포털사이트가 제공하는 뉴스는 종이신문이나 텔레비전 뉴스에 비해 연성화 경향을 보이고(김경희, 2008), 10대 청소년의 포털 뉴스 이용이 피상적인 정보 처리 경향으로 이어지고 있어(신태범·권상희, 2013) 우려되기 때문이다. 청소년들이 주로 유튜브에서 시사 뉴스를 보고 있지만 뉴스에 대한 관심도는 대체로 낮은 수준으로 나타났다는 점(2.9점/5점 만점)도 유의할 필요가 있다(배상률 외, 2021). 이러한 점들은 청소년의 뉴스 이용에 대한 교육에서 뉴스에 대한 비판적 분석도 중요하지만 그에 앞서 뉴스에 접근하는 방식 면에서 매체 이용의 올바른 방법에 대한 교육을 중요하게 다룰 필요가 있음을 말해 준다(장은주·정현선, 2023). 우리가 이용하는 매체는 중립적인 도구가 아니라 세상을 보는 인식과 경험의 필터로 작용하며 개인의 의견과 사회의 여론 및 집단적 의사결정에 영향을 미치기 때문이다.

청소년들의 비판적 뉴스 수용 역량은 어떠할까? 중학생들이 일상에서 접하는 과학기술 관련 사회 쟁점을 다루는 미디어 정보에 대해 어떻게 평가하는지를 탐구한 연구(조세린·고연주·이현주, 2021)에서는 중학생들이 '공감정보'에 비해 '수치정보'를 더 신뢰하고 있지만 정보를 평가할 수 있는 기능이나 전략은 부족한 것으로 나타났다. 예를 들어, 수치정보를 더 신뢰한다고 응답한 학생들의 경우에도 과학적 증거의 진위를 의심하기보다는 단순히 실험 수행 여부나 데이터 포함 여부 등을 신뢰도 평가 기준으로 제시한 경우가 많았다. 또한 단순히 전문가나 전문기관의 말이기 때문에 신뢰한다고 응답하는 경우도 많았다. 이러한 경향은 청소년들이 전문가의 권위에 의존해 정보를 무비판적으로 받아들일 가능성이 크다는 점에서 문제가 된다. 따라서 이러한 연구는 뉴스에 대한 비판적 이해를 다룰 때 정보의 구체적인 내용에 대해 평가할 수 있는 지식과 내용을 관련 교과 학습과 연계하여 다루고, 전문가를 무조건 신뢰하는 것이 아니라 해당 정보에 대해 말할 자격이 있는 전문가인지를 따져 정보 출처를 비판적으로 평가하는 전략을 제대로 배울 수 있도록 수업 활동을 계획할 필요가 있음을 말해 준다.

어린이를 대상으로 한 비판적 정보 수용에 대한 연구도 국어 수업 활동 계획에 의미 있는 시사점을 제공한다. 초등학교 6학년 학생들에게 다양한 형태의 디지털 미디어를 읽고 활동의 결과물을 디지털 텍스트의 형태로 생산하는 학습 활동을 수행하게 한 후 그 결과를 디지털 리터러시 내용 요소에 따라 분석한 연구(노들·윤하영·옥현진, 2021)에서도, 절반 이상의 학습자들이 '평가하기'에 해당하는 '출처 표기하기', '출처의 신뢰성 확인하기', '내용의 정확성 평가하기', 그리고 '해석과 통합하기' 범주의 '상호텍스트적 연결하기'에서 '하'에 해당하는 성취 수준을 보인 것으로 나타났다. 이러한 연구 결과는 국어 수업에서 길러 주어야 할 비판적 정보 이해와 활용 능력이 디지털 기술을 도구로 활용하는 데 그치도록 하기보다는, 보다 실제적이고 구체적인 방법으로 비판적 정보 이해와 활용 능력의 전략을 배우고 적용할 필요가 있음을 보여 준다.

7) 웹툰 이용

웹툰도 청소년 문화와 관련해 주목할 필요가 있는 미디어이다. 웹툰은 검증된 인기와 완성도 높은 서사를 바탕으로 한국의 드라마와 영화의 발전에도 기여하고 있다. 한국콘텐츠진흥원의 「2022 만화웹툰 이용자 실태조사」(김태영, 2022)에서는 만 10세 이상의 연령에서 웹툰만 이용하는 비율이 71.6%로 나타난 반면, 웹툰과 출판만화를 모두 이용하는 비율은 25.9%, 출판만화만 이용하는 비율은 2.5%로 나타났다. 웹툰을 주 1회 이상 이용하는 비율은 67.2%로 높게 나타난 반면 출판만화를 거의 이용하지 않는 비율은 71.6%로 나타나, 웹툰이 만화 이용의 주된 방식이 되었음을 보여 주었다.

한편, 웹툰 감상 시간대는 주중과 주말 모두 '오후 10시~자정 이전'이라는 응답이 가장 높았고(주중 40.6%, 주말 39.5%), 일주일 평균 감상 작품 수는 10.1편이었으며, 연령대가 낮을수록 감상 작품 수가 증가하는 경향을 보였다. 웹툰을 이용할 때 고려 기준은 '인기순'(48.0%), '가격(유/무료)'(33.8%), '소재/줄거리'(32.3%)의 순으로 나타났고, 즐겨 보는 웹툰 장르는 '코믹/개그'(38.8%), '액션'(37.1%), '판타지'(33.7%)의 순으로 나타났다. 웹툰 유료 결제 경험자들의 월평균 지출 비용은 '5천 원 미만'(47.7%)으로 가장 높았고, 웹툰 유료 의향이 있는 사람들의 최대 예상 지출 비용은 '5천 원 미만'(35.7%), '5천 원~1만 원 미만'(25.3%), '1만 원~3만 원 미만'(23.4%)의 순으로 나타났다.

웹툰은 내용의 측면에서도 청소년 주인공의 비중이 2021년 2월 기준으로 약 36%에 이를 정도로 적지 않고 다양한 기준의 추천작에 드는 작품에도 청소년이 주인공인 작품이 많아, 청소년 문화와 연관성이 높다. 청소년 웹 서사의 측면에서 이루어진 웹툰에 대한 연구(최배은, 2021)에서는 웹툰의 주류 장르인 로맨스와 판타지 이외에도 웹툰에서 다루는 주제들 가운데 학교 폭력, 외모 콤플렉스, 동성 간의 우정과 경쟁, 이성과의 사랑, 가족 문제, 게임 판타지, 재수생의 일상 등 청소년들의 생활, 고민, 욕망을 다룬 작품들이 많음을 보여 주었다. 「외모 지상주의」, 「참교육」, 「방과 후 전쟁활동」, 「유쾌한 왕따」, 「불릿 6미리」, 「세기말 풋사과 보습학원」 등의 작품들은 묵직한 주제와 고정관념을 깨는 청소년 이야기를 다루었다는 점에서 청소년의 삶과 관심사를 다룬 웹 서사 문화로 주목받고 있다(최배은, 2021).

웹툰에서 구현된 청소년의 성장 서사에 대한 연구(양혜림, 2018)에서는 웹툰에서 청소년 독자와 비슷한 수준의 행동 능력을 가진 청소년이 내면적 갈등을 통해 정신적으로 성장하여 행복한 결말을 맞는 이야기인 성장 서사가 나타나는 경우가 많음을 보여 주고 있다. 이러한 웹툰의 성장 서사는 '소외 공간', '배경 공간', '애착 공간' 등에서 인물들이 공간 이동을 하거나 일상과는 거리가 있는 '비일상'과 조우하면서 '귀환을 거부하는 반영웅의 탄생'이 이루어지거나 '소외된 주체들의 대안적 성장 서사'가 나타나기도 한다. 청소년의 삶과 관심사를 반영한 웹툰에 대한 연구들은 국어 수업을 통해 청소년 문화를 반영하는 서사의 관점에서 탐구할 수 있는 웹툰 작품들과 웹툰을 이해할 수 있는 다양한 시각을 제시해 준다.

8) 게임 이용

2022년을 기준으로 만 10세 이상 인구 가운데 게임 이용자는 74.4%로, 이제 게임은 우리 사회에서 대부분의 사람들이 즐기는 여가 문화로 자리 잡았다. 청소년의 대부분은 게임 이용자이고, 주로 스마트폰으로 모바일 게임(84.2%)을 즐기고 있으며, 절반 이상의 청소년들은 '1주일에 2~3일'(35.2%) 또는 '1주일에 4~5일'(26.5%) 게임을 하고 있다(한국콘텐츠진흥원, 2022). 어린이와 청소년을 대상으로 한 게임 이용 연구에서는 게임 과몰입 문제를 갖고 있는 '문제적 게임 이용군'의 비율이 전체 청소년의 3.5%로 낮게 나타났다. 부모들은 가정에서 게임에 대해 주로 부정적 측면을 강조하여 설명하거나(89.6%), 게임 이용 시간을 확인하고(84.6%) 정해 주는(71.8%) 등의 통제적인 양육 방침을 갖고 있는 경우가 많지만(배상률 외, 2020), 자녀와 함께 게임을 하는 부모(59.3%)도 늘어나고 있고 평소에 게임을 즐기지 않는 부모 중에도 자녀가 원하면 함께 게임을 이용하는 비율(35.7%)도 늘어나는 등 어린이와 청소년의 게임 문화를 이해하고 포용하는 부모들도 늘고 있다(한국콘텐츠진흥원, 2022).

게임은 오락과 여가의 영역에서 주로 논의되는 매체이지만, 이미지, 소리, 음악, 문자 등 다양한 양식을 활용하는 복합양식성을 가진 매체이고 서사적 요소와 놀이적 요소를 함께 갖춘 상호작용적 매체이기도 하다. 게임에 대한 미디어 교육은 게임에 대한 비판적 분석, 게임의 창의적 생산, 게임에서의 상호작용적 소통에 초점을 맞추어 이루어질 수 있다(김양은, 2008). 학생들이 경험한 온라인 게임을 중심으로 게임의 장르적 특성과 게임의 이용 방법에 대해 이해하거나, 기능성 게임의 시나리오를 구성하고 미션과 퀘스트를 구현해 볼 수도 있으며, 학생들이 기획한 게임을 광고하는 활동도 할 수 있다. 게임을 통해 어린이와 청소년이 경험하게 되는 이야기의 문화적 가치에 대해 탐구하는 활동도 이루어질 수 있다(정현선, 2009).

학생들의 디지털 소양이 다양한 교과를 아우르는 교육과정 전반에서 강조되면서 초등학교의 실과나 중·고등학교의 기술·가정 및 정보 교과의 수업을 통해 게임 제작 교육도 이루어지고 있다. 한국콘텐츠진흥원에서는 게임 리터러시 교육을 위한 교사 교육과 교재 개발 및 보급도 지원하고 있다. 초등학생을 대상으로 하여 게임 경험을 공유하고 게임의 형식과 서사적 요소에 대해 알아본 후 '주인공, 악당, 도우미, 상' 등의 요소를 고려한 게임을 픽셀 아트 기반의 게임 제작 프로그램으로 만들게 하는 게임 제작 수업 연구도 이루어졌다(김광희,

2022). 이 연구에서는 학생들이 게임 경험과 이용 시간은 많으나 게임 경험을 의미 있는 지적 자원으로 만들지 못하고 있었고, 게임의 부정적 영향력에 대해 판단을 유보하거나 혼란스러워하는 모습을 보이고 있다는 점을 지적하였다. 그러면서 게임을 실제로 제작해 보는 경험을 통해 게임 제작 도구의 행동유도성(affordance)을 인식하고 서사적 요소를 활용해 재미를 실현해 보는, 복합양식 텍스트를 생산하는 의미 있는 경험을 해 볼 수 있음을 보여 주었다.

10대 청소년의 미디어 이용 조사에서는 메타버스 플랫폼 이용도 지난 일주일간 이용률이 52.1%로 높게 나타났다. 초등학생(74.4%)의 메타버스 이용률이 중학생(54%)과 고등학생(32%)에 비해 높았으며, 주된 이용 플랫폼은 로블록스(Roblox)와 마인크래프트(Minecraft)였다(이지윤·이숙정·박민규, 2022). 이는 게임 이용에서도 이용자가 직접 게임을 만들고 다른 이용자들이 만든 게임을 이용하는 문화가 확산되고 있음을 보여 준다. 어린이들의 메타버스 이용 경험이 증가하고 쉽게 게임을 제작할 수 있는 기술적 도구들이 많아지고 있는 상황에서, 학생들이 게임의 상호작용적 매체 속성에 주목해 의미 있고 즐거운 매체 생산을 경험하고 성찰하는 국어 수업도 이루어질 수 있다.

4 학교 밖 경험을 교실 수업과 연결하는 실제적 교육

어린이와 청소년 문화에 대해 국어 교육에서 관심을 갖는 이유는 학교 교실을 넘어선 실제 세상 속에서 이루어지는 학생들의 의사소통과 읽기, 쓰기를 학교에서 이루어지는 국어 수업 활동과 연계하여 실제적인 국어 능력을 길러 주기 위해서이다. 학교 밖 문식 활동(out-of-school literacy practices)은 학생이 학교가 아닌 공간에서 자발적이고 자기 주도적으로 하는 문식 활동을 의미한다(정혜승 외, 2013). 학교 밖 문식 활동에 대한 연구에서는 기존의 문식성 이론이 문식 활동을 하는 다양한 학생들의 환경, 상황, 목적, 태도 등에 대해 무관심하다고 비판하였다. 그러면서 문식성은 언어를 통해 타인과 교류하는 일종의 문화적 과정이며 사회, 문화, 정치, 역사적 맥락과 매우 밀접하게 관련되어 있다고 보는 사회·문화적 관점으로 문식성과 문식 활동을 바라본다. 또한 이러한 맥락에서 학생들의 자발적 문식 활동의 하나로 매체 문식 활동을 중요하게 여기고 매체를 자발적 문식 활동의 생산적 자원으로 바라본다(정현선 외, 2014).

초등학교 1학년 어린이들의 그림일기에 대한 연구(서수현·옥현진, 2013)에서는 학생들의 매체 경험이 '문식성의 의미 있는 후원자(sponsors of literacy)'(Brandt, 1998)이자 '자원'으로 기능한다는 점을 보여 준다. 어린이들이 의미를 구성하기 위해 그림에 이름을 붙이거나, 말풍선을 달아 대화나 주변 소리를 나타내거나, 움직임을 표현하기 위해 만화적 기호를 사용하고 글에 이모티콘을 사용하는 등 그림일기에서 사용하는 많은 레퍼토리들은 유아 시기부터 보았던 만화와 애니메이션에서 비롯된 것임을 어렵지 않게 추측할 수 있다. 초등학교 4학년 어린이들이 1학년 신입생들에게 선물하기 위해 기획한 학교생활 안내 그림책 만들기 프로젝트에 대한 연구(윤미, 2014) 역시 실제 독자에게 도움이 될 수 있는 실제적인 매체 생산 활동을 어린이들이 주도적으로 기획, 집필, 편집, 출판하는 과정을 통해 스스로 경험한 학교 문화와 그림책에 담을 수 있는 다양한 매체 표현이 어떻게 의미 있는 문식 자원으로 활용될 수 있는지를 잘 보여 준다. 이러한 관점에서 볼 때, 국어과 교육과정에 제시된 '일상의 매체와 매체 자료에 흥미와 관심을 가진다'([2국06-01])와 '일상의 경험과 생각을 글과 그림으로 표현한다'([2국06-02])는 어린이와 청소년의 문화와 매체 경험을 문식성의 자원으로 확보하고 학생의 삶이 교실로 스며들 수 있는 환경을 만들며 학교에서 활용 가능한 다양한 매체를 사용해 의미 형성 과정을 주체적으로 경험할 수 있도록 하는 성취기준이다(김광희·김희동, 2023). 따라서 이러한 성취기준은 단지 초등학교 저학년뿐 아니라 모든 학교급과 연령에서 나선형 교육과정으로 적용될 필요가 있다.

어린이와 청소년 문화와 미디어는 학생들의 학교 안과 밖의 삶과 자원을 넘나들며 보다 다양하고 개방적이며 실제적인 학습의 기회를 만들고 연결하는 데 핵심적 자원이 될 수 있다. '연결된 학습(connected learning)'을 내세운 새로운 학습 운동에서는 방과 후 활동, 도서관, 박물관, 메이커스페이스 등 다양한 학교 밖 학습 공간에서 다양한 조직 및 개인과 협력하여 교육 프로그램을 만들고 이를 통해 청소년들이 사회로 연결될 수 있는 기회를 만들어 학습을 촉진하면서 사회의 발전을 도모한다(Nygren, 2014). 연결된 학습 운동을 비롯한 다양한 학습 운동과 이론에서는 학습이 개인의 관심과 열정에 기반을 두고, 또래의 지원을 받으며, 개인이 가치 있고 안전하다고 느끼는 공간에서 이루어질 때 가속화된다고 본다. 또한 학습 환경의 설계는 학습 참여자들 사이에 공유된 목적이 있고, 수용보다는 생산을 중심으로 하며, 참여자들이 개방적인 네트워크로 연결되는 방식으로 이루어지는 것이 바람직하다고 본다. 이런 관점에서 볼 때 어린이와 청소년 문화를 학생들의 관심과 열정을 발견하고 또래 간의 지원과 참여를 촉진할 수 있는 의미 있는 자원으로 국어 수업에서 활용할 필요가 있다.

15

국어 교육에서 영재와 학습 부진아 지도

1 왜 영재와 부진아에게 관심을 가져야 할까 / 2 국어 영재는 어떻게 가르쳐야 할까 / 3 국어 학습 부진아는 어떻게 가르쳐야 할까

교실에는 매우 다양한 학생들이 있다. 하나를 배우면 열을 아는 '홍길동' 같은 아이에서부터 무관심 속에서 글조차 읽지 못하는 『까막눈 삼디기』(원유순, 2000)와 같은 아이들도 있다. 그러나 이들의 공통점은 모두 수업에서 소외되고 있다는 것이다.

수업은 누구 한 사람이 아니라 대다수를 향한다. 대다수를 이루는 구성원 중에서도 또 대다수를 이루는 평균 근처의 학습자를 대상으로 한다. 수준별 교육을 강화한다지만 이러한 사정은 그리 나아지지 않고 있다. 평균 지점에서 벗어난 아이들은 교실에서 묵묵히 견디며 시간을 허송하거나, 급기야 교실을 뛰쳐나오기도 한다.

우리는 이러한 아이들에게 무엇을 해 줄 수 있을까? 교육 여건을 탓하거나 공교육이니 어쩔 수 없다는 체념은 도움이 되지 않는다. 그들에게 다가가서 필요한 것을 줄 수 있어야 한다. 그 아이들에게도 교실은 재미있고 꿈을 키우며 배움이 있는 가치로운 공간이어야 한다.

그래서 우리는 교실에 있는 양극단의 아이들에게 주목할 필요가 있다. 이 극단의 아이들까지도 챙김으로써 교실의 첫 줄부터 끝 줄까지 온전히 끌어안고, 선생님이 함께 가고 있음을 느끼게 하는 수업을 설계해야 한다. 이제 우리 교실의 어느 누구도 놓치지 않을 수 있도록 안목을 키워 보자.

1 왜 영재와 부진아에게 관심을 가져야 할까

1) 국어 영재 교육의 필요성

한 명의 영재로 만 명을 먹여 살릴 수 있다고 한다. 오늘날의 사회는 지식과 정보로 움직이며, 지식과 정보를 가장 잘 활용할 줄 아는 사람이 사회를 주도한다. 지식과 정보의 활용에 따른 부가가치의 생산력은 전 사회에 파급 효과가 있어서, 영재의 발굴은 개인의 성취일 뿐만 아니라 사회의 생산력 증대라는 의미에서 매우 큰 가치가 있다. 이에 교육은 영재성을 계발하고 발굴하도록 지원할 수 있어야 한다.

우리 교육은 이러한 영재 교육의 의미를 알고 수월성 교육을 강조하였다. 2000년 처음 영재교육진흥법을 제정해 2002년부터 시행하면서 영재학교, 영재학급, 영재교육원, 영재교육연구원, 영재교육특례자 제도를 두고 운영해 오고 있다. 그리고 공통 교육과정에서는 월반제도를 가능하게 하여 우수아나 영재아가 속진으로 학습할 수 있는 길을 터놓고, 수준별 지도를 강조하여 우수한 학생들에게 심화된 교육을 하도록 하고 있다.

영재 교육은 개인이 가진 능력을 최대한 계발하여 자아를 실현하고, 국가와 사회가 필요로 하는 인재를 육성한다는 점에서 그 중요성이 강조되어 왔다. 각 영역에서 우수한 능력과 잠재력을 보이는 학생들에게 자아를 최대한 실현할 수 있도록 기회를 제공하여 그들이 미래의 사회문제를 해결하는 데 도움을 주도록 하는 데 의의가 있다.

이런 영재성의 기저에는 언어 능력이 있다. 언어 능력은 그 자체로 하나의 영재성이 되는 동시에 다른 분야의 영재성을 계발하고 촉진하는 역할을 한다. 언어 영재의 교육은 아직 자연과학 분야의 영재 교육만큼 사회적으로 지원하는 분위기가 강하지는 않지만, 국어과에서 언어적인 면의 영재성에 주목할 만한 가치가 있다.

국어과 수업은 언어 활동을 다루며, 언어 영재는 이 목표를 가장 이상적으로 성취할 수 있는 학습자이다. 이에 언어 영재의 특성을 살펴 국어과 교육의 가능성을 알 수 있다. 또한 언어 영재에 대한 관심은 영재만이 아니라 우수아를 비롯한 상위 성취자들을 어떻게 가르쳐야 더욱 의미 있는가에 대한 해답을 비춰 준다는 점에서도 중요하다. 나아가 언어가 다른 능력을 발현해 주고 계발하게 하는 기초 능력이라는 점에서, 다른 분야의 영재 교육을 위한 기본 교육으로서도 중요하다.

2) 국어 부진아 지도의 필요성

국어 영재와의 대척점에 국어 부진아가 있다. 국어 부진아는 영재아와 반대로 그 어떤 학습도 만족스럽지 못하고, 교육의 실패한 모습을 전형적으로 드러내는 사례가 된다. 이런 국어 학습 부진 현상은 매우 중요한 사태이다. 우리의 교육이 무엇 때문에 어디에서 성공하지 못하는가를 차분히 따져 볼 수 있고, 공교육으로서의 의무를 다해야 하는 지점이기도 하기 때문이다.

조사에 따르면, 한글 미해득으로 기초 학력 부진인 학생이 초등 저학년에서만이 아니라 중학생과 고등학생에서도 있는 것으로 나타났다. 학교를 10년 가까이 다녀도 기본 글자가 24자인 한글을 다 익히지 못하는 학생이 있다는 뜻이다. 최근 교육 격차가 지역 및 계층에 따라 더욱 심해지고 있어 읽기, 쓰기 등 국어 학습 부진 문제가 갈수록 심각해지고 있다.

여기에는 학습자의 불성실이나 능력 부족이라는 이유가 있을 수 있지만, 교육의 무관심도 큰 몫을 차지하고 있다. 그 긴 시간 동안 누군가가 관심만 가졌어도 극복할 수 있는 문제였을 텐데, 우리 교육에서는 그런 문제에 관심이 극히 적었던 것이다. 국어 학습에서 도태되면서 학습 전반에서 낙오하였을 가능성도 크다.

언어 기능은 학습의 기초 능력이자 사회 생활의 기본 능력이다. 언어 능력이 빈약하면 학교 학습에서 낙오되고, 부정적인 자아 개념으로 이어지며, 정상적인 사회인으로 생활하는 데 어려움을 겪게 한다. 실제로 읽기 등 언어 기능의 장애가 학업상 학습 장애의 60~70%를 차지하고 있으며, 학습 장애 학생의 약 80%가 읽기와 같은 언어 기능에 어려움을 보이고 있다. 또한 음악이나 운동을 못하는 데는 수치심을 느끼지 않지만 읽기 발달이 늦는 데는 심한 수치심을 느낀다. 이러한 능력 부족과 심리적 위축감이 사회 부적응을 낳는다.

2021년 기초학력보장법을 제정하여 학습 부진 개선에 관심을 기울여 오고 있다. 부진 판별 검사와 지도 프로그램을 개발하고, 일선 학교에 적용할 것을 강조하고 있다. 학습 부진아를 위한 특수반의 운영이나 보충 학습 활동으로 부진의 문제를 해결하고자 노력하고 있다. 특히 소외된 지역과 계층을 중심으로 부진아에 대한 지도를 강조한다.

이와 같이 영재와 부진아에 대한 지도는 국어 교육의 또 하나의 과제이다. 특정한 시각으로만 보아 소외되었던 학습의 극단적 양상을 교실 수업에서 제대로 다루어 보고자 하는 시도이다. 영재와 부진아에 대한 지도는 교실 수업에서의 수준별 학습으로 자리매김할 수 있다. 영재로 대변되는 이상적인 성취와 부진아로 대표되는 저성취의 문제에 비추어, 학습자들의 수준을 고려한 수업을 계획하고 교육 효과를 높힐 수 있다. 이에, 국어 교육의 양극단을 챙김으로써 생명력 있는 교육으로 살아나도록 노력할 필요가 있다.

2 국어 영재는 어떻게 가르쳐야 할까

1) 국어 영재의 개념과 판별

(1) 국어 영재의 개념

영재란 일반적으로 보통 사람에 비하여 능력이 월등히 뛰어난 사람을 말한다. 주변 사람들로부터 누가 봐도 놀라울 정도의 능력을 가졌음을 인정받으며, 흔히 신동, 천재, 재능아 등으로 불린다. 타고난 능력이 있고 창의적이며 훌륭한 결과를 만들어 낼 때가 많다. 이런 영재는 흔히 지능지수가 높거나 공부를 잘하는 것으로 나타난다. 지능이 전반적으로 뛰어나면서 영재성이 있는 분야의 학업 성취도가 특히 높게 나타난다. 그런데 이런 영재성을 가졌더라도 사회성이 매우 떨어지거나 정의적인 문제를 겪고 있어서 영재성이 긍정적으로 발휘되기 어려운 경우 영재성을 가졌더라도 의미가 없을 수 있기 때문에, 최근에는 사회성이나 건전한 도덕성, 집중력 등의 요인을 영재를 정의하는 데 중요하게 반영하고 있다.

언어 영재는 언어 분야에서 영재의 특성을 가진 사람을 말한다. 언어 지능이 뛰어나고 국어 성적이 좋으며 언어적 창의성이 있고, 언어 학습을 재미있어 하고 잘 수행한다. 그런데 언어 영재만이 아니라 다른 분야의 영재들도 대체로 언어적으로 뛰어난 능력을 갖고 있다. 어떤 분야의 영재이든지 공통적으로 빠른 언어 학습 속도와 뛰어난 추론 능력, 높은 어휘력과 이해력, 창의적인 사고와 상상력, 개념 간의 관계 파악과 구조화 등의 언어적인 문제에서 매우 뛰어난 수행을 보인다. 영재의 인지적인 능력이 뛰어나기 때문에 언어 수행도 뛰어날 수 있고, 언어 능력이 뒷받침됨으로써 영재성이 자극되고 발현될 수 있기도 하다고 볼 수 있다.

그러나 언어 영재라고 할 때에는 일반 영재와는 변별되는 언어 분야에서의 특수한 능력을 말한다. 언어 능력은 언어 지능과 언어 기능(언어 수행 능력)의 두 가지로 주로 설명되는데, 언어 능력을 '높은 언어적 지능'으로 보는 관점과 '뛰어난 언어 기능'으로 보는 관점, '높은 언어 지능과 더불어 뛰어난 언어 기능'으로 보는 세 가지 관점이 있다(이순영, 2001).

언어 지능으로 언어 영재를 정의하는 관점은 지능 검사의 언어 점수가 높은 이를 언어 영재로 인정한다. 대부분의 지능 검사 도구나 언어 능력 검사 도구에서는 언어 지능이 '언어 이해'와 '언어 유창성(표현)'으로 이루어지고, 두 영역 모두 '어휘력'에 중심을 두어 구성된다. 가드너(Gardner)의 다중 지능 이론에서는 언어적 지능이 어휘의 소리, 리듬, 의미, 언어의 다양한 기능을 민감하게 파악하는 능력으로, 문학가, 시인, 언론인, 평론가가 주로 높게 나타나는 경향이 있다.

언어 지능보다 듣고 말하고 읽고 쓰는 언어 수행 능력이 뛰어난 사람을 영재로 보기도 한다. 연구자에 따라서는 언어 영역을 말하기의 표현 기능, 의미 이해, 언어 구조, 읽기, 듣기, 시청각 능력으로 나누거나(Michael, 1958), 구두 표현, 읽기, 창작, 일반 언어 추론, 외국어 습득 등으로 나누고(Fox & Durden, 1982), 이렇게 구분한 모든 영역에서 탁월한 성취를 보이면 언어 영재로 인정한다.

한편 언어 기능 중 일부분의 기능이라도 뛰어나면 언어 영재로 보기도 하는데, 언어 기능 중에서 표현 능력을 중시하는 경향이 크다. 표현과 이해 능력을 포함하여 '단어를 창의적이고도 정확하게 이용하며, 의미나 통사적으로 복잡한 문장을 잘 이해하고 능숙하게 사용하는 능력이 뛰어난 사람'(Bond & Bond, 1983), 이해 능력에 중점을 두어 '글을 읽으며 내용 간의 관계를 파악하고, 글 속의 문제를 파악하며, 그 중심 내용을 빠르게 요약하는 능력이 탁월한 이'(Witty, 1971), '왕성하게 읽고 자신의 학년보다 높은 학년의 것을 수행할 수 있고 높은 수준의 어휘력을 갖고 있는 경우', 또는 '텍스트의 정보를 처리하며 읽기에서 특별한 능력을 지닌 사람'(Mason & Au, 1990)을 언어 영재라고 한다.

이와 달리, 이해 능력을 바탕으로 표현 능력이 발휘된다고 보아서 말하기와 쓰기의 표현 능력만으로 언어 영재성을 밝힐 수 있다고 보기도 한다. 쓰기 능력의 조숙성을 언어 영재의 주요 요건으로 보는 경향이 있고, 희곡이나 드라마, 시와 소설과 같은 문학 작품의 창작 능력을 언어 영재성이라고 보기도 한다.

그리고 언어 지능과 언어 기능을 모두 고려하여 언어 영재를 판단해야 한다고 보는 관점이 있다. 언어 지능이 높으면서 모든 언어 기능 또한 뛰어난 사람, 또는 언어 지능이 높으면서 한 가지 이상의 언어 기능에서 창의적이고 탁월한 성취를 보이거나 보일 가능성이 있는 사람을 언어 영재로 보기도 한다.

이러한 언어 영재의 여러 가지 개념에서 일반적이고 공통적인 언어 영재의 특성은 '언어 영역에서의 높은 지적 능력'과 최근 영재성의 핵심 요소인 '창의성', 그리고 정의적 능력인

'과제 집착력'이다. 언어 영역에서의 높은 지적 능력은 언어 영역에서의 평균 이상의 지적 능력을 말하는 것으로, 추론력, 기억력, 유창성 등의 일반 능력과, 언어적 지식과 기능을 획득하거나 언어적 문제를 수행하는 특수 능력을 포함한다. 언어적인 창의성은 '아이디어의 생성', '문제 해결의 형태' 등으로 설명하는데, 대체로 '창의적 문제 해결력' 또는 '새로우면서도 유용한 산출물을 낼 수 있는 능력'을 뜻한다. 이 창의성 요인은 오늘날 영재성을 정의하는 가장 중요한 덕목으로, 영재성과 동일어로 간주되기도 한다. 동기나 태도의 정의적인 측면에서는 과제 집착력이 있는데, 평소 그 활동을 즐기고 자주 하며 일정 시간 동안 문제에 몰두하는 능력이 뛰어난 것을 말한다.

언어적 재능이 무엇인가 하는 것에 대해서는 여전히 모호한 점이 있다. 언어적 재능이 있는 것으로 여겨지는 아동도 자라나는 과정에서 환경의 영향과 자극을 받는 정도에 따라 그 언어적 재능이 계속 유지되거나 쇠퇴할 수 있고, 노력으로 길러지는 영재도 있을 수 있기 때문이다. 뿐만 아니라, 문화에 따라 한 문화에서는 가치 있다고 여겨지는 특징이 다른 문화에서는 무시되는 경향도 있어서 언어적 재능을 한 가지로 정의하기 어렵다.

그러나 언어 영재는 언어 영역에서 풍부한 잠재력을 지니고 자신의 잠재력을 탁월한 수준으로까지 계발시킬 수 있는 사람이라는 인식이 보편적이다. 언어 영역에서의 잠재력은 언어 기능의 뛰어남으로 나타나기도 하고, 예술로서 문예 창작에서 뛰어남으로 나타나기도 한다. 또한 일반 영재들의 영재성을 자극하고 견인한다는 의미로서의 중요성 또한 크다. 따라서 언어 영재의 특징에 대한 연구는 지속적으로 이루어져야 한다. 특히 우리의 모어인 국어를 통해 드러나는 언어적 영재성에 대해서는 국어 교육에서 지속적으로 관심을 가져야 할 것이다.

(2) 국어 영재의 판별

언어 영재를 판별할 때는 다음과 같은 몇 가지 원칙을 바탕으로 한다〈표 1〉. 이 원칙은 언어 영재뿐만 아니라 다른 영역의 영재를 판별할 때에도 적용되는, 보편적인 원칙이기도 하다.

이런 원칙에 따라 영재의 판별은 다양한 평가 도구로 여러 차례에 걸쳐 진행한다. 일반적으로 최소한 세 가지 절차가 있는데, 표준화 검사와 행동 관찰, 수행 평가가 그것이다. 이 세 가지 절차는 어떤 경우에는 행동 관찰을 일차적으로 한 뒤 그 결과로 선발된 학습자를 대상으로 표준화 검사를 하고 그 결과로 선발된 학습자를 대상으로 수행 평가를 실시하는 방식으로 적용되고, 또 다른 경우에는 표준화 검사를 먼저 수행하고 난 이후에 행동 관찰과 수행

표 1 영재 판별의 원칙(조석희, 1996)

- 여러 가지 정보를 수집한다.
- 여러 단계에 걸쳐 판별한다.
- 지속적으로 수행되어야 한다.
- 판별 대상에 따라 적합한 방법을 사용한다.
- 가급적 조기에 실시한다.
- 충분히 수준 높은 검사를 사용한다.
- 나이에 따라 판별의 초점이 달라져야 한다.
- 영재 판별 검사 점수의 활용이 타당하게 이루어지도록 노력하여야 한다.

평가를 적용하기도 한다.

일차 평가로 표준화 검사를 수행할 때에는 대단위의 학생을 평가 대상자로 하는 것이 보편적이다. 지능 검사, 언어 기능 수행 검사, 학업 적성 검사, 성취도 검사, 흥미 검사, 적성 검사, 성격 검사 등 표준화된 평가 도구를 활용하여 영재일 가능성이 있는 사람을 대단위의 사람들 중에서 선별한다. 지능 검사가 지적 능력을 알 수 있는 대표적인 검사인데, 지능 검사 항목 중에서도 언어 지능을 특히 중요하게 본다. 언어 기능을 판단하기 위해서는 국어 능력 검사나 언어 적성 검사, 국어과 학업 성취 검사 등도 활용할 수 있다. 그리고 흥미·적성·성격 등의 정의적 영역 검사로 언어에 대한 흥미나 과제 집착력 등을 평가한다. 이런 표준화된 검사의 경우에는 객관식 문항들이어서 독창적인 능력과 창의적인 언어 표현 능력을 평가하기 어려운 한계가 있으나, 간편하고 수월하게 대단위에 적용할 수 있는 장점이 있다.

행동 관찰 평가와 수행 평가는 표준화된 검사보다 더욱 자세하고 전문적인 것을 알기 위하여 실시하는데, 주로 영재 판별의 2단계나 3단계에서 적용한다. 행동 관찰 평가는 학습자의 과제 수행이나 평소의 학습 상태를 평정 척도로 기록한다. 평정 척도로는 '서점에 가는 것을 좋아한다', '읽기, 쓰기를 좋아한다'와 같이 선호나 행동의 빈도나, '그렇다', '아니다'의 양분 척도, 5단계, 7단계 등 다단계 척도를 활용한다.

수행 평가는 어떻게 해결책에 도달하였는지 그 과정을 알아보는 평가이다. 수행의 결과만이 아니라 과정을 중시하여 영재를 판별하는 것이다. 수행 평가를 하기 위해서는 수행해야 할 과제를 제시하는데, 이는 학습자의 연령이나 수준에 맞게 구성되어야 한다.

언어 영재의 판별 평가에서 중심적인 역할을 하는 평가 내용은 언어 영재를 어떻게 정의하는가에 따라 결정되지만, 대체로 언어 영재성과 창의력의 개념에 따라 '인지적 요소'와 '정의적 요소'의 두 가지를 설정한다. 인지적 요소는 언어 영역에서의 지식과 기능을 평가하는데, '어휘력'과 '이해력', '표현력'이 대표적으로 포함된다. 어휘력에 대해서는 어휘량과 어휘

민감성 등을 측정하고, 이해력에 대해서는 사실적·추론적·비판적 이해를 측정하며, 표현력에 대해서는 논술문이나 문예문 등의 생산 수준을 측정한다. 동기를 포함하여 과제를 꾸준히 수행할 수 있는 능력인 과제 집착력 등의 정의적 요소는 '선호도'와 '집중력' 등을 주로 포함한다. 정의적 요소인 집중력에 대해서는 과제 몰입 정도를 측정하며, 선호도에 대해서는 언어 활동·언어 유희 등을 즐기고 기꺼이 수행하는 정도 등을 측정한다.

그리고 이들 평가 내용 요소에 대한 평가 기준으로 어휘력에 대해서는 정확성, 정교성, 유창성, 융통성, 독창성 등을 적용하고, 이해력에 대해서는 논리의 정교성과 융통성, 독창성을 중요하게 적용하며, 표현력에 대해서는 논리의 정교성, 유창성, 독창성을 중요하게 적용한다. 집중력에 대해서는 '몰입 시간과 몰입 강도' 등을 기준으로 하고, 선호도에 대해서는 '시간 할애량, 자기 효능감, 호감 깊이' 등의 평가 기준을 설정한다. 영재성에서는 창의력을 매우 중시하기 때문에, 창의성 요소를 평가 기준에 많이 포함한다.

평가 내용 요소를 실제로 담아내는 평가 방법은 평가 요소의 특징에 따른다. 어휘력에 대해서는 맥락 독립적인 '목록형'과 이해와 표현의 형태로 맥락을 수반하는 '맥락형'의 두 가지 형태로 평가할 수 있다. 이해력과 표현력에 대해서는 지필 검사지와 면담, 관찰 포트폴리오를 사용할 수 있고, 정의적 요소인 집중력과 선호도에 대해서는 설문지와 같은 조사지와, 역시 면담, 관찰 포트폴리오를 활용할 수 있다.

언어 영재를 판별할 때 특히 주의할 점은 영재성이 언어 영역의 영재성인지 다른 영역의 영재성인지를 구별하는 것이다. 이는 영재들이 보편적으로 언어적 능력이 뛰어나서 어휘력과 이해력, 표현력 등에서 탁월함을 보이기 때문이다. 특히 어린 학습자의 경우 주된 학습 과업이 언어인데다 다른 분야는 언어만큼 친숙하고 깊이 있게 접하기 어렵기 때문에 다른 분야의 영재성이더라도 언어를 통해 나타나기가 쉽다. 따라서 다양한 과제와 지속적인 관찰을 통해 영재성의 원천을 분명히 알 필요가 있다.

2) 국어 영재의 지도

(1) 국어 영재 지도의 방향

영재의 지도는 속진과 심화의 두 가지 방향에서 가능하다. 속진이란 월반과 압축 교육과정으로 영재를 교육하는 방법이다. 이것은 영재아의 능력에 맞게 학습 속도를 높이는 것으로, 영재아의 능력 및 욕구에 알맞고, 개인적으로나 사회적으로 경제적이며, 국가 인력을 더욱 고급하고 효율적으로 기를 수 있는 방법이다. 반면 심화는 해당 교과나 관련 교과, 또는 전체 교과의 교육의 질과 양을 수준 높게 구성하는 방법이다. 이것은 교과를 더욱 심도 있게 학습하게 하고 폭넓게 사고하도록 하므로 교육의 효과나 생산성이 단시간에 나타나지는 않으나 장기적으로 지적 욕구를 자극하고 사고력을 기르는 데 효과적이다. 교육의 내용을 속진의 원리로 구성할 것인가 심화의 원리로 구성할 것인가는 영재의 특성과 교육 내용의 성격, 영재 교육의 목적 등에 따라 결정된다.

언어 영재의 경우, 언어 사용의 목적이 매우 다양한 상황과 복잡한 구조로 이루어질 수 있으므로 심화 프로그램을 풍부하게 운영할 수 있다. 영재 교육의 대상이 되는 많은 우수아들에게는 속진보다 심화 프로그램이 더 적절하다는 의견도 있는 만큼, 심화 프로그램의 장점인 지적 자극이나 강한 동기의 부여 등을 최대한 활용하여 기본 개념과 그 구조를 깊이 있게 이해하게 하고 지적 도야에 기여할 수 있게 한다. 그러나 영재성의 본질상 속진 개념도 포함될 수 있고 내용에 따라서는 속진과 심화가 구별되기 어려운 부분도 있을 수 있으므로, 속진을 배제하지 않는다. 다만, 심화 과정을 거치지 않거나 이를 고려하지 않은 무조건적 속진은 경계해야 한다. 이런 심화 및 속진 프로그램을 진행할 때는 영재성 분야와 상관관계가 큰 여러 교과 또는 모든 교과를 대상으로 교육의 질과 양을 수준 높게 구성한다.

그리고 언어 영재의 지도 형태는 '교과 학습 병행형'과 '우수반 별도형'이 있다. 교과 학습 병행형은 국어과 수업 시간에 수준별 지도와 같은 형태로 지도하는 것으로, 국어 교과의 학습과 동시에 지도하는 것이고, 우수반 별도형은 우수반을 별도로 구성하여 별도의 교육과정으로 지도하는 것이다. 교과 학습 병행형의 경우 국어과 교육과정과 함께 진행하면서 심화 프로그램을 적용할 수 있는데, 교과 학습과 유기적인 관계로 상승 효과를 낳을 수 있는 장점이 있다. 하지만 영재를 중심으로 수업을 운영하기에는 한계가 있다는 단점이 있다. 우수반 별도형의 경우 영재 중심의 교육과정으로 수업을 할 수 있는데, 적절한 교육과정의 구성이 성패를 좌우한다. 또한 일반 수업과는 달리, 지도의 과정에서 전체 대상 학생의 평균 수준에 맞추는 수업보다는 지속적인 영재 판별을 수행하면서 상위 수준의 영재에게 맞는 수업을 구성할 필요가 있다.

언어 영재를 발굴하고 계발하기 위한 지도를 할 때에는 교사가 학습자의 능력을 조기에 발굴하여 타고난 잠재력을 계발하도록 하고, 자율적이고 독립적인 학습자가 되도록 하며, 긍정적인 자아 개념을 바탕으로 자신을 이해하고 수용하도록 이해하고 관리해야 한다. 또한 교사는 영재 학생과 언어를 통한 정신적 교류를 원활히 할 수 있는 의사소통 기술을 익혀 소

영재 교육의 인지적 영역 및 정의적 영역의 목표(구자억, 2000)

인지적인 영역의 영재 교육 목표	정의적인 영역의 영재 교육 목표
• 복잡하고 추상적인 개념, 원리, 기능을 습득한다. • 비판적 사고 기능 계발한다. • 고등탐구기능을 계발하고 활용하는 능력을 기른다. • 창의적인 문제해결 전략을 습득한다. • 창의적인 지식이나 산출물을 생성한다. • 학문 간의 연계를 탐색한다. • 자기주도적인 학습능력과 자기평가 기능을 계발한다. • 자신의 의견과 생각을 정확하게 표현하고 의사소통하는 기능을 습득한다. • 효과적으로 학습하는 전략을 활용한다.	• 긍정적인 자아 개념을 형성한다. • 자발적으로 지식을 학습하고 행하는 자세를 기른다. • 위대한 업적을 남긴 인물들의 바람직한 태도와 가치를 평가하고 내면화한다. • 공동 프로젝트에 참여하여 협동 작업에 필요한 기능과 태도를 습득한다. • 타인과 지역사회에 공헌하려는 마음을 갖는다. • 독자적으로 문제를 해결하고 책임을 지는 태도를 기른다.

통할 필요가 있다.

(2) 국어 영재 지도의 실제

영재 지도 프로그램은 영역별 분석적 구성과 영역 간 또는 교과 간 통합적 구성을 할 수 있다. 분석적 프로그램은 영역별 특성을 살릴 수 있으므로 특정 능력을 자극하고 계발하는 데 효과적이다. 분석적 프로그램 방식에서는 언어 영재의 지도를 국어 교과와 연계하여 할 수 있으므로 학교에서 쉽게 활용할 수 있다. 듣기, 말하기, 읽기, 쓰기의 영역별로 개발할 수 있고, 문예 영재 등의 프로그램도 독자적으로 개발할 수 있다. 작문을 중심으로 프로그램을 구성하는 것(박수자 외, 2003) 등이 이에 해당하는 예이다.

반면 통합적 프로그램은 언어 기능 간의 협동이나 범교과적이고 다차원적인 복합 활동을 꾀하는 프로그램으로, 언어 능력의 총체성을 살리고자 한다. 특히 언어 영재들은 기초 기능과 기본 학습이 완전히 이루어진 상태라고 할 수 있으므로, 통합적이고 확산적인 과제를 통해 더욱 실제적이고 고차적인 사고와 활동을 하도록 할 수 있다. 통합적이고 확산적인 체제로는 교과 간 또는 학문 간의 통합적 구성 체계를 구상할 수 있고, 국어 교과 내의 영역별 통합 체계도 구상할 수 있다. 그리고 연관성 있는 주제 중심이나 학습 과정 중심으로도 프로그램을 구성할 수 있는데, '자아와 전통의 탐구'를 주제로 간학문적인 주제 중심의 프로그램 설계(최관영, 2003) 등이 그 예이다.

그리고 지도 형태가 '교과 학습 병행형'일 경우에는 교과의 학습 목표와 연관되게 프로그램을 구성하는 것이 좋고, '우수반 별도형'일 경우에는 영재들을 위한 특별 프로그램을 자유롭게 구성할 수 있다. 각각 분석적이거나 통합적인 프로그램의 두 가지 구성 방식을 자유롭게 선택할 수 있다. 지금까지 개발된 대부분의 언어 영재 교육 프로그램들은 교과 학습 병행형의 성격이 큰데, 교육과정 및 교과서의 내용을 최대한 반영하여 교과 학습과 병행할 수 있도록 하였다. 그러나 활동의 성격은 통합성을 갖도록 하는 것이 대부분이었다(조석희 외, 2005; 박수자 외, 2003 등).

심화형의 영재 교육 프로그램에서 권장하는 교수·학습 방법은 탐구 학습법과 프로젝트 학습법, 창의적 문제 해결 학습법 등이다. 이들 학습법은 주어진 문제를 학습자가 스스로 해결하고 의미 있는 해답을 스스로 도출함으로써 주체적으로 지식을 생산하는 데 핵심이 있다. 구체적이고 현실적인 상황 맥락을 복합적으로 고려하게 하는 실체적인 과제나, 어느 쪽으로도 명확한 결론이 나지 않는 모순적인 자료에 대한 논쟁적인 과제 등을 제시한다.

탐구 학습법에서 교사는 포괄적인 문제(과제)와 자료를 제시할 뿐 구체적인 학습 목표는 학습자 스스로 판단하고 결정하여 세우게 한다. 그리고 학습자 주도하에 학습 내용도 결정하게 할 수 있다. '문제 상황 확인, 문제 해결 가설 설정, 자료 수집, 결과 도출, 일반화'의 절차가 중심이 된다.

프로젝트 학습법은 심화 과정에서 활용하는 대표적인 영재 수업 모형이다. 학습자 스스로 탐구할 주제를 설정한다는 점이 탐구 학습법 및 창의적 문제 해결 학습법과 다르다. '주제 찾기, 프로젝트 계획, 프로젝트 실행, 창의적 산출물 도출, 평가와 발표·전시'와 같이 진행할 수 있다. 흥미와 지적 관심에 따라 다양한 주제와 계획으로 창의적인 결과를 만들어 낼 수 있다.

창의적 문제 해결 학습법은 제시된 문제를 창의성을 발휘하여 스스로 해결하게 하는 학습 모형이다. '문제에 대한 도전 단계, 문제를 파악하고 정보를 수집하고 분석하는 사실 발견 단계, 문제를 정의하는 문제 발견 단계, 문제를 해결할 아이디어를 생각해 내는 아이디어 발견 단계, 최선의 아이디어를 발견하는 해결안 발견 단계, 선정한 해결책을 실천에 옮기는 수용안 발견 단계' 등으로 진행된다. 문제 상황을 인식하고 구체화하여 문제를 해결하고 창의적 산출물을 만들어 내는 것을 강조한다.

영재 교육에서 강조하는 또 하나의 내용으로 영재의 윤리성과 사회성, 정서 등에 대한 것이 있다. 윤리성은 영재의 위력에 비추어 사회에 막대한 영향을 미칠 수 있는 문제이므로 세계적으로 새로이 주목하고 있다. 사회성과 정서에서의 문제점은 영재의 개인적 특성으로 간주되는 경향이 있는데, 이는 영재의 생산력을 감소시키고 효용성을 떨어뜨리는 요소이다. 언어 영재에게도 이러한 윤리성과 사회성, 정서의 문제 역시 중요하기 때문에, 언어 영재를 교육할 때 중요하게 고려해야 한다. 한편, 영재들의 언어 능력은 자신의 영재성을 표출할 수 있는 통로로서 영재의 사회성과 정서에 긍정적으로 기여할 수 있다. 이에 각 분야 영재들을 지도할 때에도 전문성 이외에 언어 능력의 지도를 포함하는 것을 고려해 볼 만하다.

3 국어 학습 부진아는 어떻게 가르쳐야 할까

1) 국어 학습 부진의 개념과 판별

(1) 국어 학습 부진의 개념

학습 부진이란 학습의 수행이나 성취가 미흡하여 특별한 지도가 필요한 경우를 말한다. 그런데 학습의 수행과 성취의 미흡한 정도나 원인은 매우 다양해서, 부진을 판단하는 기준을 무엇으로 하느냐에 따라 부진의 개념이 달리 정의된다. 먼저, 학습 부진의 발생 원인이 신체나 정신의 결함에 있는가, 환경의 결손이나 교육의 부적절함에 있는가를 구별하여 학습 부진을 정의할 수 있다. 원인이 신체나 정신의 문제일 때는 별도로 '학습 장애'라 하고, 원인이 환경이나 교육일 때를 '학습 부진'이라 한다. 학습 장애는 특수 교육의 영역에서 신체나 정신의 특징을 고려한 지도를 해야 하고, 학습 부진은 정상이나 보통의 경우와 같은 방식으로 지도할 수 있다고 본다. 때로 학습 장애나 학습 부진을 어느 하나가 다른 것을 포함하는 상·하위 개념의 용어로 사용하기도 하지만, 교과 지도 교사가 담당할 수 있는 정도의 범위에 있다는 점이 학습 부진을 정의하는 핵심이다.

이와 달리, 지능이나 원인과 관계없이 성취 수준의 기준에 비추어 기대되는 최저 학업 성취 수준에 도달하지 못한 경우를 학습 부진이라고 할 수 있다. 학교 학습에서 해당 학습 과제를 성공적으로 학습하지 못하는 학생을 학습 부진아로 규정하는 것이다. 이것은 앞의 두 가지 기준을 고려하지 않고 성취 결과만으로 판단할 수 있고, 또 앞의 두 가지 정의를 모두 수용하여 '지능이 정상 범위에 있고 환경이나 교육의 원인에 의해 학업 성취 수준이 낮은 것'으로 좀 더 엄격하게 적용할 수도 있다. 어떤 경우이든 학업 성취 수준을 기준으로 한다는 것은 학교 교육에서 보충이 필요한 경우를 말하는 것이며, 널리 활용되는 정의이다.

학업 성취 수준을 상대적인 기준으로 판단하여 학습 부진을 정의할 때도 있다. 개인 내부의 능력 간 우열을 비교할 수도 있고 개인 간의 능력을 비교할 수도 있는데, 개인 내부의 능력으로 설정할 경우 개인의 능력과 성취를 비교하여 능력에 비해 성취 정도가 현저히 떨어지는 분야를 부진 분야로 본다. 예를 들어, 일반 지능과 읽기 능력, 말하기 능력, 도덕적 판단 능력 등에 비해 쓰기 능력의 성취가 낮다면 쓰기 결과가 집단의 상위권에 포함되어 있다 하더라도 쓰기 부진이 된다. 이 기준은 개인의 발달 가능성을 알고 그것을 견인하는 교육의 역할을 다하는 데 매우 요긴하기 때문에 엄밀한 부진의 개념으로 활용한다.

학업 성취 수준을 개인 간의 비교로 판단하여 부진을 정의할 경우, 가장 간단하게는 '해당 집단의 하위 몇 %'와 같이 학습 부진을 정의한다. 하위 '2~3%'와 같이 좁게 정의할 때에는 매우 심각한 저성취를 부진으로 보는 것이고, 하위 '20~30%'나 상·중·하 중에서 '하 수준', 또는 '평균 아래'와 같이 넓게 정의할 때에는 대부분의 저성취를 부진으로 보는 것이 된다. 개별 지도가 아니라 대단위의 학생을 지도하는 교실 수업에서 가장 현실적이고 후속 지도가 가능한 기준 설정이 될 수 있다.

이상으로 학습 부진은 신체적·정신적 장애를 지니기보다는, 환경적 요인에 의해 교육의 결손이 생긴 상태로 학업 성취 수준이 절대적으로 또는 상대적으로 낮은 것을 말한다. 한글 획득이 미진한 기초 기능의 부족에서부터 해당 단원 학습 목표의 미성취에 이르기까지 그 범위는 다양할 수 있다. 부진 지도를 국가나 지역을 대상으로 대단위로 하고자 할 때는 절대적인 기준을 설정하여 부진 개념을 정하고, 소규모 단위의 지도일 때에는 교사의 지도 목적이나 학급의 상황 등에 비추어 보충이 필요한 상태를 판단하여 부진 개념을 정할 수 있다.

국어과의 학습 부진은 전반적인 국어 능력이 저조한 상태를 뜻할 수도 있고, 특정한 영역의 능력이 저조한 상태를 뜻할 수도 있다. 전반적인 부진 현상은 어휘력의 부족, 언어 유창성의 부족, 언어적 기억력의 저조, 언어적 사고력의 저조 등을 뜻하고, 특정 능력의 부족은 말하기 능력의 부족, 듣기 능력의 부족, 읽기 능력의 부족, 쓰기 능력의 부족 등으로 구체화된다. 이런 접근은 모두 유용해서 필요에 따라 선택적으로 적용할 수 있다.

학습에서는 글자를 알아 읽고 쓸 줄 아는 문식성이 중요하므로, 문자의 학습 여부를 기준으로 하여 국어과의 학습 부진을 두 가지로 구별한다. 문자, 즉 한글을 익히지 못한 상태를 '기초 학습 부진'이라 하고, 문자는 익혀 읽고 쓸 줄 알지만 그 이상의 학습 목표를 성취하지 못한 상태를 '기본 학습 부진'이라 한다. '기초 학습 부진'과 '기본 학습 부진'은 서로 영향을 주므로 동시에 섞여서 나타나는 경우가 많지만, 두 가지를 구별하여 판단함으로써 성취해야 할 바를 명확히 세분할 수 있다. '기초 학습 부진'과 '기본 학습 부진'은 성취 목표를 분리하여 설정하되 실제 지도에서는 각각에 초점을 맞추어 분리해 다룰 수도 있고 두 가지를 병행하여 다룰 수도 있다.

국어과의 학습 부진은 국어 교과만의 부진이 아니라 학습 능력 자체의 부진이 될 수 있어서 더욱 중요하다. 국어 교과는 도구 교과로서의 성격을 갖고 있어서 국어 교과의 듣기, 말하기, 읽기, 쓰기 능력이 모든 교과를 학습할 수 있는 능력이기 때문이다. 2022년부터 '기초학력보장법'을 제정하여 모든 학생이 학교 교육과정을 통해 갖추어야 할 최소한의 성취기준을 충족하도록 할 것을 법률로 명시하고 있는데, 국어 교과의 부진이 큰 부분을 차지한다. 기초 학습 부진과 기본 학습 부진 양쪽 모두에서 국어 교과의 부진은 매우 심각한 문제이므로, 부진을 해결하기 위한 노력이 무엇보다 중요하다.

쉬|어|가|기

부진아 vs 학습지원대상학생

〈기초학력보장법〉에 '학습지원대상학생'이라고 하였어요. 학습 부진이 그 학생의 타고난 특성이 아니라 환경 때문에 만들어진 현상임을 강조한 명칭입니다.

(2) 국어 학습 부진의 판별

① 부진 판별 검사 도구

학습자의 부진 여부를 판단하기 위해서는 평가가 필요하다. 부진 여부를 판단하는 평가로는 표준화된 검사 도구와 관찰 자료, 면담 자료 등이 활용된다. 표준화된 검사 도구로 지능을 검사할 때의 지능 검사지나 학업 성취 여부를 판단할 때의 학업 능력 검사지 등 표준화된 평가 자료를 이용하여 검사하고 그 결과에 따라 부진한 학생을 판별한다.

그러나 대개 표준화된 검사 도구만으로 판단하기보다는 교사의 관찰과 면담, 자작 검사지, 자작 수행 평가 과제, 기타 포트폴리오 자료 등을 유용하게 활용한다. 현실적으로 학교 수업에서는 표준화된 검사보다 이들 자료가 학습 부진 학생을 판별하는 결정적인 판단 자료가 되기도 한다.

이와 같은 표준화된 검사의 결과와 그 외 다양한 검사 결과와 자료를 종합하여 교사, 전문가, 학부모 등의 토의나 상담을 거친다. 학습자의 흥미나 태도, 부담감 등의 정서적인 면도 고려하여 학습 부진 지도 대상자를 판별한다.

② 진단 검사

학습자의 부진 여부를 결정하더라도 학습자마다 부진의 상태와 원인이 모두 다를 수 있다. 따라서 부진 학생을 판별한 이후에 진단이 필요하다. 부진 판별의 과정에서 얻은 자료로 진단할 수도 있고, 대단위 지도에서라면 진단 검사를 별도로 수행할 수도 있다.

진단을 위해 사용되는 측정 도구로는 진단 검사, 예지 검사, 역동 검사 등이 있다. 진단 검사(diagnostic testing)는 개별 학생의 교과 영역 내에서의 장점과 단점을 분석하는 것으로, '스탠포드 읽기 진단 검사(Stanford Diagnostic Reading Test)', '기초·기본 학습 부진 학생 판별 도구 개발(박효정 외, 2000)' 등이 그 예이다. 예지 검사(prognostic testing)는 교과의 특정 분야에서 학생의 미래 수행을 예측하는 것으로, 적성 검사와 유사하다. 대체로 단순하고 짧은 표본 학습과 그 학습의 평가를 통해 앞으로의 수행을 예측한다. 역동 검사(dynamic testing)는 교사가 부진 학생을 지도해 가면서 학습 과정을 관찰하여 학습 잠재력을 평가하는 것이다. 그러나 표준화된 평가 외에도 교사가 자작 검사지를 구성하여 활용할 수 있다.

현재 각 시·도 교육청에서 '기초학력 진단 보정 시스템'을 온라인으로 운영하고 있으므로, 이 시스템에서 운영하는 진단 프로그램을 활용할 수 있다. 또한 '국가기초학력지원센터'도 온라인으로 운영하면서 각 학교급별 진단 도구와 각 과목별 진단 도구를 제공하고 있으며 학습 자료도 제공하고 있어 활용할 수 있다.

그림 1 국가기초학력센터 온라인 화면

2) 국어 학습 부진의 진단

(1) 읽기 부진의 진단

① 읽기 기초 부진과 읽기 기본 부진의 진단

읽기 분야의 부진 여부 및 상태를 진단하기 위하여, 우선 교실에 있는 학습자의 상태를 관찰하고 이후 정확한 진단 검사를 실시하는 것이 효과적이다. 관찰을 통한 진단에서 한글 해독에 부진이 있는지, 글 의미를 이해하는 데 부진이 있는지를 파악하는 것이 중요하다.

한글 획득이 완전하지 못하여 나타나는 부진을 '읽기 기초 부진'이라고 한다. 읽기 기초 부진을 보이는 학생은 글을 읽을 때 몇 가지 특성을 보인다. 책을 너무 가까이서 보거나 잘 읽으려고 하지 않고, 문장이나 단어의 수에 짓눌리곤 하며, 읽더라도 단어를 하나씩 천천히 읽거나 읽을 때 음성이 부자연스럽고, 자신이 읽을 수 없는 단어가 나오면 무시해 버리거나 문맥에 따라 아무렇게나 말해 버리는 경향이 있다. 문장 안에 있는 단어의 순서를 잘 예측하지 못하고, 읽는 동안 생략이나 삽입, 대치, 반전 등의 오류를 범하기도 한다. 그리고 전반적으로 단어나 글자 그 자체만을 해독하는 데 너무 신경을 써서 글을 읽을 때 문장의 의미를 파악하거나 기억하지 못하곤 한다.

글 이해의 부진을 '읽기 기본 부진'이라 한다. 읽기 기본 부진을 보이는 학생들은 해독에서도 완전하지 않은 경우가 많지만, 해독에 문제가 없는 경우라도 읽기가 유창하지 않은 것으로 나타난다고 한다. 내용 이해가 부족하기 때문에 자주 더듬거리며, 읽는 속도가 느리다. 모르는 단어가 상대적으로 많고 모르는 단어를 만났을 때 뜻을 추리하려는 시도를 거의 하지 않으며, 한 단어의 여러 가지 용법에 대한 이해가 부족한 것으로 관찰된다. 또한 내용 확인을 위한 전략이 부족하고, 논리적이고 연속적인 추론이 거의 없으며, 총체적인 평가와 감상도 거의 나타나지 않는다.

② 읽기 기초 부진과 읽기 기본 부진 판별 검사

읽기 부진 여부를 정확하게 알기 위해서는 글자를 못 읽는 기초 학습 부진 검사와 글자는 읽으나 읽기 수행 능력이 떨어지는 기본 학습 부진 검사를 한다. 먼저, 기초 학습 부진 상태인지 기본 학습 부진 상태인지를 알기 위하여 '독해력과 청해력 검사'를 수행한다. 쉬운 내용의 글을 소리 내어 읽어 준 후 질문에 답하게 하는 방법으로 청해력을 검사하고, 이와 비슷한 수준의 다른 글을 스스로 읽게 한 후 질문에 답하게 하는 방법으로 독해력을 검사한다. 청해력은 높지만 독해력이 낮다면 글자를 온전히 읽지 못하는 기초 부진 상태라고 판단할 수 있다. 청해력과 독해력이 모두 높다면 일단 기초 부진의 문제는 없는 것으로 판단할 수 있고, 청해력과 독해력이 모두 낮다면 기초 부진과 기본 부진 모두에서 심각한 문제가 있는 것으로 볼 수 있다.

③ 읽기 기초 부진 상태 검사

한글 획득이 완전하지 않은 읽기 기초 부진 상태라고 판정되면, '고빈도와 저빈도 단어 읽기 검사', '정상 단어와 의사 단어(pseudowords) 읽기 검사', '규칙 단어와 불규칙 단어 읽기 검사' 그리고 '시간 제한 방식과 시간 비제한 방식의 읽기 검사'를 하여 한글 획득 수준을 자세히 파악한다. 일반적으로 문자의 읽기 학습은 단어 읽기, 글자 읽기, 자소 읽기, 철자 읽기(정확한 발음으로 읽기)의 순서로 네 가지의 단계를 거치는데(윤혜경, 1997; 김명희, 2003: 7~8), 이들 단계의 습득 정도를 알아보는 것이다.

첫째, '고빈도 단어' 읽기와 '저빈도 단어' 읽기를 검사한다. 검사 결과 고빈도 단어 읽기의 수준이 월등히 높다면, 아직 단어 읽기 수준에 머물러 있고 글자를 정확하게 읽지 못하는 상태이다. 반면 저빈도 단어도 대부분 정확하게 읽는다면, 모르는 단어라도 글자를 알기 때문에 읽을 수 있는 것으로 글자를 읽는 수준에 이르렀다고 볼 수 있다.

둘째, '정상 단어' 읽기와 '의사 단어(예를 들어 '사과'에 대한 '사괴' 등)' 읽기를 검사한다. 정상 단어는 읽지만 의사 단어를 정확히 읽지 못한다면, 글자는 어느 정도 알지만 자소를 아직 정확하게 구별하지 못하는 수준이다. 반면 의사 단어도 대부분 정확히 읽을 수 있다면, 낯선 글자임에도 정확히 읽을 수 있었던 이유가 자소(낱자)를 정확히 알기 때문인 것으로 자소(낱자)도 아는 수준으로 판단할 수 있다

셋째, 글자 그대로 소리 나는 '규칙 단어'와 글자와 달리 변화된 음으로 소리 나는 '불규칙 단어'의 읽기를 검사한다. 규칙 단어는 정확히 읽지만 불규칙 단어를 정상적으로 읽지 못한다면, 아직 글자와 발음의 관계를 정확히 아는 상태가 아니다. 반면 글자와 소리가 일치하지 않는 불규칙 단어도 정확한 발음으로 읽었다면, 이미 발음 규칙까지도 터득한 상태인 것을 알 수 있다.

마지막으로, 글자 읽기가 얼마나 자동화되어 있는가도 중요한데, 일정 분량의 단어를 제한 시간 안에 읽게 하는 것과 시간을 제한하지 않고 읽을 수 있는 데까지 최대한 읽도록 해

보는 두 가지 상황의 결과를 비교한다. 제한된 시간 안에서는 단어를 몇 개 읽지 못하였지만 시간을 더 주면서 시간 제한 없이 읽게 하였을 때 훨씬 많은 수의 단어를 읽었다면, 아직 글자 읽기가 유창하지 않은 상태임을 알 수 있다. 반면, 두 경우에 차이가 거의 없으면서 많은 단어를 읽어 냈다면, 한글 읽기가 거의 완전한 자동화 단계에 이르러 유창하다는 것을 알 수 있다.

이와 같이 한글 획득 상태를 정확히 진단하기 위해서는 먼저 '고빈도 단어'와 '저빈도 단어' 읽기를 비교하고, 다음으로 '정상 단어'와 '의사 단어' 읽기를 비교하며, 나아가 '규칙 단어'와 '비규칙 단어'의 읽기를 비교한다. 그리고 마지막으로 '시간 제한 있는 단어 읽기'와 '시간 제한 없이 단어 읽기'를 비교한다. 이런 비교 검사의 결과로 학습자의 읽기 기초 부진 상태를 정확히 진단할 수 있다.

④ 읽기 기본 부진 상태 검사

기본 학습 능력에 해당하는 이해 능력에 대해서는 글의 의미에 대해 얼마나 사고할 수 있는가를 알아야 한다. 가장 단순하게 이해 능력을 검사해 보는 방법으로 대표적으로 어휘력 검사를 사용한다. 이해력과 어휘력이 비례한다는 연구 결과가 있기 때문이다. 어휘력 검사는 맥락 독립적으로 어휘 지식을 검사하는 것과 맥락에 의존하여 어휘 지식을 검사하는 방법이 있다. 맥락 독립적인 검사는 '사용 빈도', '어휘 형태', '어휘 의미' 등을 기준으로 어휘 목록을 작성하여 '단어와 그 뜻 연결하기' 등의 문항을 만들어 검사하고, 맥락 의존적인 검사는 문장이나 글 속에서 '빈칸 메우기', '비슷한 말 찾기' 등의 문항을 만들어 검사하거나 프로토콜 방법으로 검사할 수 있다. 이외에 이해의 수준을 진단하기 위해서는 '축자적 의미의 재인(사실적 이해), 추론적 의미의 이해(추론적 이해), 평가와 감상(비판적 이해와 창의적 이해)'의 수준에서 각각 '결과 평가'와 '과정 및 초인지 평가' 방법으로 학습자의 이해 능력과 수준을 평가할 수 있다(제7장 '읽기 교육' 중 '평가' 부분 참조).

(2) 쓰기 부진의 진단

쓰기 부진의 진단에서는 기초 학습 능력의 부진 차원에서 한글 획득의 문제와, 기본 학습 능력의 부진 차원에서 내용 생성과 조직 및 표현의 문제, 그리고 집필 과정에서 국어 지식과 그 수행의 문제를 고려해야 한다.

관찰을 통해 볼 수 있는 쓰기 부진 학습자의 특징은, 한글 획득에 문제가 있을 경우 철자법, 구두점 찍기 등이 미숙하고 글자를 쓰는 속도가 느리다는 것이다. 쓸 내용을 생성하고 조직하며 문장으로 드러내는 데 어려움을 겪고, 언어적 표현에서 문법, 장르 관습, 문체 등의 수행에 어려움을 느낀다. 이런 언어 수행의 부진 양상은 쓰기의 과정과 결과에서 모두 확인할 수 있다. 더불어 쓰기 부진에는 태도나 습관, 정서의 문제가 동시에 드러나기도 한다.

쓰기 부진 정도를 정확하게 알기 위한 검사로 한글 획득 정도를 알기 위해 받아쓰기 검사를 수행할 수 있다. 앞서 설명한 읽기에서의 한글 획득 정도 검사(읽기 기초 부진 상태 검사) 외에 받아쓰기 검사를 함으로써 문자 쓰기 능력을 알 수 있는데, 받아쓰기 수행의 정확성과 속도로 수준을 판단한다.

기본 부진 차원인 글 구성의 문제는, 쓰기의 과정에 대해서 사고 구술법, 과정상 질문법, 과정상 자기 기록법, 오필 분석법, 자기 회상법, 사후 면담법, 글 분석 추론법 등을 활용하여 진단할 수 있고, 쓴 결과에 대해서 분석적 평가와 총체적 평가법을 활용하여 진단할 수 있다. 이때 학습자의 연령이나 수준에 따라 부진 여부 및 상태에 대한 판단의 기준이 달라야 한다. 예를 들어, 초등학교 저학년 학습자가 쓰기의 과정과 결과에서 보이는 양상은 능숙한 필자의 것이 아니라 할지라도 해당 발달 단계로 볼 때는 정상적인 수행일 수 있다. 따라서 모든 영역의 부진 판단이 다 그러하지만, 특히 쓰기에서는 학습자의 부진 여부를 발달 단계와 관련하여 판단해야 한다.

(3) 말하기 부진의 진단

말하기 부진은 두 가지로 정리할 수 있다. 하나는 쓰기 부진과 같이 소통할 내용을 구성하고 언어로 표현하는 데에서 겪는 어려움이고, 다른 하나는 전달하는 데에서 겪는 어려움이다. 내용 구성에 문제가 있을 때에는 사소한 것을 장황하게 말하는 등 전달 내용의 적절성이 떨어지지만 말하기 태도에서는 자신감 있거나 자연스럽게 말할 수 있고, 전달에 문제가 있을 때에는 쓰기를 하면 내용에 조리가 있으나 말하기를 하면 쓰기만큼 잘하지 못하고 매우 어려워하는 경우이다.

대개는 내용 구성의 부진과 전달의 부진의 두 가지 원인이 복합적으로 작용하여 전반적인 말하기 부진 현상으로 나타나는데, 내용 구성에서의 부족과 전달 상황에서의 위축감이 서로 영향을 주거나 더해져서 말하기 성취가 더욱 낮아지게 된다. 이러한 문제 상황을 아는 데에는 쓰기와 말하기의 수행과 성취를 비교하여 판단할 수 있다.

말하기 부진 학생은 수업 관찰에서 말할 과제에 대한 인식이 부족하고, 말할 내용을 잘 정리하지 못하며, 전달 행위를 잘 조절하지 못하는 것으로 나타난다. 말하기 과제 자체에 관심이 없는 경우가 많아서, 말하기와 말할 내용에 흥미가 없고 과제를 해결하고자 하는 의욕이 없으며, 집중력도 떨어진다. 또 자기도 의식하지 못하는 말하기 불안감 등이 있어서, 과제가 무엇인지를 정확하고 자세하게 이해하지 못하기도 한다.

또 말할 내용을 판단하고 결정하기 전에 표현을 하는 경향이 있다. 내용을 완결시키지 못하고 말하는 중간에 그냥 멈추거나 다시 생각하는 일이 많으며 '어'와 같은 간투사를 자주 사용한다. 대개 생각하는 시간을 갖지 않고 말부터 하는 모습을 보이고, 생각하는 시간을 충분히 주어도 주어진 시간을 다 채우지 못하는 경우가 많다. 생각한 것을 잊어버릴까봐 화제를 성급하게 꺼내고 내용의 연결을 조리 있게 다듬지 못한다.

가끔 음성 표현과 전달이 많이 서툴고 불안해 하거나, 장난치듯이 성의 없이 말하기도 한다. 대체로 목소리가 작고 자신 없어 하고, 발음이나 억양, 음색, 속도, 자세 등을 의식하지 못한다. 말소리가 또렷하지 못하고 웅얼거리듯이 말하거나 말끝을 흐리는 경우가 많아 알아듣기 어렵다. 또는 태도가 불성실하고, 진지한 상황을 회피하려는 듯이 건성이나 장난으로 말하기도 한다.

말하기 부진에 대한 검사 자료나 방법은 별도로 개발된 것이 없으나, 수업이나 학교생활에서의 관찰 방법과 같은 기준으로 좀 더 엄밀하게 말하기 부진을 진단할 수 있을 것이다.

3) 국어 학습 부진의 지도

(1) 국어 학습 부진 지도의 방향

학습 부진의 상태와 원인 등을 종합적으로 고려하여 부진의 유형을 결정하고, 이에 따라 부진에 대해 처방해야 한다. 기본 학습 부진 상태라면 국어 수업 시간에 특별 지도를 더하는 방식으로 운영할 수 있고, 기본 학습 부진 상태가 심각하거나 한글 획득이 완전하지 않은 기초 학습 부진 상태라면 특수반에 별도로 배치하거나 교과 외의 시간을 별도로 할당하여 지도하는 것이 바람직하다. 그리고 각각의 경우에 개인별 지도의 형태와 소집단 지도의 형태 중 적절한 것을 선택하도록 한다.

교과 수업과 동시에 지도하는 경우라면 교과 학습과 목표나 자료를 공유하면서 보충 학습 자료를 개발하여 활용하는 것이 좋다. 그러나 학습지원대상학생을 별도로 지도할 경우 학습자의 부진 상태에 맞는 적절한 프로그램을 구성하여 지도하는 것이 효과적이다.

학습지원대상학생 지도 프로그램은 부진 특성별로 읽기 영역, 쓰기 영역, 말하기 영역 등으로 구성할 수 있고, 통합적인 프로그램의 구성도 효과적이다. 프로그램의 구성에서는 지도 내용을 보통아의 지도에서보다 더욱 세밀하고 친절하게 제시하고 반복을 많이 할 수 있도록 한다. 학습지원대상학생 지도 프로그램의 구성 원리는 다음과 같다.

① 학생의 학습 동기를 유발시킨다.
② 학생의 학습 과정을 상세하게 안내한다.
③ 학습 요소 및 과제의 제시를 적절하게 한다.
④ 학생에게 알맞도록 자료 및 정보 제공을 한다.
⑤ 연습 및 실습의 기회를 다양하게 제시한다.
⑥ 확인 및 재학습의 기회를 가능한 한 많이 제공한다.

학습지원대상학생을 지도할 때는 특히 학습 성향이나 정서 등의 정의적 요인을 고려하는 것이 중요하다. 학습 부진의 원인을 살펴 정의적인 원인을 제거하거나 치유하면서 교육내용을 학습할 수 있도록 하여야 성공적인 결과를 얻을 수 있다. 그리고 부진 지도가 학습자에게 부정적인 자아를 강화하거나 고착시키지 않도록 배려하여야 한다. '남아서 하기', '보충학습지 하기', '친구에게 배우기' 등이 집중적이고 적절하며 고무적인 방법이 될 수도 있지만, 이것을 부정적으로 이해할 경우 학습이 개선된다 하더라도 자기 효능감이 저하될 수도 있으므로 바람직하지 않다. 또 부진 지도에서는 교사가 전적으로 교수·학습의 중심이 되므로 교사가 부진의 특성을 충분히 이해하고 학습자와 친밀감을 형성하면서 지도할 수 있도록 훈련하는 것도 중요하다.

(2) 국어 학습 부진 지도의 실제

① 한글 학습 부진(기초 부진)의 지도

부진 학습자에게 문자를 익히게 하기 위한 방법으로, 저학년에서는 시각과 청각, 촉각 등의 감각을 복합적으로 활용한 지도법이 권장된다. '① 손가락으로 단어들의 선을 따라 그린다. ② 다 그린 후 각 음절이나 단어를 말한다. ③ 말한 단어를 쓴다. ④ 쓴 단어를 읽는다' 등의 체계가 고안된 바 있다(임성관, 2004: 60). 초등 고학년부터는 음운 중심의 체계화된 단계로 한글을 학습하도록 계획한다.

한글 쓰기 지도는, 읽기와 마찬가지로 입문기 문자 지도 원리에 기반하여 같은 원리로 수행할 수 있다. 그러나 읽기와 다른 쓰기의 특성에 주목하여, 글자 쓰기와 철자법의 난이도에 따라 지도의 순서를 결정하는 것이 좋다. 예를 들어, '받침 없는 글자(자음+단모음 → 자음+이중모음) → 겹받침이 아닌 글자의 연음 → 겹받침 연음 → 띄어쓰기 → 문장부호' 등의 순서로 지도 내용을 체계화할 수 있다(박주현, 2002: 28).

초등학생에게 적용되는 조기 교정 프로그램은 문자 지도를 중요하게 다루면서 독해나 작문 지도를 병행하는 것이 일반적이다. 대부분의 초등학생 읽기 부진에는 한글 획득의 부진 문제가 수반되기 때문이다. 한 예로, 일대일 개인 지도용으로 개발된 RR(Reading Recovery) 프로그램은 '① 진단 단계, ② 친숙한 책 읽기 단계, ③ 철자와 단어 지식 확장 단계, ④ 이야기 쓰기, ⑤ 새로운 책 읽기'의 과정 중에서 진단 이후 바로 ②단계의 '친숙한 책 읽기'에서 교사가 오독, 자기 교정 등을 기록하여 분석함으로써 다음 ③단계의 지도 내용을 추출하고 이후의 과정에서 돕거나 피드백할 수 있도록 하였다.

개인 지도와 소집단 지도를 병행하는 SFA(Success for All) 프로그램은 수업 중의 지도와 병행하는데, 일대일 별도 지도로 '글 읽기'를 하며, 소집단의 수준별 지도로 직접 교수법을 활용해 학급 전체를 지도한다. 프로그램 초기에는 쉬운 책 읽기로 시작하며 나중에는 예측하기와 요약하기 등도 포함한다.

수업 외 별도 지도로 소집단에 적용할 수 있는 프로그램으로 개발된 EIR(Early Intervention in Reading) 프로그램은 5~7명의 읽기 학습지원대상학생과 매일 20분씩 수업하도록 계획하여, '반복적 읽기, 낱말 분석 및 혼합, 기타 단어 인식 기술 지도, 혼자 또는 짝과 함께 5분간 책 읽기'를 하며 부모나 조력자의 지원을 받을 수 있게 구성된다(김봉태, 2005).

② 읽기와 쓰기 및 말하기 부진(기본 부진)의 지도

초등학교 고학년 이상의 학습지원대상학생 지도 프로그램은, 한글 획득의 문제가 그리 심각하지 않는 한, 독해나 작문 등을 중심으로 하면서 문자 지도를 필요에 따라 포함한다. 일반적으로 독해나 작문, 화법 등 각 영역의 지도 원리에 따라 영역별 부진 요소에 대한 지도 내용을 충실히 담으면서 영역 간의 유기적 연관성을 살리는 것도 권장한다. 일반적으로 국어과 부진 프로그램은 읽기를 중심으로 하면서 말하기와 쓰기를 통합한 활동으로 프로그램을 구성한다.

학습지원대상학생을을 지도하기 위해 개발된 것이 아니라 하더라도, 기존에 개발되어 있는 다양한 자료를 활용하는 방법도 유용하다. 인터넷에 개발되어 있는 학습 웹사이트 등을 목표에 따라 선별하여 활용할 수 있다. 그리고 별도의 교육용 자료가 아니더라도 가정이나 학교에서 쉽게 접할 수 있는 컴퓨터, 텔레비전, 영화, 이야기책, 낭독 듣기 등을 접할 수 있도록 환경을 조성하고 문식성 경험을 하도록 격려하는 것이 좋다.

③ 말하기 전달 부진(말하기 불안증)의 지도

말하기 불안증은 말하기 부진의 주요 요인으로 꼽히기 때문에 말하기 부진을 지도할 때 특히 중요하게 다루어야 한다. 말하기 불안증은 크게 성격적 불안증, 상황적 불안증, 특정인 접촉 불안증으로 나누어진다. 성격적 불안증은 거의 언제나 불안함을 느끼는 것으로, 유전적인 원인이나 자라는 과정에서 겪은 부정적인 경험으로 부정적인 자아 개념이 생겨 그러한 경우가 많다. 상황적 불안증은 발표, 면접 등과 같이 특수한 상황에서만 불안함을 느끼는 것으로, 이것은 상황의 중요성 때문에 생기는 경우가 많으므로 누구나 정도의 차이는 있지만 이 불안증을 다 겪는다. 상황에 대한 준비가 충분하지 않다거나 말하기 능력이 떨어진다거나 말하기 태도가 좋지 않다고 생각할 때 불안감이 커진다. 특정인 접촉 불안증은 특정 사람에게서 불안함을 느끼는 것으로, 상대방이 화자에게 매우 중요한 사람일 경우 주로 나타난다. 상황에 대한 압박감과 과거의 부정적 경험, 예상되는 상대방의 부정적 반응에 대한 두려움 등에서 불안이 생긴다.

말하기 불안증을 극복하기 위하여 이러한 불안의 특성을 파악하고 원인을 파악하여 치유하도록 이끌어야 한다. 성격적인 불안증이나 말하기 능력에 대한 자신감의 부족 등 내적인 면에서 오는 불안증에 대해서는, 말하기에 대한 부정적인 선입견을 긍정적으로 바꾸고 주변 사람들이 학습자에 대해 공감적 듣기 등 긍정적인 반응을 보여줌으로써, 말하기에 대한 긍정적인 자아 개념을 갖도록 한다. 상황이나 사람 등 외적인 요소에서 오는 불안증에 대해서는, 긴장 이완 훈련과 둔감화 훈련 등으로 두려운 조건을 점차 편안하게 느낄 수 있도록 유도한다.

부정적인 선입견을 긍정적으로 바꾸는 것은 말하기에 대한 사고를 바꾸는 일이다. 사고의 전환은 부정적인 생각을 꺼내어 긍정적인 의미를 부여하고, 자신을 인정함으로써 자신감을 갖게 하는 과정이다. 다음과 같은 활동으로 사고 전환 훈련을 할 수 있다(김미연, 2005: 63~65 참조).

<사고 전환 훈련>

① 부정적인 생각을 적어 본다.

② 부정적인 생각을 긍정적으로 바꾸어 본다.

③ 긍정적인 생각을 내면화하며 자신감을 갖는다.

부정적 사고	긍정적 사고
내가 말하면 나를 무시할 것이다.	누군가 나를 지지해 주는 사람이 있다.
말을 잘 해서 모두에게 칭찬을 받아야 한다.	칭찬 받지 못해도 최선을 다하면 된다.
실수를 해서는 안 된다.	실수나 실패도 할 수 있다.
다른 사람들이 나보다 더 잘하는 것 같다.	내가 더 잘하는 점도 있다.
말을 잘 못하는 내가 부끄럽다.	누구나 완벽하게 잘하지는 못한다.

주변의 사람이 말하기 불안을 느끼는 사람을 돕기 위하여 공감적 듣기를 하며 말문을 열게 하고 신뢰하도록 만들어 준다. 권장할 만한 공감적 듣기의 표지는 다음과 같다(구현정, 1997: 237).

- 관심 표현: 그래서? 그런데?
- 공감 표현: 그러게 말이야, 그럼.
- 동정 표현: 저런, 쯧쯧, 저걸 어쩌나?
- 기쁨 표현: 참 잘됐다, 멋지다, 신난다.

이 외에도 말하기 사태에 점진적으로 노출시켜서 말하기 불안을 극복하게 하는 둔감화 훈련도 효과적이다. 신체와 정신이 충분히 이완된 상태에서 불안한 자극이나 상황을 제시하면 점차적으로 두려움을 줄일 수 있다는 원리를 활용하여, 아래와 같은 절차로 수행한다.

① 긴장 이완하기: 몸의 근육을 긴장시켰다가 이완한다. 긴장할 때는 긴장시키는 근육에 집중하고, 이완할 때는 갑자기 긴장을 푼다. 그리고 긴장할 때와 이완되었을 때의 차이를 생생하게 느껴 본다.

② 불안 위계표 작성하기: 이완되었을 때 말하기 불안 상황을 상상하여 위계표를 작성한다. 불안을 느끼는 모든 상황을 빠짐없이 적고, 불안의 정도가 약한 항목부터 강한 항목 순서로 차례로 정리한다.

③ 체계적으로 둔감화하기: 이완되었을 때라도 조금이라도 긴장, 불쾌, 불안을 느끼면 그러한 느낌을 표현한다. 불안의 정도가 가장 약한 것부터 그런 상황을 구체적으로 상상하게 하고 잠시 시간을 준 후 긴장을 풀게 한다. 불안이 어느 정도 가라앉으면 다음 단계를 같은 방법으로 하며, 이러한 과정을 차례로 반복한다.

16

다문화 가정 자녀를 위한 한국어 교육

1 학교 안의 새로운 제3의 학습자군의 출현에 따른 국어 교육의 외연 확장하기 / 2 다문화 배경 학습자의 유형별 특성 / 3 한국어 표준 교육과정의 목표와 내용 체계 / 4 다문화 배경 학생을 위한 한국어(KSL) 교육 프로그램의 성격과 내용 / 5 다문화 배경 학습자를 위한 한국어 교육 방법

김 선생님은 이제 막 교대를 졸업하고 외국인이 많다는 이태원 지역의 한 초등학교에 초임 교사로 부임하게 되었다. 막연하게 이태원 지역에 있는 학교이니 다양한 배경의 학생들이 있겠거니 생각은 하였지만 자신이 담임을 맡은 학급 인원 30명 가운데 다문화 학생이 무려 8명이나 되다 보니 당혹스럽기만 하다. 국적도 다르고 인종도 다르고 피부색과 얼굴 모양새도 다른 이 학생들은 이름조차 발음하기 어려운 그야말로 다양한 언어와 문화를 배경으로 한다. 담임 교사로서 일반 학생들과 다른 이 다문화 배경 학생들을 어찌 지도해야 할지에 대한 막막함도 막막함이지만, 현실적으로 당면한 가장 심각한 문제는 이 학생들 중에 한국어를 전혀 모르는 친구들도 3명이나 된다는 점이었다. 한국어를 모르니 일상생활에 필요한 기본 생활 지도는 물론 수업 시간에 이들을 어떻게 지도해야 할지 매일이 도전의 연속인 김 선생님은 과연 교실 안의 이 '다양성'의 문제에 어떻게 접근해야 할까? 교실 안의 다문화 학생들이 보여 주는 이질성과 언어와 문화가 달라서 드러나는 학업 성취 격차의 문제에는 또 어떻게 접근해야 할까?

1 학교 안의 새로운 제3의 학습자군의 출현에 따른 국어 교육의 외연 확장하기

이 장에서는 학교 안의 다양한 언어적·문화적 배경의 학습자를 대상으로 하는 '한국어 교육(韓國語敎育)'의 문제를 살펴보기로 한다. 주지하는 바와 같이, '국어 교육'은 우리나라 안에서 한국어를 모국어로 사용하는 사람들을 대상으로 국어를 가르치는 일체의 교육 활동을 의미한다. 이에 비해 '한국어 교육'은 내국인을 대상으로 국어 교육과 대비되는 제2언어로서 혹은 외국어로서의 한국어 교육을 지칭하는 개념이다. 이미 학계에서는 오래전부터 '국어 교육'은 제도권 안의 초·중·고등학교급에서 이루어지는 자국어 교육을 지칭하는 말로, '한국어 교육'은 외국인들을 대상으로 하는 '외국어로서의 한국어(KFL: Korean Language as a Foreign Language)'를 지칭하는 말로 구별하여 사용하면서 서로 다른 교육 내용과 방법을 연구해 왔다. 이렇게 국어 교육과 한국어 교육은 모두 한국어를 주요 교수·학습 내용으로 삼고 있기는 하지만 서로 교육 대상이 다르다는 점 때문에 별개의 분야로 인식되어 왔다.

한국어 교육의 범주에는 외국인을 대상으로 하는 '외국어로서의 한국어(KFL)'만 있는 것이 아니라 '제2언어로서의 한국어(KSL: Korean as a Second Languge)'도 포함된다. 제2언어(second language)란 화자의 모국어 혹은 제1언어가 공용어가 아닌 새로운 환경에서 정상적인 생활을 영위하기 위하여 새롭게 배우지 않으면 안 되는 언어를 뜻한다.

이제까지 제도권 안에서 이루어지는 학교 교육으로서의 '국어 교육'은 우리나라가 전통적으로 순혈주의에 기초한 단일 민족 국가, 단일 언어 사용 국가였던 까닭에, 외국인을 위한 한국어 교육이나 모국어가 아닌 제2언어로서의 한국어 교육이 개입될 여지 없이 해방 직후 교수요목기로부터 지금에 이르기까지 초·중·고등학교 학교급별로 모국어 교육에만 집중하면 되었다.

그러나 〈그림 1〉에서 보는 바와 같이, 최근 우리나라가 다문화 사회로 진입하면서 국제결혼 가정의 자녀, 이주 배경 다문화 가정의 자녀들이 증가하고 있고, 이에 따른 인종적·민족적·문화적 다양성이 학교 공간에도 매우 빠른 속도로 확산되고 있다. 이제 국어 교육은 더 이상 정주민 자녀를 대상으로 하는 모국어 교육에만 머무를 수 없게 되었다. 언어와 문화적 배경이 다른 다문화 가정의 자녀들이 공교육 시스템 안에 들어와 교육을 받게 된 이상 이들에게 한국어를 가르치는 일은 우리 국어 교육의 소관이 될 수밖에 없기 때문이다.

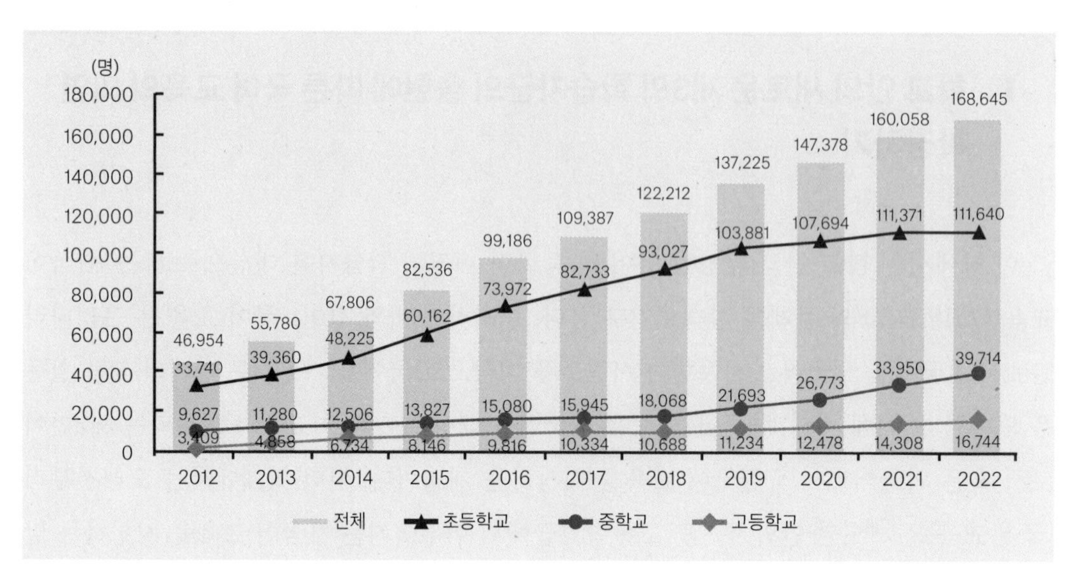

그림 1 각급 학교별 다문화 학생 수(교육부, 2022)

학령기 인구가 감소하여 전체 유·초·중등학생 수는 5,879,768명으로 전년(5,957,118명) 대비 77,350명, 즉 1.3% 감소율을 보인 반면, 다문화 학생 수는 168,645명으로 전년(160,058명) 대비 8,589명이 늘어난 5.4%의 증가율을 보이고 있다. 처음 학교 안의 다문화 학생 수를 조사하고 집계하기 시작하였던 2012년(46,954명) 이후, 학교 안의 다문화 학생 수는 지속적으로 가파른 상승세를 보이고 있다.

또한 우리가 주목해 보아야 할 지점은 다문화 배경 학습자들의 유형별 변화 추이이다. 국내 출생 다문화 학생·중도 입국 학생·외국인 학생의 수가 모두 증가한 가운데, 특히 중도 입국 학생과 외국인 학생의 수가 전년 대비 약 13%의 증가율을 나타내고 있다. 국내 출생 국제결혼 가정의 다문화 학생과 달리 중도 입국 학생과 외국인 학생들은 외국에서 출생하고 성장하다가 어느 날 갑자기 이주로 인한 생애 전환을 경험하고 모든 것이 낯선 한국의 교육체제에 새롭게 적응하면서 언어 장벽, 문화 장벽, 학습 부진, 정체성 혼란 등의 여러 가지 어려움에 직면하게 된다는 점에서 한국어 교육의 지원이 가장 절실한 수요자라고 할 수 있다. 이들 이주 배경 다문화 학생들이 감당해야 하는 어려움의 중심에는 언어의 문제가 개입되어 있다. 언어는 의사소통의 도구일 뿐만 아니라 범교과적으로 모든 교과 학습의 도구이기도 하고, 더 나아가 학습자 자신의 정체성을 강력하게 드러내 주는 도구이기도 한 까닭이다.

이제 다문화 가정의 학생들이 학교라는 공교육 시스템 안에서 교육을 받게 된 이상 이들에게 시급한 당면 문제인 한국어를 가르치는 일은 바로 우리 국어 교육이 담당하지 않으면

안 되게 되었다. 국어 교육은 한국어라는 단일 언어를 모국어로 하는 학습자만을 대상으로 하던 민족어 교육으로부터 다문화, 다언어를 배경으로 하는 다문화 언어 공동체 안에서 다양한 배경을 지닌 이주 배경 학생의 문식력을 길러 주는 제2언어로서의 한국어(KSL) 교육으로까지 그 외연(外延)을 넓히게 된 것이다.

2 다문화 배경 학습자의 유형별 특성

현재 우리 공교육 안에 들어와 있는 다문화 배경 학습자들은 출생지가 한국인지 아닌지, 부모 모두 혹은 어느 한쪽이 한국인인지 아닌지, 한국에서의 체류 기간 정도에 따라 그 성장 경로와 특성이 다르고, 한국어 의사소통 능력 정도도 다르며, 한국어의 지위도 다르다. 한국에서 나고 자란 국제결혼 가정의 자녀나 탈북 학생, 귀국자 자녀의 경우 한국어가 모국어의 지위를 갖지만, 이주 근로자 가정의 자녀나 최근 한국으로의 이주를 경험한 중도 입국 학생에게 한국어는 '제2언어'의 지위를 갖게 된다. 그런가 하면 탈북 학생이라 하더라도 어머니만 새터민의 지위를 지니고 있고 아버지가 중국계인 '비보호 학생'일 경우라면 한국어는 제2언어로서의 지위를 가질 수밖에 없다(원진숙, 2013: 31).

이 절에서는 이들 다문화 배경 학생들을 크게 한국에서 나고 자란 학습자와 이주 배경 학습자로 나누어 그 유형별 특성에 따라 어떠한 언어 교육 지원이 필요한지를 살펴보기로 한다.

1) 한국에서 나고 자란 다문화 배경 학습자

한국에서 나고 자란 다문화 배경 학습자들은 대개 한국인 아버지와 외국인 출신 어머니의 국제결혼 가정의 자녀들을 지칭한다. 이들은 한국인으로서의 법적 지위가 보장되며 공적 영역에서 보이는 문화적 차이도 상대적으로 크지 않다는 특성을 보인다. 이들은 한국에서 나고 자라면서 한국어를 자연스럽게 배우며 성장하기 때문에 언어적으로 별문제가 없다고 생각하지만, 성장기에 한국어가 서툰 외국인 출신 어머니의 불충분한 언어 입력 제공으로 언어적으로나 인지적으로 발달이 더디며, 교과 학습에 필요한 학습 한국어 능력이 절대적으로 부족하여 학습 부진을 겪는 경우가 많다.

이들 국제결혼 가정의 자녀들은 한국이라는 아버지의 문화적 배경과 외국인 어머니의 문화적 배경을 동시에 흡수하면서 성장하는 과정을 통해서 이중 언어 사용자가 될 잠재력을 가지고 있지만, 이중 언어 교육에 대한 인식 자체가 부족한 우리 사회의 특성상 대개는 가정에서 어머니의 언어와 문화 속에서 성장하지 못하고 아버지의 언어와 문화 속에서만 성장하게 된다. 이 경우 자녀들은 성장하면서 제한된 수준의 한국어에 머물러 있는 외국인 어머니와 점점 소통이 어려워지게 되고, 이러한 어머니와의 언어 격차는 감정 소통의 단절로 이어져 정체성의 혼란을 겪게 될 수 있다. 이중언어 교육은 이런 어려움을 겪는 다문화 배경 학습자들에게 건강한 자아 정체성 형성의 강력한 토대가 된다는 점에서 그 교육적 의미가 있다.

2) 이주 배경 다문화 학습자

이주 배경 다문화 학습자는 한국이 아닌 다른 나라에서 태어나 성장하고 교육받다가 이주를 통해 한국에 들어오게 된 학습자 유형으로 중도 입국 학생, 외국인 이주민 가정의 자녀, 탈북 학생 등이 포함된다. 이들은 자신이 성장하고 교육받아 온 것과는 전혀 다른 낯선 학교 교육 체제에 맞닥뜨리게 되면서 한국어 소통 능력의 부재로 인한 언어 장벽, 서로 다른 문화적 차이로 인한 문화 장벽, 이로 인한 심각한 학습력 부진과 정체성 혼란 등의 삼중고를 겪게 된다. 이들 이주 배경 다문화 학습자들은 그 유형별로 서로 다른 특성을 보이기 때문에 개별적 특수성을 충분히 고려한 맞춤형 교육 지원을 가장 절실하게 필요로 하는 학습자군이라 할 수 있다.

(1) 중도 입국 학생

중도 입국 학생이란 한국인과 재혼한 결혼 이민자의 이전 결혼 배우자에게서 얻은 자녀이거나 부모가 한국 국적을 취득한 뒤 동반 거주 형태로 한국에 입국한 자녀들을 지칭한다. 이들 중도 입국 학생들은 어느 날 갑자기 자신의 의사와는 무관하게 낯선 언어와 문화에 맞닥뜨리면서 문화적 차이로 인해 학교에 적응하는 데 어려움을 겪기도 하고, 이국적인 외모로 학교 친구들로부터 따돌림을 당하기도 하고, 새로운 가족 관계에 편입되지 못한 채 정체성의 혼란을 겪기도 한다.

중도 입국 학생에게 한국어는 그야말로 선택의 여지 없이 생존을 위해 반드시 배워야 할 제2언어로서의 지위를 지닌다. 한국어가 주류 언어인 공간에서 새롭게 배우는 한국어는 배우지 않으면 사회적인 생존 자체가 위협받을 수밖에 없는 생활 언어이면서 학교 교육에서 매개어 기능을 하기 때문이다. 이들 이주 배경 중도 입국 학생들을 위한 제2언어로서의 한국어(KSL) 교육은 일상적인 의사소통 능력을 신장하는 것뿐만 아니라 학교에서 학업을 성취하고 우리 사회의 건강한 일원으로 살아가는 데 필요한 공동체 의식을 함양하는 데 주안점을 두어야 할 것이다.

(2) 외국인 이주 노동자 가정의 자녀

외국인 이주 노동자 가정의 자녀는 상당수가 법적 지위와 신분이 불안전한 부모들로 인해서 대한민국 국적을 가진 국제결혼 가정의 자녀보다 상대적으로 열악한 환경에서 성장(오성배, 2010)하는 까닭에 학교 교육을 통한 안정적이고 체계적인 한국어 교육이 더 절실하게 필요하다.

외국인 이주 노동자 가정의 자녀는 가족과의 소통 언어는 출신국 언어이고 한국어는 제2언어가 된다. 이들은 가정에서 출신국 언어로 소통하기 때문에 학교 밖에서 한국어를 사용하거나 한국 문화를 경험할 기회가 적어, 구어와 문어 모두 이해 및 산출 능력이 부족하고 한국 문화에 대한 이해의 폭도 매우 좁은 편이어서 KSL 교육이 절실하게 필요하다.

(3) 탈북 학생

탈북 학생들은 제3국을 경유한 오랜 탈북 과정으로 인한 학업 결손과 남북한 교육 제도와 학교 문화, 교육 내용의 차이, 서로 이질화된 남북한 언어와 학습 용어의 차이 등으로 심각한 학업 부진과 학교 부적응의 문제를 드러내는 경우가 많고, 학업 중단율도 높은 편이다. 탈북 과정에서 가정의 붕괴, 불안정한 신분으로 중국을 비롯한 제3국에서 오랜 기간 떠돌면서 언제 다시 북으로 송환될지 모른다는 불안감과 두려움, 우울증, 외상 후 스트레스와 같은 여러 문제를 안고 한국에 입국하기 때문에 이들이 학교에 적응하는 데에는 학업 결손과 남북한 언어의 차이뿐만 아니라 심리적 트라우마의 치유까지도 필요하다.

또한 최근에는 이른바 '비보호 학생'으로 분류되는 중국 등 제3국 출생 탈북 학생들의 수가 급증하고 있는데, 이들은 한국어로 소통하는 데 어려움을 겪고 있을 뿐만 아니라 스스로도 중국인이라는 정체성을 가지고 있다는 점에서 한국어(KSL) 교육이 절실하게 요청되는 학습자군이라 할 수 있다.

3 한국어 표준 교육과정의 목표와 내용 체계

다문화 배경 학생들을 위한 한국어 교육은 2013년 초·중등학교 시행령에 의거하여 최초로 개발 고시된 이후, 2020년 다시 한 차례 개정 작업을 거쳐 "한국어 표준 교육과정"(문화체육관광부, 2020)이라는 이름으로 고시되었다. 개정된 한국어 표준 교육과정은 한국어 학습자들이 다양한 주제와 맥락에서 한국어로 의사소통할 수 있는 능력을 배양하는 것을 목표로 삼는 동시에, 한국 문화를 이해하고 경험할 수 있는 상호문화 의사소통 능력을 기르고 한국어로 다양한 정보와 지식을 습득하고 이를 적절히 활용할 수 있는 능력을 배양하는 것에 목표를 둔다.

'한국어' 과목을 통해 한국어 학습자가 달성하고자 하는 세부 목표는 다음과 같다.

가. 다양한 층위의 한국어 지식을 습득하고 사용할 수 있는 능력을 기른다.
나. 상황에 맞게 한국어로 의사소통할 수 있는 능력을 기른다.
다. 한국 문화를 이해하고 자신의 문화와 비교하여 상호작용할 수 있는 상호문화 의사소통 능력을 기른다.
라. 한국어로 정보와 지식을 습득하고 적절히 활용할 수 있는 능력을 기른다.
마. 전 세계 한국어 사용자들과 소통하고 교류함으로써 세계 시민으로 성장할 수 있는 역량을 기른다.

이러한 한국어 교육과정의 목표를 구현하는 데 필요한 구성 요소를 중심으로 설계된 내용 체계는 다음과 같다.

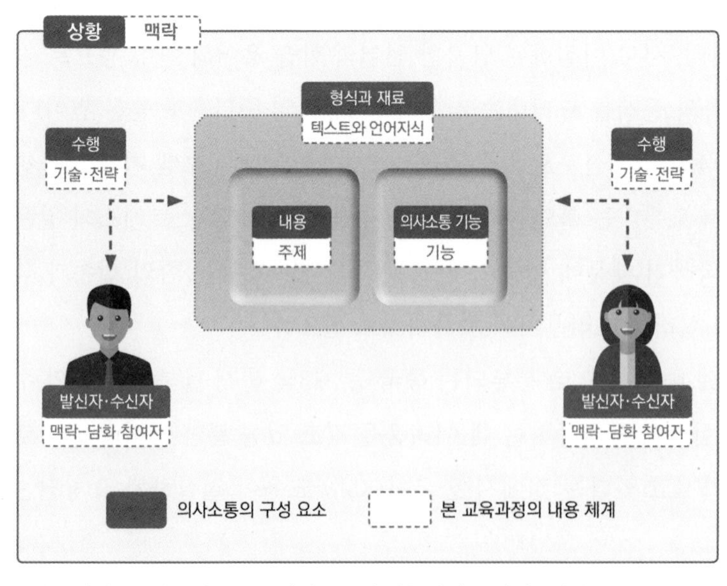

그림 2 의사소통의 구성 요소를 바탕으로 한 내용 체계(문화체육관광부, 2020: 5)

〈그림 2〉에서 보는 바와 같이, 내용 체계의 구성 요소는 의사소통의 내용과 과정을 고려하여 주제, 기능, 맥락, 기술 및 전략, 텍스트, 언어 지식으로 설정되며, 이 각각의 구성 요소는 실제적인 의사소통 상황에서 다양한 방식으로 융합하여 한국어 의사소통을 이끌어 낸다. 한국어 표준 교육과정 문서에서는 위 내용 체계의 구성 요소를 〈표 1〉과 같이 제시하고 있다.

표 1 내용 체계의 구성 요소(문화체육관광부, 2020: 8)

구성 요소		내용
주제	의사소통의 내용	- 생각이나 활동을 이끌어 가는 중심이 되는 문제이자 내용 - 말이나 글의 중심이 되는 화제 - 개인 신상, 대인 관계, 여가, 교육 등
기능	의사소통의 기능	- 언어 형태를 기반으로 의사소통을 수행할 수 있도록 하는 것 - 의사소통을 통해 수행하고자 하는 일 - 설명하기, 비교하기, 동의하기 등
맥락	의사소통이 이루어지는 상황	- 언어기술이 실제로 사용되는 상황 - 시공간적 배경, 담화 참여자의 역할 또는 관계 - 격식 수준, 구어·문어 차이, 높임법 수준 등
기술 및 전략	의사소통 수행의 세부 방식	- 언어기술이 구현되는 데에 필요한 구체적인 기술과 전략 - 의사소통 문제 해결을 위해 목적을 가지고 실현되는 활동, 의사소통의 효율성을 높이기 위해 사용하는 기법이나 장치 - 듣기, 말하기, 읽기, 쓰기의 하위 기술과 전략
텍스트	내용이 담긴 형식과 구조	- 문장보다 큰 문법 단위로 문장이 모여서 이루어진 한 덩어리의 말이나 글 - 말이나 글의 유형·종류 및 그것의 형식과 구조 - 대화, 독백, 설명문, 논설문 등
언어지식	언어 재료	- 생각(내용)을 언어로 구현시키는 언어의 형태 - 한국어의 형태적, 통사적, 음운적 특성 - 의사소통 기능을 수행하는 데에 필요한 언어 재료인 어휘, 문법, 발음 등

4 다문화 배경 학생을 위한 한국어(KSL) 교육 프로그램의 성격과 내용

1) 한국어(KSL) 교육 프로그램의 성격

초·중·고 학령기의 학생을 위한 한국어 교육은 일반적인 외국인 성인 학습자를 위한 한국어 교육과는 구별되는 특성을 지닌다. 일반 외국인 성인 학습자를 위한 한국어(KFL) 교육은 주로 일상생활 속에서 한국어로 소통할 수 있는 생활 한국어 능력(BICS: Basic Interpersonal

Communicative Skills)을 신장하는 데 초점을 맞추지만, 학령기 한국어 학습자를 위한 한국어 교육은 일상생활과 학교생활을 해 나가는 데 필요한 생활 한국어 능력뿐만 아니라 모든 교과를 학습하는 데 기초가 되는 학습 한국어 능력(CALP: Cognitive Academic Language Proficiency)까지도 함께 길러 주어야 한다는 특수성을 지닌다. 이에 따라 다문화 배경 학습자를 위한 한국어 교육(KSL) 프로그램은 한국어 의사소통 능력과 교과 적응을 위한 학습 한국어 능력의 신장이라는 교육 목표를 중심으로 한국어 능력이 부족한 학생들의 학교생활 적응과 학습을 돕는 일종의 디딤돌 프로그램 내지 보호 프로그램(Sheltered Program)의 역할을 수행하게 된다.

한국어를 모르는 절대 다수의 다문화 배경 학습자들은 대개 자신의 나이보다 낮은 학년에 배치되어 탈맥락적이고 파편적인 언어 기능 중심의 교육을 받으면서 고차원적인 사고의 기회나 학령에 맞는 교과 학습의 기회로부터 원천적으로 배제되는 교육의 사각지대에 머물러 있는 경우가 많다. 많은 학교 현장의 교사들이 한국어를 모르면 주요 교과 학습 자체가 원천적으로 불가능하다고 생각하거나 제한된 한국어 수준이 곧 학습 능력의 '없음'을 의미하는 학습 장애라고 단정하는 편견을 가지고 있기 때문이다. 그러나 다문화 배경 학습자들에게 부족한 것은 한국어 능력이지 학습 능력이 아니며, 이해 가능한 수준의 비계 지원이 제공된다면 다문화 배경 학습자들도 얼마든지 그 학령에 맞는 교과 학습을 통해 교육적 성취를 경험할 수 있다는 점을 인식하고 이들의 교육권을 적극적으로 보장해 줄 필요가 있다.

한국어를 전혀 모르는 다문화 배경 학습자를 처음부터 정규 학급에서 일반 학생들과 함께 가르치거나 이들이 한국어가 부족하다는 이유로 아예 그 학년에서 꼭 배워야 할 내용 교과 학습의 기회를 제공하지 않는다면 이들은 영영 학습 부진의 악순환에서 벗어나기 어렵게 된다. 보호 프로그램으로서의 한국어(KSL) 교육 프로그램은 자칫 부족한 한국어 능력 때문에 원천적으로 접근하기가 어렵지만 그 학령기에 반드시 학습해야 할 수학, 사회, 과학 등 일반 내용 교과에 접근할 수 있도록, 최소한의 반드시 가르쳐야 할(minimum essentials) 교육 요소들을 추출하여 이해 가능한 수준의 입력(comprehensible input) 형태로 교육함으로써, 다문화 배경 학습자들의 학습권을 보장하고 빠른 시간 안에 정규 학급으로 환급할 수 있도록 교육적 지원을 제공하는 데 목적을 둔다. 다문화 배경 학습자들이 학교에 편입되는 순간 일상적인 의사소통을 위한 한국어 능력과 교과 학습을 위한 한국어 능력이 동시에 요구되기 때문이다.

2) 한국어(KSL) 교육 프로그램의 주요 내용

(1) 생활 한국어 영역의 교육 내용

생활 한국어(BICS) 영역은 다문화 배경 학습자가 일상생활과 학교생활에 필요한 다양한 의사소통 기능을 이해하고 활용하는 데 도움이 되는 교육 내용을 포함하고 있다. '가족', '학교생활', '하루 일과', '계절과 날씨', '위치와 방향' 등의 생활 밀착형 주제와 어휘, '인사하기', '묻고 답하기', '위치와 방향 설명하기', '약속 제안하기와 거절하기' 등의 실제적인 의사소통 기능, 표현의 도구로 활용 가능한 문형 중심의 문법 요소, 발음 및 문화, '편지', '일기', '게시판', '신문 기사' 등의 실제성 높은 텍스트 유형 등 학습자의 삶의 맥락 안에서 유의미한 내용을 주된 교육 내용으로 포함하도록 한다.

(2) 학습 한국어 영역의 교육 내용

학습 한국어(CALP) 영역은 다문화 배경 학습자가 여러 교과 학습 상황에서 필요한 학업 문식력을 함양하는 데 필요한 최소한의 필수적인 교과 학습 내용과 주제별 핵심 어휘, 학습에 필요한 의사소통 기능과 전략 등의 교육 내용을 포함한다. 교실 수업 상황에서 필요한 듣기, 말하기, 읽기, 쓰기 등의 언어 기능과 국어, 수학, 사회, 과학 교과 학습에 반드시 필요한 최소한의 주제별 핵심 학습 어휘, '순서화하기', '분류하기', '질문하기', '설명하기', '비교하기', '예시하기', '추론하기' 등의 사고 도구어와 학습 의사소통 기능 및 전략 등을 주된 교육 내용으로 한다. 이러한 학습 한국어 영역의 교육 내용은 다문화 배경 학습자가 한국어로 진행되는 학교 교실 수업 상황에서 학습 내용을 이해하는 것뿐만 아니라 교실 구성원으로서 동료 학습자와 원활하게 소통하며 학습 목표를 성취할 수 있는 능동적 학습자가 될 수 있도록 지원하는 데 주안점을 둔다.

5 다문화 배경 학습자를 위한 한국어 교육 방법

다문화 가정의 자녀를 위한 한국어 교수·학습 방법은 학습자의 언어와 문화적 배경의 차이, 학습자의 학습 준비도나 발달 정도 등의 개인차를 충분히 고려하여 교수·학습 계획을 수립하고, 주제를 중심으로 한 통합 학습, 활동 중심의 수업 등을 통해 학습자들이 수업에 대한 흥미와 동기를 유발할 수 있도록 하고 적극적인 참여를 유도할 필요가 있다.

한국어 교수·학습 방법은 듣기, 말하기, 읽기, 쓰기의 네 가지 언어 기술을 통합하여 가르치는 기술 통합형과 이를 분리하여 각 언어 기술별로 가르치는 기술 분리형으로 구분해 볼 수 있는데, 목적과 필요에 따라 통합형과 분리형의 두 방법을 적절히 선택하거나 혼용할 필요가 있다. 각 언어 기능별 교수·학습 방법을 살펴보면 다음과 같다.

1) 듣기 지도

(1) 듣기 교육의 내용

듣기는 단순하게 소리를 듣는 물리적인 행위가 아니라 언어를 의미로 변형하는 인지적인 사고 과정이기 때문에 다문화 배경 학습자들에게 듣기를 잘하는 것은 결코 쉬운 일이 아니다. 더욱이 듣기는 구두 언어 활동을 대상으로 하며 청·화자가 '지금', '현재'라는 시간과 '바로 여기'라는 공간을 공유하기 때문에, 강세, 어조, 억양, 말하기 속도, 음성 크기 등 준언어적 특질, 눈빛, 얼굴 표정, 제스처, 자세, 침묵 등 비언어적 특질이 의미 있게 작용한다. 또한 듣기는 청각적 예민성, 교육 경험과 배경지식, 정의적·사회적 적응 정도, 듣는 환경, 내용의 어려움 정도, 화자의 목소리와 전달 방법 등 여러 요인에 의해 영향을 받는다. 더욱이 이주 배경 중도 입국 학생처럼 한국어를 전혀 새로운 언어로 배워야 하는 경우라면 듣고 이해할 수 있는 교육이 무엇보다 시급한 문제일 수밖에 없다.

일반적으로 한국어 교육 차원에서 듣기 교육의 내용은 청취력과 이해력을 키우는 영역으로 나뉜다. 청취력이란 생리 기관을 통해서 음을 대조하고 구분할 수 있는 능력이고, 이해력은 들은 것을 청자의 목적과 기대에 따라 해석하고 기억하며 나아가서 표현 영역으로 전환할 수 있는 능력을 말한다. 한국어 듣기 교육은 주어진 정보를 정확히 듣고 이해하는 수준에 머무르지 않고, 학습자가 선행 지식을 바탕으로 창조적이고 능동적으로 듣기 활동에 참여하고 담화 참여자 혹은 텍스트와의 상호작용을 극대화할 수 있어야 한다.

(2) 듣기 교육의 주안점

① 학습자를 동기화한다

듣기가 얼마나 중요한지를 학습자에게 인지시키는 것이 학습의 성패를 좌우할 수 있다. 듣기야말로 효율적 의사소통의 방편이며 사람들과 관계를 맺는 데 꼭 필요한 필수 기능임을 인식시키도록 한다.

② 청취 이해력을 위한 교육이 선행되어야 한다

초기 단계부터 음성학적으로 언어의 개별 분절음(segments), 한국어의 특징적인 '평음/경음/격음(ㄱ/ㅋ/ㄲ, ㄷ/ㅌ/ㄸ, ㅂ/ㅍ/ㅃ, ㅈ/ㅊ/ㅉ)'과 같은 음소의 식별, 음절 박자의 리듬, 억양, 강세 등의 초분절음소에 유의하여 들을 수 있도록 반복적인 훈련을 할 필요가 있다.

③ 실제 생활에서의 과제 수행 능력을 배양하도록 한다

계획되지 않은 자연 발생적인 대화와 같은 실제적인 듣기 자료를 듣고 목적을 가지고 어떤 정보를 구하거나 그것을 토대로 다음 행동을 취하는 등의 방식으로 과제를 수행하게 한다.

④ 실제성이 높은 듣기 자료를 사용한다

자연스러운 억양, 리듬, 발음, 발화 속도, 불완전한 문장, 주저함, 주변 소음 등을 포함한 실제성이 높은 듣기 자료는 학습자가 실제 발화 상황에서 충격을 덜 받게 한다는 장점이 있다. 아울러 대화체, 독백체, 영화, 라디오 뉴스, 수업 장면 말하기 등 다양한 형식을 가진 자료를 사용하여 듣기 형식의 다양함을 경험할 수 있도록 한다.

(3) 듣기 수업 활동 유형

① 듣고 신체적으로 반응하기

② 일치하는 그림 선택하기: 담화 내용이나 담화 상황과 유사한 정보를 가진 그림을 몇 가지 제시하고, 그중에서 담화 내용에 맞는 그림이 어느 것인지 표시하기

③ 지도에 표시하기: 지시를 듣고 찾아가야 하는 건물의 위치를 지도에 표시하기

④ 그림 그리기: 물건, 건물 등의 위치를 듣고 전체 그림의 해당 위치에 그림 그리기

⑤ 그림 순서대로 나열하기: 담화 내용을 듣고 사건의 진행 또는 발생 순서대로 그림에

번호 표시하기

⑥ 선 긋기: 짝이 되는 내용을 서로 선으로 연결하기

⑦ 표 완성하기: 정보 내용을 듣고 해당 표의 공란에 써넣기, 두 사람의 대화를 듣고 시간표나 일과표 완성하기

⑧ 빈칸에 쓰기: 듣기 자료를 듣고 전화번호, 주소 등에 나온 숫자, 담화의 중요한 핵심어를 듣고 빈칸에 쓰기

⑨ 질문에 답하기: 주어진 담화의 중심 생각, 중심 내용 알아보기

⑩ 제목 붙이기: 주장이나 논제가 있는 대화, 뉴스 등을 듣고 주어진 담화의 주제에 맞는 제목 달기

⑪ 실마리 찾기: 주어진 담화의 주제나 내용을 파악하게 하는 실마리 찾기

⑫ 담화적 요소 파악하기: 담화 장소, 시간 등 담화 장면 파악하기, 화자의 목소리, 어조 등을 듣고 화자의 발화 태도 추측하기, 주어진 담화가 전체 담화의 어느 부분(처음, 중간, 끝)에 해당하는지 파악하기

⑬ 정리, 요약하기/메모하기: 내용을 들으면서 노트에 내용 요약하기, 전화 내용을 들으면서 약속 내용, 상대방의 요구 사항 등 해야 할 일을 적어 보기

⑭ 추측하기/추론하기: 두 사람의 대화를 듣고 이후의 사건이나 변화를 추측하기, 담화의 한 부분을 듣고 다음에 이어질 내용, 결과 등을 추론하기

2) 말하기 지도

(1) 말하기 교육의 내용

다문화 가정의 자녀를 위한 한국어 말하기 교육의 목표는 사람들 간의 상호작용 속에서 자신의 의사를 명확하게 표현하고 상대방의 의사를 정확히 이해하여 상황에 맞게 적절하게 대처할 수 있는 구어 의사소통 능력을 신장시키는 것이다. 말하기 교육 내용을 수립하려면 말하기 능력을 구성하고 있는 요소가 무엇인지에 대해 고려할 필요가 있다. 캐널과 스웨인(Canale & Swain, 1980)은 의사소통 능력의 구성 요소로 문법적 능력, 담화적 능력, 사회언어학적 능력, 전략적 능력을 꼽고 있다. 이러한 구인을 고려해 한국어 말하기 교육의 교육 내용을 추출해 본다면, 문법적인 문장을 구성할 수 있도록 하는 언어 지식(음운, 어휘, 문법), 다양한 담화 유형별 특성과 구조, 담화 공동체의 관습적 규약, 한국의 언어문화의 특성, 실제 말

하기 소통 상황에서 요구되는 다양한 언어 전략 등을 들 수 있다.

(2) 말하기 지도의 주안점

① 정확성과 유창성을 균형 있게 발전시키는 데 주안점을 둔다

정확성(accuracy)이란 정확하고 분명한 한국어 발음으로 어법에 맞는 한국어 문장을 생성하는 능력이고, 유창성(fluency)이란 한국어로 자연스러운 억양과 발화 속도로 대화를 이어 갈 수 있는 능력이다. 유창성만을 강조하다 보면 자칫 다른 언어를 사용하는 어머니의 문법적 오류가 그대로 화석화될 우려가 있으므로 자연스러운 한국어 말하기를 유도하되, 초기 단계부터 정확한 한국어 사용을 강조할 필요가 있다.

② 정의적 여과 장치 수준을 낮춰 줌으로써 말하기 불안을 줄여 주도록 한다

크라센(Krashen, 1988)의 정의적 여과 장치(affective filter) 가설에 따르면, 학습자가 학습 동기가 약하고 자신감이 부족하며 불안감이 높을 때는 정의적 여과 장치가 일종의 심리적 방어벽으로 작용하여 언어 습득에 필요한 이해 가능한 입력(comprehensible input)을 충분히 활용하지 못하게 된다고 한다. 교사는 교수·학습 과정에서 새로운 언어를 학습해야 하는 다문화 배경 학습자의 정서적 여과막 수준을 낮춰 줌으로써 안전하고 수용적인 수업 분위기, 재미있는 게임이나 긍정적 피드백의 제공 등을 통해서 학습자들이 실수를 두려워하지 않고 적극적으로 말하기 수업에 참여할 수 있도록 할 필요가 있다.

③ 초기 단계부터 발음 지도를 강조한다

한국어 모어 화자가 이해할 수 있는 발음과 억양, 속도로 말할 수 있도록 발음 지도에 역점을 둔다. 한국어의 소릿값 가운데 다문화 배경 학습자의 언어에는 없는 전혀 새로운 소리를 배워야 할 경우 이 새로운 소리를 듣고 변별하는 일은 학습자에게 매우 도전적인 과업이 될 수 있다. 그러므로 개별 음을 그 소릿값에 따라 정확하게 발음하는 법, 최소대립쌍을 중심으로 소리를 대조해서 듣고 분별하는 법 등을 지도하도록 한다. 또한 맥락 속에서 자연스럽게 발음을 듣고 이해하기, 긴 문장을 구 단위, 호흡 단위로 적절하게 끊어서 발음하기, 연음된 부분을 자연스럽게 발음하기, 억양과 강세 등의 초분절음소 등을 체계적으로 훈련시킴으로써 자연스러운 발화를 구사할 수 있도록 한다.

④ 유의미한 맥락 안에서 실제적인 '과제(task)' 중심의 수업을 구성한다

한국어 수업에서는 분절적이고 기계적인 말하기 수업보다 실제 상황에서 소통할 수 있는 의사소통 능력을 길러 줄 수 있도록 실제적인 '과제(task)' 중심의 수업을 강조할 필요가 있다. '과제'란 학습자들이 주어진 정보를 가지고 사고 과정을 거쳐 결과물을 얻어 내는 활동이다. 과제 중심의 수업에서는 언어의 구조나 기능보다는 학습자들이 해결하거나 수행해야 할 과업에 초점을 둠으로써 실생활로의 전이가 가능한 문제 해결 능력을 높이도록 하는 데 주안점을 둔다.

⑤ 한국어 구어와 문어의 차이를 알도록 한다

문어와 차별되는 한국어 구어의 특성—축약, 생략, 관용 표현 등—과 담화 규칙을 익혀 한국어를 자연스럽게 말하도록 교수한다. 또한 실제적이면서도 다양한 구어 담화를 제공함으로써 실제 의사소통 상황에서 적절히 대응할 수 있도록 한다.

⑥ 오류에 대해 적절한 피드백과 교정을 제공한다.

오류는 언어를 습득하는 과정에서 자연스럽게 나타나는 중간 언어(interlanguage)로 볼 수 있기 때문에, 지나치게 간섭적인 피드백보다는 적절한 수준에서 적절한 방식으로 오류가 화석화되지 않도록 교육적으로 처치해 줄 필요가 있다. 정확성, 이해 가능성, 상황 적절성을 두루 고려하여 결정적인 수준의 화석화된 오류가 아니라면 바로 그 자리에서 고쳐 주기보다는 암묵적으로 단서를 제공하는 수준에서 처리하는 것도 좋은 대안일 수 있다.

(3) 말하기 수업 활동 유형

① 문형 중심의 통제된 연습: 문형의 의미와 사용법을 유의미한 상황 속에서 설명한 다음 학생들에게 통제된 활동을 통해 연습시키기

② 역할극: 특정 발화 상황에서 학생들이 서로의 역할을 담당하여 주어진 과제를 역할극을 통해 대화를 연습하기

③ 정보 격차 메우기: 이미 노출된 사실이 아니라 상대만 알고 있는 것을 대화를 통해 알아내는 짝 활동

④ 문제 해결 활동: 가상의 상황과 조건하에서 그룹 활동 형태로 주어진 정보를 바탕으로 문제 해결 활동을 수행하기

예) 무인도에서 생존하기 위해 꼭 필요한 것들의 목록 작성하기, 환경 오염을 막는 방법, 식량난 문제를 해결하는 방법 찾기 등

⑤ 발표하기: 전체 학급 구성원을 대상으로 하여 미리 준비된 주제와 내용을 발표하고 안전한 분위기에서 동료들과 교사에게 피드백을 경험해 보기

⑥ 대화 관찰법: 자연스러운 대화 상황이 들어 있는 방송 자료나 비디오 자료를 대상으로 말하기의 언어적, 비언어적 상호작용을 메타적으로 관찰함으로써 실제 사용되는 언어에 대한 감각을 쌓도록 하는 연습 활동

예) 제안하기, 요청하기, 거절하기, 협상하기 등의 다양한 언어적 행동 양식 및 말하기 전략 등을 학습하기

⑦ 그림 활용하기: 5~6개의 그림 카드를 주고 카드를 연결해서 하나의 이야기를 만들어 보게 하기

3) 읽기 지도

(1) 읽기 교육의 내용

읽기란 독자가 자신의 배경지식이나 경험을 활용하여 텍스트의 의미를 능동적으로 재구성하는 행위라고 할 수 있다. 이러한 읽기는 특히 한국어를 제2언어로 새롭게 공부해야 하는 다문화 배경 학습자에게는 당장 생활에 필요한 여러 가지 정보와 지식을 획득할 수 있게 해 주는 수단으로서뿐만 아니라 학교 교실 상황에서 범교과적으로 교과 학습의 도구가 된다는 점에서 매우 중요한 의미가 있다.

필자와 독자가 텍스트를 중심에 두고 이루어지는 한국어 읽기 교육이 쉽지 않은 것은 텍스트의 생산자와 독자가 서로 다른 언어적·문화적 배경을 가지고 있어서 특히 학습 초기 단계의 한국어 학습자가 머릿속에서 자신이 읽은 글을 자신의 언어로 '번역'해 나가는 과정을 거칠 수밖에 없다는 점 때문이다. 번역 작업 자체가 텍스트에 대한 빈틈없는 이해와 해석을 기본으로 한다는 점을 고려해 볼 때, 초급 수준에서는 한글을 인식하고 한국어에 대한 정확한 지식을 습득할 수 있도록 함으로써 텍스트의 내용을 정확하게 해독하는 능력을 함양하는 데 초점을 둘 필요가 있다.

한국어 읽기 교육의 내용으로는 해독(decoding)에 필요한 소리와 철자를 익히는 데서 출발하여 단어, 문장, 문단, 글을 정확하고 유창하게 소리 내서 읽고 이해하기, 여러 가지 유형

의 글—생활문, 설명문, 논설문, 기사문, 에세이, 보고서, 광고문 등—을 목적에 맞게 적절한 읽기 전략을 활용하여 효과적으로 읽을 수 있도록 교육 내용을 구성하도록 한다.

(2) 읽기 지도의 주안점

① 읽기 동기와 흥미를 강화한다

제2언어로 한국어 읽기를 배우는 다문화 배경 학습자에게 읽는다는 것 자체에 기쁨과 즐거움을 느낄 수 있도록 실제성이 높은 읽기 자료를 교육 자료로 활용하고 학습자가 자신의 수준과 흥미에 맞는 읽을거리를 스스로 찾아 읽도록 격려하고 긍정적인 피드백을 제공하도록 한다.

② 한글 깨치기 학습이 충실히 이루어질 수 있도록 지도한다

읽기 학습 초기에 한글 깨치기 학습이 충실히 이루어질 수 있도록 개별화 맞춤형 수업을 통해 소리 내어 읽기, 알맞게 띄어 읽기 및 기본적인 읽기 기능에 대한 학습을 연계할 수 있도록 지도한다.

③ 읽기 전 단계, 읽기 중 단계, 읽은 후 단계와 같이 과정 중심 읽기 지도를 한다

읽기 전 단계에선 읽기 목표를 제시하고 학습자의 배경지식을 활성화한다. 읽기 중 단계에선 읽기 전략을 사용하면서 텍스트를 이해하고 분석하거나 감상한다. 읽기 후 단계에선 읽은 내용을 확인하고 말하기나 쓰기 등 다른 언어 기술로 연계한 활동으로 수업을 마무리한다.

④ 능동적 독자로서의 역할을 강조한다

실제적 읽기 맥락 안에서 다양한 유형의 글이나 자료를 토대로 적절한 읽기 전략을 적용하여 능동적으로 읽기를 수행할 수 있도록 지도한다. 초기 단계엔 각각의 문장을 구성하고 있는 언어 기호를 해독하는 데 초점을 맞추어야 하지만, 점차 전체 텍스트가 전달하고자 하는 내용 중심의 교육을 하기 위해 학습자의 배경지식을 활용해 읽기, 글의 요점을 중심으로 훑어 읽기(skimming), 특정 정보를 얻기 위해 텍스트의 특정 부분을 빠르게 찾아 읽기(scanning), 추측하며 읽기(guessing), 담화 표지를 활용하기 등 다양한 읽기 전략을 활용하여 유

창하면서도 효과적인 읽기가 가능하도록 지도한다.

⑤ 읽기의 중요한 바탕이 되는 어휘를 지도한다

어휘는 읽기의 중요한 바탕을 이루는 건축 벽돌과도 같다. 이 어휘력이야말로 읽기의 준비를 돕고 읽기 능력을 신장시키는 데 필수적인 지도 요소라 할 수 있다. 어휘는 수업에서 일정 시간을 할애하여 의도적이고 명시적인 방식으로 지도하되, 고립된 어휘 항목들을 사전적 정의에 초점을 두어 암기하는 방식이 아니라 유의미한 맥락 안에서 어휘의 의미를 추측하는 방식을 통해 지도하는 것이 바람직하다. 특히 다문화 배경 학습자들에게 중요한 학습 한국어 교수 국면에서 교과 학습에 필요한 주요 학습 어휘들을 명시적이고 체계적인 방식으로 익힐 수 있도록 한다.

(3) 한국어 읽기 활동 유형

① 낭독하기: 텍스트를 소리 내서 읽기

② 묵독하기: 유창성을 향상시키기 위해 한 번에 한 단어 이상, 되도록 단락들을 시각적으로 인식하면서 빠른 속도로 읽어 나가기

③ 훑어 읽기: 글의 요지나 대의를 빠르게 파악하며 읽기

④ 찾아 읽기: 텍스트에 있는 어떤 특수한 정보를 찾아 읽기

⑤ SQ3R: 조사하기(Survey), 질문하기(Question), 읽기(Read), 암송하기(Recite), 검토하기(Review)를 통해 텍스트를 읽기

⑥ 의미 지도(semantic mapping) 작성하기: 텍스트의 내용을 의미론적인 지도로 작성하기

⑦ 예측하기: 배경지식이나 경험을 활성화하여 글의 의미 추론하기, 단어의 의미나 함축된 행간의 의미, 이어질 내용이나 사건의 전후를 예측하며 읽기

⑧ 요약하기: 중심 내용을 간추릴 수 있도록 중요 단어와 중심 문장을 중심으로 글 내용을 파악할 수 있도록 밑줄 긋기, 메모하기 등을 안내하고 적용할 수 있도록 지도한다.

⑨ 질문 생성하기: 텍스트를 읽으면서 중요한 부분을 중심으로 질문을 만들어 보기

⑩ 그래픽 조직자(graphic organizer) 이용하기: 그래픽 조직자를 활용하여 글의 구조를 이해하기

⑪ 빈칸 메우기: 텍스트의 단서를 활용하여 글에서 생략된 낱말이나 정보를 보충해 보기

4) 쓰기 지도

(1) 쓰기 교육의 내용

쓰기란 필자와 독자, 그리고 글(text)의 삼각 구도 속에서 이루어지는 의사소통 행위라고 할 수 있다. 쓰기 기능을 숙달하는 일은 모국어 학습자에게조차도 결코 쉬운 일이 아니다. 더욱이 외국인이 한국어로 쓰기를 학습한다는 것은 자신의 모국어가 아닌 한국어로 사고하고 표현하는 방법을 익혀야 한다는 점에서 여간 어려운 일이 아니다. 많은 사람들이 모국어로 글을 쓰거나 외국어로 글을 쓰는 일은 서로 언어만 다를 뿐 같은 기능이 요구된다는 점에서 모국어 쓰기 능력이 우수하면 외국어 쓰기 능력도 우수할 것이라고 가정하지만, 실제로는 그렇지 않다. 일반적인 외국어 능력 수준이 모국어 쓰기 능력의 외국어로의 전이를 방해하기 때문이다.

쓰기 능력을 제대로 발휘하기 위해서 필자는 적어도 쓰기와 관련해 글 쓸 주제와 관련된 내용 지식, 한 편의 글을 쓰기 위해서 아이디어를 어떻게 생성하고 조직해야 하는지에 대한 쓰기 방법과 관련된 절차적 지식, 글 구조와 형식, 띄어쓰기, 맞춤법 등 제반 쓰기와 관련된 쓰기의 관습적 규약에 관한 지식 등 여러 유형의 지식을 모두 통합해서 글을 구성할 줄 아는 방법에 관한 지식을 필요로 한다(Hillocks, 1987). 다문화 배경 학습자를 위한 쓰기 지도 국면에서 이러한 지식들을 적극적으로 쓰기 교육의 내용에 편입하여 지도하도록 한다.

(2) 쓰기 지도의 주안점

언어적·문화적 배경이 다른 다문화 학생들에게 쓰기를 지도할 때, 교사는 제2언어로서의 한국어 쓰기 학습에 자국어 쓰기 교육과는 다른 방법으로 접근해야 할 필요성을 인식하고, 이들 학습자의 쓰기에 대한 요구, 인지 수준, 언어적 차이 등을 충분히 고려하여 구체적인 학습 목표와 교수 방법을 설정할 필요가 있다.

브라운(Brown, 2001: 346~356)은 외국어로 쓰기 지도를 계획할 때 고려해야 할 일반 원리를 다음과 같이 포괄적으로 제시하고 있다.

> ① 능숙한 필자들이 사용하는 쓰기 전략들을 통합해서 가르쳐라.
> ② 쓰기의 과정과 결과에 균형 잡힌 교수를 하라.
> ③ 학습자의 모국어 기반을 고려하여 목표 언어와의 수사적 차이를 고려하면서 가르쳐라.
> ④ 읽기가 쓰기의 입력이 된다는 점을 고려하면서 읽기와 쓰기를 연계해서 가르쳐라.

⑤ 가급적 실제성이 높은 쓰기 과제를 제공하라.
⑥ 쓰기 전 단계, 초고 쓰기 단계, 고쳐쓰기 단계별로 쓰기를 가르쳐라.
⑦ 가급적 동료들과의 상호작용 속에서 쓰기를 가르쳐라.
⑧ 학생의 글에 반응하고 글을 고치는 방법을 신중하게 제공하라.
⑨ 쓰기의 수사적, 형식적 규약을 명시적으로 가르쳐라.

브라운(Brown, 2001)은 최근 쓰기 이론에서 축적된 논의를 바탕으로 하여 외국어 쓰기 지도 원리의 핵심을 잘 제공해 주고 있어 우리 한국어 쓰기 교육 현장에서 원용할 만하다.

(3) 쓰기 수업 활동 유형

① 한글 자모 베껴 쓰기와 받아쓰기: 한글 자모를 가르칠 때는 필순을 잘 지도할 필요가 있다. '위에서 아래로', '왼쪽에서 오른쪽으로'로 이루어지는 낱자의 필순을 꼼꼼하게 지도한다. 받아쓰기 연습은 한 음절 단위에서 차츰 두세 음절 단위의 낱말과 '안녕하세요', '고맙습니다'와 같은 짧은 문장 수준으로 확장해 가도록 한다.

② 통제 작문하기: 문법적인 형태를 익힐 수 있도록 쓰기를 활용하는 방법으로, 시제에 맞춰 바꿔 쓰기, 격식에 맞게 바꿔 쓰기, 경어법에 맞게 바꿔 쓰기 등과 같이 답이 정확하고 객관적으로 학생들의 쓰기를 통제할 수 있는 지도법이다. 문장 단위의 문법 요소들은 글(text)을 이루는 벽돌인데, 이러한 벽돌들을 쌓아 가는 훈련을 통해 오류가 없는 글을 쓰는 힘을 길러 줄 수 있다.

③ 담화 완성하기: 담화 맥락에 맞게 비어 있는 부분을 완성하거나 두 문장을 맥락에 맞게 연결하는 방법이다. 앞뒤 문장, 혹은 문단 간의 관계를 파악한 후 적절한 접속사나 담화 표지를 넣어 담화를 완성하기, 문장의 일부를 비워 두고 앞뒤 절, 혹은 앞뒤 문장의 맥락을 이용해 문장을 완성하기, 한 문단의 일부를 비워 두거나 둘 이상의 문단으로 구성된 담화 중 한 문단을 비워 두고 앞뒤 문맥을 활용하여 맥락에 맞게 비어 있는 부분을 완성하기 등을 활용할 수 있다.

④ 살 붙여 바꿔 쓰기: 제시된 핵심어, 이야기 등을 활용해 살을 붙여 바꿔 쓰기를 함으로써 확장된 담화로 완성해 보는 활동 유형이다.

⑤ 유도 작문하기: 유도 작문은 통제 작문과 달리 학습자 스스로 어휘와 구문을 선택하여 주어진 내용에 관한 글을 쓰는 것을 말한다. 일련의 그림을 이용하여 구두 언어로 이미 학습한 문형을 활용하여 자신의 일상생활을 시간 순서대로 써 보는 활동, 그림 모

둠을 이용하여 그림에 나타난 차이점과 공통점을 문장으로 써 보고 이를 연결하여 단락으로 완성하는 활동, 주어진 메모를 활용하여 글을 완성하는 활동, 만화 속에서 일어난 일을 주인공의 입장에서 친구에게 설명하는 편지글 쓰기 활동, 이야기 재구성하기 활동 등을 활용할 수 있다.

⑥ 단락 구성하기: 글의 내용이나 언어적 표현보다는 단락을 중심으로 글 구성 자체에 초점을 두는 방법이다. 모범적인 텍스트를 모방하거나 활용하여 글 구성을 분석하기, 글 구성 익히기, 문장을 올바르게 배열하기(unscramble sentence), 주제에서 벗어난 문장 찾기, 주제문 선택하기, 주제문에 맞게 뒷받침 문장들로 단락 구성하기 등을 통한 쓰기 연습에 역점을 둔다.

⑦ 읽기와 연계한 쓰기: 읽기 자료는 어휘나 문체, 표현, 글 구조 등을 활용하여 모방하여 글을 쓸 수 있도록 하는 입력 자료가 된다는 점에서 아직 한국어 숙달도가 낮은 단계의 학습자들에게 교육적 효용도가 높다. 읽기 자료를 활용한 쓰기 방법으로는 읽고 핵심 내용을 중심으로 요약하기, 읽기 자료에 제시된 문체, 어휘, 구성, 수사적 전략 등을 모방하여 글쓰기, 특정 사안에 대한 쟁점이 드러나 있는 글을 읽고 그 글을 지지하거나 논박하는 글쓰기 등이 있다.

⑧ 시각 자료를 활용한 쓰기: 일련의 그림을 보고 이야기 만들기, 그림을 보고 주어진 글 완성하기, 지도를 이용해 길 찾기 지시문 쓰기, 여행 안내서 작성하기, 그래프나 도표를 이용하여 설명문 작성하기 활동 등을 활용할 수 있다.

⑨ 자유 작문하기: 일정한 주제만 주고 자유롭게 글을 쓰게 하는 방법이다. 자유 작문하기는 쓰기의 양과 내용을 중시하므로, 쓰기에서 나타나는 오류를 수정하는 것을 지양한다.

참고문헌

강신형(2021), 「밀레니얼세대 5가지 특징을 알아야 '리더'」, 『DBR』 326호, 2021년 8월 Issue 1. https://dbr.donga.com/article/view/1206/article_no/10131(2023. 5. 11.).

강현석·유제순(2010), 「Backward Design을 통한 교육과정 설계: 교과의 진정한 이해를 위한 한 구상」, 『교육철학』 40, 1-37, 한국교육철학회.

강효경·주세형(2022), 「논증 능력 발달을 위한 언어적 교육 내용 탐색—대학생 쓰기 자료에서 주어 '나' 실현 양상으로 본 '주관의 객관화' 관찰을 기반으로」, 『작문연구』 52, 161-205, 한국작문학회.

경규진(1993), 「반응 중심 문학 교육의 방법 연구」, 서울대학교 박사학위논문.

______(1995), 「문학교육을 위한 반응 중심 접근법의 가정 및 원리」, 『국어교육』 87, 1-23, 한국어교육학회.

교육과학기술부(2011), 『국어과 교육과정』, 교육과학기술부 고시 제2011-361호[별책 5].

교육부(1994), 『6차 중학교 국어과 교육과정 해설』, 대한교과서주식회사.

교육부(1999a), 『중학교 교육과정 해설(II)—국어, 도덕, 사회』, 대한교과서주식회사.

교육부(1999b), 『제7차 고등학교 국어과 교육과정 해설』.

교육부(2001a), 『국어·생활국어 1-1, 중학교 국어과 교사용 지도서』, 대한교과서주식회사.

교육부(2001b), 『고등학교 교육과정 해설』, 대한교과서주식회사.

교육부(2015a), 『초·중등학교 교육과정 총론』, 교육부 고시 제2015-74호[별책 1].

교육부(2015b), 『국어과 교육과정』, 교육부 고시 제2015-74호[별책 5].

교육부(2015c), 『한국어 교육과정』, 교육부 고시 제2015-74호[별책 43].

교육부(2019a), 『국어』 6-1, 교육부.

교육부(2019b), 『국어』 6-2, 교육부.

교육부(2019c), 『국어』 6-1 교사용 지도서, 교육부.

교육부(2022a), 『초·중등학교 교육과정 총론』, 교육부 고시 제2022-33호[별책 1].

교육부(2022b), 『국어과 교육과정』, 교육부 고시 제2022-33호[별책 5].

교육인적자원부(2006), 『국어과 교육과정 개정안 토론회 자료집』.

교육인적자원부(2007), 『국어과 교육과정』, 교육인적자원부 고시 제2007-79호[별책 5].

교육인적자원부(2008), 『국어과 교육과정 해설서』, 대한교과서주식회사.

구본관·신명선(2021), 「문법 지식의 층위와 성격—원리 중심 문법 교육의 설계를 위한 토대」, 『국어교육연구』 76, 97-136, 국어교육학회.

구인환(1987), 『문학의 이해』, 삼지원.

구인환·우한용·박인기·최병우(2007), 『문학교육론』, 삼지원.

구자억 외(2000), 『영재교육과정개발연구(Ⅱ)』, 한국교육개발원 수탁연구 CR 2000-14.

구자억·장영숙·김주현(2001), 「인문·사회 영재 판별도구 개발 연구(I)」, 한국교육개발원.

구현정(1997), 『대화의 기법』, 한국문화사.

국립교육평가원(1995), 『초등학교의 새로운 평가 제도에 따른 수행 평가의 이론과 실제』, 대한교과서주식회사.

국어교육미래열기(2009), 『국어교육학개론』, 삼지원.

권순희(2001), 「대화 지도를 위한 '청자 지향적 관점'의 표현 연구」, 서울대학교 박사학위논문.

권태현(2021), 「국어과 평가의 문제점과 체계화 방안」, 『어문론집』 85, 359-394, 중앙어문학회.

김경희(2008), 「포털뉴스의 의제설정과 뉴스가치: 포털뉴스와 인쇄신문의 비교 분석」, 『한국언론학보』 52(3), 28-52,

한국언론학회.
김경희 외(2010),『OECD 학업성취도 국제비교 연구(PISA 2009) 결과 보고서』, 한국교육과정평가원 연구보고.
김광해(1995),『어휘연구의 실례와 응용』, 집문당.
______(1997),『국어지식 교육론』, 서울대학교 출판부.
김광희·김희동(2023),「2022 개정 국어과 교육과정 초등 1~2학년군 매체 영역 성취기준의 적절성 검토」,『청람어문교육』 92, 193-217, 청람어문교육학회.
김대행(1997),「영국의 문학교육: 평가를 통한 언어와 문학의 투시」,『국어교육연구』 4, 5-77, 서울대학교 국어교육연구소.
______(1998),「문학교육론의 시각: 영국 자국어 교육의 연극관을 중심으로」,『문학교육학』 2, 143-175, 한국문학교육학회.
______(2001),「문학 생활화의 패러다임」,『문학교육학』 7, 9-23, 한국문학교육학회.
______(2002a),「국어 교과학을 위한 언어 재개념화」,『선청어문』 30, 29-54, 서울대학교 국어교육연구회.
______(2002b),「국어교과학의 과제」,『청람어문교육』 25, 5-21, 청람어문교육학회.
______(2002c),「내용론을 위하여」,『국어교육연구』 10, 7-37, 서울대학교 국어교육연구소.
______(2008),『통일 이후의 문학교육』, 서울대학교 출판부.
김대행·우한용·정병헌·윤여탁·김종철·김중신·김동환·정재찬(2000),『문학교육원론』, 서울대학교 출판부.
김대현·김석우(2001),『교육과정과 교육평가』, 교육과학사.
김명희(2003),「읽기 부진 아동과 읽기 우수 아동의 단어 재인」, 단국대학교 석사학위논문.
김미연(2005),「말하기 부진의 유형별 특성 및 지도 방안 연구」, 전주교육대학교 석사학위논문.
김미혜(2007),「지식 구성적 놀이로서의 시 읽기 교육 연구」, 서울대학교 박사학위논문.
김봉순(1997),「국어과교육과 타교과교육의 관계와 연구 과제」,『한국초등국어교육』 13, 61-81, 한국초등국어교육학회.
______(2002),『국어 교육과 텍스트구조』, 서울대학교 출판부.
______(2008),「독서교육에서 비판의 성격과 지도내용」,『독서연구』 19, 167-199, 한국독서학회.
______(2015),「읽기교육에서 텍스트 의미 추론의 이론과 실제」,『텍스트언어학』 38, 1-25, 한국텍스트언어학회.
김봉태(2005),「읽기영역 부진아의 읽기학업성취도 향상을 위한 반복학습형 웹기반 코스웨어 설계 및 구현」, 한국교원대학교 석사학위논문.
김석우(2010),『교육평가의 이해』, 학지사.
김성진·정래필·김근호·정진석·이인화·우신영·오윤주·홍인영(2022),『현대소설교육론』, 사회평론아카데미.
김수지·이숙정·박민규(2020),『2020 어린이 미디어 이용 조사』, 한국언론진흥재단.
김신자(1998),『효과적 교수설계』, 문음사.
김억조(2018),「초·중학교 국어 '문법' 영역 용어 사용 양상과 개선 방안」,『교육과정평가연구』 21, 107-128, 한국교육과정평가원.
김영숙 외(2006),『영어과 교육론2』, 한국문화사.
김용찬(2020),「미디어, 흔들리는 개념」,『한국방송학보』 34(6), 115-150, 한국방송학회.
______(2023),『포스트매스미디어』, 컬처룩.
김유진·이아름(2019),「밀레니얼이 쓰는 X세대 리포트: 그 X는 사실 대단했다」,『경향신문』 뉴콘텐츠팀. https://news.khan.co.kr/kh_storytelling/2019/genx/.
김윤주(2014),『다문화 배경 학생을 위한 한국어(KSL) 교육의 이해와 원리』, 한국문화사.
김윤화(2022),「세대별 SNS 이용 현황」,『KISDI STAT Report』(2022. 6. 15), vol. 22-11, 정보통신정책연구원.
김은미·양정애·임영호(2012),「온라인 뉴스 환경에서의 이용자 참여와 속성의제 설정: 인지적 속성과 정서적 속성을 중심으로」,『한국방송학보』 26(3), 94-134, 한국방송학회.
김은성(2005),「외국의 국어지식교육 쇄신 동향」,『선청어문』 33, 429-466, 서울대학교 국어교육연구회.
______(2006),「국어 문법 교육의 태도 교육 내용 연구」, 서울대학교 박사학위논문.

______(2008), 「국어 문법교육에서 '텍스트' 처리의 문제」, 『국어교육학연구』 33, 333-365, 국어교육학회.
______(2009), 「문법 교수 학습 방법 구체화를 위한 수업 의사소통 양상 연구-교사의 문법적 지식 설명하기를 중심으로-」, 『국어교육학연구』 36, 287-317, 국어교육학회.
______(2013), 「비판적 언어인식과 국어교육」, 『국어교육학연구』 46, 139-181, 국어교육학회.
______(2016), 「'국어 문법 교사'와 문법 교육」, 『문법교육』 28, 1-23, 한국문법교육학회.
김은성·송소연(2018), 「고등학교 문법 교과서의 쟁점 반영 양상 연구」, 『문법교육』 32, 1-32, 한국문법교육학회.
김정우(2023), 「2022 교육과정의 변화: 국어과와 사회과의 민주시민 교육과 생태 소양 교육을 중심으로」, 『교육과학연구』 25(2), 21-51, 제주대학교 교육과학연구소.
김정호·허경철·최용기·송성재·정동호·이춘식·정광훈(2014), 『교과서 편찬의 실제』, 동아출판(주) 교육연구소.
김정화·이문정(2007), 「유아교실의 문식성 환경에 대한 연구」, 『아동학회지』 28(3), 101-113, 한국아동학회.
김종서 외(2002), 『教育課程과 교육평가』, 교육과학사.
김지숙(2022), 「디지털 네이티브 학습자의 미디어 경험과 학습에 관한 생태학적 연구」, 『교육연구논총』 43(2), 65-104, 충남대학교 교육연구소.
김진수 외(2018), 『중학교 국어 1-1』, 비상교육.
김진우(2001), 『언어습득의 이론과 실상』, 한국문화사.
김창원(2019), 「'국어' 교과는 어떤 선택을 해야 하는가」, 『국어교육연구』 70, 69-104, 국어교육학회.
김창원 외(2015), 『2015 개정 교육과정 시안 개발 연구 II-국어과 교육과정』, 한국교육과정평가원 연구보고 CRC 2015-25-3.
김치수 외(1998), 『현대 기호학의 발전』, 서울대학교 출판부.
김태영(2022), 『2022 만화·웹툰 이용자 실태조사』, 한국콘텐츠진흥원.
김태은·권서경·박준홍·이민희·조윤동·이광호(2020), 『4년간의 학습부진학생 성장 과정에 대한 이슈』, 한국교육과정평가원.
김향연(2018), 「국어 교육에서 학습자 특성을 반영한 매체 교육 내용 연구」, 『국어교육학연구』 53(3), 89-114, 국어교육학회.
김현영·김현진(2023), 「Z세대의 모바일 학습 일상에 관한 디지털 문화기술지」, 『Journal of Educational Technology』 39(1), 105-154, 한국교육공학회.
김혜정(2015), 「문식성 발달 이론과 국어교육 내용 관련 문식성 유형 검토」, 『국어교육연구』 36, 463-493, 서울대학교 국어교육연구소.
김호정·김은성·남가영·박재현(2009), 「국어과 오개념 연구 방향 탐색」, 『새국어교육』 83, 211-238, 한국국어교육학회.
김호정 외(2007), 「문법 용어를 통한 문법 지식 체계 구조화 연구(I): 음운」, 『국어교육학연구』 28, 275-300, 국어교육학회.
김효수·김은남 외(2018), 『나와 공동체를 세우는 수업 나눔』, 좋은 교사.
나인호(2011), 『개념사란 무엇인가』, 역사비평사.
나종혜·손승희(2018), 「유아의 문해 능력에 미치는 어머니 문해 상호작용과 유아의 환경인쇄물 읽기능력의 종단적 효과」, 『한국생활과학회지』 27(1), 1-11, 한국생활과학회.
남가영(2003), 「메타언어적 활동에 대한 국어교육적 연구—고쳐쓰기를 중심으로」, 서울대학교 석사학위논문.
______(2006), 「국어 인식 활동의 경험적 속성」, 『국어교육학연구』 27, 337-374, 국어교육학회.
______(2008), 「문법 탐구 경험의 교육 내용 연구」, 서울대학교 박사학위논문.
______(2009), 「문법 지식의 응용화 방향: 신문 텍스트에 나타난 '-(다)는 것이다' 구문의 의미 기능을 중심으로」, 『형태론』 11(2), 313-334, 형태론.
남가영 외(2007), 「문법 용어를 통한 문법 지식 체계 구조화 연구(II): 형태」, 『우리말연구』 21, 177-210, 우리말학회.
노들·윤하영·옥현진(2021), 「우리나라 초등 6학년 학습자들의 디지털 리터러시 성취 수준 탐색」, 『교육문화연구』

27(4), 521-543, 인하대학교 교육연구소.
노명완·이차숙(2002), 『문식성 연구』, 박이정.
노은희 외(2021), 『포스트코로나 대비 미래지향적 국어과 교육과정 구성 방안 연구』, 한국교육과정평가원 연구보고 CRC 2021-11.
______(2022a), 「2022 개정 국어과 교육과정 시안 개발 연구」, 한국교육과정평가원 연구보고 CRC 2022-2.
______(2022b), 『2022 개정 국어과 교육과정 시안(최종안) 개발 연구』, 한국교육과정평가원 연구보고 CRC 2022-14.
류수열·주세형·남가영(2021), 『국어교육 평가론』, 사회평론아카데미.
류수열·한창훈·정소연·김정우·임경순·한귀은·서유경·조하연·이민희·최지현·김혜영·오지혜·황혜진(2014), 『문학교육개론 II: 실제편』, 역락.
문교부(1974), 『중학 국어 1-1』, 대한교과서주식회사.
문교부(1984), 『중학 국어 1-1』, 대한교과서주식회사.
문교부(1986), 『초·중·고등학교 교육과정(1946~1981)—국어·한문과』, 대한교과서주식회사.
문기훈(2020), 「디지털 리터러시 가이드: 검색, 판별, 사용 그리고 제작—뉴질랜드 국립 도서관이 제공하는 '디지털 리터러시' 4단계 가이드」, 『뉴스톱』(2020. 1. 22.). https://www.newstof.com/news/articleView.html?idxno=1787 (2023. 5. 8.).
문영진·김혜영·조현일·김성진 편(2019), 『처음 시작하는 현대소설교육론』, 창비교육.
문화체육관광부(2020), 『한국어 표준 교육과정』, 문화체육관광부 고시 제2020-54호.
민병곤(2006), 「말하기·듣기 교육 내용으로서의 '지식'에 대한 고찰」, 『국어교육학연구』 25, 5-38, 국어교육학회.
민병곤·김호정·구본관 외(2020), 『한국어 교육학 개론』, 태학사.
민현식(2011), 「국어교육의 학문적 정체성과 실천 과제」, 『새국어교육』 89, 213-256, 한국국어교육학회.
민현식 외(2011), 『2011 국어과 교육과정 개정을 위한 시안 개발 연구』, 교육과학기술부.
______(2020), 『국어 교사를 위한 한국어학 입문』, 사회평론아카데미.
박경숙·오영주(1997), 『언어영재 판별도구 개발을 위한 기초연구』, 한국교육개발원.
박경현(2001), 『리더의 화법』, 삼영사.
박도순 외(2016), 『교육평가』, 교육과학사.
박붕배(1987), 『한국국어교육전사』, 대한교과서주식회사.
박삼서(2022), 『교과서 개발학』, 국학자료원.
박성익 외(2003), 『영재 교육학원론』, 교육과학사.
박수자(2013), 「창의 인성 계발과 국어과 교육의 과제」, 『국어교육』 140, 31-51, 한국어교육학회.
박수자·최인자·김정섭·강승희·공명철·한상한(2003), 「언어 영재를 위한 창의적 작문 교수·학습 프로그램 개발 연구」, 한국교원대학교 교과교육공동연구소.
박영목 외(2018), 『고등학교 국어 지도서 상』, 천재교육.
박영목·한철우·윤희원(2001), 『국어과 교수·학습 방법 탐구』, 교학사.
______(2003), 『국어교육학 원론』, 박이정.
박영준·시정곤·정주리·최경봉(2002), 『우리말의 수수께끼』, 김영사.
박응서(2021), 「당사자도 헷갈리는 베이비붐 세대 기준 ... 생물학에 사회, 역사 혼합 때문」, 『이투데이』(2021. 5. 15.). https://bravo.etoday.co.kr/view/atc_view/12215(2023. 5. 11.).
박인기(2000), 「국어 교육 평가의 패러다임 변화와 실천」, 『국어교육』 102, 87-111, 한국국어교육연구회.
______(2002), 「문화적 문식성의 국어 교육적 재개념화」, 『국어교육학연구』 15, 1-31, 국어교육학회.
______(2009a), 「교과의 생태와 교과의 진화: 교과의 개념에 대한 패러다임 변화와 국어 교과의 진화 조건」, 『국어교육학연구』 34, 309-343, 국어교육학회.
______(2009b), 「세계화 시대 언어 환경과 국어교육의 위상」, 『국어교육』 129, 1-24, 한국어교육학회.

______(2014), 「문화 융성과 국어교육 정책: 문화 융성과 국어교육의 관계 지형 모색하기」, 『국어교육』 144, 369-400, 한국어교육학회.

박재현(2022), 「변혁적 역량 신장을 위한 국어과 교수학습 방법 탐색」, 『국어교육』 179, 1-26, 한국어교육학회.

박주현(2002), 「컴퓨터 보조 학습을 활용한 쓰기 부진아 지도 방안」, 서울교육대학교 석사학위논문.

박진희·주세형(2020), 「'건의하는 글'에 나타난 필자와 독자의 의사소통 방식 연구—필자의 스탠스 조정과 평가어 선택의 양상을 중심으로」, 『청람어문교육』 77, 187-231, 청람어문교육학회.

박효정·현주·이재분·정택희·박인영·이화진(2000), 『초등학교(중학교, 고등학교) 기초·기본 학습 부진학생 판별도구 개발 연구』, 한국교육개발원.

배상률·이창호(2016), 「소셜미디어가 청소년 여가문화 및 팬덤문화에 미치는 영향에 관한 질적 연구: 페이스북을 활용한 청소년 집단지성 토론단 운영결과를 중심으로」, 『한국청소년연구』 27(3), 189-218, 한국청소년정책연구원.

배상률·이창호·이정림(2021), 『청소년 미디어 이용 실태 및 대상별 정책대응방안 연구 2: 10대 청소년』, 한국청소년정책연구원 연구보고 21-R17.

배희숙(2016), 『언어발달』, 학지사.

서수현(2023a), 「2022 개정 국어과 교육과정 쓰기 영역, 어떻게 개발되었는가? 그리고 아직 남아 있는 고민들은 무엇인가?」, 『새로운 교육과정과 작문 교육』, 한국교육과정평가원·한국작문학회 공동 학술대회 발표집.

______(2023b), 「2022 개정 국어과 교육과정 쓰기 영역의 특징과 지향」, 『청람어문교육』 92, 341-367, 청람어문교육학회.

서수현·옥현진(2013), 「아동의 그림일기에 나타난 글과 그림 간의 의미 구성 방식」, 『아동학회지』 34(4), 163-177, 한국아동학회.

서수현·정혜승(2012), 「중학생의 읽기 태도 양상」, 『독서연구』 27, 258-283, 한국독서학회.

서울대학교 교육연구소 편(2006), 『교육학 용어 사전』, 하우동설.

서울특별시동부교육청(2005), 『학력평가 통지양식 자료모음집』.

성태제(2014), 『현대교육평가』, 학지사.

소지영·주세형(2017), 「과학 교과서의 '문법적 은유'를 중심으로 본 국어과의 도구 교과적 본질 탐색」, 『국어교육연구』 39, 119-158, 서울대학교 국어교육연구소.

______(2018), 「초등학교·중학교 역사 교과서의 언어적 특성 연구: 국어과의 도구 교과적 본질을 중심으로」, 『한국초등국어교육연구』 65, 77-108, 한국초등국어교육학회.

______(2021), 「중등 과학 교과서에서의 정의문 기능 연구—국어과 설명하기 성취기준의 언어적 교육 내용 탐색을 위하여」, 『국어교육』 172, 43-75, 한국어교육학회.

손정표(1999, 2005), 『신독서지도방법론』, 태일사.

송기중(1994), 『한국의 문자와 문자 연구』, 집문당

신명선(2007), 「문법 교육에서 추구하는 교육적 인간상에 관한 연구」, 『국어교육학연구』 28, 423-458, 국어교육학회.

______(2013), 「'언어적 주체' 형성을 위한 문법 교육의 방향」, 『국어교육』 143, 83-120, 한국어교육학회.

신태범·권상희(2013), 「국내 청소년의 포털뉴스 이용 특성과 뉴스 신뢰, 공공성 인식에 관한 연구」, 『사이버커뮤니케이션학보』 30(1), 241-294, 사이버커뮤니케이션학회.

신향식(2017), 「객관식 없는 독일 수능, "우리도 금지하라"」, 『오마이뉴스』(2017. 3. 26.)

신헌재·이경화 외(2015), 『초등국어교육학 개론』, 박이정.

신헌재·이재승(1997), 「쓰기 교육에서 과정 중심 접근의 의미」, 『한국초등국어교육』 13, 205-240, 한국초등국어교육학회.

신희성(2019), 「과거와 현재, 미래를 아우르는 국어사 교육의 방향성 탐색—국어의 역사성 교육을 중심으로」, 『국어교육학연구』 54(3), 167-205, 국어교육학회.

______(2020), 「고등학생의 고쳐쓰기 과정에서 나타나는 어휘문법적 선택의 유형 및 메타인지 양상 연구」, 『국어교육

연구』 73, 71-116, 국어교육학회.
______(2021), 「체계기능언어학을 활용한 텍스트 분석의 양상과 쟁점」, 『한국어학』 93, 1-42, 한국어학회.
심영택(2003), 「국어 교육 목표에 대한 재조명」, 『어문연구』 120, 463-485, 한국어문교육연구회.
______(2004), 「문법 지식의 교수학적 변환 연구」, 『국어교육학연구』 21, 355-390, 국어교육학회.
안태숙(2022), 『2022 게임 이용자 실태조사』, 한국콘텐츠진흥원.
양재한·김수경·이창규·정영주·김정미(2001, 2004), 『어린이 독서지도의 이론과 실제』, 태일사.
양철수 외(2018), 『인간 발달』, 양성원.
엄민용(2023), 「얼룩소는 '젖소'가 아니라 '칡소'다」, 『경향신문』(2023. 2. 27.).
염은열(2023), 「문학하는 시대, 다시 '문학' 속으로: 진화와 전환을 위한 문학교육론」, 『문학교육학』 79, 261-291, 한국문학교육학회.
오미영·정인숙(2005), 『커뮤니케이션 핵심 이론』, 커뮤니케이션북스.
오상철·김도남·김태은·김영빈(2010), 『학습부진 학생 지도의 실연구: 학습코칭 및 동기 향상 프로그램 개발』, 한국교육과정평가원.
오현아·강효경(2015), 「문법 교육에서의 인성 교육 내용 구성 가능성 탐색」, 『새국어교육』 103, 79-111, 한국국어교육학회.
옥현진·서수현(2012), 「문식성 후원자의 작용 양상에 대한 사례 연구: 초등학교 1학년의 그림일기 표현 활동을 중심으로」, 『한국초등국어교육』 48, 63-85, 한국초등국어교육학회.
원진숙(1999a), 「대학생들의 글쓰기 실태와 지도 방안」, 『새국어생활』 9(4), 29-44, 국립국어연구원.
______(1999b), 「쓰기 영역 평가의 생태학적 접근—대안적 평가방법으로서의 포트폴리오를 중심으로」, 『한국어학』 10, 191-232, 한국어학회.
______(2001), 「초등 국어과 교수·학습 모형 개발 연구」, 『국어교육학연구』 12, 287-316, 국어교육학회.
______(2007), 「다문화 시대 국어교육의 역할」, 『국어교육학연구』 30, 23-50, 국어교육학회.
______(2013), 「다문화 배경 학습자를 위한 KSL 교육의 정체성」, 『언어 사실과 관점』 31, 23-58, 연세대학교 언어정보연구원.
원진숙 외(2013), 『초등학생을 위한 표준 한국어』, 하우.
______(2018), 『학교 다문화교육론』, 사회평론아카데미.
원진숙·이재분·서혁·권순희(2011), 『다문화 가정 학생을 위한 한국어(KSL) 교육과정 개발 연구 보고』, 한국교육개발원 CR 2011-55-7.
유현경(2013), 「표준 문법의 개념과 필요성」, 『문법교육』 19, 235-267, 한국문법교육학회.
윤미(2014), 「독자와의 상호작용에 따른 초등학생들의 필자로서의 인식 변화—그림책 만들기를 중심으로—」, 『한국초등국어교육』 55, 215-239, 한국초등국어교육학회.
윤석민(2007), 『커뮤니케이션의 이해』, 커뮤니케이션북스.
윤여탁·최미숙·김정우·조고은(2011), 「현대시 교육의 지식의 성격과 교육의 방향」, 『국어교육연구』 27, 215-260, 서울대학교 국어교육연구소.
윤여탁·최미숙·최지현·유영희(2010), 『현대시 교육론』, 사회평론.
윤운성·가경신(1998), 「읽기 성취와 독자의 심리적 요인의 상관」, 『교육심리연구』 12(2), 109-132, 한국교육심리학회.
윤준채(2009), 「초등학생 필자의 쓰기 태도 발달 연구」, 『작문연구』 8, 277-297, 한국작문학회.
윤준채·이형래(2007), 「초등학생의 읽기 태도 발달에 대한 연구(1)」, 『국어교육연구』 40, 161-190, 국어교육학회.
윤혜경(1997), 「아동의 한글읽기발달에 관한 연구: 자소-음소대응규칙의 터득을 중심으로」, 부산대학교 박사학위논문.
이경화(2001), 『읽기 교육의 원리와 방법』, 박이정.
______(2010), 「초등 교사의 국어 교과서 이해 양상: 1, 2학년을 중심으로」, 『한국초등국어교육』 43, 141-176, 한국초등국어교육학회.

이경화·이수진 외(2018), 『한글 교육 길라잡이』, 미래엔.
이관규(1999), 『학교문법론』, 도서출판 월인.
이관희(2008), 「품사 교육의 위계화 연구」, 서울대학교 석사학위논문.
______(2009), 「문법교육 위계화를 위한 방법론 개발—품사 교육을 대상으로」, 『문법교육』 10, 205-240, 한국문법교육학회.
______(2015), 「학습자 지식 구성 분석을 통한 문법 교육 내용의 조직과 표상 연구」, 서울대학교 박사학위논문.
______(2021), 『언어의 공정성과 문법 교육—공정성에 대한 모어 화자의 인식』, 207-220, 제34차 한국문법교육학회 학술발표논문집.
이관희·조진수(2015), 「문법 교사의 오개념 유형화 연구」, 『새국어교육』 102, 107-152, 한국국어교육학회.
이규호(1998), 『말의 힘』, 좋은날.
이도영(1996), 「국어과 교육의 이념, 목표, 내용 설정 방안」, 『국어교육학연구』 6(1), 1-16, 국어교육학회.
______(2006), 「말하기 교육 목표 어떻게 설정할 것인가」, 『국어교육학연구』 25, 341-363, 국어교육학회.
이동혁(2018), 「문제 해결로서의 언어화와 문법 교육적 함의」, 『새국어교육』 116, 187-220, 한국국어교육학회.
이병민(2005), 「리터러시 개념의 변화와 미국의 리터러시 교육」, 『국어교육』 117, 한국어교육학회.
이삼형 외(2007), 『국어교육학과 사고』, 역락.
이선웅(2010), 「국어교육의 학교 문법과 한국어 교육의 표준문법」, 『어문론집』 43, 75-96, 중앙어문학회.
이성영(2000), 「글쓰기 능력 발달 단계 연구—초등학생의 텍스트 구성 능력을 중심으로」, 『국어국문학』 126, 27-50, 국어국문학회.
이수진(2007), 『쓰기 수업 현상의 이해』, 박이정.
이순영(2001), 「언어 영재의 개념과 언어 영재 교육과정 구성에 관한 연구」, 『독서연구』 6, 307-338, 한국독서학회.
이순영·최숙기·김주환·서혁·박영민(2015), 『독서교육론』, 사회평론아카데미.
이용주(1987), 「언어 발달 단계와 국어 교육」, 『국어교육』 59, 1-16, 한국어교육학회.
이원영(2021), 「문학교육적 역설로서 '문학 생활화' 교육의 문제」, 『국어교육』 174, 315-343, 한국어교육학회.
이익섭(2000), 『국어학 개설』, 학연사.
이인제 외(2005), 『국어과 교육과정 개정(시안) 연구 개발 보고서』, 한국교육과정평가원.
이재기(2006), 「쓰기 교육에서 학생 필자의 자리」, 『청람어문교육』 33, 51-80, 청람어문교육학회.
이재승(2005), 『좋은 국어 수업 어떻게 할 것인가』, 교학사.
이재흔·문송이·송혜윤·지승현·장지성(2019), 「2019 1534세대의 라이프스타일 및 가치관 조사: 2019 밀레니얼-Z세대 트렌드 키워드 검증」, 『이슈페이퍼』 2019-4, 대학내일 20대 연구소. https://www.20slab.org/archives/34670 (2023. 5. 11.).
이주행 외(1996), 『화법』, 금성교과서주식회사.
______(2004), 『화법 교육의 이해』, 박이정.
이지윤·이숙정·박민규(2022), 「2022 10대 청소년 미디어 이용 조사 보고서」, 『조사분석』 04, 한국언론진흥재단.
이창덕 외(2000), 『삶과 화법』, 박이정.
이화진·나귀수·서동엽·문무경·강혜진(2000), 『중학교 학습 부진아 지도 프로그램 개발 연구』, 한국교육과정평가원.
임경순(2006), 「국어 능력 향상을 위한 철학적 기반 탐색: 국어교육의 개념과 관련하여」, 『국어교육학연구』 25, 365-388, 국어교육학회.
임성관(2004), 「읽기 부진아를 위한 독서치료 프로그램 연구」, 중앙대학교 석사학위논문.
임찬빈·노은희·김정자·이경화·주세형·남민우·서현석(2006), 『수업평가 매뉴얼 국어과 수업평가 기준』, 한국교육과정평가원 ORM 2006-24-3.
임태섭(1998), 「화법과 수사학」(강의안).
임현주(2019), 「부모의 학력과 가구소득에 따른 유아의 언어 능력 차이에 관한 연구」, 『미래유아교육학회지』 26(4),

93-114, 미래유아교육학회.
장성민(2022), 「디지털 다문서 환경에서의 읽기·쓰기: 개인차 요인, 다문서 선택과 사용, 쓰기 결과물 사이의 영향 관계」, 『독서연구』 65, 41-80, 한국독서학회.
장은주·정현선(2021), 「디지털 환경의 학습자를 위한 학교 미디어 교육 정책 분석 및 제언」, 『우리말교육현장연구』 15(2), 97-132, 우리말교육현장학회.
______(2022), 「디지털 미디어 문해력 교육의 국어과 교육과정적 함의」, 『청람어문교육』 88, 7-39, 청람어문교육학회.
______(2023), 「초·중기 청소년의 디지털 미디어 문해력 관점에서 본 국어과 교육과정 매체 영역 분석」, 『청람어문교육』 92, 219-258, 청람어문교육학회.
전은주(1999), 『말하기 듣기 교육론』, 박이정.
______(2002), 「말하기 학습 활동의 특성과 유형」, 『국어교과교육연구』 3, 13-41, 국어교과교육학회.
______(2004), 「토론 교수·학습 설계를 위한 조건변인 분석」, 『국어교육학연구』 20, 433-460, 국어교육학회.
______(2006), 「화법교육 변천사」, 『국어교육』 119, 229-266, 한국어교육학회.
______(2008), 「다문화 사회와 제2언어로서의 한국어(KSL) 교육과정의 목표 설정 방향」, 『국어교육학연구』 33, 629-656, 국어교육학회.
______(2012), 「2011 개정 국어과 교육과정의 특징과 발전적 전개 방향」, 『국어교육』 137, 25-54, 한국어교육학회.
정구향(2001), 『제7차 교육과정에 따른 초등학교 국어과 성취기준과 평가기준, 예시평가도구의 개발 연구』, 한국교육과정평가원.
정구향·최미숙(1999), 「제7차 국어과 교육과정과 창작 교육」, 『국어교육』 100, 225-247, 한국어교육학회.
정재찬(2013), 「문학 교수 학습 방법의 성찰과 전망」, 『국어교육학연구』 47, 69-98, 국어교육학회.
정재찬·최인자·김근호·염은열·이지영·최미숙·김혜련·박용찬·남민우·김성진·조희정·박기범(2014), 『문학교육개론 I: 이론편』, 역락.
정준섭(1994), 『국어과 교육과정의 변천』, 대한교과서주식회사.
정현선(2004), 「디지털 리터러시의 국어교육적 고찰」, 『국어교육학연구』 21, 5-42, 국어교육학회.
______(2005), 「'언어·텍스트·매체·문화' 범주와 '복합 문식성' 개념을 통한 미디어 교육의 국어교육적 수용에 관한 연구」, 『한국초등국어교육』 28, 307-338, 한국초등국어교육학회.
______(2009), 「이야기의 문화적 가치 탐구를 중심으로 한 컴퓨터 게임 서사 교육에 관한 고찰」, 『문학교육학』 28, 95-120, 한국문학교육학회.
______(2014), 「복합양식 문식성 교육의 의의와 방법」, 『우리말교육현장연구』 8(2), 61-93, 우리말교육현장학회.
정현선·이지영·이미숙·윤미·이슬아·김광희·지민정·인경훈·박성준·유지훈·윤준연·박순홍(2019), 『2015 개정 국어과 교육과정 초등 5-6학년 교수학습 자료』, 교육부, 인천시교육청.
정현선·정혜승·김정자·민병곤·손원숙(2014), 「초등학생의 매체 문식 활동에 관한 조사 연구」, 『독서연구』 33, 127-170, 한국독서학회.
정혜승(2002), 『국어과 교육과정 실행 연구』, 박이정.
______(2006a), 「좋은 국어 교과서의 요건과 단원 구성의 방향」, 『어문연구』 132, 379-400, 한국어문교육연구회.
______(2006b), 「읽기 태도의 개념과 성격」, 『독서연구』 16, 381-403, 한국독서학회.
______(2007), 「초등학생의 은유와 아이러니 이해 양상」, 『한국초등국어교육』, 35, 233-268, 한국초등국어교육학회.
______(2008a), 「문식성 교육의 쟁점 탐구」, 『교육과정평가연구』 11(1), 161-185, 한국교육과정평가원.
______(2008b), 「문식성의 변화와 기호학적 관점의 국어과 교육과정 모델」, 『교육과정연구』 26(4), 149-172, 한국교육과정학회.
______(2014), 「초등학생 학부모의 문식성에 대한 인식과 문식 활동 및 자녀 지원 방식」, 『국어교육』 146, 275-310, 한국어교육학회.
______(2018), 「'정서적 비계'로서의 교실 공간 구성하기」. 『독서연구』 47, 37-67, 한국독서학회.

정혜승·민병곤·손원숙·정현선·김정자(2013), 「초등학생의 학교 밖 문식 활동의 빈도, 이유, 가치 부여에 관한 연구」, 『국어교육연구』 32, 225-272, 서울대학교 국어교육연구소.
정혜영·조연순·정광순·박주연(2004), 「초등학교 아동이 수업에 몰입하는 맥락에 대한 연구」, 『초등교육연구』 17(2), 181-206, 한국초등교육학회.
정희모·이재성(2005), 『글쓰기의 전략』, 들녘.
제민경(2014), 「장르 개념화를 위한 문법교육적 접근」. 『국어교육학연구』 49(3), 393-426, 국어교육학회.
______(2015), 「장르 문법 교육 내용 연구」, 서울대학교 박사학위논문.
______(2021), 「문식성 발달, 언어 발달, 문법교육」, 『한국초등국어교육』 72, 229-256, 한국초등국어교육학회.
조명한(1986), 『한국 아동의 언어 획득 연구: 책략 모형』, 서울대학교 출판부.
조병영(2020), 「뉴리터러시와 전환적 의미 디자인—융복합 문식 환경 속 국어교육의 실천 방향 탐색—」, 『국어교육』 171, 31-70, 한국어교육학회.
조석희(1996), 『영재 교육의 이론과 실제』, 한국교육개발원 연수자료.
조석희 외(2005), 『창의성 교육 자료: 초등학교 2학년 1학기~초등학교 5학년 2학기』, 한국교육개발원.
조선하·우남희(2004), 「한국 유아의 창안적 글자쓰기 발달 과정 분석」, 『유아교육연구』 24(1), 315-339, 한국유아교육학회.
조세린·고연주·이현주(2021), 「과학기술 관련 사회쟁점 미디어 정보에 대한 중학생들의 평가 양상 탐색」, 『Journal of the Korean Association for Science Education』 41(1), 59-70, 한국과학교육학회.
조영신(2019), 「밀레니얼세대와 Z세대가 이끄는 콘텐츠산업의 변화」, 『Issue Insight』, N content(엔콘텐츠) vol. 12(2019. 9. 10-15.), 한국콘텐츠진흥원.
조진수(2015), 「'문장 확대' 교육 내용의 다층성 연구」, 『국어교육학연구』 50(3), 267-295, 국어교육학회.
______(2018), 「문법 문식성 관점의 문장 구조 교육 내용 연구」, 서울대학교 박사학위논문.
조진수·노유경·주세형(2015), 「학습자의 논증 텍스트에 나타난 '것 같다'에 대한 문법교육적 고찰」, 『새국어교육』 105, 217-245, 한국국어교육학회.
조진수·박재현·이관희·김지연(2019), 「'공정성'의 국어교육적 개념화 방향 탐색」, 『국어교육연구』 71, 93-134, 국어교육학회.
조현일(2007), 「읽기 텍스트로서의 영화와 영화 읽기 교육」, 『독서연구』 18, 255-285, 한국독서학회.
______(2013), 「미적 향유를 위한 소설교육: 감정이입과 미적 공체험을 중심으로」, 『새국어교육』 96, 457-494, 한국국어교육학회.
주세형(2009), 「할리데이 언어 이론의 국어교육학적 의미」, 『국어교육』 130, 173-204, 한국어교육학회.
______(2010a), 「작문의 언어학—"언어적 지식"에 근거한 첨삭 지도 방법론」, 『작문연구』 10, 109-135, 한국작문학회.
______(2010b), 「학교문법 다시쓰기(3): 인용 표현의 횡적 구조 연구」, 『새국어교육』 85, 269-289, 한국국어교육학회.
______(2021), 「국어교육의 새로운 내용론—학습의 본질 구현을 위한 초학문 융합 패러다임 설계—」, 『국어교육』 174, 73-125, 한국어교육학회.
주세형·남가영(2014), 『국어과 교과서론』, 사회평론아카데미.
천경록(1998), 「국어과 수행 평가」, 백순근 편, 『수행 평가의 이론과 실제』, 원미사.
______(2020), 「독서 발달과 독자 발달의 단계에 대한 고찰」, 『국어교육학연구』 55(3), 313-340, 국어교육학회.
천경록·김혜정·류보라(2022), 『독서교육론』, 역락.
최미숙(2002), 「선택형 평가의 과거·현재·미래」, 『함께 여는 국어 교육』 2002년 겨울호, 전국국어교사모임.
______(2004), 「국가 수준 국어과 교육성취도 평가의 실제와 발전 방안」, 『국어교육학연구』 20, 237-266, 국어교육학회.
______(2005), 「사고력 신장을 위한 국어과 평가 문항」, 『어문연구』 125, 417-444, 한국어문교육연구회.
______(2006a), 「국어과 평가의 반성과 탐색」, 『국어교육』 121, 79-105, 한국어교육학회.
______(2006b), 「대화 중심의 현대시 교수·학습 방법」, 『국어교육학연구』 26, 227-252, 국어교육학회.

______(2007),「디지털 시대, 시 향유 방식과 시교육의 방향」,『국어교육연구』 19, 69-96, 서울대학교 국어교육연구소.
______(2018),「IB 디플로마 프로그램의 평가 연구」,『새국어교육』 116, 255-291, 한국국어교육학회.
______(2019),「문학교육의 '개념' 교육에 대한 비판적 고찰: '은유'를 중심으로」,『문학교육학』 62, 9-40, 한국문학교육학회.
______(2022),「언어행위 관점에서 바라본 문학 작품 읽기: 독자와 작가의 대화를 중심으로」,『국어교육』 176, 59-88, 한국어교육학회.
최미숙·백순근(1999),『고등학교 국어과 수행 평가의 이론과 실제』, 한국교육과정평가원.
최미숙·양정실(1998),『국가교육과정에 근거한 평가 기준 및 도구 개발 연구—고등학교 국어』, 한국교육과정평가원.
______(1999),『고등학교 국어 평가 방법 개선 방안』, 한국교육과정평가원.
최미숙·염은열·김성진·정정순·송지언·이상일(2023),『문학교육론』, 사회평론아카데미.
최배은(2021),「문화산업 시대 '청소년 이야기'의 확장과 변모」,『현대문학의 연구』 74, 489-518, 한국문학연구학회.
최선희(2019),「문장의 구조 단원의 언어 네트워크 분석 연구—초등학교, 중학교를 중심으로」,『새국어교육』 118, 107-133, 한국국어교육학회.
최선희·김정은(2022),「텍스트의 공정성 판단 기준에 관한 문법 교육적 탐색—〈언어와 매체〉 교과서를 중심으로—」,『국어교육학연구』 57(3), 236-271, 국어교육학회.
최소영(2018),「범시적 관점의 문법 교육 탐색」,『국어교육연구』 42, 201-230, 서울대학교 국어교육연구소.
최지현·서혁·심영택·이도영·최미숙·김정자·김혜정(2007),『국어과 교수·학습 방법』, 역락.
최현섭 외(2005),『국어교육학 개론』, 삼지원.
편지윤·변은지·한지수·서혁(2018),「복합양식 텍스트의 텍스트성 재개념화를 위한 시론」,『학습자중심교육교육연구』 18(2), 493-522, 학습자중심교과교육학회.
한국교육학회 교육평가연구회 편(1995),『교육 측정·평가·연구·통계 용어 사전』, 중앙교육진흥연구소.
한철우·박진용·김명순·박영민 편(2001),『과정 중심 독서 지도』, 교학사.
황미향(2021),「초등 문법 교육의 내용 구성 연구」,『한국초등국어교육』 70, 319-339, 한국초등국어교육학회.

Abdallah-Pretceille, M.(2004). 장한업 역(2010),『유럽의 상호문화교육: 다문화 사회의 새로운 교육적 대안』, 한울.
Abrams, M. H.(1971). *The Mirror and the Lamp: Romantic Theory and the Critical Tradition.* Oxford University Press.
ACAP(Australian College of Applied Professionals)(2015). *Media Analysis.* https://sls.navitas-professional.edu.au/sites/default/files/resource/media_analysis_guide_v1.pdf(2023. 5. 8.).
Adler, M. J. & van Doren, D.(1940, 1967, 1972). 독고앤 역(2005),『생각을 넓혀주는 독서법』, 멘토.
Adler, R.(1976). 김인자 역(1992),『인간관계와 자기표현』, 중앙적성출판사.
Ahmed, Y. et al.(2014). Developmental Relations Between Reading and Writing at the Word, Sentence, and Text Levels: A Latent Change Score Analysis. *Journal of Educational Psychology* 106(2), 419-434.
Alvermann, D. E., Phelps, S. F. & Ridgeway, V. G.(2007). *Content Area Reading and Literacy: Succeeding in Today's Diverse Classrooms* (5th ed.). Pearson Education Inc.
Armbruster, B. B. & Osborn, J. H.(2002). *Reading Instruction and Assessment.* International Reading Association.
Barr, R., Kamil, M. L., Mosenthal, P. B. & Pearson P. D.(1996). *Handbook of Reading Reasearch II.* Lawrence Erlbaum Associates.
Barrentine, S. J.(ed.)(1999). Reading Assessment. *The Reading Teacher's.* International reading Association.
Barrett, T.(1976). Taxonomy of Reading Comprehension. In R. Smith & T. Barrett(eds.), *Teaching Reading in the Middle Grades.* Mass: Addison-wesley.
Baumann, J. F.(ed.)(1986). 문선모 역(1995),『중심내용의 이해와 수업』, 교육과학사.

Bawarshi, A. & Reiff, M. J.(2010). 정희모·김성숙·김미란 외 역(2015),『장르-역사·이론· 연구·교육』, 경진출판.

BBC Bitesize(2023). *GCSE: What is Representation?* https://www.bbc.co.uk/bitesize/guides/z9fx39q/revision/1(2023. 5. 8.).

Beaugrande, R. & Dressler, W.(1981). 김태옥·이현호 역(1991),『담화·텍스트 언어학 입문』, 양영각.

Bennett, C. I.(2003). *Comprehensive Multicultural Education: Theory and Practice* (5th ed.). Boston: Pearson Education, Inc.

Bennett, S., Maton, K. & Kervin, L.(2008). The 'Digital Natives' Debate: A Critical Review of the Evidence. *British Journal of Educational Technology* 9(5), 775-786.

Bereiter, C.(1980). Development in Writing. In L. W. Gregg & E. R. Steinerg(eds.), *Cognitive Process in Writing*. Hillsdale, N.J: LEA.

Bernstein, B.(1964). Elaborated and Restricted Codes: Their Social Origins and Some Consequences, *American Anthropologist* 66(6), 55-69.

Block, C.(1997). *Teaching the Language Arts: Expanding Thinking Through Student-Centered Instruction*. Allyn And Bacon.

Brandt, D.(1998). Sponsors of Literacy. *College Composition and Communication* 49(2), 165-185.

Bråten, I., McCrudden, M. T., Stang L. E., Brante, E. W. & Strømsø, H. I.(2018). Task-Oriented Learning with Multiple Documents: Effects of Topic Familiarity, Author Expertise, and Content Relevance on Document Selection, Processing, and Use. *Reading Research Quarterly* 53(3), 345-365.

Brown, H. D.(1994). *Principles of Language Learning and Teaching* (3rd ed.). Prentice Hall Regents.

______(2001). 권오량·김영숙 역(2010),『원리에 의한 교수』, 피어슨에듀케이션코리아.

Brown, P. & Levinson, S.(1987). *Politeness: Some Universals in Language Usage*. Cambridge University Press.

Brozo, W. G. & Simpson, M. L.(2007). *Content Literacy for Today's Adolescents: Honoring Diversity and Buklding Competence* (5th ed.). Pearson Education Inc.

Bruner, J.(1983). *Child's Talk—Learning to Use Language—*. Oxford University Press.

Brysbaert, M. et al.(2016). How Many Words Do We Know? Practical Estimates of Vocabulary Size Dependent on Word Definition, the Degree of Language Input and the Participant's Age. *Frontiers in psychology* 7, 1116.

Buckingham, D.(2003). 기선정·김아미 역(2004),『미디어교육』, JNBook.

Bull, G. & Anstey, M.(2000). *Evolving Pedagogies: Reading and Writing in a Multimodal World*. Curriculum Press.

Burton, G. & Dimbleby, R.(1995). *Between Ourselves*. London·New York·Sydney·Auckland: Arnold.

Calfee, R. & Perfumo, P.(1996). *Writing Portfolios in the Classroom–Policy and Practice, Promise and Peril*. LEA.

Camp, R. & Levine, D. S.(1991). Portfolios Evolving. In P. Belanoff & M. Dickson(eds.), *Portfolios: Process and product*, 194-205. Portsmouth, NH: Boynton/Cook.

Carter, R.(ed.)(1992). *Knowledge about Language and the Curriculum*. Hodder & Stoughton.

Chall, J. S.(1996). *Stages of Reading Development* (2nd ed.). Harcourt Brace College Publishers.

Chartier, R. & Cavallo, G.(ed.)(1995), 이종삼 역(2006),『읽는다는 것의 역사』, 한국출판마케팅연구소.

Chomsky, C.(1969). *The Acquisition of Syntax in Children from 5 to 10*. M.I.T. Press.

Chomsky, N.(1981). *Lectures on Government and Binding*. Foris.

Cole, M. et al.(ed.)(1978). 조희숙 외 역(2000),『비고츠키의 사회 속의 정신—고등심리과정의 발달—』, 양서원.

Courtois, C., Verdegem, P. & De Marez, L.(2013). The Triple Articulation of Media Technologies in Audiovisual Media Consumption. *Television & New Media* 14(5), 421-439. https://doi.org/10.1177/1527476412439106.

Dole, J. & Osborn, J.(1991). The Selection and Use of Language Arts Textbooks. In J. Flood, J. Jensen, D. Lapp, & J. Squire(eds.), *Handbook of Research on Teaching English Language Arts*. Macmillan Publishing Company for

the International Reading Association.
Elbow, P. & Belanoff, P.(2000). *A Community of Writers–A Workshop Course in Writing*. McGraw Hill.
Elbow, P.(2000). *Everyone Can Write*. Oxford University Press.
Farr, R. & Tone, B.(1994). *Portfolio and Performance Assessment–Helping Students Evaluate Their Progress and Writers*. Harcourt Brace College Publishers.
Farstrup, A. E. & Samuels, S. J.(eds.)(2002). *What Research Has to Say about Reading Instruction*. International Reading Association.
Flower, L.(1997). 원진숙·황정현 역(1998), 『글쓰기의 문제해결전략』, 동문선.
Flower, L. & Hayes, J. R.(1981). A Cognitive Process Theory of Writing. *College Composition and Communication* 32.
Fox, L. H., & Durden, W. G.(1982). *Education Verbally Gifted Youth*. Bloomington, Phi Delta Kappa Educational Foundation.
Gail, E. T.(1994). *Teaching Writing*. Macmillan Publishing Company.
Gall, M. D.(1981). *Handbook for Evaluating and Selecting Curriculum Materials*. Allyn and Bacon, Inc.
Gaur, A.(1984). 강동일 역(1995), 『문자의 역사』, 새날.
Global Partnership for Education(2022). *Textbooks and Learning Materials*. https://www.globalpartnership.org/content/value-money-guidance-note-textbooks-and-learning-materials(2023. 5. 10.).
Goffman, E.(1956). *The Presentation of Self in Everyday Life*. New York: Anchor Book.
Goodman, K. S.(1984). Unity in Reading. In H. Singer & R. B. Ruddel(eds.)(1985), *Theoretical Models and Processes of Reading*. International Reading Association.
Gough, P. B.(1972). One Second of Reading. In H. Singer & R. B. Ruddel(eds.)(1985), *Theoretical Models and Processes of Reading*. International Reading Association.
Graves, L. R.(ed.)(1999). *Writing, Teaching. Learning–A Sourcebook*. Heinemann.
Greimas, A. J.(1983). 천기석 외 역(1988), 『기호학 용어 사전』, 민성사.
Grice, H.(1975). Logic and Conversation. In P. Cole & J. Morgan(eds.), *Syntax and Semantics 3: Speech Acts*. New York: Academic Press.
Gunning, T. G.(2002). *Assessing and Correcting: Reading and Writing Difficulties*. A Pearson Education Company.
Halliday, M. A. K.(2006). J. Webster(ed.), *The Language of Early Childhood*. Continuum.
Hillocks, G. Jr.(1995). *Teaching Writing as Reflective Practice*. Teachers College Press.
Hoff, E.(2005). 이현진 외 역(2007), 『언어발달』(3판), 시그마프레스.
Houghton Mifflin Harcourt(2016). *Collections Grade 6* (1st ed.). Houghton Mifflin Harcourt.
Hyland, K.(2003). *Second Language Writing*. Cambridge University Press.
IBO(2013). *Language A: Literature Guide*. International Baccalaureate Oraganization.
Irwin, J. W.(1991). 천경록·이경화 역(2003), 『독서지도론』, 박이정.
James, C., Weinstein, E. & Mendoza, K.(2021). *Teaching Digital Citizens in Today's World: Research and Insights behind the Common Sense K-12 Digital Citizenship Curriculum*(Ver. 2). San Francisco, CA: Common Sense Media.
Johns, M. A.(2002). *Genre in the Classroom; Multiple Perspectives*. LEA.
Juel, C.(1991). Cross-Age Tutoring Between Students-Athletes and At-Risk Children. *The Reading Teacher*. Vol. 45, No. 3. International Reading Association.
Kamil, M. L., Mosenthal, P. B., Pearson P. D. & Barr, R.(2000). *Handbook of Reading Reasearch III*. Lawrence Erlbaum Associates.
Kear, D. J. et al.(2000). Measuring Attitude Toward Reading : A New Tool for Teachers. *The Reading Teacher* 54, 10-23.

Knapp, P. & Watkins, M.(2005). 주세형·김은성·남가영 역(2019), 『장르, 텍스트, 문법—작문교육을 위한 테크놀로지로서의 문법』, 사회평론아카데미.
Krashen, S.(1994). The Input Hypothesis and Its Rivals. In N. Ellis(ed.), *Implicit and Explicit Learning of Languages*. Academic Press.
______(1998). *Second Language Acquisition and Second Language Learning*. Prentice-Hall International.
Kress, G.(2003). *Literacy in the New Media Age*. London & New York: Routledge.
Leech, G.(1983). *Principles of Pragmatics*. London: Longman.
Leslie, L. & Jett-Simpson, M.(1997). *Authentic Literacy Assessment–An Ecological Apprach*. Longman.
Luke, A. & Freebody, P.(1999). *Further Notes on the Four Resource Model*. as available at http://www.readingonline.org/research/lukefreebody.html accessed on 28 August 2013.
______(2000). *Literate Futures: Report of the Review for Queensland State Schools*. Education Queensland, Brisbane.
Macherey, P.(2014), 『문학생산의 이론을 위하여』, 윤진 역, 그린비(원서출판 1966).
Marlow, E.(2000). *Textbooks in the Language Arts: Good, Neutral, or Bad*. ED442104.
Marsh, C. J.(1992). 박현주 역(1996), 『교육과정 이해를 위한 주요 개념』, 교육과학사.
Maslow, A.(1970). *Motivation and Personality*. New York: Harper and Row.
McAleese, S. & Brisson-Boivin, K.(2022). *From Access to Engagement: A Digital Media Literacy Strategy for Canada*. MediaSmarts. Ottawa.
McCrudden, M. T., Stenseth, T., Bråten, I. & Strømsø, H. I.(2016). The Effects of Topic Familiarity, Author Expertise, and Content Relevance on Norwegian Students' Document Selection: A Mixed Methods Study. *Journal of Educational Psychology* 108(2), 147-162.
McDougall, J., Zesulkova, M., van Driel, B. & Sternadel, D.(2018). *Teaching Media Literacy in Europe: Evidence of Effective School Practices in Primary and Secondary Education*. NESET 2 report, Executive Summary. Luxembourg: Publications Office of the European Union.
McKenna, M. C., Kear, D. J. & Ellsworth, R. A.(1995). Chidren's Attitudes Toward Reading: A National Survey. *Reading Research Quarterly* 30, 934-956.
Mehrabian, A.(1971). *Silent Message*. Belmont, CA: Wadsworth.
Menyuk, P.(1999). *Reading and Linguistic Development*. Brookline Books.
Menyuk, P. et al.(1995). *Early Language Development in Full-term and Premature Infants*. Lawrence Erlbaum Associates.
Meriam Library, California State University(2010). *Evaluating Information*. https://library.csuchico.edu/sites/default/files/craap-test.pdf(2023. 5. 8.).
Mey, J. L.(1993). 이성범 역(1996), 『화용론』, 한신문화사.
Miller, C. R.(1994). Genre As Social Action. In A. Freedman & P. Medway(eds.), *Genre and the New Rhetoric*, 67-77. Taylor & Francis Press.
Myers, G. & Myers, M.(1992). 임칠성 역(1995), 『대인관계와 의사소통』, 집문당.
NAMLE(National Association for Media Literacy Education)(2007). *The Core Principles of Media Literacy Education*. https://namle.education/resources/core-principals(2023. 5. 8.).
Nygren, A.(2014). *The Public Library as a Community Hub for Connected Learning*. Conference Proceedings: Reimagining Equity and Values in Informal STEM Education(REVISE). Center for the Informal STEM Education(2014. 8. 4.). https://www.informalscience.org/public-library-community-hub-connected-learning(2023. 5. 29.).

Nystrand et al.(1993). Where Did Composition Studies Come From?. *Written Communication* 10(3).
O'Brien, A.(2020). Creating Multimodal Texts. *Resources for Literacy Teachers*. https://creatingmultimodaltexts.com/(2023. 5. 9.).
O'Corner, R.(1996). *Speech: Exploring Communication*. National Textbook.
OECD(2002). *SAMPLE TASKS FROM THE PISA 2000 ASSESSMENT: Reading, Mathematical and Scientific Literacy*. OECD.
OECD(2019). *OECD Future of Education and Skills, Conceptual Learning Framework, Transformative Competencies for 2030*.
Olson, M. & Forrest, M.(1996). *Shared Meaning: An Introduction to Speech Communication*. Kendall/Hunt Publishing Company.
Omaggio, A. H.(1993). *Teaching Language in Context*. Heinle & Heinle Publishers.
Owens, R. E.(2005). 이승복·이희란 역(2006), 『언어발달』, 시그마프레스.
Paech, J.(1988). 임정택 역(1997), 『영화와 문학에 대하여』, 민음사.
Pardey, D.(2013). *Coaching: Learning Made Simple*. London: Routledge.
Parker, A. & Paradis, E.(1986). Attitude Development Toward Reading in Grades One Through Six. *Journal of Educational Research* 79(5), 313-315.
Pearson, P. D. & Gallagher, M. C.(1983). The Instruction of Reading Comprehension. *Contemporary Educational Psychology* 8, 317-344.
Pennebaker, J. W.(2004). 이봉희 역(2007), 『글쓰기 치료』, 학지사.
Pinnell, G. & Jagger, A.(1991). Oral Language: Speaking and Listening in the Classroom. In J. Flood et al.(eds.), *Handbook of Research on the Teaching the English Language Arts*. Macmillan publishing company.
Pirto, J.(1992). *Understanding Those Who Create*. Phio Psychology Press.
Rankin, P.(1926). *The Measurement of the Ability to Understand Spoken Language*. Doctoral Dissertation, University of Michigan.
Reardon, K.(1987). 임칠성 역(1997), 『대인의사소통』, 한국문화사.
Rosenblatt, L. M.(1995). 김혜리·엄해영 역(2006), 『탐구로서의 문학』, 한국문화사.
Ruddel, R. B. & Unraw, N. J.(eds.)(2004). *Theoretical Models and Processes of Reading*(5th ed.). International Reading Association.
Rumelhart, D. E.(1985). Toward an Interactive Model of Reading. In H. Singer & R. B. Ruddel(eds.), *Theoretical Models and Processes of Reading*. International Reading Association.
Schutz, W.(1966). *The Interpersonal UnderWorld*. Palo Alto: Science and Behavior Books.
Schwanenflugel, P. J. et al.(2016). 서혁 외 역(2021), 『독서심리학』, 사회평론아카데미.
Shaffer, D. R.(1999). 송길연 외 역(2000), 『발달심리학』, 시그마프레스.
Simpson, M. J.(1997). 원진숙 역(2004), 『생태학적 문식성 평가』, 한국문화사.
Singer, H. & Ruddel, R. B.(1985). *Theoretical Models and Processes of Reading*. International Reading Association.
Spandel, V. & Culham, R.(1996). Assessing Portfolios. In R. E. Blum & J. A. Arter(eds.), *A Handbook for Student Performance Assessment in an Era of Restructuring*. ASCD.
Spivey, N. N.(1977). 신헌재 외 역(2002), 『구성주의와 읽기·쓰기: 읽기·쓰기·의미 구성의 이론』, 박이정.
Strickland, D. S., Galda, L. & Cullinan, B. E.(2004). *Language Arts: Learning and Teaching*. Tomson Learning Inc.
Swales, J.(1990). *Genre Analysis: English in Academic and Research Settings*. Cambridge University Press.
Taylor, S.(1964). *Listening: What Research Says to the Teacher*. Wahington, D.C.: National Education Association.
Tompkins, E. G.(1994). *Teaching Writing–Balancing Process and Product*. Macmillan College Publishing Company.

Trudgill, P.(1977). *Sociolinguistics: An Introduction*. Penguin Books Ltd.

Vygotsky, L. S.(1978). 조희숙 외 역(2000), 『비고츠키의 사회 속의 정신』, 양서원.

Vygotsky, N. S.(1934). 이병훈 외 역(2021), 『사고와 언어』, 연암서가.

Wiener, H. S. & Bazerman, C.(2000). *Reading Skills Handbook*. Houghtom Mifflin Company.

Yancey, K. B.(1996). Dialogue, Interplay and Discovery: Mapping the Role and the Rhetoric of Reflection in Portfolio Assessment. In R. Calfee & P. Perfumo(eds.), *Writing Portfolios in the Classroom*. LEA.

Yancey, K. B.(ed.)(1992). *Portfolios in the Writing Classroom*. NCTE.

Young, R.(1991). 이정화 외 역(2003), 『하버마스의 비판 이론과 담론 교실』, 우리교육.

찾아보기

ㅅ

ㅇ

ㅈ

ㅎ